E.T.A. Hoffmann, der ›entfesselte Romantiker‹, der ›Dichter der entwurzelten Geistigkeit‹, wie man ihn nannte, ist ein Kind des 18. Jahrhunderts und ragt mit seinem Leben und Werk doch hinein in die Moderne. Ein Mensch, der Geschichten erfindet, um der Geschichte zu entkommen; der sich mit den politischen Mächten seiner Zeit anlegt, weil er Einspruch erhebt gegen die Macht des Politischen. E.T.A. Hoffmann war 27 Jahre alt, als zum ersten Mal etwas Gedrucktes von ihm erschien. Er wurde Beamter des preußischen Staates, der ihn wegen seiner Streiche immer tiefer ins eben annektierte Polen verdammte, scheiterte als Musikdirektor in Bamberg, wurde Kapellmeister im belagerten Dresden und ging wieder nach Berlin, wo er in den Salons zum erfolgreichen Schriftsteller und am Kammergericht zum einflußreichen Juristen avancierte.

Rüdiger Safranski beschränkt sich in dieser Gesamtdarstellung, die alle zugänglichen Quellen verwertet, nicht auf die Schilderung dieser exzentrischen Figur, er leitet den Leser nicht nur durch das Labyrinth des Hoffmannschen Werks, sondern er erzählt zugleich von der ganzen Epoche mit ihren Magnetiseuren, ihren romantischen Salonlöwen und den politischen Wirren in Preußen.

Rüdiger Safranski, geboren 1945, lebt als Schriftsteller und Privatgelehrter in Berlin. Er wurde mit dem Friedrich Märker-Preis und dem Ernst Robert Curtius-Preis für Essayistik ausgezeichnet. Im Jahr 2003 erhielt er den »Premio Internazionale Federico Nietzsche«.
Im Fischer Taschenbuch Verlag liegen vor: ›Wieviel Wahrheit braucht der Mensch? Über das Denkbare und das Lebbare‹ (Bd. 10977); ›Ein Meister aus Deutschland. Heidegger und seine Zeit‹ (Bd. 15167); ›Das Böse‹ (Bd. 14298); ›Schopenhauer und Die wilden Jahre der Philosophie‹ (Bd. 14299); ›Nietzsche. Biographie seines Denkens‹ (Bd. 15181); ›Wieviel Globalisierung verträgt der Mensch?‹ (Bd. 16394); ›Romantik. Eine deutsche Affäre‹ (Bd. 18230) sowie ›Schiller als Philosoph. Eine Anthologie‹ (Hg.; Bd. 90181).

Unsere Adressen im Internet: www.fischerverlage.de
www.hochschule.fischerverlage.de

Rüdiger Safranski

E.T.A. Hoffmann

Das Leben eines skeptischen
Phantasten

Fischer Taschenbuch Verlag

5. Auflage: August 2010

Ungekürzte Ausgabe
Veröffentlicht im Fischer Taschenbuch Verlag,
einem Unternehmen der S. Fischer Verlag GmbH,
Frankfurt am Main, September 2000

Lizenzausgabe mit Genehmigung des
Carl Hanser Verlags GmbH, München Wien
© 1984 Carl Hanser Verlag, München Wien
Druck und Bindung: CPI – Clausen & Bosse, Leck
Printed in Germany
ISBN 978-3-596-14301-6

Für Rike

Nichts ist langweiliger als festgewurzelt in den Boden jedem Blick, jedem Wort Rede stehen zu müssen.
Prinzessin Brambilla

Inhalt

Vorwort 9

Erstes Buch
In der Gewalt des Herkommens

Erstes Kapitel: »Was hat mir das Geschick
  für Verwandte gegeben« 15
Zweites Kapitel: Eine Jugend in Königsberg 32
Drittes Kapitel: Drei Leidenschaften der Epoche 50
Viertes Kapitel: Eine Jugendfreundschaft 73
Fünftes Kapitel: Die erste große Liebe 85
Sechstes Kapitel: Ein neuer Anfang 96
Siebtes Kapitel: Als Referendar in Berlin 111
Achtes Kapitel: Auf eigenen Beinen 136
Neuntes Kapitel: Im »Exil« 147
Zehntes Kapitel: Das bunte Leben 156
Elftes Kapitel: Der verjagte Regierungsrat 179

Zweites Buch
Beschwerliche Freiheit – die Kapellmeisterjahre

Zwölftes Kapitel: Das große Debüt 197
Dreizehntes Kapitel: Der Bamberger Musikdirektor
  und sein Schatten 214
Vierzehntes Kapitel: Der Wahnsinn einer Künstlerliebe 238
Fünfzehntes Kapitel: Die Verfeindung mit dem Körper 248
Sechzehntes Kapitel: In der Gewalt der Geschichte 271
Siebzehntes Kapitel: Napoleon und der Magnetiseur 294
Achtzehntes Kapitel: Die Verwandlungslust 310
Neunzehntes Kapitel: Schicksale des Abgrunds 331

Drittes Buch
Der wilde Kammergerichtsrat

Zwanzigstes Kapitel: Vorboten des Ruhms	353
Einundzwanzigstes Kapitel: *Undine* – und kein Ende	365
Zweiundzwanzigstes Kapitel: Berliner Tage und Nächte	377
Dreiundzwanzigstes Kapitel: Hoffmann kommt in Mode	389
Vierundzwanzigstes Kapitel: Die Imagination auf der Suche nach Leben	408
Fünfundzwanzigstes Kapitel: Der juristische Blick in den Abgrund	425
Sechsundzwanzigstes Kapitel: Zum letzten Mal: Johannes Kreisler	435
Siebenundzwanzigstes Kapitel: Das große Lachen	441
Achtundzwanzigstes Kapitel: Unter den »Demagogen« und ihren Verfolgern	455
Neunundzwanzigstes Kapitel: Der Glanz vor dem Ende	471
Dreißigstes Kapitel: Sterben	483
Nachspruch	487

Anhang

Abbildung	492
Beschreibung zur Abbildung	493
Chronik	496
Belege	503
Namenregister	523
Werkregister	529

Vorwort

E.T.A. Hoffmann war ein Spätentwickler, obwohl er früh als musikalisches Wunderkind galt und als Einundzwanzigjähriger zwei selbstverfaßte dickleibige Romane in der Schublade liegen hatte. Er ist 27 Jahre alt, als zum erstenmal etwas Gedrucktes von ihm erscheint, dann dauert es noch einmal sechs Jahre, bis er 1809 mit dem *Ritter Gluck* sein literarisches Debüt gibt. Seit frühen Jahren hat er von der Künstlerexistenz geträumt. Er hat nicht genug getan, diese Träume zu verwirklichen. Er hätte sich, was er vermied, gegen die Erwartungen der Familie und des Herkommens stellen müssen. Er nimmt sich – zunächst – nur wenig Freiheit, »etwas aus dem zu machen, wozu man gemacht worden ist« (Sartre). Unwillig, geplagt und beglückt von Ausbruchsphantasien, aber zuletzt doch folgsam geht er den Weg, der ihn unter den juristischen »Brotbaum« führen soll. Er geht ihn aber mit Vorbehalt, er behält sich zurück, bleibt in der Reserve. Die lange Abwesenheit hat ihn nicht vor der routinierten Alltagsexistenz, aber vor ihren Verwüstungen bewahrt. Dieser quirlige, übernervöse kleine Gnom kann warten, ohne dabei zu verzichten. Er nimmt, was der Tag gibt, bleibt aber zu ungeduldig, zu anspruchsvoll fürs Behagen. Unfreiwillig geht er in die Lehre der Langsamkeit.

Er ist Ende Dreißig, als die angesammelten und angestauten Massen musikalischer und literarischer Phantasien losbrechen. Jetzt gibt es kein Halten mehr. Es dauert nur wenige Wochen, dann redet das ganze literarische Deutschland von ihm. Auch der andere große Wunsch erfüllt sich: Seine Oper *Undine* kommt auf die Bühne in Berlin. Auf dem Höhepunkt seines Ruhmes reibt er sich verwundert die Augen: Und das soll es nun gewesen sein? Er macht weiter, muß aber nun mehr Wein zugießen. Er liebt das Leben und stirbt unter Protest.

In Deutschland vergißt man ihn nach seinem Tode ziemlich schnell, ein Tagesschriftsteller offenbar, dessen Zeit abgelaufen ist. Besonders in Frankreich aber wächst sein Ruhm. Dort gilt Hoffmann schon damals neben Goethe als wichtigster Repräsentant der deutschen Literatur. Erst mit dem Anfang dieses Jahrhunderts ist – angeregt durch die expressionistische und lebensphilosophische Faszination durch das Abgründige – Hoffmanns Stern am deutschen Literaturhimmel wieder aufgegangen.

Doch nie hat er sich, wie andere ›Klassiker‹, dafür geeignet, über die Leisten eines Anliegens, einer Botschaft, einer Philosophie, eines Systems etc. geschlagen zu werden. Man gab ihm, halb bewundernd halb herabsetzend, das Etikett: »Dichter der entwurzelten Geistigkeit«.

Tatsächlich: Vom Wurzelwesen hat Hoffmann wenig gehalten; über jene, die auf alle Fälle Wurzeln schlagen wollen, hat er in seinem Karotten-Märchen *Die Königsbraut* köstlich gespottet. Und in der *Prinzessin Brambilla*, jenem Märchen von überschäumender Karnevalslust, heißt es: »Nichts ist langweiliger als festgewurzelt in den Boden jedem Blick, jedem Wort Rede stehen zu müssen.« So hat Hoffmann auch gelebt, die Tyrannei der Authentizität abwehrend.

Nicht *»festgewurzelt«* in der Familie: Die Mutter- und Vaterrollen waren schwach besetzt; die gesellschaftlichen Mächte, sie lenken ihn, sie dringen aber nicht tief genug in ihn ein: Er behält Spielraum. Er beherrscht die Kunst des ›Als-ob‹; er wird zu einem Gegner des ›Entweder-Oder‹, jeder Ausschließlichkeit sich verweigernd, egal ob nun die Kunst, die Ideologie, die Familie, das Amt oder die Politik nach ihm greifen wollen. Seine Zeit macht es ihm nicht leicht, die Balance zwischen Engagement und Distanzierung aufrecht zu erhalten. Denn damals geht alles aufs Ganze: Philosophie und Kunst geraten unter den Druck der höchsten Wahrheit und des tiefsten Ernstes, und die Politik explodiert in alle Lebensbereiche hinein. Das Ganze ist das Wahre, lehrt der hegelsche Zeitgeist; da man aber nun beginnt, das ›Ganze‹ politisch zu definieren, so ist es schließlich die Politik, die nach dem ganzen Menschen greift: Eine schlechte Zeit für die Gewaltenteilung, für den fröhlichen Relativismus, für das levantinische Lavieren, auf das sich Hoffmann so gut verstand.

Nicht »*festgewurzelt*« in der Literatur, nicht im juristischen Beruf, nicht in der Musik, nicht in der Malerei. Den Preis, den er bezahlt: nirgends ganz ernst genommen zu werden. Er entschädigt sich, indem er auch seinerseits nichts ganz ernst nimmt. Bei den Autoritäten war er deshalb schlecht angesehen. Goethe hielt von ihm genausowenig wie der preußische Polizeiminister Schuckmann, der ihn für einen »Wüstling« hält, der »hauptsächlich für den Erwerb seines Weinhauslebens arbeitete«. So ganz unrecht hatte der übelmeinende Bürokrat gar nicht: Die künstlichen Paradiese des Rausches wollte der skeptische Phantast nicht missen, und sein berühmtestes Märchen, *Der goldne Topf*, trägt die Punschterrine ins Allerheiligste der Literatur.

Nicht »*Rede stehen*«: den Gewalten, die zu bestimmter Rede zwingen wollen, ihnen hat Hoffmann widerstanden. Dem Geist seiner und unserer Zeit entgegen vermeidet er beides: die Sprache der Herzensergießung und die Sprache der Weltverbesserung. Zwischen Innenwelt und Außenwelt, gegen die Zumutungen der Intimität und gegen die Zumutungen der Politik bewahrt Literatur bei Hoffmann die Dimension des Gesellschafts-Spiels – denkwürdig für uns heute, die wir Literatur gerne als Therapie, als Botschaft oder als Bekenntnis verstehen und vielleicht mißverstehen.

Erstes Buch
In der Gewalt des Herkommens

1776-1808

Daß es zuweilen etwas exzentrisch in meinem Gehirnkasten zugeht, darüber freue ich mich eben nicht beim Besinnen – dies Exzentrische setzt mich offenbar herunter in den Augen aller, die um mich sind – und Leute, die alles in Nummern teilen und apothekerartig behandeln, möchten mir manchmal ihren orthodoxen Schlagbaum vorhalten, oder ihr offizielles Krummholz um den Hals werfen.

Brief an Hippel

Erstes Kapitel
»Was hat mir das Geschick für Verwandte gegeben«

Am 24. Januar kommt er in Königsberg zur Welt. Seine Eltern geben ihm den Namen Ernst Theodor Wilhelm. Er wird später aus Bewunderung für den großen Mozart seinen dritten Vornamen durch »Amadeus« ersetzen.

Ernst Theodor Amadeus Hoffmann entstammt einer Verwandtenehe, und fast wäre er dem Vorbild seiner Eltern gefolgt, als er sich im Jahre 1798 mit seiner Cousine Minna Doerffer verlobte. Zur Heirat kam es aber dann doch nicht.

Die Eltern: Im Jahre 1767 heiratete in Königsberg der Hofgerichtsadvokat Christoph Ludwig Hoffmann seine Cousine Lovisa Albertina Doerffer und zeugte mit ihr drei Söhne. Dem ersten, Johann Ludwig, 1768 geboren, sollte es in seinem Leben schlecht ergehen. Wegen seines ›unordentlichen‹ Lebenswandels wurde er später entmündigt und in ein Arbeitshaus gesperrt. Der zweite starb kurz nach der Geburt. Ernst Theodor war der dritte. Er wurde geboren, als die Ehe der Eltern sich schon aufzulösen begann.

Die Hoffmanns waren ein Geschlecht von Pfarrern, Feldpredigern und Schulmeistern, schon über Generationen in Ostpreußen ansässig. Eine Urururgroßmutter ist die einzige Berühmtheit unter den Vorfahren. Es war die Anna Neander aus Tharau, die 1636 einen Pfarrer heiratete, dessen Freund, vermutlich Simon Dach, zum Festtag ein nachmals sehr volkstümliches Lied verfaßte: »Annken von Tharau ist die mir gefällt«.

Juristen waren damals angesehener als Pfarrer und Schulmeister. Hoffmanns Vater hatte also einen sozialen Aufstieg geschafft, als er Hofgerichtsadvokat wurde, weshalb die Doerffers, die Eltern der Mutter, eine alteingesessene angesehene Juristenfamilie in Königsberg, in ihm auch eine halbwegs gute Partie sahen. Doch der Vater hielt nicht, was die

Doerffers sich von ihm versprachen: Er war nicht karrierebewußt, trank, liebte das Musizieren, dichtete auch ein wenig und vernachlässigte seine Amtsgeschäfte. Kein ordentlicher Beamter, kein solider Ehemann, schwer zu ertragen für Lovisa Albertina, die Mutter, deren Welt die Meinung der Leute, die Pflichten des Anstandes und die Reinlichkeit der häuslichen Ordnung war.

Zwei Jahre nach der Geburt Ernst Theodors trennten sich die Eltern. Der Vater zog mit seinem ältesten Sohn nach Insterburg, die Mutter kehrte mit dem zweijährigen Ernst Theodor in das Haus ihrer Eltern, zu den Doerffers zurück. Dort lebte Hoffmann bis zu seinem zwanzigsten Lebensjahr.

Die Doerffers sind eine angesehene Familie. Ihr Haus liegt im vornehmen Wohngebiet Königsbergs. Der Stadtpräsident Hippel, ein Onkel von Hoffmanns Jugendfreund, gehört zu den Nachbarn. Das Lesewangsche Fräuleinstift, wo adelige Töchter erzogen werden, grenzt an den Doerfferschen Garten.

Als der Großvater, der Hofgerichtsadvokat und Konsistorialrat Johann Jacob Doerffer noch lebte, führte man ein offenes Haus. Das war vor Hoffmanns Geburt. Jetzt leben dort zwei unverheiratet gebliebene Tanten und ein ebenfalls unverheirateter Onkel gedämpft, zurückgezogen, bedacht, die Formen der Schicklichkeit einzuhalten. Die Großmutter, eine ehrfurchtgebietende alte Dame, wacht darüber.

Der Onkel, Otto Wilhelm Doerffer, ist der einzige Mann im Hause. Er ist ein gescheiterter Mensch. Er hatte seine juristische Laufbahn abbrechen müssen, weil »die erste Probe im Plädieren als Advokat... gegen einen überlegenen Gegner... unvorteilhaft ausgefallen war« (Hippel). Er hatte noch Glück, daß er sich im Zuge einer Justizreform 1782 mit dem Titel eines Justizrates vorzeitig pensionieren lassen konnte. Er gründete keinen Hausstand, blieb als Junggeselle bei seiner Mutter, wo er mit seinem Neffen Ernst Theodor zusammen ein Zimmer bewohnte. Einem leeren Leben suchte er durch Pedanterie und Pünktlichkeit wenigstens eine äußere Form zu geben. Besuche außer Haus absolvierte er als Pflichtpensum, Gäste sah er kaum. Ein ängstlicher Mensch, auf Sicherheit bedacht, der Lebendiges nur ertragen konnte, wenn es in Wiederholungen erstarrte. Gegen das Unvorhersehbare versuchte er die Abschirmung. Später schrieb er einmal seinem Neffen: »Die Zeiten sind schlecht und überall hört man nichts als Klagen und Jammer – doch Gott lebet noch und wird alles wohl machen. Ich habe mir jetzt zwei Geistliche zu Freunden zugelegt.« (6.10.1800)

Dieser Onkel, den die Großmutter als Minderjährigen behandelte und »Ottchen« rief, sollte beim jungen Hoffmann Vaterstelle einnehmen. Das konnte nicht gutgehen. Denn Ernst Theodor, über das Alter frühkindlicher Vaterbindung schon hinaus, spürte die bloße Anmaßung von Autorität.

Er brauchte den Onkel nie zu hassen, sehr früh lernte er die Haltung bald mitleidiger, bald spottlustiger Verachtung. In seinen Jugendbriefen nennt Hoffmann ihn »Sir Otto« oder den »dicken Sir« oder »heiliger Sankt Otto« oder einfach »der Bratenschnapper«. Theodor Hippel, der Jugendfreund, hat den Onkel später so charakterisiert: »Er hatte eine sorgfältige Erziehung genossen. Da ihm aber alles Talent abging, das Erlernte in Eigentum zu verwandeln, so fand er sich verarmt, sobald er auf sich selbst beschränkt war.« Hippel hält ihm zugute, er habe in Hoffmann den »Sinn fürs Schickliche« befestigt. Wahrscheinlicher aber ist, daß Hoffmann an seinem Onkel das Lächerliche des nur Schicklichen studieren konnte und daß er lernte, die komischen Züge im Gesicht der Macht zu entdecken. Das hat ihn gewitzt werden lassen und ihm die Ermunterung auf den Lebensweg mitgegeben, auch mit Gewalten und Gewaltigen sein Spiel zu treiben.

Es waren manchmal recht unappetitliche Späße, mit denen er seinen Onkel »mystifizierte«, wie er das nannte. Einmal goß er nach einem Regenschauer den Nachttopf über der draußen hängenden Sonntagshose des Onkels aus. Er genoß die peinliche Szene, wie der Onkel die erbärmlich stinkende Hose auswrang und mit der »Angst seines Herzens« darüber klagte, »daß mit dem Platzregen häßliche Teile und verderbende Dünste heruntergefallen wären, die totalen Mißwachs verursachen würden«. Die Tante, so erzählt Hoffmann in einem Brief an Hippel (7.12.1794), habe bei dieser Theorie des sauren Regens gelächelt und versteckt geäußert, »daß der Gestank wohl aus der Auflösung gewisser angetrockneter Teile – – – entstanden sein könnte«, was der Onkel natürlich heftig abstritt. Der junge Übeltäter springt ihm zum Scheine bei mit dem damals noch phantastischen Hinweis, daß bei hellgrünem Himmel in der Tat oftmals stinkender Regen niedergehe.

Dieses Scharmützel zeigt die streitlustige Phantasie des jungen Hoffmann, eine Phantasie der Polemik.

Eine Phantasie der Selbstbehauptung in ›bedrohlicher‹ Situation offenbart eine andere Jugendepisode, die Hippel erzählt: »Die Freunde beschlossen... nichts weniger Kühnes, als in den Garten des angrenzenden Fräuleinstifts einen unterirdischen Gang zu graben, und von diesem aus unentdeckt die schönen Fräulein zu belugen. Der Scharfblick des Onkels Otto, der zur Verdauung viel im Garten arbeitete und lustwandelte, machte dem gigantischen Plane ein Ende. Hoffmann bildete ihm ein, das gegrabene Loch habe die Wurzeln einer neuen amerikanischen Pflanze aufnehmen sollen, und der gute Alte bezahlte zwei Arbeiter, um die Grube auszufüllen.« Der gute Alte ist wirklich der Dumme: Er muß bezahlen und kann noch nicht einmal strafen, die Ausrede ist zu gut, zu phantastisch ausgedacht. Vielleicht mußte der Onkel lachen über soviel Witz, was aber bei seiner notorischen Humorlosigkeit unwahrscheinlich ist, er wird die Geschichte geglaubt haben.

Die Phantasie rettet den jungen Hoffmann vor Schlägen, sie bahnt ihm die Fluchtwege. Das wird so bleiben. Bedrohungen machen ihn erfinderisch und die Phantasie der Ausflüchte wird bei ihm später zur Quelle der poetischen Kraft, die eine beengende Wirklichkeit zum Tanzen bringt. Die Phantasie gibt ihm Luft in der Atemnot. Am Ende seines Lebens, als ein Disziplinarverfahren anhängig ist gegen den Kammergerichtsrat, der im *Meister Floh* (1822) die Hysterie und Willkür der ›Demagogenverfolgung‹ satirisch aufs Korn genommen hat, liefert Hoffmann sein Meisterstück in der Kunst der phantastischen Ausflüchte. Natürlich wußte jeder, daß die inkriminierten Passagen Satire, sogar Personalsatire auf hochgestellte Beamte sind. Doch die ganze Verteidigung, die solches in Abrede stellt, ist so einfallsreich ausgedacht und erregt so unverhohlene Bewunderung selbst in der Staatskanzlei Hardenbergs, daß die Energie der strafenden Instanzen darüber erlahmt und das Verfahren zunächst einmal auf Eis gelegt wird. Ein wirklich entwaffnender Einfallsreichtum. Allerdings zehrte dieser letzte Streit die Lebenskraft Hoffmanns auf. Er hat das Disziplinarverfahren nicht überlebt.

Zurück zum Onkel: Er war sein erster Kontrahent, im Clinch mit ihm erlernte er die Kunst der phantasievollen Ausrede, das »Vexieren«, das »Mystifizieren«. Er übte sich darin, in der Verblüffung seines Gegners Schutz zu suchen. Aber vielleicht gerade deshalb, weil ihm hier die Siege so leicht gemacht wurden, konnte er in späteren Jahren seinem Onkel gegenüber milde werden. Nur noch belustigt registriert er dessen pedantische Briefe aus Königsberg. Die Galle kommt ihm erst wieder hoch nach dem Tode der Tante Johanna Sophie Doerffer, Ende 1803. Die Tante hatte ihn zum Universalerben ihres nicht unbeträchtlichen Vermögens eingesetzt, jedoch mit der Klausel, daß der Erbfall erst mit dem Tod des Onkels eintreten dürfe. Solange aber stehe diesem der alleinige Nießbrauch am Vermögen zu. Hoffmann hatte große Hoffnungen an die Erbschaft geknüpft. Er dachte, sich mit ihrer Hilfe aus dem »Exil« des polnischen, damals aber zu Südpreußen gehörenden Plock zu befreien, wo er die Stelle eines Regierungsrates bekleidete. Der Tod der Tante schien dem Traum, ganz der Kunst leben zu können, Wirklichkeit zu geben. Doch Onkel Otto, der Johannas Testament mit aufgesetzt hatte, versperrte ihm nun diese Aussicht. Und da der Onkel in der Folgezeit recht großzügige Spenden an die Kirche vergab, um sein Seelenheil sicherzustellen, wuchs natürlich Hoffmanns Ärger in dem Maß, wie das Vermögen hinschmolz. Der heikle Wunsch, der alte Onkel in Königsberg möge doch nun bald sterben, war nur schwer abzuweisen. Der Onkel aber ließ sich Zeit. Als er schließlich 1811 starb, war von dem Vermögen nicht mehr viel übrig.

Der Jugendfreund Hippel will, wie wir gesehen haben, doch so manches gute Haar am Onkel lassen. So soll der Onkel in Hoffmann nicht nur den »Sinn fürs Schickliche«, sondern auch den Sinn für die Musik geweckt haben: Er »war sein erster Lehrer in der Musik gewesen, der sich späterhin sein ganzes Gemüt zuwandte«, schreibt Hippel in seinen Erinnerungen. Hoffmann selbst hat das anders gesehen.

Sicherlich, musikalische Anregung gab es im Hause Doerffer. Der Onkel spielte ganz passabel auf dem Klavier, er war auch Hoffmanns erster Klavierlehrer, er achtete auf die pünktliche Einhaltung der Übungsstunden, auf die korrekte Technik des Spiels, auf die metrische Exaktheit. Aber ihm fehlte jedes Verständnis für die früh erwachte musikalische Leidenschaft des Neffen.

In *Johannes Kreislers Lehrbrief* (1815) schildert Hoffmann eine Episode, die wohl auf Selbsterlebtes zurückgeht. Dort tritt der Onkel als Vater auf, der den jungen Erzähler in den Anfangsgründen des Klavierspiels und der Komposition unterweist. Der Kleine aber sitzt träumend am Klavier und brütet über ahnungsvollen, wunderbaren Tönen, die ihn aus einer märchenhaften Erzählung anwehen. Das Erlernen der bloßen Technik hilft ihm nicht, diese Töne laut werden zu lassen. »Ich gab mir viele Mühe, aber je mehr ich des Mechanischen Herr wurde, desto weniger wollte es mir gelingen, jene Töne, die in wunderherrlichen Melodien sonst in meinem Gemüte erklangen, wieder zu erlauschen.« Das ratlose Bemühen, die innere Musik erklingen zu lassen, deutet der Vater/Onkel als Stümperei und mangelndes Talent. Er gibt den Unterricht auf. Im *Musikfeind* (1814) nimmt der Vater/Onkel den bis zum Weinen erregten Musikenthusiasmus des Sohnes als widriges Betragen, schilt ihn einen »dummen Jungen« und »antimusikalischen Hund«. Er kann die Leidenschaft des Sohnes nicht billigen, da die Musik, weil sie nicht den »Verstand« beschäftige, doch nur ein »Dudeldumdei« sei, ein angenehmes Spiel, aber nicht wichtig genug, daß man darüber weinen könnte.

Es waren wohl mehr die ›sekundären Tugenden‹ wie Fleiß, Pünktlichkeit, Strebsamkeit, Lernwilligkeit, die der Onkel mit seinem Musikunterricht im Auge hatte. Dazu noch eine Episode aus dem *Musikfeind*: Der Kleine soll ein Stück in der schwierigen E-Dur-Tonart vorspielen. Er erleichtert sich die Aufgabe, indem er es ins einfacher zu spielende F-Dur transponiert. Beim Vorspiel zeigt der Vater Stolz auf den Sohn, der das schwierige E-Dur gemeistert habe. Von einem anderen Zuhörer auf die Transposition hingewiesen, freut er sich nicht etwa über die musikalische Findigkeit, sondern verabreicht dem Sohn eine Ohrfeige wegen arglistiger Täuschung und mangelnder Korrektheit.

Also auch auf musikalischem Gebiet konnte der Onkel keine erzieherische Autorität ausüben. Nein, Onkel Otto war kein überzeugender Repräsentant für die Welt der Väter; unfreiwillig machte er sie in den Augen seines jungen Neffen zum Gespött.

Und die Welt der Mütter?

Auch sie war in Hoffmanns Jugend nur schwach besetzt. Nach der Trennung von ihrem Ehemann, deren Ursache, so Hoffmann in der Kreislerbiographie, man in einer »Ifflandschen Hauskreuzkomödie nachlesen« könne, wird die Mutter im elterlichen Haus wieder zur Tochter. Sie war ja schon vorher ängstlich, ordentlich, schicklich. Jetzt nach der Trennung wird es noch schlimmer damit. Im Urteil der Umwelt, das ihr alles bedeutet, liegt der Makel der Scheidung natürlich vor allem auf der Frau: Sie ist die anrüchig Gescheiterte. Unter diesem Druck wird ihr Ordnungssinn und ihre Angst vor der Meinung der Leute geradezu pathologisch. Manchmal hat sie hysterische Weinkrämpfe und stürzt sich dann wieder bienenfleißig in die Hausarbeit. Selten geht sie außer Haus, später verläßt sie nicht einmal das Zimmer. Zuletzt ist sie nur noch ein Häufchen Elend. »Schon ihr Äußeres war ein Bild der Schwäche und des Gemütskummers, der sie tief zu beugen schien«, schreibt Hippel. Wahrscheinlich haben die anderen Doerffers ihre Initiative gelähmt und sie in der Mutterrolle, falls sie diese überhaupt je übernommen hat, entmutigt. Es gelang ihr nicht, zugleich Mutter und Tochter zu sein und sie regredierte unter den Augen ihrer eigenen Mutter wieder zum Kinde. Vielleicht hat sie der heranwachsende Ernst Theodor an den liederlichen und genialischen Ehemann erinnert. Vielleicht war sie auch zu stark in ihr eigenes seelisches Leiden verstrickt, um eine wirkliche Beziehung zu ihrem heranwachsenden Kind entwickeln zu können. Wie dem auch sei, jedenfalls verspürte Hoffmann keine Mutterbindung an sie. Sie war für ihn eine ältere Schwester, durch den Altersabstand ferngerückt. Im *Kater Murr* (Bd. 1, 1819) bekennt Hoffmanns anderes Ich, Johannes Kreisler, »daß der Tod meiner Mutter... keinen sonderlichen Eindruck auf mich machte«. Tatsächlich ist Hoffmann beim Tode seiner Mutter, am 13.3.1796, ziemlich ungerührt. In einem Brief an Hippel vom selben Tag hat er Abstand genug, um kluge, vielleicht auch angelesene Bemerkungen über das Sterben im allgemeinen zu machen. »Heute morgen fanden wir meine gute Mutter tot aus dem Bette herausgefallen – Ein plötzlicher Schlagfluß hatte sie in der Nacht getötet, das zeigte ihr Gesicht, von gräßlicher Verzuckung entstellt« – nach dieser kühlen Schilderung einer Toten fährt er mit Wertheremphase fort: »Ach Freund, wer nicht den Tod sich beizeiten zum Freunde macht, und auf vertraulichem Fuß mit ihm umgeht, dem macht er zuletzt seine Visite immer auf die quälendste Art«.

Man vergleiche diesen Abschied des Zwanzigjährigen von seiner Mutter mit der Schilderung des Todes von »Tante Füßchen«, die starb, als Hoffmann drei Jahre alt war. Diese Tante, Charlotte Wilhelmine, war ihm der liebste Mensch seiner frühen Kindheit. Ihr Lautenspiel und ihren Gesang konnte er nie vergessen. Ihren Tod erlebte er als wirklich schmerzhafte Zäsur: die Geburt in eine kalte Welt. »Noch jetzt«, so läßt Hoffmann seinen Kreisler erzählen, »jenes Augenblicks gedenkend, erbebe ich in dem namenlosen Gefühl, das mich damals erfaßte. Der Tod selbst preßte mich hinein in seinen Eispanzer, seine Schauer drangen in mein Innerstes und vor ihnen erstarrte alle Lust der ersten Knabenjahre.« Vom Tode dieser Tante an datiert Hoffmann seine Elternlosigkeit. Inmitten der Onkel und Tanten, ohne Geschwister, mit einer Mutter, die hinter der Verwandtenphalanx verschwindet, und mit einem Vater, den er nur aus Erzählungen kennt, erfährt sich der kleine Ernst Theodor als verwaistes Kind. Im Rückblick kommt es ihm so vor, als habe er einen »guten Teil« seiner Kindheit und Jugend »im trostlosen Einerlei« verlebt (Kreislerbiographie, *Kater Murr*). Die »Tante Füßchen« aus der Kreislerbiographie ist Hoffmanns jüngste Tante, Charlotte Wilhelmine Doerffer, die im Alter von 24 Jahren 1779 an den Pocken starb. Von ihr wissen wir nicht mehr, als was Hoffmann seinen Kreisler erzählen läßt, und das wenige ist eingehüllt in den verklärenden Zauber der frühen Jahre. Alles Glück, das diese Frau dem Kind gespendet hat, verdichtet die Erinnerung in den Glanz ihrer »mildblickenden Augen«, den Klang ihrer Stimme und das Spiel ihrer Laute. »Tanta Füßchen« starb zu früh, sie konnte nicht zur Mutter des kleinen Ernst Theodor werden.

Bleibt noch die zweite Schwester der Mutter, Johanna Sophia Doerffer. Diese ebenfalls unverheiratet gebliebene Tante nimmt sich des kleinen Ernst Theodors an. Das

Schicksal hatte Johanna Sophia nicht bitter gemacht. Unverheiratet zu bleiben bedeutete damals für eine Frau, nie recht erwachsen sein zu dürfen. Das Leben im elterlichen Haus hielt auch sie in der Rolle einer Tochter fest, die ihren Neffen als jüngeren Bruder behandelte. Da sie eine Frau von Witz und Phantasie war und sich weniger als die anderen Doerffers unter die Macht des Schicklichen beugte, fand sie auch genügend innere Freiheit, ihrem Neffen mit Verständnis zu begegnen. »Sie war die einzige im Hause, die seinen Geist begriffen hatte«, schreibt Hippel. Sie umsorgte ihn, und Hoffmann bewahrte ihr eine Anhänglichkeit bis zu ihrem Tode 1803. Bei Konflikten nahm sie oft die Partei des Neffen. Hoffmann hat es ihr gedankt und sie bisweilen ins Vertrauen gezogen. Doch war die emotionale Bindung nicht stark genug, um ein Gegengewicht zum Gefühl der Verlassenheit, das der heranwachsende Hoffmann im Doerfferschen Haus empfand, bilden zu können.

Hoffmann wuchs also unter Frauen auf, aber es fehlte eine Mutter. Seine späteren Werke sind von dieser Erfahrung geprägt: Die Mutter des *Klein Zaches* (1818) will ihren verwachsenen Gnom am liebsten loswerden. Es findet sich dann auch eine gute Fee, die ihr diese Last abnimmt. Auch die Mutter des Medardus in den *Elixieren des Teufels* (1815/16) überläßt sehr früh ihren Sohn einer wohlgesonnenen Äbtissin. Der *Kater Murr* lernt seine Katzenmutter erst kennen, als er schon ›erwachsen‹ ist. Er muß sich ihr Gejammer über den untreuen Vater anhören. So wird auch Hoffmanns Mutter geklagt haben. »›Ha, diese Ähnlichkeit‹, sprach die Gefleckte, ›diese Ähnlichkeit, diese Augen, diese Gesichtszüge, dieser Bart, dieser Pelz, alles erinnert mich nur zu lebhaft an den Treulosen, Undankbaren, der mich verließ.« Murr will ihr etwas Gutes antun und ihr einen Heringskopf spendieren. Doch das Pflichtgefühl des Sohnes kann es mit den gebieterischen Forderungen der ›Mutter Natur‹ nicht aufnehmen, der Appetit siegt: Murr verspeist den Heringskopf selbst.

In Hoffmanns Werk haben die Mütter kaum eine Daseinsberechtigung. Schattenhaft stehen sie am Rand, verschwinden oder lassen sich vertreten durch andere Personen und Instanzen. Gegen böses Geschick bieten sie keinen Schutz. Die Mutter im *Sandmann* (1816) kann den kleinen Nathanael nicht vor dem dämonischen Coppelius bewahren.

Nur manchmal zeigt sich die Präsenz der Mutter in den Kindern, dann aber auf verhängnisvolle Weise: In den Adern des Medardus »kocht« ein Blut, das die Sinnenlust der mütterlichen Vorfahren erhitzte. In einer anderen Erzählung erbt die Tochter das blutsaugerische und männermordende Begehren von der Mutter (*Vampirismus*, 1821).

Eine solch verhängnisvolle Präsenz der Mutter im Leben ihres Kindes erlebt der junge Hoffmann in seiner unmittelbaren Nachbarschaft. Im ersten Stock des Doerfferschen Hauses lebt eine hysterische Mutter, die ihren Sohn, den später gefeierten romantischen Dramatiker Zacharias Werner (1768-1823) in dem Wahn erzieht, er sei eine neuerliche Verkörperung von Jesus Christus. Daß Zacharias Werner eine solche Erziehungstortur nicht heil überstehen konnte, läßt sich denken. In den Gesprächen der *Serapionsbrüder* berührt Hoffmann dieses Thema. Er führt dort das überspannte Selbstbewußtsein, die heuchlerische Verlogenheit, das eitle und bigotte Wesen des Dichters und seine »Lüsternheit«, die dieser vor sich selbst und den anderen verbarg, auf das Erziehungsmilieu zurück, worin der Wahn der Mutter den jungen Zacharias festhielt. Auch auf den ›Hysterismus‹ seiner eigenen Mutter kommt Hoffmann bei dieser Gelegenheit zu sprechen: Sie habe in ihm die »ganze exzentrische Phantasie« erzeugt. Nur diese Mitgift will er von ihr empfangen haben, eine andere von ihr ausgehende Einwirkung auf sein Leben kann er nicht entdecken.

Die Vater- und Mutterrolle blieben also in Hoffmanns Kindheit unbesetzt. Seinem Freund Hippel gegenüber, den er dessen Familie wegen beneidet, beklagt er sich: »Ja, ja – in meiner ersten Erziehung, zwischen den vier Mauern mir selbst überlassen, liegt der Keim mancher von mir hinterher begangenen Torheit« (undatiert, Frühjahr 1803). »Torheit« nennt Hoffmann in diesem Brief seine respektlosen Karikaturen der Posener Honoratioren; sie hatten ihm eine Strafversetzung nach Plock eingebracht. Er leidet unter dieser Verbannung und gibt die Schuld dem Schicksal, das ihm eine erzieherische Autorität in der Jugend vorenthalten hat, weshalb es ihm in der Folgezeit an der respektvollen Einstellung zu Autoritätspersonen gemangelt habe.

Nicht immer empfand Hoffmann seine Respektlosigkeit als Mangel, doch vor dem soliden und autoritätsfrommen Hippel schämte er sich ihrer bisweilen. Dabei kannte seine Respektlosigkeit Grenzen, denn mit den Konventionen seiner gut-bürgerlichen Umwelt hat er letztlich doch nicht gebrochen. Er ist ihnen in seinem Werdegang sogar sehr beflissen gefolgt. Das überrascht, da in seiner Jugend, »sich selbst überlassen«, die Chancen nicht schlecht standen, gar kein oder ein nur sehr schwaches Über-Ich zu entwickeln.

Hoffmann, der sehr früh seine künstlerischen Neigungen in sich entdeckte, ist geworden, was seine Familie aus ihm machen wollte: ein Jurist, ein Beamter. Doch die Familie hat keinen unmittelbaren Zwang ausgeübt, schon gar nicht der hilflose Onkel Otto. In der Kreislerbiographie nimmt Hoffmann ihn und die ganze Familie vor einem solchen Vorwurf ausdrücklich in Schutz: »So ist es auch gewiß, daß es nicht Erziehungszwang..., nein, daß es der gewöhnlichste Lauf der Dinge war, der mich fortschob, so daß ich unwillkürlich dort hinkam, wo ich eben nicht hin wollte«. Der »Lauf der Dinge« – das ist die Macht des Herkommens, und das sind die als selbstverständliche Verpflichtung empfundenen Erwartungen der Familie Doerffer, in der es von Juristen nur so wimmelt. Er übernimmt zwar nicht die in der Familie herrschende Auffassung von der Kunst als angenehmen Zeitvertreib für Mußestunden, doch zähneknirschend befolgt er zunächst den aus dieser Auffassung abgeleiteten Grundsatz, aus der Kunst keine Profession zu machen.

Nicht eine persönliche Autorität, mit der man sich identifizieren könnte, kein Vater, keine Mutter, lasten auf dem jungen Hoffmann, sondern es ist die verpflichtende, aber unpersönlich, äußerlich bleibende Tradition des ganzen Familienclans, dem sich der widerspenstige Musensohn fügen soll. Und er fügt sich, doch ohne die Normen, denen er gehorcht, verinnerlichen zu können. Denn ihre Verinnerlichung gelingt nur dann, wenn sie über eine starke persönliche Bindung in den Heranwachsenden eingepflanzt werden. Gerade das aber ist bei Hoffmann nicht geschehen. Er befolgt die Normen des bürgerlichen Lebens, doch sie sitzen bei ihm locker. Er spürt ihren Druck, aber auch die innere Kraft, mit ihnen wenigstens spielen zu können. Sich ihnen ganz zu entziehen, dazu reicht sie allerdings nicht aus. Wer die konditionierende Macht nicht verinnerlichen, sie aber auch nicht abschütteln kann, dessen Lebensstil wird ausweichend sein, der wird es mit der Nichtbelangbarkeit versuchen: Nirgendwo ist man voll und ganz da, man ist nicht zu fassen. Man »mystifiziert« sich und die anderen, indem man die eigene Identität im Vexierspiegel der Verwandlungslust vervielfältigt. Man wird kein Protestant, der sagt: Hier steh ich – ich kann nicht anders. Hoffmanns Maxime könnte lauten: Hier steh ich, ich kann auch anders. Nicht Kreisler, der sich mit Haut und Haaren dem Künstlertum verschreibt und deshalb auch so verletzlich ist, wird zum Spiegelbild der Hoffmannschen Existenz, sondern der Archivarius und gleichzeitige Feuersalamander Lindhorst aus dem *Goldnen Topf* repräsentiert jenen Lebensstil, auf den sich der Kammergerichtsrat Hoffmann so gut verstehen wird.

Wer sich so früh wie Hoffmann in der Kunst des ›Sowohl-als-auch‹ und des ›Als-ob‹ übt, der bekommt zwangsläufig etwas von einem Spieler, dem die leichte Hand viel gilt. Deshalb Hoffmanns Vorsicht gegenüber allem, was nach totaler Inanspruchnahme aussieht. Hoffmann wird nie restlos aufgehen in dem, was er tut. Er will sich immer zugleich auch von außen sehen können. Das wird ihm natürlich im ungeliebten Justizberuf besonders leicht fallen; dieser ist ihm äußerlich, er gehört zur Welt der Anderen, die er wohl oder übel ein Stück weit in sich hineinlassen muß. Für diese Welt der Anderen stellt er eine wohldosierte Menge von Intelligenz und Energie zur Verfügung, nicht mehr und nicht weniger als für die Aufrechterhaltung dieser beruflichen Existenzform notwendig ist. Schnell und geschickt eignet er sich die Regeln und Mittel an, die zum Spiel, das die anderen ihm aufdrängen, gehören. Er wird ein exzellenter Jurist und betreibt das Spiel so gewissenhaft, daß er später die Regeln eines korrekten Verfahrens sogar gegen seine Vorgesetzten verteidigen wird.

Einer leichten Hand bedarf auch die Kunst, wenn sie gelingen soll. Dazu aber muß sie frei sein vom lastenden Druck der Selbstbehauptung; nur wenn es nicht um alles oder nichts geht, kann sie ihr freies Spiel entfalten. Wer emphatisch seine ganze Existenz auf die Kunst wirft und in ihr seine innerste Wahrheit und seine volle Selbstverwirklichung sucht, der lädt sich erneut eine Last auf, unter der er zusammenbrechen kann. Hoffmann wird dies am eigenen Leib erfahren. Als Komponist wird er nicht erreichen, was ihm vorschwebt, und zwar deshalb nicht, weil er von der Musik zuviel, um nicht zu sagen: alles erwartete; sie sollte seinem ›eigentlichen‹ Leben Gestalt geben. Bei solcher Anspannung steht zuviel auf dem Spiel, nämlich das ganze Leben. Wenn es sich so verhält, dann verliert man die leichte Hand. Die Verkrampfung erlaubt keinen großen Wurf.

Für Hoffmann hängen am Komponieren zu große Gewichte, nicht aber am Schreiben, das er mit der spielerisch leichten Hand des Nebenher betreibt. Deshalb gelingt ihm in der Literatur der große Erfolg, der ihm als Musiker und Komponist versagt bleibt.

Man kann also sagen, daß Hoffmanns Lebensstrategie, die bürgerlichen Normen zu befolgen, ohne sie zu verinnerlichen, daß die Doppelexistenz als Amtsschimmel und Pegasus sich nicht ungünstig auf seine künstlerische Arbeit ausgewirkt haben. Doch es bleibt ein Selbstzweifel: Ist nicht mangelnde künstlerische Kraft dafür verantwortlich, wenn es einem nicht gelingt, sein Leben ganz auf die Kunst zu gründen? Diese Frage ist in Hoffmanns Werk allgegenwärtig. Deshalb begegnen wir in seinen Erzählungen auch so häufig jenen Figuren, die aus ihrem bürgerlichen Beruf ausbrechen, um Künstler zu werden und dabei scheitern, weil sie ihre Kraft überschätzt haben. Sie reicht aus zur Abfahrt, nicht aber zur Ankunft. Die Phantasien über die Risiken des Aussteigens aus der bürgerlichen Sekurität um der Kunst willen verarbeiten jene Scham, die Hoffmann darüber empfindet, es ohne die äußere Sicherheit des Lebens nicht ausgehalten zu haben. Die Mächte des bürgerlichen Lebens, die er haßt, weil sie ihn konditionieren, an sie lehnt er sich doch auch an. Die Philisterwelt, sonst Zielscheibe seines vernichtenden Spotts, auf die Sicherheit, die sie zu bieten hat, mag er nicht verzichten. Seine Spießer-Kritik hat deshalb auch etwas Versöhnliches, und wo sie radikal ist, da ist sie doch auch zerknirscht.

Befehle nennt Canetti einmal »Stachel«, die zurückbleiben in dem, der ihnen gehorcht. Hoffmann hat den Befehlen seiner Umwelt und seiner Familie oft gehorcht. Er ist davon ganz ›stachelig‹ geworden. Die ›Befehlsstachel‹ machen sich bei ihm besonders schmerzhaft bemerkbar, weil sie Fremdkörper bleiben, nicht verinnerlicht werden; denn er hat sie von einer Familie empfangen, die er nicht liebt, die er sogar herzlich verachtet. Wer den Spuren der »gänsedummen Bocksprünge des gemeinen maulaffenden Pöbels« (1.5.1795) – so bezeichnet Hoffmann einmal seine Familie – folgt, der hat sich etwas vorzuwerfen, dessen Selbstachtung nimmt Schaden.

Man könnte meinen, Hoffmann habe an der Familie gelitten, weil sie bürgerlich-konventionell war und wenig Verständnis für sein exzentrisches, phantasievolles, der künstlerischen Leidenschaft ergebenes Wesen aufbrachte. Das ist sicherlich der Fall, aber doch nicht die ganze Wahrheit. Es ist nicht die Bürgerlichkeit allein, sondern die Bürgerlichkeit ohne Format, die ihn beengt. Gegenüber seinem Freund Hippel, dessen Familie kaum weniger sittenstreng, auf Anstand, Herkommen und Ordnung bedacht war, äußert er einmal: »Was hat mir das Geschick für Verwandte gegeben! Hätt ich einen Vater und einen Onkel wie Du, mir würde ja dergleichen (Spott über die Verwandten, R.S.) nicht in den Sinn kommen«. Hippels Onkel, der Königsberger Stadtpräsident, ist zu diesem Zeitpunkt (Anfang 1790) nicht mehr der lockere, etwas rokokohafte, lebenslustige Bonvivant, der er einmal war, sondern ein steifer, förmlicher, auf Ehrbarkeit bedachter Pedant. Aber eben einer mit hohem Ansehen, mit Vermögen und stattlichem Haus. Er ist nicht weniger konventionell als Hoffmanns Anverwandte. Er hätte es zum Beispiel nie geduldet, wenn sein Neffe eine andere als die staatsmännisch-juristische Laufbahn hätte einschlagen wollen. Doch seine Konventionalität kommt aus dem sozialen Stolz, nicht aus der kleinlichen Angst vor den Leuten. Die Starrheit des alten Hippel ist großspurig, die der Doerffers kleinkariert.

»Du bist... von Deiner Familie umgeben gewesen«, schreibt Hoffmann in einem Brief an Hippel vom 6.3.1806, »ich habe keine – Du sollst für den Staat leben und steigen, *mich* fesselt eine elende Mediokrität, in der ich sterben und verderben kann.«

Die soziale Stellung der Doerffers war, solange der Großvater, der Hofgerichtsadvokat und Konsistorialrat Johann Jacob Doerffer, noch lebte, durchaus nicht ›mediocre‹ gewesen. Doch nach des alten Doerffers Tod beginnt sich das zu ändern. Ein Haus, dem ein gescheiterter Beamter, eine sitzengebliebene und eine geschiedene Frau mit ihrem Kind – geschieden von einem Manne, der nicht den besten Ruf hat – angehören, ein solches Haus verliert langsam die Reputation, auch wenn noch die alte Konsistorialrätin ihm vorsteht. Und wenn man sich dann noch vom gesellschaftlichen Leben der Stadt so zurückzieht, wie das die Doerffers tun, ist das ehemalige Prestige bald aufgezehrt. Langsam wächst bei den Doerffers die Angst vor dem Abstieg. Die Angst macht eng. Überanpassung an Normen, vor denen man auf keinen Fall versagen will, ist die Folge. Wenn ein selbstbewußt-gelassener Umgang mit der Konventionalität fehlt, verliert diese an Überzeugungskraft. Die ängstliche Weitergabe von Normen bleibt ohne Autorität. Wenn Hoffmann seiner Familie bei Gelegenheit vorwirft, sie sei zu schwach gewesen, ihn zu lehren, sich in die Umstände zu »schicken« (Brief an Hippel vom Frühjahr 1803), dann bezieht er sich auf diese Art des Autoritätsverlustes.

Mit dem langsamen Abstieg der Familie hängt auch zusammen, daß die geselligen Musikabende im Hause Doerffer fast ganz aufhören. Nur sehr frühe Kindheitserinnerungen Hoffmanns berichten davon. Man trieb damals beträchtlichen Aufwand. Manchmal war der Stadtpfeifer zu Gast, brachte auch seine Gesellen mit. Es wurden kleine Symphonien gespielt, der Knabe durfte auf die Pauke hauen. An einen flötenden Zollinspektor erinnert sich Hoffmann, der sich im Atem so gewaltig übernahm, daß er die Lichter am Notenpult ausblies. Die Damen vereinigten sich zum Gesang und intonierten Chöre aus populären Singspielen. Man stellte lebende Bilder, die der alte Podbielski, der Domorganist von Königsberg, auf einem knarrenden Flügel begleitete. Dazwischen wurde Punsch und Tee getrunken. Einmal war sogar eine pensionierte Hofsängerin zu Gast. Sie brachte einen Hauch Rokoko in das bürgerliche Gesellschaftszimmer. Im reich verzierten, eng geschnürten bunten Kleid trug sie Bravourarien vor. Im aufgesteckten und gepuderten Haar nickten Porzellanblumen zum Takt. Während der Pausen schnupfte sie aus einer Porzellandose, die wie ein Mops aussah. Man bewunderte die Demoiselle und hielt sich viel darauf zugute, ihrer nicht mehr ganz reinen Stimme lauschen zu dürfen.

Das alles war für den heranwachsenden Hoffmann die versinkende Welt der frühesten Kindheit.

Jetzt ist es im Hause still geworden. Gesellschaften werden nur noch selten gegeben. Die Doerffers schirmen sich ab. So wächst Hoffmann auf, in »dürrer Heide«, wie er einmal schreibt.

Seine Umwelt muß er sich alleine entdecken und erobern.

Zweites Kapitel
Eine Jugend in Königsberg

»Eine große Stadt, der Mittelpunkt eines Reichs, in welchem sich die Landescollegia der Regierung desselben befinden, die eine Universität (zur Kultur der Wissenschaft) und dabei noch die Lage zum Seehandel hat, welche durch Flüsse aus dem Inneren des Landes sowohl, als auch mit angrenzenden entlegenen Ländern von verschiedenen Sprachen und Sitten, einen Verkehr begünstigt, – eine solche Stadt, wie etwa *Königsberg* am Pregelflusse, kann schon für einen schicklichen Platz zu Erweiterung sowohl der Menschenkenntnis als auch der Weltkenntnis genommen werden; wo diese, auch ohne zu reisen, erworben werden kann.«

So begründet Kant 1798 in der Vorrede zu seiner *Anthropologie*, weshalb er sich Menschen- und Weltkenntnis zutraut, ohne doch größere Reisen unternommen zu haben: Königsberg ist die Welt im Kleinen. Nicht alle Zeitgenossen haben so günstig über die Pregelstadt gedacht. Ihr prominentester Kritiker ist Friedrich der Große. »Müßiggang und Langeweile sind, wenn ich nicht irre, die Schutzgötter von Königsberg, denn die Leute, die man hier sieht, und die Luft, die man hier atmet, scheinen nichts anderes einzuflößen«, schreibt er als Kronprinz und weigert sich später beharrlich, seinen Fuß in die gescholtene Stadt zu setzen. Er konnte der Stadt auch nicht verzeihen, daß sie im Siebenjährigen Krieg die russische Besetzung (1758-62) schon fast freudig ertrug. Man hatte der Zarin über Gebühr gehuldigt. Königsbergs Musensöhne überboten sich in der Anfertigung von Lobgedichten. Die Schulchöre sangen zum Geburtstag der Zarin. Im Hause des russischen Gouverneurs traf sich alles, was Rang und Namen hatte. Den russischen Offizieren folgten die schönen Kurtisanen aus St. Petersburg und bezauberten die Königsberger Bürgersöhne. Die Galanterie zog ein. Das nüchtern protestantische Königsberg lockert sich. Die Russen bringen den Punsch mit, den Hoffmann so sehr schätzen wird. Die Zahl der Prostituierten und der unehelichen Kinder steigt. Handel und Gewerbe stehen in Blüte, denn das beschwingtere Lebensgefühl schafft neue Bedürfnisse, und die Zollschranken nach Rußland sind für eine Zeitlang verschwunden. In diesen Jahren wird Königsberg wirklich weltoffen. Friedrich der Große hätte sich davon überzeugen können, würde er die Stadt noch einmal aufgesucht haben.

Doch diese Blütezeit hält nicht an. Im letzten Drittel des 18. Jahrhunderts – es ist Hoffmanns Königsberger Zeit – beginnt ein langsamer Abstieg, wirtschaftlich und politisch.

Königsberg ist Residenz der preußischen Könige. Im Mittelpunkt liegt das große Schloß. Ein beträchtlicher Teil der Stadt gehört zur sogenannten ›königlichen Freiheit‹; dort gibt es Sonderrechte, Sonderabgaben, besondere Verwaltung. Weil die Hohenzollern nur als Könige in Preußen (also nicht in der Mark Brandenburg) gelten durften, hatte die erste Königskrönung 1701 auch in Königsberg stattfinden müssen. Doch zum Mittelpunkt der Dynastie war die Stadt nie ausersehen. Die Königsberger Königswürde war für die Hohenzollern ein Vehikel zu Expansion nach Deutschland hinein. Königsberg blieb ein Stützpunkt am Ostrand; in Berlin zog man sogar seine Verläßlichkeit in Zweifel. Die russische Okkupationszeit immerhin hatte bewiesen, daß es mit der dortigen Anhänglichkeit ans Königshaus nicht weit her war.

Königsberg wird, wie die anderen Städte auch, in die zentralistische Verwaltungshierarchie eingefügt und verliert dabei althergebrachte städtische Selbstverwaltungsrechte. Der Magistrat wird zum ausführenden Organ der königlichen Kriegs- und Domänenkammer. Der Oberbürgermeister ist nicht mehr Repräsentant der Bürgerschaft, sondern königlicher Beamter. Er darf sich (Stadt-)Präsident nennen, wie andere Leiter königlicher Behörden auch.

Besonders hemmend wirkt sich das zentralistische Regime auf das Wirtschaftsleben aus. Handel und Gewerbe können sich in dem merkantilistischen Gestrüpp von Zöllen, Einfuhrverboten, Staatsmonopolen und Verwaltungsvorschriften nicht entfalten. Allein zwischen 1775 und 1780 gehen in Königsberg 43 große Handelshäuser bankrott, darunter das bedeutendste, das Haus Saturgus. Die Kaufmannschaft wehrt sich gegen die Bevormundungen und Einschränkungen, worüber man sich in Berlin natürlich ärgert. Friedrich der Große in einem Reskript: »Die Sachen wegen des Preußischen Commerce sind schon öfters vorgewesen und kömt gar nichts damit heraus, als daß die dortigen Kaufleute lieber fremde Tücher und Stoffe als unsere verkauffen wollen. Das gehet aber nicht an, also ist mit den Leuten nichts anzufangen.«

Die Kaufleute ziehen in diesen Auseinandersetzungen zwar ökonomisch den kürzeren, sie wissen aber die Stadtbevölkerung hinter sich. Ihr Selbstbewußtsein und ihr Ansehen steigen. Zum Beispiel scheut sich Kant, aus Achtung vor den Kaufleuten, seinen Diener Johannes Kauffmann bei seinem Nachnamen zu rufen, um nicht einen Unwürdigen mit einem solchen Ehrentitel in Verbindung bringen zu müssen.

Hoffmann hat dem Ansehen der Kaufmannschaft später auch seine Reverenz erwiesen – im *Artushof*. Diese Erzählung spielt allerdings in Danzig, das Königsberg inzwischen den Rang als Handelsmetropole abgelaufen hat.

Trotz des wirtschaftlichen Niedergangs wächst die Stadt.

Am Ende des 18. Jahrhunderts zählt man ungefähr 50 000 Einwohner. Doch auch die Zahl der Armen nimmt zu. Die Bettelvögte sorgen dafür, daß sich das Elend versteckt hält. Betteln ist verboten. Die Allerärmsten werden aus der Stadt getrieben oder kommen ins Arbeitshaus. Das verrät den Geist der neuen Zeit, in die Hoffmann hineinwächst: Man will mit der alten ›Unordnung‹ aufräumen. Es ist eine Zeit des Umbruchs.

Das Stadtbild verändert sich. Zwei fürchterliche Brandkatastrophen, 1764 und 1769, haben ganze Stadtteile in Schutt und Asche gelegt. Zuerst den Löbenicht, dann die Vorstadt. Der Neuaufbau ist zugleich eine städtebauliche Flurbereinigung. Das Verwinkelte, Ineinander-Geschachtelte des alten Stadtbildes verschwindet. Jetzt wird übersichtlich, gradlinig, schmucklos gebaut. Dem Nutzen, doch nicht dem Schönheitsempfinden wird Genüge getan. Das bemängeln schon die Zeitgenossen. Da man gerade beim Neuaufbau ist, wird auch manche alte, noch erhaltenswerte Bausubstanz zerstört. Die Zeit hat noch kein Verständnis für die Erhaltung alter Bauwerke. Abgerissen werden 1782 das Honigtor und das altstädtische Schmiedetor, 1790 das Holztor und die meisten Türme der Stadtmauer. Verschont wurden alte Gebäude nur dann, wenn der Stadtbaumeister errechnete, daß die Kosten des Abbruchs höher sein würden als der Gewinn, der aus dem Verkauf der Steine zu erzielen ist. Um künftig gegen Brände besser geschützt zu sein, verbietet eine baupolizeiliche Verordnung von 1782 die Verwendung von Fachwerk innerhalb der Stadt. Natürlich dauert es noch lange, bis die Fachwerkhäuser ganz aus dem Straßenbild verschwinden, aber das Todesurteil über sie war damit doch schon gesprochen.

1783 wird auf Antrag Immanuel Kants der erste Blitzableiter installiert. Es ist die Haberberger Kirche, die unter diesen technischen Schutz gestellt wird. Am Pregelufer entstehen neue Getreide- und Salzspeicher, nicht mehr aus Holz, sondern aus massivem Stein. Überall wird gebaut in dieser Zeit des Umbruchs. Doch man kommt nicht so schnell voran, wie man es wünscht. Noch 1792 gibt es 160 wüste Baustellen.

Alles will man ›verbessern‹ – ganz im Geiste jenes aufklärerischen Regimes, das Hoffmann im *Klein Zaches* karikierte. Gegen den Brand, gegen die Überschwemmungen des Pregel will man bessere Vorkehrungen treffen. Wasser- und brandpolizeiliche Verordnungen füllen Foliobände. Man will Handel und Gewerbe verbessern und setzt dafür eine Kommission ein, die Vorschläge erarbeiten soll. Als diese dann die Abschaffung merkantilistischer Handelsbeschränkungen fordert, kommt aus Berlin der Bescheid: »So müsset Ihr Eure fünf Sinne da nicht zusammen gehabt haben...«

Man will die Zuchthäusler verbessern, indem man sie Choräle singen läßt. Kant, der das Pech hat, in der Nähe des Gefängnisses zu wohnen, stellt den Antrag, man möge den Gesang abstellen. Weil der Stadtpräsident Hippel zu seinen Freunden zählt, hat er damit Erfolg. Hippel seinerseits gehört ebenfalls zu den Verbesserern. Er schreibt ein Buch *Über die bürgerliche Verbesserung der Weiber* (1792). Man will die Verrückten verbessern und richtet deshalb im Hospital »Tollstuben« ein. Die aufgeklärte Stadtregierung betätigt sich auch als Lichtbringerin: Sie vermehrt die Zahl der Straßenlaternen, verpachtet sie aber dann. Der Pächter fordert von den Anwohnern hohe Preise, die diese nicht zahlen wollen. Also bleibt es dunkel.

Der rationalistische Geist der Zeit war auch dem Brauchtum und den überlieferten Formen der Geselligkeit nicht gewogen. Hier wurde vieles niedergerissen und ausgelöscht, weil man es für nutzlos, verschwenderisch, abergläubisch, sittenlos oder einfach für unvernünftig hielt. Besonders dem unmäßigen Fressen und Saufen bei allen möglichen Festgelegenheiten – auch die Zahl der Feste wurde reduziert! – sollte Einhalt geboten werden. Berühmt-berüchtigt für solche Gelage waren vor allem die Bäckergesellen. Die Bäckerinnung, eine der wohlhabendsten der Stadt, hatte eine Gesellenherberge errichtet. Das Anbringen eines neuen Herbergsschildes war zum Beispiel für die Gesellen Grund genug, über zwei Tage hinweg ein opulentes Fest zu feiern. Die höchstens hundert Teilnehmer verbrauchten sechs Rinder, große Mengen Pökelfleisch, Karpfen und andere Fische, sechs Faß Bier, zwölf Pfund Kaffeebohnen und zwölf Schmalztöpfe. Sie ließen sich von den Stadtmusikanten aufspielen und veranstalteten einen Umzug.

Die Stadtverwaltung sieht in den alten Bräuchen überflüssige »Grillen und Usancen«. Die farbenprächtigen Umzüge der Zünfte werden verboten. Sie verlocken nur zum »Versäumnis der Zeit«, heißt es. Den Pauper-Schülern wird das Straßensingen untersagt mit der Begründung, es sei zur Bettelei ausgeartet. Das studentische Leben verliert an Farbigkeit. Man trägt jetzt bürgerliche Kleidung, und als die Studenten 1795 die Wiedereinführung der alten akademischen Tracht fordern, lehnt der Senat ab: Die Tracht sei zu teuer, reine Geldverschwendung, und hebe den Studenten zu sehr von den anderen Ständen ab. Wenn die Studenten an Sommerabenden mit ihrem Serenadenspiel durch die Straßen hinunter zum Pregel ziehen, fühlen sich prosaische Gemüter neuerdings in ihrer Ruhe gestört und erreichen bei den Behörden, daß man den Studenten das nächtliche Waldhornblasen verbietet.

Natürlich hören Geselligkeit und Vergnügen nicht auf. Sie ändern jedoch ihren Charakter. Der Sinn für das Zeremoniale des alten Brauchtums geht verloren. Die tradierte Strenge und Förmlichkeit erscheinen ebenso unzeitgemäß wie die tradierten Formen der Entladung und Enthemmung. Die alte Völlerei der Feste, ihre lange Dauer und Häufigkeit, das Derbe und Verschwenderische widersprechen dem bürgerlichen Geist des An-Sich-Haltens, der sich jetzt ausbreitet. Das bürgerliche Milieu, in dem Hoffmann aufwächst, grenzt sich in seiner Geselligkeit doppelt ab: gegen die tradierte Strenge und die tradierte Wildheit. Man bewegt sich auf einer mittleren, moderaten Ebene. Noch halb private Einrichtungen der Geselligkeit sind die ›Ressourcen‹. Sie finden zumeist in Privathäusern statt; man treibt dort Konversation, liest die Zeitung und spielt Karten. Frauen bleiben ausgeschlossen. Erst in den Salons werden sie eine wichtige Rolle spielen. Die Ressource ist das Offizierskasino für bürgerliche Zivilisten. Hier kann die bürgerliche Männer-Elite sich lockern und erholen von der Zucht der Logen – einer sehr strengen und ambitionierten Form bürgerlicher und aristokratischer Geselligkeit. Zu Hoffmanns Zeiten gibt es in Königsberg zwei große Logen – die Dreikönigsloge und die Totenkopfloge. Fast alles, was in Königsberg etwas auf sich hält, gehört zu den Mitgliedern. Dort übt man sich in weltbürgerlicher Gesinnung, nimmt deshalb auch russische und polnische Diplomaten und Kaufleute auf sowie die französischen Beamten der im übrigen verhaßten preußischen Zoll- und Steuerverwaltung. In den Logen wird anstrengende Kulturarbeit geleistet. Hier kann man sich nicht gehen lassen. Hier wird man durch ein kompliziertes Filtersystem der sittlichen Veredelung geschleust. Die Hierarchie der Grade und Ränge soll die Stufen der Erkenntnis und Moralität zum Ausdruck bringen. Ein raffiniertes Spiel der Geheimhaltung, das die Hierarchie der Logen auch vor den Mitgliedern verbirgt, erzeugt das Gefühl, unter ständiger Beobachtung zu stehen; bei den Außenstehenden nährt dieser Geheimniskult mißtrauische Phantasien über Macht und Einfluß der Logen. Darüber später mehr.

Ressourcen und Logen sind Institutionen der Entmischung des geselligen Lebens. Ihre Exklusivität verpflichtet zur Anstrengung, sich ihrer stets würdig zu erweisen. Wirkliche Erholung verschaffen sich die Bürger denn doch lieber in den öffentlichen Lokalen, die am Ende des Jahrhunderts wie Pilze aus dem Boden schießen. Bürgerliches Publikum findet man vor allem in den Wein- und Kaffeehäusern, in den Gartenlokalen, wo zum Tanz aufgespielt wird; hier sind auch die Frauen zugelassen, die Bürgertöchter und Ladenmädchen. Die Universität warnt die Studenten vor dem

Besuch dieser Orte, besonders als sich die Prostituierten zu zahlreich unter die Gäste mischen. Die Warnungen bleiben wirkungslos, und die Universitätsgerichte müssen sich damit begnügen, einzelne Studenten, denen ›unwürdiges Betragen‹ nachgewiesen werden kann, zu bestrafen. Zum ›unwürdigen Betragen‹ gehörte auch der Besuch in einer der über sechzig Bierschenken der Stadt. Dort verkehrt das einfache Volk, die Gesellen, Manufakturarbeiter, Dienstboten. In manchen dieser Lokale findet auch ein Bordellbetrieb statt. Anders als in anderen großen Städten Preußens gibt es in Königsberg keine konzessionierte Anstalt dieser Art. Das ›Laster‹ war dort nicht kaserniert. Ob Johannes Timotheus Hermes aber recht hatte, als er 1778 behauptete, »daß das Sprichwort ›große Städte große Sünden‹ nirgend so wenig zutrifft wie in Königsberg«, darf bezweifelt werden.

Hoffmann, der später einen beträchtlichen Teil seiner wachen Stunden in Weinhäusern verbringen wird, ist in seiner Studentenzeit noch ein mäßiger Besucher öffentlicher Lokale. Sein Glas Wein trinkt er lieber zu Hause, zumeist im vertrauten, seelenvollen Gespräch mit Hippel, seinem Freund.

Der rationalistische Geist hält am Ende des 18. Jahrhunderts auch Einzug in die höhere Schule. »Jeder ein Theologus« – diese Losung über dem Portal der Burgschule, die Hoffmann besuchte, wird 1779 umgeändert in: »Jeder ein Philosophus«. Der Rektor dieser Schule zu Hoffmanns Zeiten, der polnische Prediger Stephan Wannowski, war bekannt für seinen Unterricht in »natürlicher Religion und Moral«. Ganz im Sinne Kants lehrt er die Religion als vernünftiges System der Sittlichkeit und zeigt großes Geschick darin, auch an antiken Texten ihre Wirksamkeit und Verbindlichkeit zu demonstrieren. Die Säkularisierung ist eben im vollen Gange. 1795 wird zum erstenmal ein Nichttheologe Rektor einer Lateinschule. Es ist Michael Hamann, der Sohn des berühmten alten Hamann. Die Kneiphöfsche Schule verkauft ihre theologischen Werke und schafft aus dem Erlös eine Elektrisiermaschine an.

Die Königsberger Universität, die »Albertina«, zählt während Hoffmanns Studienzeit nicht zu den bedeutenden des deutschen Sprachgebietes. Daran kann auch Kants Ruhm nichts ändern. Halle, Leipzig und Jena – das waren damals die akademischen Metropolen. Die Zahl der Studenten in Königsberg ging zurück. Wäre Kant nicht gewesen, der Rückgang wäre noch dramatischer ausgefallen. Immerhin saßen in Kants Vorlesungen – morgens von 7 bis 9 Uhr – bisweilen ein Drittel aller immatrikulierten Studenten, und dies obwohl Kants Vortragsweise wenig attraktiv gewesen sein soll. Fichte jedenfalls notiert 1791: »Sein Vortrag ist schläfrig«. Seit 1792, Hoffmann beginnt in diesem Jahr sein Studium, reduziert Kant seine Lehrtätigkeit.

Während draußen in der geistigen Welt seine Gedanken wie Blitze einschlagen, kämpfen die Hörer in den Kollegs gegen das Schlafbedürfnis. Das mag an den frühen Morgenstunden gelegen haben, doch auch daran, daß Kant, pflichtschuldig und pedantisch, nicht nur über die ›heißen‹ Themen seines Kritizismus las, sondern sich auch enzyklopädisch über alle möglichen Gebiete des Wissens verbreitete: Geographie, Pädagogik, Sternenkunde, Kameralistik und Anthropologie in pragmatischer Absicht.

Hoffmann hat Kants Vorlesungen wahrscheinlich nie besucht. An den Geschicken dieser Philosophie hat er kaum Anteil genommen. Auch nicht, als es Mitte der 90er Jahre zu einem großen Eklat um Kant kommt: Seine zu Ostern 1793 in Jena erschienene Schrift *Die Religion innerhalb der Grenzen der bloßen Vernunft* wird wegen unzulässiger Kritik an Kirche und Offenbarungsglaube verboten. Im Sommer 1794 muß Kant sogar eine Inhaftierung befürchten und sieht sich deshalb nach einer Zuflucht um, wo er sein Leben »sorgenfrei zu Ende« bringen kann. Kant darf dann doch weiter lehren, muß aber versprechen, künftighin über Religionsdinge zu schweigen. Die theologischen und philosophischen Kollegen verpflichteten sich, die Kantsche Religionslehre zu ignorieren. Dabei bleibt es bis zum Ende der Regierungszeit von Friedrich Wilhelm II. im Jahre 1797. Mit dem Tode des Königs erlischt auch die unheilvolle Macht der Wöllner und Bischoffwerder, jene bei den Aufklärern verhaßten »Dunkelmänner«, die schon Friedrich der Große »betrügerische und intrigante Pfaffen« genannt hatte. Jetzt kann man in Religionsdingen wieder frei sich äußern, was Kant dann auch tut. Diese ganze Zensuraffäre hat in Königsberg natürlich viel Aufsehen erregt, wovon sich aber in Hoffmanns Jugendbriefen nicht die geringste Spur findet. Erst nach seiner Studienzeit hat sich Hoffmann mit Kant auseinandergesetzt. Das blieb nicht ohne Wirkung.

Trotz Kant fehlte an der Königsberger Universität die bewegende Unruhe einer geistigen Auseinandersetzung. Der preußische Kultusminister, Freiherr von Zedlitz, ein Bewunderer des Philosophen, mußte 1775 in gut absolutistischer Manier den Professoren in Königsberg befehlen, sich endlich mit der Kantschen Philosophie zu beschäftigen. Ihnen wurde die »Beschränktheit« schlicht verboten. Vielleicht hätte man ihnen besser eine gute Bezahlung geboten, denn bedeutende akademische Lehrer verließen die Stadt; die Besoldung in Königsberg war doch gar zu schlecht. In Halle zum Beispiel konnte ein Professor das Mehrfache verdienen. Kant war einer der wenigen, die trotz lukrativer Angebote der »Albertina« treu blieben. Nur durch ihn sind später im Geistesleben berühmte Männer vorübergehend nach Königsberg gezogen worden: Fichte, Herder, Lenz, Moses Mendelssohn, Gentz. Vielleicht hat auch die erdrückende Autorität Kants dazu beigetragen, daß es im übrigen Lehrkörper so wenig Köpfe von Bedeutung gab. An bizarren Originalen allerdings war an der Universität kein Mangel: Ein Professor Johannes Stark etwa entwickelte ein Wahnsystem, wonach die Französische Revolution von einem Geheimbund in Ingolstadt gesteuert worden sei; und der Orientalist Johann Gottfried Hasse versuchte nachzuweisen, daß das Samland das Paradies der Bibel und der Bernsteinbaum der Baum des Lebens gewesen sei. Die rationalistischen Kollegen haben wenigstens Humor bewiesen, als sie behaupteten, nach den Resten der Arche Noah müsse man nun bei Insterburg suchen.

Hoffmann wächst in ein Zeitalter hinein, das die Leidenschaft des Lesens entdeckt. In Königsberg wirken mehrere tüchtige Verleger, es gibt Leihbibliotheken, Buchhandlungen. In den Ressourcen, den Wein- und Kaffeehäusern liegen Zeitungen aus. Einer der Verleger, Kanter, richtete auch eine Bücherstube ein, in der die intellektuelle Prominenz der Stadt verkehrte und dort von bildungshungrigen Gymnasiasten, die ebenfalls zugelassen waren, bestaunt werden konnte. Da dieser Treffpunkt bis Anfang der 90er Jahre bestand, ist es sehr gut möglich, daß auch der junge Hoffmann sich unter den neugierigen Zaungästen befand.

Eine Literaturzeitschrift von einigem Rang gab es in Königsberg nicht. Es wurden zwar mehrere Versuche in diese Richtung unternommen – die *Preußische Blumenlese*, das *Königsbergsche Wochenblatt voll Scherz und Ernst*, die *Laterna magica* – aber all diese Blätter blieben kurzlebig und hatten nur geringe Verbreitung. In Königsberg war eben doch eher der prosaische Geist heimisch. Als Organ der literarischen Jugend galt das *Preussische Tempe*: Junge Beamte, Gymnasiasten, Offiziere und feinsinnige Handwerker belieferten das Blatt mit Gedichten und Prosatexten, teils im empfindsamen, teils im rationalistischen Stil. Auch rokokohafte Idyllik wurde gepflegt. Der Geist des Sturm und Drang allerdings war hier stark herabgestimmt.

Eine moralische Wochenschrift konnte im aufgeklärten Königsberg natürlich auch nicht fehlen. Sie hieß *Agathosyne* und wurde von Hans Friedrich Lehmann, dem späteren Begründer des Tugendbundes, und einem Feldprediger herausgegeben. Doch sie konnte sich gegen die flächendeckende moralische Wochenblattaufklärung, die von Hamburg und Halle aus betrieben wurde, nicht durchsetzen.

Die Zeitungen und Zeitschriften spiegeln insgesamt den Geist der Zeit: Gefühlsüberschwang und Verstand, östliche Mystik und preußische Rationalität, nüchterner Alltag und Nachtseiten der Natur, galante Anakreontik und bürgerliche Idylle, Schlüpfriges und Moralisches.

Weniger kamen die politischen Strömungen der Zeit zum Ausdruck; das wußte eine Zensur zu verhindern, die in Königsberg besonders wirkungsvoll gearbeitet zu haben scheint. Für »revolutionären Schwindelgeist und politische Neuerungssucht« sei in Königsberg kein Platz, erklärten die Behörden mit Blick auf die Berichterstattung über die Französische Revolution. Doch sickerte genügend durch, um auch unter den politisch abgekühlten Königsbergern einige Erregung hervorzubringen. In Königsberg wurde kein Freiheitsbaum aufgepflanzt wie in Tübingen, keine Fensterscheiben gingen zu Bruch wie in Darmstadt und Jena, auch weiß man nichts von Revolutionären Clubs, wie sie etwa in Mainz und Frankfurt bestanden, doch immerhin: Debattiert wurde auch hier, in den Gartenlokalen, Bierschenken und natürlich an der Universität, wo der große Kant aus seiner Bewunderung für die Revolution keinen Hehl machte. Der junge Hoffmann hat sich nicht anstecken lassen. Fast trotzig blieb er kühl und desinteressiert.

Wie die politischen Leidenschaften ist auch das Theaterfieber, das in der zweiten Hälfte des 18. Jahrhunderts überall in Deutschland grassierte, zwar an Königsberg nicht vorbeigegangen, wird aber hier ins Moderate abgedämpft.

Seit der Mitte des Jahrhunderts hat Königsberg ein festes Theatergebäude (für 300 Personen), aber kein ständiges Ensemble. Die Räume werden an private Theaterunternehmer vermietet. Manchmal geben auch Seiltänzer, Wurmdoktoren, Taschenspieler, Dompteure und Luftspringer ihre Vorstellungen. Gelegentlich finden dort auch Maskenbälle, sogenannte Redouten, statt, bei denen die leichten Mädchen besonders reichlich vertreten waren, zum Ärger der auf Sittsamkeit bedachten Stadtverwaltung, die mehrfach, allerdings ohne Erfolg, dagegen einschritt.

Zwischen 1771 und 1787 sorgte die tüchtige Prinzipalin Caroline Schuch für die theatralische Unterhaltung der Königsberger. Wie die Neuberin in Leipzig, so vertrieb Caroline in Königsberg den Hanswurst von der Bühne. Doch mußte auch sie dem Zeitgeschmack Rechnung tragen, der das ›reine‹ Theater gern durch Gymnastik- und Zaubereinlagen aufgelockert sehen mochte. Caroline und ihr Sohn, der nach ihr 1787 die Leitung des Unternehmens übernimmt, haben viel für die Reputation des Theaters getan. Shakespeare, Diderot, Beaumarchais wurden häufig gegeben. Die *Emilia Galotti* führte man noch im selben Jahr auf, in dem Lessing sie in Wolfenbüttel vollendete. Goethe war als Theaterautor wenig gefragt. Erst 1815 kam der *Götz* auf die Bühne. Schillers *Räuber* glaubte man verbessern zu müssen. Ein gewisser Plümicke hat das besorgt. Man präsentierte das Stück 1785 den Königsbergern, von »Unflat« und politischem Wildwuchs gereinigt. Die Lustspiele der Königsberger Lokalmatadore Jester und Baczko waren im Spielplan reichlich vertreten. Noch reichlicher die von Kotzebue und Iffland. Wie in anderen Städten auch gaben das Theater und insbesondere seine Schauspielerinnen Anlaß zu heftigen Debatten. Als zum Beispiel ein von Hippel anonym verfaßtes Trauerspiel bei der Premiere abgelehnt wird, prangt schon am nächsten Morgen ein Spottgedicht am Laternenpfahl auf dem Roßgärter Markt. Einmal brannte der Sohn eines angesehenen Akzisebeamten mit einer Schauspielerin durch. Der verwitwete Vater holt die beiden zurück. Die Stadt lacht, als er wenig später die besagte Schauspielerin heiratet. Den Sohn treibt die Eifersucht in die Armee. Er stiehlt die Regimentskasse und setzt sich nach Amerika ab. Er soll dort eine Theatertruppe gegründet haben.

Nach damals üblichem Brauch war das Theaterensemble auch zuständig für die Aufführung von Opern und Singspielen. Schauspieler mußten zugleich auch Sänger sein. Die zumeist sängerisch nicht ausgebildeten Schauspieler bevorzugten deshalb das Singspiel, das geringere Ansprüche stellte. Auch beim Publikum erfreute es sich großer Beliebtheit, sehr zum Unwillen der vernünftigen Kritiker. »Was lehren uns alle diese Operetten? Welche Tugend erheben sie«, heißt es in einer Rezension von 1773. Singspiele (oder Operetten, dazwischen unterschied man nicht) waren durch Gesangspartien aufgelockerte Lustspiele mit stark reduzierter und stereotyper Handlung. Die Schauspielertruppen fertigten sie oft selbst an, sozusagen für den Hausgebrauch. Sie lieferten die ›Schlager‹, die in »gesellschaftlichen Zirkeln, ja selbst von der niederen Volksklasse auf öffentlicher Straße« nachgesungen wurden, wie der Königsberger Komponist Friedrich Ludwig Benda 1791 schreibt. Er selbst hat auch eine große Zahl von Singspielen komponiert. Seine *Louise* und *Fanchon das Leiermädchen* von Friedrich Heinrich Himmel waren damals die großen ›Renner‹: Sie wurden über dreißigmal gegeben. Zum Vergleich: Mozarts *Don Giovanni* erlebte 1793 sechs Aufführungen. Das war für die ernste Oper ein großer Erfolg. Mit ihm wurde die langjährige Alleinherrschaft des Singspiels gebrochen. Ein Jahr später versetzte die *Zauberflöte* die Königsberger in Begeisterung. Hoffmann, der schon zuvor Mozart für sich entdeckt hatte, besuchte die Aufführungen. Die Mozartschen Opern erreichten schließlich eine Popularität, wie sie bisher nur den Singspielen zuteil geworden war. Manche Arie wurde zum Straßenlied.

Zu besonderer Berühmtheit unter den Sängerinnen brachte es 1784 die damals erst 17jährige Minna Brandes, Tochter der von Lessing hochgeschätzten Schauspielerin Charlotte Brandes. Das Mädchen wurde in den Salons herumgereicht, wo die Musikliebhaber sie und ihre Stimme bewunderten. Manche der gesetzten Herren ließen sich zu Gedichten, wenn nicht zu mehr hinreißen. Sogar der Stadtpräsident Hippel, ein notorischer Junggeselle, und der würdige Universitätskanzler L'Estocq sollen sich in sie verliebt haben. Zum Stadtgespräch wurde die schöne Minna vollends, als bekannt wurde, daß sie an einer gefährlichen Krankheit litt, die ihr das Singen nicht mehr erlaubte. Sie starb 1788. Noch lange sprach man über sie, über ihre Stimme und über die heimtückische Krankheit. Sicherlich hat der junge Hoffmann davon gehört. Vielleicht ist sie das Urbild für Antonia im *Rat Krespel*, die auch von einer Krankheit befallen ist, die das Singen zur tödlichen Gefahr werden läßt.

Königsberg scheint damals eine sehr musikliebende Stadt gewesen zu sein. Lobend äußert sich ein Zeitgenosse im März 1800 in der hochangesehenen *Allgemeinen Musikalischen Zeitung*: »Der Geist für Musik ist hier so herrschend und so allgemein in der gebildeten Klasse als er nur an den größten Orten... sein kann. Der Enthusiasmus ist besonders dieses Jahr so hoch gestiegen... Die Menge der öffentlichen und Privatkonzerte... beweisen diesen Enthusiasmus«. Häufig fanden Liebhaberkonzerte statt, öffentliche Konzerte, Aufführungen von Oratorien; wer etwas auf sich hielt, veranstaltete Hausmusiken. Eine stattliche Zahl von Instrumentallehrern fand ein Auskommen in der Stadt. Es gab für den jungen Hoffmann, bei dem früh die Liebe zur Musik erwacht, Anregung genug.

In jenen Jahren vollzieht sich in der Musikkultur ein tiefgreifender Wandel, der sich im musikliebenden Königsberg deutlich bemerkbar macht. Noch bis in die zweite Hälfte des Jahrhunderts wurde das Musikleben von den Kantoreien beherrscht. Die alte Musikkultur hatte zum Stadtjubiläum 1755 noch einmal eine große Stunde. In allen Kirchen werden mit protestantisch-strenger Prachtentfaltung eigens für diesen Zweck komponierte Kantaten aufgeführt. Das Ganze hat höchst offiziellen Charakter und trägt noch nicht den Stempel des persönlichen Ausdrucks und der individuellen Selbstdarstellung. Was im geistlichen Bereich die Kantoren und Organisten, das waren im weltlichen die Stadtpfeifer. Sie hatten ihre eigene Zunft mit besonderen Pflichten und Privilegien; sie wurden von der Stadt bezahlt und mußten zu bestimmten Gelegenheiten aufspielen. Erbittert verteidigten sie ihre Rechte gegen die aufkommenden Liebhaberorchester. Das Theaterorchester zum Beispiel bestand zu Anfang hauptsächlich aus solchen Dilettanten und aus Mitgliedern der Regimentskapelle. Weil es hier etwas zu verdienen gibt, wollen die Stadtpfeifer nicht übergangen werden. Sie verweisen auf ihr althergebrachtes Privileg, das ihnen ein Monopol fürs Musizieren auf dem Gebiet der königlichen Freiheit garantiert. Das Theatergebäude aber gehört zu diesem Gebiet. Die selbstbewußte Zurückweisung dieses Anspruchs durch den Theaterunternehmer zeigt, wie die Stadtpfeifer bereits in eine tiefere gesellschaftliche Sphäre abgesunken waren. Er erklärt kategorisch, »Tanzfiedler und Bierjungen nicht bei der Operette gebrauchen zu können«. Die Stadtpfeifer können sich zwar noch bis Anfang des 19. Jahrhunderts halten, ihre Zahl nimmt aber rapide ab ebenso wie die Gelegenheiten, bei denen sie sich hören lassen dürfen: das Turmblasen, das Musizieren bei Zunftfesten und Umzügen, bei offiziellen Beerdigungen und bei den Promotionsfeierlichkeiten im großen Hörsaal der Universität. Dort hat ein Zeitgenosse noch 1814 gehört, wie die »Stadtpfeifer zum Anfang und Ende des Actus auf herzzerreißende Weise bliesen«.

Der Vater von Johann Friedrich Reichardt, dem musikalischen Wunderkind Königsbergs und späteren Hofkapellmeister Friedrich des Großen, war einer der letzten Stadtmusiker.

Die neue Musikkultur, die jetzt entsteht, hat weniger offiziellen und zeremonialen Charakter. Sie wird privat und von persönlichem Ausdruckswillen geprägt. Man musiziert selbst oder holt Musikanten ins Haus. Am Ende des 18. Jahrhunderts gehört die Hausmusik zum festen Bestandteil bürgerlicher Geselligkeit. Sogar mit Zeitungsanzeigen laden

Privatleute zu Konzerten in ihre Wohnung ein. Wie bei den Doerffers musiziert wurde, habe ich schon berichtet. Es gibt eine förmliche Konkurrenz zwischen den besseren Familien um das Prestige, das mit einem gelungenen Musikabend verbunden ist. Das Allerheiligste der Königsberger Hausmusik war das Stadtpalais des Grafen Keyserling. Dort wurde eine eigenartige Synthese aus höfischem Prunk und bürgerlicher Innnigkeit zelebriert. Durchreisende Virtuosen, Dilettanten, Sänger vom Theater, die Organisten der Stadt traten auf. Der Graf Keyserling, der selbst keine musikalische Fertigkeit besaß, war berühmt für seinen Musikenthusiasmus, der ihn zu wunderlichem Gebaren hinriß, wovon man sich in der Stadt allerlei Anekdoten erzählte. Sicherlich wird sich Hoffmann auch an diesen Grafen erinnert haben, als er in seiner Erzählung *Baron von B.* einen Menschen porträtierte, der in bemerkenswerter Weise höchsten Musikenthusiasmus und Kennerschaft mit erbärmlicher Kunstfertigkeit verbindet.

Übrigens war der Vater des Grafen Keyserling ein Bewunderer und Förderer Johann Sebastian Bachs. Für den musikalischen Hofmeister des alten Grafen, Goldberg, komponierte Bach Variationen, die jener seinem Herrn in schlaflosen Nächten vorspielen sollte. Diese in die Musikgeschichte als *Goldberg-Variationen* eingegangenen Stücke waren zu Hoffmanns Zeiten schon gänzlich vergessen. Gerade ihre polyphone Strenge, die dem Zeitgeschmack nicht mehr entsprach, bewunderte Hoffmann. Im ersten Stück der *Kreisleriana* läßt er den an der seichten Salonmusik verzweifelnden Kreisler die *Goldberg-Variationen* spielen, um das von ihm verachtete Publikum zu provozieren.

Der Abgott der Königsberger Hausmusik war damals Bachs Sohn, Philip Emanuel. In Hoffmanns *Musikfeind* rufen die Königsberger Liebhaber: »Bravo, Bravo! welch ein schönes Konzert! wie fertig, wie rund gespielt!‹ und nannten mit Ehrfurcht den Namen Emanuel Bach«. Besonders die Klavierkunst dieses Meisters hatte in Königsberg eine Kultstätte gefunden. Seine Musik wirkte gefällig, melodisch, weich. Man fand in ihr mehr persönlichen Ausdruck, auf den jetzt sehr großen Wert gelegt wird. Der Königsberger Organist Carl Gottlieb Richter, den auch Hoffmann kannte, galt als meisterhafter Interpret der Bachschen Werke. Bevorzugte Richter den Bach-Sohn, so verlegte sich der andere Organist am Ort, Christian Podbielski, mehr auf den Vater. Podbielski war Hoffmanns Klavierlehrer. Eine bizarre, originelle Figur. Er setzte die strenge Kunst des Kontrapunktes gegen das melodische Schwelgen. Hoffmann hat seinen Lehrer im *Kater Murr* als Meister Abraham Liscov porträtiert. Podbielski war ein Freund von Hoffmanns Vater und hat wohl – schenkt man der Kreislerbiographie Glauben – in dem Jungen die Erinnerung an den Vater wach gehalten und ihn in seinem Widerwillen gegen den pedantischen Onkel bestärkt. »Herr Liscov pflegte viel von Johannes' Vater zu erzählen, dessen vertrautester Freund er in seinen Jünglingsjahren gewesen, zum Nachteil des erziehenden Oheims... So rühmte auch eines Tages der Orgelbauer den tiefen musikalischen Sinn des Vaters, und verspottete die verkehrte Art, wie der Oheim dem Knaben die ersten Elemente der Musik beigebracht. Johannes, dessen ganze Seele durchdrungen war von dem Gedanken an den, der ihm der Nächste gewesen, und den er nie gekannt, wollte immer noch mehr hören.« Vielleicht hat sich auch wirklich ereignet, was Hoffmann im weiteren erzählt, daß nämlich Abraham Liscov dem Jungen die Fußbank unter den Beinen wegschob, dem Vortrag der vom Oheim ausgesuchten »abscheulichen Murkis und Menuette« auf diese Weise ein jähes Ende setzend.

Richter und Podbielski taten beide viel für das Königsberger Musikleben. Ihr Spiel gab den Hausmusiken Glanz, so manche Talente wurden von ihnen entdeckt und gefördert. Richter organisierte Liebhaberkonzerte, die schließlich wegen des großen Interesses, das sie erregten, in den Saal des Kneiphöfschen Junkerhofes verlegt wurden und für die nun

Eintrittsgelder bezahlt werden mußten. Das war in Königsberg die Geburtsstunde des öffentlichen Konzertes. Die privatisierte Musikausübung wird nun wieder öffentlich und gewinnt neben Kirche und Theater ihren eigenen Repräsentationsraum. Es ist etwas historisch Neues, daß sich ein Publikum öffentlich versammelt zu dem einzigen Zweck, der Instrumentalmusik zu lauschen. Das hatte es vorher nicht gegeben. Noch Bachs Brandenburgische Konzerte waren als Tafelmusik konzipiert. Die Instrumentalmusik bildete in der Regel nur den Hintergrund für andere Aktivitäten. Jetzt kommt man zusammen mit der Bereitschaft, in aller Stille und im übrigen untätig zuzuhören. Diese neue Form des Musikgenusses findet regen Anklang. In einer Zeitungsnotiz aus dem Jahre 1785 läßt der Veranstalter eines Liebhaberkonzertes bekannt machen: »Da aber das Eingehen ohne Billetts so sehr überhand genommen, daß sowohl die Musiker als auch die Zuhörer beinahe verdrängt werden, so habe ich jeden Interessenten des Konzertes zu bitten, auf ein Billett höchstens zwei Damen mitzuführen.«

Vom jungen Hoffmann wissen wir, daß er diese Konzerte auch besuchte, allerdings ohne Damen. Mit dem Schwarm seiner Jugend, der verheirateten Dora Hatt, konnte er sich nicht in der Öffentlichkeit sehen lassen.

Drittes Kapitel
Drei Leidenschaften der Epoche

»Ja, ja – in meiner ersten Erziehung, zwischen den vier Mauern mir selbst überlassen, liegt der Keim mancher von mir hinterher begangenen Torheit«, mit diesen Worten entschuldigt Hoffmann im Frühjahr 1803 Hippel gegenüber seinen spottlustigen und aufsässigen Charakterzug, der ihm soeben eine Strafversetzung ins polnische Plock eingetragen hat.

»Sich selbst überlassen« bedeutet für einen Bürgersohn des ausgehenden 18. Jahrhunderts in der Regel: den Büchern überlassen.

In dem lesehungrigen und schreibwütigen Zeitalter beginnen die herkömmlichen Erziehungsmächte Elternhaus und Schule an Autorität einzubüßen. Die junge Generation geht auf Entdeckungsfahrt in die sich grenzenlos öffnende Welt der Literatur. Die Familien, auch wenn sie machtvoller auftreten als die Hoffmannsche, können der Anziehungskraft dieser neuen Welt nichts entgegensetzen; ebensowenig wie die Schulen, in denen ein Bildungskanon gepflegt wird, den die junge Generation als hoffnungslos verstaubt empfindet.

Hoffmann besuchte die Burgschule, eine »reformierte Gelehrtenschule« von gutem Ruf, die das altehrwürdige Friedrichkolleg im Ansehen zu überflügeln begann. In der Burgschule herrschte der Geist des Rationalismus, dem sich insbesondere der Rektor, Stephan Wannowski, Hoffmanns Lehrer in den höheren Klassen, leidenschaftlich verschrieben hatte. Es wurden die klassischen Texte der römischen Antike behandelt, vor allem Horaz, Cicero und Vergil. Die Schüler mußten sich an ihrem Stil üben, sie mußten die rhetorischen Figuren beherrschen. Der Unterricht war so gründlich, daß Hoffmann auch später noch lateinisch lesen und schreiben konnte. Doch in den Geist der römischen Antike drang man nicht ein. Man nahm die klassischen Texte zum Anlaß, allgemeine Betrachtungen über Moral, Religion und Lebenserfahrungen anzustellen. Auch galten die römischen Autoren als unüberbotene und unüberbietbare Muster jeglicher Literatur und dienten folglich dazu, die aktuellen literarischen Bestrebungen abzuwerten. Religion wurde zur Morallehre verkürzt; der Glaube, das religiöse Gefühl standen im Dienst der Einsicht in die Vernunft der sittlichen Prinzipien.

Mit dieser Art von Bildung kann sich eine Generation nicht zufrieden geben, die soeben mit klopfendem Herzen und erhitztem Kopf Goethes *Werther*, Rousseaus *Bekenntnisse* und Grosses Geheimbundroman *Der Genius* verschlingt.

Die ›Vielleserei‹, der sich junge Leute wie Hoffmann gerne hingeben, wird am Ende des 18. Jahrhunderts in den bürgerlichen und kleinbürgerlichen Kreisen fast epidemisch. Pädagogen und Kulturkritiker beginnen darüber zu klagen. Was im Lesenden vorgeht, läßt sich schwer kontrollieren. Da gibt es geheime Erregungen, Phantasien im Verborgenen. Das ›lesende Frauenzimmer‹ auf dem Sofa, Romane verschlingend, überantwortet es sich nicht verhüllten Exzessen? Und die lesenden Gymnasiasten, nehmen sie jetzt nicht teil an Abenteuern der Erwachsenen, an Abenteuern, von denen sich ihre Erziehungsberechtigten nicht träumen lassen? Zwischen 1750 und 1800 verdoppelt sich die Zahl derer, die lesen können. Ungefähr 25% der Bevölkerung gehören am Ende des Jahrhunderts zum potentiellen Lesepublikum. Langsam vollzieht sich im Leseverhalten ein Wandel: Man liest nicht mehr ein Buch mehrere Male, sondern viele Bücher einmal.

Die Autorität der großen, wichtigen Bücher – die Bibel, Erbauungsschriften, Kalender –, die mehrfach gelesen und studiert werden, schwindet, man verlangt nach einer größeren Masse von Lesestoff, nach Büchern, nicht dafür geschaffen, daß man *in* ihnen liest, sondern dafür, daß man sie *verschlingt*. Besonders Romane eignen sich für solche Lektüre. Zwischen 1790 und 1800 erscheinen 2500 neue Romantitel auf dem Markt, genausoviel wie insgesamt in den fünfzig Jahren zuvor. Eine andere Vergleichszahl: 1750 erscheinen 28 neue Romane, 1800 sind es 375. Das wachsende Angebot will bewältigt werden. Das Publikum lernt die Kunst des schnellen Lesens. Die Dickleibigkeit seines Romans *Titan* entschuldigend, rechnet Jean Paul seinen Lesern ironisch vor, daß die Lektüre einer Buchseite inzwischen nur noch 16 Sekunden erfordere und man deshalb in reichlich zweieinhalb Stunden den Wälzer verschlingen könne.

Wie es in einer viellesenden Familie um 1800 zuging, beschreibt die Gesellschafterin des Grafen Friedrich Stolberg: Nach dem Frühstück las der Graf ein Kapitel aus der Bibel und einen Gesang aus Klopstocks Liedern vor. Dann las die Gesellschafterin aus der englischen Zeitschrift *Spectator*. Danach las die Gräfin eine Stunde lang aus Lavaters *Pontius Pilatus* vor. Die Zeit bis zum Mittagessen las jeder für sich. Nachmittags las der Graf aus Hippels *Lebensläufen* vor. Die Gesellschafterin schloß eine Lesung aus Miltons *Paradise lost* an. Der Graf studierte in den Biografien von Plutarch. Nach dem Tee steuert er nochmals einige Lieder von Klopstock bei; abends schreibt er Briefe und geistliche Gesänge, die er am anderen Morgen nach dem Frühstück vorträgt. In den freien Stunden des Tages liest man zeitgenössische Romane, was aber die Gesellschafterin eher verschämt erwähnt.

Ohne Muße kann es natürlich ein solches Lese-Leben nicht geben. Doch an Muße hat es damals im bürgerlichen und kleinbürgerlichen Milieu nicht gefehlt. Man verlängert die Lesestunden in die Nacht. Die Kerze wird zur wichtigen Handelsware.

Die Vielleser rufen die Vielschreiber auf den Plan, Autoren, die es verstehen, fürs schnelle Lesen zu schreiben. Von Lafontaine, der weit über hundert Romane verfaßte, ging das Wort um, er schreibe schneller, als er lesen könne, weshalb er auch nicht alle seine Romane kenne. Die Literaturkritiker treibt diese Romanflut zur Verzweiflung. Friedrich Schlegel erklärt in einer Rezension von 1797: »Unter den zahlreichen Romanen, welche mit jeder Messe unsre Bücherverzeichnisse anschwellen, vollenden die meisten... den Kreislauf ihres unbedeutenden Daseins so schnell, um sich dann in die Vergessenheit und den Schmutz alter Bücher in den Lesebibliotheken zurückzuziehen, daß der Kunstrichter ihnen ungesäumt auf der Ferse sein muß, wenn er nicht den Verdruß haben will, sein Urteil auf eine Schrift zu verwenden, die eigentlich gar nicht mehr existiert.«

Dieser Lesehunger und diese Schreibwut sind ein deutsches Spezifikum. Die anderen großen europäischen Länder haben es nicht so weit gebracht; im »Luftreich des Traums«, wie Heine schreibt, waren sie nicht so gut zu Hause, sie haben sich »auf platter Erde entwickelt«.

Die besonderen gesellschaftlich-politischen und geographischen Bedingungen haben in Deutschland das Buch- und Blätterwesen so trefflich gedeihen lassen. Das Fehlen von bedeutenden städtischen Mittelpunkten des geselligen Lebens begünstigte die Vereinzelung und die Lust an der imaginären Geselligkeit der Lektüre. Deutschland besaß keine die Phantasie beflügelnde politische Macht, keine große Hauptstadt mit ihren labyrinthischen Geheimnissen, keine Kolonien, die den Sinn für Ferne und Abenteuer erregten. Alles war eng und kleinkariert. Wenn Hamann und Kant in Königsberg am Altstädtischen Markt sich über den Weg liefen, dann war das eine Begegnung zwischen Aufklärung und Sturm und Drang. Weimar, die heimliche kulturelle Hauptstadt, war um 1780 ein Nest von 3000 Einwohnern, wo auf ungepflasterter Straße sich die Schweine herumtrieben. All das Außerordentliche, was die englischen Seefahrer und Entdecker, die Pioniere in Amerika, die Wegbereiter und Matadore der Französischen Revolution vollbrachten, erlebte das deutsche Publikum im Nachvollzug und in der Ersatzform der Literatur. In einem Brief an Merck stellt Goethe 1780 lapidar fest, daß »das ehrsame Publikum alles Außerordentliche nur durch den Roman kennt«.

Da das Außerordentliche in Deutschland ein Privileg des Geschriebenen ist, fühlen sich viele berufen, selbst zu schreiben; ein »tintenklecksendes Säkulum« (Schiller) bricht an. Da tauschen Freunde Briefe aus und tragen sie hinterher sogleich zum Verleger. Wer es am Ort zu Ehre, Ansehen und Geld gebracht hat, schreibt, wenn er in die Jahre kommt, seine Lebensbetrachtungen.

In den *Wanderjahren* läßt Goethe seinen Helden räsonieren: »Wieviel die Menschen schreiben, davon hat man gar keinen Begriff. Von dem, was davon gedruckt wird, will ich gar nicht reden, ob es gleich schon genug ist. Was aber an Briefen und Nachrichten und Geschichten, Anekdoten, Beschreibungen... in Briefen und größeren Aufsätzen in der Stille zirkuliert, davon kann man sich nur eine Vorstellung machen, wenn man in gebildeten Familien eine Zeitlang lebt.«

Für Friedrich Schlegel bedeutet diese Entwicklung eine Revolution, die erwarten läßt, daß sich demnächst alle Leser in Schreiber verwandeln. Mit seinem *Schulmeisterlein Wutz* parodiert Jean Paul diese Erwartung. Wutz läßt sich regelmäßig den Meßkatalog kommen und schreibt die dort angekündigten Romane alle selbst. Dabei nimmt er allmählich die Meinung an, seine Schreibbücher wären eigentlich die Originale, die gedruckten aber Nachdrucke seiner Bücher; und er kann dann nicht verstehen, warum die Nachdrucker die Bücher so verfälschen, daß er die seinigen darin nicht wiedererkennt.

Nach alldem wird man sich nicht mehr wundern, wenn der junge Hoffmann seinem Freund rät: »Wenn Du mißvergnügt bist, so fang nur an einen Roman zu schreiben, das ist gute Medizin« (4.4.1795); und wenn man erfährt, daß Hoffmann in seiner Jugend Rousseaus *Bekenntnisse*, immerhin eine Schwarte von 500 Seiten, fast zwanzigmal gelesen haben soll und daß er schon mit zwanzig Jahren zwei umfangreiche (verschollene) Romane im Stile von Grosses *Genius* für die Schublade produziert hatte (er fand keinen Verleger). Die Kunst des schnellen Schreibens hat er übrigens auch später nicht verlernt. Den ersten Band der *Elixiere* (1814) verfaßte er in vier Wochen. Allerdings hatte Goethe für seinen *Werther* auch nicht länger gebraucht.

Im letzten Drittel des Jahrhunderts rücken Literatur und Leben näher zusammen. Die Werther-Mode Mitte der siebziger Jahre war dafür symptomatisch. In Goethes Roman glaubte man noch das Pochen einer Leidenschaft zu spüren, hier schien Leben sich unmittelbar in Literatur ausdrücken zu wollen, weshalb der Funke übersprang: Dem, der aus seinem Leben Literatur gemacht hat, antwortet man, indem man aus der Literatur wieder Leben macht. Lesende Jünglinge suchen sich ihre Lotte, kleiden sich wie Werther, manche bringen sich auch um. Werther selbst hatte sein Leben auch nach dem Rollenbuch der Literatur inszeniert: Bei seinem Selbstmord liegt Lessings *Emilia Galotti* auf dem Tisch.

Es war damals die große Zeit der kurzschlüssigen Verknüpfung von Leben und Literatur. Goethe gibt in seinen Lebenserinnerungen noch mehrere Beispiele davon. Seinem Friederike-Erlebnis in der Sesenheimer Idylle hat das Szenario von Goldsmiths *Der Pfarrer von Wakersfield* zum Muster gedient; auch ein Erlebnis nach dem literarischen Drehbuch, das schon die Rollen verteilt, die Atmosphäre bezeichnet und die Handlung festgelegt hat.

Es muß damals von der Literatur eine faszinierende, das Leben inszenierende Kraft ausgegangen sein, und man hat eine solche Kraft von ihr gefordert. Was der ›großen‹ Literatur recht war, konnte der sogenannten ›Unterhaltungsliteratur‹, den Lafontainschen Familienromanen, den Räubergeschichten von Vulpius und den Geheimbundromanen eines Grosse und Cramer, nur billig sein. Literarische Handlungs- und Empfindungsmuster greifen auch hier steuernd in die Lebensprozesse des lesenden Publikums ein. Lebens- und Leseerfahrungen beginnen sich so zu vermischen, daß man sie manchmal gar nicht mehr auseinanderhalten kann. Der junge Clemens Brentano, selbst vom Gefühl geplagt, ganz aus Literatur gemacht zu sein, bemerkt in einem Brief an seinen Bruder: »Ich sehe nach und nach immer mehr ein, daß durch sie (die Romane, R.S.) eine Menge unsrer Handlungen unwillkürlich bestimmt werden, und daß Frauenzimmer besonders am Ende ihres Lebens nichts als Kopien der Romancharaktere waren, die ihnen die Lesebibliotheken ihres Orts dargeboten haben«.

Die literarische Konjunktur reißt ein Publikum mit sich, das für eine gewisse Zeitlang die säuberliche institutionelle Trennung von Literatur und Leben verlernt beziehungsweise noch nicht in sie eingeübt ist.

In der Lese- und Schreibwut äußert sich der Wunsch nach intensiverem Selbstgefühl. Dieser Wunsch entspringt dem durch die Aufklärung und die Empfindsamkeit geweckten Sinn für die eigene Individualität. Man will sich fühlen, vom Leben verlangt man Lebendigkeit und wenn die äußeren Umstände dem entgegenstehen, dann muß eben die Identifikation mit literarischen Mustern aus dem im belanglos-alltäglichen Ritualen verrinnenden Lebensstrom bedeutungsvolle Momente herausheben. Man will sein Leben im Spiegel der Literatur aufwerten, ihm eine Dichte, eine Bedeutung, eine Dramatik und eine Atmosphäre geben. So kann der Lesende, der nach seiner im Alltag verschollenen Existenz sucht, zum Selbstgenuß kommen.

Auch der junge Hoffmann liest, als ginge es um sein Leben. Eines Abends nimmt er sich Ifflands *Herbsttag* vor und findet darin eine Szene, worin das Zusammentreffen zweier Freunde dargestellt wird, die sich wehmütig ihrer lange zurückliegenden gemeinsam verbrachten Universitätsjahre erinnern. Noch am selben Abend schreibt Hoffmann an seinen Freund Hippel einen elegischen Brief. Erst ein halbes Jahr sind die beiden Freunde getrennt, ihre glückliche Gemeinschaft dauert fort, doch um sie intensiver erleben zu können, rückt sie Hoffmann im Lichte der literarischen Wehmutsszene in die imaginäre Ferne des längst Versunkenen. Er macht die Gegenwart künstlich zur Vergangenheit, um ihr einen elegischen Glanz zu geben. In diesem Glanz soll auch Hippel die Freundschaft sehen und soll deshalb Iffland lesen, denn der »Rückblick in vergangene frohe Zeiten gewährt einen hohen geistigen Genuß« (12.1.95).

Im Lesen bekommt das eigene Erleben Umriß. Er identifiziert die Geliebte seiner Jugend, Dora Hatt, mit der Sonnenjungfrau Cora aus einem populären Theaterstück Ifflands. Ähnlich wie die verheiratete Dora ist Cora durch ein Gelübde gebunden, das ihr nicht erlaubt, den Neigungen ihres Herzens nachzugeben. Im Unterschied zu Dora, deren Gefühle doch recht lau bleiben, ist die Theater-Cora von heftiger Liebe erfüllt. Kurz: Die Welt, in die sich Hoffmann versetzt, wenn er seine Dora Cora nennt, schmeichelt ihm.

Einer Zeit, deren literarische Leidenschaft auch die Kunst der Selbstreflexion vorangebracht hatte, konnte das Bedenkliche der Vermischung von Literatur und Leben nicht verborgen bleiben. »Wir sind aus Literatur gemacht«, konstatiert der junge Tieck. Auch von Brentano gibt es ähnliche Geständnisse. Tieck hat in der frühen Erzählung *Fermer, der Geniale* diese Überliterarisierung verspottet. Dort wird ein Verliebter geschildert, bei dem sich in das Brausen der Leidenschaft das verdächtige Geräusch raschelnden Papiers mischt: »›Bin ich nicht ein Tor?‹, sagte er zu sich selber, ›nicht im *Clavigo*, nein, in der *Stella* ist meine ganze Lage geschildert, gemalt zum Sprechen!‹ Er ging zurück und las dies Stück, indem er seinen Kaffee trank. ›Es ist gut‹, dachte er dabei, ›daß es doch Bücher und Gedichte für alle Menschen und für alle Situationen gibt; wie ich mich hier in jedem Zuge wiederfinde, es ist, als wenn der Verfasser mich vor Augen gehabt hätte.‹«

Die weitverbreitete Manie, das Leben literarisch zu inszenieren, mag Tieck auch zur Übersetzung des *Don Quichotte* ermuntert haben; denn das Thema des Romans ist die Verdrängung der Lebenserfahrung durch Leseerfahrung: Der Held lebt aus seinen Ritterbüchern und verfehlt die lebendige Wirklichkeit. Dieser Roman, die Tiecksche Übersetzung erschien zwischen 1799 und 1801, wurde gelesen als Epos über den gefährlichen Imperialismus der Literatur, über die falsche Einheit von Literatur und Leben.

Die Macht der Literarisierung zeigt sich sogar in der Politik. Die Akteure der großen revolutionären Ereignisse in Paris erscheinen dem gebildeten Publikum als Darsteller von Rollen, die man aus der römisch-antiken Literatur bereits kennt. Die klassische Bildung ermöglicht ein dejà-vu-Erlebnis: Cäsar, Cicero und Brutus, vielleicht auch noch Sulla und die Graccus-Brüder wie gehabt. Brutus beispielsweise wird jetzt von einer Frau dargestellt: Charlotte Corday, die sanfte Fanatikerin aus der Normandie, die am 13.7.1793 den Volkstribun Marat in der Badewanne ersticht. Klopstock, Wieland und viele andere Poeten haben diese Tat bedichtet: ein Tyrannenmord, so verkünden sie, der an beste literarische Vorbilder erinnert.

Nur in einem solchen literaturbesessenen Milieu, wo die wechselseitige Durchdringung von Literatur und Leben schon fast alltäglich geworden ist, konnten sich die hochfliegenden theoretischen Konzepte der Frühromantiker entwickeln. Diese jungen Leute in Jena und Berlin, Friedrich Schlegel, Novalis, Brentano, Tieck, gehören zu Hoffmanns Generation. Sie machen viel Lärm, trotzdem hat sie Hoffmann im fernen Königsberg zunächst nicht bemerkt. Aber sie sind von einem Geist inspiriert, in dessen Sog auch Hoffmann gerät: Die Literatur soll das Leben zum Tanzen bringen. Die Jenaer treiben es weit mit ihren Lockerungsübungen. Ihr ganzer Ehrgeiz gilt dem Niederreißen der institutionellen Scheidewände zwischen Kunst und Leben. Friedrich Schlegel und Novalis prägen für dieses Geschäft den Begriff des »Romantisierens«. Alle Lebenstätigkeit soll sich mit poetischer Bedeutung aufladen, soll eine eigentümliche Schönheit zur Anschauung bringen, soll eine Gestaltungskraft offenbaren, die ebensogut ihren »Stil« hat wie das Kunstprodukt im engeren Sinne; überhaupt gilt ihnen Kunst weniger als Produkt denn als Ereignis, das immer und überall stattfinden kann, wo Menschen ihre Tätigkeit mit gestalterischer Energie und vitalem Schwung verrichten.

Der Bergbauingenieur Friedrich von Hardenberg, der sich Novalis nennt, ist beispielsweise davon überzeugt, daß sich auch »Geschäftsarbeiten« poetisch behandeln lassen. Für Friedrich Schlegel ist die heitere Geselligkeit ein Stück verwirklichter »Universalpoesie«. Der ›freie Grenzverkehr‹

zwischen Kunst und Leben ist das große Anliegen der Frühromantiker. Das Leben kann, ihrer Meinung nach, zur Kunst werden, wenn man sich dafür entscheidet, es als ungewöhnlich zu empfinden, egal ob es nun in seinem gewöhnlichen Gange forttrabt oder nicht: »Wir sollten es nur einmal versuchen, uns das Gewöhnliche fremd zu machen, und wir würden darüber erstaunen, wie nahe uns so manche Belehrung, so manche Ergötzung liegt, die wir in einer weiten, mühsamen Ferne suchen. Das wunderbare Utopien liegt oft dicht vor unsern Füßen, aber wir sehn mit unsern Teleskopen darüber hinweg.« Das schreibt Tieck im Jahre 1795, der junge Hoffmann aber hätte es auch so sagen können.

Im Doerfferschen Hause von der Angst geplagt, im Allzugewöhnlichen ertrinken zu müssen, hat Hoffmann seine Überlebensstrategie sehr früh darauf abgestellt, das »Gewöhnliche fremd zu machen«. Die Jugendbriefe, die über Familienszenen berichten, offenbaren jenen verfremdenden Blick, der das Treiben zu Hause in ein oft bizarres Familientheater verwandelt. So läßt der Druck nach, man kann Lasten abwerfen. Man poetisiert sich und seine Umwelt und hält dann beides ganz gut aus.

Mit dieser neuen Lust am Literaturleben hängt eine andere große Tendenz der Epoche zusammen: die Lust am eigenen Ich. Goethes Werther hatte den Ton angegeben: »Ich kehre in mich selbst zurück und finde eine Welt«. Hoffmann und seine Generation haben diese Wendung begeistert aufgegriffen. An Hippel schreibt er: »Ich studiere also jetzt die Kunst, in mir selbst alles zu suchen, und glaube auch, mit der Zeit in mir zu finden, was mir nützen kann« (12.12.94). Was hier im vertrauten Briefverkehr verlautbart wird, hat Novalis auf offenem Literaturmarkt und mit überhitztem Anspruch verkündet: »Wir träumen von Reisen durch das Weltall – Ist denn das Weltall nicht in uns? Die Tiefen unseres Geistes kennen wir nicht – Nach Innen geht der geheimnisvolle Weg. In uns, oder nirgends ist die Ewigkeit mit ihren Welten – die Vergangenheit und Zukunft«.

Es beginnt eine Zeit der großen Unbescheidenheit. Der selbstreflektierende und selbstbewußte Blick ins eigene Innere rührt, so glaubt man, an den Kern der Welt. Das gilt für die Religion, die Natur, die Gesellschaft.

Die Religion ruht, wie Schleiermacher lehrt, im allersubjektivsten Gefühl, im »Sinn und Geschmack fürs Unendliche«. Die Offenbarung der Schrift gilt wenig im Vergleich zur Offenbarung des Herzens. Die Religion entdecken »heißt, sich selbst entdecken« und umgekehrt.

Das Ich ist voller Verheißungen. Man entdeckt in ihm auch den ganzen Naturprozeß, die ganze Naturgeschichte. Novalis: »Um die Natur zu begreifen, muß man die Natur innerlich in ihrer ganzen Folge entstehen lassen«, oder: »Was ist die Natur? Ein enzyklopädischer, systematischer Index oder Plan unseres Geistes«.

Gerade der spröde, wenig enthusiastische Kant hatte, teilweise unfreiwillig, viel für die Aufwertung des Ichs getan. Wenige haben ihn gründlich studiert, schon gar nicht der junge Hoffmann, aber soviel sprach sich doch allgemein herum, daß, nach seiner Lehre, die Welt der Erfahrung das Produkt der subjektiven Kategorien sei. Kant stutzte die universalistischen Ansprüche der Vernunft auf ein subjektives Maß zurecht. In einer Zeit, die lernte, lustvoll ›Ich‹ zu sagen, verstand man das vor allem als Aufwertung des Subjektes. Der durch die Kantlektüre hervorgerufene Kummer bei Kleist über die Unerkennbarkeit der Welt ist durchaus nicht typisch für diese Zeit. Während man gerade das eigene Ich entdeckte, bereitete die Unerkennbarkeit des »Dings an sich« wenig Kopfzerbrechen. In Kant fand die romantische Generation das, was dieser selbst zerstört zu haben glaubte: die Möglichkeit einer neuen Metaphysik, einer Metaphysik des Ichs. Wir haben keine objektive Welterkenntnis, weil wir in den Grenzen des Subjektes bleiben müssen, lehrt Kant. Die romantische Generation dreht diese

Lehre um: Wenn wir uns selbst erkennen, erkennen wir die ganze Welt. Wir konstruieren die Welt aus den Formen unseres Geistes. Zuerst Fichte und dann Hegel sind so verfahren. Besonders Fichte hat die wirkungsvollste, auf die Kulturszene insgesamt am meisten ausstrahlende Inthronisierung des Ichs besorgt. Durch seine Philosophie, die, wie die Kantsche, schnell in gängige Münze umgeprägt wurde, bekam das Wort ›Ich‹ eine ganz besondere Färbung, nur vergleichbar mit jener Bedeutungsfülle, die später Nietzsche und Freud dem ›Es‹ zuteil werden ließen.

Fichte entwickelte aus der Struktur des Selbstbewußtseins, das sich selbst zum Gegenstand macht, die weltschaffende Rolle des als formales Prinzip begriffenen Ichs. Das Ich bringt erst in der Reflexion sich selbst hervor. Diese Reflexion ist folglich die erste »Tathandlung«, wodurch es sich selbst und die Welt als »Nicht-Ich« zuallererst »setzt«. Die Zeitstimmung griff diesen streng formal und abstrakt gefaßten Gedanken begeistert auf: Das Ich ist frei, es ist das erste Prinzip, es trägt die Welt in sich, es muß sich nicht der Welt beugen, sondern mit seiner »Tathandlung« erschafft es sich seine Welt. Der popularisierte Fichte wurde zum Kronzeugen für den Geist des Subjektivismus und der grenzenlosen Machbarkeit. Die vermeintliche Macht des subjektiven Machens stimmte euphorisch. In einer Weinkneipe in der Nähe Tübingens hocken Hölderlin, Hegel und Schelling 1795 fröhlich beisammen und entwickeln die Umrisse einer neuen Mythologie, die man »machen« müsse. So etwas traute man sich damals zu. Wo wollten die drei ihre neue Mythologie finden? Natürlich in sich selbst. Und sie wollten mit ihrem Projekt nicht mehr und nicht weniger erreichen, als die Stiftung einer neuen gemeinschaftbildenden Idee. Das ganze nannte man dann später »Das älteste Systemprogramm des deutschen Idealismus«. Es gibt wenige Dokumente aus jener Zeit, die so sehr vom weltstürzenden Geist des Machens und des Ichs durchtränkt sind.

So hoch freilich läßt Hoffmann in der Königsberger Junkergasse sein Ich nicht steigen. Ihm genügt es, soviel in sich selbst zu finden und an sich selbst zu haben, daß er vor den »Schnurrpfeifereien übelgelaunter Despoten«, vor der »Mückenkolonne« und den »Maschinenmenschen« einigermaßen verwahrt bleibt; Hoffmann in einem Brief an Hippel vom 25.1.96: »Noch nie war mein Herz fürs Gute empfänglicher, und höhere Gefühle schwellten noch nie meine Brust mehr empor... Platte Geister haben keinen Sinn für höchste Anspannung und nennen es Abspannung... das Mottengeschmeiß, was mich zuweilen umgibt, hält mich für dumm..., indessen noch nie warf ich meine Perlen vor die Säue, und ich fühle, daß ich einigen Wert habe«.

Während man in Tübingen, Jena und Berlin mit seinem Ich aufs Große und Ganze geht, steckt Hoffmann noch vergleichsweise im kleinen Handgemenge. Doch der Satz »und ich fühle, daß ich einigen Wert habe«, mit dem er sich vor den Zumutungen des »bockspringenden Pöbel« schützt, atmet denselben Geist, der anderswo weltstürzend daherkommt.

Natürlich melden sich auch skeptische Stimmen gegen die fichteanisch gesonnenen Ich-Enthusiasten und Macher zu Wort, etwa Jean Paul 1796: »Ach, wenn jedes Ich sein eigener Vater und Schöpfer ist, warum kann es nicht auch sein eigener Würgeengel sein«. Der Philosoph und Goethefreund Friedrich Heinrich Jacobi profiliert sich mit seiner Aufsehen erregenden Kritik, die nachzuweisen versucht, daß der Subjektivismus schließlich ins Leere laufen müsse. Er warnt vor der Trunkenheit am Ich und vor dem Katzenjammer des Nihilismus.

Man mußte Jacobi nicht gelesen haben, man muß sich selbst nur genau genug beobachten, um solche Bruchlandungen hochfliegender Ichgefühle verspüren zu können. Sehr versiert, auch ohne Jacobilektüre, räsoniert der 18jährige Hoffmann: »Dem hohen geistigen Genuß fehlt insgemein Dauer, und unser Geist, unsere Phantasie fühlt eine widrige Erschlaffung, und wohl gar manchmal unser Herz eine unbehagliche Leere, wenn er vorübergegangen ist« (an Hippel 7.12.94).

Für die Poeten allerdings war das, was man später den ›romantischen Nihilismus‹ nannte, keine Sackgasse, denn gerade auch die nihilistische Seite des ganzen Unternehmens erregte ihre Einbildungskraft, was Tiecks Jugendroman *William Lovell* (1796) eindringlich beweist.

Ein starker Impuls für die Lust am eigenen Ich ging auch von Rousseau aus. Von ihm lernte man eine gegen das gesellschaftliche Milieu und seine Konventionen sich trotzig auflehnende Art des Selbstbezugs. Die Lektüre von Rousseaus *Emile* ließ Kant sogar den regelmäßigen Spaziergang vergessen und die *Bekenntnisse* wurden damals sehr schnell zum Kultbuch, auch für den jungen Hoffmann, der, glaubt man seinen diesbezüglichen Äußerungen, unablässig darin gelesen haben muß. Daß das Studium des Menschen und seiner Kultur mit der Selbstbeobachtung zu beginnen habe, wie Rousseau schreibt, hörte man gerne. Wie Fanfarenstöße mußten einem für solche Botschaft empfänglichen Publikum die ersten Sätze der *Bekenntnisse* in den Ohren geklungen haben: »Ich alleine. Ich lese in meinem Herzen und kenne die Menschen. Ich bin nicht wie einer von denen geschaffen, die ich gesehen habe«.

So wollte man auch sein, so unverwechselbar und so vertraut mit sich, mit dem Reichtum des eigenen Herzens.

Zu den beiden großen Quellen der Lust – die Literatur und das eigene Ich – kommt noch eine dritte: das Geheimnis. Hoffmann steht mit ihm auf vertrautem Fuß.

Im Jahrzehnt vor und nach der Französischen Revolution hatte die Lust am Geheimnis Konjunktur. Das Licht der Aufklärung verlor an Glanz. Bis in die einfachen Volksschichten war es sowieso nicht vorgedrungen. Die pragmatischen Aufklärer, stellenweise mit einem paternalistisch-absolutistischen Staatswesen im Bunde, hatten es nicht vermocht, das Alltagsleben durchzurationalisieren, den

Aberglauben und die oft magischen Elemente des Brauchtums gänzlich zu beseitigen. Am Ende des Jahrhunderts kann das Wunderliche wieder selbstbewußt als das Wunderbare auftreten. Wie eh und je ziehen die Wunderheiler über die Straßen; man hatte sie in Preußen zeitweilig in Arbeitshäuser gesteckt, aus denen sie jetzt wieder hervorkommen. Wieder laufen in den Dörfern und Städten die Menschen zusammen, um Propheten anzuhören, die den Weltuntergang oder die Wiederkehr des Messias predigen. In Thüringen gibt es gleich zwei bizarre Figuren, die sich als wiederverkörperter Christus ausgeben. Im Königsberger Schauspielhaus verblüffen Wanderärzte ihr Publikum mit der Kunst des Handauflegens. Auf dem Königsberger Fischmarkt verbreitet sich Unruhe, weil einige Leute behaupten, das unheilverkündende fünfbeinige Pferd am Kurischen Haff gesehen zu haben; Elche sollen sich in der See ertränkt haben, was auch ein schlechtes Zeichen ist. Jetzt wird offenbar: Der Glaube an die Transparenz und Kalkulierbarkeit der Welt war doch nicht so tief gedrungen. Die pragmatische Aufklärung hatte Vorhersehbarkeit und Planbarkeit auf ihre Flagge geschrieben. Die 80er Jahre aber bringen große Wirtschaftskrisen, stellenweise sogar Hungersnöte. Und dann die tumultuarischen Folgen der Französischen Revolution, die, so glaubt man, aller planenden Vernunft aus dem Ruder läuft und eher unsere dunkle Natur als unseren hellen Verstand zum Zuge kommen läßt. Das alles erschüttert das Vertrauen in die Lebensmacht des aufgeklärten Denkens. Die Vernunft der Stallfütterung und des Fruchtwechsels hat offenbar ihre Grenzen, das Neue muß nicht unbedingt das Bessere sein.

Wenn die lichte Zukunft sich verdüstert, hört man die raunende Stimme der Vergangenheit besser. Man findet wieder Gefallen am Rätselhaften, Dunklen, das von weither kommt. Die verhangene Melancholie der Volkslieder übt ihren Reiz aus: »Es fiel ein Reif in der Frühlingsnacht«. Zum Schutz vor Brandkatastrophen – zweimal innerhalb von zehn Jahren wird Königsberg von ihnen heimgesucht –

erläßt die Stadtregierung zwar neue brandpolizeiliche Vorschriften, alles sehr vernünftig, doch die Leute nehmen auch zu magischen Praktiken des Besprechens wieder ihre Zuflucht.

Die Lust am Geheimnisvollen und Wunderbaren, wie sie in der literarischen Kultur am Ende des Jahrhunderts erneut durchbricht, ist das Symptom einer Mentalitätsverschiebung, die den rationalistischen Geist zurückdrängt. Es sind viele, die am gemessenen Schreiten des aufklärerischen Fortschritts zweifeln oder gar verzweifeln und einen Ausnahmezustand herbeisehnen, der ihnen erlaubt, einzelne Stufen zu überspringen und ihr individuelles Glück zu machen, noch ehe die triumphierende Vernunft das Glück der Menschheit sichert. Vielleicht wird doch noch einmal ein Wunder geschehen.

Der Kult des Wunders macht die jungen Leute geneigt, vom Schicksal ihren Lebensweg gewiesen zu bekommen. Hoffmann an seinen Hippel: »Zum größten Glück in meinem Leben würd ich rechnen, wenn mich ein günstiges Schicksal ganz mit Dir vereinte« (12.1.1795).

Man rechnet, womit man nicht rechnen kann, mit überraschenden Wendungen, Begegnungen, die das große Glück bringen; überhaupt ist die Vorliebe für Peripetien auffällig, die Literatur der Zeit versteht sich gut darauf: »Nichtsahnend ging ich aus dem Haus, als plötzlich...« – das wird jetzt die Formel der Spannungserzeugung. So ähnlich wird auch Hoffmann seinen *Ritter Gluck* beginnen lassen: ein schöner Spätherbsttag im Tiergarten – da geschieht das Unvorhersehbare: Gluck kehrt wieder und der Erzähler hat eine Begegnung, die ihn aus aller Mittelmäßigkeit reißt...

Der junge Tieck macht auf seinem Gang zur Schule Umwege, um seine Chancen für Begegnungen, die ins Unvorhersehbare führen, zu verbessern. Friedrich Schlegel kann sich 1792 einer solchen ›Begegnung‹ rühmen: »Das Schicksal hat einen jungen Mann in meine Hand gegeben, aus dem alles werden kann.« Der junge Mann, es ist Novalis, glaubt auch an ein Wunder, das ihn mit Friedrich zusammengeführt habe. Die Wundermacht des Schicksal knüpft überraschende Verbindungen, läßt Menschen abstürzen und in ungeahnte Höhen emporschnellen. In solcher Atmosphäre werden die vom Schicksal und der eigenen Geschicklichkeit wundersam hinaufgeschleuderten Hochstapler vom Schlage eines Cagliostro fast zu mythischen Figuren. Kometenhaft ziehen sie ihre Bahn, für kurze Augenblicke kann man sie am Himmel der Gesellschaft sehen.

In einem Ausmaß, das wir uns heute im Zeichen des Kommunismusverdachts und der Terrorismushysterie doch ganz gut vorstellen können, erregen die Phantasien über Geheimbünde und geheime Komplotte damals die Öffentlichkeit. Diese Atmosphäre begünstigt eine literarische Gattung: den Bundesroman, der mit wohligem Grauen von mysteriösen Geheimgesellschaften und ihren Machenschaften erzählt. In den 80er und 90er Jahren erscheinen weit über 200 Titel dieses Genres, dessen prominenteste Autoren Spieß, die Naubert, Vulpius, Cramer und Grosse sind. Doch auch Schiller hat sich mit seinem *Geisterseher* in diesem Genre versucht, und Goethe kommt in seinem *Wilhelm Meister* ebenfalls nicht ohne eine Geheimgesellschaft aus, die Gesellschaft vom Turm, die im Verborgenen die Geschicke des Helden lenkt.

Diese Erzählungen, die Hoffmann verschlungen hat, folgen zumeist einem festen Schema: Ein harmloser Mensch gerät in geheimnisvolle Verwicklungen; er wird verfolgt; Menschen kreuzen seinen Weg, die alles über ihn zu wissen scheinen; allmählich bemerkt er, daß er sich in dem Netz einer unsichtbaren Organisation verfangen hat. Oft dient auch eine schöne Frau als Lockvogel: Zum bedrohlichen gesellt sich das süße Geheimnis. Vielleicht dringt er in den Bund vor, vielleicht sogar bis in seine innersten Verliese, »in der schwarzen Höhle ließ ein flackerndes Licht jäh weiße Gesichter erscheinen« usw. Manchmal wird er eingeweiht in die Mysterien des verborgenen Wissens und der verborgenen Zwecke des Bundes, lernt die Führer kennen. Zu seinem Entsetzen handelt es sich dabei oft um Menschen, die er schon lange kennt, aber die er bisher in einem anderen Licht gesehen hat; in diesen Geschichten gibt es den guten und den bösen Bund, und wenn erzählt wird, wie diese beiden im Kampf miteinander liegen, dann wird das Ganze vollends undurchsichtig und verwickelt, es wimmelt von Doppelagenten, und es gibt kaum noch Zimmer ohne doppelte Böden und Schränke ohne geheime Türen. Man kann auch nicht mehr über die Straße gehen, ohne von einem Emissär mit schmalem Gesicht und dünnen Lippen angesprochen zu werden.

Der reale Anknüpfungspunkt dieser Geschichten ist das Freimaurertum, bei dem sich in der zweiten Hälfte des 18. Jahrhunderts ein für die Zeit symptomatischer Wandel vollzieht. In den Logen, die sich bisher als Hort der Aufklärung verstanden, machen sich okkulte Bestrebungen breit. Ein Beispiel dafür ist die »Schottische Maurerei«, die ein kunstvoll aufgebautes System von Hochgraden, das heißt eine vielfach abgestufte Folge von Einweihungen ins Bundesgeheimnis, entwickelt. Das Geheimnis besteht weniger in einer verborgenen Zwecksetzung als vielmehr in einem phantasievollen Ursprungsmythos. Die »Schottische Loge«, die auch in Königsberg einen Ableger unterhält, beruht auf der Konstruktion einer Templerlegende, die besagt, daß nach der blutigen Unterdrückung des Templerordens im Mittelalter ein Gruppe von Templerrittern im Geheimen in Schottland weitergewirkt und dort ihre Lehren und Kunstgeheimnisse kommenden Geschlechtern überliefert hätte. Um welche Lehren und um welche Kunst es sich dabei im einzelnen handelte, blieb im Dunkeln. Die zeitgenössische Phantasie vermutete irgend etwas zwischen Kabbala und Alchemie. Die Phantasien geraten gegen Ende des Jahrhunderts in den Sog der allgemeinen Politisierung. Jetzt vermutet man eine üble Verschwörung gegen Thron und Altar. Es schlägt die Stunde der großen Entlarvungen. Die Komplotttheorie wird geboren. Gegen die Geheimorganisationen und Logen, die man mit der Revolution im Bunde glaubt, werden ebenfalls geheime Gegenbünde geschaffen. Am bekanntesten ist der Rosenkreutzerorden, der mit der Hofkamarilla Friedrich Wilhelm II. (1786-1797) Einfluß auf die Regierungsgeschäfte in Preußen nimmt. Bischoffwerder und Wöllner tun sich hierbei besonders hervor. Ihnen gelingt es, die aufklärerischen Zirkel um Nicolai zeitweilig aus Berlin zu vertreiben.

Die Rosenkreutzer ähneln ihren Gegnern zum Verwechseln. Auch sie haben ihr System der strikten Observanz. Das politische Terrain wird gespenstisch. Dort tummeln sich unsichtbare Mächte, die zu den abenteuerlichsten Vermutungen Anlaß geben. Das alles sorgt für publizistische Turbulenz und liefert der Imagination aus dem Geiste der Geheimnislust und des Verdachtes reichliche Nahrung. Die Wirklichkeit dieser Bünde sah wahrscheinlich weit harmloser aus, als man sie sich vorstellte. Von den »Illuminaten«, die damals als besonders revolutionär galten, wissen wir, daß sie sich trafen, um gemeinsam Seneca, Ariost, Plutarch und Wieland zu lesen und darüber zu diskutieren. Manchmal ermutigten sich diese ›Verschwörer‹ auch zur Lektüre von verbotenen Büchern, denen der französischen Enzyklopädisten d'Holbach, Helvetius...

Allerdings führte die bei den Illuminaten verbreitete Idee der schrittweisen sittlichen Läuterung dazu, daß ein System gegenseitiger Bespitzelung errichtet wurde, um die »Fortschritte in der Tugend« einschätzen, Kandidaten auswählen und Mitgliedern den gebührenden Rang zuweisen zu können. »Bemerken Sie«, so heißt es in einer Ordre der Illuminaten, »jeden Ihrer Untergebenen genau, beobachten Sie ihn in Gelegenheiten, wo er Reiz hat, anders zu sein als er sein sollte: Hier ist der Augenblick, wo es sich zeigen muß, wie weit er es gebracht hat.«

Durch ein solches System konnte sich möglicherweise im Zentrum der Organisation ein für manche Leute sehr gefährliches Wissen anhäufen, gefährlich, weil es sich auf fremde Intimität bezog. Und es konnte sich bei den Betroffenen die Angst vor dem Beobachtetwerden herausbilden. Hier setzen die Phantasien über die Allgegenwart jener Geheimbünde an.

Der Wille zum Geheimnis war eine Triebkraft sowohl bei denen, die einen Bund bildeten, wie auch bei denen, die sich in Ahnungen, Vermutungen und Phantasien ergingen. Wer sich an diesem Geschäft beteiligte, auf der einen oder der anderen Seite – und das waren sehr viele –, verhielt sich im Grunde genommen so, wie es Novalis auf dem Hochplateau des romantischen Spekulationsgeistes gefordert hatte: »Indem ich dem Gemeinen einen hohen Sinn, dem Gewöhnlichen ein geheimnisvolles Ansehn, dem Bekannten die Würde des Unbekannten, dem Endlichen einen unendlichen Schein gebe, so romantisiere ich es.«

Die Geheimbundromane, die den Buchmarkt überschwemmten, sie beherrschten virtuos die Kunst, »dem Gewöhnlichen ein geheimnisvolles Ansehn« zu geben; sie werden deshalb auch von den jungen Leuten, die sich der Schule des Rationalismus entwachsen fühlen, eifrig gelesen. Besonderer Beliebtheit erfreut sich bei ihnen der Roman *Der Genius* von Karl Grosse (1791). Der junge Tieck liest ihn in einem Zuge seinen Freunden vor und erregt sich dabei so, daß er um seinen Verstand fürchtet. Er braucht eine Woche, um sich zu erholen und schreibt dann an seinem Roman *William Lovell*, worin auch eine Geheimgesellschaft ihr dunkles Spiel treibt. Dem jungen Hoffmann ergeht es nicht anders. »Es war ein schöner Abend, an dem ich den letzten Teil des Genius las – meine Phantasie hatte einen Festtag – Es war eilf Uhr, als ich das Buch aus der Hand legte – Das Aufwallen von unzähligen Leidenschaften hatte meinen Geist in eine Art von matter Betäubung gesenkt... In einem Zustande, der gleich weit vom Wachen und Schlafen entfernt ist, lag ich auf meinem Bette – ein Knistern weckte mich – ein schneidender Luftzug durchwehte meine Stube – ich sah auch meinen Genius...« (an Hippel, 19.2.1795).

Wenig später schreibt Hoffmann tatsächlich seinen *Genius*. Er nennt das Werk *Cornaro – Memoiren des Grafen Julius von S.* (1795). Das Vorbild Grosse hatte seinem Roman den Untertitel gegeben: *Aus den Papieren des Marquis v. G.*

Obwohl von dem Hoffmannschen Frühwerk nichts erhalten geblieben ist, kann man doch vermuten, daß der junge Geisterseher seinem Vorbild Grosse nachgeschrieben hat. Das gilt wohl auch für den wenig später, 1796, geschriebenen Romanversuch, der den bezeichnenden Titel *Der Geheimnisvolle* trägt und ebenfalls verschollen ist. Nur eine kürzere Passage, die Hoffmann in einem Brief verwendet, hat sich erhalten.

Wie stark die Grosse-Lektüre auch später noch in Hoffmann nachgewirkt hat, wird deutlich, wenn man den Vorspruch Grosses zum *Genius* vergleicht mit Hoffmanns Vorbemerkung zu den *Elixieren des Teufels*. »Aus allen Verwicklungen von scheinbaren Zufällen«, sagt Grosse, »blickt eine unsichtbare Hand hervor, welche vielleicht über manchem von uns schwebt, ihn im Dunkel beherrscht, und den Faden, den er in sorgloser Freiheit selbst zu weben vermeint, oft schon lange diesen Gedanken vorausgesponnen haben mag.« Hoffmann spricht im Vorwort zu den *Elixieren* von seiner Vermutung, »als könne das, was wir insgemein Traum und Einbildung nennen, wohl die symbolische Erkenntnis des geheimen Fadens sein, der sich durch unser Leben zieht, es festknüpfend in all seinen Bedingungen«. Die »unsichtbare Hand« oder der »geheime Faden« fesseln die Einbildungskraft einer Zeit, die gerade damit beginnt, geschichtsphilosophisch zu denken. Den »Faden« der Geschichte zu entwirren, das formuliert zum Beispiel Herder als *die* Aufgabe des Jahrhunderts: »... gibts einen Faden der Entwicklung menschlicher Kräfte durch alle Jahrhunderte und Umwandlungen in der Hand des Schicksals, und kann ihn ein menschliches Auge bemerken – welches ist Er!« Wer diesen »Faden« erkennt, den trifft nicht mehr jene Zurechtweisung, die nur dem geschichtsphilosophischen Analphabeten gebührt: »Siehst du Ameise nicht, daß du auf dem großen Rade des Verhängnisses nur kriechst?« Die Geheimgesellschaften, als Wirklichkeit und als phantastisches Thema, geben dem geschichtsphilosophischen »Faden« eine plausible Gestalt. Die »unsichtbare Hand« – man kann sie jetzt ergreifen, sie gehört zu einem Menschen, der allerdings oft ein ›Dunkelmann‹ ist. Man wird in die verborgenen Kulissen geführt, aus denen heraus die Fäden für das Marionettentheater der Geschichte gezogen werden. Das macht den immer noch aufklärerischen Impuls in dem ganzen Geheimniskult aus.

Doch am Ende des Jahrhunderts verändert das Geheimnis seinen Charakter. Zunächst war der Glaube an die Vernunft so kräftig, daß man das Geheimnis nur als einen faszinierenden ›Schein‹ ansah, hinter dem sich ein letztlich doch rational erklärbarer Mechanismus verbirgt. Das Geheimnisvolle war eine Kategorie der Täuschung, etwas noch nicht Durchschautes und darum Unheimliches. Aber irgendwann einmal, darauf konnte man vertrauen, würden die Schleier fallen und dann kommt die Stunde der Wahrheit, die, wie im Geheimbundroman, einen ausgetüftelten Verschwörungsmechanismus, ein feingesponnenes Intrigennetz und eine manchmal recht klappernde Maschinerie zur Erzeugung von Sinnestäuschungen bloßlegt. So verhält es sich bei Schillers *Geisterseher* und auch noch bei Grosse. Doch schon bei diesem beginnt das Interesse am Geheimnisvollen das Interesse an seiner ernüchternden Aufkärung zu überflügeln. Hoffmanns Generation lernt das Geheimnis zu schätzen, nicht weil die Aufklärung daran ihre Kraft erproben kann, sondern darum, weil es der Aufklärung trotzt. Das Unerklärliche ist nicht länger mehr ein Skandal, sondern ein Reiz: »Manches bleibt in Nacht verloren...«, singt Eichendorff.

Die Lust am Nächtlichen, am Geheimnisvollen hängt auch zusammen mit einer neuen Erfahrung, die ins kulturelle Milieu der Ich-Aufwertung eingebunden ist: Wer sich selbst so intensiv fühlen und begreifen will, der wird sehr bald die Entdeckung von Undefinierbarem und Vieldeutigem machen. Das innere ›Zwielicht‹ beginnt, wo die Neugierigen im Ich mehr entdecken als die gängigen Münzen des »Gemeinsinns«. Während Forschungsexpeditionen die Wildnis hinterm Stillen Ozean durchforsten, machen sich andere daran, die Wildnis in uns zu erforschen. Für Hoffmann werden dann die »tiefen Schauer jenes geheimnisvollen Grauens« solche sein, die »in unserer eigenen Brust wohnen« (*Serapionsbrüder*).

Viertes Kapitel
Eine Jugendfreundschaft

Das meiste, was in den Jugendjahren einigermaßen von Bedeutung war, hat Hoffmann mit seinem Freund Theodor Gottlieb Hippel geteilt: die Lust an der Literatur, am eigenen Ich, am Geheimnis. Hippel hat nach dem Tode seines Freundes eine Auswahl der Jugendbriefe an Hitzig gegeben, die dieser in seine Hoffmann-Biographie einarbeitete. So können wir in das Seelenleben eines Menschen Einblick gewinnen, der in einem dieser Briefe von sich selbst und seinem Freunde sagte: »Denn wir beide sind behutsam und delikat, und hängen nicht so leicht etwas von der innern Seite heraus, wie eitle Leute das Schnupftuch aus der Rocktasche« (24.1.1796).

Es bedurfte schon eines solch großen Vertrauens, wie es zwischen den beiden Freunden bestand, um sich bisweilen davon frei machen zu können, »behutsam und delikat« zu sein. Hoffmann hat seinem Freund die Verwirrungen des Herzens bei seiner ersten großen Liebesgeschichte mit Dora Hatt offenbart, vor Hippel hat er den Jammer seines familiären Lebens ausgebreitet; vor diesem Freund hatte er lange Jahre keine Geheimnisse; was er später nur noch seinem Tagebuch anvertrauen wird, die Selbstzweifel, die Lebensängste, den Haß auf den eigenen Körper, aber auch die Phantasien eines gelingenden Lebens – in den ersten Jahren der Freundschaft konnte zwischen den beiden darüber gesprochen und geschrieben werden. Und Hoffmann hat es ausführlich getan, oft ohne Ironie und Sarkasmus, den bevorzugten Formen der Verfremdung und Distanzierung, die er später immer dann so meisterhaft zu handhaben versteht, wenn es darum geht, sehr geheime und zurückgehaltene Strebungen und Empfindungen zur Sprache zu bringen. Hippel war einer der wenigen Menschen, vor denen Hoffmann, der von sich selbst einmal sagte, daß die »Natur« ihm die Tränen »fast ganz versagt hätte« (an Hippel 19. 2. 1795), weinen konnte. Hoffmann auf dem Sterbebett weint, als sich Hippel von ihm verabschiedet. Beide sind auch in ihren Erwachsenenjahren Freunde geblieben. »Daß ich sein Freund gewesen«, schreibt Hippel 1822, »wie man es hienieden nur sein kann, fühle ich seit seinem Tode mehr denn je. Ohne oft mit ihm Briefe zu wechseln, war ich gewohnt, ihn mir nahe und unzertrennlich von mir zu denken, und von einer Zukunft zu träumen, die uns an einem gemeinschaftlichen Wohnort vereinigen sollte. Auch bei ihm war dieser Gedanke eine feste Einbildung geworden, deren Erfüllung der Tod nun hinausgeschoben hat.«

Den Traum eines gemeinschaftlichen Wohnorts haben sich die beiden nie erfüllt, in den späteren Jahren haben sie seine Realisierung noch nicht einmal ernsthaft erwogen. Wie überhaupt diese Freundschaft zunehmend etwas Träumerisches, Irreales bekam. Das mußte auch so sein, weil es in ihr eine sehr folgenschwere Entfremdung, einen Bruch gegeben hatte. In das seelenvolle Innere eines Freundesbundes war nämlich die soziale und politische Realität eingebrochen: Zwischen Hippel, der zum Junker und Staatsmann wird, und Hoffmann, dem Bürger und Künstler, öffnet sich die gesellschaftliche Kluft, die beide voneinander trennt. Die zunehmend angestrengteren Rituale der Freundschaft können jene Bewegung, die zwei Welten auseinanderdriften läßt, nicht mehr integrieren. Inmitten des wechselseitigen Verstehens wächst doch auch die Fremdheit. Es sind verschiedene Werte und Lebensstile, denen man verbunden ist, und die Verschiedenheit nimmt zu. Am Ende kann Hoffmann vor Hippel zwar noch weinen, aber er findet zugleich nicht den Mut, dem Freund die Umwandlung seines dritten Vornamens in »Amadeus« mitzuteilen. Von Hippel darauf angesprochen, reagiert Hoffmann mit verschämten Ausreden.

Die wachsende Distanz zwischen den beiden Freunden wird Hoffmanns Art und Weise, die gesellschaftliche und politische Realität zu erleben, nachhaltig prägen. Indem Hippel zum Politiker und Junker wurde, hat er sich ihm entfremdet und so wird für Hoffmann die Politik und das von Standesdifferenzen und Klassenschranken zerklüftete gesellschaftliche Leben ein Ort der Entfremdung bleiben. Die Freundschaft bleibt nicht jenes »Asyl«, das er sich von ihr erhoffte.

1786 lernen sich die beiden fast gleichaltrigen Knaben – Hippel ist einige Monate älter – in einem Landhaus bei Königsberg kennen. Hippel lebt zu diesem Zeitpunkt noch bei seinem Vater, dem Pfarrer Gotthard Hippel in Arnau, nur wenige Kilometer von Königsberg entfernt. Die Vorfahren Hippels waren bis in die dritte Generation zurück Pfarrer gewesen. Ein bürgerliches Geschlecht also, wie die Hoffmanns und Doerffers. Hippels Onkel, der Königsberger Stadtpräsident Theodor Gottlieb Hippel, hat große Mühe darauf verwandt, eine adelige Genealogie der Familie zu konstruieren. Sie war nicht stichhaltig, aber der Stadtpräsident hatte Erfolg damit: 1790 wird das ganze Geschlecht der Hippels geadelt; über Nacht wurde Hoffmanns Freund zum jungen Junker.

Die Mutter Hippels war früh gestorben, so wuchs der Junge in der Obhut seines Vaters auf, der ihm auch den ersten schulischen Unterricht erteilte. In seinen Erinnerungen hat Hippel seinem Vater als »Fehler« angerechnet, daß er »diesen seinen einzigen Sohn mit zuviel Liebe bildete und ihm dadurch eine Weichheit gab, die in der spätern eisernen Zeit für keine Tugend gelten darf«.

Dieser ›weiche‹ Knabe wird 1787 von seinem Vater nach Königsberg auf die Burgschule geschickt, wo er wieder auf Hoffmann trifft, den er ein Jahr zuvor kennengelernt hatte. Zunächst beschränkte sich der Umgang der beiden auf die Schule, zwei Jahre später wird eine Freundschaft daraus. Hippel ist bei den Doerffers gerne gesehen. Für sie ist die Freundschaft der beiden Jungen nicht ohne Prestige. Immerhin ist Hippels Onkel, der in unmittelbarer Nachbarschaft wohnt, der erste Bürger der Stadt.

Die beiden sollen gemeinsam Schularbeiten machen, so wünschen es die Doerffers. Der junge Hoffmann bleibt im Griechischen und Lateinischen zurück, Hippel, mit besseren schulischen Leistungen, kann helfen. Onkel Otto, der alles pedantisch geregelt wissen will, bestimmt den Mittwoch, der Tag, an dem er selbst außer Haus zu gehen pflegt, zum Besuchstag. Da sitzen dann nun die beiden, ohne Aufsicht; schnell gehen sie ihre Lektionen durch, um Zeit für das zu gewinnen, was sie verbindet: Im ersten Jahr improvisieren sie Ritterspiele im Garten; sie wollen leben, was sie gelesen haben. Das benachbarte Lesewangsche Fräuleinstift beschäftigt ihre Phantasie. Wie sie einen Tunnel hinübergraben wollen, habe ich schon berichtet. Indem sie aus dem Alter fast noch kindlicher Vergnügungen herauswachsen, erschließen sich neue Welten, die sie gemeinsam entdecken. Sie lesen sich ihre poetischen Ergüsse vor, Hoffmann spielt auf dem Klavier. Aus dem Schrank des Onkels werden Bücher hervorgezogen, die nicht für sie bestimmt sind: So lernen sie Rousseaus *Bekenntnisse* kennen, ein Buch immerhin, das von den Freuden und Leiden der Onanie zu berichten weiß. Manchmal verkleiden sie sich auch und rezitieren die großen tragischen Rollen. Man porträtiert sich wechselseitig und fertigt Karikaturen der beliebten und unbeliebten Schulmeister an. Gegen Abend bringt die Tante den Tee, und wenn der Onkel zurückkommt, betreibt man noch ein wenig steife Konversation.

Diese Nachmittage, so sieht es Hoffmann später, enthielten einen Vorgeschmack von Freiheit, von Leben in der Kunst. Am Mittwoch waren die Horizonte offen, beide spürten sie den Anhauch einer verheißungsvollen Welt.

In diesem Bund war Hoffmann der Gebende, Hippel der Nehmende. Von Hoffmann gingen die Initiativen aus, er riß den Freund mit, stiftete zu allerlei Unternehmungen an. Hippel war sanfter, ein wenig schüchtern, ein braver Junge, von dem jedermann überzeugt war, daß er seinen Weg machen würde. Die ›Ausschweifungen‹ am Mittwoch hinderten ihn nicht daran, fleißig und strebsam zu sein; in der Schule überflügelte er seinen Freund. Die Rousseau-Lektüre hielt ihn nicht vom gewissenhaften Übersetzen der Cicero-Reden ab. Die Abenteuer des Räuberhauptmanns Rinaldo Rinaldini entzückten auch ihn, brachten ihn aber nicht aus dem Häuschen. Er blieb in der Schule sattelfest und erlangte 1791, ein Jahr vor Hoffmann, die Universitätsreife. Wie Hoffmann studierte auch er die Rechts- und Staatswissenschaften, nur daß bei ihm die Wahl dieses Studienganges weniger verwunderlich ist. Denn nach der Nobilitierung war dieser Neffe eines vermögenden, einflußreichen, aber kinderlosen Onkels von diesem zum späteren Majoratsherrn und höheren Staatsbeamten auserwählt. Solche Erwartungen lasteten auf dem weichen, in sich gekehrten Jungen.

Einen eigenen Willen durchzusetzen, war im Hause des übermächtigen Onkels, den sogar Kant, der zu seinen Freunden zählte, eine »Zentralkopf« nannte, unmöglich. Der Onkel versammelte regelmäßig die Verwandtschaft um sich, in deren Mitte er sich als Sonnengestirn fühlte. Er litt es nicht, daß man seinem Namen Unehre bereitete. Deshalb ließ er auch seine eigenen literarischen Werke anonym erscheinen, und deshalb scheute er, der zugleich Polizeidirektor der Stadt war, nicht davor zurück, den Umgang seiner Angehörigen notfalls durch Polizei-Agenten überwachen zu lassen. Die Freundschaft seines Neffen mit Hoffmann scheint er gebilligt zu haben. Ganz nach seinem Geschmack war sie indes nicht, denn er wünschte für seinen Neffen einen Umgang, der den gesellschaftlichen Ehrgeiz stimulierte. Alles komme auf den »Trieb und die Kraft emporzusteigen« an, das war die Devise, die er dem jungen Hippel einschärfte. Einmal hat Hippel rebelliert. Das war 1792, kurz nach Beginn des Studiums: Vor diesem Onkel wollte er sich in die Arme des Militärs flüchten. Für diesen Fall drohte ihm der Onkel die Enterbung an. Hippel blieb und beendete gewissenhaft sein Studium.

Anders als Hoffmann hat Hippel die Erwartungen seines Vaters und seines Übervaters, des Onkels, vollständig verinnerlicht. Er glaubt, dort sein wahres Selbst verwirklichen zu können, wo er der von Vater und Onkel vorgezeichneten Bahn folgt. In seinem Tagebuch notiert Hippel 1797: »Und bin ich denn besser, fester, reiner..., so kehre ich zurück in die Arme meines Vaters und suche glücklich zu werden«. Einen solchen Vater, eine solche Autorität, der er es hätte recht machen müssen, hat Hoffmann nie vor sich gehabt. Deshalb hat er den Forderungen der Familie gehorcht, doch ohne sie zu verinnerlichen, ohne sein wirkliches Selbst in ihnen widergespiegelt zu finden. Es gibt aber Augenblicke, in denen Hoffmann seinen Freund beneidet um eine solche Familie, die noch die Kraft hat, dem Heranwachsenden eine eindeutige, vor Selbstzweifel und Selbstzerwürfnis schützende Orientierung zu geben.

Der Neid auf Hippels Verwandtschaft hat Hoffmann bisweilen veranlaßt, seinen gleichaltrigen Freund als Vaterersatz zu nehmen. In ihm glaubt er, ein Gegengewicht zu seinem ›exzentrischen‹ Wesen zu besitzen. Hippel ist ordentlich und vernünftig, gehört aber doch nicht, wie die eigene Verwandtschaft, zu jenen Leuten, »die alles in Nummern teilen und apothekerartig behandeln« und ihm ihren »orthodoxen Schlagbaum vorhalten« (an Hippel am 25.1.1796). Er hat Verständnis für den Freund, wenn er auch ihm gegenüber das Realitätsprinzip vertritt. Er ermuntert Hoffmann, energisch das Studium zu beenden, die Justizlaufbahn einzuschlagen, er fordert von ihm, sich zu »ermannen« und die unglückliche Liebe zu Dora Hatt zu überwinden. Er kritisiert das unablässige Klagen des Freundes und empfiehlt ihm, sich in die Verhältnisse zu »schikken«. Alle diese realitätstüchtigen Ratschläge und Ermahnungen aber bleiben eingebettet in ein herzliches Verstehen und Vertrauen, wodurch sie für Hoffmann an Autorität gewinnen. In Hippel hat er einen liebenswerten Repräsentanten der Welt des Berufs, des Fortkommens, der Normalität. Als später das Vertrauen und die rückhaltlose Offenheit nachlassen, wird der väterliche Autoritätsdruck, der von Hippel ausgeht, unverhüllter spürbar. Hoffmann teilt seinem Freunde dann längst nicht mehr alles mit, er hat seine Heimlichkeiten vor ihm, und Hippel seinerseits tadelt zunehmend unverhohlen die »Liederlichkeit« des Freundes.

In den Bamberger Jahren (1808-1813), in denen sich Hoffmann ganz auf die künstlerische Existenz wirft, was Hippel mißbilligt, reißt der Kontakt ab. Die spärlichen Briefe aus der Posener, der Plocker und der zweiten Berliner Zeit (1807-08) sind sorgfältig auf das Wertsystem des Adressaten abgestimmt. Das »Solide« – oder was man dafür ansehen kann – ist besonders mitteilenswert: die Heirat, künstlerische Anerkennung, berufliche Erfolge.

Hippel bleibt stets hilfsbereit, wenn es darum geht, seinem Freund Geld vorzuschießen oder ihm bei der Stellensuche behilflich zu sein, doch auf die literarischen Werke Hoffmanns, die dieser ihm zusandte, hat er kaum reagiert, so als würde er sie immer noch als Ausgeburten jugendlicher Laune und Übermuts ansehen, nicht wert für das ernsthafte Geschäft eines erwachsenen Mannes.

Selbstbildnis mit Theodor Gottlieb von Hippel (vorn) als Castor und Pollux (1803).

Ich habe vorgegriffen: Noch sind die Freunde ein Herz und eine Seele. Aus einem Brief vom 29.2.1795: »Ich las Deine warmen Versicherungen Deiner Freundschaft – in inniger Wehmut zerfloß mein Herz, und ich versank den Brief in der Hand in eine stille schwärmerische Verzückung – ich liebe Dich – ich bete Dich an – Du bist der einzige, der die innern Regungen meines Herzens versteht«.

Im Herbst 1794 hatte Hippel sein Studium beendet. Nun stand das Referendariat im Justizdienst an; der Referendar war damals der »Auskultator«, zu deutsch: der Ohrenspitzer. Doch ehe Hippel damit beginnt, zieht er sich zu seinem Vater nach Arnau zurück. Arnau liegt vor den Toren Königsbergs, weit genug, um Briefe wechseln, nahe genug, um sich besuchen zu können. Zunächst schwelgen die beiden in der Wehmut des Abschiednehmens, sie versichern sich der unverbrüchlichen Treue, sie trösten sich, wenn Klagen über die Vereinsamung laut werden. Das ganze liest sich wie die Korrespondenz eines Liebespaares.

Argwöhnisch beobachtet man, ob man auch so geliebt wird, wie man selbst liebt. »Vergebens habe ich seit Dienstag auf eine Gelegenheit und auf Briefe von Dir gewartet«, schreibt Hoffmann am 19.2.1795. »Entweder Du bist zu sehr mit dem beschäftigt, was den Menschen am meisten zerstreut, oder Du willst Dich allmählich schon selbst von meinem schriftlichen Umgange abgewöhnen, um in desto ungestörterer Ruhe und Zufriedenheit in Marienwerder leben zu können.« Und weiter heißt es in diesem Brief: »Willst Du mir noch eine Freundschaft tun, ehe Du mich auf immer verläßt – denn ich fühle es, wir sehn uns dann nie wieder – so schaffe mir das Porträt Deiner Mutter, ich will es für Dich kopiren..., ob ich mich selbst malen werde, weiß ich noch nicht. Das hängt von Dir ab.«

Die Taktik solcher Briefe ist klar. Man sagt: Du liebst mich ja nicht, um die Antwort zu provozieren: Natürlich lieb ich Dich, natürlich fällt mir der Abschied schwer, natürlich, mal mir ein Bild von Dir...

In diesem Sinne scheint Hippel auch geantwortet zu haben, ehe er im Juni 1795 nach dem westpreußischen Marienwerder abreist, um am dortigen Gericht seinen Vorbereitungsdienst als Auskultator zu absolvieren.

Der rege Briefwechsel soll das von Hoffmann so genannte »Asyl der Freundschaft« aufrechterhalten. Ein Asyl deshalb, weil die Freundschaft Zuflucht bietet vor der Familie – und weil sie trotz der sich zunehmend deutlicher abzeichnenden Standesdifferenz zwischen Hoffmann und Hippel noch einen Raum von Gleichheit und Gleichberechtigung umgrenzt. Hoffmann am 19.12.1795 an seinen Freund: »Du... wirst gewiß längst Rat sein, wenn ich noch als Auskulator... herumlaufe, und irgendwo Präsident, wenn ich irgend eine kleine Stelle von ein paar hundert Taler Gehalt erhasche. Doch das alles soll in unserer Freundschaft nichts ändern. Der Gedanke Dich so ganz zu kennen, daß ich davon überzeugt sein kann, ist äußerst wohltätig für meine ganze Stimmung!«

Für Hoffmann verschmilzt dabei das Asyl der Freundschaft mit dem Asyl der Kunst. »Fern von all dem, was uns kränkt und ärgert«, schreibt er am 23.2.1795, »fühlen wir uns erhaben und groß über all die Schnurrpfeifereien übelgelaunter Despoten. – O mein Freund... Das Landleben an der Seite eines Freundes hat für mich einen mächtigen Reiz... Mein Klavier müßte mit – mein Malkasten und einige ausgewählte Bücher ebenfalls...«

Noch 1806 sehen wir Hoffmann an dieser Idee der Gleichheit in kunstbeseelter Freundschaft festhalten. »Du bist... von Deiner Familie umgeben gewesen, ich habe keine – Du sollst für den Staat leben und steigen, mich fesselt eine elende Mediokrität, in der ich sterben und verderben kann. – Diese Ungleichheiten, dünkt mich, vermögen nichts über den gleichen Sinn für die Kunst, der uns vereinigte, und den wir *nie* lassen« (6.3.1806). Inzwischen ist indes diese Idee der Gleichheit zur Utopie geworden, die eine ganz anders geartete Realität überdeckt.

Nach Hippels Weggang aus Königsberg – zuerst nach Arnau, dann nach Marienwerder – nimmt das Asyl der Freundschaft schon deshalb eine literarische Qualität an, weil es fast nur noch über den Briefverkehr aufrechterhalten wird. Literarische Valeurs bekommt diese Freundschaft aber auch durch die absichtsvoll inszenierte, schwärmerische Haltung zur Freundschaft, die sich die beiden zur Pflicht machen. »Sie ist uns das, was einem Gemälde das Kolorit ist«, schreibt Hoffmann am 12.1.1795, »sie verbreitet über uns... eine wohltätige Empfindung... Freundschaft und Liebe... erhalten nur durch sie ihren Wert.«

Der Bedarf an schwärmerischer Inszenierung des »Wertes« dieser Freundschaft wächst mit der räumlichen, psychischen und sozialen Entfernung zwischen den beiden. Die »Schwärmerei« ist Ausdruck des angestrengten Bemühens, die Freundschaft gegenüber den sie gefährdenden, vor allem sozialen Faktoren abzuschirmen. Doch das hilft alles nichts: Hippel entschwindet in ein soziales Milieu, an das Hoffmann nicht mehr heranreicht, und er löst sich von seinem künstlerischen Sinn, über den sich Hoffmann mit ihm immer noch verbunden wähnt. Nach Marienwerder schreibt Hoffmann: »Im Grunde genommen ist unsere Lage jetzt wieder sehr verschieden, Du in der kleinen Stadt spielst den Weltmann, der sich in den buntesten Zirkeln herumtummelt – ich in der größern – den eingezogenen Stubenhüter... Im Ernste – ich glaube, Du kannst Dir von meinem jetzigen Leben einen nicht so recht eigentlichen Begriff machen. Die Eingezogenheit verbunden mit den glücklichen Stunden der Autorschaft fängt an für mich Reiz zu haben« (25.10.1795).

Die Formulierung »im Grunde genommen« weist darauf hin, daß Hoffmann nicht mehr umhin kann, die Differenz zwischen der Wirklichkeit der Beziehung und dem durch den Briefverkehr am Leben gehaltenen ›Roman der Freundschaft‹ wahrzunehmen: Hippel, so glaubt Hoffmann, kann ihn nicht mehr verstehen. Noch acht Monate zuvor hatte er ihm gegenüber beteuert: »Du bist der einzige, der die innern Regungen meines Herzens versteht« (28.2.1795).

Hippel eilt in seiner beruflichen Laufbahn mit Riesenschritten voran, kein Wunder bei einem Jüngling von (wenn auch frischem) Adel. Sein Referendariat in Marienwerder absolviert er in einem halben Jahr; im Februar 1796 ist er damit fertig. Gleich darauf will man ihn zu einem königlichen Kommissar machen, der das nach der dritten polnischen Teilung neu erworbene Bialystok für die preußische Krone in Besitz nehmen soll. Zur selben Zeit beklagt sich Hoffmann noch darüber, daß er in den Königsberger Gerichtsstuben gänzlich übersehen wird und keinerlei Fortschritte in der Ausbildung machen kann. Obwohl die beiden Freunde fast zeitgleich mit dem Referendariat beginnen, wird Hoffmann erst zwei Jahre später, 1798, sein Referendarexamen ablegen.

Ehe Hippel nach Bialystok aufbrechen kann, stirbt im April 1796 der Königsberger Onkel. Hippel ist Universalerbe eines beträchtlichen Vermögens, das für den Erwerb einer Gutsherrschaft bestimmt ist. Hippel wird Majoratsherr ausgedehnter Besitzungen im westpreußischen Leistenau. Es gibt für ihn jetzt Wichtigeres, als sich um eine schwärmerische, von künstlerischen Neigungen geprägte Freundschaft zu kümmern.

Das Zusammentreffen der beiden anläßlich der Beerdigungsfeierlichkeiten ist für Hoffmann enttäuschend. Deutlich spürt er eine Abkühlung. »Ich fand Dich nicht so, wie viele Äußerungen Deiner Briefe besagt zu haben schienen«, schreibt Hoffmann am 28.5.1796, auf das Treffen während der Beerdigungsfeier zurückblickend. Hippel wünschte bei dieser Gelegenheit nur ein Gespräch über den verstorbenen Onkel, Hoffmann aber hatte ganz andere Dinge auf dem Herzen, die er, von der Kälte des Freundes zurückgestoßen, gar nicht zu äußern wagte und erst jetzt in diesem Brief halb elegisch und halb verärgert durchblicken läßt. »Du weißt, daß meine Pläne in Rücksicht Deiner und meiner ohne Grenzen sind.« Hippel ist jetzt reich und unabhängig. Ärgerlich konstatiert Hoffmann, daß der Freund offenbar kein Talent zum Glücklichsein habe. Denn was könnte man jetzt nicht alles unternehmen! Man könnte zum Beispiel auf große Reise gehen, was man sich immer schon erträumt hatte. Er wolle Geld auftreiben, verspricht Hoffmann. Natürlich ist das ein Wink mit dem Zaunpfahl. Hippel hat doch jetzt Geld die Fülle. Er könnte doch etwas in die Freundschaft investieren! Es könnte auch mehr sein als eine Reise: Man könnte sich irgendwo niederlassen und ein Leben führen jenseits von Berufspflichten, ganz der Freundschaft und der Kunst gewidmet. Die Horizonte sind offen, und was macht der Trottel – er überläßt sich seiner Hypochondrie. Hoffmann, der sonst selbst gerne klagt, spricht in diesem Brief seinem Freund das Recht ab zu klagen: »Du genießest nichts, und alles hüllt sich in den Flordutt des Traums«, schreibt er. Auf »Träume« ist Hoffmann ja sonst gut zu sprechen, aber jetzt könnten doch, so denkt er, aus Träumen Wirklichkeit werden. »Daß Du nicht gleich...

gegen mich den Florbezug von Deinem Herzen wegwarfst, und geradezu decisiv sagtest – so und so will ich jetzt hier leben mit Dir zusammen in dieser und jener Art« – das wirft Hoffmann dem Freund vor. Allerdings hat er selbst auch nicht den Mut zu dieser Offenheit gefunden. So sprachlos steht es um die beiden Freunde im Frühjahr 1796. Hoffmanns Brief vom 28.5.1796 klingt deshalb auch elegisch aus: »Lebe denn wohl, Du Einziger, mit dem vereint ich ganz glücklich hätte sein können...«

Daß Hoffmann in diesem Frühjahr solch große Hoffnungen und Erwartungen in die Freundschaft setzt, hat noch einen besonderen Grund: Das Ende seiner ersten großen Liebesbeziehung zeichnet sich ab, und der Freundschaftsbund soll ihm jetzt ersetzen, was er in der Liebe zu verlieren droht.

Als die beiden Freunde sich bei der Beerdigung treffen, steht schon fest, daß Hoffmann noch im selben Sommer Königsberg verlassen und ins schlesische Glogau zu seinem Onkel Johann Ludwig Doerffer übersiedeln wird, um dort das Referendariat fortzusetzen. Der Verwandtschaftsklüngel, aber auch er selbst wollen mit diesem Schritt die unglückliche und ins Gerede gekommene Liaison zu Dora Hatt, einer verheirateten, zehn Jahre älteren Frau beenden.

Diese Liebesgeschichte hat Hoffmann geprägt und auch Spuren im Werk zurückgelassen.

Fünftes Kapitel
Die erste große Liebe

Dora Hatt ist die Tochter eines wohlhabenden Tuchhändlers. Als Siebzehnjährige wird sie 1783 mit dem Brauereiunternehmer Johannes Hatt verheiratet. Der Mann ist achtzehn Jahre älter und gilt als nicht solide, weshalb die

Stiefmutter, die Dora loswerden möchte, dafür sorgt, daß bei der Ehe Gütertrennung vereinbart wird. Um 1790 beginnen die Hatts in freundschaftlichen Verkehr mit den Doerffers zu treten. Amüsiert wird sich Hoffmann später daran erinnern, daß bei seiner Konfirmation Dora im Nebenzimmer bei der Tante zu Besuch war. Zu diesem Zeitpunkt hatte Dora bereits fünf Kinder. 1792, Hoffmann beginnt gerade sein Studium, ziehen die Hatts in das Doerffersche Haus, wo sie bis Frühjahr 1794 wohnen bleiben. Der junge Hoffmann gibt der immer noch hübschen Dora Gesangs- und Klavierunterricht. Dabei hat er dann Feuer gefangen, von Dora offenbar stark ermutigt, wie Hippel zu berichten weiß. Für Hoffmann ist dies ein großes amouröses Erfolgserlebnis, weil es das erste ist. Noch als Schüler hatte er sich in ein »geist- und körperkerngesundes Mädchen« (Hippel) namens Amalie Neumann verliebt; diese hatte von den »Schäferszenen«, die der junge Hoffmann ihr machte, kaum etwas bemerkt, und das wenige, das zu ihr drang, mit Spott quittiert, was Hoffmann nicht hinderte, um ihr Haus zu schleichen und im Schatten des alten Rathauses unter den im erleuchteten Zimmer sich bewegende Gestalten die ihrige zu suchen. Schon damals hat Hoffmann seiner Angebeteten in Bildern, Liedern und Gedichten gehuldigt.

Was sich im Knabenalter als Problem andeutet, wird ihn in den späteren Jahren hartnäckig begleiten: der Konflikt mit dem eigenen Körper. Er empfindet seine körperliche Gestalt als Beziehungsschranke, als Schranke des Begehrens. In bezug auf Amalie äußerte er zu Hippel: »Da ich sie einmal nicht durch die Annehmlichkeit meines Äußern interessieren kann, so wollt ich, daß ich ein Ausbund von Häßlichkeit wäre..., damit ich ihr auffiele, damit sie mich wenigstens ansähe«. Soweit Amalie.

Dora Hatt jedenfalls hat ihn angesehen. Den Zugang zu ihrem Körper bahnte ihm wohl, wie später mehrfach geschehen, sein musikalisches Talent, wodurch er zunächst ihre Seele ergriff. Am Anfang hält Hoffmann alles streng geheim.

Nicht einmal der Freund wird eingeweiht. Erst als Hippel schon in Arnau ist, im Herbst 1794, schließt er sein Herz auf. Schonend macht der Freund ihn auf das »Auffallende« des Verhältnisses aufmerksam. Er rät ihm, die Gefühle herabzustimmen und das Begehren zu dämpfen. Natürlich fruchten solche Ratschläge nichts. Doch gibt Hoffmann sich seinem Freund gegenüber so, wie dieser es gerne hat: besonnen. Am 12.12.1794 schreibt er: »Daß ich meine Inamorata so ganz mit all dem Gefühle liebe, dessen mein Herz fähig wäre, daran zweifle ich sehr, nichts wünsche ich aber weniger, als einen Gegenstand zu finden, der diese schlummernden Gefühle weckt – das würde meine behagliche Ruhe stören, würd mich aus meiner vielleicht imaginären Glückseligkeit herausreißen, und ich erschrecke schon, wenn ich nur an den Troß denke, der solch einem Gefühl auf den Fersen folgt – da kommen Seufzer – bange Sorgen – Unruhe – melancholische Träume – Verzweiflung pp«.

Vorläufig kann er sich noch einer gewissen Ruhe erfreuen. Er sitzt auf seiner Stube und bemalt für Dora ein Nähkästchen. Im Februar 1795 aber ist es mit der Ruhe vorbei. Dora, in deren Ehe es kriselt, ist schwanger – und sie macht einem neuen Liebhaber Hoffnungen. Hoffmann ist eifersüchtig. Er macht seinem Freund dunkle Andeutungen. Will er sich duellieren? Jedenfalls schreibt er am 29.2.1795: »Sollte ich doch unglücklich den niedern Kabalen unterliegen, so habe ich Dich noch... Sollte gar mein Leben in Gefahr kommen, so verlaß ich mich auf meinen Mut... Sollte ich endlich doch ein Opfer seiner unverzeihlichen Bosheit werden, so weine Deinem Freund eine mitleidige Zähre«.

In dieser düstern Stimmung stimmt Hoffmann das Hohe Lied der Freundschaft an: »Gern opfere ich die Geliebte und alles, wenn ich Dich mir erhalten könnte«. Doch gerät diese Opferbereitschaft in ein schiefes Licht, denn in demselben Brief teilt Hoffmann mit, daß er gar nicht mehr besitzt, was er zu opfern gewillt ist: Seine »Inamorata« entzieht sich ihm, zwar nicht endgültig, aber für die Zeit, in der sie an den anderen Liebhaber gebunden ist.

Im Spätsommer dieses Jahres bringt Dora ihr sechstes Kind zur Welt. In den letzten Monaten ihrer Schwangerschaft war der eifersüchtige Hoffmann seine Besorgnis bezüglich des Nebenbuhlers natürlicherweise los. »Ich lebe jetzt still und zufrieden«, schreibt er seinem Freund, führt seine Zufriedenheit jedoch fälschlich auf den Frühling zurück. Nach Doras Niederkunft, am 19.9.1795, kann die Eifersucht wieder neue Nahrung finden. Drei Tage später schreibt er, »daß alles wieder beim alten wäre, daß alle Szenen erneuert würden«; und weiter: »Die Wunden, welche schon fast ganz geheilt waren, sind durch neue Vorfälle wieder aufgerissen«. Dann tritt wieder eine Beruhigung ein, am 26.10.1795 spricht er vom »sanfteren Feuer eines innigen Gefühls«, das ihn an Dora bindet: prompt steigt auch jetzt wieder die Freundschaft im Kurs, er malt sich das Zusammensein mit Hippel in den schönsten Farben aus und berichtet davon, daß jetzt, wo die »verzehrende Leidenschaft« für Dora erloschen sei, ihn nun die »Furie der Komposition in Musik- Romanschreiberei pp anpackt«. Doch zwei Monate später kehrt die Furie der Liebe, genauer: der Eifersucht zurück. Offenbar hat ihm Dora, die es mit keinem verderben will, etwas vorgespielt. Der Brief vom 19.12.1795 ist von wehmutsvoller Zerknirschung. Er beginnt mit einem Herderschen Gedicht über den »süßen Wahn«, der verhindere, daß man des »Lebens Bürd« nicht froh abwirft. »Wenn selbst die Geliebte«, schreibt Hoffmann weiter, »die mir alles war, mich hintergangen, mich vergessen hätte, welch eine gute Gottheit würde mich dann vor Verzweiflung schützen?« Bei dieser Stimmung hat er keine Lust zum Komponieren und Dichten. Statt dessen ergeht er sich in ebenso wütenden wie dunklen Andeutungen über einen »Geniestreich ins Große«. Vielleicht doch noch ein Duell?

Dem Freund Hippel in Marienwerder wird es jetzt zu bunt. Die ganze Affäre hat sich auch schon im Königsberger

Bekanntenkreis herumgesprochen. Dringend legt er seinem Freund nahe, das »Herz« den »lähmenden« Verhältnissen in Königsberg zu entreißen. Hoffmann solle sich »ermannen« und zu ihm nach Marienwerder übersiedeln, um dort mit ihm zusammen »die Dienstbahn zu vollenden«. Er habe schon ein Zimmer für ihn gemietet. Aber Hoffmann ist unzugänglich. Nun ist das eingetreten, wovor er sich im Dezember 1794 noch wohlverwahrt fühlte: »Seufzer – bange Sorgen – Unruhe – melancholische Träume – Verzweiflung pp« – das hat er jetzt die Fülle. Am 10.1.1796 schreibt er: »Du hast alles in Anschlag gebracht, nur nicht daß ich sie bis zum Unsinn liebe, und daß gerade das mein ganzes Unglück macht«. Ihm ist die bittere Erkenntnis aufgegangen, daß sie ihn nicht mit dem »ausgelassenen Grad von Schwärmerei« liebt, die ihm »den Kopf verrückt«, und daß sie, würde er von Königsberg scheiden, vielleicht vierundzwanzig Stunden weinen würde, um ihn dann zu vergessen, er aber, er könne sie nie vergessen und so weiter.

Ende Januar kommt es erneut zu einem Zusammenstoß mit dem Nebenbuhler. Es passiert während eines Maskenballs und erregt beträchtliches Aufsehen. Hoffmann hat die »Stierszene«, wie er sie nennt, genau geschildert, aber Hippel hat sie bei der Veröffentlichung der Briefe herausgestrichen: Sie war ihm wohl zu unanständig. Das empfand man auch damals im Bekanntenkreis. Da hat sich ein kleinwüchsiger, wilder Auskulator unmöglich gemacht und eine Mutter von sechs Kindern in Verruf gebracht! »Aufgehoben ist aller Umgang zwischen ihr und mir«, schreibt Hoffmann am 23.1.1796. Aber nur offiziell. Mit trotzigem Stolz bekennt er dem Freund: »Dies wirst Du selbst bemerken, wenn Du bedenkst, daß man, wenn's einem so recht am Herzen liegt, zum Fenster hineinsteigt, wenn die Türe zugeschlossen ist – Freilich kann man den Hals brechen, aber was ist ein Hals gegen das, was man drinnen fand! – Vermutlich wird's noch unangenehme Auftritte setzen« (23.1.1796). Offenbar hat Hippel vergessen, diese Stelle herauszustreichen!

Die »unangenehmen Auftritte« bleiben nicht aus. Die Position in Königsberg ist nicht mehr zu halten. Hoffmann muß weg, das merkt er jetzt auch selbst. Anfang Februar 1796 erklärt er seinen Verwandten, er wolle zu seinem Freund nach Marienwerder. Onkel und Tante haben zwar eine hohe Meinung von Hippel, aber der Freund ist ihnen trotzdem nicht Aufsicht genug. Man einigt sich schließlich auf die Umsiedlung zum Onkel nach Glogau. Hoffmann fühlt sich zunächst doch erleichtert. Er denkt: »Welch eine Liebe wär das, die in einer Entfernung von 78 Meilen erkaltete« (22.2.1796). Er stürzt sich in Arbeit. »Aus Überzeugung der Notwendigkeit studiere ich mein *jus*, und aus Hang (leidenschaftlich) füllt Musik die Stunden der Erholung« (22.2.1796).

Noch einigemale wankt Hoffmann in seiner Entschlossenheit, nach Glogau zu gehen. »Mit – – – stehe ich in einem Verhältnis, das mir Seeligkeit und Wonne verursacht, und mir Tod und Verderben droht, wenn ich nicht männlich genug bin, meinen Entschluß auszuführen«, schreibt er am 13.3.1796.

Er wird dann doch »männlich genug« bleiben und abgehen, mit »blutendem Herzen«. Ganz ist die Liebesgeschichte damit nicht zu Ende. 1797 wird sie eine kurze Nachblüte haben. Bedeutsam für den weiteren Lebensweg Hoffmanns ist, was die Liebesgeschichte bis zu diesem Zeitpunkt angerichtet und aufgeführt hat.

Zunächst einmal hat sie stilbildend gewirkt. Sie wird für ihn zum Paradigma einer großen Liebe, die stets unerfüllt bleiben muß. »Ich liebe; aber ein Fluch der Natur liegt auf diesem Verhältnisse«, schreibt er im April 1797. Der »Fluch der Natur« besteht für ihn in der Unmöglichkeit, in der Liebe jene Befriedigung zu finden, die sie zu versprechen scheint. Aus der Dora-Erfahrung behält er die »Sehnsucht nach einer höhern Liebe« (Hippel) zurück und zugleich die Einsicht, daß sich diese »höhere Liebe« nicht besitzen läßt. Er übt sich in der melancholischen Kunst, im »täglichen

Wiedersehen« das »tägliche Scheiden« und in der »Fülle des Genusses« die »Gewißheit des sichern Verlustes« zu erleben. Hier absolviert er ein Propädeutikum der romantischen Liebe, deren Genüsse er später scharf abgrenzen wird von den milden Annehmlichkeiten der Liebe für den Hausgebrauch.

Das Dora-Erlebnis hat ihn auch gelehrt, daß eine Leidenschaft es riskieren muß, sich über Sitte und Anstand hinwegzusetzen. Man darf nicht ängstlich sein, wenn man auf sein Herz hören will. Hoffmann bot sich die Gelegenheit zum Wertherschen Überschwang, zur Haltung des selbstverliebten Trotzes gegenüber einer Welt von »Philistern«, die aus Angst vor der überströmenden Leidenschaft ihre Zeit »mit Dämmen und Ableiten der künftig drohenden Gefahr« (Goethe, *Werther*) zubringen.

Doch Hoffmann ist trotzdem kein Werther – auch diese Erfahrung muß der Verliebte mit sich machen. Ihm fehlt die Kompromißlosigkeit, er geht nicht aufs Ganze. Überhaupt wird er nie aufs Ganze gehen. Und das wird ihn schöpferisch machen, dieses Balancieren zwischen den Gegensätzen, dieses Hin und Her, dieses Sowohl-als-auch, dieses Wandern zwischen den Welten. Zunächst einmal aber nagt die mangelnde Kompromißlosigkeit an seiner Selbstachtung. Was ihm zunächst als »männlicher« Schritt erschien – die Übersiedlung nach Glogau –, gewinnt im Rückblick zunehmend das Aussehen einer Kapitulation vor einer verhaßten »konventionellen« Umwelt. »Ich opferte mich einem unglücklichen konventionellen Verhältnisse auf und floh mit blutendem Herzen«, schreibt er am 18.7.1796. Er wirft sich selbst vor, jene Tathandlung eines starken Ichs, jenen »Geniestreich ins Große«, wodurch alle konventionellen Fesseln zerrissen würden, nicht vollbracht zu haben. Es ist dieselbe Selbstanklage, die sich auch in den Jammer über den ungeliebten Justizberuf mischt. Auch hier überkommt ihn oft das Gefühl, versagt zu haben, nicht entschieden genug der inneren Stimme, die ihn zur Kunst rief, gefolgt zu sein. Solche zerknirschten Selbstanklagen steigern den Haß auf die konventionelle Umwelt. Denn wer vor ihr kapituliert, muß sie auch deshalb hassen, weil seine Schwäche ihrer offenbar bedarf.

Die Dora-Geschichte trägt auch zur Eintrübung des Verhältnisses zum Freund bei. Die Briefe an Hippel spenden zwar reichliches Lob für dessen verständnisvolle Haltung, aber eine gewisse Verärgerung über das ›Nur-Vernünftige‹ seiner Ratschläge ist doch auch zu spüren. In seinen Erinnerungen schreibt Hippel, er habe »der Heftigkeit der aufgeregtesten Leidenschaft Beharrlichkeit und Ruhe« entgegengesetzt, die Hoffmann »als Kälte aufnahm und mit Vorwürfen lohnte«.

Mit literarischen Reminiszenzen – wie anders auch in einer solch literaturbesessenen Zeit! – hat Hoffmann damals seinem Freund zu verstehen gegeben, welche Einstellung und welches Verhalten er eigentlich von ihm erwartet. Im Brief vom 25.11.1795 schildert er dem Freund die Handlung der Salieri-Oper *Axur*. Axur ist ein Tyrann, der dem treuen Feldherrn Tarar die geliebte Ehefrau Astasia raubt. In Treue zu ihrem Ehemann widersteht die Frau dem Tyrannen. Aufopferungsvoll wagt ein Freund des Ehemanns ihre Befreiung, die aber mißlingt. Auch beim Volk ist der beraubte Tarar beliebt. Es kommt zum Aufruhr gegen den Tyrannen. Tarar aber will sein geliebtes Weib ohne Rebellion zurückerstattet haben. Der Tyrann soll sie ihm freiwillig überlassen. Ein solcher Großmut demütigt den Tyrannen: Er ersticht sich.

Es ist nicht schwer zu erkennen, was Hoffmann an dieser Geschichte fasziniert und weshalb er sie seinem Freund erzählt: Er selbst ist Tarar. Seine Liebe gibt dem Verhältnis zu Dora die Legitimität einer Ehe. Deshalb ist der wirkliche Ehemann Hatt auch der anmaßende Tyrann. Hoffmann wird wegen seines Verhältnisses zu Dora verleumdet. Anders das Wunschbild Tarar: Auf seiner Seite stehen die Truppen und das Volk. Hier hört man noch auf die Stimme des Herzens. Tarar siegt, seine Liebe siegt, ohne daß er rebellieren muß. Auch dies ein Wunschbild: Die sanfte Macht der Liebe macht die ›Geniestreiche‹ der gewaltsamen Auflehnung gegen konventionelle Verhältnisse überflüssig. Es geht darum, neue Verhältnisse zu schaffen, ohne die Schuld auf sich zu laden, die alten umgestoßen und zerstört zu haben. Und schließlich Hippel gegenüber der Wink mit dem Zaunpfahl: Tarar hat einen Freund, der bedingungslos das Recht der Liebe gegen die Tyrannei des Bestehenden verteidigt.

Ein andermal übersetzt Hoffmann seine Wünsche in die Sprache des Schillerschen *Don Carlos*. Hier liefert er die Gebrauchsanleitung gleich mit. »Den *Don Carlos*«, schreibt er am 23.1.1796, »hab ich wenigstens sechsmal gelesen, und lese ihn jetzt zum siebten Mal – Nichts rührt mich mehr, als Posas Freundschaft mit dem Prinzen... Der H(att) ist Don Philip, sie Elisabeth, ich Don Carlos, Du Posa.« Man erinnere sich: Der Marquis Posa ist der einzige, der die »ruchlose« Liebe des Don Carlos zu seiner Stiefmutter versteht, billigt und unterstützt. Er vermittelt das berühmte Stelldichein in Aranjuez. Um seinen Freund vor dem Zorn des Vaters zu schützen, ist Posa sogar bereit, sein Leben zu opfern. Solche Geschichten waren nach dem Geschmack Hoffmanns. »Lach doch nicht über diesen sinnigen Unsinn!«, bittet er seinen Freund.

Hier sind wir am wunden Punkt: Hoffmanns Angst, seine ganze Liebesgeschichte könnte lächerlich sein. Er selbst eine lächerliche Figur – dieser Gedanke peinigt ihn, und auch nur seinem Freund gegenüber wagt er, darüber zu sprechen: »Um dies alles nicht in meinen Verhältnissen lächerlich zu finden, muß man sie ganz kennen, und auch nur Dir – Du Einziger, der mich versteht, sage ich dies« (26.10.1795).

Aus Angst davor, lächerlich zu werden, ist Hoffmann schließlich zum großen Humoristen geworden. Ihm gelang, was der junge Schopenhauer einmal prägnant so formulierte: »Was uns fast unumgänglich zu lächerlichen Personen macht, ist der Ernst, mit dem wir die jedesmalige Gegenwart behandeln, die einen notwendigen Schein von Wichtigkeit an sich trägt. Wohl nur wenige große Geister sind darüber hinweggekommen und aus lächerlichen zu lachenden Personen geworden«.

Daß die ganze Affäre und die Rolle, die Hoffmann dabei spielte, etwas Lächerliches an sich hatte, bemerkt man, wenn man sie aus der Perspektive der Erzählung *Das Majorat* anschaut, die Hoffmann, inzwischen von der lächerlichen zur lachenden Person geworden, gut zwanzig Jahre später verfaßte.

Die Rahmenhandlung dieser Erzählung schildert, wie ein junger Mensch, der seinen Großonkel, einen Justitiar, bei der geschäftlichen Reise auf das herrschaftliche und spukhafte Schloß einer gräflichen Familie begleitet, sich in die schöne, verheiratete Herrin des Hauses verliebt. In dem alten Justitiar erkennt man die Züge des vom jungen Hoffmann hochgeachteten Großonkel Voeteri, der, ebenfalls Justitiar gräflicher Familien, seinen Großneffen bisweilen auf Dienstreisen mitnahm. Die Erinnerung an diesen Großonkel mußte dem Erzähler auch die Dora-Geschichte ins Gedächtnis zurückrufen, denn der alte Voeteri war 1795, auf dem Höhepunkt jener Liebesaffäre, gestorben.

Dem Jüngling in der Erzählung erscheint die Baronesse schon beim ersten Anblick als »Engel des Lichts«, zugleich aber wird ihm auch der unüberbrückbare Abstand bewußt, den das Alter, die unterschiedliche Reife und Erfahrung, die gesellschaftliche Stellung zwischen ihn und die Angebetete legen. Er versucht deshalb sich selbst davon zu überzeugen, »daß es abgeschmackt, ja wahnsinnig sein würde, irgend eine Liebelei zu wagen, wiewohl ich auch die Unmöglichkeit einsah, wie ein verliebter Knabe von weitem zu staunen und anzubeten, dessen ich mich selbst hätte schämen müssen«. Anregende Gespräche über Musik machen das Unwahrscheinliche möglich: Die Baronesse wirft den »feuchten Mondesstrahl« ihres Blicks auf den Jüngling und der weiß nicht, wie ihm geschieht vor lauter Wonne. Er fühlt sich um so höher emporgehoben, da der Baron im Kontrast dazu mit ihm wie mit einem Dienstboten umspringt.

Die Verliebtheit des Jünglings bleibt dem zur derben Ironie aufgelegten Großonkel nicht verborgen: »Ich bitte dich, Vetter«, so poltert er los, »widerstehe der Narrheit, die dich mit aller Macht ergriffen.«

Der Jüngling hätte sich von dieser Warnung einschüchtern lassen, wäre er nicht bei der Jagd in eine gefährliche Situation geraten, die ihm plötzlich das Prestige der Männlichkeit zuteil werden läßt. Bei der Musik hat der Junge mit der Baronesse schmachten dürfen, jetzt, nach dem gefährlichen Jagdabenteuer, öffnet sich ihm die Tür zum Schlafgemach. »Aber mein Gott, ist es denn Ihres Berufs, es mit Wölfen aufzunehmen?« lispelt die Baronin bewundernd. Der Junge könnte nun einiges wagen, aber die verliebte Beklommenheit hindert ihn, mehr zu tun als ihr auf dem Klavier vorzuspielen und entgeisterte Anworten zu geben.

Die starke Ergriffenheit der Baronin führt er auf den Eindruck zurück, den er bei ihr hinterlassen zu haben glaubt. In Wirklichkeit aber steht sie im Banne geheimnisvoller Vorgänge, die nichts mit dem Jungen zu tun haben. In diesem Mißverständnis liegt die Lächerlichkeit des schmachtenden Jünglings. Es kommt noch besser. In barschem Ton beordert der Baron den Jungen zu sich. Der glaubt, es gehe jetzt um Tod und Leben, der eifersüchtige Baron werde ihn zum Duell fordern. Eine schmeichelhafte Vorstellung. Die Beschämung ist maßlos, als der Baron ihn lediglich darum bittet, mit dem Musizieren bei der Gattin fortzufahren, da es heilsam auf ihre seelische Gesundheit wirke. »Ich ging – ich war vernichtet in meinem eignen Innern, herabgesunken zum bedeutungslosen, törichten Kinde! – Ich Wahnsinniger, der ich glaubte, Eifersucht könne sich in seiner Brust regen; er selbst schickte mich zu Seraphinen, er selbst sieht in mir nur das willenlose Mittel, das er braucht und wegwirft, wie es ihm beliebt!«

Vielleicht war *das* auch die am meisten kränkende Erfahrung des jungen Hoffmann: daß seine Liebe zu Dora niemanden eifersüchtig gemacht hat. Vielleicht waren die lebensgefährlichen Situationen, über die er seinem Freund gegenüber dunkle Andeutungen macht, von ähnlich harmlosem oder gar demütigendem Kaliber wie in der Erzählung.

Sechstes Kapitel
Ein neuer Anfang

Im Juni 1796 übersiedelt Hoffmann nach Glogau. Die Königsberger Lebensperiode ist zu Ende. Er wird nur noch besuchsweise in seine Heimatstadt zurückkehren. Beim Abschied von Dora wird er »butterweich«, fast hätte er geweint, wie er seinem Freund berichtet. Hoffmann reist über Marienwerder, er will den Freund treffen. Doch dieser hält sich, inzwischen schon ein königlicher Kommissarius, in Bialystok auf, als Hoffmann, der noch nicht einmal mit dem Referendariat abgeschlossen hat, ihn besuchen will.

In Glogau beim Onkel Johann Ludwig Doerffer, Regierungsrat am dortigen Gericht, findet er ein Haus vor, in dem »die Künste heimisch« (Hitzig) sind. Die Tante ist eine gefragte Sängerin bei Liebhaberkonzerten. Der Vetter, Ernst Ludwig, auch für die Justizlaufbahn vorgesehen, besitzt das Talent eines Komikers. Schnell freundet sich Hoffmann mit dem um zwei Jahre Jüngeren an. Dann sind da noch zwei Cousinen. Die ältere ist schon verlobt. Auf der Reise wird Hoffmann mit einem knochentrockenen Menschen bekannt, von dem sich bei der Ankunft in Glogau herausstellt, daß es der Verlobte ist. Das verliebte Turteln der älteren Cousine enerviert Hoffmann, der sich ja soeben von seiner Geliebten getrennt hat. Die jüngere Cousine, Minna – sie ist mit

Hoffmann gleichaltrig – wird im Leben Hoffmanns noch eine Rolle spielen: Er wird sich mit ihr verloben.

Die Doerffers in Glogau fühlen sich als feine Leute, sie geben Gesellschaften, bei denen sich die Prominenz der schlesischen Kleinstadt versammelt. Man will nicht provinziell sein und übt sich im feinen Gesellschaftston. Hoffmann ist über die preziösen Umgangsformen nicht besonders erbaut, aber er paßt sich an. Man schätzt seine vom »Humor« beseelte Unterhaltung, die Damen halten ihn für einen »leidlichen Gesellschafter« (an Hippel, 17.9.1796). Dieser »Humor« aber bedeutet Anstrengung: »Ich bin in G(logau) entfernt von allem, was mir lieb war, und ich habe wie's Hamlet seiner Mutter rät, die eine kranke Hälfte meines Herzens weggeworfen, um mit der andern desto vergnügter zu leben« (an Hippel, 18.7.1796). In den Briefen an den Freund kommt die »kranke Hälfte« des Herzens zur Sprache. Dort ist von der »Eisrinde«, vom »Fieberfrost«, von »verzagender Resignation«, von »tollem Stoizismus«, vom »unausprechlichen Gefühl der Leere« die Rede. Anfang 1797, kurz vor seinem Geburtstag, fühlt er sich besonders unwohl: »Ich bin Dir am heutigen Januarsabend, mein liebes Kind! so eiskalt, daß ich Dir sogar ungemein vernünftig sagen kann, daß im Entbehren, im Nichtgenießen – im völligen moralischen und physischen *Farniente* man eine überaus große Ruhe findet... – daß man eigentlich nie – nie lieben sollte – keinen Geschmak finden an Anmut und Schönheit, und hinbrüten bis man mit Shakespeares Falstaff schlafen ginge« (21.1.1797). In einer literaturbesessenen Zeit gibt man auch den Depressionen Glanz durch literarische Reminiszenzen.

Aus Königsberg, von Dora, beziehungsweise ihrer Vertrauten, treffen Briefe ein, die »nur schlechte Repräsentanten der Vergangenheit« sind. Man beginnt dort wohl, ihn zu vergessen. Auch in seinen künstlerischen Ambitionen wird er entmutigt. Im Oktober 1796 erhält er das verschmutzte und zerfledderte Manuskript seines dreibändigen Romans

Cornaro vom Verleger mit der Bemerkung zurück, »daß die Anonymität des Verfassers ein Hindernis abgebe«. Tatsächlich hatte Hoffmann geglaubt, mit diesem Roman seine Autorenschaft begründen zu können. Daraus wird nun nichts. Sogar Musik kann er jetzt nicht mehr vertragen, »ich liebe nicht mehr die Musik... Sie macht mich weich wie ein Kind, alle vergeßnen Wunden bluten aufs neue« (an Hippel, 19.3.1797). Hoffmann steckt in einer tiefen Krise. Er hadert nicht nur mit seinem Geschick, sondern, was viel schlimmer ist, ihn beunruhigen ungute Veränderungen, die er an sich selbst beobachtet. »Oft und meistenteils war mein Glück verborgen dem Menschenpöbel«, schreibt er am 3.10.1796 an Hippel, »ich entschlüpfte ihnen auf Kosten meiner Ruhe, und eine gewisse Kindlichkeit in meinem Charakter, ein Zutrauen zu allem, was mich umgab, ging verloren... Ich Stürmischer wurde gezähmt durch die Heimlichkeit, in die sich alles hüllen mußte –.«

Die »Heimlichkeit«, die er hier an sich beklagt, meint nicht jenes souveräne Spiel der Verstellung, die das eigene Selbstwertgefühl mit der Nichtachtung derer, denen man etwas vorspielt, sogar noch steigert. Die »Heimlichkeit« erscheint ihm jetzt als etwas Verhuschtes, Ängstliches, Scheeläugiges. Er fühlt sich auf das Format jener »nichtswürdigen Kleinigkeiten« geschrumpft, vor denen kapituliert zu haben, er sich vorwirft. Da gab es keinen »Heroismus« der Entsagung oder der Auflehnung. »Ich bin nicht mehr der, der ich war«, schreibt er am 23.4.1797 an Hippel, kurz vor einer Reise nach Königsberg, bei der er Dora Hatt wiedersehen wird und bei der es noch einmal zu einer folgenreichen Begegnung mit dem Freund kommen wird. Hoffmann begleitet seinen Onkel und Vetter, der an der »Albertina« immatrikuliert werden soll, nach Königsberg. Zur selben Zeit stirbt der Vater in Insterburg, aber deshalb wäre Hoffmann nicht auf Reisen gegangen. Er will unterwegs Hippel besuchen. Man hat sich jetzt ein Jahr lang nicht mehr gesehen. Hippel hat inzwischen seinen Weg nach oben fortgesetzt. Ende Februar 1797 erwerben die Testamentsvollstrecker des alten Hippel von dem hinterlassenen Kapital die ausgedehnte Herrschaft Leistenau in Westpreußen, die aus mehreren Rittergütern und Dörfern besteht. Der Glanz derer von Hippel soll für alle Zeiten sichergestellt werden. Hoffmanns Freund ist also nun Majoratsherr, ein Junker. Er macht sich daran, eine Familie zu gründen. Er verlobt sich mit der 14jährigen Jeanette von Gruszczynska. Mit der Heirat wartet man, bis die Braut wenigstens das fünfzehnte Lebensjahr vollendet hat. Die Hippels scheinen überhaupt die sehr jungen Mädchen bevorzugt zu haben. Der alte Hippel soll sich sogar einmal in ein 8jähriges Mädchen verliebt haben.

Hippel läßt sich auch sogleich in die ständepolitische Pflicht nehmen: Er wird Deputierter bei der westpreußischen Ritterschaft und wird in dieser Eigenschaft dann auch der Krönung von Friedrich Wilhelm III. beiwohnen.

Beim Freund ist also alles zum besten bestellt, als Hoffmann an einem stürmischen Aprilabend vor dem Schloß Litschen, der Wohnung der Brauteltern, wo sich Hippel gerade aufhält, anlangt. Das Schloß ist erleuchtet, Hoffmann steht auf der Freitreppe, läßt Hippel herausrufen. In diesem Augenblick muß Hoffmann die unüberbrückbare Standesdifferenz mit greller Deutlichkeit zu Bewußtsein gekommen sein. Er wird verlegen. Hippel bietet ihm an, doch einige Tage zu bleiben. Hoffmann lehnt ab, er sei in Eile. Hippel will ihm wenigstens die Braut vorstellen. Auch das lehnt Hoffmann ab. Noch zehn Minuten stehen die Freunde im Regen herum, auf der Freitreppe, sie haben sich nichts zu sagen. Hastig verabschiedet sich Hoffmann.

Dieses mißglückte Treffen beschreibt Hippel später mit Worten von olympischer Verständnislosigkeit: »Eine kleinliche Furchtsamkeit hatte sich Hoffmanns... bemeistert«. Auf Hoffmann hat diese Szene niederschmetternd gewirkt. Zunächst will er sie im Jargon der empfindsamen Freundschaft überspielen. Im ersten Brief nach dieser Begegnung schreibt er: »Unsere romantische Zusammenkunft in L(itschen) auf der Schloßtreppe hat mich auf der ganzen übrigen Reise in gutem Schwung gehalten« (10.5.1797). Doch die Fiktion der »romantischen Zusammenkunft« kann er auf Dauer weder sich selbst noch seinem Freund gegenüber aufrechterhalten. Bereits in seinem nächsten Brief, vom 27.6.1797, stellt er die Situation gänzlich anders dar: »Ich glaubte, dich in L(itschen) vielleicht zu finden – als wir abends durchkamen, war alles hell – illuminiert, und da sank mein Mut, Dir mitten im Vergnügen den Verfasser des neulichen Briefes vorzustellen«. Angesichts des illuminierten Schlosses und eines jungen Majoratsherrn, in dem er nicht mehr den intimen Freund gleichberechtigter Seelenbekenntnisse wiederzuerkennen vermag, ergreift ihn Scham; Scham beispielsweise über die Bekenntnisse des »neulichen Briefes« vom 10.5.1797, wo er seinem Freund geschrieben hatte: »Ich habe verloren durch Konventionen – Umstände – durch mich selbst – Die Vergangenheit war immer schöner als die Gegenwart – an die Zukunft mag ich gar nicht denken, jedes Bild derselben ist mir verhaßt – Du bist nicht mehr frei – von Dir erwarte ich nichts mehr«.

Die Begegnung von Litschen hat in einer nicht mehr verdrängbaren Intensität für Hoffmann deutlich werden lassen, daß der Freund des Briefverkehrs fast nur noch eine literarische Fiktion in einem empfindsamen Spiel ist, eine imaginäre Realität, die sich mit dem Freund auf der illuminierten Schloßtreppe nicht mehr verknüpfen läßt. Die Identität von Imagination und sozialer Realität zerbricht an diesem windigen Aprilabend. Hippel will, wie er in seinen Erinnerungen schreibt, das Imaginäre dieser Freundschaft schon viel früher erkannt haben. Er spricht von Hoffmanns »Sehnsucht« nach einem »Ideal von Freundschaft«. Und weiter: »Nicht zufrieden, sich dieses Urbild selbst geschaffen zu haben, stattete es seine heiße Phantasie auch mit den köstlichsten Farben aus. Dadurch mochte auch vor ihm selbst die unbedingte Verehrung gerechtfertigt sein, mit welcher er sein eignes Geschöpf auf seinen Hausaltar erhob. Der Freund wenigstens ist stets anspruchslos genug gewesen, diesen Rang nicht als sein, sondern als Hoffmanns Werk und Eigentum anzusehen«.

Auf der Schloßtreppe zu Litschen erlebt Hoffmann das »Asyl der Freundschaft« als das »Werk« seiner Imagination, das nicht nur der Aprilwind, sondern auch die soziale Realität arg zerzaust.

Nach Litschen bekommen Hoffmanns Briefe zunächst einen flehenden Ton – denn der Freund schweigt über einige Monate hin –, dann werden sie skrupulöser, zweiflerisch, auch taktischer. Hoffmann ist sich des Freundes nicht mehr sicher, er zweifelt an seinem Verständnis; Mißverständnisse sind nicht mehr auszuschließen. Die glänzende soziale Welt, in die Hoffmann seinen Freund entschwinden sieht, läßt diesen unberechenbar, fremd, womöglich auch kalt erscheinen. Jetzt muß er seine Worte abwägen und manchmal glaubt er, es wäre besser, das eine oder andere nicht gesagt zu haben. »Was wirst Du denken«, schreibt Hoffmann am 29.8.1797, »wenn Du mit ruhiger kalter Überlegung meinen Brief durchlesen und Äußerungen – Ideen – finden wirst, die mir... entschlüpften und welche ich nie hätte laut lassen werden sollen.«

Die Gleichheit zwischen den Freunden gibt es nicht mehr, die Kluft der gesellschaftlichen Standesunterschiede öffnet sich weiter; nur wenn Hoffmann gut bei Laune ist, kann er manchmal seine Späße darüber machen, so etwa, wenn er sich einmal als »Hofkomponist« und »Hofpoet« von Hippel bezeichnet.

Diese Entfremdung zwischen den Freunden verstärkt Hoffmanns Vorbehalt auch gegenüber der Welt der Politik.

Das politische Leben, dem in der Folge der Französischen Revolution neue Energien zugeführt wurden, hatte ihn auch schon zuvor nie sonderlich engagieren können. Auf die gemeinsame Studentenzeit zurückblickend, schreibt Hippel: »Eine Eigentümlichkeit Hoffmanns war es in jener Zeit auch, daß er nie über Religion, Politik oder Staatsbehörden sprach, wozu die Französische Revolution damals zum Beispiel reichen Stoff gab. In der Regel brach er jedes Gespräch, das dahin führen konnte, ab und ein Zeitungsblatt war ihm so zuwider, daß man ihn damit vertreiben konnte«.

Freiheit, Gleichheit und Brüderlichkeit erschlossen sich ihm in der Kunst und in dem kunstbesessenen Freundschaftsbund. Hier schuf er sich einen Raum der Bewegung, der Veränderung, des Abenteuers; hier ereignete sich die große Entgrenzung; hier konnten die Ausblicke gewagt werden, die über das Bestehende hinausreichten; hier war Tumult und Erregung genug, das Geheimste wurde offenbar und das Unterste kam nach oben. Nicht in der Sprache der Politik, sondern in der Sprache der Kunst fühlte er sich mit dem Ganzen verbunden; hier verband sich ihm das Innerste mit dem Äußeren; der Rest schrumpfte zu Randbedingungen, denen man in einer möglichst kraftsparenden Weise Rechnung tragen mußte. Er hatte in der Welt der Politik nichts zu suchen, beharrte aber auch energisch darauf, daß die Politik keine Macht über ihn gewann. Daß man in die Politik hineingezogen wird, wenn man verhindern will, daß sie Macht über einen gewinnt – dieses Dilemma hat er später erst am eigenen Leib erfahren müssen. Jetzt aber ist seine Haltung noch ganz die der Abwehr: Politik und Seele sollen getrennt bleiben.

Diese Haltung ist nicht nur individuelle Lebensstrategie, in ihr manifestieren sich auch Normen und Attitüden des preußischen Beamtentums, eines gesellschaftlichen Milieus, dem Hoffmann entstammt. Das preußische Beamtentum verstand sich selbst noch bis ins 19. Jahrhundert hinein als eine unpolitische ›Maschine‹ zur Durchsetzung von politischen Zwecken, über die einzig und allein die Staatsspitze zu entscheiden hatte. Als Angehörige des Apparates hatte die Beamtenschaft das spätabsolutistische Politikmonopol besonders gut verinnerlicht.

Rationalität, Regelhaftigkeit, instrumentelles Selbstverständnis, Handeln »ohne Ansehen der Person« und mit einem hohen Maß von Affektkontrolle, ohne Vorliebe, ohne Haß, rein ›sachlich‹ – das waren die ›Tugenden‹ der beamteten Existenz. Die Beamtenschaft galt zwar – wie Hegel sie später definierte – als »allgemeiner Stand», ihr oblag das Gemeinwohl, aber nicht als politische, sondern als Verwaltungsaufgabe. Das eigentlich Politische, das Ringen um die Zwecksetzungen des öffentlichen Handelns, war nicht ihr Metier. Gerade weil die Beamtenschaft sich stets als Instrument einer Politik, deren Subjekt sie nicht sein konnte, erfahren mußte, wachte sie auch eifersüchtig darüber, daß nicht andere ›unberufene Privatleute‹ sich eine politische Identität und Kompetenz anmaßten, die ihr selbst versagt blieb. Die sich entfaltende politische Öffentlichkeit, das politische Räsonnement hatten in der ›unpolitischen‹ Beamtenschaft einen ihrer stärksten Widersacher. Es war diese Rancune eines Beamten gegen die öffentliche politische Meinung, die den alten Hippel, den Stadtpräsidenten, über seine politisierenden Freunde Kant und Kraus sagen ließ: »Vortreffliche Gelehrte, achtungswerte Männer, aber nicht fähig, ein Land, ein Dorf, ja nur einen Hühnerstall zu regieren – nicht einen Hühnerstall«.

Das beamtenhafte Festhalten am unpolitisch verstandenen geregelten Geschäftsgang kann bei politischen Willkürmaßnahmen der Herrschenden durchaus auch etwas Widerspenstiges annehmen: Die Affinität zur Regelhaftigkeit wird zur rechtsstaatlichen Gesinnung. Das Berliner Kammergericht und besonders der Kammergerichtsrat Hoffmann werden später dafür ein eindrucksvolles Beispiel geben.

Im politischen Desinteresse, das wir beim jungen Hoffmann beobachten können, manifestiert sich also auch seine Prägung durch das Ethos des preußischen Beamtentums, mit dem er im familiären Milieu konfrontiert wurde. Und seine künstlerischen Neigungen, die ihn veranlaßten, die juristische Vorbereitung auf den Staatsdienst auf das Allernotwendigste zu beschränken, mußten diese Tendenz zur Marginalisierung der politischen Affekte verstärken. »Geradesten Weges ging er auf sein Ziel los« – mit diesen Worten charakterisiert Hippel den Umstand, daß Hoffmann ohne politisches Bildungsinteresse sein Studium absolvierte als Aneignung von instrumentellen Fertigkeiten, die es ihm erlauben würden, »unter dem Schirme des Brotbaums, den er vom Dienst erwartete, unabhängig seiner Neigung für die Künste zu leben«.

Allerdings: Je höher es in der Hierarchie hinaufgeht, desto stärker politisiert sich auch das Selbstverständnis der Beamten. Weiter oben wird man zum Subjekt des spätabsolutistischen Politikmonopols. Und diesen Weg nach oben, hinein in die politische Sphäre, sieht Hoffmann seinen Hippel, den frischgebackenen Majoratsherrn, beschreiten. Die politische Welt ist für Hoffmann ein Teil jener großen Welt, in die Hippel verschwindet, eine Welt, die ihm den Freund raubt.

Die soziale und die damit verbundene politische Karriere des Freundes wird von Hoffmann erfahren als eine Bewegung, die sich zwangsläufig gegen den künstlerischen Freundschaftsbund und die in ihm verwirklichten Prinzipien der Gleichheit, der Unbefangenheit und des wechselseitigen Vertrauens richtet. Die Kunst selbst und der künstlerische Austausch bleiben für ihn schließlich die einzige Heimstatt dieser Prinzipien. Die Geschichte der Entfremdung vom Freund läßt Hoffmann die politische Sphäre als feindlich erleben. Dabei ist es nicht eine konkrete Politik, sondern die politische Sphäre überhaupt, die Hoffmann als Milieu der Entfremdung erfährt. In der Erzählung *Der Dichter und der Komponist* wird Hoffmann diese Erfahrung zum Thema machen.

Die Zweifel daran, ob Hippel noch jener »Genius« ist, an den die »Wünsche – Hoffnungen – Gedanken« der Knabenjahre gerichtet waren, wachsen und sie müssen wachsen, wenn er erlebt, wie sein Freund einem politischen Treffen mit irgendwelchen Standesgenossen größeres Gewicht gibt. »Ich kann es Dir jetzt gestehen, daß ich, argwöhnisch wie ich bin, nun jeden kleinen Zug Deines Betragens bei unserer letzten Zusammenkunft auffaßte, daß mir das Souper bei Gott weiß welchem Landstande, den Du in Danzig antrafst und mich sofort verließest, einfiel«, schreibt Hoffmann im Frühjahr 1803 an Hippel.

1796, bei der Beerdigung des alten Hippel, und ein Jahr später auf der illuminierten Schloßtreppe zu Litschen hat dieses ›Verlassen‹ angefangen. Hoffmann ist es, der zurückbleibt, allein mit seiner Kunst und mit seinen Träumen von einer empfindsamen, von gleichem Sinn beseelten Freundschaft.

Bei der Begegnung Ende April 1797 in Litschen befand sich Hoffmann auf dem Weg nach Königsberg, wo er fast zwei Monate verbringen wird. Dort flackert noch einmal seine Leidenschaft für Dora auf. »Laß Dir's mit zwei Worten sagen, daß ich in K(önigsberg) *sie* wieder fand – daß *sie* nur für mich lebt, und daß in diesem Wiedersehn alles um mich her versunken ist« (an Hippel, 10.5.1797). Wie Hippel berichtet, habe Hoffmann in seinem Überschwang sogar erwogen, eine Scheidung herbeizuführen und sich mit Dora zu verbinden. Man stelle sich vor: der 21jährige Hoffmann, Stiefvater von sechs Kindern! Diesen Plan ließ er aber wohl noch während seines Königsberger Aufenthaltes fallen, denn über seinen Abschied im Juni 1797 schreibt er: »Ich bin in K(önigsberg) beim Abschied so weich geworden, daß ich weinte wie ein Kind – die Rührung war widernatürlich – meinem Charakter, meiner Art solche Gefühle zu äußern ganz entgegen – vielleicht mischt sich die Ahndung drein, welche mich marterte – ich glaube, *sie* nicht wiederzusehn« (an Hippel, 27.6.1797). Dora trennt sich leichter, bald findet sie Ersatz: den Aushilfslehrer Siebrandt. Diesen wird sie wenig später, nach der Scheidung und nach dem Bankrott des Hattschen Unternehmens, heiraten. Das alles wird bereits Ende 1797 eingefädelt. In dunklen Andeutungen spricht Hoffmann darüber zu seinem Freund. Zwischen Wut und Wehmut schwanken dabei seine Gefühle: »Die Stunden der schönsten Schwärmerei, die ich bei ihr verlebte, erhoben mich in ein Elysium, ich atmete nichts als Wollust – ein Blütenmeer von Wonne schlug seine Wellen über mich! – Der Rausch verflog, und ich stieß da an scharfe Ecken, wo ich auf Rosen zu treten glaubte!« (29.8.1797) Anfang 1798 ist er dann mit der Geschichte fertig: »Mit der Welt in Königsberg habe ich vollkommen abgerechnet«, schreibt er am 25.2.1798 an Hippel.

Trotz der Litschener Entfremdung hatte Hoffmann seinem Freund während des Sommers noch eifrig geschrieben. Er mußte sich über seine Hoffnungen und seinen Kummer aussprechen. Doch Hippel schwieg hartnäckig, sieben Monate lang; bis Mitte Februar 1798 trifft kein Brief von ihm ein. In diese Zeit fallen für Hoffmann wichtige Entscheidungen.

Hoffmanns Klagen über die »tötende Langeweile« und das »Gefühl der Leere« haben nicht nur ihren Grund im Liebeskummer, sondern auch darin, daß er ein Nachlassen des künstlerischen Schwunges bei sich bemerkt. Die Literatur scheint er zunächst einmal aufgegeben zu haben. Trotz der Ablehnung seines ersten Romans *Cornaro* durch den Verleger hatte er sich unverdrossen an sein zweites Romanprojekt *Der Geheimnisvolle* herangemacht. Doch in Glogau stockt die Arbeit. Diesen zweiten Roman hat er nicht mehr vollendet. Die Musik ist ihm zeitweilig verleidet, weil sie ihn zu stark an die unglückliche Liebe zu Dora erinnert. Der um einige Jahre ältere Johannes Hampe, mit dem er sich anfreundet – »der einzige, der hier es der Mühe wert findet, sich mir anzuschmiegen« (29.8.1797) –, sorgt zwar dafür, daß Hoffmann für die Musik nicht verloren geht, doch wird dieser Freund – ein Zollbeamter, der in den Mußestunden komponiert – den jungen Hoffmann eher darin bestärkt haben, sich auch als Dilettant zu fühlen.

Mit größerer Energie betreibt Hoffmann in der Glogauer Zeit das Malen. Ermunterung erfährt er durch die Bekanntschaft mit dem Miniaturmaler Aloys Molinary, der jedoch bereits Anfang 1797 Glogau wieder verläßt. Molinary, vier Jahre älter als Hoffmann, muß eine überaus eindrucksvolle Erscheinung gewesen sein. »Schön gebaut wie der vatikanische Apoll« (an Hippel, 22.1.1797) wirkte dieser gebürtige Berliner mit seinen bisweilen »boshaft« blitzenden Augen und seinem schwarzen, krausen Haar wie ein geheimnisvoller Zauberer aus südlichen Regionen. Sein Auftreten war stolz und überlegen; die Frauen zog er an, sein Ruf war nicht der beste. »Ein Mensch, wie ich ihn mir oft idealisierte«, schreibt Hoffmann (22.1.1797). Welche Phantasien er in Hoffmann erregte, geht aus der Erzählung *Die Jesuiterkirche in G.* (1816) hervor. Hoffmann schildert hier die Geschichte eines feurigen Malers, dem das Frauenideal seiner Bilder leibhaftig begegnet, der das sinnliche Glück mit dieser Frau nun auskostet, mit ihr ein Kind zeugt, einen Hausstand begründet, aber dann bemerken muß, wie der künstlerische Schwung nachläßt. Er verläßt Frau und Kind, unklar bleibt, ob er beide nicht sogar umgebracht hat. Als armseliger Wandmaler zieht er über Land, seine Verschlossenheit und seine groben Zynismen stempeln ihn zum Verrückten. Noch einmal gelingt ihm ein großes Werk – ein Altarbild –, danach verschwindet er für immer. Man glaubt an Selbstmord. Der Erzähler begegnet diesem Künstler in der Jesuiterkirche in G. Aus Anspielungen wird deutlich, daß Glogau gemeint ist. Tatsächlich hatte Hoffmann, wohl unter Anleitung Molinarys, mitgewirkt beim Ausmalen der Jesuitenkirche am Ort.

Molinary entsprach diesem Typ des dämonischen Künstlers, den eine starke Sinnlichkeit umtreibt. Vielleicht ist Hoffmann nicht nur als Maler bei Molinary in die Schule gegangen, vielleicht hat dieser leidenschaftliche Mensch den jungen Auskulator auch ein wenig in die Kunst des sinnenfrohen Lebens eingeführt. Dafür sprechen in Hoffmanns Briefen die etwas prahlerischen Andeutungen über ominöse »Genüsse« und »Vergnügungen«, dafür spricht auch der

Umstand, daß Hoffmann nach Molinarys Weggang sich sogleich mit Julius von Voß, einer anderen Person von zweifelhaftem Ruf, anfreundet. Voß war 1795 als Secondelieutenant von Thorn nach Glogau strafversetzt worden. Er hatte sich mit einigen das Militärwesen betreffenden Reformvorschlägen bei seinen Vorgesetzten unbeliebt gemacht. Voß war in Glogau ein stadtbekannter Leichtfuß, er machte Schulden, wahrscheinlich beim Glücksspiel, hatte einige Liebschaften. Voß dilettierte in allen Künsten, er malte, komponierte und schrieb. Nach seinem Abschied vom Militär verlegte er sich ganz aufs Schreiben: Er verfaßte Romane und Lustpiele und beteiligte sich mit Pamphleten an militärtheoretischen Debatten. Hoffmann hat in seinen letzten Berliner Jahren wieder Kontakt zu dem inzwischen recht berühmt gewordenen Autor aufgenommen. In Glogau aber war Voß nur berühmt seines ausschweifenden Lebens wegen. »Betäubung, sinnliche Betäubung ward meine einzige Zuflucht«, schreibt Voß in seinem Rückblick auf die Glogauer Jahre. Inwieweit Hoffmann an dieser »sinnlichen Betäubung« teilgenommen hat, wissen wir nicht genau, auffällig aber ist, daß er diesen Umgang mit Voß dem braven Hippel gegenüber mit keinem Wort erwähnt.

Irgendwann gegen Ende des Jahres 1797 muß Hoffmann sich einen Ruck gegeben haben: Er trifft vier wichtige Entscheidungen. Die erste betrifft den Freund, der so lange Zeit nichts von sich hat hören lassen. Ihm schickt er im Januar 1798 einige böse Zeilen, die ihm hinterher »unendliche Vorwürfe kosten«. Hippel hat diesen Brief nicht veröffentlicht, wahrscheinlich hat Hoffmann darin die Freundschaft aufgekündigt. Da Hippel dann doch schreibt, wird das Verhältnis der beiden zueinander notdürftig gekittet.

Die zweite Entscheidung betrifft Dora in Königsberg. Er löst sich nun endgültig von ihr. Die Entscheidung besiegelt er mit einer dritten: Im Januar 1798 verlobt er sich mit der Cousine Minna, mit der er bereits anderthalb Jahre im selben Hause lebt.

Seine vierte Entscheidung hängt sehr auffällig mit dieser Verlobung zusammen: Er will nun schleunigst die Ausbildung abschließen und mit vollem Ernst sein berufliches Fortkommen betreiben.

Mit den beiden zuletzt genannten Entscheidungen versucht Hoffmann das zu werden, was seine bürgerliche Umwelt »solide« nennt. Er ist auf dem Weg, in eine Vernunftehe hineinzugeraten, denn in die Cousine ist er nicht verliebt. Die Briefe, in denen er Hippel diese neue Verbindung mitteilt, enthalten nichts von jener Leidenschaftlichkeit, die Dora in ihm erregt hatte. Auffällig ist vielmehr, daß Minna stets im Zusammenhang mit seinem neuen juristischen Eifer erwähnt wird. Fast scheint es, als gehörte sie zu jenem Aktenstaub, den er jetzt zu schlucken bereit ist. Die erste indirekte Erwähnung des Verlöbnisses findet sich im Brief vom 25.2.1798: »Ein Umstand, den ich mit Vorbedacht noch zurückhalte, um nachher desto mehr darüber schreiben zu können, ist die alleinige Ursache, warum ich noch hier bin, und in der Jurisprudenz solchen festen Tritt halte«. Ein Monat später, am 1.4.1798, wird er deutlicher: »Aber Du weißt es, mir gehts wie Yorick – die Pausen sind mir fatal – ich bin so gut gefesselt als ehemals – aber jetzt ist's ein Mädchen – ich studiere mit erstaunenswürdiger Emsigkeit die trockensten Dinge – begrabe mich in Akten«.

Was ist mit Hoffmann geschehen? Er merkt: Mit seinen künstlerischen Versuchen kommt er nicht recht voran. Die Vergnügungen mit Voß sind auf Dauer auch nicht befriedigend. Sein juristischer Ausbildungsgang ist ins Stocken geraten, schon längst hätte er sein zweites Examen ablegen müssen. Die Trennung von Dora ist vollzogen, aber die Wunde schmerzt noch, vor allem deshalb, weil die Trennung ihn demütigt: Er muß sich als Verlierer fühlen. Jetzt muß er reinen Tisch machen, wenn es weitergehen soll.

Eine Entscheidung für einen künstlerischen Beruf kommt für ihn nicht in Frage. Es fehlen die Erfolgserlebnisse, die Bestätigung, er traut sich eine Karriere auf künstlerischem

Gebiet einfach nicht zu. Also will er jene Entscheidung für den Justizberuf, die das familiäre Milieu zuvor für ihn getroffen hatte, jetzt aus eigenen Stücken noch einmal nachholen. Der Justizberuf bleibt zwar nach wie vor ungeliebt, aber er weiß nun, daß er ihn energisch ergreifen muß, um sich die Chance zu bewahren, wenigstens in Mußestunden seinen künstlerischen Neigungen nachgehen zu können. Der komponierende Akzisebeamte Hampe zeigt ihm, wie man das macht.

Die leidenschaftliche Liebe hat ihn enttäuscht, er ist ernüchtert und so wird er jenen Erwägungen zugänglich, die ihm eine Verbindung mit der Cousine, immerhin die Tochter eines Karrierebeamten, als vorteilhaft für das eigene Fortkommen erscheinen lassen. Verklausuliert teilt er seinem Freund diesen Beweggrund mit, er läßt durchblicken, daß Minna der »seidne Faden« ist, an dem alles hängt, »platzt er, so liegt der Herr Regierungsrat *in spe* im Dr..k!« (1.4.1798). Noch verlockender werden die Aussichten, die sich mit der Verlobung verbinden lassen, als der Onkel und angehende Schwiegervater seine Beförderung zum Obertribunalrat in Berlin erfährt. Hoffmann kann also mit den Doerffers in die große Stadt umsiedeln, wovon er sich viel verspricht. Diese Aussicht tröstet ihn darüber hinweg, daß er beides – die Bindung an Minna und die Examensvorbereitung – als eine Fessel seiner Freiheit empfinden muß. Doch er ist sich auch bewußt, daß er nach den Verwirrungen der Jahre zuvor solcher Fesseln bedarf, um sich selbst nicht zu verlieren. »Bin ich gleich mit Banden an mein Gastnest gefesselt, die ich gern trage, weil sie zur gleichen Zeit mein ganzes Selbst zusammenhalten«, schreibt er am 1.4.1798 an Hippel.

Die Fesseln des juristischen Berufsgeschäft werden ihm erst 1806 ohne sein Zutun und eigentlich gegen seinen Willen in Warschau abgenommen. Der Fesseln der Verlobung entledigt er sich 1802. Er beendet das Verhältnis, als er sich stark genug fühlt, seiner nicht mehr zu bedürfen.

Siebtes Kapitel
Als Referendar in Berlin

Hoffmanns juristischer Eifer während der letzten Monate in Glogau trägt Früchte. Am 20.6.1798 besteht er sein Zweites Examen mit der Note »überall ausnehmend gut«. Der frisch Verlobte und mit Erfolg Examinierte kann nun einen weiteren Schritt in Richtung auf den »Schirm des Brotbaums« tun. Er bewirbt sich in Berlin um ein Referendariat am Kammergericht. Am 4.8.1798 wird er dort angenommen. Ehe er mit den Doerffers nach Berlin umsiedelt, unternimmt er noch eine Reise ins Riesengebirge. Nicht Hippel, der auf seinen Gütern festsitzt und durch seine ständischen und ehelichen Pflichten gebunden ist, begleitet ihn, auch nicht Hampe, der seine Urlaubsreise schon hinter sich hat, sondern mit F.G. Jagwitz, einem Hausfreund der Doerffers, macht er sich auf den Fußweg. Der Oberamtsregierungsrat Jagwitz war Hoffmanns Vorgesetzter und Prüfer; er hatte Gefallen an dem unterhaltsamen Wesen seines Prüflings gefunden und war sogar bereit, die gemeinsamen Reisekosten allein zu bestreiten.

Jagwitz war eines jener ›Originale‹, wie sie Hoffmann liebte. In den *Serapionsbrüdern* gibt Hoffmann ein Porträt dieses Mannes: »Kleinlich in allen Angelegenheiten des Lebens, mürrisch, verdrießlich, mit großem Hange zum Geiz, war er doch im höchsten Grade empfänglich für jeden Scherz, für jede Ironie«. Jagwitz ging auf die Fünfzig zu und war doch eitel wie ein junger Stutzer, sein Geschmack gehörte noch dem Rokoko. Mit damastenem Rock, blumiger Weste, blinkenden Stahlknöpfen und weißen Seidenstrümpfen stakte er durch Wälder und Gestrüpp. Hoffmann war davon beeindruckt, wie dieser Mann auch bei Unbilden des Lebens seine ästhetische Distanz nicht aufgab. Einmal hatte der Blitz in die Dominikanerkirche von Glogau eingeschlagen. Jagwitz half nun nicht etwa bei den Löscharbeiten, ihm ging es darum, den »herrlichen Anblick der Feuersäule« zu genießen. Er steckte eine Tüte Makronen und ein Fläschchen Wein in die Tasche, nahm einen Blumenstrauß zur Hand, einen leichten Feldstuhl unter den Arm und begab sich auf einen Hügel, von dem aus man eine gute Aussicht hatte. »Da setzte er sich hin und betrachtete, indem er bald an den Blumen roch, bald ein Makrönchen naschte, bald ein Gläschen Wein nippte, in voller Gemütlichkeit das malerische Schauspiel.« Hoffmann malt diese Szene so genüßlich aus, weil sie eine Haltung karikiert, die ihm selbst nicht fremd war. Das Bombardement auf Dresden im Herbst 1813 hat er auf ähnliche Weise ›genossen‹. »Wir sahen«, schreibt er in seinen Tagebuchaufzeichnungen, »ganz gemütlich mit einem Glase Wein in der Hand zum Fenster heraus, als eine Granate mitten auf dem Marktplatz niederfiel und platzte – in demselben Augenblick fiel ein westfälischer Soldat, der eben Wasser pumpen wollte, mit zerschmettertem Kopf tot nieder.« Offenbar hat Hoffmann bei Jagwitz nicht nur staubige Pandekten gewälzt, sondern ist bei ihm auch in die Schule der Ästhetik des Schreckens gegangen.

Nach einigen Wochen gemeinsamen Wanderns trennen sich die beiden. Hoffmann zieht allein weiter, über Böhmen nach Dresden. Er hatte jetzt Geld im Beutel, wahrscheinlich deshalb, weil er in Warmbrunn am Spieltisch gewonnen hatte. Jagwitz habe ihn zum Spiel angestiftet, behauptet Hoffmann in den Gesprächen der Serapionsbrüder.

Es gibt in Hoffmanns Leben eine sehr verborgene Spur der Spielleidenschaft. In diesem Rückblick auf Warmbrunn hat Hoffmann indirekt sich zu ihr bekannt, wenn er auch behauptet, ihr letztlich doch nicht zum Opfer gefallen zu sein. Aber es gibt eine Reihe von Indizien dafür, daß dem anders war. Da ist zunächst einmal die Freundschaft mit Julius von Voß, dem in Glogau schon fast berüchtigten Spieler, dann die soeben erwähnte Episode von Warmbrunn; in den letzten Berliner Jahren gehört d'Elpons, ein stadtbekannter Glücksritter und Spieler, zu den ständigen Gefährten des Umtrunks bei Lutter und Wegner. Der Verdacht, Hoffmann sei der Spielleidenschaft verfallen, muß damals in Berlin aufgekommen sein, sonst hätte Hitzig sich nicht bemüßigt gefühlt, seinen Freund ausdrücklich davon reinzuwaschen. Auffällig ist auch, daß, während Hoffmann 1819 zur Kur wieder in Warmbrunn weilt – der Ort war bekannt wegen seiner guten Luft und seiner Spielbank –, die beiden berüchtigten Berliner Spieler Lüttwitz und d'Elpons sich auch am Ort aufhalten und sogar der alte Jagwitz wieder zur Stelle ist. Auch die ständigen Geldnöte des später sehr gut verdienenden Taschenbuchautors und Kammergerichtsrats erhärten den Verdacht. Und schließlich ist da noch die Erzählung *Spielerglück*, in der sich ein außerordentliches Einfühlungsvermögen in die Psychologie der Spielleidenschaft kundgibt.

Wie dem auch sei – im Sommer 1798 hat das Spielglück dem jungen Hoffmann wohl nur den Reisesäckel gefüllt. Er braucht dem Jagwitz nicht auf der Tasche zu liegen und kann sich selbstständig machen. Dresden, das Florenz des Nordens, lockt.

Hoffmann, der mit seinen literarischen Versuchen bislang keinen Erfolg hat und seinen zweiten Roman *Der Geheimnisvolle* unvollendet liegenläßt, will sich auf der Reise literarisch üben. Wie andere gebildete Zeitgenossen auch führt er ein Reisetagebuch; mit Ambitionen, denn er will daraus ein Buch machen: Er berechnet die Seiten, die er vollschreibt, nach Druckbögen: »Mein Tagebuch liegt unvollendet da... Es ist ein Konkon von 5 Blättchen, den ich zu einem Werk von 15 Bogen ausspinnen muß« (an Hippel, 15.10.1798). Das Konkon hat sich nicht erhalten. Kostproben sendet er an seine Verlobte in Berlin. Bei den Doerffers erinnert man sich später dieser Briefe als der »interessantesten Jugendzeugnisse« des Abtrünnigen. Minna aber hatte sie nach der Entlobung im Zorn alle vernichtet.

Ein ungefähre Vorstellung davon, wie Hoffmann sich in

der für ihn neuen Kunst der Naturschilderung übt, erhalten wir in seinem Brief an Hippel vom 15.10.1798. Dort schildert er einen Wasserfall. »Die Größe, die Erhabenheit – das furchtbar Schöne des Anblicks kann ich nicht beschreiben«, behauptet er, versucht es dann aber doch: Die Felsmassen sind »riesig«, das Wasser stürzt mit »donnerndem Getöse«, die Wassersäule ist »ungeheuer«, die Felsenkluft »unabsehbar«; das Ganze wirkt »wild romantisch«.

Auf diesen etwas schülerhaften »wild romantischen« Ton ist das Reisetagebuch wohl gestimmt gewesen. Vielleicht sind ihm auch deshalb im literarisch prunkenden Berlin – die Schlegel, Novalis, Tieck geben dort gerade ihre Debüts – Zweifel gekommen. Jedenfalls hat er diese Reisetagebücher nicht auf jene geplanten 15 Druckbogen ausgeschrieben, er läßt sie liegen und sie gehen verloren.

In Dresden beim Besuch der dortigen Gemäldegalerie mit ihren Tizians, Correggios und Raffaels fühlt er sich auch als Maler winzig werden: »Bei alledem sah ich denn nun freilich bald, daß *ich* gar nichts kann – Ich habe die Farben weggeworfen und zeichne Studien wie ein Anfänger, das ist mein Entschluß«, schreibt er an Hippel (15.10.1798).

Ende August 1798 kommt Hoffmann, erfahrungshungrig und mit vielen guten Vorsätzen, in Berlin an.

»Binnen einem halben Jahr« will Hoffmann die »Feuerprobe des großen Examens« – das Dritte Examen, das für höhere Richterstellen qualifiziert – ablegen (an Hippel 15.10.1798). Doch es werden fast zwei Jahre. Das Leben in dieser großen Stadt stürzt ihn in eine zu große »Verwirrung« (an Hippel, 24.1.1799), Zielstrebigkeit läßt sich hier nicht durchhalten.

Berlin ist schon fast eine europäische Metropole, mit annähernd 200 000 Einwohnern eine wirkliche Großstadt. Hier kann man sich in der Anonymität der Masse verlieren; hier kann man sich profilieren und zieren und geht doch unter im bunten Gewimmel der Originalitäten. »In Berlin kann einer mit einer Schellenkappe auf der Straße umherreiten, und man wird keine Notiz von ihm nehmen«, schreibt ein Zeitgenosse. In den neunziger Jahren erlebt Berlin eine wirtschaftliche Prosperität. Da die Revolutionswirren den französischen Export beeinträchtigen, nimmt besonders die Textilindustrie einen gewaltigen Aufschwung. Auf dem Höhepunkt, Mitte der neunziger Jahre, ernährt dieses Gewerbe ungefähr 50 000 Menschen. Überall in Berlin wird gebaut: stattliche Wohnhäuser, Bürgerpalais, Repräsentationsbauten in den feineren Bezirken der Friedrichstadt und der Luisenstadt, in den Randbezirken entstehen die ersten Mietskasernen. Es beginnt die große soziale Entmischung: Jene »altfränkischen« Wohnquartiere verschwinden, in denen sich das bessere Bürgertum mit kleinen Handwerkern und Manufakturarbeitern mischte. Die kleinen Leute müssen weichen. Aus einem zeitgenössischen Bericht: »Jeder, der ein altfränkisches Haus... niederreißt, erbaut an dessen Stelle ein Prachthaus und richtet es zu großen Wohnungen für wohlhabende Leute ein. Daher sind in Berlin große Wohnungen im Überfluß und verhältnismäßig wohlfeil zu haben; kleine hingegen werden immer seltener und teurer, und der Arme findet kaum ein Obdach für sich und die Seinigen«. Hoffmann wohnt in einer solchen »großen Wohnung für wohlhabende Leute«, bei seinem Onkel, dem inzwischen Geheimen Obertribunalrat Doerffer in der Beletage des Brandtschen Hauses, Leipziger Straße 66, Friedrichstadt. Eine gute Adresse.

Berlin ist der Newcomer unter den altehrwürdigen europäischen Metropolen. Hier ist alles neu, wie am Reißbrett entworfen, ohne Geschichte; es fehlt das Wuchern des Gewachsenen und Gewordenen, hier dominiert das Machen, das Gemachte und auch die Mache. Man muß nur mit anderen großen Städten vertraut sein, um die eigenartige Modernität Berlins zu empfinden. Madam de Staël schreibt: »Berlin ist eine große Stadt mit breiten, geraden Straßen und von regelmäßiger Bauart. Da sie größtenteils neu gebaut ist, so finden sich wenige Spuren älterer Zeiten... Berlin, diese ganz moderne Stadt, so schön sie immer sein mag, bringt keine feierlich ernste Wirkung hervor, sie trägt das Gepräge weder der Geschichte des Landes noch des Charakters der Einwohner; und die prächtigen neu aufgebauten Gebäude scheinen bloß für die bequeme Vereinigung der Vergnügungen und der Industrie bestimmt zu sein.«

Berlin wirkt besonders an windigen trockenen Tagen wie eine Kolonistenstadt, in großer Eile aus dem märkischen Sandboden herausgestampft. »Der feine Staub«, heißt es in einer Reisebeschreibung von 1806, »wirbelt sich dann durch alle Gassen in kleinen Wolken hin. Bei einem etwas starken Wind aber wird man hier gar in die Sandwüsten Afrikas versetzt. Eine Staubsäule von der Höhe eines Hauses fliegt dann über die großen Plätze weg. Auf der Schloßfreiheit kam mir einst ein solches Ungeheuer von dem Schloßplatz her entgegen. In der Entfernung verdunkelte es schon alle Gegenstände. Es wirbelte sich längs den Häusern fort, und ich übertreibe nicht, wenn ich versichere, daß ich auf drei Schritte keinen Menschen sehen konnte. Alle Budiken, die auf den öffentlichen Plätzen stehen, werden dann mit Sand verschüttet, und die Kleinkrämer und Obstverkäufer haben eine geraume Zeit zu tun, um ihre Kostbarkeiten unter dem Schutt, der sie in einem Augenblick verdeckt, wieder ans Tageslicht zu bringen.« Auch das schon fast mondäne Leben, das sich ›Unter den Linden‹ abspielt, kann nicht vergessen machen, daß »dieses Paradies ›in der sand'gen Mark‹ liegt«, wie der schwedische Reisende Atterbom schreibt. Man erblickt auf dem Boulevard, der es mit Paris aufnehmen möchte, ein »wanderndes Gemälde eines halben Jahrhunderts, ein lebendiges Modejournal eines ganzen Zeitalters«. Doch wenn nach wenigen Stunden der Trockenheit ein Wind aufkommt, wird das »Gemälde« trübe: »In einen Staubnebel hüllen sich die Gestalten ein, und nur wenige Schritte vor uns verschwinden sie in den aufgewühlten Sandwolken.«

Die soziale Entmischung, die sich damals in den Berliner

Wohnquartieren vollzieht, dringt noch nicht bis zum staubigen Leben auf den Straßen vor. Hier ist alles noch eng beisammen, Armut und Reichtum, Lumpen und Seide, die große, die kleine und die Halbwelt bunt durcheinander. Der für die sozialen Verhältnisse besonders sensible Jakobiner Georg Friedrich Rebmann schreibt 1793 in seinen *Kosmopolitischen Wanderungen*: »Hier bin ich denn nun angekommen... in der großen Stadt Berlin, diesem Schauplatz menschlicher Pracht und menschlichen Elends, diesem Vereinigungspunkt, wo äußerster Reichtum und äußerste Armut durcheinander und nebeneinander sichtlich sind, und wo linker Hand in der vergoldeten Karosse der Herr im Galakleid besorgt ist, eine halbe Million mit Geschmack zu vergeuden, während rechter Hand dicht an ihm ein armes Mütterchen das letzte Jäckchen um einige Groschen ins Pfandhaus trägt, um sich einige Dreier zu einem Bissen trockenen Brotes zu erwerben«.

Die grellen Kontraste zwischen Arm und Reich gibt es auch anderswo, aber in der großen Industriestadt Berlin befinden sie sich auf dem neuesten Stand. Auch in dieser Hinsicht ist Berlin modern. Da es mit der Berliner Textilindustrie am Ende des Jahrhunderts wieder abwärts geht (die französischen Waren überschwemmen in Napoleons Gefolge jetzt erneut den Markt), lungern annähernd 20 000 Arbeitslose in ihren Elendsquartieren und auf den Straßen herum, während Hoffmann wohlbehütet bei den Doerffers und im Kammergericht seine Zeit verbringt.

Auch Hoffmann bewegt sich vorzugsweise im Umkreis jener tausend Meter der Friedrichstadt, wo in ungeheurer Dichte und Eile eine Kultur hervorgebracht und konsumiert wird, die sich für den Mittelpunkt des Lebens hält. Vom modernen Elend belagert, von sandigen Winden eingetrübt, von der Euphorie des Neuen, des Aufbaus getragen, von der Geschäftigkeit ringsum zum Projektemachen angeregt, entsteht hier in den Salons, dem Theater, den Verlagshäusern, den Cafés und Studierstuben die große Welt des Geistes, in deren Sog der junge Hoffmann sein noch ausstehendes Drittes Examen eine Weile lang vergißt.

In Berlin herrscht Aufbruchstimmung. Seit dem Tilsiter Frieden von 1795 ist Preußen neutral, hält sich aus den Kriegsturbulenzen, die Napoleon überall in Europa anzettelt, heraus. Der äußere Friede ermuntert eine Generation, der die Französische Revolution zum prägenden Jugenderlebnis wurde, zur Unternehmungslust im Innern. 1797 stirbt Friedrich Wilhelm II., jener König, der, von den bigotten und obskurantistischen Wöllner und Bischoffwerder gelenkt, mit strengen Zensurdikten das kulturelle Leben sehr behindert hatte. Man atmet auf. Vom neuen König Friedrich Wilhelm III. erhoffte man sich mehr Liberalität, immerhin ist er mit Luise verheiratet, die als schöne Seele und bürgerlich denkende Frau gilt. Man rühmt ihren hohen Sinn für die Kunst und glaubt, sie werde für alles Neue, wenn es nur aus der Wärme des Herzens und dem Wagemut des geistigen Abenteuers kommt, offen sein. Der Luisenkult beginnt sogleich nach der Thronbesteigung ihres Gemahls. Novalis wird einer größeren Öffentlichkeit bekannt mit seiner Fragmentensammlung *Glauben und Liebe*, die 1798 als Huldigung für die königliche Familie, besonders aber für Luise in den halboffiziellen *Jahrbüchern der preußischen Monarchie* erscheinen. Novalis trägt dick auf: »In unsern Zeiten haben sich wahre Wunder der Transsubstantation ereignet. Verwandelt sich nicht ein Hof in eine Familie, ein Thron in ein Heiligtum, eine königliche Vermählung in einen ewigen Herzensbund«. Oder: »Wer den ewigen Frieden jetzt sehn und lieb gewinnen will, der reise nach Berlin und sehe die Königin. Dort kann sich jeder anschaulich überzeugen, daß der ewige Friede herzliche Rechtlichkeit über alles liebt, und nur durch diese sich auf ewig fesseln läßt«. Gegen die »maschinistische Administration« eines seelenlosen Staates polemisierend, rühmt Novalis die Königin als sanfte Verkörperung eines Staates, der sich deshalb lieben läßt, weil er seine Bürger mit Tugend, Mütterlichkeit, Treue und Verständnis umgibt. Die königliche Familie war über solche Huldigung indigniert. Dem Verleger der *Jahrbücher*, Unger, wird durchs Polizeidirektorium angedeutet, »er solle nicht mehr solchen Unsinn in den Jahrbüchern drucken lassen«, und er erhält schließlich die Anweisung: »Nichts darf mehr gedruckt werden (in den Jahrbüchern, R.S.), worunter der Name Novalis steht«.

Auch der junge Hoffmann setzt auf die Königin. Er schickt ihr 1799 Textbuch und Partitur seines im selben Jahr verfertigten Singspiels *Die Maske*, in der Hoffnung, sie werde das Werk des noch namenlosen Künstlers beim Theaterdirektor Iffland durchsetzen, was sie jedoch unterläßt.

In Berlin tummeln sich am Ende des Jahrhunderts die ›Genies‹ der neuen Generation, die Gebrüder Schlegel, Schleiermacher, Arnim, Brentano, Tieck. Sie nennen sich selbst und ihre Bestrebungen ›romantisch‹, in Berlin geben sie zwischen 1798 und 1800 ihre Zeitschrift *Athenäum* heraus. Sie können sich in der kulturellen Szene zwar nicht durchsetzen, ihre Stücke kommen nicht aufs Theater, und das Publikum liest nach wie vor Lafontaine und, wenn es sich anstrengen will, Goethe und Schiller; doch ihr schwungvolles und lautstarkes Auftreten in den Salons und in ihren Publikationen erregt Aufsehen. Sie sind die glitzernden Paradiesvögel einer Szene, die immer noch zur steifen (Nicolai) oder rührseligen (Iffland, Kotzebue) oder erhabenen (Schiller) Vernünftigkeit neigt. Das Andeutende, Raunende, Geheimnisvolle in ihren Schriften macht neugierig. Wer Lust hat, kann sich bei Sätzen wie den folgenden den Kopf zerbrechen: »Kritisch heißt die Philosophie der Kantianer wohl per antiphrasin; oder es ist ein epitheton ornans« (Friedrich Schlegel). Wenn man bildungsbeflissen über solchen Sätzen brütet und nichts herausbekommt, wird man wütend. Von dieser Wut waren die Romantiker in ihrer Berliner Phase umgeben, aber das hat ihr Selbstbewußtsein nicht beeinträchtigt, im Gegenteil. Ihre wütenden Gegner stichelten sie mit dem Spruch: »Jeder ungebildete Mensch ist die Karikatur von sich selbst«. Als wären die Berliner von ihren sichtbehindernden Sandstürmen nicht schon genug geplagt, philosophierten diese »Dioskuren«, wie man sie bisweilen nannte, bis es dem armen Leser schwarz vor Augen wurde. Doch sie ließen ihn nicht ungetröstet: Sie gaben ihm eine sehr diffizile Theorie »über die Unverständlichkeit« (Friedrich Schlegel) zum Lesen.

Die Romantiker in Berlin scheuen den Streit nicht. Einer von ihnen, Friedrich Schlegel, war ja sogar eines Streites wegen in die Stadt gekommen. Er hatte in Jena nicht bleiben können, weil er sich mit Schiller überwarf. Er hatte dort jedem, der es hören wollte, erzählt, daß er bei Schillers Pathos regelmäßig vor Lachen vom Stuhle fallen könnte. Auch öffentlich hatte er den Hochberühmten angegriffen. Über dessen Gedicht »Würde der Frau« spottet er 1796 in einer Rezension: »Auch hier ist die Darstellung idealisiert, nur in verkehrter Richtung, nicht aufwärts, sondern abwärts, ziemlich tief unter die Wahrheit hinab«. Schiller war gekränkt. Er knöpfte sich den jungen Mann in den literaturkritischen Epigrammen des Xenien-Almanachs vor, den er zusammen mit Goethe 1796/97 herausgab: »Lange neckt ihr uns schon, doch immer heimlich und tückisch. Krieg verlangt ihr ja; führt ihn nun offen, den Krieg.« Überhaupt haben die »Xenien« der beiden Dichterfürsten – von ihnen als nationalliterarisches Reinigungsbad verstanden – die literarische Streitlust allgemein sehr angeregt. Insofern waren die streitlustigen Romantiker auch ihre gelehrigen Schüler.

Sie wurden angegriffen und griffen an. Kotzebue veröffentlichte 1799 einen satirischen Einakter *Der hyperboreische Esel oder Die heutige Bildung*. Darin läßt er einen Studenten, den Kopf voller Zitate aus dem *Athenäum* und aus Schlegels *Lucinde*, nach Hause zurückkehren und seine Verwandten mit den neuerworbenen Bildungsschätzen plagen. Die guten Geister der Provinz können sich des »Jammermenschen« nicht mehr erwehren und sperren ihn schließlich ins Tollhaus.

In Berlin lachte man über die etwas platten Scherze dieses Stücks. August Wilhelm Schlegel schrieb sogleich ein Stück dagegen. Brentano und Tieck schrieben Stücke über beide Stücke.

Das Camäleon, auch eine antiromantische Satire, verfaßt von einem gewissen Beck, wurde 1800 sogar im Schauspielhaus aufgeführt. Tieck forderte, erfolglos, die Absetzung des Stückes und soll dann mit einigen Claqueuren zusammen versucht haben, die Aufführung zu verhindern. In den Augen ihrer Gegner galten die jungen Leute vom *Athenäum* als moralisch verwerflich, weil sie den erotischen Genuß über die eheliche Treue setzten; als politisch gefährlich, weil ihnen die Selbstverwirklichung über die Bewahrung der Ordnung ging; als liederlich, weil sie aus allem, auch aus Wissenschaft und Religion, ein Spiel der Kunst machen wollten; als arrogant, weil sie die Stirn hatten, die Unverständlichkeit ihrer Texte auch noch zu verteidigen; als intrigant, weil sie sich als Gruppe fühlten und so auch auftraten; als unzuverlässig, weil sie auch gerne das Gegenteil von dem behaupteten, was sie bei anderer Gelegenheit verkündeten.

Inwieweit Hoffmann in seinen ersten beiden Berliner Jahren die literarischen Tumulte um die Romantiker im einzelnen wahrgenommen hat, läßt sich nicht feststellen. Doch daß sie nicht an ihm vorbeigingen, dafür spricht allein schon die Tatsache, daß Hoffmann sich in gesellschaftlichen Kreisen bewegte, wo über die literarischen Neuigkeiten eifrig diskutiert wurde und wo auch manche literarische Prominenz auftrat. Bei seinem Onkel, dem Obertribunalrat mit dem bekannten Sinn fürs Elegante, fanden Gesellschaften statt, die in gutem Ruf standen. Noch geistvoller indes ging es bei einem befreundeten Kollegen des Onkels zu, bei dem Obertribunalrat Johann Siegfried Mayer. Minna, Hoffmanns Verlobte, war befreundet mit Ernestine und Caroline Mayer, den beiden noch unverheirateten Töchtern. Die Gesellschaftsabende, die der Literaturliebhaber Mayer gab, haben allen drei Töchtern, die von »ausgesuchtester Bildung« gewesen sein sollen, Ehemänner aus der Literaturszene zugeführt: Minna Mayer heiratete 1796 Carl Spazier; Ernestine Mayer bekam 1801 August Mahlmann, Redakteur der *Zeitung für die elegante Welt*, und Caroline Mayer wurde, ebenfalls 1801, von Jean Paul geehelicht. Hoffmann lernte Jean Paul also schon in seiner ersten Berliner Zeit kennen, als den Bräutigam der Freundin seiner Verlobten. Jean Pauls literarischer Ruhm stand damals gerade im Zenit; während seines Aufenthaltes in Berlin 1800/01 wurde er aufs eifrigste umworben. »Ich wurde«, so berichtet er, »angebetet von den Mädchen, die ich früher angebetet hätte. Viele Haare erbeutete ich und viele gab mein eigener Scheitel her, so daß ich ebensowohl von dem leben wollte, was auf meiner Hirnschale wächst, als was unter ihr ist.«

Jean Paul kam damals auch zu den Doerffers, und da er dort, wo er auftrat, unweigerlich andere Prominenz anzuziehen pflegte, so wird Hoffmann sicherlich dem einen oder anderen Matador aus der Berliner Literaturszene begegnet sein, und er wird das streitlustige literarische Treiben aus nächster Nähe haben beobachten können. Der romantische Aufbruch dieser Jahre hat denn auch deutliche Spuren in seinem Werk hinterlassen.

Die Romantiker haben dem ironischen Stil – jene Rede- und Darstellungsweise, die alles Gesetzte in einem fröhlichen Relativismus zum Tanzen bringt – zu einer literarischen Würde verholfen, wie er sie noch nie zuvor in der deutschen Literatur innegehabt hat. Hoffmann, der schon als Jugendlicher sich auf die Ironie als Lebenstechnik zur Abwehr anmaßender Autoritäten verstand, konnte sich als Schriftsteller diese romantische Rangerhöhung der literarischen Ironie zunutze machen.

Auch die romantischen Kunstmärchen von Tieck, Wackenroder und Novalis haben Hoffmann inspiriert, wenn er auch später davon überzeugt war, daß er mit dem *Goldnen Topf* (1813), worin er Märchenzeit und neue Zeit miteinander verknüpfte, Neuland betreten habe.

Das Problem der Künstlerexistenz in der bürgerlichen Gesellschaft, dem er sich in vielen seiner Werke widmen wird, fand er in Wackenroders und Tiecks *Herzensergießungen eines kunstliebenden Klosterbruders* (1797) geistesverwandt dargestellt.

Die Naturmystik des Novalis hat ihn beeindruckt, wie ihn überhaupt die Ende des Jahrhunderts mächtig aufkommenden Spekulationen über die »Nachtseiten« des Lebens und der Natur anzogen. So berichtet Franz von Holbein, daß Hoffmann im Gesellschaftszimmer der Doerffers gerade ein physikalisches Experiment zur Erzeugung von »Geistererscheinungen« veranstaltete, als plötzlich ein »wirklich großer Geist« eintrat, nämlich Jean Paul, der den Doerffers seine Braut vorstellen wollte.

Von Holbein erfahren wir auch, daß Hoffmann offenbar sehr schnell sich zur Berliner Theaterszene Zugang verschafft haben muß. Holbein, drei Jahre jünger als Hoffmann, ein groß gewachsener, stattlich aussehender Mann, hatte seine Laufbahn als k.u.k. Lotteriebeamter aufgegeben, um seine Talente als Gitarrenspieler und Sänger zur Schau zu stellen. Unter dem Namen Francesco Fontano trat er im Spätherbst 1798 bei einem Konzert in Berlin auf. Die Gitarre war für den Norden Deutschlands damals noch ein unbekanntes Instrument; Holbeins Auftritt machte es populär. Nach dem Konzert sprach Hoffmann den Solisten des Abends an und daraus entwickelte sich eine Freundschaft. Sie hat Holbein sehr genützt. Denn nicht nur daß Hoffmann »weit mehr richtige Weltanschauung« besaß, geistreich und musikalisch hochgebildet war, er hatte auch gute Beziehungen. »Durch ihn (Hoffmann, R.S.)«, erzählt Holbein, »machte ich Bekanntschaft mit Iffland, Fleck und dem Kapellmeister Anselm Weber, welche mir sogleich den Rat gaben, mein Gesangstalent und meine Persönlichkeit auf der Bühne geltend zu machen.« Holbein übertreibt etwas. Zu dem Theaterdirektor Iffland jedenfalls hatte Hoffmann noch keinen persönlichen Kontakt. Doch mit einigen Schauspielern und wohl auch mit dem Kapellmeister Bernhard Anselm Weber, über den er sich im *Ritter Gluck* abfällig äußern wird, pflegte Hoffmann schon zu diesem frühen Zeitpunkt – er ist gerade zwei Monate in Berlin – Umgang.

Hoffmanns neuer Freund Holbein hatte in Berlin als Schauspieler und Sänger zunächst keinen Erfolg. Iffland bot ihm lediglich eine Stelle als Chorsänger an. Nach einem Jahr verließ er deshalb Berlin. In Breslau heiratete er 1802 die um 25 Jahre ältere Gräfin Lichtenau, ehemalige Wilhelmine Enke, eine berühmte Mätresse des verstorbenen Friedrich Wilhelm II. Am Todestag des Königs war die Lichtenau verhaftet worden, ihr Vermögen und ihre Güter, die sie von dem Verblichenen zum Geschenk erhalten hatte, zog man ein. Friedrich Wilhelm III. verbannte sie 1798 nach Glogau, wo Hoffmann sie auch kennengelernt hatte. »Welch ein Gemisch von Hoheit und Niedrigkeit« (an Hippel, 30.6.1798) – das waren seine Worte über diese Frau, die sogar im Hause des Onkels verkehrte. 1800 erhielt sie ihre Freiheit zurück, ihre Möbel, ihren Schmuck und bezog von nun an eine stattliche Pension. Sie war für den jungen Holbein also eine gute Partie. Bei solchen Kaperzügen seines neuen Freundes pflegte Hoffmann den hinkenden Teufel aus Lesages gleichnamigem Roman nachzuahmen. Er wird das in diesem Falle, bei einer Begegnung im Jahre 1801, ausgiebig getan haben. 1806 verläßt Holbein die Gräfin und zieht mit der Schauspielerin Marie Renner umher. Erst 1810 wird Holbein mit Hoffmann in Bamberg wieder zusammentreffen.

Zurück nach Berlin. Hoffmann sucht die Nähe zum Theater, deshalb auch seine Freundschaft mit Holbein. Er gerät in den Sog einer Theaterleidenschaft, die damals in Berlin grassierte. 1796 war der hochberühmte Schauspieler und Stückeschreiber August Wilhelm Iffland zum Direktor des Königlichen Nationaltheaters berufen worden. Mit ihm beginnt eine Glanzzeit des Berliner Theaters. In seinem Ensemble sind zeitweilig die besten Schauspieler und Sänger

Deutschlands vereint: Mattausch, Beschort, Fleck, die Unzelmann und die Schick. Besonderes Aufsehen erregt Mattausch. Es wird berichtet, daß Damen seinen Namen aus dem Theaterzettel ausschnitten, in den Kaffee rührten und diesen samt Papier austranken, um dem Angebeteten näher zu kommen.

An Fleck liebte man die Darstellung heroischer Leidenschaften und romantischer Gefühle. Er glänzte in den Rollen des Wallenstein und des Karl Moor aus den *Räubern*. Die Unzelmann war eine Shakespearesche Ophelia, an der sich das Berliner Publikum nicht satt sehen konnte, Beschort verkörperte Hamlet und andere Figuren von düsterer Verinnerlichung. Shakespeare, Schiller und Lessing waren die einzigen Klassiker, die sich im Spielplan behaupten konnten. Im übrigen dominierten die effektsicher gemachten Stücke der Iffland und Kotzebue; so war es in Berlin und auch anderswo, selbst Weimar machte hier keine Ausnahme. Goethe galt nicht als bühnenwirksamer Autor. Seine *Iphigenie* erlebte in Berlin bis zum Ende des Jahrhunderts nur zwei Aufführungen, der *Egmont* galt beim politisch ängstlichen Iffland als ›heißes Eisen‹ wegen der im Stück vorkommenden Hinrichtung einer Standesperson und wegen der turbulenten Volksszenen. Iffland hatte auch, trotz seiner Schillerbegeisterung, nicht gewagt, *Wallensteins Lager* auf die Bühne zu bringen. Dem Autor gegenüber erklärt er das so: »Es scheint mir und schien mehreren bedeutenden Männern bedenklich, in einem militärischen Staat ein Stück zu geben, wo über die Art und Folgen eines stehenden Heeres so treffende Dinge in so hinreißender Sprache gesagt werden.« Ifflands eigene Stücke, sein Inszenierungsstil und seine Darstellungskunst waren geprägt von einer Art psychologischem Naturalismus. Er schätzte moderate Natürlichkeit, psychologische Wahrheit und Wirlichkeitsnähe des Milieus. Er wußte sich bei dieser Vorliebe in Übereinstimmung mit den Wünschen eines Publikums, das im Theater die Prosa des Alltagslebens nur leicht vergoldet erleben wollte und deshalb die Stücke aus der Werkstatt Kotzebues favorisierte. Iffland ließ Verse als Prosa sprechen und war ein Gegner des pathetischen Deklamierens. Schiller konnte deshalb mit dem Berliner Stil nicht recht zufrieden sein. An Körner schreibt er 1801 über die Unzelmann in der Rolle der Maria Stuart: »Das Vorurteil des beliebten Natürlichen beherrscht sie noch zu sehr, ihr Vortrag nähert sich dem Konversationston, und alles wurde mir zu wirklich in ihrem Munde. Das ist Ifflands Schule, und es mag in Berlin allgemeiner Ton sein.« Ifflands Schule der Natürlichkeit begünstigte das sich damals in Opposition zur großen italienischen Oper entwickelnde deutsche Singspiel, das am Nationaltheater mit wachsendem Erfolg gegeben wurde. Das Singspiel, so wie es der in Berlin einflußreiche Hofkapellmeister Reichardt komponierte und theoretisierte, wollte nämlich auch ›natürlich‹ sein: keine gekünstelten Rezitative, keine prunkenden Belcanto-Arien, keine abgehobenen Herostratengeschichten, sondern ländliche Idyllen, Genreszenen aus dem bürgerlichen Leben, einfache, aber ›tief‹ empfundene Gefühle, liedhafte Ausdrucksformen; die lauten Töne sollen nicht Virtuosität zur Schau stellen, sondern Leidenschaften ausdrücken. Reichardts Singspiele, manche nach Goethe-Libretti komponiert, wie *Claudine von Villa Bella* und *Erwin und Elmire*, wurden häufig aufgeführt; zum Kassenschlager aber entwickelte sich das Singspiel *Jery und Bätely* nach dem Textbuch von Goethe. 1801 schrieb ein Rezensent: »Nie sah man das berlinische Publikum allgemeiner hingerissen, lauter seinen Beifall äußern«.

Die Singspielkonjunktur machte auch empfänglich für den neuen Opernstil von Gluck und Mozart. Was dem Publikumsgeschmack entgegen kam, war die durchgebildete Handlung, die psychologische Differenzierung des musikalischen Ausdrucks, die musikalische Individualisierung der Protagonisten, die liedhaften Elemente, der Milieurealismus der Ausstattung und des Dekors. 1795 wird Glucks *Iphigenia in Tauris* im Nationaltheater zum erstenmal gegeben.

Selbst Prinz Heinrich, ein Liebhaber der italienischen Ausstattungsoper, wohnt der Aufführung bei, um, wie er sagt, sich »einmal recht satt zu lachen«. Doch auch er ist am Ende, wie das ganze Publikum, begeistert.

Die Mozartsche Oper beginnt Anfang der neunziger Jahre ihren Siegeszug. Mozart zu hören, hatte Hoffmann damals in Berlin reichlich Gelegenheit. Alle großen Opern des Wiener Meisters waren im Repertoire des Nationaltheaters. Die *Zauberflöte* erlebte 1802 ihre hundertste Aufführung. Doch Hoffmann war auch von der großen italienischen Ausstattungsoper, die ausschließlich im Königlichen Opernhaus gegeben wurde, beeindruckt. Er lernt sie in Berlin zum erstenmal kennen. Seinem Hippel schreibt er am 24. 1. 1799: »Du kannst Dir zum Beispiel keine Vorstellung von der großen italienischen Oper machen – Der Zauber der Meisterstücke Veronas – die himmlische Musik – alles vereinigt sich zu einem schönen Ganzen, das auf Dich gewiß seine Wirkung nicht verfehlen würde.«

›Groß‹ war an der italienischen Oper vor allem die Ausstattung, die Kostüme, die Kulissen, die Virtuosität der Gesangspartien und nicht zuletzt das Publikum. Der Opernabend war eine glanzvolle Selbstdarstellung der höfischen Gesellschaft. Bürgerliches Publikum war noch bis zum Ende der 80er Jahre nicht zugelassen. Es wurde auch nicht Eintrittsgeld erhoben, sondern man gehörte entweder standesgemäß dazu oder wurde eigens geladen. Bei den Opernwerken selbst, die hier aufgeführt wurden, kam es nicht auf innere künstlerische Geschlossenheit an, sondern darauf, daß sie prachtvolle Belcanto-Stellen enthielten, bei denen sich die Virtuosen der Stimme hören lassen konnten. Der Orchesterpart hatte nur marginale Bedeutung. Man schob auch Arien aus anderen Opern ein, um den Ohren irgendwelcher Hoheiten und Exzellenzen zu schmeicheln. Friedrich der Große, bekanntlich ein Verächter alles Deutschen in Kunst und Literatur, hatte die italienische Oper in Berlin emporgebracht, weil er auch im Repräsentationsstil mit den großen europäischen Höfen gleichziehen wollte. Deutsche Sänger und Sängerinnen wurden höchst selten engagiert, denn Friedrich hatte eine schlechte Meinung von ihnen. Sein Ausspruch war: »Das sollte mir fehlen, lieber möchte ich mir ja von einem Pferde eine Arie vorwiehern lassen, als eine Deutsche in meiner Oper zur Primadonna zu haben«.

Die Primadonnen wurden aus Italien herangeschafft. Beispielsweise nahm Friedrich die hochberühmte Sängerin und Tänzerin Barbarina aus Venedig unter Vertrag. Doch Barbarina blieb in Venedig, sie hatte bessere Angebote bekommen. Friedrich ließ kurzerhand einen Geschäftsträger Venedigs in Berlin als Geisel verhaften und ihn solange einsitzen, bis Venedig die Barbarina unter Bewachung und in geschlossener Karosse nach Berlin auslieferte. Der Venezianer kam frei, und die Barbarina konnte die Hofgesellschaft entzücken. Einige Jahre später hat ein Liebhaber sie aus Berlin hinausgeschmuggelt. Sie wurde dann in den europäischen Hauptstädten herumgereicht. Steinalt ist dieser mondäne Engel des Rokoko als Gräfin Campanini 1799 gestorben, nicht in Paris oder London, sondern in – Glogau. Hoffmann hätte sie dort sogar noch kennenlernen können. Vielleicht hat er das auch getan.

Am Ende des Jahrhunderts sinkt die italienische Oper im Ansehen. Der bürgerliche Geschmack ist zu einem kulturellen Machtfaktor geworden. Es gibt da ein symbolisches Datum: Am 5.8.1789, im Revolutionsjahr, wird im Opernhaus zum erstenmal in deutscher Sprache gesungen und zum erstenmal hat dort das allgemeine Publikum Zutritt. Aufgeführt wird das Oratorium *Hiob* von Dittersdorf, eine Komposition aus dem Geist bürgerlich-religiöser Empfindsamkeit. Das feudale Opernhaus kann mit dem bürgerlichen Nationaltheater nicht mehr konkurrieren. Auch deshalb nicht, weil dort nur während der Wintersaison (November bis Februar) Opern gegeben werden. Die deutschen Sänger an der Oper wollen ein Engagement am Schauspielhaus. Sie sind selbstbewußt genug, die Bevorzugung der Italiener nicht mehr hinzunehmen. Damit das Haus überhaupt voll wird, müssen manchmal Offiziere zum Besuch der Oper abkommandiert werden. Deshalb geht es im Publikum mindestens so laut zu wie auf der Bühne, und da es im Parkett immer noch an Sitzplätzen fehlt, nimmt das Ganze oft den Charakter einer Stehparty an.

Nach dem Tode Friedrich Wilhelm II. im Jahr 1797 bleibt das Opernhaus zunächst geschlossen. Zur Wintersaison 1798/99, im ersten Berliner Jahr Hoffmanns, wird wieder gespielt. Righini-Opern stehen auf dem Programm. Dem jungen Hoffmann, für den das alles neu ist, gefallen sie. Die *Allgemeine Musikalische Zeitschrift*, für die Hoffmann später auch schreiben wird, kommt zu einem vernichtenden Urteil. Bald wird Hoffmann ähnlich über die traditionelle italienische Oper denken.

Hoffmann, als Maler, als Komponist und als Schriftsteller immer noch namenlos, noch ohne ein Werk, das auch in der Öffentlichkeit gilt, nimmt es bescheiden auf sich zu lernen, von vorne anzufangen. Literarisch übt er sich im Beschreiben (Reisetagebuch) statt zu fabulieren (was er in den ersten beiden Romanen getan hat), in der Malerei zeichnet er Studien »wie ein Anfänger« und in der Komposition geht er nochmals in die Lehre beim Kapellmeister Reichardt, »der sich seines Landsmanns getreulich annahm«. Johann Friedrich Reichardt (1752-1814), der Sohn des Königsberger Stadtpfeifers, musikalisches Wunderkind, gefördert vom Grafen Keyserling, dem großen Mäzen der Pregelstadt, brachte es als Komponist und Violinist im Berlin Friedrich des Großen weit. Er avancierte zum Hofkapellmeister. Nach 1789 zählt er zu denen, die aus ihrer Begeisterung für die Französische Revolution keinen Hehl machen. Wegen seines »Republikanismus« wird er 1794 aus dem Amt gejagt. »Nun hatte sich Reichardt mit Wut und Ingrimm in die Revolution geworfen«, schreibt Goethe in seinen Annalen zu 1795. In ihren »Xenien« äußern sich Schiller und Goethe abfällig über den rührigen Mann, der in diesen Jahren auch literarisch-politische Zeitschriften herausgibt (*Lyceum*, *Deutschland*). Sie bescheinigen ihm Inkompetenz »in literis«, bezichtigen ihn des Schmeichlertums, werfen ihm vor, daß er, ein Schmarotzer, Geld nimmt vom Hofe, den er politisch doch zugleich angreife, nennen ihn einen Intriganten; auch Reichardts Beliebtheit bei den Frauen ist ihnen ein Ärgernis. Reichardt bekommt fast soviel Distichen ab wie Nicolai, der andere Sündenbock der Weimarer. Die Kampagne erregt Aufsehen. Man ist nicht mehr gut auf Reichardt zu sprechen. Doch auch Verteidiger melden sich zu Wort. Kant und Jean Paul sind darunter. »Fürchterlich weh tat es meinem Herzen«, schreibt Jean Paul, »daß (Goethe) ein so nahes wie das des guten Reichardt durchlöchern konnte.« Jean Paul hatte zu den Gästen auf Gut Giebichenstein gehört, wo Reichardt den Herbergsvater der jungen Romantiker spielte. Tieck, die Gebrüder Schlegel, Novalis, auch Fichte waren dort, aber sie bewahren dem Gastgeber keine Dankbarkeit. Friedrich Schlegel, dem Reichardt seinen ersten publizistischen Auftritt verschaffte, stimmt in die allgemeine Herabwürdigung ein; er nennt ihn einen »hastigen Exkapellmeister«.

Reichardt muß um sein Ansehen und Auskommen kämpfen. Es gibt Leute am Hofe, besonders Frauen, die ein gutes Wort für ihn einlegen. Er bekommt 1797 wieder einen Posten, zwar nicht den des Hofkapellmeisters, dafür wird er Salinendirektor in Schönbek bei Halle und soll dort den Salzabsatz nach Franken organisieren. Er zeigt sich auch hier geschickt: Der Absatz steigt. Trotzdem nimmt ihn die Arbeit wenig in Anspruch, in der Wintersaison kommt er regelmäßig nach Berlin, wo er Konzerte veranstaltet, publizistisch für die »Entwelschung« des Musiklebens eintritt und die Königin Luise im Gesang unterrichtet. Doch an das Dirigentenpult der Hofoper will man den musikalischen Salinendirektor nicht lassen. Aber er darf, seit 1798, wieder den Titel »Kapellmeister« führen.

Bei diesem umstrittenen Mann also geht Hoffmann in die Lehre. Er läßt sich von dessen »Republikanismus« nicht abschrecken, er läßt sich auch nicht beeindrucken von der gegen den Königsberger Landsmann angezettelten Kampagne. Er bewahrt ihm seine Hochachtung. In der autobiographischen Skizze nennt Hoffmann ihn neben dem Domorganisten Podbielski als seinen wichtigsten musikalischen Lehrer. Allerdings sieht er auch die Grenzen Reichardts. »Mißlang... dem Meister hin und wieder etwas«, schreibt Hoffmann 1814, »so mochte es wohl eben davon herrühren, daß die erworbenen ästhetischen Ansichten der äußern Form dem Verstande zu sehr Vorschub leisteten, der nur zu geneigt ist, die Phantasie zügeln zu wollen, die, jede Fessel zerreißend, sich im kühnen Fluge emporschwingt, und, wie in bewußtloser Begeisterung, die Saiten anschlägt, welche, aus einem höhern, wunderbaren Reiche herabtönend, in unserm Innern widerklingen.«

Hoffmann formuliert hier in aller Kürze seine eigene Ästhetik: Der Verstand darf die Phantasie nicht fesseln. Er selbst will über jene Verstandesgrenzen hinausgehen, in denen er seinen Lehrer festgebannt sieht. Aber in seinen ersten Berliner Jahren ist er noch nicht so weit, noch fehlt die Kraft zum »kühnen Fluge«.

Im Jahre 1799 komponiert Hoffmann einige Lieder für die Gitarre und dichtet und komponiert das Singspiel *Die Maske*. Die Ideen zu diesen Werken verraten wenig Kühnheit, sie entstammen recht nüchternen Berechnungen. Eine augenblickliche Konjunktur nutzend, hofft er, sich damit einen Namen machen zu können. Die Gitarrenlieder sendet er an den Musikverleger Härtel in Leipzig mit einem Begleitbrief, in dem es heißt: »In allen Musikhandlungen ist Nachfrage nach Musikalien für die spanische *Chitarra* – das Instrument, welches jetzt, seis auch nur der Mode wegen, in den Händen jeder Dame, jedes Elegants von gutem Ton sein muß« (14.9.1799). Bei Härtel aber besteht offenbar keine Nachfrage, denn dieser lehnt es ab, die Kompositionen zu verlegen. Nicht besser ergeht es Hoffmann mit seinem Singspiel. Auch hier glaubt er, den Zeitgeschmack auf seiner Seite zu haben. Doch Iffland hält den in der Szene noch namenlosen Künstler nicht einmal einer Antwort für würdig. Erst auf Anfrage werden ihm Textbuch und Partitur 1804 zurückgeschickt. Iffland hatte Hoffmanns Begleitbrief mit dem Vermerk versehen: »Aufzusuchen u(nd) höflich zu remittieren«.

In seinem Singspiel *Die Maske* geht Hoffmann teilweise über die Regeln des Genres hinaus. Nicht Idylle, Natur und heiteres, kokettes Liebesspiel stehen im Vordergrund, sondern er verwendet Motive aus der Schauerromantik und aus dem erhaben-grausigen Don Juan-Stoff. Ranuccio, ein Don Juan mit tölpelhaft-schlauem Diener, hat wieder einmal eine Frau verlassen und wird von einem rächenden Geist, der »Maske«, verfolgt. Er verliebt sich in die Tochter eines griechischen Kaufmanns. Die Liebe wird von Manandane nicht erwidert. Das gibt Hoffmann Gelegenheit, dem Ranuccio Formulierungen des eigenen Liebeskummers von Glogau in den Mund zu legen: »Außer mir? ja freilich – außer den Grenzen meines Ichs – nicht mehr ich – nicht der – der Palermo verließ um Ruhe zu suchen – ein Wahnsinniger der gegen das Schicksal, gegen die Natur tobt – der mit ohnmächtiger Wut die Ketten beißt, in die ihn sein Verhängnis warf.«

In solchen Bekundungen der Identitätsangst kündigt sich zwar der Hoffmann der *Elixiere des Teufels* an, sie waren aber doch recht unpassend für die Singspielatmosphäre. Die Ketten, die Ranuccio nicht an Manandane herankommen lassen, wirken, wie sich später herausstellt, segensreich. Denn sie bewahren den Helden vor dem Inzest. Eine hastig entwickelte Enthüllungsgeschichte offenbart am Ende des Spiels, daß Manandane die Schwester Ranuccios ist. Es fügt sich schließlich alles zum Besten, weil sich hinter der ominösen Maske die verlassene Geliebte verbirgt, die dem untreuen Geliebten verzeiht, als dieser seine Gefühle für sie wieder entdeckt. Hoffmann selbst hat diesem Singspiel wenig Bedeutung beigemessen. Schnell vergißt er es. Erst vier Jahre später erinnert er sich daran und fordert Text und Partitur zurück.

Hoffmann, der nach Berlin gekommen war mit dem Vorsatz, seine juristische Ausbildung nun endlich schnell abzuschließen, legt erst im März 1800 sein Drittes Examen ab. Schuld an der erheblichen Verzögerung ist wieder einmal die Liebe zur Kunst, die ihn im anregenden Berlin gefangen und beschäftigt gehalten hatte. Erst nachdem er sein Singspiel vollendet und abgeschickt hat, bereitet er sich zusammen mit Hippel, der für einige Wochen nach Berlin kommt, um hier auch das Dritte Examen abzulegen, auf die Prüfung vor, die Hoffmann dann mit der Note ›vorzüglich‹ besteht. Im Mai wird er zum Assessor am Gericht in Posen ernannt; ein weiterer Schritt in die Richtung des »Brotbaums«, allerdings hatte er gehofft, er würde ihn in Berlin finden.

Hoffmann verläßt Berlin mit dem Beginn des neuen Jahrhunderts. Es ist auch der Beginn einer neuen Epoche in seinem Leben. Man muß es mit aller Deutlichkeit sagen: Jetzt erst wird Hoffmann erwachsen, denn erst jetzt tritt er aus dem Raum einer wie immer auch behütenden und kontrollierenden Familie heraus. Er hat zu Hause gelebt während der Studentenzeit. Andere müssen sich in diesem Alter schon längst selbständig durchschlagen. Auch in Glogau blieb er in familiärer Obhut. Die Verlobung mit Minna verstärkt die Bindung ans verwandtschaftliche Milieu. Mit dem Onkel und Schwiegervater in spe siedelte er nach Berlin über, und hätte er tatsächlich, seinen Wünschen gemäß, in Berlin eine Anstellung bekommen, so wäre er wohl gar nicht mehr dem Klüngel der Onkel und Tanten entsprungen. Ob er will oder nicht, mit seiner Abreise nach Posen muß er sich losreißen, sich auf eigene Füße stellen. Hoffmann hat die Zäsur deutlich empfunden. Vor Posen war es noch vor allem die »Phantasie«, die ihm, wie er in einem Brief an Hippel vom 25.1.1803 schreibt, »Höllen und Paradiese schuf«, jetzt ist es der »eiserne Zwang der Wirklichkeit«, der ihn fesselt und herausfordert. Vor Posen, so will es ihm scheinen, glichen die seelischen Tumulte noch »lyrischen Don Quixotterien«, jetzt bekommen sie einen grellen oder auch grauen Ernst.

Als Hoffmann im Juni 1800 nach Posen abgeht, ist er schon zweieinhalb Jahre mit Minna verlobt. Fast die ganze Zeit über hat er mit ihr unter einem Dach gelebt. Seine Beziehung zu Minna war eingebettet in die familiäre Bindung. Minna ist ein Bestandteil jener Doerffer-Welt, die er verläßt, als er nach Posen geht. Die vorerst nur räumliche Trennung von der Verlobten bereitet ihm wenig Kummer. Erinnert man sich im Vergleich dazu an den verzweiflungsvollen Abschied von Dora, dann wird deutlich: Er liebt seine Cousine nicht. Kein Zufall, daß sie in seinen Briefen aus der Berliner Zeit nicht vorkommt.

Mit Minna hatte er sich am Ende der Glogauer Zeit verlobt, weil er eine Stabilisierung und eine Kompensation brauchte: eine Stabilisierung für seinen Entschluß, nun doch ernsthaft und mit aller Energie sich zum ungeliebten Justizberuf durchzubeißen; eine Kompensation für den Liebeskummer, den die Dora-Geschichte ihm bereitete. Nun ist der alte Liebeskummer vorbei, eine Kompensation deshalb nicht mehr nötig; und die Dienstlaufbahn, in die Hoffmann jetzt einbiegt, deckt vorerst Hoffmanns Bedarf an Solidität. Nicht Stabilisierung, sondern Auflockerung ist nun gefragt, dafür aber ist Minna nicht zuständig. Sie ist, jedenfalls in den Augen Hoffmanns, auf die Rolle einer gebildeten Beamtengattin festgelegt, und der frischgebackene Assessor verspürt zur Zeit wenig Neigung, auch noch sein Liebesleben zu verbeamten.

Das alles aber bedeutet nicht, daß Hoffmann schon bei seiner Abreise von Berlin den Bruch mit Minna will. Noch im Spätsommer 1800 teilt er den Königsberger Verwandten seine Heiratsabsichten mit. Doch er unternimmt auch keine Anstalten, sie in die Tat umzusetzen. In dieser ganzen

Angelegenheit bleibt er passiv, so als wollte er sich die Entscheidung durch die Entwicklung abnehmen lassen. Anderthalb Jahre später, als er zum Regierungsrat mit Gehaltsansprüchen ernannt wird und die Gründung eines Hausstandes finanziell möglich ist, muß er sich dann doch entscheiden – gegen Minna.

Hoffmann geht nach Posen mit dem Gefühl, daß sein Leben noch gar nicht so richtig begonnen hat. Was die Liebe betrifft: Dora war eine unmögliche und Minna ist eine gewöhnliche Geschichte. Das kann es also noch nicht gewesen sein. Er hofft, sein Leben noch vor sich zu haben. Das gilt auch für die Kunst, wo er bisher wenig erreicht hat. Die jungen Genies von Berlin, die Schlegel, Tieck, Brentano – sie sind alle kaum älter als er und setzen doch schon Gott und die Welt in Bewegung. Über sie spricht man, über ihn natürlich nicht. Er ist namenlos, probiert, lernt, produziert auch so manches, aber nichts dringt in die Öffentlichkeit und – was schlimmer ist – die eigene Produktion überzeugt ihn selbst noch nicht. Wie sonst hätte er über einige Jahre hin sein Singspiel einfach vergessen können!

Hoffmann vermag auch nicht – wie wenige Jahre später Schopenhauer – in der Gewißheit des eigenen Genies den anderen die Schuld des Verkennens aufzubürden. Solche Selbstgewißheit hat Hoffmann nicht, er wird sie nie haben. Hoffmann, der in jungen Jahren fast als musikalisches Wunderkind galt und inzwischen schon zwei Romane für die Schublade geschrieben hat, ist ein Spätentwickler. Er muß offenbar erst einen sozialen Tod sterben – Amtsenthebung Warschau 1806, Arbeitslosigkeit, Berliner Hungerwinter 1807 –, ehe seine schöpferischen Kräfte so durchbrechen, daß sie ihn selbst und andere überzeugen können.

Achtes Kapitel
Auf eigenen Beinen

Im Juni 1800 kommt Hoffmann, begleitet von Hippel, der danach wieder auf seine Güter zurückkehrt, in Posen an und bezieht dort Quartier im Gebäude der Deckerschen Druckerei in der Wilhelmstraße.

Seit der zweiten polnischen Teilung 1793 gehörten Provinz und Stadt Posen zu Preußen. Die Bevölkerung ist überwiegend polnisch. Die preußische Verwaltung wird als Besatzungsregime empfunden. Posen ist eine der ältesten Städte Polens, seit dem 10. Jahrhundert Mittelpunkt eines bedeutenden Bistums. Zeitgenössische Reiseberichte vermerken beeindruckt das abendliche Geläut von mehr als zwanzig Kirchen. Für die protestantischen Preußen war diese lauttönende katholische Frömmigkeit schon fast eine Provokation.

Bis 1296 war Posen Residenz polnischer Herzöge, die deutsche Kaufleute und Handwerker in die Stadt zogen. Der Westteil der Stadt wurde von diesen Einwanderern gegründet und ausgebaut. Bis zur preußischen Inbesitznahme galt hier das alte Magdeburger Recht. Im späten Mittelalter gehörte Posen zur Hanse. Stattliche Bürgerhäuser zeugten von dieser glanzvollen Geschichte. Seit dem frühen 18. Jahrhundert aber hatte die Stadt ihre Bedeutung als Ort des Handels und Gewerbes verloren. Glaubt man den zeitgenössischen Berichten, dann war Posen zu dem Zeitpunkt, als Preußen es in Besitz nahm, eine Stadt des Verfalls: leerstehende, verrottende Häuser, unbefestigte, bei Regen schlammige Straßen bestimmten das Bild. Die Behauptung, daß in den Kellern mancher Häuser menschliche Knochen moderten, gehört wohl zu den antipolnischen Greuelgeschichten, die damals umliefen.

Die Deutschen in Posen blieben in der Regel unter sich.

Das galt besonders für die preußische Beamtenschaft und die Offiziere. Sie bildeten ein in sich abgeschlossenes Milieu mit eigenen geselligen und kulturellen Treffpunkten und Ritualen. Allerdings gab es zwischen Beamtenschaft und Militär Spannungen, die sich, wie wir noch sehen werden, verhängnisvoll auf Hoffmanns Leben auswirkten.

Die Mehrzahl der Beamten und Offiziere in Posen betrachteten ihren dortigen Aufenthalt als vorübergehend. Viele waren noch unverheiratet oder lebten doch getrennt von ihren Familien. Man fühlte sich deshalb ungebundener, konnte sich gehen lassen, besonders gegenüber der polnischen Bevölkerung, das Leben war exterritorial. Da man zur herrschenden Macht gehörte, wirkte das Fremde, das einen umgab, nicht nur bedrohlich, sondern auch verlockend. Aus der Position der vermeintlichen Überlegenheit konnte man sich darauf einlassen. Die erotischen und die Trinksitten waren in Polen freizügiger, und hier vor allem betätigte man sich. Man schloß sich mit seinesgleichen cliquenhaft zusammen, um ›Eroberungsfeldzüge‹ zu unternehmen. Hitzig, Hoffmanns Freund der späteren Jahre, berichtet: »Die Anstellung bei einem Collegio in den ehemaligen polnischen Provinzen war für jeden jungen Mann von nicht ganz festen Grundsätzen eine ungeheure Klippe…, so suchte man so rasch als möglich zu leben… Dazu kam die Landesart, das Trinkenmüssen, überall wo man den Fuß hinsetzte, und zwar das Trinken des stärksten Weines, des Ungars, den kein Pole entbehren kann…, die freie Sitte, und zugleich die Anmut der polnischen Frauen usw.« Man habe sich, so fährt Hitzig fort, »in diesem Strudel« nur schwer »oben zu erhalten vermocht«. Hoffmann jedenfalls sei das nicht gelungen.

Tatsächlich gesteht Hoffmann seinem Freund Hippel, zurückblickend: »Ein Kampf von Gefühlen, Vorsätzen pp., die sich geradezu widersprachen, tobte schon seit ein paar Monaten in meinem Innern – ich wollte mich betäuben, und wurde das was Schulrektoren, Prediger, Onkels und Tanten liederlich nennen – Du weißt, daß Ausschweifungen allemal ihr höchstes Ziel erreichen, wenn man sie aus Grundsatz begeht, und das war denn bei mir der Fall« (25.1.1803).

Die sich widersprechenden Gefühle, die er übertäuben will, beziehen sich auf Minna, die Heiratsaussichten und die zwischen Amt und Kunst zerrissene Lebensperspektive. Von welcher Art die »Ausschweifungen« waren, deren er sich bezichtigt, bleibt unklar. Es wird aber das übliche gewesen sein: Trinken und Frauen. Als Hippel seinen Freund im Herbst 1801 in Königsberg traf, fühlte er sich von Hoffmanns »Wohlgefallen am Obszönen« abgestoßen; er entdeckt an dem Freund Veränderungen, die »ihn dem Gemeinen und besonders einer gewissen Laszivität zugewandt haben«. Hippel notiert diese Bemerkungen nach Hoffmanns Tod, zu einem Zeitpunkt, als das Gerücht schon umlief, Hoffmann sei an der Syphilis gestorben. In diesem Sinne schreibt Hippel: »Wir glauben auch ferner nicht zu irren, wenn wir in dieser Periode (die Posener, R.S.)... den Keim zu der schnellen Auflösung seines Körpers finden.« Ob daran etwas Wahres ist, können wir heute nicht mehr überprüfen. Fest steht nur, daß die Posener Jahre Hoffmann, der bisher stets unter Aufsicht gelebt hatte, die Chance zu größerer Freizügigkeit auch in erotischer Hinsicht boten. Zusammen mit einer Clique von Assessoren und Räten, die ebenfalls gerne über die Stränge schlagen wollte – er nennt diesen Kreis eine »überaus lustige Verbrüderung« –, wird er diese Chance genutzt haben. Übrigens zählt zu seinen Posener guten Bekannten auch jener Buchhändler Kühn, der pornographische Literatur verlegte, u.a. den Roman *Schwester Monica*, von dem man zeitweilig glaubte, Hoffmann habe ihn geschrieben.

Ganz ohne Aufsicht aber bleibt Hoffmann auch in Posen nicht. Sein Nachbar im Hause ist der um siebzehn Jahre ältere Regierungsrat Johann Ludwig Schwarz, der sich zusammen mit seiner Frau und deren Schwester des jungen Assessors annimmt. Er spielt Hoffmann gegenüber durchaus eine väterliche Rolle, wenn er auch als witziger, dichtender und musikliebender Kopf zugleich zu einem Freund wird.

Schon nach wenigen Wochen der Bekanntschaft wollen die beiden ein Singspiel verfertigen: Hoffmann will komponieren, und Schwarz soll das Libretto schreiben. Daraus wird nichts, statt dessen realisieren sie ein anderes Projekt: die *Kantate zur Feier des neuen Jahrhunderts*. Sie wird am 31.12.1800 in der Posener Ressource aufgeführt. Die *Südpreußische Zeitung* rühmt die »wunderschöne Musik« des »Regierungsassessors Hoffmann«. Auf Schwarzens Text, der von Preußens Gloria handelt, hatte Hoffmann eine heroische Musik komponiert. Die stimmbegabte Beamtenschaft samt Gattinnen sangen nach Hoffmanns Melodie: »Friedrich Wilhelm auf dem Throne! Welche Hoffnung! – hehr und licht!« Die Königin, der man Partitur und Textbuch zugeschickt hatte, dankte mit einem gefälligen Antwortschreiben, das Schwarz bei einem Grenzübertritt sogar als Paß benutzen konnte.

Obwohl Hoffmann über das Schicksal seiner bei Iffland in Berlin liegenden *Maske* immer noch nichts gehört hat, macht er sich im Jahre 1801 unverdrossen wieder an die Komposition eines Singspiels. Schwarz hat sich als Librettist wohl überfordert gefühlt, deshalb nimmt sich Hoffmann, sehr unbescheiden, ein Libretto von Goethe vor: *Scherz, List und Rache*.

Er streicht diese anspruchslose, im commedia-dell'arte-Stil abgefaßte Gelegenheitsarbeit auf ein Drittel zusammen und komponiert im Handumdrehen eine Musik dazu. Text und Partitur schickt er im Frühjahr 1801 nach Berlin, wo Reichardt darüber ein günstiges Urteil abgibt. Entweder durch ihn oder durch die Verlobte ist das Werk in die Hände von Jean Paul gekommen, der sich bereit erklärt, es mit einer Empfehlung an Goethe selbst weiterzugeben. Goethe scheint nicht reagiert zu haben, obwohl ihn Jean Paul noch einmal im September 1801 an das Werk des »jungen feurigen Verfassers« erinnert. Hoffmann muß Partitur und Textbuch aber irgendwie zurückerhalten haben, denn im Herbst 1801 wurde das Singspiel von der Döbbelinschen Theatertruppe in Posen mehrmals aufgeführt. Also doch noch ein Erfolg für Hoffmann, denn zum erstenmal nimmt sich ein professionelles Ensemble seines Werkes an.

Text und Musik dieses Singspiels sind nicht erhalten. Die Partitur soll noch zu Lebzeiten Hoffmanns verbrannt sein. Er bedauert das in seinen späteren Jahren, denn er hatte eine hohe Meinung von diesem Frühwerk. In einer 1813 verfaßten Rezension der Beethovenschen Egmontmusik kommt er auf dieses Singspiel zu sprechen. Der Zusammenhang ist bemerkenswert: Er bemängelt nämlich, daß ein so großer Dichter wie Goethe allzuoft nur von mittelmäßigen Komponisten in Musik gesetzt worden sei. Als Ausnahme davon erwähnt er das Singspiel *Scherz, List und Rache*, ohne allerdings sich selbst als Komponist zu nennen.

Die Genugtuung als Künstler, die er durch die Posener Aufführung seines Singspiels erfährt, kann aber jenes Gefühl der inneren Zerrissenheit, das gegen Ende des Jahres zunimmt, nicht kompensieren. Er fühlt sich durch das Eheversprechen moralisch gebunden, doch immer deutlicher wird ihm zugleich bewußt, daß er Minna nicht liebt und daß er nicht jenes ruhige, beamtenhafte Leben führen will, das Minna und mit ihr die Verwandtschaft von ihm erwarten.

Im Rückblick bezeichnet er diese krisenhaften Wochen, in denen er sich zur Entscheidung, das Verlöbnis aufzulösen, durchringt, als ein biographisches Lehrstück »zu Nutz und Frommen derjenigen, die da zu lieben – geliebt zu werden glauben und in den Stand der heiligen Ehe treten wollen« (an Hippel, Frühjahr 1803). Minna wird für ihn auch deshalb zur Belastung, weil er sich Anfang 1802 aufs neue zu verlieben beginnt: Beim Regierungsrat Schwarz im Hause verkehren die Töchter des ehemaligen Posener Magistratssekretärs Michael Rorer. Die eine ist verheiratet mit dem Untersuchungsrichter Gottwald, auch ein Bekannter Hoffmanns; die andere, Maria Thekla, ist noch ledig. Die Rorers sind

Polen, die außerordentlich schöne Marianna Thekla Michaelina spricht nur gebrochen Deutsch. Sie ist 23 Jahre alt, von »mittlerer Statur – wohl gewachsen, dunkelbraunes Haar, dunkelblaue Augen«, so beschreibt sie Hoffmann seinem Freund Hippel in einem Brief im Frühjahr 1803 und vergißt nicht hinzuzufügen, daß sie die Tochter eines ehemaligen Stadtpräsidenten sei, was eine arge Übertreibung ist. Man merkt daran, wie sehr Hoffmann seinem Freund gegenüber unter einem sozialen Profilierungsdruck steht.

Hoffmann verliebt sich in ›Mischa‹, so nennt er sie von nun an. Doch er denkt durchaus nicht an eine Ehe. Hitzig berichtet, Hoffmann habe ihm selbst erzählt, »daß er sich zuerst zu seiner... Frau dadurch hingezogen gefühlt habe, daß sie mit einem Dritten halb und halb versprochen gewesen, dem er sie weggekapert«. An Ähnliches erinnert sich Schwarz in seinen *Denkwürdigkeiten* von 1828. Hoffmann war damals, schreibt er, »in seine nachmalige Frau, eine polnische Schöne, Michaeline R(orer), verliebt, hätte aber dies schöne Mädchen gern sein genannt, ohne sich die Fesseln der Ehe anlegen zu lassen. Inzwischen wurde sie von meiner Doris und deren Schwester... dergestalt in Schutz genommen, daß die Geschichte davon einen artigen Roman abgeben würde, und der Weg zu ihr am Ende doch nur durch die Kirche ging, was für Mühe sich Hoffmann auch gab, auf einem Schleifwege dahin zu gelangen«. Diesen »artigen Roman« wollte Hoffmann 1820 selber schreiben unter dem Titel *Jakobus Schnellpfeffers Flitterwochen vor der Hochzeit*. Er sollte sein bestes Werk werden, wie er einmal bemerkte, doch das Kammergericht und andere schriftstellerische Projekte ließen es nicht dazu kommen.

Die »Flitterwochen vor der Hochzeit« begannen im Frühjahr 1802. Ende Februar 1802 erfährt Hoffmann, daß seine Ernennung zum Regierungsrat am Gericht in Posen unmittelbar bevorsteht. Der Großkanzler Goldbeck in Berlin hatte sich für Hoffmanns Beförderung eingesetzt. Sein einflußreicher Onkel in Berlin wird seine Freundschaft mit

Goldbeck sicherlich auch für seinen Neffen genutzt haben. Nun drängt die Situation auf eine Entscheidung: Ein Regierungsrat mit 800 Reichstaler Gehalt ist im gutbürgerlichen Milieu heiratsfähig, er hat keinen akzeptablen Grund mehr, die Heirat weiter hinauszuschieben. Hoffmann muß sich entscheiden.

Anfang März 1802 bittet er Minna Doerffer in einem Brief, die Verlobung als aufgelöst zu betrachten. Die Entscheidung fällt ihm sehr schwer, weil er natürlich mit einem Verdammungsurteil seitens der Verwandtschaft rechnen muß. Doch er fühlt sich auch mit sich selbst »überworfen« (an Hippel, 25.1.1803). Er muß sich selbst vorwerfen, Minna durch seine Entscheidungsangst hingehalten zu haben. Nach den Maßstäben der damaligen Zeit ist sie in den vier Verlobungsjahren zum ›alten Mädchen‹ geworden. Tatsächlich wird Minna auch unverheiratet bleiben.

Hippel gegenüber, vor dessen moralischem Urteil er den größten Respekt hat, versucht er sich zu entlasten. »Schriebe ich diese Selbstbiographie mit der Gewissenhaftigkeit Rousseaus, der mit seinen Bekenntnissen unter dem Arm vor den Richterstuhl des Ewigen treten wollte, so würde Minna D(oerffer) mir die Hand – nicht zur Versöhnung nein – weil ich schuldlos war – als alles mich verwünschte und den treulosen schalt – freundlich bieten. – Ich habe mit Kraft ein Verhältnis vernichtet, welches sie und mich unglücklich gemacht haben würde.« (Frühjahr 1803) Hoffmann hat damit sicherlich recht, nur hätte es ihm schon früher klar sein können. Aber er mußte wohl zuerst Regierungsrat werden und eine andere Frau finden, ehe er zu dieser Einsicht kommt.

In dieser drangvollen Periode der Entscheidung (Februar/März 1802) hat Hoffmann aber noch Lust und Laune, sich an einem folgenreichen Karnevalsscherz sehr engagiert zu beteiligen – auch das ein Beispiel für sein »zerrissenes Herz«, dem es möglich ist, in bitteren Stunden satirisch ausgelassene Scherze zu treiben. Bei der sich über drei

Abende hinziehenden großen Fastnachtsredoute der preußischen Kolonie in Posen kommt es zum Eklat. Am ersten Abend, dem 28. Februar 1802, tauchen maskierte Bilderverkäufer auf, die Karikaturen auf die chronique scandaleuse Posens austeilen. Alles lacht, aber nur solange, bis jeder merkt, daß auch über ihn gelacht wird. Die Bilderverkäufer hatten darauf geachtet, daß zunächst keiner die ihn betreffende Karikatur in die Hand bekam. Die Bilder verspotten die hoch- und höchstgestellten Personen der Stadt. Man erkennt den Generalmajor von Zastrow, wie er mit Teelöffeln die Gäste seiner exklusiven Abendeinladungen zusammentrommelt, und seine Gattin, dargestellt als Tänzerin auf überhohen Absätzen, von Zuschauern umringt, denen die Langeweile das Gesicht in die Länge zieht. Der spirrige Präsident der Kriegs- und Domänenkammer ist als imposanter General Custine karikiert, den die Revolution bekanntlich guillotiniert hatte. Auf einem anderen Bild werden sich schneidig gebende Offiziere von Invaliden im Tragekorb zu Tanzfesten geschleppt. Angesehene Mitglieder junkerlicher Familien sieht man, wie sie in einem Wettlauf dem Schuldgefängnis entgegeneilen.

Als der Generalmajor Zastrow sein Abbild in die Hände bekommt, hört der Spaß auf. Er gibt den Befehl, die Bildhändler zu ergreifen, doch sie sind schon entwischt. Sie haben den Mut, am nächsten Abend wieder zu erscheinen, um lange Pappnasen unter den Gästen zu verteilen. Abermals entkommen sie dem Zugriff. Man munkelt deshalb, daß der Polizeidirektor Bredow, ein Gegner des militärischen Befehlshabers Zastrow, mit den »Pasquillanten« unter einer Decke stecke. Am dritten Abend taucht ein als Kammergerichtsbote Maskierter auf, der Steckbriefe anschlägt, die das Publikum über den Frevel der Bildverkäufer unterrichten und zur Denunziation der Missetäter auffordern. Auch dieser Kammergerichtsbote entkommt.

Wer dieses ganze Unternehmen angezettelt hatte, weiß man, ohne doch Beweise dafür zu haben: Als Übeltäter gelten Hoffmann und seine »lustige Verbrüderung«, zu der der Regierungsrat Schwarz, der Untersuchungsrichter und angehende Schwager Gottwald und der Assessor Albrecht gehören.

Von Schwarz wissen wir, daß es Hoffmann war, der die Karikaturen zeichnete. Hoffmann selbst hat Hippel gegenüber seine Beteiligung an dem Unternehmen zugegeben, aber Wert auf die Feststellung gelegt, daß er nicht überführt worden sei.

Diese Affäre hatte einen Hintergrund: Seit einiger Zeit schon schwelte in der Stadt ein Konflikt zwischen den zumeist bürgerlichen Zivilbeamten und dem aristokratischen Militär. Die Zivilbeamten fühlten sich durch das anmaßende Auftreten der bevorzugten Offiziere düpiert und zurückgesetzt. Der Generalmajor Zastrow, bis in die Knochen ein Repräsentant des ancien régime, hatte beispielsweise streng darauf geachtet, daß nur ranghohe Zivilbeamte zu den offiziösen Geselligkeiten der preußischen Kolonie zugelassen waren. Das erregte den Zorn bei den Zurückgesetzten, »zumal«, wie Schwarz in seinen Erinnerungen berichtet, »die Grundsätze der Französischen Revolution schon so weit auch in Deutschland Wurzel gefaßt hatten, daß alles, was aristokratisch schien, den jungen Leuten äußerst verhaßt war«.

Die gespannte Atmosphäre war noch zusätzlich durch einen Vorfall aufgeheizt worden, der sich beim Silvesterball 1801 zugetragen hatte. Der Kammergerichtsrat Kühtze hatte bei dieser Gelegenheit eine Sammlung für die Armenkasse veranlaßt und selbst 4 Friedrichsdor – ein Fünftel eines Ratsgehaltes – gespendet. Der Major von Schmidseck, zugleich ein berüchtigter Pfandleiher, kramte einige böhmische Groschen zusammen, was Kühtze mit der Bemerkung quittierte: »Drei Böhm, das ist ja hundsföttisch für einen Königlich-Preußischen Major«. Daraufhin kam es zu einer heftigen und schließlich handgreiflichen Auseinandersetzung. Kühtze wurde wegen »Realinjurie« zu dreimonatiger Festungshaft verurteilt. Obwohl Kollegen sich bereit fanden, dem beliebten Kammergerichtsrat auf der Festung abwechselnd Gesellschaft zu leisten, war Kühtze so verzweifelt, daß er einen überaus bitteren Brief an den Justizminister schrieb und sich anschließend im Fluß ertränkte. Bei der Beerdigung geriet der Trauerzug zur Demonstration gegen die Offizierskamarilla.

Das alles war bei der Fastnachtsredoute 1802 noch in frischer Erinnerung.

Schließlich hat bei dieser Affäre noch eine dritte, etwas trübe Angelegenheit eine Rolle gespielt: Gottwald, auch einer der Mitverschworenen, hatte seinen besonderen Ärger, den er loswerden wollte. Seit Januar 1801 lief ein Untersuchungsverfahren wegen des Verdachtes auf Unterschlagung gegen den künftigen Schwager Hoffmanns. Im Januar 1802 erhielt er einen Verweis und wurde unter strenge Aufsicht genommen. Der Verdacht war wohl berechtigt, denn im Sommer 1802 verschwand Gottwald plötzlich, wobei er Frau und Kind zurückließ. Hoffmann und Mischa nahmen dann Gottwalds Tochter zeitweilig bei sich in Plock auf.

Diese Hintergründe waren dem beteiligten Hoffmann nur allzugut bekannt. Blauäugig ist er nie gewesen. Es ist deshalb eine Schutzbehauptung, wenn er Hippel gegenüber die Sache so darstellt, als hätten ihn andere mit »teuflischer Geschicklichkeit« zum »Werkzeug« einer »ausgedachten Rache« benutzt (an Hippel, Frühjahr 1803).

Die Folgen dieser Karikaturgeschichte sind für Hoffmann höchst unangenehm. Am 3.3.1802 geht mit reitendem Boten ein Schreiben Zastrows nach Berlin ab, worin u.a. auch Hoffmann als vermutlicher Übeltäter angegeben wird. Auf allerhöchste Order wird eine Untersuchung eingeleitet; noch ehe diese – übrigens ohne Ergebnis – zum Abschluß kommt, wird in Berlin dem gekränkten General zuliebe beschlossen, die drei besonders verdächtigen Beamten – Schwarz, Albrecht und Hoffmann – aus Posen zu versetzen. Das Patent, das Hoffmann zum Rat in Posen beförderte, war bereits ausgefertigt, aber unglücklicherweise noch nicht unterschrieben. So bot sich die einfache Gelegenheit, Hoffmann nach Plock umzudirigieren, wo zur Zeit ebenfalls eine Ratsstelle vakant war.

Im April 1802 erhält Hoffmann den Versetzungsbescheid. Er ist entsetzt und verzweifelt. Plock, dieses weit abgelegene polnische Städtchen, ist für ihn ein Ort der Verbannung, des »Exils«. Ihm ist, als müsse er schon zu Lebzeiten zum abgeschiedenen Geist werden; in Posen war er dabei, Wurzeln zu schlagen und jetzt wird er in die »Wüste« geschickt. Das ist zuviel für einen Menschen allein: Am 26. 7. 1802 heiratet er in der Posener Klosterkirche Marianna Thekla Michaelina Rorer. Kurz darauf reisen die frisch Vermählten ab.

Rückblickend schreibt Hoffmann im Frühjahr 1803: »Nachdem ich beinahe zwei Jahre hindurch von allen Menschen recht schief beurteilt worden bin und ich es unter meiner Würde gehalten habe, die nachplappernde Menge überschreien und eines Besseren belehren zu wollen, ist mir das Urteil der Welt ziemlich gleichgültig geworden.«

Hoffmann ist ein strafversetzter Beamter. Daran wird man sich amtlicherseits noch bis zu seinem Tode erinnern. Die Entlobung hat den Bruch mit der Verwandtschaft vertieft, und sogar Jean Paul, mit der Freundin der ehemaligen Verlobten verheiratet, wird ihm diesen ›Treuebruch‹ nachtragen.

Mit einer Polin verheiratet zu sein, ist unter preußischen Beamten auch nicht gerade eine Empfehlung, besonders dann nicht, wenn die Polizei nach deren Schwager fahndet.

In der Kunst hat es nur bescheidene Erfolge gegeben: eine Kantate, ein Singspiel, Zeichnungen. Das war alles. Nichts davon dringt über Posen hinaus. Immer noch muß Hoffmann das Gefühl haben, daß seine Zeit, wenn überhaupt, erst noch kommt. Aber kann man noch hoffen, wenn man sich anschickt, in der tiefsten polnischen Provinz zu verschwinden, welche Erwartungen kann man noch hegen, wenn man sich lebendig begraben fühlt?

Neuntes Kapitel
Im »Exil«

Im August 1802 kommen die Neuvermählten in Plock an.

Plock liegt südöstlich von Posen in Richtung Warschau, noch tiefer in dem von Preußen verwalteten Polen. Die Stadt zählt damals ungefähr 3000 Einwohner, fast ausschließlich Polen mit starkem jüdischen Anteil. Sie liegt auf einer Anhöhe am Weichselufer. 389 Häuser hat ein Zeitgenosse gezählt, nur 27 davon sind aus Stein gebaut, es fehlt der städtische Charakter. Für das Plocker Obergericht und für die preußischen Beamten müssen erst Gebäude errichtet werden. Das geschieht zwischen 1796 und 1801. Erst wenige Monate vor Hoffmanns Ankunft waren die »Akten, Effekten und Utensilien der Regierung und das Mobiliar der Offizianten« die Weichsel aufwärts nach Plock geschafft worden. Hoffmann kann eines der neu errichteten Dienstgebäude beziehen.

Die wenigen preußischen Beamten am Ort, die einzigen Deutschen, schlossen sich eng zusammen und bildeten eine Gemeinschaft, die Hoffmann nicht suchte, der er sich aber auch nicht entziehen konnte. Es gab einige Kollegen, mit denen zusammen er im Quartett spielte, »erbärmlich, wie gewöhnlich alle Musik hier in diesem abscheulichen Neste« (T, 7.10.1803). Manchmal führten die Nonnen im benachbarten Kloster Messen auf, »sie heulten aber wie die Uhus« (T, 2.10.1803). Doch schon damit mußte man zufrieden sein, das war alles. An Konzerte oder gar Theater- und Opernaufführungen war hier nicht zu denken. Deutsche Bücher und Zeitschriften waren nicht zu bekommen, man mußte sie sich schicken lassen. An kulturellen Anregungen fehlte es also völlig.

Hoffmann stürzt sich in die Amtsgeschäfte und zieht sich im übrigen in den häuslichen Bereich zurück. Er führt ein einsiedlerisches Leben, nur Mischa bleibt ihm nahe. In einem Brief an Hippel nennt er sie sein »sehr, sehr liebes Weib«, das ihm »alle Bitterkeit« versüße (25.1.1803). Sie schmiege sich seinem »Anachoretenleben« an, schreibt er Ende 1803. Aus der im Brief vom 25.1.1803 Hippel gegenüber angedeuteten Schwangerschaft Mischas wird nichts. Entweder hatte die Frau eine Fehlgeburt oder, was wahrscheinlicher ist, die ›guten Hoffnungen‹ hatten getrogen.

Hoffmann empfindet seine Situation als »Exil« (T, 8.10.1803). Mehr als je zuvor wird für ihn die Kunst zum Asyl des Überlebens. Das Asyl der Freundschaft existiert nur als Erinnerung. In den Briefen an Hippel wird sie elegisch als beglänzte Vergangenheit beschworen. Auch Hampe, der Freund aus Glogauer Tagen, wird ihm zur Gestalt des fernen Glücks. »Wann«, schreibt er am 3.10.1803 in sein Tagebuch, »werde ich Dich wiedersehen mit Deinem blassen Gesicht – mit Deinem innigen Gefühl Dich wieder spielen hören, guter H(ampe).«

Hoffmann richtet sich in Plock nicht ein – das tun übrigens auch seine Kollegen nicht, die zumeist unverheiratet sind und den hiesigen Aufenthalt als Provisorium ansehen.

Bereits nach wenigen Monaten setzen Hoffmanns Bemühungen um eine Versetzung ein. Seine Hoffnungen richten sich auf eine der vakanten Ratsstellen in den nach 1802 neu erworbenen preußischen Gebieten im Westen, Hildesheim, Paderborn und das Münsterland zum Beispiel. Er versucht Hippel einzuspannen, doch er wird sich noch anderthalb Jahre gedulden müssen, und dann wird er auch nicht in den Westen, sondern noch weiter nach Polen hinein, nach Warschau geschickt werden.

Diese Bemühungen um eine Versetzung zwingen ihn, den Blick auf einen möglichen Ausweg gerichtet zu halten, bewahren ihn vor der Versuchung, sich der Verzweiflung zu überlassen.

Während dieser Monate in Plock hat Hoffmann manchesmal große Angst um sich gehabt. An Hippel schreibt er am

3.10.1803: »Welch eine Anstrengung es kostet, in diesem Sumpf nicht *totaliter* zu versinken, kannst Du Dir denken!« Am 6.1.1804 notiert er in sein Tagebuch: »Anwandlung von Todesahndungen – Doppeltgänger«. Was unternimmt er gegen die Angst, sein »Selbst« könnte »zerstört« werden (an Hippel, Frühjahr 1803)?

Er malt, er komponiert und er schreibt – doch alles dies immer noch mit dem Gefühl, ein Anfänger und Dilettant zu sein, ein abgeschiedener Geist, weit entfernt von den lauten Schauplätzen des kulturellen Lebens. Einmal reflektiert er im Tagebuch über seine Methode des Komponierens, wobei er mit dem Seufzer endet: »Obs nur andere Komponisten auch so machen mögen? – aber das erfährt ein Königl. Prß. Regierungsrat in Plock nicht!« (2.10.1803)

Trotzdem läßt er sich nicht beirren, er widmet sich dem künstlerischen Hervorbringen, als ginge es um sein Leben, und es geht ja auch um sein Leben. Er komponiert Kirchenmusik; manches davon wird in der Klosterkirche der Prämonstratenser aufgeführt; er studiert Musiktheorie, er zeichnet Porträts und kopiert die damals bekannt gewordenen etruskischen Vasengemälde. Was Hoffmann fehlt, ist eine fachkundige Beurteilung seiner Arbeiten, seines Talents. Er möchte endlich öffentliche Resonanz haben, möchte wissen, wo er steht. Im Sommer 1803 bietet sich ihm unverhofft eine Gelegenheit. Der Vetter hatte ihm aus Berlin einige Nummern des *Freimüthigen* geschickt, einer Zeitschrift, die im selben Jahr von Kotzebue als Organ gegen die romantische Schule und gegen den Weimarer Klassizismus gegründet worden war.

Gleich in der ersten Nummer hatten Herausgeber und Verleger einen Preis von 100 Friedrichsdor ausgeschrieben für das beste Lustspiel, das bis September 1803 bei ihnen einlaufen werde. Sofort ist Hoffmann entschlossen, am Wettbewerb teilzunehmen, er hat allerdings nur noch wenig Zeit bis zum Abgabetermin. In wenigen Wochen verfaßt er ein Lustspiel, das den Wettbewerb selbst zum Thema hat.

Der Text des Stückes ging verloren, wir kennen seinen Inhalt nur aus Kotzebues Kommentar. Hoffmann hat in diesem Lustspiel offenbar nicht nur mit der Institution des Wettbewerbs, sondern auch mit den Zweifeln am eigenen Künstlertum ironisch gespielt.

Im Mittelpunkt der Handlung steht jemand, der sich für einen Dichter hält und erkennen muß, daß er keiner ist. Wilmsen, ein für sein Geschäft talentierter Buchhalter bei einem reichen Kaufmann, dessen Tochter er liebt, ist seiner Arbeit überdrüssig und glaubt, sich und seine künftige Frau besser mit dem Dichten ernähren zu können. Um damit einen Anfang zu machen, hat er ein Lustspiel geschrieben und es dem *Freimütigen* eingesandt, in der sicheren Erwartung, einen Preis zu gewinnen. Der Prinzipal hat etwas davon gemerkt, er will Wilmsen nicht verlieren, ihm aber zugleich auch eine Lektion erteilen, fängt deshalb dessen Stück noch auf der Post ab, befindet es für schlecht, schreibt im Handumdrehen ein eigenes, das dann den Preis erhält. So wird Wilmsen gleich doppelt beschämt: Er muß nicht nur erkennen, daß er ein schlechtes Stück geschrieben hat, sondern auch, daß ihm sein kaufmännischer Lehrherr auch als ›Dichter‹ überlegen ist. Zum Trost aber erhält der wieder zum Buchhalter zurückverwandelte Wilmsen die Kaufmannstochter zur Frau.

Das Stück ist mit seiner Moral ›Schuster bleib bei deinen Leisten‹ sehr deutlich auf die Kotzebuesche Geschmacksrichtung zugeschnitten. Doch es steckt mehr darin. Es geht um das Problem von Selbsterkenntnis und Selbsttäuschung. Wilmsen, der sein Leben auf die Kunst gründen will, wird zur lächerlichen Figur, weil er seine Talente überschätzt. »Großer Unfug mit mittelmäßigem Treiben der Kunst entstehe daher«, so heißt es in der späteren Erzählung *Der Artushof* (1815), »daß viele eine lebhafte äußere Anregung für inneren wahren Beruf zur Kunst hielten.« Solcher Selbsttäuschung fällt Wilmsen zum Opfer. Warum aber greift Hoffmann gerade jetzt, im Plocker Exil, dieses Thema auf?

Mit dem Gedanken, sein Leben ganz auf die Kunst zu stellen, hat Hoffmann schon oft gespielt – auch in Plock. Offenbar will er sich selbst vor solchen Ambitionen warnen, indem er Wilmsen, der sie – stellvertretend – in die Tat umsetzt, lächerlich werden läßt. Die künstlerischen Selbstzweifel eines Regierungsrats in Plock lenken die komische Inszenierung der künstlerischen Selbsttäuschung eines braven Buchhalters.

Die Problematik des künstlerischen Selbstzweifels bleibt in Hoffmanns Werk ein häufig variiertes Thema. Im *Artushof* – eine Erzählung, in der ebenfalls ein kaufmännischer Lehrling sich plötzlich zur Kunst berufen fühlt, allerdings mit Erfolg – werden einmal die Bedingungen formuliert, unter denen sich ein Künstler seiner Berufung sicher fühlen kann: »Ich dächte, ... sobald man wahres Genie, wahre Neigung zur Kunst verspüre, solle man kein anderes Geschäft kennen.«

Doch auch aus solchen zur Selbstsicherheit ermutigenden Sätzen hat Hoffmann seine Zweifel gezogen, denn sie lassen sich auch umkehren: Wer doch noch neben der Kunst ein anderes Berufsgeschäft verrichtet, wie Hoffmann das die meiste Zeit seines Lebens tat, gibt der nicht allein schon dadurch zu erkennen, daß es ihm an wahrem »Genie« fehlt?

Hoffmann befand sich in einem Zirkel des Selbstzweifels: Er zweifelt, ob sein Genie ausreicht, das Leben auf die Kunst zu gründen, und unterläßt es deshalb, und da er es unterläßt, findet er darin umgekehrt eine Bestätigung für die Zweifel. Hoffmanns Methode, aus diesem Zirkel herauszuspringen, wird die sein, den Selbstzweifel zum inspirierenden Thema des künstlerischen Schaffens zu machen. Bereits das verschollene Lustspiel *Der Preis* beginnt damit.

Hoffmann erhält mit seinem Lustspiel den Preis nicht, doch Kotzebue veröffentlicht eine freundliche Würdigung des Stückes, die dem Autor komisches Talent bescheinigt und ihm einen Verleger wünscht. Derart ermuntert, bietet

Hoffmann das Stück einem Verleger an, doch ohne Erfolg. Trotzdem ist er nicht allzusehr enttäuscht, denn immerhin hat er ein Ziel erreicht: Seinem Werk ist eine professionelle Beurteilung zuteil geworden. Und daran war ihm sehr gelegen, hatte er doch in einem Begleitbrief an Kotzebue geschrieben: »Kann indessen der Preis auch nicht den Preis erringen, so wird es dem Verfasser... doch große Freude verursachen, wenn Ew. Hochwohlgeb. seinem Machwerk einige Aufmerksamkeit schenken..., da er schon seit mehreren Jahren in einer Einöde von dem Throne der Kritik weggebannt ist und, da er den Dämon der Eigenliebe wohl kennt, über sich selbst zu seiner Qual in völliger Ungewißheit lebt.« (22.9.1803)

Noch an einem zweiten Wettbewerb beteiligt sich Hoffmann in diesem Plocker Spätsommer 1803. Ebenfalls im *Freimütigen* hatte der Musikverleger Nägeli aus Zürich eine Anzeige erscheinen lassen, worin er alle »fähigen und würdigen Künstler« auffordert, Klavierkompositionen »in großem Stil« einzusenden; die besten würden veröffentlicht und honoriert. Ausdrücklich heißt es in der Ausschreibung: »Wer in den Künsten des Kontrapunkts keine Gewandtheit besitzt und nicht zugleich Klavier-Virtuose ist, wird hier kaum etwas Namhaftes leisten können.«

Hoffmann ist zwar voller Selbstzweifel, aber unbescheiden ist er nicht: Er macht sich ans Komponieren. In wenigen Tagen hat er eine Klavierphantasie zustande gebracht und schickt sie am 9.8.1803 an Nägeli. Zwei Monate später erhält er aus Zürich den ablehnenden Bescheid. Nägeli muß die Komposition in Grund und Boden kritisiert haben; »totaliter mißglückt«, notiert Hoffmann in seinem Briefbuch und ins Tagebuch trägt er unter dem 17.11.1803 ein: »Hr. Nägeli hat mir gesagt, woran ich bin«. Das wollte Hoffmann auch hören. Weil ihm seine Fehler bewußt geworden sind, ist er auch nicht niedergeschlagen; er ist es so wenig, daß er sich selbst darüber wundert: »Sonderbar genug«, notiert er, »daß ich an demselben Tage, an welchem ich von der Miserabilität meiner Kompositon überzeugt war, den Mut hatte, ein Andante zu setzen!« (17.11.1803)

Ein Lustspiel, eine Klavierphantasie – diese Lebenszeichen an die Öffentlichkeit sind für Hoffmann noch nicht genug. Im *Freimütigen* hatte er den heftigen Literaturstreit um Schillers *Braut von Messina* verfolgen können. Es ging dabei um die Frage, ob Schillers Versuch, den Chor der attischen Tragödie ins zeitgenössische Schauspiel einzuführen, als gelungen anzusehen sei. Mit einem kurzen Text, *Schreiben eines Klostergeistlichen an seinen Freund in der Hauptstadt*, den er an Kotzebue schickt, will sich Hoffmann in die Debatte einschalten. Er spricht in diesem *Schreiben* in der Rolle des naiven, vom großen kulturellen Geschehen abgeschnittenen, in klösterlicher Einsamkeit lebenden Kunstfreunds, der auch gerne erfahren möchte, »wie es in der Welt, die ich für immer verließ« zugeht. Die fingierte Einfalt des Vortragstils kontrastiert mit der Schärfe des analytischen Blicks. Hoffmann verwirft Schillers Versuch. Der Chor in der attischen Tragödie habe, so Hoffmann, aus dem Geiste altgriechischer Musik, die aber unwiederbringlich verloren sei, gelebt. Ohne diese Musik müsse die Wiederbelebung des Chors im Schauspiel zum »unnützen Geplapper« werden: »Ich kann mir ... nichts Läppischeres und Ungereimteres denken, als wenn mehrere Leute auf dem Theater Verse hersagten.« Hoffmann nimmt hier eine ähnliche Position ein, wie einige Jahrzehnte später Nietzsche in seiner *Geburt der Tragödie*.

Was Hoffmann mit seinem Lustspiel und seiner Klavierphantasie nicht gelungen war, nämlich endlich einmal veröffentlicht zu werden, das erreicht er mit seinem gewitzten *Klostergeistlichen*. Am 26.10.1803 hält er die Nummer des *Freimüthigen* in der Hand, worin sein kleiner Aufsatz abgedruckt ist. Ihm ist zumute, als würde er erst jetzt aus einer obskuren Existenz ans Tageslicht hinaustreten. Das Ziel, sich veröffentlicht und gedruckt zu sehen, hatte in der langen Zeit des Wartens und der vergeblichen Versuche für

Hoffmann eine fast schon magische Bedeutung angenommen. Er empfand diese erste Veröffentlichung wie die Lösung eines Banns. Deshalb das erhebende Gefühl, mit dem er am 26.10.1803 in sein Tagebuch einträgt: »Mich zum erstenmal gedruckt gesehen im *Freimütigen* – habe das Blatt zwanzigmal mit süßen liebevollen Blicken der Vaterfreude angeguckt – frohe Aspekte zur literarischen Laufbahn! – Jetzt muß was sehr Witziges gemacht werden!«

Hoffmann hat in diesen Monaten aus dem Plocker Exil mit aller Energie um künstlerische Anerkennung gekämpft. Es gibt außer den Amtsgeschäften und den periodisch auftretenden Stimmungen der Verzweiflung und Angst, sich selbst zu verlieren, nichts, was ihn vom emsigen Produzieren abhalten könnte. Er sucht die Entscheidung, er will wissen, was er leisten kann, er kämpft um seine Existenz als Künstler. In dieser Phase beginnt er auch ein Tagebuch (ab 1.10.1803). Er will nicht, daß ihm das Leben in der »ungeheuern Erbärmlichkeit« Plocks (17.10.1803) gestaltlos verrinnt, er will auch seinen Alltag fixieren, aufmerksam auf ihn sein.

Bis zu seiner Abreise nach Warschau im Frühjahr 1804 macht er seine Eintragungen, dann bricht er ab. Erst später in Bamberg wird er das Tagebuch fortsetzen.

Nach seinem schriftstellerischen Debüt im *Freimütigen* fühlt er sich ermutigt und zu großen Plänen aufgelegt: »Jetzt will ich ein Buch machen!«, notiert er am 17.11.1803. Eine Woche zuvor, am 9.11., hatte er geschrieben: »Es ist mir so, als läge der Keim irgend eines großen entscheidenden Entschlusses in mir – nur einige Sonnenstrahlen und er würde hervorschießen zur üppigen Pflanze mit – goldnen Blüten?«

Ende Dezember glaubt er, daß ihn diese »Sonnenstrahlen« endlich erreicht haben. Noch inoffiziell erfährt er, daß er in absehbarer Zeit nach Warschau versetzt wird, und er erhält die Nachricht vom Tode seiner Königsberger Tante, der Johanna Doerffer. Er hofft, daß ihn die Erbschaft zum »vermögenden Mann« macht, wodurch es ihm vielleicht sogar möglich sein könnte, den »lyrischen Traum des wirksamen freien Künstlerlebens« (1.1.1804) zu realisieren. Vor die Erbschaft aber schiebt sich der ungeliebte Onkel Otto, dem die Tante den Nießbrauch am Vermögen zugesprochen hat. Aus dem »vermögenden Mann« wird also nichts. Die Ankündigung einer baldigen Versetzung nach Warschau indes bewahrheitet sich. Am 10.3.1804 erhält Hoffmann den offiziellen Versetzungsbescheid. Hoffmann hat ihn aber nicht abgewartet, voller Ungeduld beschaffte er sich in Warschau bereits eine Wohnung, und im sicheren Gefühl seiner Versetzung war er Ende Januar 1804 recht frohgemut zu einer Reise nach Königsberg aufgebrochen. Dort besucht er seinen inzwischen gänzlich vereinsamten Onkel und läßt sich von ihm zum Geburtstag ein größeres Geldgeschenk aus der Erbschaft machen. Fast täglich besucht der kulturell Ausgehungerte das Königsberger Theater, das damals im neu erbauten Gebäude eine Glanzperiode erlebt.

Am 14.2.1804 bringen morgens alle Zeitungen Königsbergs die Nachricht: Kant ist tot. Davon scheint Hoffmann keine Notiz genommen zu haben. Ein anderes Ereignis ist ihm ungleich wichtiger.

Am Todestag Kants besucht ihn ein »junges blühendes Mädchen schön wie Correggios Magdalena« (T, 13.2.1804). Es ist Malchen Hatt, die Tochter seiner vormaligen Königsberger Geliebten Dora Hatt. »Eine süße unbekannte Wehmut ergriff mich«, schreibt er in seinem Tagebuch. Er erfährt auch, daß Dora gerade vor einer Woche gestorben ist. Es ist für ihn der Augenblick von Tod und Auferstehung einer alten Liebe.

Aus allen Gebieten Deutschlands kommen die Verehrer und Freunde Kants; sie wollen dem toten König der Philosophie das letzte Geleit geben. Um den Trauergästen Zeit für die Anreise zu lassen, hat man den Beisetzungstag auf den 28. Februar gelegt. Ein vieltausendköpfiger Zug begleitet den Sarg, alle Glocken der Stadt läuten, doch Hoffmann wartet den großen Tag nicht ab. Er fährt zu Hippel nach

Leistenau, verbringt dort einige fröhliche, entspannte Tage und kehrt Ende Februar nach Plock zurück. Er bereitet sich auf seine Umsiedlung nach Warschau vor.

Zehntes Kapitel
Das bunte Leben

Warschau ist seit der dritten polnischen Teilung, die der Nation 1795 ihre staatliche Existenz raubte, zur preußischen Provinzhauptstadt herabgesunken. Die Stadt war ein mondänes Zentrum des polnischen Adels gewesen, der mit zahlreichem Gefolge zu den Reichsversammlungen regelmäßig zusammenkam und hier auch prächtige Stadtpalais unterhielt. Die Großen gaben das Geld mit vollen Händen aus und förderten damit den für die Bedürfnisse des Luxus tätigen Handel. So gelangten auch Kaufleute und Geldwechsler zu stattlichem Reichtum und bauten sich imposante Häuser, die die Adelspaläste an Prunk und Größe manchmal noch überboten. Wer die damaligen europäischen Metropolen kannte, den mußten die Vielzahl von Palästen, aber auch das krasse Nebeneinander von Reichtum und Armut beeindrucken. Zwischen manchmal fünfstöckige, reich verzierte Gebäude waren windschiefe Bretterbuden und lehmige Katen gestreut, die man eher in einem »böhmischen Dorf« vermutet hätte, wie ein zeitgenössischer Reisebericht vermerkt.

Mit der politischen Bedeutung verlor die Stadt nach 1795 zunächst auch ihre Rolle als glänzender Mittelpunkt des gesellschaftlichen Lebens. Die Einwohnerzahl ging von ungefähr 70 000 auf 40 000 zurück. Doch die preußische Verwaltung zog allmählich eine deutsche Stadtbevölkerung nach. Handwerk und Industrie, die bisher infolge des ungehemmten Imports vor allem französischer Waren nicht florieren konnten, wurden zielstrebig gefördert und so erholt sich die Stadt langsam. In dem Jahr, als Hoffmann in Warschau eintrifft, beträgt die Einwohnerzahl wieder annähernd 70000. Warschau ist damit die zweitgrößte Stadt Preußens. Stadt- und Provinzverwaltung, Wirtschaftsadministration, Gerichte – das alles konzentriert einige hundert preußische Beamte in der ehemaligen polnischen Hauptstadt. Dazu kommen die deutschen Hofmeister und Hauslehrer beim polnischen Adel, die Bildungsreisenden, bei denen Warschau natürlich auf dem Programm steht. Unter den wohlhabenden Kaufleuten, Handwerkern und Manufakturisten befinden sich ebenfalls viele Deutsche – zusammen bilden sie ein deutsches Kulturmilieu inmitten des polnischen Lebens. Dieses wirkte auf die Deutschen – besonders in Warschau – sehr fremdartig; häufig nannte man die Stadt »orientalisch«. Hitzig, Hoffmanns Freund der Warschauer und später der Berliner Jahre, schreibt: »Die deutsche Herrschaft hatte es (Warschau, R.S.) nicht zu einem deutschen Orte gemacht; vielmehr trug es ein höchst fremdartiges, man möchte sagen außereuropäisches Gepräge; so daß der aus Preußen, dem wohlgeordneten, sogenannten ›alten Lande‹, in diese neue Welt Versetzte, in den ersten Wochen aus dem Staunen nicht herauskam«. Das gilt auch für Hoffmann, der wenige Wochen nach der Ankunft seinem Freund Hippel eine farbige Schilderung der neuen Umgebung gibt. »Gestern am Himmelfahrtstage wollte ich mir etwas zugute tun, warf die Akten weg und setzte mich ans Klavier, um eine Sonate zu komponieren, wurde aber bald in die Lage von Hogarths *Musicien enragé* versetzt! Dicht unter meinem Fenster entstanden zwischen drei Mehlweibern, zwei Karrenschiebern und einem Schifferknechte einige Differenzen, alle Parteien plädierten mit vieler Heftigkeit an das Tribunal des Höckers, der im Gewölbe unten seine Waren feilbietet. Während der Zeit wurden die Glocken der Pfarrkirche – der Bennonen – der Dominikaner-

Kirche (alles in meiner Nähe) gezogen – auf dem Kirchhofe der Dominikaner (gerade über mir) prügelten die hoffnungsvollen Katechumenen zwei alte Pauken, wozu vom mächtigen Instinkt getrieben die Hunde der ganzen Nachbarschaft bellten und heulten – in dem Augenblick kam auch der Kunstreiter Wambach mit Janitscharenmusik ganz lustig daher gezogen – ihm entgegen aus der neuen Straße eine Herde Schweine – Große Friktion in der Mitte der Straße – sieben Schweine werden übergeritten! Großes Gequieke – O! – O! ein Tutti zur Qual der Verdammten ersonnen! Hier werf ich Feder – Papier beiseite, zog Stiefel an und lief aus dem tollen Gewirre heraus...« (11.5.1804).

Hoffmann wohnte damals in der Altstadt, die besonders berüchtigt war wegen ihrer Mischung aus »asiatischem Prunk« und »grönländischem Schmutz« (Hitzig). Die Altstadt mit ihrem Marktplatz, in dessen Nähe, Fretagasse, Hoffmanns Wohnung lag, war der belebteste Fleck in ganz Warschau. Hier wurde auf den Straßen gekocht, gesotten und gebraten; es gab Fisch, Huhn, Würste, Fleisch. Suppenverkäufer zogen mit großen Bottichen durch die Straßen; Fiedler spielten zum Tanz auf; Obst und Gemüse wurden feilgeboten, neben alten Büchern, Wundarzneien, Heilkräutern und Pelzwaren. Ein buntes Leben wogte hier auf den Straßen, wie es Hoffmann bisher noch nicht kennengelernt hatte. Auffallend, auch verführerisch – insbesondere für die etwas steifen preußischen Beamten – waren die lockeren Sitten in der Stadt. Die ausländischen Besucher staunten über die Allgegenwart der Prostitution auf den Straßen und über die Unbefangenheit, mit der dies Gewerbe von allen Beteiligten betrieben wurde. In einem zeitgenössischen Reisebericht von J.C.F. Schulz lesen wir: »Bei dem Luxus, der hier, wie anderwärts, die Heiraten vermindert, und der Hagestolze mit jedem Jahre mehr macht; bei der Menge von jungen Leuten, die hier in den Staatskollegien, beim Militär, in den Schreibstuben und Gewölben der Kaufleute usw. angestellt sind; bei dem starken Zuströmen des Adels aus den Provinzen, der oft nur des Lebensgenusses wegen hierher kommt, und für denselben mit vollen Händen ausstreut; bei der Ungebundenheit, welche Grundsätze und öffentliche Meinung in diesem Punkt hier einmal angenommen haben; bei der scheulosen Art, seinen Launen und Gelüsten nachzuhängen, die in freien Verfassungen den Staatsbürgern zur Natur wird; bei der verwahrlosten Erziehung des weiblichen Geschlechts geringerer Klassen; bei dem schlechten Beispiele, das hierin die Weiber und Männer der höheren Klassen geben; bei dem Mangel aller näheren Aufsicht von Seiten des Staates, durch die Polizei – bei diesen Umständen ist es kein Wunder, daß hier der unsittliche Verkehr beider Geschlechter eine Ausdehnung, eine Öffentlichkeit, Mannigfaltigkeit und Duldung, aber auch einen Grad von Anreizung, Kostbarkeit, Verderblichkeit, mit einer Mischung von Schamlosigkeit und Brutalität verbunden, erreicht hat, zu dem es vielleicht in keiner andern großen Hauptstadt in Europa gelangt ist.«

Gab es in Warschau bei Gelegenheit irgendwelcher monarchischer Feiertage oder Heiligenfeste große Umzüge, was häufig vorkam, so waren die Fenster in den Freudenhäusern der Hauptstraßen besetzt mit wohl angesehenen Beamten und Offizieren; bei den Redouten, Bällen und im Theater mischten sich die Kurtisanen und ihre minderen Schwestern aus den Vorstädten zahlreich unter die Gäste. Auch in den dämmrigen Gewölben der Kirche ging die käufliche Liebe auf Kundenfang, und es gab im katholischen Warschau zahllose Kirchen. Von Zacharias Werner, der in Warschau zu Hoffmanns Lebensgefährten zählt, wissen wir, wie häufig und wie ausgiebig der Bordellbesuch zur Freizeitgestaltung preußischer Beamter am Ort gehörte.

Ein anderer für Fremde auffallender Zug war die in allen Gesellschaftsklassen weit verbreitete Spielleidenschaft. Daß der polnische Adel sich ihr ergab, war allgemein bekannt, aber daß auch die Türsteher unter den Toren der Paläste, die wartenden Kutscher auf ihren Böcken, die Bedienten in den

Vorzimmern, ja sogar die Bettler auf den Stufen der Kirchen spielten, und daß sich keiner darüber zu wundern schien, das erstaunte jeden, der solchen Anblick noch nicht gewohnt war. Als Ende des 18. Jahrhunderts neue französische Spielkarten auf den Markt kamen, wurden in Warschau während nur eines Jahres über 20 000 davon verkauft.

Angenehm war bei alledem die souveräne Offenheit, das Fehlen jeder Heimlichkeit. Das paßte zu den Umgangsformen im allgemeinen, die hier ungezwungener und freier waren. In dem bereits zitierten Reisebericht heißt es dazu: »Die kleinstädtischen Rücksichten auf den oberen und unteren Platz, die Schüchternheit im Widerspruche, das furchtsame Erwarten, ob ein Größerer einen anreden werde, das Zurückdrücken von Gruppen, die einem nicht bekannt sind, das erbärmliche Warten auf einen Gruß, das ängstliche Studium, einem jeden seinen Titel zu geben, das kindische Mildern des natürlichen Lautes der Stimme, das Zurückhalten eines witzigen Einfalles aus Furcht, irgend jemand damit anzustechen, das matte, unterwürfige, überfeine Benehmen gegen die Weiber, und tausend andre Dinge, welche manche kleine große Welt in Deutschland quälen; von all diesen findet man in Warschauischen Gesellschaften keine Spur, sondern man spricht und lacht, wie man sich gewöhnt hat, man behauptet, wovon man überzeugt ist, man widerspricht, wenn man anders denkt, man freut sich laut über frohe Dinge, man macht Witz so viel man kann, man schämt sich nicht, der erste bei Tische, der Durstige beim Glase, der Verliebte beim schönen, der Eifersüchtige beim treulosen Weibe zu sein; mit einem Worte: Man gibt sich, wie man ist, und versperrt dadurch jedem Zwange die Türe.«

Solche Umgangsformen waren nach dem Geschmack Hoffmanns, dem ja alles Förmliche, Zwanghafte und Steife zuwider und Zielscheibe seines Spottes war. Wenn er auch in seinem ersten Brief an Hippel über Warschau schrieb: »Eine bunte Welt! – zu geräuschvoll – zu toll – zu wild – alles durcheinander – Wo nehme ich Muße her, um zu schreiben –

Die Huldigung. Zeichnung Hoffmanns.

zu zeichnen – zu komponieren!« (11.5.1804), so hat er sich im Laufe der Zeit in Warschau doch sehr wohl gefühlt und hat es auch verstanden, sich die Muße für seine Kunst zu erkämpfen – inmitten des tollen Treibens und bedrängt von der Mühsal der Amtsgeschäfte. Wie er das getan hat – darüber gibt es aufschlußreiche Berichte, zum Beispiel über die Zeit, als Hoffmann im Frühjahr 1806 dabei war, das von der »Musikalischen Gesellschaft« erworbene Mniszeksche Palais auszumalen. Hitzig erzählt: »Nicht selten war es, daß Parteien, die einen Kontrakt zu schließen hatten, und aus seinem Hause zu dem Mniszekschen Palast gewiesen wurden, sich in dem weitläufigen Lokale mühsam nach ihm durchfragten, und dann ihren eignen Augen nicht trauen wollten, als er auf Vorzeigung der Präsidial-Verfügung, die ihn mit Aufnahme des Geschäfts beauftragte, schnell vom Malergerüst herabkletterte, die Hände wusch, ihnen vorantrabte, und, mit gleicher Fertigkeit die Feder als den Pinsel führend, in wenigen Stunden ein gerichtliches Instrument, oft über die verwickeltsten Verhältnisse, auf das Papier

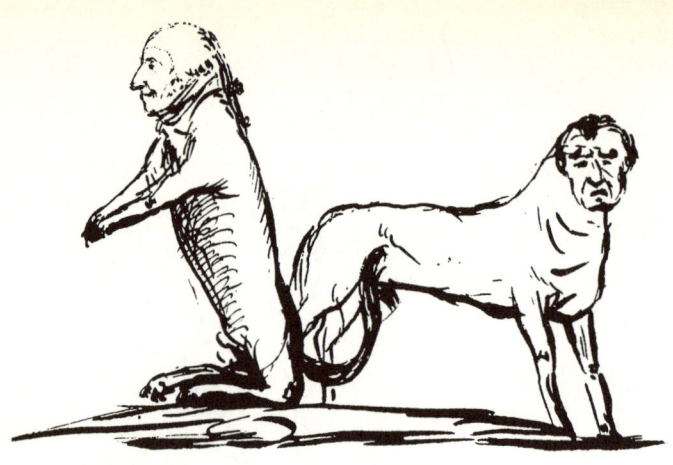

Die preußischen Beamten J.C. Marggraff und von Klöber in Warschau als Hunde. Zeichnung Hoffmanns (um 1805).

hinwarf, an welchem auch die schärfste Kritik nichts auszusetzen fand.«

Überhaupt waren die Vorgesetzten über Hoffmanns Führung der Amtsgeschäfte des Lobes voll. Schon seine Versetzung von Plock nach Warschau war auch durch das Ansehen gefördert, das er sich, trotz der Posener Affäre, durch seinen Fleiß und seine juristische Geschicklichkeit erworben hatte. In Warschau hielt diese gute Beurteilung an. Hoffmann sei, so der Regierungspräsident von Danckelmann im Dezember 1805, »anhaltend fleißig, geschickt und brauchbar«. Dies Urteil wiegt um so schwerer, weil man in der Regel in Berlin mit den Warschauer Beamten wenig zufrieden war. Es hatten sich Klagen gehäuft über Verschleppung von Terminen, über mangelnde Sorgfalt bei Spruchsachen, über mangelnde Vertrautheit der Beamten mit dem in Zivil- und Erbschaftsangelegenheiten geltenden polnischen Recht. Auch Bestechungsaffären war man auf die Spur gekommen, was allerdings nicht verwunderlich ist, weil schon vor der preußischen Besetzung die Käuflichkeit in den polnischen

Rechtsverhältnissen weit verbreiteter Brauch war. Der mangelnde Arbeitseifer wurde gerügt, wenn herauskam, daß Beamte schon während der Amtsstunden mit ihren Whistpartien begannen, die sich mit viel Alkohol bis in die späte Nacht hinzogen. 1799 hatte es die letzte große Untersuchung gegeben, inzwischen aber hatten sich die Klagen wieder so sehr gehäuft, daß im September 1805 der Freiherr von Schroeter, ein grimmiger und pedantischer Mann, als Revisor nach Warschau geschickt wurde.

Hoffmann konnte ein ruhiges Gewissen haben. Er war trotz seiner umfangreichen künstlerischen Aktivitäten mit seinen Geschäften auf dem laufenden und hatte sich wohl auch sonst nichts vorzuwerfen. An Hippel schreibt er am 26.9.1805: »Du weißt, daß wir jetzt Revision haben; mich kümmert das wenig, da ich keine Reste habe und gehabt habe; ich muß ja wohl frisch von der Hand wegarbeiten, um nur die Akten mit Partituren verwechseln zu können.«

Hoffmann spricht hier von »Partituren«. Mit gutem Grund, denn während der Warschauer Zeit wird für ihn die Musik die Hauptsache. So eindeutig wie noch nie zuvor fühlt er sich jetzt zum Komponisten berufen. Noch aus Plock, kurz vor seiner Abreise nach Warschau, am 28.2.1804 hatte er an Hippel geschrieben: »Eine bunte Welt voll magischer Erscheinungen flimmert und flackert um mich her – es ist, als müsse sich bald was Großes ereignen – irgend ein Kunstprodukt müsse aus dem Chaos hervorgehen! – ob das nun ein Buch – eine Oper – ein Gemälde sein wird – ... meinst Du nicht, ich müsse doch einmal den Großkanzler fragen, ob ich zum Maler oder zum Musikus organisiert bin?« Ohne den Großkanzler fragen zu müssen, hat er sich in Warschau entschieden: Er ist ein regierungsrätlicher »Musikus«.

Die Liste seiner Kompositionen aus der Warschauer Zeit (1804-1807) ist erstaunlich lang: Im Dezember 1804 komponiert er das zweiaktige Singspiel *Die lustigen Musikanten* nach einem Text von Clemens Brentano. Im Frühjahr 1805 entsteht die Bühnenmusik zu Werners *Kreuz an der Ostsee* und die Klaviersonate in A-Dur, im Herbst 1805 das einaktige Singspiel *Der Kanonikus von Mailand* nach einem Text von Duval. Anfang 1806 komponiert er die Es-Dur-Sinfonie. Im April 1807 beginnt er mit der Komposition der dreiaktigen Oper *Liebe und Eifersucht,* deren Libretto Hoffmann nach August Wilhelm Schlegels Übersetzung des Calderonschen Lustspiels *Die Schärpe und die Blume* selber schreibt. Außerdem vollendet er im September 1805, kurz nach Geburt seiner ersten (und einzigen) Tochter, jene Messe, mit deren Komposition er schon in Plock begonnen hatte.

Mit diesen Kompositionen erwirbt sich Hoffmann in Warschau den Ruf eines kunstfertigen Musikers, doch er bleibt eine lokale Berühmtheit. Er unternimmt auch zwei Jahre lang keinen Versuch, sich selbständig an eine größere Öffentlichkeit zu wenden. Eine »zweijährige Stille« nennt Hoffmann resigniert die Zeit zwischen dem 4.3.1804, als er dem Verleger Nägeli erfolglos eine Klaviersonate anbot, und dem 28.6.1806, als er seinen *Kanonikus* ans Berliner Theater schickte. Übrigens widerlegt allein schon dieser Seufzer im Briefbuch die eine Zeitlang zirkulierende Meinung, Hoffmann sei der Verfasser der *Nachtwachen* Bonaventuras, die ja im Jahre 1805 erschienen.

Am Ort, ich sagte es schon, erlebt Hoffmann die Genugtuung, mehrere seiner Werke öffentlich aufgeführt zu sehen. Seine *Lustigen Musikanten,* ein heiteres Verwechslungs- und Liebesspiel im Commedia-dell'arte-Stil wird im April 1805 von deutschen Schauspielern unter Leitung des damals berühmtesten polnischen Theaterregisseurs Boguslawski gegeben. Hoffmann, der auf dem Theaterzettel als »hiesiger Dilettant« annonciert wird, ärgert sich über den erbärmlichen Dilettantismus der Schauspieler, die mit seiner Musik und seiner theatralischen Konzeption nicht zurecht kommen und somit verhindern, daß das Stück eine gute Wirkung macht. Immerhin dringt die Kunde von der Aufführung des

Singspiels bis nach Leipzig. In der *Zeitung für die elegante Welt* erscheint eine von Werner verfaßte Rezension, worin die Bühnenrealisierung getadelt, die Komposition aber gelobt wird; es ist dort die Rede vom »Mißfallen über die Mißhandlung des Textes und der Komposition von *radikal* unpoetischen und unmusikalischen Menschen«.

Die Es-Dur Sinfonie wird aufgeführt, sogar in sehr festlichem Rahmen am 3.8.1806 zum Geburtstag des preußischen Königs und aus Anlaß der Einweihung des neuen Gebäudes (des Mniszekschen Palais) der »Musikalischen Gesellschaft«. Auch die Klaviersonate in A-Dur bleibt nicht in der Schublade. Der mit Hoffmann befreundete Musikdirektor von Warschau, Josef Elsner, veröffentlicht sie im Juli 1805 in einem polnischen Musikjournal.

Hoffmann bewährt sich in diesen Jahren als einfallsreicher und unternehmungslustiger Initiator und Organisator des Musiklebens in der Stadt. Er ist maßgeblich beteiligt an der am 31.5.1805 vollzogenen Gründung der »Musikalischen Gesellschaft«, die sich die Veranstaltung von Liebhaberkonzerten und die theoretische und praktische Ausbildung von Laienmusikern – die Gesellschaft unterhält auch eine Singakademie – zum Ziel setzt. Man legt den Grundstock zu einer musikalischen Bibliothek und sorgt auch – zunächst im Oginskischen, dann im Mniszekschen Palais – für den würdigen Rahmen einer kunstbeflissenen Geselligkeit. Seit dem Frühjahr 1806 ist Hoffmann die Seele des ganzen Unternehmens. Er malt das Prunkzimmer des Mniszekschen Palais aus, er ist der zweite Vorsitzende, der Bibliothekar und der Lektor der »Gesellschaft«. Er bringt in ihrem Rahmen eigene Werke zur Aufführung, er beteiligt sich am Chorgesang und läßt sich mit seiner ausgebildeten Tenorstimme auch im Sologesang hören. Er arrangiert den Kauf eines Erard-Flügels, der aus Paris herangeschafft wird und auf dem er Konzerte gibt. Bis zum Ende seiner Warschauer Zeit bleibt er der »Musikalischen Gesellschaft« aufs engste verbunden; denn als Hoffmann im Spätherbst 1806 beim Einmarsch der

Franzosen seine repräsentative Wohnung in der Senatorstraße wegen der Einquartierungen räumen muß, übersiedelt er in die Dachkammern des Mniszekschen Palais, wo er sich sehr behaglich fühlt, weil er dort nach Belieben die stattliche Bibiliothek und den prachtvollen Flügel benützen kann und von seinem Mitbewohner im Hause, dem Generalintendanten der französischen Armee, Daru, nicht nur nicht bedrückt, sondern geradezu gefördert wird: Auch unter französischer Besatzung gehen die Liebhaberkonzerte weiter.

Zu Hoffmanns Bekanntenkreis gehören F.A. Morgenroth, ein vortrefflicher Violinist, der in Warschau das Amt eines Leihhauskontrolleurs bekleidet und den Hoffmann in Dresden 1813 als Konzertmeister wiedertrifft; der Musikdirektor Josef Elsner, der Justizkommissar L.W. Kuhlmeyer, der Justizrat und Dichter Heinrich Loest; und vor allem Zacharias Werner und Eduard Itzig, der sich später den Namen »Hitzig« zulegt.

Im Sommer 1804 wird Eduard Hitzig als Assessor ans Warschauer Gericht versetzt, wo Hoffmann ihn kennenlernt. Hoffmann suchte die nähere Bekanntschaft des jungen Assessors, weil dieser mit ihm in der Ablehnung der pedantischen »steifleinenen« Kollegenschaft übereinstimmte. Hitzig entstammt einer wohlhabenden jüdischen Bankiers- und Industriellenfamilie aus Berlin, die von Friedrich dem Großen naturalisiert worden war. Der Großvater hatte für Friedrich die Münze geschlagen und sich dadurch Reichtum erworben. Der Vater war Lederfabrikant und Stadtrat in Potsdam. Ein Onkel hatte sich zum Hofbankier und zum technischen Leiter des General-Chausseebau-Departements für die Kurmark und Pommern emporgearbeitet. Bei der Kunstmäzenin Fanny Arnstein in Wien, einer Tante Hitzigs, verkehrte Mozart. Die Hitzigs waren auch verwandt mit der Familie Mendelssohn: Eine Tante war die Mutter des Komponisten Felix Mendelssohn-Bartholdy. Der alte Aufklärungsphilosoph Moses Mendelssohn und Rahel Varnhagen gehörten ebenfalls in das Verwandtschaftsnetz.

Dieser mit der Welt des Geschäftes und des Geistes versippte und verschwägerte Eduard Hitzig ist selbst auch ein Freund der Literatur und der Literaten. In Berlin, wo er aufgewachsen war und sein Gerichtsreferendariat abgeleistet hatte, kannte er fast alles, was im Geistesleben damals Rang und Namen hatte. Er besaß eine große Bibliothek und war über die Neuerscheinungen auf dem Buchmarkt stets informiert. Hitzig rühmt sich, den in Posen und Plock kulturell ausgehungerten Hoffmann überhaupt erst mit der neuesten Literatur bekannt gemacht zu haben. In seinen Erinnerungen berichtet er: »Nächstdem war Hitzig in den unmittelbar vorhergegangenen Jahren eine Gunst des Geschicks zuteil geworden, welche es Hoffmann gerade versagt hatte, er hatte sie nämlich in Berlin zugebracht, wo August Wilhelm Schlegel damals seine Vorlesungen hielt, und, durch glückliche Verhältnisse unterstützt, mit den neuesten Erzeugnissen der Literatur und zum Teil auch mit ihren Schöpfern Bekanntschaft gemacht, während Hoffmann in Posen und Plock teils ein wüstes und rohes, teils ein klösterlich einsames Leben, ohne alle Berührung mit einer bessern Außenwelt, geführt. Was konnte ihm unter solchen Umständen der neue Freund nicht alles erzählen, und welche unbekannte Welt ihm erschließen, als er ihm aus seiner Büchersammlung den Sternbald, den Schlegelschen Calderon und dergl. mehr mitteilte.«

So abseits aller geistigen Zeitströmungen, wie Hitzig es hier mit der Absicht der Aufwertung seiner Verdienste um den Freund darstellte, hat Hoffmann in den vergangenen Jahren nun auch wieder nicht gelebt. Immerhin hatte er auch zwei Jahre im Berlin des romantischen Aufbruchs verbracht und dort über den Onkel, über den Obertribunalrat Meyer und seine kunstbeflissenen Töchter sowie über Holbein die Welt des Theaters und die spannungsgeladene Atmosphäre des geistigen Lebens in sich aufgenommen. Allerdings hat er beispielsweise Ludwig Tiecks bereits 1798 erschienenen *Sternbald*, dies »wahre Künstlerbuch«, wie er in einem Brief an Hippel schreibt, tatsächlich erst durch Hitzig kennengelernt.

Durch Hitzig trifft er auch auf einen alten Bekannten aus Königsberger Tagen: Zacharias Werner. Die Werners bewohnten – ich habe es schon berichtet – das obere Stockwerk im Doerfferschen Hause in der Junkergasse. Der Vater von Zacharias war Professor der Eloquenz und Geschichte an der Königsberger Universität und ein Taufpate Hoffmanns. Mit dem Tode des Professors ließ die Freundschaft zwischen den Familien nach. Die zur Hysterie neigende Mutter zog sich mit ihrem Sohn zunehmend in ein wunderliches Wahnsystem zurück: Sie wollte in ihrem hochbegabten Sohn einen Heiligen großziehen, endlich war sie sogar davon überzeugt, mit ihrem Zacharias der Welt einen neuen Christus geschenkt zu haben. Hippel erinnert sich noch in späten Jahren an die gellenden Schreie jener Frau im oberen Stockwerk, die sich als schmerzensreiche Maria empfand.

Obwohl man zusammen in einem Haus lebte, gab es zwischen Hoffmann und dem um acht Jahre älteren Zacharias keine engere Verbindung. Hoffmann war gerade dreizehn Jahre alt, als Werners erste Gedichte erschienen, deren frömmelnde Erotik und schwüle Andacht ein gewisses Aufsehen erregten: »Als ich Dich in Rosenschöne/ Vor dem Altar knieend fand/... Als ich drauf im Tanze freier/ Mich um Deinen Busen schlang«. Auf diese fromm-schlüpfrige Vorstellungswelt hat später auch Hoffmann zurückgegriffen, besonders in den *Elixieren*, wo vorzugsweise in Beichtstühlen sexuelle Phantasien gedeihen.

Werner führte in Königsberg ein skandalumwittertes Leben. Im bürgerlichen Milieu trat er als empfindsam frommer Prediger des Rousseauismus auf; man munkelte aber, er führe ein Doppelleben, er gebe sich mit den Mädchen aus den Bierschenken ab, während er in besseren Kreisen den schmeichlerischen Kavalier mache. Großen Mut bewies er, als er 1791, Hoffmann geht noch zur Schule, Frederike Schmidt, eine Frau von sehr schlechtem Ruf, heiratete und sich mit ihr einen Winter lang in einem Gartenhäuschen am Stadtrand vergrub. Auch Werner hatte Jura studiert, aber nicht das Große Examen abgelegt, weshalb er es in Staatsdiensten nur bis zum Kammersekretär brachte. Da er sich als Dichter fühlte, kannte er keinen beruflichen Ehrgeiz im Amt. Er ließ sich nach Südpreußen versetzen, weil er bei den Königsbergern zu sehr ins Gerede gekommen war. Seine Stationen waren Petrikau, Plock und seit 1796 Warschau. Er hatte inzwischen zum dritten Mal geheiratet. Auch diese dritte Ehe – mit einer Polin – war bereits wieder zerrüttet, als Hoffmann mit Werner in Warschau zusammentraf.

Er hatte 1802 und 1804 ein monumentales Lesedrama in zwei Teilen veröffentlicht, *Die Söhne des Tals*, das ihm einen bedeutenden literarischen Ruf erwarb. Manche sahen sogar in ihm den Nachfolger Schillers. Er war unbescheiden genug, von sich selbst ebenso groß zu denken. Nach Schillers Tod schrieb er an Scheffner nach Königsberg: »Was sagen Sie zu Schillers Tode. Er hat mich wie Blei befallen. Wie kurz ist das Leben! Welcher Posten ist jetzt vakant.« Daß Werner diesen »Posten« ausfüllen könnte, hatte zeitweilig auch Iffland in Berlin geglaubt. Er forderte den Autor der *Söhne des Tals* auf, sein nächstes Stück bühnengerecht einzurichten und es dem Berliner Theater anzubieten. Werner plante ein historisches Schauspiel über die Urgeschichte Preußens: die Christianisierung der Pruzzen. Er nannte sein Stück, das ihm wieder ins Monumentale wuchs und eine Zweiteilung erforderte, *Das Kreuz an der Ostsee*. 1804/05 verfaßte er den ersten Teil, *Die Brautnacht*; ob der zweite Teil je vollendet wurde, ist ungewiß, jedenfalls hat er ihn nie veröffentlicht.

In den Gesprächen der Serapionsbrüder findet Hoffmann bewundernde Worte für einige Szenen aus jenem apokryphen Werk. Werner arbeitete gerade am ersten Teil, als Hoffmann in Warschau mit ihm Verbindung aufnahm. Da Werner auf dem Weg ist, ein prominenter Autor zu werden und Aussichten hat, sein Stück aufs Theater zu bringen, erklärt sich Hoffmann Anfang 1805 bereit, die Bühnenmusik zum *Kreuz an der Ostsee* zu komponieren. Er hofft, im Windschatten Werners sich als Komponist endlich einen Namen machen zu können. Er ahnt nicht, worauf er sich da eingelassen hat. Denn Werner ist ein sehr schwieriger Partner. Da er es eilig hat, sein Stück in Berlin aufgeführt zu sehen, setzt er den von Amtsgeschäften überhäuften Hoffmann unablässig unter Termindruck. »Werner ist unerträglich ängstlich«, schreibt Hoffmann am 26.9.1805 an Hippel, »lag mir immer auf dem Halse und quälte mich, daß ich Tag und Nacht arbeiten mußte, um zu einem bestimmten Termin fertig zu werden.« Als die Partitur dann fertig ist, kommt von Iffland aus Berlin die enttäuschende Nachricht, daß man das Stück nicht auf die Bühne bringen könne, da es für jede Aufführung zu »kolossal« sei. Natürlich ist Hoffmann enttäuscht, obwohl er Ifflands Kritik am Stück durchaus zustimmt. Ein »ziemlich rohes, hin und her geschmackloses Produkt«, nennt er es in einem Brief an Hippel (26.9.1805). Das übertriebene Pathos, die Gekünsteltheit der Sprache, die ins unfreiwillig Alberne geratene Darstellung heidnischer Mythologie, die affektierte Art des bedeutungsschwangeren Raunens, das Fehlen einer bündigen dramatischen Form – alle diese Schwächen des Stückes sah Hoffmann, und er hat Werner gegenüber mit seiner Kritik auch nicht zurückgehalten. Als Werner einmal die Szene vorlas, worin die heidnischen Priester im Chorgesang ihre Götter mit den Worten »Bangputtis! Bangputtis! Bangputtis!« anrufen, unterbrach der ungeduldige Hoffmann: »Verzeihen Sie, lieber Werner, wenn das ganze Stück in *der* Sprache geschrieben ist, verstehe ich kein Wort davon.« Seitdem soll, nach dem Bericht Fouqués, »Bangputti« im Hoffmannschen Kreis zum festen Terminus für affektierte Geheimnistuerei und unverständliche Verschraubtheit gegolten haben.

Hoffmann hat also aus der Zusammenarbeit mit Werner für sich kein Kapital schlagen können. 1806 wird Werner mit seinem Lutherstück *Weihe der Kraft* seinen ersten großen

Bühnenerfolg in Berlin feiern. Danach ist er ein gemachter Mann, aber weniger als je zur Hilfe bereit. Als der arbeits- und mittellose Hoffmann im Sommer 1808 ihn darum bittet, die Illustrationen zur Buchveröffentlichung des *Attila* anfertigen zu dürfen, erlebt er eine demütigende Zurückweisung.

Gerade deshalb ist auffällig, wie intensiv sich Hoffmann mit Zacharias Werner auch noch zu einer Zeit beschäftigte, als das allgemeine Interesse am einstmals gefeierten Autor längst erloschen war. Kein zeitgenössischer Autor wird in den Gesprächen der Serapionsbrüder so ausführlich durchgenommen wie Zacharias Werner. Das hat damit zu tun, daß Hoffmann eine gewisse innere Verwandtschaft mit dem unseligen Werner verspürte, bei dem er jene Auflösung der Persönlichkeit und jene dissonanten Gefühlslagen, von denen er sich selbst bedroht fühlte, bis ins Extrem und auch bis ins Lächerliche gesteigert sah. Die in den Gesprächen der Serapionsbrüder über Werner entwickelte Theorie der Hypersensibilität als Folge einer Erziehung durch hysterische Mütter wendet der Autor ausdrücklich auch auf sich selbst an. »Man sagt, daß der Hysterismus der Mütter sich zwar nicht auf die Söhne vererbe, in ihnen aber eine vorzüglich lebendige, ja ganz exzentrische Phantasie erzeuge, und es ist einer unter uns, glaube ich, an dem sich die Richtigkeit dieses Satzes bewährt hat. Wie mag es nun mit der Wirkung des hellen Wahnsinns der Mutter auf die Söhne sein, die ihn auch, wenigstens der Regel nach, nicht erben? – Ich meine nicht jenen kindisch albernen Wahnsinn der Weiber, der bisweilen als Folge des gänzlich geschwächten Nervensystems eintritt, ich habe vielmehr jenen abnormen Seelenzustand im Sinn, in dem das psychische Prinzip durch das Glühfeuer überreizter Phantasie, zum Sublimat verflüchtigt, ein Gift worden, das die Lebensgeister angreift, so daß sie zum Tode erkranken und der Mensch in dem Delirium dieser Krankheit den Traum eines andern Seins für das wache Leben selbst nimmt.«

Anders aber als bei Hoffmann hat bei Werner die Zerrissenheit zwischen Traum und Wirklichkeit eine erbärmliche Gestalt angenommen. Wie als müsse er sich auch vor dieser Gefahr warnen, schreibt Hoffmann in einem Brief an Hippel vom 26.9.1805: »W. ist mir ein trauriger Beweis, wie die herrlichsten Anlagen durch eine alberne Erziehung ertötet werden können, und wie die regste Fantasie kriechen lernen muß, wenn sie von niedrigen Umgebungen heruntergezogen wird.« Einerseits geprägt von schmutzigem Geiz, wo es um Geld, von kalter Berechnung, wo es um Erfolg, von sexueller Roheit, wo es um sozial niedriger stehende Frauen geht, phantasiert sich Werner gleichzeitig in eine monströse Traumwelt hinein, in der er unter heidnischen Titanen und christlichen Heroen den Erlöser spielen kann. In seinen letzten Jahren versucht Werner, über den Zwiespalt seines Wesens zerknirscht, seine Erlösungsphantasien in die Tat umzusetzen, er nimmt »den Traum eines andern Seins für das wache Leben selbst«: 1814 zum katholischen Priester geweiht, etabliert er sich in Wien als Bußprediger der vornehmen Gesellschaft, als eine Art Flagellant für die besseren Stände.

Bei allem Vorbehalt hat Hoffmann im Sommer 1805 die enge Verbindung zu Werner gesucht. Er wollte mit ihm eine Faust-Oper schaffen, sogar eine Italienreise unternehmen und vervollkommnete deshalb seine Italienisch-Kenntnisse. Als Gerücht, Hoffmann wolle sich mit einem polnischen Grafen auf Italienreise begeben, drang dieses Vorhaben bis zu Hippel, der sich etwas verärgert darüber zeigte, weil es zwischen den Freunden die Verabredung gab, mit dem dreißigsten Lebensjahr, das wäre 1806, ebenfalls eine Reise nach Italien zu unternehmen. Aus alledem wird nichts, weder mit Werner, noch mit Hippel, noch mit irgendeinem polnischen Grafen hat Hoffmann diesen Traum seines Lebens verwirklicht. Das »Land wo die Zitronen blühn« – er wird es nie kennenlernen; seine Phantasie aber wird ihm unablässig Bilder des italienischen Himmels, der Pinienwälder, des römischen Corsos und des gellenden karnevalistischen Treibens zuführen, und er wird aus ihnen eine Literatur machen, worin das Leben zum pittoresken Spiel der commedia dell'arte verwandelt erscheint.

Hoffmann wird später auf seine Warschauer Zeit mit einem gewissen Behagen zurückblicken. Sicherlich, es hat Enttäuschungen gegeben wie die mit Werner. Sein höchstes Ziel damals, sich einen Namen als Komponist zu machen, hat er immer noch nicht erreicht; auch sein inzwischen drittes Singspiel *Der Kanonikus* wird von der Berliner Bühne nicht angenommen. Und doch: Im Handwerk des Lebens und im Handwerk der Kunst hat er Fortschritte gemacht. Mit Mischa lebt er glücklich zusammen. Er empfindet eine milde Liebe zu dieser stillen Frau.

Im Sommer 1805 wird den beiden eine Tochter geboren, Cäcilia, sie wird nicht lange leben. Hoffmann widmet ihr jene Messe, deren Komposition er schon in Plock begonnen hatte. Die Wohnverhältnisse für die kleine Familie, zu der auch eine Nichte – die Tochter des wegen Unterschlagung gesuchten Gottwalds – gehört, sind gut und werden geradezu glänzend, als man im Sommer 1806 in die Wohnung in der Senatorstraße umzieht.

Im Amt und als quirliger Mittelpunkt der kunstbeflissenen Geselligkeit in Warschau erwirbt sich Hoffmann hohes Ansehen. Zum erstenmal auch steht er am Dirigentenpult. »Seine Tempos waren feurig und rasch«, schreibt Hitzig, aber ohne alle Übertreibung, und in der Folgezeit urteilte man von ihm, daß wohl nicht leicht ein Dirigent in Mozartschen Kompositionen ihn übertroffen haben würde, wenn er sich mit einem guten Orchester hätte zeigen können.«

Hitzig und Hoffmann sind Wohnungsnachbarn. Zwischen ihnen gibt es ein kleines Ritual: An Sommerabenden, wenn es in den Straßen ruhig wird, was in Warschau ziemlich spät geschieht, werden die Fenster geöffnet, Hoffmann setzt sich ans Klavier und spielt seinen geliebten Bach und Mozart, Hitzig und seine Frau am Fenster lauschen, manchmal bis in den grauenden Morgen hinein.

So hätte das alles noch eine Weile fortdauern können. Doch die politischen Schicksale Europas wollen es anders. Hoffmanns Leben nimmt eine jähe Wendung.

Hoffmann, der schon zur Zeit der allgemeinen Erregung über die Französische Revolution sich beharrlich weigerte, eine Zeitung zur Hand zu nehmen oder ein politisches Gespräch zu führen, warum sollte er sich in den Jahren der preußischen Neutralität um Politik kümmern, in einer Zeit, während der sich der Staat, dem er diente, so erfolgreich aus allem von Napoleon angezettelten gesamteuropäischen Kriegsgeschehen heraushielt? Nein, die Politik hatte ihn nicht bekümmert und so verbringt er seine Tage in Warschau, »ohne die entfernteste Notiz von den Gewitterwolken zu nehmen, die damals am politischen Horizont heraufzogen« (Hitzig). Eines Tages, es ist der 28. November 1806, marschiert die französische Armee in Warschau ein und verjagt die preußischen Beamten, unter ihnen auch den Regierungsrat Hoffmann, aus ihren Ämtern. Was war geschehen?

Neun Jahre lang bewahrte Preußen an der Seite Napoleons eine wohlwollende Neutralität und war dabei gut gefahren. Es blieb nicht nur von den Kriegswirren verschont, die Zertrümmerung des alten Europas durch Napoleon hatte Preußen auch einigen Zugewinn gebracht, 1803 beispielsweise fast das ganze Westfalen, auf das sich im Plocker Exil Hoffmanns sehnsüchtige Blicke gerichtet hatten. Fast wäre der preußische König noch zum Kaiser von Preußen geworden. Napoleon, soeben zum Kaiser der Franzosen gekrönt, bot Friedrich Wilhelm III. gnädig die märkische Kaiserwürde an, der sie aber ablehnte, treu seinem Grundsatz: »Man lasse sich nicht durch einen vermeinten zu erlangenden Ruhm verblenden.«

Es läßt sich manches Nachteilige über die Politik Friedrich Wilhelm III. sagen, doch der Umstand, daß ihm heroische Allüren fehlten und er eher den Genüssen eines ruhigen Familienlebens zuneigte, gewährte seinen Untertanen einige friedliche Jahre. In seinen Regierungsgrundsätzen hatte er geschrieben: »Das größte Glück eines Landes besteht zuverlässig in einem fortdauernden Frieden; die beste Politik ist also diejenige, welche stets diesen Grundsatz insofern vor Augen hat... Man mische sich nie in fremde Händel, die einen nichts angehen... Um aber nicht wider Willen in fremde Händel gemischt zu werden, so hüte man sich vor Allianzen, die uns früh oder spät in solche verwikkeln könnten.«

Diese taktierende Vorsicht hatte auch bei einem berühmten Minister eines mitteldeutschen Kleinstaates, bei dem Geheimrat Goethe, eine gewisse Bewunderung hervorgerufen. »Zwar brannte die Welt an allen Ecken und Enden«, schreibt Goethe, »Europa hatte eine andere Gestalt angenommen, zu Lande und zur See gingen Städte und Flotten zu Trümmern, aber das mittlere, das nördliche Deutschland genoß noch eines gewissen fieberhaften Friedens, in welchem wir uns einer problematischen Sicherheit hingaben. Das große Reich im Westen war gegründet, es trieb Wurzeln und Zweige nach allen Seiten hin. Indessen schien Preußen das Vorrecht gegönnt, sich im Norden zu befestigen.«

Mit dieser Befestigung war es aber im Laufe des Jahres 1806 auf einmal vorbei. Um sicherzustellen, daß Preußen sich nicht der Allianz Österreich-England-Rußland anschließen würde, drängte Napoleon Anfang 1806 Preußen in ein Bündnis gegen England. Der vorsichtige Friedrich Wilhelm III. aber wollte sich absichern. Er schloß hinter dem Rücken seines neuen Verbündeten Napoleon einen Vertrag mit dem Zaren. Napoleon, der es eigentlich vorzog, Preußen zum Juniorpartner zu machen statt es zu besiegen, antwortete, als er von der Kungelei hörte, mit einem drohenden Aufmarsch in Thüringen. Preußen machte daraufhin mobil und forderte ultimativ den Abzug der französischen Truppen. Diese Kühnheit ließ Napoleon nicht durchgehen, er erklärte den Krieg. In zwei Schlachten am 14. 10. 1806 in Jena und Auerstädt vernichtete er die schlecht vorbereitete preußische Armee und marschierte in Berlin ein. Die wichtigsten Festungen westlich der Oder wurden kampflos übergeben, der König floh nach Ostpreußen; dort lieferten sich die mit Rußland verbündeten preußischen Resttruppen noch einige Gefechte mit den Franzosen, sie unterlagen endlich auch hier. Im Frieden zu Tilsit, am 9.7.1807, wird Preußen auf die Hälfte des Staatsgebietes von 1795 zusammengestutzt, so gehen auch die Gebietserweiterungen in Polen wieder verloren. Posen, Plock und Warschau werden wieder polnisch.

Sechs Wochen nach ihrem Sieg in Jena und Auerstädt sind die französischen Truppen unter Milhaud und Murat vor Warschau. Die polnische Bevölkerung in Warschau jubelt, sie hofft auf die Wiedergeburt eines polnischen Staates, wenn auch von Napoleons Gnaden. Auf dem Theater werden patriotische Stücke gespielt, von den Balkons der Häuser in den Prachtstraßen hängen die polnischen Fahnen. Doch auch russische Truppen sollen im Anmarsch sein, hört man. Es geht das Gerücht, daß sich in einer Vorstadt Warschaus dieselben russischen Jäger hätten blicken lassen, die bei dem Sturme unter Suwarow »das Kind im Mutterleibe nicht verschonten« (Hitzig). Die Stadt ist erregt, doch Hoffmann macht den Voyeur, der sich keine interessante Beobachtung entgehen lassen will. »Mit Hülfe seiner kleinen, über allen Begriff beweglichen Figur«, berichtet Hitzig, »drang er bald in alle Winkel... und brachte dann von diesen Exkursionen eine reiche Ausbeute der glücklichsten Bemerkungen mit, die er seinen Freunden zum Besten gab.«

Am 28.11.1806 in der Frühe brennt die Pragaer Brücke, die Preußen und Russen sind abgezogen, Bürgerwachen beziehen Posten vor den wichtigen Gebäuden und vor den Kaufläden. Wer nicht Pole ist, verkriecht sich. Warschau wartet. Am Nachmittag sprengt die Avantgarde der Muratschen Reiterei in die Stadt. Sofort und förmlich werden die preußischen Amtsstellen aufgelöst. Hoffmann und seine Kollegen haben gerade noch Zeit, die baren Kassenbestände des Gerichts untereinander aufzuteilen. Zunächst ist die Situation für Hoffmann nicht übel: Er hat genügend Geld und ist die Aktenberge los. Er streift viel in der Stadt herum, tritt als Tenorsänger in der Bernhardinerkirche auf, trifft sich mit Freunden im Straßencafé, um die Paraden mit anzusehen, die Napoleon einige Wochen lang fast täglich abhalten läßt. Abends kommt man in der musikalischen Ressource des Mniszekschen Palais zusammen, wo die musikalischen Veranstaltungen und Geselligkeiten zunächst weitergehen.

Doch allmählich lichtet sich der Kreis der Warschauer Bekannten. Einer nach dem anderen zieht ab. Um Hoffmann herum wird es stiller. Um seine beschränkten Geldmittel nicht aufzubrauchen und um den lästigen und teuren Einquartierungen zu entgehen, verlassen die Hoffmanns ihre prächtige Wohnung in der Senatorstraße und ziehen in die Dachkammern des Mniszekschen Palais, wo sich Hoffmann, nachdem er im Januar 1807 seine Angehörigen zur Sicherheit nach Posen geschickt hatte, nun ausschließlich dem Musizieren und Komponieren widmet. Er arbeitet an einer Oper nach Calderon, *Liebe und Eifersucht*, die, wie er hofft, sein bisher größtes Werk werden soll. Auch für die Faust-Oper sammelt er schon Ideen. Die einschneidenden Veränderungen seiner äußeren Lebensumstände, die Katastrophe des preußischen Staates, in dessen Dienst er bisher stand, entbinden bei Hoffmann eine geradezu hektische Schaffenslust. An Hitzig schreibt er am 20.4.1807: »Seit der Zeit, daß ich komponiere, vergesse ich oft meine Sorgen – die ganze Welt, denn *die Welt* aus tausend Harmonien geformt auf meiner Stube, an meinem Klavier verträgt sich mit keiner andern außerhalb.«

Welche Sorgen hat er? Das Geld aus der Gerichtskasse geht zur Neige. Die Familie ist auseinandergerissen. Der »Brotbaum« ist entlaubt, er ist ohne Amt, jetzt muß er sich entscheiden, jetzt oder nie muß er den Sprung ins professionelle Künstlertum wagen. Natürlich hat er Angst, er hat mehr Angst, als er sich eingesteht. Er wird darüber krank, lebensgefährlich krank. Ein starkes Nervenfieber raubt ihm bisweilen die Besinnung. Die wenigen zurückgebliebenen Bekannten, vor allem Heinrich Loest und Kuhlmeyer, pflegen ihn. Die Fieberphantasien erhitzen seine Einbildungskraft. In den Leuten, die ihn besuchen, sieht er Instrumente. »Heute hat mir wieder die Flöte arg zugesetzt«, ruft er aus, oder: »Den ganzen Nachmittag hat mich das unleidliche Fagott gequält, immer trat es zur unrechten Zeit ein, oder schleppte nach«. Als sein Zustand am allergefährlichsten ist, sagt er zu Kuhlmeyer: »Sie verstehen mich doch alle nicht, es ist mir recht lieb, daß Sie hier sind; ich habe Ihnen schon immer die Schönheit der *Zauberflöte* auseinandersetzen wollen; heute nachmittag, als ich allein lag, habe ich die ganze Oper gehört«, und dann entwickelt er in fiebriger Beredsamkeit Stück für Stück das große Werk vom Anfang bis zum Ende.

Hoffmann kommt noch einmal mit dem Leben davon, aber der Tod ist ihm in diesen Tagen nahe gewesen. Eine solche Zäsur macht entscheidungsreif. Er weiß nun: »Wenn ich diesmal wieder im Käfig bleiben muß, so ist es um meine Kunst, um mich geschehen« (an Hitzig, 14.5.1807). Er will jetzt die »Künstlerlaufbahn betreten«. Aber wo soll er den ersten Schritt tun, wo anfangen?

Wien, die Stadt Mozarts und Beethovens reizt ihn. Hitzigs Tante, die kunstsinnige reiche Fanny Arnstein, könnte dort etwas für ihn tun. Also wird er dorthin gehen. Doch ihm werden die Pässe verweigert. Berlin ist für ihn zweite Wahl; immerhin kennt er die Stadt, er hat dort einige Verbindungen, Hitzig und seine Freunde werden ihm helfen. Also entscheidet er sich für Berlin, zögert aber immer noch mit der Abreise.

Im Juni 1807 geben ihm wieder die äußeren Umstände einen Ruck: Die französischen Behörden verlangen von den zurückgebliebenen preußischen Beamten den Huldigungseid auf Napoleon, andernfalls sie Warschau binnen einer Woche verlassen müßten. Nicht aus preußischem Patriotismus, sondern weil er seiner Kunst zuliebe den Sprung aus dem »Käfig« von Amt und Würden jetzt wagen will, verweigert er den Eid und reist Mitte Juni ab nach Berlin.

Es ist eine Fahrt ins Ungewisse.

Elftes Kapitel
Der verjagte Regierungsrat

Hoffmann ist jetzt 31 Jahre alt. Er wird in Berlin die schlimmste Zeit seines Lebens verbringen. Aber dieses Jahr – vom Sommer 1807 bis Sommer 1808 – wird auch das literarische Genie in ihm durchbrechen lassen. Noch in Berlin wird er die Erzählung *Ritter Gluck* konzipieren, die zum Gelungensten gehört, was er je geschrieben hat. Wie in einem Brennspiegel sind darin bereits seine wichtigsten Motive und Themen konzentriert; sein literarischer Stil und die erzählerische Technik sind hier schon voll ausgebildet und was an seinem Werk insgesamt die Mit- und Nachwelt faszinieren wird – in dieser kurzen Erzählung kann man es schon spüren.

Was hat bei diesem verjagten und nunmehr stellungslosen Regierungsrat und »Dilettanten« der Kunst den inneren Durchbruch der literarischen Kraft möglich gemacht? Es ist die mit dem zweiten Berlin-Aufenthalt verbundene tief einschneidende Zäsur seines Lebens.

Noch nie war Hoffmann so ›vogelfrei‹ wie zu der Zeit, als er Warschau, den »Käfig« der Behütetheit durch Amt und Familie verläßt. Bisher hatte er stets einen äußeren, stabilisierenden Halt gehabt. Er hat diesen immer auch als Einengung empfunden, aber er hat sich doch auch angelehnt, ist in eine Ordnung des Lebens eingefügt gewesen, was die innere Unruhe aufreizte und zugleich besänftigte.

In Königsberg, in Glogau und während des ersten Berliner Aufenthaltes lebte er noch im Kreise der Familie und bewegte sich auf den vorgebahnten Wegen der Berufsausbildung, mit Skrupeln und Seitenblicken zwar, aber doch zielstrebig. Mit Posen verläßt er das Milieu der familiären Obhut, indes bleibt die Bindung ans Amt, das sein Leben festhält. Dazu kommt die Ehe mit Mischa, die ihm insbesondere im Plocker Exil Rückhalt gibt. In Warschau wird aus dem Paar eine Kleinfamilie und der Regierungsrat, obwohl seufzend unter der Last der Amtsgeschäfte, weiß doch auch die Annehmlichkeiten des Prestiges und des regelmäßigen und sicheren Einkommens zu genießen.

Jetzt in Berlin ist er von allen diesen Bindungen ›frei‹, und er muß die Erfahrung machen, wie notwendig sie ihm doch gewesen sind. Ihn erschüttert das Deja-vu-Erlebnis alter Ängste: Er spürt in sich ein unbestimmtes Verlangen, das nicht weiß, worin es Befriedigung suchen soll, das ihn orientierungslos in ein »rastloses Treiben« wirft und doch zugleich ihm alles, was er unternimmt, »nichtig, farblos, tot« erscheinen läßt. Der hektische Versuch der Selbstverwirklichung gerät in den Sog der Entwirklichung der Selbsterfahrung. Viele Jahre später hat Hoffmann, aus der Perspektive eines konsolidierten Lebens, diese krisenhafte Erfahrung in der Kreislerbiographie des *Kater Murr*-Romans reflektiert. Er schreibt dort: »Als ich mich frei fühlte, da erfaßte mich jene unbeschreibliche Unruhe, die, seit meinen frühen Jugendjahren, so oft mich mit mir selbst entzweit hat...; ein wüstes wahnsinniges Verlangen bricht oft hervor nach einem Etwas, das ich in rastlosem Treiben außer mir selbst suche, da es doch in meinem Innern verborgen, ein dunkles Geheimnis, ein wirrer rätselhafter Traum von einem Paradies der höchsten Befriedigung, das selbst der Traum nicht zu nennen, nur zu ahnen vermag, und diese Ahnung ängstigt mich mit den Qualen des Tantalus... Später lernte ich mich selbst mehr bekämpfen, aber nicht auszusprechen vermag ich die Marter meines Zustandes..., wenn mir dann plötzlich alles elend, nichtig, farblos, tot erschien, und ich mich versetzt fühlte in einer trostlosen Einöde.«

Er habe gelernt, sich selbst zu »bekämpfen«, schreibt er. Bei diesem lebenslangen Kampf gegen ein unbestimmtes Begehren, das alle greifbare Befriedigung, alle festumrissene Selbstverwirklichung entwertet und zu Nichts werden läßt, sind die gesellschaftlichen Institutionen und Bindungen wichtige Verbündete, die er braucht, die er aber auch verabscheut, gerade weil er sie braucht. In einem Augenblick, wo er ihrer ledig ist, fühlt er sich schutzlos einer inneren Macht ausgeliefert, die kein Gesicht annehmen will, und preisgegeben einer äußeren Situation, die in Unordnung geraten ist und ihm deshalb keinen Platz, wo er sich einfügen könnte, zuweist. Alles ist in Bewegung und laut, innen und außen, aber nichts wird zur Form und Gestalt, eine dröhnende Stille, eine wuchernde Einöde, eine zum Bersten gefüllte Leere. Der »Geist der Tonkunst« allein, schreibt er, habe ihn aus solcher qualvollen Entwirklichung herausgerissen.

Hoffmann kommt in ein Berlin, das sich nach seinem ersten Aufenthalt dort sehr verändert hat. Seit der Niederlage von Jena und Auerstädt 1806 halten die Franzosen die Stadt besetzt. Drückende Abgabepflichten lasten auf der Bevölkerung. Handel und Gewerbe gehen zurück und was das Land und die Stadt dennoch hervorbringen, wird zu einem Gutteil für den Bedarf der Besatzungstruppen abgezweigt. Im Winter 1807/08 geht in Berlin der Hunger um, im Tiergarten und in der Hasenheide nächtigen Obdachlose. In den Schenken wird das Bier knapp, deshalb setzt man Wasser zu. Den beliebten Kaffee bereitet man jetzt aus Mohrrüben. Auch den Tabak muß man sich selbst aus allem möglichen Krautzeug verfertigen; er stinkt so erbärmlich, daß Nichtraucher zu Handgreiflichkeiten neigen. In den Straßen wimmelt es von Arbeitslosen, denen oft nichts anderes übrig bleibt, als sich mit kleinen Diebereien durchzuschlagen. Damit muß Hoffmann gleich nach seiner Ankunft am 18. Juni 1807 unliebsame Erfahrungen machen.

Während er in der Gaststube zu Mittag ißt, wird auf seinem Zimmer die Hinterwand des Sekretärs durchgesägt und fast seine gesamte Barschaft, es sind sechs Friedrichsdor, entwendet.

Das kulturelle Leben der Stadt geht zwar auch unter der Besatzung weiter, doch zieht es sich von den öffentlichen Schauplätzen, wo die Franzosen den Ton angeben, mehr ins Private zurück. Das Theater, bisher durch die Staatsschatulle subventioniert, ist auf seine Tageseinnahmen angewiesen, die spärlicher fließen, weil Iffland gezwungen wird, französische Singspiele und sogar deutsche Schau- und Lustspiele in französischer Sprache aufzuführen. Der Theaterdirektor selbst bringt manche Nächte damit zu, seinem Schreiber Übersetzungen deutscher Stücke in die Feder zu diktieren. Das deutsche Stammpublikum des Theaters, sofern es überhaupt noch kommt, ergreift jede sich bietende Gelegenheit, um seinem Unmut Luft zu machen. Es kommt zu Zwischenfällen: Man gibt die *Jungfrau von Orleans*. Als in der Krönungsszene der Ruf ertönen soll: »Es lebe der König, Karl der Gütige!«, gehen die letzten drei Worte im Gejohle des Publikums unter. Man hört nur: »Es lebe der König!« Alle erheben sich von den Plätzen. »Logen und Parterre«, berichtet ein Augenzeuge, »wie vom elektrischen Funken getroffen, schmolzen zu eins zusammen, und lange ertönte im Saale nichts, als das beständig wiederholte: ›Es lebe der König!‹«

Bei solchen Vorkommnissen wird manchmal der Theaterdirektor Iffland zur Verantwortung gezogen. Als das Publikum anläßlich einer *Iphigenie*-Aufführung seine Anhänglichkeit an die ins ferne Königsberg verbannte Königin Luise lautstark kundgibt, bestraft die französische Behörde Iffland mit Stubenarrest.

Überhaupt ist das Theater einer der wenigen Schauplätze, wo sich Haltungen und Einstellungen kollektiv zeigen können. Die Regel aber ist Zersplitterung, Vereinzelung, Rückzug in den vertrauten Zirkel. Varnhagen von Ense, den

Hoffmann damals in Berlin kennenlernte, berichtet: »Wohin man blickte, sah man Störung, Zerrissenheit, nach allen Richtungen nur ungewisse Zukunft; den politischen Kräften widerstrebten vergebens die geselligen und geistigen, sie mußten es fühlen, daß der bürgerliche Boden, der sie trug, erschüttert war...; jeder ging nach Zufall dem augenblicklichen Gewinne nach, wie der Tag ihn geben wollte.« Wer in dieser ungewissen Lage Boden unter den Füßen sucht, fühlte »sich gewaltsam auf das geistige Leben hingeworfen, man vereinte und ergötzte sich in Ideen und Empfindungen, welche das Gegenteil dieser Wirklichkeit sein wollten«.

Beides versucht Hoffmann: sich draußen einzelkämpferisch durchschlagen und, davon erschöpft, sich in die Welt des Geistes, besonders in die Welt der Musik, zurückziehen. »In meinem kleinen Stübchen«, schreibt er am 12.12.1807 an Hippel, »umgeben von alten Meistern, Feo, Durante, Händel, Gluck, vergesse ich oft alles, was mich schwer drückt, und nur, wenn ich morgens wieder aufwache, kommen alle schweren Sorgen wieder!« Schlimm aber ist, daß er die Musik, die ihm abends Zuflucht vor den »schweren Sorgen« des Überlebenskampfes gewähren soll, am anderen Morgen als Waffe der Selbstbehauptung einsetzen muß. Er muß die Musik, die ihm Lebenszweck ist, zum Lebensmittel machen, muß sich und sein Werk als Ware anpreisen, verkaufen, muß auf dem Markt konkurrieren. Wenn er in der Erzählung von 1808 seinen *Ritter Gluck* sagen läßt: »Aber ich verriet Unheiligen das Heilige, und eine eiskalte Hand faßte in dies glühende Herz«, dann resümiert er seine eigenen Erfahrungen mit dem künstlerischen Schaffen, das zu Markte gehen muß. Sich in Berlin zu verkaufen, muß einem verjagten Regierungsrat, der als Komponist und Musiker noch keinen Namen hat, sauer werden. Im Kunstbetrieb ist er jener »abgeschiedene Geist«, als welchen er seinen *Ritter Gluck* auftreten läßt.

Bei seiner Ankunft in Berlin führt er im Gepäck Opernentwürfe, Instrumentalkompositionen, Singspiele und

Zeichnungen mit sich. Einige Zeichnungen – kolorierte Abbildungen polnischer Offiziersuniformen – kann er an einen Verleger losschlagen, das Honorar aber läßt auf sich warten.

Nochmals, nach zwei mißlungenen Anläufen 1799 und 1805, will er versuchen, Iffland für seine Musik zu gewinnen. Er fühlt sich dazu ermutigt, nachdem er von Julius von Voß, den er noch aus Glogauer Tagen kennt, erfahren hatte, daß sein 1805 eingereichtes Singspiel *Der Kanonikus von Mailand* von den maßgeblichen Leuten am hiesigen Theater günstig aufgenommen worden war, aber dann doch nicht zur Aufführung gelangte, weil ein in Berlin beliebter Komponist dasselbe Libretto vertont hatte und man deshalb, obwohl man Hoffmanns Komposition höher einschätzte, dem Lokalmatador den Vorzug gab. Diese Kulissengeschichte gibt ihm eine gewisse Genugtuung und beherzt läßt er im Sommer 1807 durch einen Bekannten Iffland um einen Kompositionsauftrag für das Theater bitten. Iffland jedoch antwortet nicht.

Hoffmann verfertigt eine Liste seiner Kompositionen – sie enthält eine Sinfonie, drei Ouvertüren, zwei Quintette, sechs Klaviersonaten, zwei Messen, einige Motetten und mehrere Lieder – und schickt sie an den Musikverleger Kühnel nach Leipzig. Mit Argumenten, die bisweilen den Stempel der Reklame tragen, versucht er diese Kompositionen dem Verleger schmackhaft zu machen. Er stellt Vermutungen über angeblich beim Publikum vorherrschende Geschmacksrichtungen an und behauptet, seine Kompositionen würden in eine Marktlücke stoßen. Es bestehe ein »Mangel an neuen Sinfonien«, schreibt er, »und ebenso gibt es viele Klavierspieler, die indigniert von den leeren Tiraden der neuern Klavierkomponisten, sich nach etwas, das im ältern Stil verbunden mit dem freundlicheren melodischen Schwunge der Neuern gesetzt ist, sehnen. – Ohne Vorliebe für meine Sachen, der reinen Wahrheit gemäß kann ich behaupten, daß die Sinfonie *ad 1.*, welche oftmals in dem Conservatorio in Warschau aufgeführt wurde, eine große Wirkung gemacht und die Kenner befriedigt hat, und daß ebenso die Klaviersonaten 7,8 in dem eben erwähnten Stil gesetzt und von guten Künstlern mit Wohlgefallen gespielt worden sind« (an Kühnel, 27.10.1807).

Der Musikverleger antwortet mit einer Demütigung. Mit keinem Wort geht er auf Hoffmanns Angebot ein; statt dessen bietet er ihm die Stelle eines Dieners und Ladengehilfen mit erbärmlich niedrigem Gehalt an. Vorsichtshalber hatte der namenlose Hoffmann dem Verleger mit der Bemerkung geschmeichelt, er schätze ihn als einen Mann, der »ohne Vorurteil nicht auf den Namen, sondern auf die Sache sieht und überzeugt ist, daß *diese* den *Namen*, an dem der Haufe hängt, unfehlbar schaffen muß« (27.10.1807). Hoffmann kämpft um seine Selbstachtung, deshalb schmeichelt er, trumpft aber auch zugleich auf. Bei Kühnel hat ihm das nichts genutzt, doch ist über ihn immerhin die Verbindung geknüpft worden zu Friedrich Rochlitz, dem Redakteur der hoch angesehenen *Allgemeinen Musikalischen Zeitung* in Leipzig. Bei dieser Zeitschrift wird Hoffmann anderthalb Jahre später, Anfang 1809, seine literarische Laufbahn, zunächst als Musikschriftsteller, beginnen.

Ende August 1807 gibt Hoffmann beim »Reichsanzeiger« folgendes Stellengesuch auf: »Jemand, der in dem theoretischen und praktischen Teil der Musik völlig erfahren ist, selbst bedeutende Kompositionen, die mit Beifall aufgenommen wurden, geliefert und bis jetzt einer wichtigen musikalischen Anstalt als Direktor vorgestanden hat, wünscht, da er seinen Posten durch den Krieg verlor, bei irgendeinem Theater oder einer Privatkapelle als Direktor angestellt zu werden.« Hoffmann verschweigt in dieser Anzeige seinen eigentlichen Beruf und tritt statt dessen als bewährter und praktisch erfahrener Berufskünstler auf. Es melden sich zwei Theaterdirektionen, aus Luzern und aus Bamberg. Beide verlangen von ihm die Einsendung einer kompositorischen Probearbeit. Die Komposition für Luzern ist schnell fertig gemacht, er sendet sie ein, hört aber dann nichts mehr davon, noch nicht einmal ein Honorar wird ihm für das eingesendete Werk überwiesen.

Der Direktor des Bamberger Privattheaters Graf Julius von Soden ist noch anspruchsvoller: Als Probearbeit soll Hoffmann ein von Soden gedichtetes vieraktiges Opernlibretto *Der Trank der Unsterblichkeit* in Musik setzen.

Ohne die feste Zusicherung einer Anstellung muß sich Hoffmann, der in seiner Not keine Wahl hat, auf diese Zumutung einlassen.

Im Dezember 1807 erfährt Hoffmann, daß Zacharias Werner, der sich zur Zeit in Weimar aufhält, plant, in Berlin ein neues Drama zur Aufführung zu bringen. Sich auf die alte Freundschaft berufend, bittet Hoffmann Werner, dieser möge veranlassen, daß ihm die Kompositionen zum Stück übertragen werde. Hoffmann wittert hier eine Chance. Denn es ist gerade ein Jahr her, daß Werners Lutherstück *Die Weihe der Kraft* am Berliner Theater großes Aufsehen erregte. Iffland hatte in der Hauptrolle geglänzt und eine monströse Inszenierung besorgt: Beim Schlußakt drängten sich 151 Schauspieler und acht Pferde auf der Bühne. Bereits vor der Aufführung war in der Öffentlichkeit ein Streit darüber entbrannt, ob man den Begründer der preußischen Staatsreligion ins Rampenlicht zerren dürfe oder nicht. Man befürchtete Tumulte. Einige Aufführungen fanden unter Polizeiaufsicht statt. Das überzogene Pathos und die pompöse Aufmachung des Stückes reizte die Spottlust. Es kam zum Skandal. Einige Offiziere veranstalteten im Sommer 1806 in den Straßen Berlins einen das Stück travestierenden Umzug, die sogenannte »Schlittenfahrt«, die Fontane später in seinem *Schach von Wuthenow* so eindringlich geschildert hat. Diese Affäre des Vorjahrs war in Berlin noch in frischer Erinnerung und wenn man auch in manchen Kreisen über Werner bereits zu lachen begann, so war er doch immer noch für eine Überraschung gut, zumal da ihm jüngst der erlauchte Kreis Weimars große Anerkennung hatte zuteil werden lassen. Hoffmann konnte also auf einige Aufmerksamkeit für sich rechnen, wenn er eine Bühnenmusik zu Werners Stück komponieren würde. Doch wieder einmal muß Hoffmann erfahren, daß man sich auf Werner nicht verlassen kann. Statt auf Hoffmanns Wünsche einzugehen, ermahnt er ihn: »Denken Sie auch ein bißchen an Gott!«, und versucht Iffland gegenüber einen anderen Bühnenkomponisten zu protegieren. Sein Stück *Wanda, Königin der Sarmaten* wird in Berlin dann doch nicht aufgeführt.

Als Werner im Frühjahr 1808 wieder nach Berlin kommt, überläßt er dem notleidenden Hoffmann die Illustration der Buchausgabe seines Stücks *Attila*. Hoffmann hat schon die Entwürfe fertig, da teilt ihm Werner mit, daß er den Auftrag doch an einen anderen Maler vergeben habe. Hoffmanns Empörung hält sich nur deshalb in Grenzen, weil er diesen Menschen inzwischen herzlich verachten gelernt hat.

Vom Sommer 1807 bis zum April 1808 – da trifft endlich die Zusage aus Bamberg ein – hat Hoffmann nichts in der Hand, nur vage Aussichten, Pläne, Versprechungen, Hoffnungen. Er hat kein Geld mehr, muß sich welches leihen bei Bekannten und Freunden. Hippel streckt ihm einige hundert Reichstaler vor, auch aus Königsberg kommt ein kleinerer Betrag. Er wendet sich an staatliche Stellen, denen eigentlich die Pflicht obliegt, die »verjagten Offizianten« zu unterstützen. In all diese Sorgen und Kümmernisse platzt dann auch noch im August 1807 die Nachricht vom Tode der kleinen Tochter Cäcilia in Posen und von der lebensgefährlichen Krankheit Mischas. »Ich bin in einer Lage, über die ich selbst erschrecke«, schreibt er am 22.8.1807 an Hitzig. Aber er läßt nicht locker: Um nicht im »dumpfen Hinbrüten« zu »verderben«, schickt er in diesen Tagen schwerster Depressionen seine Bewerbungsanzeige ab.

Hippel hat später über diese Periode in Hoffmanns Leben sehr absprechend geurteilt. Er schreibt: »Beklagenswert ist es, daß dieses Jahr des müßigen Aufenthalts in Berlin wiewohl dieses allein ihn der Muse ganz wieder zuwandte, auf sein Gemüt so nachteilig eingewirkt hatte. Er lernte sich von seiner Häuslichkeit entwöhnen, die ihm in Plock und Warschau wert und dadurch das feste Band geworden war, dessen er stets bedurfte, diese zügellose Phantasie zu fesseln. Er lernte seine Sache auf nichts zu stellen, nur von einem Tage auf den andern leben, sich selbst durch Luftschlösser täuschen und großem Leichtsinn ergeben.«

In diesen 1822 geschriebenen Sätzen klingt noch jene Verstimmung nach, die 1807 zwischen den Freunden auftrat. Hippel, der sich zu dieser Zeit ausschließlich seinen ständischen Ämtern und dem Landjunkerdasein widmete, hatte Hoffmann zwar finanziell unterstützt, aber auch – aus der starken Position des Gebenden – ihm Vorwürfe über seinen Lebenswandel gemacht. Den Briefwechsel, der darauf Bezug nimmt, hat Hippel nicht zur Veröffentlichung freigegeben. Daß es aber zu einer Verstimmung gekommen sein muß, geht aus Hoffmanns Brief vom 12.12.1807 hervor, der mit den Worten beginnt: »Dem Himmel sei es gedankt, daß das fatale Mißverständnis, welches unter uns obwaltete, jetzt ganz gehoben ist, und daß ich frei mit Dir über mich und meine Existenz sprechen kann.« So ganz »frei« haben die Freunde seit jener Szene auf der Schloßtreppe zu Litschen 1797 nicht mehr miteinander verkehrt, und auch jetzt, nach behobenem »Mißverständnis«, stellt sich die alte Unbefangenheit nicht wieder her. Hoffmann ist weiterhin bemüht, seinem Freund gegenüber den Eindruck von Solidität zu erwecken. In dem zuvor zitierten Brief schreibt er: »Du kannst Dir überhaupt nicht denken, mein einziger Freund, was ich hier in B(erlin) für ein stilles zurückgezogenes Künstlerleben führe.«

Dieser Satz ist gegen das ominöse »Mißverständnis« geschrieben. Offenbar hatte Hippel dem Freund ›schlechten Umgang‹ und damit verbunden ›sittliche Verderbnis‹ vorgeworfen. In seinem Rückblick von 1822 spricht Hippel jedenfalls von Hoffmanns »Leichtsinn« und an einer anderen Stelle, im Zusammenhang mit der Charakteristik der Posener Zeit, wird er noch deutlicher: Er bezichtigt Hoffmann einer körperlich ruinösen ausschweifenden »Laszivität«. Er schreibt: »Wir glauben auch ferner nicht zu irren, wenn wir in dieser Periode (der Posener, R.S.), und in der gleich Unheil bringenden spätern geschäftslosen, die er nach seiner Flucht aus Warschau in Berlin verlebte, den Keim zu der schnellen Auflösung seines Körpers finden, die für seine Jahre und für die in ihm wohnende seltene Lebenskraft viel zu frühe ihn der Welt entriß.«

Was es mit Hoffmanns »Leichtsinn« und seiner »Laszivität« in diesen Monaten großer Verzweiflung tatsächlich auf sich hat, ist im einzelnen nicht mehr zu ermitteln. In den Briefen spricht Hoffmann natürlich nicht davon, Tagebuch hat er zu dieser Zeit nicht geführt. Doch im 1819 verfaßten Selbstporträt der Kreislerbiographie finden sich jene bereits zitierten bekenntnishaften Andeutungen: Ein »wüstes wahnsinniges Verlangen« habe ihn, den aus allen Bindungen Gefallenen, damals gepackt, im »rastlosen Treiben« habe er sich »verzehrt«. Von einer »Umgebung«, auf die er sich eingelassen habe und die er schließlich als »zweideutig erkennen mußte«, ist die Rede. In der Kreislerbiographie tritt während dieser Lebensperiode die Rätin Benzon, eine anziehende Witwe, als besänftigender Engel auf, die Kreisler wieder auf den rechten Weg zurückführt.

Daß es in diesem Berliner Jahr für Hoffmann eine solche Frau gegeben hat, dafür spricht auch der Bericht eines Zeitgenossen, des Holzschneiders, Dichters und Publizisten Friedrich Wilhelm Gubitz, der sich an eine Liebschaft Hoffmanns mit einer soeben verwitweten Beamtenfrau erinnert. Gubitz, der im Hause der Frau verkehrte, hatte Hoffmann dort mehrfach angetroffen. Von der Familie der Witwe will er erfahren haben, daß Hoffmann ihr sogar die Ehe versprochen und sich deshalb habe scheiden lassen wollen. Gubitz, ein philiströser Pedant, wie er bei Hoffmann im Buche steht, ist allerdings kein unbedingt verläßlicher Zeuge. Zu sehr war er über Hoffmann und den Spott, den dieser in seinen letzten Berliner Jahren mit ihm trieb, verbittert. So hat

Gubitz denn auch ein nachweislich falsches Gerücht in die Welt gesetzt: Hoffmann habe, so Gubitz, noch ehe er sich nach Bamberg absetzte, der Witwe ein Kind gezeugt, die Mutter sei darüber zeitweilig wahnsinnig geworden, das Kind habe außerordentliches musikalisches Talent bewiesen, sei aber ohne Obhut aufgewachsen und schließlich in jungen Jahren beim Bade ertrunken. Wie sich inzwischen herausgestellt hat, beruht diese ominöse Kindergeschichte auf einer Verwechslung: Ein anderer schriftstellernder Beamter, Karl Müchler, ist in sie verwickelt.

Doch an Hoffmanns Liaison mit jener Witwe – allerdings ohne Kind, Badeunfall und Wahnsinn – wird sicherlich etwas Wahres daran sein.

Aus der Rätin-Benzon-Episode der Kreislerbiographie erfahren wir aber noch etwas anderes: Hoffmann, dem die Entscheidung fürs professionelle Künstlertum zuletzt durch äußere Umstände aufgezwungen worden war, hat nach allen Enttäuschungen im Milieu der »jetzigen Konkurrenz brotlos gewordener Künstler« (an Hippel, 25. 5. 1808) offenbar einige Male geschwankt, ob er nicht doch wieder, sofern ihm das möglich sein würde, ins beamtete Nest zurückkriechen solle; von Kreisler berichtet der Erzähler, er habe, noch nach seiner Vertreibung aus dem Amt, Augenblicke gehabt, »in denen er nicht wußte, wozu sich entschließen«. Die Rätin Benzon habe aber dann auf die Frage, was sie von einer Fortsetzung der Beamtenexistenz halte, geantwortet, »daß sie von einem Legationsrat gar nicht viel halten könne, sobald er sich auf enthusiastische Weise mit der Kunst beschäftige, ohne sich ihr ganz zuzuwenden«.

Ob es tatsächlich die besagte Berliner Witwe war, die Hoffmann zur künstlerischen Existenz Mut gemacht hat, muß offenbleiben und ist auch nicht so sehr von Belang. Wichtiger ist der in dieser Episode enthaltene Hinweis darauf, daß der verjagte Regierungsrat in Berlin beim Versuch, sich eine Künstlerexistenz aufzubauen, bisweilen verzweifelte und an seiner Entscheidung fürs professionelle Künstlertum irre wurde. In solcher Gestimmtheit ist Hoffmann dann auch bereit, seine langjährige Beamtenexistenz, über die er sonst nur zu klagen wußte, in einem günstigeren Licht zu sehen. An Hippel schreibt er am 12.12.1807: »Vorzüglich aber glaube ich dadurch, daß ich außer der Kunst meinem öffentlichen Amte vorstehen mußte, eine allgemeine Ansicht der Dinge gewonnen und mich von dem Egoismus entfernt zu haben, der, wenn ich so sagen darf, die Künstler von Profession ungenießbar macht.«

Diese Selbstinterpretation der Doppelexistenz als Künstler und als Staatsbeamter wird bei Hoffmann später noch eine gewichtige Rolle spielen – bis hinein ins Innere seiner Poetik, wie wir noch sehen werden.

In der Kreislerbiographie »steckt« die Rätin Benzon dem schwankenden ehemaligen Legationsrat »den Ruf zur Kapellmeisterstelle... in die Tasche«. So verlief die Berufung bei Hoffmann nicht. Aus der quälenden Ungewißheit über sein weiteres Schicksal und den Zweifeln, ob er denn nun den richtigen Weg gewählt habe, befreit ihn im April 1808 die Nachricht aus Bamberg, daß er dort zum 1. September als Musikdirektor mit einem Jahresgehalt von 600 Talern angestellt werde. Man verspricht ihm Nebeneinnahmen durch Theaterkompositionen und privaten Musikunterricht.

Die Position, die auf ihn wartet, ist nicht glänzend, das weiß er, außerdem scheint sich das Bamberger Theater in der Krise zu befinden, da Soden, wie er hört, die Direktion abgegeben habe. Hoffmanns Freude ist also nicht überschwenglich, aber Erleichterung und Ermutigung gibt ihm diese Bamberger Anstellung doch. Er hat jetzt Schwung genug, sich an die seit einigen Monaten liegengebliebene Komposition der Calderon-Oper *Liebe und Eifersucht* – sein opus magnum, wie er hofft – zu machen.

Der Auftrieb aber hält nicht an. Bis zum 1. September sind noch einige Monate zu überbrücken, und Hoffmann weiß nicht, wie er das bewerkstelligen soll, denn er besitzt nun keinen Pfennig mehr. Im Mai 1808 ist sein Elend auf dem höchsten Punkt. Während es auf den Straßen Berlins zu Hungerrevolten kommt, sendet Hoffmann »halb wahnsinnig«, wie er später schreibt, einen Notschrei an den Freund Hippel: »Ich arbeite mich müde und matt, setze fort die Gesundheit zu und erwerbe nichts! Ich mag Dir meine Not nicht schildern. *Seit fünf Tagen habe ich nichts gegessen, als Brot* – so war es noch nie...! Ist es Dir möglich, mir zu helfen, so schicke mir etwa 20 Friedrichsdor, sonst weiß ich bei Gott nicht, was aus mir werden soll... Mein Freund! Verkenne mich Unglücklichen nicht!«

In diesen Wochen der bittersten Not findet er auch keinen Trost mehr im Komponieren. »Indessen«, schreibt er am 12.4.1808 an Hippel, »glaubst Du es nicht, wie eigentlich unbedeutende Sachen, die nur den Körper betreffen, zum Beispiel schlechte Nahrung, Entbehrungen gewisser Dinge, an die man sich in guter Zeit gewöhnt hat, als da sind ein Glas guter Rum des Morgens usw. auf die Seele wirken und nach gerade Dumpfheit und Trübsinn hervorbringen.«

Solcher Trübsinn treibt ihn auf die Straße. Er muß sich körperlich bewegen, wenn es in ihm dumpf und starr wird. Gerne geht er in den Tiergarten. Dort begegnet ihm ein alter Bekannter aus Plock, der Regierungsrat Theodor Heinrich Friedrich, nun ebenfalls stellungslos, schriftstellernd, ohne Geld und Aussichten. Hoffmann versucht schamvoll seine Not zu verbergen. Friedrich bemerkt sie und, obwohl er selbst nur noch wenig besitzt, teilt er dieses wenige mit Hoffmann, dem das Ganze schon fast gespenstisch vorkommt, so gespenstisch, wie in der Erzählung die Wiederkehr des Ritter Gluck am selben Ort.

Mit Friedrich, dieser treuen Seele, ist Hoffmann später nie mehr zusammengekommen. Friedrich schlug sich als Vorleser und unbedeutender Literat durch in Wien, Berlin und Hamburg, wurde nach 1815 wieder bei Gericht eingestellt, ließ sich frühzeitig pensionieren und ertränkte sich 1819 in der Elbe. Allerdings wurde auch das Gerücht verbreitet, er habe seinen Selbstmord nur fingiert, um mit neuer Identität nach Amerika auszuwandern. Auch ein Regierungsrat nach Hoffmannschem Geschmack.

Zwischen Ende Mai und Juni 1808 bessert sich Hoffmanns Situation. Vom Minister Freiherr von Stein erhält er – wie andere notleidende Beamte auch – eine einmalige finanzielle Unterstützung. Hippel sendet Geld, und Nägeli in Zürich, der einige Lieder Hoffmanns in Verlag genommen hat, schickt ein Honorar und – was Hoffmann am meisten freut – er bestellt ein Trio bei ihm und wünscht eine »dauernde Verbindung« mit dem angehenden Musikdirektor von Bamberg. Auch Soden, jetzt nicht mehr Direktor, sondern Mäzen des dortigen Theaters, meldet sich nochmals und lädt Hoffmann auf das gräfliche Gut bei Bamberg ein. Hoffmann könnte dort die Monate bis zu seinem Dienstantritt verbringen. Doch er geht weder auf diese freundliche Einladung ein, noch verwirklicht er den Plan, Hippel zu besuchen. Er zieht es vor, einen Monat bei seinem Freund Hampe in Glogau zu verbringen; von dort aus fährt er nach Posen, holt Mischa ab – er muß sie den Verwandten geradezu entreißen, denn diese mißtrauen den Aussichten eines Regierungsrates, der sich als Provinzmusiker im fernen Süddeutschland versuchen will – und reist dann im August 1808 nach Bamberg.

In diesen Wochen ist in ihm die Idee zum *Ritter Gluck* gereift, eine Erzählung, die in nuce schon die ganze Kunst Hoffmanns offenbart.

Zweites Buch
Beschwerliche Freiheit – die Kapellmeisterjahre

1808-1814

Zu spät trat die Befreiung ein. Mir geht es, wie jenem Gefangenen, der, als er endlich befreit wurde, dem Getümmel der Welt, ja dem Licht des Tages, so entwöhnt war, daß er nicht vermögend, der goldnen Freiheit zu genießen, und sich wieder zurücksehnte in den Kerker.

Kater Murr

Zwölftes Kapitel
Das große Debüt

Am 12.1.1809 gibt Hoffmann in einem Brief an Rochlitz seine Erzählung *Ritter Gluck* zur Post.

Er ist noch nicht einmal fünf Monate in Bamberg und schon am dortigen Theater als Musikdirektor gescheitert. Wenn er nicht alle Aussichten und Hoffnungen verlieren will, muß er ›flankierende‹ Maßnahmen ergreifen. Mit dieser Absicht wendet er sich an Rochlitz, dem ihm freundlich gesonnenen Redakteur der *Allgemeinen Musikalischen Zeitung*: Er will sich neben der praktischen Musikausübung, die ihm Hauptsache ist, als Rezensent und Musikschriftsteller versuchen. Er hat jetzt keine ausdrücklich literarischen Ambitionen, das Schreiben soll der Musik dienen, dem Musiker ein Zubrot schaffen und ihm wenigstens als Musikkenner einen Namen verschaffen.

Man kann es nicht genug hervorheben: Hoffmanns glanzvolles Debüt in der Literatur ist ein Werk des ›Nebenher‹. Und gerade das gibt ihm jene spielerisch-lockere Hand, die trifft, gleichsam ohne zu zielen. Anders als in der Musik hängen für Hoffmann am Schreiben nicht die überschweren Gewichte der geistigen Selbstbehauptung. In der Musik hat er aufs Große gezielt, mißt sich an Mozart, Beethoven, Gluck... Als Literat hat er sich eigentlich nie auf eine solche belastende Idealkonkurrenz eingelassen. Und das ist das Geheimnis seiner Leichtigkeit, und mit dieser Leichtigkeit entfesselt er eine literarische Imaginationskraft, die nicht nur in der damaligen literarischen Szene ihresgleichen sucht.

Hoffmann bietet Rochlitz seine Erzählung als einen »kleinen Aufsatz« an und bittet darum, auch in Zukunft »zuweilen Aufsätze und auch Rezensionen kleinerer Werke« für die *Allgemeine Musikalische Zeitung* schreiben zu dürfen.

Sich als Musikschriftsteller zu versuchen, ist für Hoffmann schon allein deshalb naheliegend, weil ihm in der Vergangenheit alle literarischen Arbeiten (die beiden Romane, das Lustspiel) in der Schublade liegengeblieben waren, jedoch er bei zwei musikalischen Schriften die Genugtuung hatte, sie veröffentlicht zu sehen: sein *Schreiben eines Klostergeistlichen* war 1803 im *Freimüthigen* erschienen und die in einem Brief an Graf Soden (23.4.1808) enthaltenen Betrachtungen über das Melodram waren von dem Adressaten an die *Allgemeine Deutsche Theaterzeitung* in Leipzig zur Veröffentlichung – wofür sie Hoffmann gar nicht geschrieben hatte – weitergegeben worden. In diesem Metier also sah er sich durch die Macht des Gedruckten bestätigt – diesen Faden will er deshalb aufgreifen und fortspinnen, vielleicht wird etwas daraus.

Hoffmanns Ansprüche sind durchaus bescheiden. »Was Aufsätze... betrifft«, schreibt er am 29.1.1809 an Rochlitz, »so werde ich mir dann und wann eine kleine Anfrage über einen von mir gewählten Gegenstand erlauben, übrigens aber gewiß nie irgend einen kleinen Unmut hegen, wenn die Redaktion etwas von mir nicht in die Zeitung aufnehmen sollte.«

Bescheiden sind auch die Absichten, die Hoffmann mit seinem *Ritter Gluck* verbindet. Man vergißt das sehr leicht beim Gedanken an das engmaschige Deutungsnetz, das die Interpretationskunst von Jahrzehnten über die Erzählung nicht ohne Grund geworfen hat, denn tatsächlich haben die zur Formulierung drängenden Erfahrungen und die losgelassene Phantasie des Autors einen erstaunlichen Bedeutungsreichtum in den »kleinen Aufsatz« hineingebracht. Hoffmann übergibt Rochlitz seinen *Ritter Gluck* mit dem werbenden Hinweis, der Aufsatz entspreche einem in der *Allgemeinen Musikalischen Zeitung* gepflegten Genre: dem der erzählerisch aufbereiteten Porträts pittoresker und komischer Sonderlinge. Beliebt war dieses Genre, weil sein erzählerischer Duktus die musiktheoretische, kulturkritische oder moralische Reflexion, um die es dabei in der Regel geht, belebt und auflockert. »Ähnliche Sachen«, so schreibt Hoffmann an Rochlitz, »habe ich ehmals in oben erwähnter Zeitung wirklich gefunden, zum Beispiel die höchst interessanten Nachrichten von einem Wahnsinnigen, der auf eine wunderbare Art auf dem Klavier zu phantasieren pflegte.« (12.1.1809) Hoffmann spielt hier auf die von Rochlitz selbst verfaßte Studie *Der Besuch im Irrenhaus* an, die 1804 in der *Allgemeinen Musikalischen Zeitung* erschienen war. Rochlitz erzählt dort, wie er im Irrenhaus einen Geisteskranken auf dem Klavier so habe spielen hören, daß ihm davon ganz bange geworden sei. Ein in seiner Wehmut fast unerträgliches Andante kontrastierte mit einem Allegro von »wilder Begeisterung und Kraft«. Eine Musik, wie aus einer anderen Welt. »Es überlief mich endlich ein grauenvoller Schauder«, schreibt Rochlitz. Dann zitiert er aus einem Brief des Geisteskranken, der eine ganze Musiktheorie entwickelt. Unter Verwendung zahlreicher Bibelzitate wird darin ausgeführt, daß die Musik die Sprache der besseren Welt sei, die »heilige Rede des himmlischen Lebens«. Das alles ist ganz wörtlich gemeint und wird auch ins Detail geführt, zum Beispiel: »So deutet Grundton, Terz und Quinte, welche drei und doch nur eins sind, auf den dreieinigen Gott, den wir anbeten. Und wie wir den ersten Ton nicht hören können, ohne daß wir jene zwei leise mitvernähmen; so kann niemand sein Herz zum Vater erheben, ohne auch den Sohn und Geist zu verehren.« In diesem »Aufsatz« inszeniert Rochlitz, indem er einen Geisteskranken vorschiebt – egal ob es ihn gegeben hat oder nicht – den Probelauf einer religiös aufgeregten Musiktheorie und erteilt darüber hinaus einem allzu rationalistischen oder dekorativen Musikverständnis einige Seitenhiebe.

Wenn Hoffmann sich ausdrücklich auf Rochlitz' Studie bezieht, so nicht nur deshalb, weil er dem Redakteur, den er für den eigenen Text gewinnen muß, schmeicheln will, sondern auch weil er tatsächlich mit dem *Ritter Gluck* etwas Ähnliches im Sinne gehabt hat: Er will seinem Ärger über die schlechten Mozart- und Gluck-Aufführungen in Berlin, die er vor allem dem dortigen Kapellmeister Bernhard Anselm Weber ankreidet, Luft machen.

Er will seine eigenen Gedanken zu Gluck, den er bewundert und dessen Reformoper immer noch die Geister entzweit, vortragen.

Er will das Ganze in die damals beim Publikum beliebte Form einer Begegnung mit einem Wahnsinnigen kleiden.

Das war es, was ihm zunächst bei seinem »kleinen Aufsatz« vorschwebte, indes ist einiges mehr daraus geworden.

»Der Spätherbst in Berlin hat gewöhnlich noch einige schöne Tage«, so beginnt die Erzählung, der Hoffmann den Untertitel gibt: »Eine Erinnerung aus dem Jahre 1809«. Für den zeitgenössischen Leser, der die Erzählung in der *Allgemeinen Musikalischen Zeitung* vom 15.2.1809 findet, ist es eine Erinnerung an die Zukunft, genauer: an den künftigen Herbst. So betritt man schon mit dem ersten Satz einen imaginären Raum, der sich aber im folgenden mit sehr realistisch gezeichneten Requisiten anfüllt.

Der Schauplatz: der Berliner Tiergarten. Im Gartenlokal »Klaus und Weber« gibt es nur »Mohrrübenkaffee«, auch Berlin leidet unter der Kontinentalsperre. Der herbstsonnige Tag hat viele Berliner ins Grüne gelockt. Das Kaffeehausorchester spielt, ein »kakophonisches Getöse«, klagt der Erzähler. Um sich davor zu schützen, überläßt er sich dem Spiel seiner Phantasie, die ihm »befreundete Gestalten zuführt«. Vielleicht ist auch der Fremde darunter, der, ohne daß es der Erzähler bisher bemerkt hätte, an seinem Tisch sitzt und ihn »starr« anblickt. Von ihm geht eine befremdliche Wirkung aus. Sein »skurriles Lächeln« kontrastiert mit seinem »melancholischen Ernst«, ein »jugendlicher Blick« mit einer ältlichen Erscheinung, ein »moderner Überrock« mit einer altertümlich gestickten Weste... Sein Betragen ist sonderbar. Auf seine Veranlassung hin spielt das Kaffeehausorchester Glucks Ouvertüre zu *Iphigenia in Aulis*.

Der Erzähler – und mit ihm der Leser – gerät in den Bann dieses Fremden, der die Musik mit einer ausdrucksstarken Pantomime begleitet: »So belebte er das Skelett, welches jene paar Violinen von der Ouvertüre gaben, mit Fleisch und Farbe.«

Auf Wunsch des Fremden begeben sich die beiden in ein Seitengemach, um das Gespräch fortzusetzen. Der Fremde, der sich jetzt als Komponist zu erkennen gibt, schildert in mythologischen Bildern sein Erlebnis einer musikalischen Inspiration. Das Gespräch erregt den seltsamen Komponisten so sehr, daß er es nicht mehr beim Erzähler aushält. Fluchtartig verläßt er den Raum. Einige Stunden später, in der Nähe des Brandenburger Tores, trifft der Erzähler ihn wieder. Nun reden die beiden über den Berliner Musikbetrieb, der nach Meinung des Fremden sich an den Werken Mozarts und Glucks versündigt. Wieder bricht der Fremde das Gespräch abrupt ab, und zwar bei den Worten des Erzählers: »Indessen, man tut doch alles, um Glucks Werke zu heben...« »Ei ja«, antwortet darauf der Fremde, »und lächelte dann bitter und immer bitterer. Plötzlich fuhr er auf und nichts vermochte ihn aufzuhalten«.

Zur dritten Begegnung kommt es einige Monate später, natürlich wieder zufällig. Der Erzähler will das Theater betreten, wo Glucks *Armida* gegeben wird. Da entdeckt er den »Sonderling aus dem Tiergarten«, der am Fenster steht und in einem erregten Selbstgespräch eine offenbar gänzlich mißglückende Aufführung ärgerlich kommentiert. »Ich wollte Armida hören«, gesteht der Erzähler kleinlaut; der Fremde unterbricht: »Sie sollen *jetzt* Armida hören! kommen Sie!«

Der Fremde führt den Erzähler in ein »unansehnliches Haus«, Nähe Friedrichstraße. Man tappt im Dunkeln; als es hell wird, findet man sich wieder in einem »sonderbar ausstaffierten Zimmer« mit »altmodisch reich verzierten Stühlen, einer Wanduhr mit vergoldetem Gehäuse«. Alles hat das Aussehen »verjährter Pracht«. In der Mitte des

Raumes steht ein Klavier, darauf ein Tintenfaß aus Porzellan, Notenblätter liegen herum, doch sie sind leer und das Tintenfaß ist mit Spinnweben überzogen. Auch die dicken Folianten mit Glucks Werken, die der Fremde aus einem Schrank zieht, enthalten zum Entsetzen des Erzählers nur leere Seiten. Jetzt setzt sich der Fremde ans Klavier. »Nun sang er die Schlußszene der Armida mit einem Ausdruck, der mein Innerstes durchdrang. Auch hier wich er merklich von dem eigentlichen Originale ab: Aber seine veränderte Musik war die Glucksche Szene gleichsam in höherer Potenz.«

Kein Zweifel, dieser Sonderling ist ein Genie. Er muß tief in den Geist der Gluckschen Musik eingedrungen sein. Wie dieser Mensch Gluck spielt, so hat der Erzähler noch nie Gluck spielen hören. Er gerät in einen Sog, der ihn etwas Befremdliches tun läßt: Er blättert dem Spielenden die leeren Notenblätter um. Er ist »außer sich«, er wirft sich dem Fremden in die Arme, fragt mit »gepreßter Stimme«, wer er sei. Der aber verschwindet für Augenblicke in einem Seitengemach; in »gesticktem Galakleide, reicher Weste, den Degen an der Seite« kehrt er zurück, »sonderbar lächelnd« gibt er die Antwort: »Ich bin der Ritter Gluck«. Damit endet die Erzählung.

Zur Zeit des Erzählgeschehens, im Jahre 1809, ist Christoph Willibald Gluck bereits 22 Jahre tot. Am 15.11.1787 verstarb er in Wien, unter heftigen Krämpfen, nachdem er zuvor gegen ärztlichen Rat ein Glas starken Likör auf einen Zug ausgetrunken hatte. Der »Sonderling aus dem Tiergarten« muß also ein musikalisch genial begabter Verrückter sein, der mit Glucks Musik so vertraut ist, daß er sich schließlich selbst für den Komponisten hält.

In diesem Sinne knüpft Hoffmanns Erzählung tatsächlich an die Rochlitzsche Studie über einen Besuch im Irrenhaus an. Doch schon und gerade die spontane Lektüre gibt sich, damals wie heute, nicht zufrieden mit dieser schnellfertigen Sinngebung, und zwar deshalb nicht, weil das Urteil: ›Dieser Mann ist wahnsinnig‹ sich beim Lesen, wenn überhaupt, erst sehr spät einstellt; zu spät, um jene sichere Grenze zwischen Alltagsvernunft und Wahnsinn ziehen zu können. Rochlitz' Bericht aus dem Irrenhaus läßt diese Grenze nie vergessen, wie überhaupt die in dieser Zeit zahlreichen Reiseberichte in die Welt der Verrückten jene touristische Distanz einer Vernunft wahren, die sich am exotischen Schauspiel ihres Widerparts delektieren will.

Bei Hoffmann wird der Erzähler und mit ihm der Leser in die Welt des ›Verrückten‹ hineingezogen mit dem Ergebnis, daß jenes Wahnsinnsverdikt äußerlich bleiben muß, zu tief ist man bereits ins Innere des Fremden verstrickt. Zwar hat Hoffmann an die Literaturtradition der Wahnsinnsfiguren angeknüpft, doch im Aufbau der Erzählung bemüht er sich, die Spuren des Wahnsinns im Porträt des Sonderlings zu verwischen. Das gelingt ihm durch eine Erzählweise, die den Leser mit dem Erzähler identifiziert und beide im Gefühl der Empathie mit dem Fremden verbindet. Diese Empathie verhindert die klinische Distanz. Mit dem Ritter Gluck soll der Leser am Ende so innig verbunden sein, daß er die phantastische Möglichkeit nicht mehr ausschließen kann, daß er es tatsächlich mit der Wiederkehr des wirklichen, längst toten Gluck zu tun hat.

Während der Entstehungszeit oder kurz nach Fertigstellung des *Ritter Gluck* trägt Hoffmann in seinen Schreibkalender folgendes ein: »Es müßte spaßhaft sein, Anekdoten zu erfinden und ihnen den Anstrich höchster Authentizität durch Zitate usw. zu geben, die durch Zusammenstellung von Personen, die Jahrhunderte auseinander lebten, oder ganz heterogener Vorfälle gleich sich als gelogen auswiesen. – Denn mehrere würden übertölpelt werden und wenigstens einige Augenblicke an die Wahrheit glauben. – Gäbe man ihnen einen Stachel, desto besser.«

Solche »Zusammenstellung« des Heterogenen, des Phantastischen und Realen, des Vergangenen inmitten des Gegenwärtigen, wird zur Signatur des Hoffmannschen Stils werden. Da treibt sich – in der *Brautwahl* – ein im 16. Jahrhundert gevierteilter Goldschmied im Berlin des Jahres 1819 herum; im *Meister Floh* versetzt Hoffmann zwei Naturwissenschaftler des 17. Jahrhunderts ins Frankfurt seiner Tage.

Hoffmann will solchen »Zusammenstellungen«, das betont er in seiner Notiz von 1809, einen »Stachel« geben, er will nicht nur den wohlmeinenden Leser »übertölpeln«. Welchen »Stachel« hat er seinem *Ritter Gluck* gegeben?

Zunächst einmal will er dem Berliner Musikbetrieb den Prozeß machen. Er spielt deshalb die phantastische Möglichkeit durch, Gluck würde noch leben und weilte in Berlin. Wie müßten ihm doch dann die gegenwärtigen Aufführungen seiner und Mozarts Opern zur Qual werden! Mehr noch: Die Berliner Musikszene würde, wenn Gluck leibhaftig anwesend wäre, sein Genie gar nicht erkennen; er wäre, wie der sonderbare Fremde der Erzählung, zur Existenz als »abgeschiedener Geist« verurteilt. Er könnte nur noch Reißaus nehmen, wenn er mit anhören müßte, wie der Kapellmeister Weber Ouvertüren und Arien aus verschiedenen Gluckschen Opern bunt durcheinandermischt, wie die Bühnenarbeiter in die Rezitative hineinpoltern, wie die Pauken die Melodien erschlagen, wie die Balettänzerinnen über ihre Schuhschleifen stolpern.

Das Urteil des wiedergekehrten Gluck über das gegenwärtige Berliner Musikleben würde, mit den Worten des Fremden aus der Erzählung, so lauten: »Ja, öde ist's um mich her, denn kein verwandter Geist tritt auf mich zu. Ich steh allein.«

In Hoffmanns ursprünglichem Text, der nicht mehr erhalten ist, waren die Ausfälle gegen das Musikleben Berlins noch zahlreicher und schärfer. Der vorsichtige Rochlitz hatte aber einiges herausgestrichen, was Hoffmann bedauerte.

Inspiriert hat Hoffmann zu dieser Gluck-Phantasie wahrscheinlich auch jene Anekdote über Mozarts Berlin-Besuch im Jahre 1789, die man sich damals immer noch erzählte: Es wird Mozarts *Entführung aus dem Serail* gegeben. Im Publikum macht sich ein kleines, dickliches Männlein durch laute Mißfallenskundgebungen und durch wildes Gestikulieren unangenehm bemerkbar. Das Publikum pfeift, als der Unbekannte einem Violinisten zuruft: »Verflucht! Wollt's Ihr D greifen!« Die Empörung schlägt allerdings sofort in Begeisterung um, als sich herausstellt, daß der Störer niemand anderes als Mozart selbst ist, der inkognito der Aufführung beiwohnen wollte. Den ausübenden Künstlern jedoch fährt der Schreck in die Glieder, eine Sängerin wagt sich nicht mehr auf die Bühne. Mozart muß sie trösten und soll sich dabei in sie verliebt haben.

Der zweite »Stachel« der Erzählung sitzt tiefer: Es geht dem in Berlin und soeben auch in Bamberg als Musiker und Komponist gedemütigten Hoffmann um eine phantastische Selbstaufwertung, denn die geheime Logik des ganzen Arrangements lautet: wenn schon Gluck, das Genie, falls er namenlos wiederkehrte, unerkannt und unbeachtet bliebe, dann braucht sich der tatsächlich namenlose Hoffmann von der mangelnden Würdigung seines Werkes nicht beirren zu lassen. Die imaginäre Gemeinsamkeit mit dem wiedergekehrten Gluck der Phantasie besteht im Verkanntsein. In einem Berlin, wie es Hoffmann erlebt hat, müssen beide, Gluck und der erfolglose Komponist Hoffmann, ihrer Welt verborgen bleiben. Diese gemeinsame Verborgenheit stiftet ihren geheimen Bund.

Tatsächlich verstrickt sich denn auch diese phantastische Logik in die Motivwelt des damals populären Geheimbundromans, den Hoffmann schätzte und an den er bereits mit seinen ersten literarischen Versuchen angeknüpft hatte. Einem Publikum, das in der Motivwelt der vielgelesenen Bundesromane eines Vulpius, Spieß und Grosse lebt, ist die geheimnisvolle Wiederkehr oder das gespensterhafte Fortleben einer Person, die in der erzählten Zeit eigentlich nicht mehr leben dürfte, nichts Ungewöhnliches. Die Revenants gehören zum Inventar solcher Romane, ebenso wie die erschreckende Anrede im Gewühl der Stadt, das ›zufällige‹ Wiedersehen, die Enthüllung und Einweihung im Seitenzimmer. Im Geheimbundroman verketten sich die Motive zu einem bestimmten Handlungstyp, der auch im *Ritter Gluck* durchscheint.

Da ist zunächst ein gesellschaftliches Milieu, eine Situation, die nicht ›in Ordnung‹ ist. Ein Angehöriger dieses Milieus wird unverhofft von einem Sendboten, einem Emissär einer besseren, jedenfalls anderen Ordnung angesprochen. Diese ›andere‹ Ordnung gehört einer ›anderen‹ Zeitebene an: der Vergangenheit und manchmal auch der Zukunft. Der Emissär lebt deshalb auch in mehreren Zeiten. Oft ist er der Revenant, der Tote, der nicht sterben kann, ehe seine Schuld gesühnt ist. Die gegenwärtig herrschende ›schlechte‹ Ordnung hat etwas mit seiner Schuld zu tun. Oft weiß man nicht genau was. Um sie abzutragen, versucht er eine Gemeinschaft der Besseren – die natürlich auch die ›Schlechteren‹ sein können – zu stiften. Eine andere Ordnung, wenn sie ins Leben träte, würde auch ihn erlösen. Seine Schuld wäre gesühnt. Der ewige Jude Ahasver ist der Prototyp dieser Emissäre. Er ist in den einschlägigen Romanen in verschiedenerlei Gestalt gegenwärtig. Ahasver kann nicht sterben, weil er dem kreuztragenden Christus nicht geholfen hat. Nun büßt er seine Schuld, indem er unter den Unchristlichen zu leben verdammt ist. Er kommt von seiner Schuld nicht los, solange das Böse, das er mitbegründet hat, nicht aus der Welt ist. Es gibt einen schwarzen und einen weißen Ahasver. Der ›schwarze‹ steht unter dem blinden Zwang, das Böse fortzeugen zu müssen; der ›weiße‹ will es beenden: Er knüpft ein Netz von Beziehungen im Untergrund, eine verschwiegene Gemeinschaft der Auserwählten, eine erlösungbringende Verschwörung gegen den bösen Fluch, der über allem liegt. Der Emissär durchstreift vorzugsweise die großen Städte und im Gewimmel der Menschen, auf Marktplätzen, in Gartenlokalen und Kaschemmen, auf der Straße, spricht er einzelne, »Auserwählte« an, von hinten zumeist, und sucht sie in seinen Bann zu ziehen. Das 18. Jahrhundert nennt diesen Vorgang Proselyten machen. Das Treiben der Illuminaten und der Rosenkreutzer und vor allem die Phantasien und Phobien, die sich darum ranken, haben hier Pate gestanden. Der Emissär, jene verschwiegene Gestalt im Lärm der Tage und der Straße, verhilft dem Proselyten zur Erleuchtung durch nächtliche Geheimnisse.

Nach dem Modell solcher Emissäre ist Hoffmanns Ritter Gluck konzipiert und der Erzähler ist ein »Auserwählter«.

Der Gluck der Erzählung büßt einen Verrat, indem er unter denen weiterleben muß, an die er sich verraten hat. Er verriet seine Kunst an die Banausen und ist nun verdammt, unter ihnen, wie Ahasver, als »abgeschiedener Geist« zu leben. »Aber ich verriet Unheiligen das Heilige,... da wurde ich verdammt, zu wandeln unter den Unheiligen, wie ein abgeschiedener Geist – gestaltlos, damit mich niemand kenne.« Die Welt, gegen die Gluck, der Emissär, und der Erzähler, sein Proselyt, sich verschwören, ist die Berliner Musikszene mit ihren Rezensenten, ihrem Publikum, ihren Lieblingskomponisten und Musikdirektoren, die alle den Geist der wahren Musik verraten. Nur weil der Erzähler kein Berliner ist, hält ihn der Emissär Gluck für wert, ins Geheimnis eingeweiht zu werden: »›Warum fragten Sie mich, ob ich ein Berliner sei?‹ begann ich. – ›Weil ich in diesem Fall genötigt gewesen wäre, Sie zu verlassen!‹« Das öffentliche Gewühl der großen Stadt war der Schauplatz der vorsichtigen Annäherung, dabei dürfen noch keine Namen fallen. »Ich kenne Sie nicht«, sagt der Fremde, »dafür kennen Sie mich aber auch nicht. Wir wollen uns unsere Namen nicht abfragen; Namen sind zuweilen lästig.« Die Einweihung ereignet sich, wie sollte es auch anders sein, in einem »sonderbar ausstaffierten Zimmer«. Das magische Einweihungsritual ist im *Ritter Gluck* das Spiel des Fremden und das Umblättern der leeren Seiten durch den Erzähler.

Das Geheimnis dieses neu gestifteten Bundes ist: Der vom

Musikbetrieb stets aufs neue getötete Gluck lebt. Er offenbart sich aber nur Auserwählten. Man muß etwas von seinem Genie haben, um ihn zu erkennen. Der Erzähler hat es. Er gehört zur happy few der wahren Musiker.

Man merkt: In seiner Erzählung will Hoffmann, der soeben gescheiterte Musikdirektor, die Stimme des Selbstzweifels überspielen. Doch das gelingt nicht. Sie bleibt unüberhörbar. Allerdings versteckt sich dieser Selbstzweifel hinter einer weiteren literarischen Reminiszenz, die in der Erzählung anklingt. Wenn Hoffmann beginnt: »Der Spätherbst in Berlin hat gewöhnlich noch einige schöne Tage...; da setze ich mich hin, dem leichten Spiel meiner Phantasie mich überlassend, die mir befreundete Gestalten zuführt, mit denen ich über Wissenschaft, über Kunst... spreche«, dann intoniert er eine Erkennungsmelodie.

Vier Jahre zuvor war eine Erzählung erschienen, deren erste Sätze so lauten: »Es mag schön oder häßlich Wetter sein, meine Gewohnheit bleibt auf jeden Fall, um fünf Uhr abends im Palais Royal spazierengehn... Ich unterhalte mich mit mir selbst von Politik, von Liebe, von Geschmack oder Philosophie und überlasse meinen Geist seiner ganzen Leichtfertigkeit.«

Es handelt sich hier um die Dialogerzählung *Rameaus Neffe* von Diderot, die 1805 in Goethes Übersetzung erschien und sogleich zur Lieblingslektüre Hoffmanns wurde. Diese »sehr geistreiche Satire« (Schiller) auf die moralischen und ästhetischen Raffinements einer mondänen Gesellschaft am Vorabend der Revolution, dieses aus der Diogenes-Perspektive gezeichnete Porträt einer doch auch glanzvollen Epoche fand damals nicht die Wertschätzung, die sich Goethe, der Diderot sogar noch über Rousseau stellte, erhofft hatte. Kaum 800 Exemplare des Buches wurden verkauft, und die wenigen Rezensionen urteilten zumeist absprechend, man empörte sich über den angeblichen Zynismus der Gesinnung und die Unflätigkeit des Ausdrucks, die man darin zu entdecken glaubte. Es war also ein kleiner Kreis von Liebhabern dieses Textes, zu dem Hoffmann gehörte.

Wie Diderots Philosoph befindet sich Hoffmanns Erzähler im Großstadtgewühl, beide überlassen sich zunächst dem Gewimmel in ihrem Kopf, beide werden sie plötzlich von einem seltsamen Menschen, der sich aus der Masse heraushebt, in Anspruch genommen: Rameaus Neffe bei Diderot, der vorgebliche Ritter Gluck bei Hoffmann. Den Eindruck musikalischen Genies vermitteln beide Figuren. Durch bloßes Mienenspiel, Gestik, angedeutete Intonation bewirken sie die Suggestion eines außerordentlichen Musikerlebnisses. In ausschweifenden Reden, eindrucksvollen Pantomimen und mit beängstigender Lungenkraft gibt sich Rameaus Neffe als Parteigänger eines Musikstils zu erkennen, der seit der Pariser Aufführung der *Iphigenie auf Aulis* am 19.4.1774 mit dem Namen Gluck verbunden ist. (Im selben Jahr übrigens beendet Diderot seine Arbeit an der Dialogerzählung.) Rameaus Neffe fordert, was Gluck dann einlöst: die Überwindung der prunkvollen, auf Kehlenvirtuosität berechneten italienischen Ausstattungsoper und die Erneuerung des akademisch erstarrten Aufführungsstils des französischen Opernklassizismus eines Lully. An die Stelle der musikalisch stereotypen Umsetzung eines starren Affektschemas soll die Naturwahrheit des musikalischen Ausdrucks treten: Musik im Dienst psychologischer Individualisierung und handlungsbezogener Nuancierung.

In Diderots Erzählung taucht der Name Gluck nicht auf, doch es ist der Glucksche Rezitativstil, den Rameau mit begeisterten Worten schildert: »Der Gesang ist eine Nachahmung durch Töne..., eine Nachahmung physischer Laute oder leidenschaftlicher Töne.« Die »natürliche Deklamation« mit ihrem nuancierten Ausdruck von Stimmungen, Leidenschaften und Haltungen soll das Muster des Gesangs sein, fordert der Neffe Rameau und genau in diesem Sinne reformiert Gluck wenig später den Operngesang.

Diderots »Neffe Rameau« deutet auf den wirklichen

Gluck voraus, und Hoffmanns Phantasie weist auf den wirklichen Gluck zurück; so sind sie beide, Hoffmanns Gluck und Diderots Rameau, miteinander verknüpft. In den Verdammungsurteilen des geheimnisvollen Fremden bei Hoffmann hört man die Tiraden des Neffen Rameau, der auf großstädtischem Schauplatz überall die Selbstbehauptungskämpfe von Heuchlern, Geldschneidern und Ruhmgierigen entdeckt. Dies alles fügt sich gut in die musiktheoretische und polemische Tendenz des *Ritter Gluck* ein, ist aber doch nicht der entscheidende Aspekt, unter dem Hoffmann die Wiederkehr des Neffen Rameau in Gluckscher Gestalt inszeniert.

Rameaus Präsenz in Hoffmanns Erzählung repräsentiert die pochende Gegenwart des Selbstzweifels. Rameau, der geistreiche Kopf, der subtile Musiktheoretiker, der Spötter, der Zyniker, der Schwärmer, er ist bei Diderot auch und vor allem ein Komponist ohne Fortune, ein Musiker, der an seinem Talent zweifelt und darüber fast wahnsinnig wird. »Und so war, so bin ich voller Verdruß, mittelmäßig zu sein«, sagt er und kann nicht ohne Neid das gelungene Werk eines anderen würdigen. Der Gedanke: »Dergleichen wirst du niemals machen«, bohrt in ihm. Er hat seine Inspirationen, seine Eingebungen, doch will er die innere Musik ins Werk setzen, so beginnt ein entsetzliches Drama: »Bin ich allein und nehm' ich die Feder, will ich schreiben, so zerbeiß' ich mir die Nägel, nütze die Stirn ab..., der Gott ist abwesend. Ich glaubte Genie zu haben; am Ende der Zeile lese ich, daß ich dumm bin, dumm, dumm.« Er schlägt mit der Faust gegen den Kopf, ruft: »*Entweder ist niemand drinnen, oder man will mir nicht antworten*«, dies ist die Formel seines abgründigen Selbstzweifels, der ihn im Unklaren läßt, ob er nichts mehr kann oder ob ihm nur die Anerkennung fehlt.

Diese Geste – das Kopfschlagen – gibt Hoffmann auch seinem Ritter Gluck, als Zeichen der Verwandtschaft. Die Beobachtung des Erzählers (»Ein schärferer Blick auf diese

Vorrichtung zum Komponieren überzeugte mich jedoch, daß seit längerer Zeit nichts geschrieben sein mußte«) bekommt in dem Licht, das von Rameaus Neffe auf die Hoffmannsche Erzählung fällt, eine veränderte Bedeutung: Der Fremde, der behauptet, Gluck zu sein, hat seine eigentliche schöpferische Phase, wenn er sie denn überhaupt gehabt hat, bereits hinter sich. Seine künstlerischen Aufschwünge sind doch nicht mehr als kreative Variationen einer Vorlage, inspirierte Reproduktion. Jetzt gilt von seiner schöpferischen Kraft: zuviel zum Sterben, zuwenig zum Leben. Auch diesen Sinn offenbart die Gestalt des Gluck Revenant. Doch wir sind noch nicht am Ende; Hoffmann dreht die Bedeutungsspirale seiner Erzählung noch ein Stück weiter.

Dieser Ritter Gluck, der als Figur in einer literarischen Experimentalanordnung zum Zwecke der Kritik des Musikbetriebs und der phantastischen Selbstaufwertung eines frustrierten Komponisten agiert und zugleich als zerknirscht-selbstzweiflerischer Vetter des Neffen Rameau auftritt – er ist und bleibt doch auch, an Rochlitz' Irrenhausinsassen anknüpfend, der wahnsinnige Musikenthusiast. Und was das methodische Interesse bei der literarischen Inszenierung des Wahnsinns betrifft, so hat Hoffmann anläßlich seines Plans zu den *Lichten Stunden eines wahnsinnigen Musikers* in einem Brief an Hitzig vom 28.4.1812 folgende aufschlußreiche Bemerkung gemacht. »Um jeder anscheinenden Exzentrizität Platz und Raum zu gönnen«, schreibt er, »sind es Aufsätze von einem wahnsinnigen Musiker in lichten Stunden geschrieben.«

Der Ritter Gluck ist für ihn also auch die Stimme des Essays, die erzählerische Freiheit für den gelockerten Gedanken. Ihm kann er seine Ansichten, auch wo sie »exzentrisch« sind, übergeben. Sie zielen auf eine erhabene Verwerfung der Selbstzweifel. Die Rameausche Formel der Zerrissenheit: »*Entweder ist niemand drinnen, oder man will mir nicht antworten*«, wird entkräftet. Eine ganze Inspirationslehre, an Platons Höhlengleichnis angelehnt, läßt Hoffmann seinen Ritter Gluck entwickeln, um die Selbstzweifel in einer erhabenen Dichotomie von Wahrheit und Täuschung, von Innen und Außen zu ersticken: *Es ist doch etwas darin, aber draußen gibt man keine Antwort. Man braucht sich nicht an den Kopf schlagen.*

Die Inspirationslehre statuiert drei Bereiche: Da ist zunächst die »Heerstraße« – das ist die Welt der Äußerlichkeit, der Effekthascherei, die Domäne des Musikbetriebes. Man muß sie verlassen. Dann kommt man in das »Reich der Träume« – das ist die Welt der musikalischen Phantasie, der Traum vom großen Werk, noch nicht das Werk selbst. Wenn man zu den wirklich Begabten, zu den »Auserwählten« gehört, dann bricht, wie in Platons Höhlengleichnis, in die Träume der »Strahl der Wahrheit« – das erst ist die Inspiration, die schöpferische Ekstase, die heilige Begeisterung.

Hoffmanns Ritter Gluck schildert die Inspiration als etwas, das geschieht, das einem widerfährt; als etwas, das den Kräften des Ichs nicht integriert werden kann, ihnen nicht verfügbar ist. Die Inspiration ist geradezu eine Erlösung vom armen Ich, das sich zwischen Lähmung und Hochtrieb abplagt: »Nacht war's und mich schreckten die grinsenden Larven der Ungeheuer, welche auf mich einstürmten und mich bald in den Abgrund des Meeres versenkten, bald hoch in die Lüfte emporhoben. Da fuhren Lichtstrahlen durch die Nacht, und die Lichtstrahlen waren Töne, welche mich umfingen mit lieblicher Klarheit.«

Die Inspiration bringt ein neues, unwillkürliches Ich hervor. In seiner Ekstase ist es zerbrechlich, flüchtig, vor allem aber getrennt vom ›normalen‹ Ich, »abgeschieden«. Die Dichotomie von Innen und Außen wird noch ins Innere selbst getragen: Das über sich verfügende Ich ist ›außen‹, ist von den Quellen der Inspiration getrennt; sie sind jenes »Heilige« im Innersten, das man sehr leicht »verraten« kann, wenn man seine Eingebungen den äußeren Maßstäben oder gar Moden des Mitteilbaren oder Mitteilenswürdigen opfert.

»Alles dies, mein Herr«, bekennt der Ritter Gluck, »habe ich geschrieben, als ich aus dem Reich der Träume kam. Aber ich verriet Unheiligen das Heilige.« Hoffmann gibt hier nicht nur zu verstehen, daß er Glucks Werke nach der *Iphigenia in Tauris* von 1779 für nicht mehr so gelungen ansieht, er deutet darüber hinaus viel grundsätzlicher auf jene Gefährdung des künstlerischen Hervorbringens hin, das immer, soll es gelingen, der Bindung an die schöpferische Mitte, über die das absichtsvolle Ich aber keine Gewalt hat, bedarf. Hoffmann, der wußte, daß ihm als Komponist der große Wurf noch nicht gelungen ist und der darüber an sich selbst zweifeln, ja verzweifeln konnte, entwickelt hier eine trostreiche Theorie, wonach das Schöpferische ein Ereignis ist, das man nicht bewirken kann, sondern zulassen muß. Die Anstrengung und Anspannung liegt eher darin, Störungen, wie sie durch Rücksichten auf den Publikumsgeschmack, auf die Wirkung, das Geld und die Eitelkeit hervorgerufen werden, von sich abzuhalten. Hier will einer von seiner Enttäuschung darüber, daß man ihm als Komponist »keine Antwort« gibt, loskommen, indem er eine von solcher Anerkennung unberührbare Mitte sucht.

Soweit die Bedeutungsspirale.

Das nicht-analytische Lesen läßt sich – damals wie heute – auch auf andere Weise mitziehen und gewinnt auch andere Eindrücke, auf die es dem Autor sicherlich nicht zuletzt ankommt. Die unterscheidbaren Bedeutungsstimmen verdichten sich in der spontanen Lektüre zum ahnungsvollen Raunen. Die Stimmen werden zur Stimmung. Zurück bleibt ein leises Grauen und eine sanfte Entrückung. Da taucht an einem klaren, sonnigen Herbsttag im Tiergarten die dunkle Gestalt eines Fremden auf, egal ob es nun ein lebender Toter oder ein Wahnsinniger ist, und führt den Erzähler und mit ihm den Leser in eine Welt, die für Augenblicke die kontrollierende und zensierende Instanz des Realitätsprinzips entmachtet. Man liest, läßt sich auf eine etwas unheimliche Art bezaubern; wenn alles zu Ende ist, reibt man sich die Augen und kehrt, ein wenig widerwillig, auf den Boden der sogenannten Tatsachen zurück und merkt vielleicht, was man schon als Kind wußte, daß man die ›Tatsachen‹ nicht zu eng sehen darf.

Von einem Pedanten erzählt Hoffmann, daß er nach dem Anhören einer ergreifenden Sinfonie seinen Nachbarn gefragt habe: »Und was, mein Herr, beweiset uns das...?«

Dreizehntes Kapitel
Der Bamberger Musikdirektor und sein Schatten

Am 1.9.1808 kommen Hoffmann und Mischa in Bamberg an und beziehen eine kleine Wohnung im Hause eines Schönfärbers.

Aus der Ferne hatte Süddeutschland für Hoffmann großen Reiz. Seine Phantasie spiegelte ihm Gegenden, Städte und Menschen vor, die schon ein wenig im Glanze des so geliebten, aber nie gesehenen Italiens schimmern. Er hat zunächst auch keinen Grund zur Enttäuschung. Eine »schöne freundliche Stadt« nennt er Bamberg in seiner auf dem Sterbelager 1822 diktierten Erzählung *Meister Johannes Wacht*. Darin schildert er die ehemals fürstbischöfliche Residenz, die verwinkelten Gassen, die windschiefen altertümlichen Fachwerkhäuser, das Dorf Bug mit seinem Ausflugslokal, die in die Landschaft übergehenden Gärten der Häuser am Stadtrand, die soliden Handwerker, die noch in der Tradition ihres Gewerbes, ihrer Sitten und ihres Brauchtums wurzeln.

Natürlich ist man hier nicht weltoffen. Vorherrschend ist ein spröder, konservativer Eigensinn allem gegenüber, was die Menschen aus den Bindungen des Herkommens und aus ihrem Behagen aufstören könnte. Manchmal entwickelt sich daraus auch ein wunderlicher Tick, wie etwa beim Zimmermann Johannes Wacht in der gleichnamigen Erzählung, der in schon fast kohlhaasischer Manier seinen Widerwillen gegen die ganze neumodische Juristerei zur fixen Idee steigert und dabei fast sein eigenes und das Glück seiner Anverwandten zerstört hätte. Trotzdem ist Meister Wacht das Prachtexemplar eines würdigen, bedächtigen, lebensklugen, ein wenig grüblerischen, findigen und humorvollen Handwerkers, der prosaisch ist ohne philiströs zu sein.

Auch die jungen Mädchen dieser Gegend hat Hoffmann in guter Erinnerung behalten. »Im südlichen Deutschland«, schreibt er im *Meister Wacht*, »vorzüglich in Franken, und zwar beinahe nur ausschließlich in der Bürgerklasse, trifft man solche feine, zierliche Gestalten, solche lieblich fromme Engelsgesichtlein, süße Sehnsucht des Himmels in den blauen Augen, des Himmels Lächeln auf den Rosenlippen, daß man wohl gewahrt, wie die alten Maler die Originale zu ihren Madonnen nicht weit suchen durften.«

Es ist ein katholisches Milieu, in dem die Mädchen an die Marienbilder der zahlreichen Kirchen, Klöster und Kreuzwege Bambergs erinnern. Man ist hier fromm, aber doch auch sinnenfroh. Die religiösen Kulte und Kirchenfeste entfalten eine immer noch barocke, farbenfrohe Pracht. Selbst die Leichenzüge bieten ein pittoreskes Bild: Eine Totenfrau ruft in den hallenden Gassen den Namen des Verstorbenen aus. Das Volk strömt zusammen; besonders die jungen Mädchen, die sonst wenig ins Freie kommen, finden sich in großer Anzahl ein, in dunkelfarbige Trachten gekleidet mit großen Haubenschleifen am Kopf; wenn der Wind an ihnen zerrt, »so ist es nicht anders, als wenn ein ganzes Heer von schwarzen Raben oder Adlern jählings wach werde und den rauschenden Flug beginnen wolle« (*Meister Wacht*).

Im Bilde Bambergs, das Hoffmann im *Meister Wacht* zeichnet, sind nicht nur durch die versöhnliche Distanz der

Erinnerung die Spuren jener »Marterjahre«, die er dort verbracht hat, getilgt; er läßt die Erzählung in der ›guten, alten Zeit‹ spielen, als die Leute noch »unter dem Krummstab wohnten«, zur Regierungszeit des Fürstbischofs also. Als Hoffmann nach Bamberg kommt, lebt diese alte Zeit fast nur noch in den Erzählungen der Einheimischen, bei denen das Neue, das die napoleonische Ära gebracht hat, nicht gut angesehen ist.

Die napoleonische Neuordnung der deutschen Territorien macht 1802 dem seit 800 Jahren bestehenden Fürstbistum Bamberg ein Ende. Es wird dem von Napoleon abhängigen Königreich Bayern eingegliedert. Kirchliche Besitztümer werden säkularisiert. Noch zu Hoffmanns Zeiten erzählt man sich die empörende Geschichte, wie das Brautkleid der hl. Kunigunde aus dem Domschatz auf ein Brett genagelt und mit einem Gerbermesser der Perlenschmuck abgeschabt wurde. Einige Kirchen Bambergs wurden zerstört, manche Klöster und Stifte der Umgebung aufgehoben. Die kleine Universität am Ort stellt ihren Lehrbetrieb ein; die kommunalen Organe der ständischen Selbstverwaltung verschwinden. Bamberg wird nun von München aus regiert. Ortsfremde Beamte kommen in die Stadt, die einheimischen werden in entfernte Landesteile geschickt: So will die Regierung straffe Zentralisierung, Vereinheitlichung der Verwaltung und Einebnung regionaler Unterschiede erreichen. Also auch in Bamberg kann Hoffmann sich wieder einmal davon überzeugen, daß »der Gewaltige«, wie er im Kreislerroman Napoleon nennt, »in seinem Tun und Lassen etwas ganz Unwiderstehliches« hatte. Dazu gehört, daß ehemals regierende Häupter wie Staatspensionäre hin und her geschoben werden. Hoffmann hat in Bamberg Gelegenheit, die chimärische Hofhaltung eines mediatisierten Fürsten ohne Territorium aus nächster Nähe zu beobachten: Der Herzog Wilhelm von Bayern hatte sein Land, das Herzogtum Berg, an den französischen General Murat abtreten müssen, und man hatte ihm seinen Wohnsitz in Bamberg angewiesen, wo er in Erinnerung besserer Zeiten in strenger Förmlichkeit Hof hielt, als gäbe es für ihn noch etwas zu regieren. Im Kreislerroman zeichnet Hoffmann ein Porträt dieser Groteske von Napoleons Gnaden: Fürst Irenäus habe sein Ländchen, »auf einem Spaziergange über die Grenze, aus der Tasche verloren«, sei aber mit einer reichlichen Apanage entschädigt worden, die er in Sieghartsweiler verzehren mußte. Dort tat er so, »als sei er regierender Herr, behielt die ganze Hofhaltung, seinen Kanzler des Reichs, sein Finanzkollegium etc. etc. bei, erteilte seinen Hausorden, gab Cour, Hofbälle, die meistenteils aus zwölf bis fünfzehn Personen bestanden, da auf die eigentliche Courfähigkeit strenger geachtet wurde, als an den größten Höfen, und die Stadt war gutmütig genug, den falschen Glanz dieses träumerischen Hofes für etwas zu halten, das ihr Ehre und Ansehen bringe. So nannten die guten Sieghartsweiler den Fürsten Irenäus ihren gnädigsten Herrn, illuminierten die Stadt an seinem Namensfeste, und an den Namenstagen seines Hauses, und opferten sich überhaupt gern auf für das Vergnügen des Hofes«.

Napoleons Realpolitik war selbst schon eine Satire auf die altehrwürdige Legitimität deutscher Fürstenhäuser, so konnte der Satiriker Hoffmann, wenn er aus der Perspektive bürgerlichen Leistungsbewußseins die hohlen Anmaßungen fürstlicher Souveränität anprangern wollte, streng realistisch bleiben: Beim ›pensionierten‹ Herzog Wilhelm in Bamberg wird es wohl genau so zugegangen sein wie am Hofe des Fürsten Irenäus in Sieghartsweiler.

Doch auch der frischgebackene Musikdirektor Hoffmann mußte sich für die Vergnügungen des Hofes einspannen lassen. Schon im November 1808 komponiert er für den Namenstag der Herzogin eine »empfindsame Musik«, die so gut ankommt, daß in der herzoglichen Loge Mutter und Tochter sich weinend in die Arme fallen. »Ich erhielt«, schreibt Hoffmann in einem Brief an Hitzig vom 1.1.1809, »mit sehr gnädigen Ausdrücken von der Prinzessin Mutter für die verschaffte Rührung 30 Carolin... Nun bin ich auch auf gewisse Weise bei dem Hofe introduziert, singe im Hofkonzert und werde die Gemahlin des Herzog Pius, sobald sie den Katarrh verloren hat, welches, wie der Hofmarschall versichert, sich Mitte März zu ereignen pflegt, wo sie... auf der Terrasse etwas weniges Sonnenschein gnädigst einzunehmen pflegen, im Gesange unterrichten.«

Die in Bamberg ansässigen adligen Familien – die »Courfähigen« – versammelten sich also bei den Assembleen, Konzerten und Bällen am bescheidenen Hof des Herzog Wilhelms und seines schwachsinnigen Sohnes Pius (dem Urbild des infantilen Prinzen Ignaz im Kreislerroman); doch man trieb die Exklusivität nicht zu weit: Auch die bürgerliche Geselligkeit lockte. Das Bürgertum hatte – ganz im Geiste der Zeit – auch in Bamberg sich nicht mit den zahlreichen Bierschenken zufriedengeben wollen. Man traf sich in bestimmten Häusern, um über Kunst, Politik und Literatur zu sprechen; man las sich vor; Hausmusiken wurden veranstaltet, zu denen man Gäste lud. Zu den selbstbewußtesten Häuptern des bürgerlichen Milieus zählte Adalbert Friedrich Marcus, Direktor des örtlichen Krankenhauses und weithin bekannter Arzt und Naturphilosoph. Zusammen mit seinen Brüdern gründete er zunächst einen »Club zum Zwecke edler Unterhaltung«. Adlige und Militärs waren ausdrücklich ausgeschlossen. Aus diesem Club entwickelte sich die »Gesellschaft der Honoratioren«, der nun auch Adlige beitreten konnten. Zu Hoffmanns Zeiten nannte man sich »Harmonie-Gesellschaft«. Daß Hoffmann im Februar 1809 dort Mitglied werden konnte, signalisiert eine gewisse gesellschaftliche Anerkennung, die er sich inzwischen – nach drei Monaten – in der Stadt erworben hat.

Das vom Katholizismus stark geprägte geistige Leben der Stadt ist schon sehr bald in Berührung mit romantischen Bestrebungen gekommen. 1793 lernten Tieck und Wackenroder hier die Glanzentfaltung des katholischen Kultus, seine Bräuche und sein die Sinne bezauberndes Gepränge kennen. Sie sind hingerissen. Sie erleben eine farbenprächtige Prozession mit Fahnen, Weihrauch und Monstranzen, wohnen einem Hochamt mit Musik und Chorgesang in der festlich geschmückten und im bläulichen Ampellicht schimmernden Domkirche bei. Eine solche auf die Sinne wirkende Inszenierung der Mysterien regt die beiden jungen Männer, die soeben der Schule der Aufklärung entlaufen, zu den Ideen ihrer Kunstreligion an. Auch ihr idealisiertes Mittelalterbild hat in den Gassen und vor den ehrwürdigen alten Hausfassaden am Markt deutlichere Konturen bekommen. Die Bamberger haben den Enthusiasmus der beiden zu würdigen gewußt. Die 1798 erschienenen *Herzensergießungen eines kunstliebenden Klosterbruders* von Wackenroder und Tieck werden bei ihnen eifrig gelesen.

Ähnlich wie Tieck und Wackenroder hat auch August Wilhelm Schlegel sich hier eine lebendige Vorstellung des katholischen Mittelalters gebildet. Während seiner Arbeit an der Calderon-Übersetzung besucht er einige Male Bamberg und schreibt später in einem Brief darüber: »In einer bischöflichen Residenz (Bamberg) wohnte ich oft dem Gottesdienste bei und fand darin einige Erleichterung. Ist es ein Wunder, daß bei einer solchen Stimmung der Zauber des Rituals mit seinem ganzen Gepränge einen gewaltigen Eindruck auf mich machte? Es war das erste Mal, daß ich die Religion majestätisch, mit einem Festgewande angetan, sah, an Stelle jener eintönigen Trauerkleidung, die sie in den protestantischen Kirchen trägt.« Auch Caroline Schlegel, die Muse der Romantik, kam im Jahre 1800 mit ihrer Tochter aus erster Ehe, Auguste Böhmer, nach Bamberg. Sie ist auf der Durchreise zu einem Kuraufenthalt, bleibt aber einige Wochen hier, um sich von Marcus, der die ›moderne‹ psychosomatische Methode der Brownianer anwendet, behandeln zu lassen. Ihrer Freundin Dorothea Veit, der späteren Frau Friedrich Schlegels, schickt sie Heiligenbilder und Texte von Kirchengesängen, worauf die aufgeklärte Jüdin,

219

die Tochter des Moses Mendelssohn, antwortet, wenn sie einmal Christin würde, so müsse sie durchaus in Bamberg katholisch werden.

Auch Hoffmann hat sich in Bamberg vom Geist des Katholizismus – zwar nicht religiös, sondern ästhetisch – inspirieren lassen. Hier intensiviert er seine Beschäftigung mit der alten Kirchenmusik der Palestrina, Marcello, Leo, Durante. Hier komponiert er sein umfangreichstes und gelungenstes geistliches Werk, das *Miserere* für Soli, Chor und Orchester (1809). Hier macht er sich mit Geist und Atmosphäre des klösterlichen Lebens vertraut, lernt auch den im Bamberg der Säkularisierung zahlreich vertretenen Typ des ehemaligen Mönchs kennen, wovon er Anregungen empfängt für den stimmungshaften Hintergrund der *Elixiere*. Hier beginnt er damit, Klöster und Kirchen als künstlerische Schutzräume, als Zufluchtstätten vor dem ärgerlichen Kulturbetrieb zu imaginieren. Im Kreislerroman ist es deshalb auch ein Klosteraufenthalt, der den Kapellmeister zum Höhepunkt seines künstlerischen Schaffens führt.

Romantischer Geist hat in Bamberg besonders auf dem Gebiet der Medizin und der Naturphilosophie Fuß gefaßt. Der schon mehrfach erwähnte Arzt Friedrich Albert Marcus wirkte dabei bahnbrechend. Er war einer der ersten in Deutschland, der die Erregungstheorie des schottischen Arztes Brown aufgriff (1780), eine Theorie, die der späteren romantischen Naturphilosophie vorarbeitete, indem sie von der körperlich-seelischen Einheit des Organismus ausging, die sich über die Polarität von Reiz und Erregbarkeit herstelle. Krankheit ist dieser Theorie zufolge ein gestörtes Gleichgewicht zwischen Reiz und Erregbarkeit, entweder weil die Erregbarkeit zu schwach (sthenisch) oder zu stark (asthenisch) sei. Je nachdem müßten also die Reize gestärkt oder gedämpft werden. Der Reiz brauchte dabei nicht materiell (medikamentös), sondern konnte auch psychisch sein. So bereitete die Brownsche Lehre, zu deren deutschem Präzeptor Marcus wurde, den Boden für die späteren magnetischen

Heilverfahren, die Marcus ebenfalls an führender Stelle in seinem Krankenhaus praktizierte. Dort hatte Hoffmann dann auch Gelegenheit, sie aus nächster Nähe zu beobachten. Die Naturphilosophie Schellings fügte den Brownianismus, der zunächst lediglich den grassierenden Kuren der Säfteentleerung hatte den Kampf ansagen wollen, in ein gesamtphilosophisches Konzept ein: Schelling faßte Geist und Materie als verschiedene Aggregatzustände einer in sich polar strukturierten Natur auf; aus Browns ›Reiz und Erregbarkeit‹ wird die dialektische Gegensätzlichkeit im Inneren des grundlegenden Natursubjektes, und Geschichte ist dann nichts anderes als die durch diese Widersprüchlichkeit angetriebene Ereignisfolge der »Erregungen«.

Um nicht ganz die Bodenhaftung zu verlieren, reiste der vom Spekulationsfieber ergriffene Schelling im Sommer 1800 zum erstenmal nach Bamberg, wo er bei Marcus, mit dem er sich anfreundete, einen Kursus in praktischer Heilkunde absolvierte. Die Freundschaft hielt an; als Hoffmann nach Bamberg kam, gaben die beiden gerade gemeinsam eine philosophisch-medizinische Zeitschrift heraus. Marcus setzte bei den Behörden auch durch, daß trotz der Auflösung der Bamberger Universität die naturphilosophischen Vorlesungen in den Räumen des von ihm geführten städtischen Krankenhauses weitergingen. Stolz konnte er deshalb in einem Brief an August Wilhelm Schlegel 1801 schreiben: »Es ist keine Stadt in Deutschland, wo Schelling so viele und wahre Verehrer haben dürfte als in Bamberg«; und ein Jahr später: »Hier lebt jetzt alles in der Naturphilosophie.«

Als Hochburg der romantischen Naturphilosophie zog Bamberg in der Folgezeit verwandte Geister an. Der Naturforscher Steffens kam aus Norwegen; Gotthilf Heinrich Schubert, der später berühmte Verfasser der von Hoffmann so sehr geschätzten »Ansichten von der Nachtseite der Naturwissenschaft« (1808), pilgerte als Student zu Fuß von Jena nach Bamberg, wo er nicht nur die Schellingianer hören, sondern auch die Kunstgriffe der Brownianer lernen wollte; seine Erfolge dabei waren allerdings mäßig: Einmal wurde er zu einem Kranken in ein entlegenes Waldtal geholt. Seine messerscharfe Diagnose lautete, daß die Krankheit entweder sthenischer oder asthenischer Art sein müsse. Er setzte deshalb zwei Mittel an, ein dämpfendes und ein erregendes. Eines von beiden werde wohl helfen, dachte er und machte sich aus dem Staube.

Im naturphilosophischen Bamberg mußte Hoffmanns Vorliebe für alles, was die Alltagsvernunft in Richtung auf das Dunkle, Geheimnisvolle, Doppelbödige überschreitet, reichliche Nahrung finden. Er las Schelling, Schubert und andere naturphilosophische und naturmystische Literatur, diskutierte mit Marcus darüber, ließ sich von ihm in Theorie und Praxis des Magnetismus einführen und nahm an Seancen mit Somnambulen teil. Die dabei erworbenen Kenntnisse und Erfahrungen werden später in seine Werke eingehen, besonders in jene, die er unmittelbar nach der Bamberger Zeit niederschrieb.

Wir haben in Bamberg also den seltenen Fall, daß unter naturphilosophischem Regime ein Krankenhaus zu einem Sammelpunkt des kulturellen Lebens avanciert, ein Umstand, der allerdings dann nicht überrascht, wenn man die eigenartige Pathophilie des romantischen Geistes bedenkt: »Krankheit gehört zur Individualisierung« (Novalis).

Der zweite Sammelpunkt des kulturellen Lebens war die Kirche und der dritte – natürlich – das Theater, die Wirkungsstätte, derentwegen Hoffmann nach Bamberg kommt.

Es ist noch nicht lange her, daß die Bamberger ein Theater haben. Im 18. Jahrhundert waren es die Jesuiten, die Komödien und allegorische Schauspiele immer noch im Geiste der Gegenreformation aufführen ließen, zumeist unter freiem Himmel und in lateinischer Sprache. Am fürstbischöflichen Hof wurden hin und wieder französische Schauspiele und italienische Opern gegeben, zu denen ein courfähiges Publikum geladen wurde. Manchmal machten wandernde Schauspieltruppen auch in Bamberg halt. Sie gaben Vorstellungen in den Sälen von Gasthäusern, im »Schwarzen Adler« oder im »Schwarzen Raben«. In den Kirchen wetterte die Geistlichkeit gegen solche Vergnügungen. Erst gegen Ende des Jahrhunderts wurde das Theater stubenrein. Einem studierten Schöngeist namens Quandt glaubte man die Beteuerung, er gehöre nicht zum fahrenden Volk: Er erhielt 1797 vom Fürstbischof das Privilegium zur Errichtung eines ständigen Theaters. Als Spielort wurde ihm die Aula des Gymnasiums eingeräumt, der fürstbischöfliche Hof überließ ihm Dekorationen und Kostüme. Für die Reputation des Unternehmens sorgte der hochangesehene Reichsgraf Julius von Soden, ein den Künsten zugeneigter, schriftstellernder ehemaliger preußischer Minister, der, als Ruheständler in seine Heimat zurückgekehrt, auf seinem Gut in der Nähe Bambergs lebte. Graf Soden, der Hoffmann nach Bamberg holte, schrieb Opernlibretti, verfertigte familiäre und sentimentale Schauspiele in Kotzebuescher Manier und verfaßte außerdem ein achtbändiges wissenschaftliches Werk über Nationalökonomie. Dieser Reichsgraf der schnellen Feder unterhielt, aus naheliegenden Gründen, auf seinem Gut eine eigene Druckkerei. Er war der Mäzen des Bamberger Theaters, dem er natürlich auch seine eigenen Stücke anvertraute. 1802 kaufte er ein geräumiges Stadthaus, das er zum Theater umbauen ließ. Jetzt endlich gab es einen ständigen Spielort. Soden übernahm die Oberleitung und verfolgte ehrgeizige Pläne: 1803 wurde Mozarts *Don Juan* aufgeführt, ein Jahr später *Die Zauberflöte*. Die Bamberger Theaterleidenschaft aber hielt sich in Grenzen, Soden mußte zuschießen. Als es ihm zuviel wurde, zog er sich 1808 zurück, verkaufte das Gebäude an die Gastwirtin Kauer, behielt sich aber das Theaterprivilegium vor, zu dessen Ausübung er die notwendigen Räumlichkeiten im Hause mietete. Die Leitung des Unternehmens überließ er einem gewissen Heinrich Cuno, der sich als Verfasser des Spektakelstückes *Die Räuber auf Maria Kulm* einen Namen gemacht hatte, aber weder vom Theater noch vom Geld und schon gar nicht von Musik etwas verstand.

Mit diesem Manne mußte sich Hoffmann zunächst arrangieren. Indes währte die Cunosche Ära nicht lange; bereits im Sommer 1809 zog Cuno ab, das Theaterpersonal hatte sich geweigert, weiter mit ihm zusammenzuarbeiten. Man war sogar vor Gericht gezogen. Wieder greift Soden ein. Zusammen mit der Gastwirtin Kauer führt er das Unternehmen, um sich ein Jahr später unter schweren Vermögensverlusten wieder zurückzuziehen. Das Bamberger Theater war finanziell ein Faß ohne Boden. Auch Marcus, der an der Spitze einer Aktiengesellschaft stand, die nach Sodens Rückzug das Theater führte, erlitt schwere Verluste. Am schlimmsten erging es dem Freiherrn von Lichtenstein, der 1813 die Theaterdirektion übernahm und schon ein Jahr später aufgeben mußte, nachdem er sein gesamtes Vermögen in glänzenden Opernaufführungen verbraucht hatte.

Seine Blütezeit erlebte das Bamberger Theater zwischen 1810 und 1812. Das war die Zeit, als das Freundespaar der ersten Berliner Jahre, Hoffmann und Franz von Holbein, gemeinsam das Theater, das nun als beste deutsche Provinzbühne galt, leiteten. Berühmt wurden die Calderon-Inszenierungen; Kleists *Käthchen von Heilbronn* kam hier ein Jahr nach der Uraufführung auf die Bühne (1811). Als Hoffmann aber in Bamberg ankommt, deutet noch nichts auf diesen späteren Aufschwung hin.

Bereits nach zwei Monaten muß er sein Amt als Musikdirektor aufgeben. Nicht sich selbst, sondern den Verhältnissen am Theater, die er in Bamberg vorfindet, gibt er die Schuld. In einem Brief an Rochlitz, der ihm zum hiesigen Engagement verholfen hat und den er noch eine Weile lang als Mentor seiner musikalischen Karriere ansehen wird, legt er Rechenschaft ab: »So wünschenswert mir meine Anstellung als Musikdirektor bei dem hiesigen Theater schien, so ganz anders fand ich doch die Verhältnisse, und ich würde, wenn ich alles, was sich ereignen würde, nur hätte ahnden können, großen Abstand genommen, herzugehen. Graf Soden hat... die ganze Entreprise einem gewissen Heinrich

Cuno abgetreten, dieser aber die Organisation des Theaters so ohne Sachkenntnis und so verkehrt angefangen, daß in kurzem die völlige Auflösung des Ganzen bevorsteht – Zu einer guten Oper z.B. fehlt es an allen Erfordernissen; an Sängern, Sängerinnen, Orchester usw. Auf meinen Rat, wie das Ganze nur zu irgend einem Grad von Vollkommenheit zu erheben wäre, wurde nicht geachtet, und statt auf meine Kenntnisse etwas zu geben, fand es Hr. C(uno) sogar anstößig, daß ich mich nicht darauf einlassen wollte, die Sänger mit der Violine zum Singen wie die Vögel zum Pfeifen abzurichten, sondern den Gesang kunstmäßig beim Flügel einstudieren wollte. Dies mit dem Umstand, daß die Gage durchaus nicht richtig gezahlt wurde, sowie, daß ich alle meine Zeit ganz grundlos verschleudern mußte, veranlaßte meine mehrere Entfernung vom Theater. Musikdirektor bin ich zwar geblieben, besorge indessen nur die Gelegenheitskompositionen« (12. 1. 1809).

Hoffmanns Schilderung ist sogar noch beschönigend, weil sie den Eindruck erweckt, er selbst habe letztlich auf die Stelle verzichtet. Tatsächlich aber ist er regelrecht aus dem Amt gedrängt worden.

Wenige Wochen nach seiner Ankunft, am 21. 10. 1808, dirigiert er die Oper *Aline, Königin von Golkonda* von Berton. Sein Debut als Musikdirektor. Die Aufführung mißlingt. Die Einsätze stimmen nicht, die Intonation der Sänger ist schief. Das Orchester spielt schwunglos. Bei der Theatermaschinerie unterlaufen peinliche Fehler. Das Publikum ist höchst unzufrieden, man pfeift und zischt. Allerdings war man auch voreingenommen: Was kann ein »verjagter Offiziant«, der in der Musik »dilettiert«, auch zuwege bringen!

Der Weinhändler Kunz, Hoffmanns erster Verleger, schildert, nicht ohne leise Genugtuung, diesen schwarzen Tag in der Musikerkarriere Hoffmanns: »Das zahlreich versammelte Publikum ... stutzte, als ein so *winzig kleiner* Mann ... vor den Flügel sich niedersetzte. Was kann der – *Großes* leisten? dachte die Masse. Und vor den *Flügel* setzt er sich? Wo steckt denn die *Violine?* So fragte wieder die Menge, die es nie anders gewohnt war, als ihren Musikdirektor mit der Geige in der Hand zu sehn, um den unsichern Sängern bei ihren Partien durch kräftige Striche auf dem Instrumente ein- und nachzuhelfen. ›Das wird eine schöne Geschichte werden‹, will Hoffmann in seine Ohren hineingehört haben. Er gestand mir, daß er durch diese schon früher gehörte Äußerungen *befangen* sich am Flügel niedergesetzt. ... Geschäftige Ohrenbläser kamen des andern Tages zu Hoffmann, ihm zu versichern, daß man ihm die mißlungene Darstellung zuschreibe, er verstünde das Musikdirektor-Geschäft nicht.«

Das Fiasko hat Folgen. Der Konzertmeister Dittmayer, der sich als praktischer Musiker für kompetenter hält und das Bamberger Publikum hinter sich weiß, zettelt mit den anderen Musikern und den Sängern eine Intrige an, gegen die sich Hoffmann nicht behaupten kann. Er muß gehen. Eine Demütigung, die sein Ehrgefühl verletzt. »Seine Seele«, schreibt Speyer, einer der nächsten Vertrauten Hoffmanns in Bamberg, »wurde dadurch von Ingrimm erfüllt, eine Empfindung, welche er bei der Erinnerung dieser ihm zugefügten Unbilde während seines ganzen hiesigen Aufenthaltes nicht verwinden konnte und die er oft in Worten laut werden ließ.« In den Briefen allerdings dämpft Hoffmann seinen »Ingrimm«. Dem alten Freund Hippel, demgegenüber er sich als Künstler unter Rechtfertigungszwang fühlt und dem er deshalb sein Scheitern nicht eingestehen mag, schreibt er sogar eine offensichtliche Unwahrheit: »Nun fühle ich aber erst recht, wie durchaus nicht für mich die frühere Karriere war, und wie wohl mir das Künstlerleben tut« (23. 12. 1808). Wahr ist, daß er sich in seinen früheren Beruf (noch) nicht zurücksehnt; und wahr ist, daß er das Künstlerleben zunächst von seiner erbärmlichen Seite kennenlernt. Er erfüllt die Pflichten eines Berufsmusikers, und doch nimmt man ihn in dieser Profession nicht ernst. Hatte man zuvor seine juristische Kompetenz bisweilen bezweifelt, weil er auch noch Musiker, Maler und Dichter war, so bezweifelt man jetzt seine musikalische Kompetenz, weil er doch eigentlich ein Justizbeamter ist. Graf von Seckendorf, Hoffmanns ehemaliger Kollege in Posen und jetzt Präsident des Appellationsgerichtes in Bamberg, gibt ihm den gönnerhaften Rat, es doch wieder in seinem »Fach« zu versuchen und bietet ihm Hilfe an, falls er sich als Advokat niederlassen wolle. Hoffmann hat Seckendorfs Gesellschaft fortan gemieden.

Gegenüber Hoffmann haben die Beamten und auch die Künstler von Profession ihren Vorbehalt. Er steht zwischen den Lagern, und es dauert noch eine Weile, bis er in souveräner Art aus diesem ›Dazwischen‹ sein Lebenselement machen wird.

Das erbärmliche Künstlerleben: Bei halbem Gehalt darf er Gelegenheitskompositionen fürs Theater anfertigen, Chöre, Märsche, Tänze. In seiner gegenwärtigen Lage, so schreibt er am 2. 4. 1809 an Hampe, dürfe er nicht komponieren, sondern sei dazu verurteilt, »Musik zu schmieren«. Innerhalb nur eines Jahres liefert er ein Singspiel, zu dem er auch den Text schreibt, die Musik zu zwei szenischen Allegorien, eine Ballettkomposition und eine Schauspielmusik; diverse Choreinlagen für feierliche Abendunterhaltungen und eine umfangreiche Komposition für ein von Soden verfaßtes Melodram.

Es ist bitter für ihn, daß zwar alle diese Gelegenheitsarbeiten aufgeführt werden und sogar Gefallen finden, die ernstgemeinten Kompositionen aber, wie das 1809 entstandene *Miserere* und das im selben Jahr komponierte Klaviertrio, keinen Verleger finden.

Das Honorar für Theaterkomponisten ist gering. Hoffmann muß, um seinen Lebensunterhalt bestreiten zu können, Stunden als Gesangs- und Klavierlehrer geben. Er ist in den besseren Häusern Bambergs wohl gelitten – bei dem Regierungspräsidenten Freiherr von Stengel, einem Musikliebhaber, der sich anmaßt, ein Kenner zu sein; bei der Gräfin Henriette von Rotenhan, wo er fünf mäßig begabte Töchter zu unterrichten hat; bei dem ehemaligen bayerischen Regierungskanzler Theodori; bei der Konsulin Marc, der Schwägerin des berühmten Marcus und Mutter der später so sehr geliebten Julia; bei der Baronin Charlotte von Redwitz, der Oberhofmeisterin der bayerischen Kronprinzessin. Diese Dame ist es denn auch, die den bemerkenswerten Vorschlag macht, »man sollte Hoffmann, außer dem Honorar für die Lektion, eben soviel für seine belebende Unterhaltung zahlen«.

Bereits Anfang 1809 möchte Hoffmann Bamberg am liebsten wieder verlassen. Er hält Ausschau nach anderen Musikerstellen. Die Versuche, in Breslau, Leipzig und Frankfurt unterzukommen, scheitern. Er muß sich doch aufs Bleiben einrichten. Um sich weitere Erwerbsquellen zu schaffen, plant er den Aufbau einer Singakademie. Doch bleibt das Projekt in den Anfängen stecken. Es fehlt an Geld und Interessenten. Dem Musikverleger und Musikalienhändler Härtel in Leipzig bietet er sich als Kommissionär an. Er will auf Provisionsbasis Noten und Instrumente des Hauses am Ort verkaufen. Härtel ist einverstanden. Die Firma schickt ihm einen Flügel, den er dann für den eigenen Gebrauch behält. Ihm fehlt das kaufmännische und buchhalterische Talent, er verheddert sich in diesem ungewohnten Gewerbe. Am Ende muß er offene Rechnungen mit dem Honorar seiner Beiträge für die Allgemeine Musikalische Zeitung, die auch bei Härtel erscheint, begleichen.

In dieser Situation wird das Schreiben für ihn zur Entlastung. Der gebeutelte ›Musiker von Profession‹ braucht nicht nur eine finanzielle, sondern vor allem eine seelische Kompensation. Er will sich als Musikschriftsteller versuchen. Ehrgeizige literarische Pläne hat er vorläufig noch nicht. Doch wie schon beim *Ritter Gluck*, drängt es ihn über das bloß rezensierende und theoretisierende Genre hinaus; er will »erzählen, was er gelitten hat« *(Kreisleriana).* Doch seiner Art entsprechend, die ungern ungeschützt das Innere nach Außen kehrt, versteckt er sich hinter einem Protagonisten, dem er das eigene Leiden auflädt, den er aber auch mit einem musikalischen Genie ausstattet, dessen er sich selbst nur in seltenen Augenblicken des Gelingens sicher ist.

Dieser Protagonist ist der Kapellmeister Johannes Kreisler, eine Figur, die er irgendwann Anfang 1810 erfindet.

Immer wieder ist Hoffmann später auf diese Gestalt seines alter ego zurückgekommen. Ihr hat er seine Erfahrungen als Musiker anvertraut, seine Ängste, Zweifel und Wünsche. Kreisler ist Hoffmanns Double für gefährliche Aufgaben: Er muß sich in grellen Kontrast zum unverständigen Publikum setzen; er darf seine Gönner von Herzen verachten, die Wahrheit darf er über sie ausplaudern; ohne Angst davor, exzentrisch zu erscheinen, darf er seine Gedanken zu Ende denken; er darf sich von einem künstlerischen Enthusiasmus treiben lassen, der ihn an die Grenze des Wahnsinns führt. In der Gestalt des Johannes Kreisler ist alles monumentalisiert: Lähmung und Hochtrieb des künstlerischen Schaffens, die Leiden des Verkanntwerdens, der Haß gegen die Welt des kunstfeindlichen und nur dem Nützlichkeits- und Karrieredenken verhafteten bürgerlichen und aristokratischen Spießertums.

Diese Figur, an der Hoffmann lange festhalten wird, verändert sich mit der Entwicklung ihres Autors: Zunächst ist Kreisler die Gestalt des emphatischen Kunstwillens in polemisch-satirischer Entgegensetzung zu einer banausischen Umwelt; dann ist er ein Musiker, dem es nicht an Inspiration, aber an Gestaltungskraft fehlt und der deshalb in einem »Meer« von »inneren Erscheinungen«, die nicht zum Werk werden, zu versinken droht; nach Hoffmanns Julia-Erlebnis wird Kreisler der aus unglücklicher Liebe Wahnsinnige. Der Kreisler des *Kater Murr* schließlich tritt – trotz aller mysteriöser Geschichten, in die er verwickelt ist, und trotz seiner enthusiastischen Kunstbegeisterung – als ein Skeptiker auf, der nicht nur gegen die äußere Begrenzung rebelliert, sondern auch seine eigenen Grenzen erkannt hat. So wird ihm zum Beispiel bewußt, daß die »goldene Freiheit« der Kunst doch nicht das für ihn adäquate Milieu darstellt, daß er jemand ist, der auf die »Kerker«-Luft der Beamtenexistenz angewiesen bleibt. Diese letzte Version der Kreislerfigur ist durchaus nicht – wie Oswald Spengler das gesehen hat – die romantische Variante des faustischen Typs, er repräsentiert vielmehr die eigenartige Mischung aus romantischem Wahnsinn und beamteter Solidität. Davon später mehr.

Im Frühjahr 1810, zur Zeit der Niederschrift des ersten Kreislerianum *Johannes Kreislers, des Kapellmeisters, musikalische Leiden*, ist der Kapellmeister noch fast ausschließlich polemische Figur der Kunstbetriebssatire. Bei der Namensgebung allerdings dürften bereits die Überlegungen eine Rolle gespielt haben, die Hoffmann im Kreislerroman entwickelt: Dort erläutert Kreisler der Rätin Benzon gegenüber die Bedeutung seines Namens folgendermaßen: »Sie können nicht wegkommen von dem Worte Kreis, und der Himmel gebe, daß Sie denn gleich an die wunderbaren Kreise denken mögen, in denen sich unser ganzes Sein bewegt, und aus denen wir nicht herauskommen können, wir mögen es anstellen wie wir wollen. In diesen Kreisen kreiselt sich der Kreisler, und wohl mag es sein, daß er oft, ermüdet von den Sprüngen des St. Veits-Tanzes, zu dem er gezwungen, rechtend mit der dunklen unerforschlichen Macht, die jene Kreise umschrieb, sich... hinaussehnt ins Freie. Und der tiefe Schmerz dieser Sehnsucht mag nun wieder eben jene Ironie sein.«

Die Kreise, in denen sich der Kreisler der *Musikalischen Leiden* »kreiselt«, sind noch nicht die des irdischen Daseins überhaupt, sondern die Kreise der musikalischen Soireen in den besseren Häusern am Ort, wo der Kapellmeister als musikalischer Animateur und Handlanger zu agieren hat.

»Sie sind alle fortgegangen« – so beginnt die Schilderung einer dieser Soireen im Hause des Geheimen Rats Röderlein, der seinen Gästen neben »Tee, Punsch, Wein, Gefrorenem« immer auch etwas »Musik« präsentiert, »die von der schönen Welt ganz gemütlich... eingenommen wird«. Diesmal endete der Abend mit einem Eklat, den Kreisler provozierte. Mit dem Spiel der Bachschen Goldbergvariationen, die, weil sie dem leichten Genuß nicht entgegenkommen, keiner hören möchte, hat er die Gesellschaft auseinandergetrieben. Jetzt sitzt er alleine am Klavier; während die linke Hand am »Strom der Töne fortarbeitet«, schreibt er sich die Qualen dieses Abends von der Seele. Schon diese Ausgangssituation gibt in Umrissen die ganze Problematik: der einsame Künstler, der sein Publikum nicht versteht und der es gerade darum provoziert; der vor ihm flüchtet und der es gleichzeitig in die Flucht schlägt; der in seinen Diensten steht und doch sich ihm himmelhoch überlegen weiß. Kreisler befindet sich im Kriegszustand, die Bachschen Variationen sind seine Waffe. Was haben ihm aber die Leute angetan? Nun, sie haben ihn zur musikalischen Unterhaltung zugezogen. Man will sich in angenehme Stimmung versetzen. Dazu putzt man sich heraus, nimmt Getränke und Speisen, dazu singt man und spielt den »Dessauer Marsch« und »Blühe, liebes Veilchen«. Oder wenn man fürs »große Genre« ist, wählt man mehrstimmige Partien aus dem *Titus*. Das alles bringt man zu Gehör, so gut man es eben kann, ohne den Zweck der Zusammenkunft, den der »angenehmen Unterhaltung und Zerstreuung«, aus dem Auge zu verlieren. Diesem Zweck ist die Musik untergeordnet, »gut gewählt, hat sie durchaus nichts Störendes«. Sie soll den Umgangsformen bei diesen Gelegenheiten gleichen: Von ihr soll ein »bequemer Reiz« ausgehen, der die Aufmerksamkeit nicht zu sehr in Anspruch nimmt. Unverbindlichkeit ist gefragt, denn die Arbeit, von der man sich erholen will, enthält Verbindlichkeit genug.

Bei Röderleins beschränkt man sich aber nicht auf den »passiven« Genuß der Musik, ein Teil der Gäste will selbst musizieren und singen. Das alles soll spontan wirken: Man ist gut bei Stimmung, hat sich frei gemacht. Natürlich sind die »improvisierten« Chöre und Duette von langer Hand vorbereitet. Kreisler ist dafür zuständig. Die Röderleinschen Töchter können darauf rechnen, daß ihnen die Darbietung eines Liedes abverlangt wird. Sie müssen sich aber überrascht geben, so will es das Ritual. Keine mag anfangen. »Mein Einfall (ich habe ihn jedesmal)«, berichtet Kreisler, »beide möchten mit einem Duo anfangen, wird gewaltig beklatscht, das Buch durchblättert, das sorgfältig eingeschlagene Blatt endlich gefunden, und nun gehts los.« Man »will sich zeigen« – das ist der soziale Sinn der »musikalischen Exzesse«, und das ist die Gemeinsamkeit, unter deren Decke aber Konkurrenz waltet, wie auch sonst in der Gesellschaft. Die Finanzrätin, gepeinigt von der Vorstellung, sie könnte ihr Können nicht an den Mann bringen, räuspert »ich singe auch« und singt dann auch. Ein »Tituskopf«, auch zu großen Leistungen aufgelegt, bemerkt unüberhörbar, »er sei eigentlich nur ein zweiter Tenor, aber freilich Miglied mehrerer Sing-Akademien«.

Kreisler leidet, weil er seine »heilige Kunst« in diese hemmungslosen Selbstbehauptungs- und Konkurrenzkämpfe verstrickt sieht. Hoffmann hat dafür ein prägnantes Bild gefunden: Er spricht von dem »barbarischen Chaos« der Stimmen, die nicht mehr aufeinander hören, sondern nur sich Gehör verschaffen wollen. Es geht eben auch bei der Musik um »Verdienst und Gewinn«. Es wird an Karrieren gearbeitet, wenn Töchter zum Singen abgerichtet werden. Und das hat der arme Kreisler zu besorgen. Als Berufsmusiker ist er ein Funktionär des bürgerlichen Unterhaltungs- und Selbstdarstellungsinteresses, er leistet entfremdete Arbeit und ist im übrigen »als ganz untergeordnetes Subjekt« zu betrachten. Der einzige Mensch, mit dem sich der Kapellmeister versteht, ist denn auch der Hausdiener Gottlieb; ihm und sich selbst ruft er am Ende zu: »Wirf ihn ab, den verhaßten Bedientenrock!«

Gegen den bürgerlichen Kunstutilitarismus, der ihn ins

Dienstleistungsgewerbe wirft, setzt Kreisler eine Kunstmetaphysik, die ihn zur Würde des Priestertums emporhebt. Er glaubt, »die Kunst ließe den Menschen sein höheres Prinzip ahnen und führe ihn aus dem törichten Tun und Treiben des gemeinen Lebens in den Isistempel, wo die Natur in heiligen, nie gehörten und doch verständlichen Lauten mit ihm spräche«.

Hoffmann läßt Kreisler jene Kunstreligion verkünden, die ein Jahrzehnt zuvor Wackenroder und Tieck in ihren *Herzensergießungen* entwickelt hatten: »Es ist ein so göttliches Streben des Menschen, zu schaffen, was von keinem gemeinen Zweck und Nutzen verschlungen wird..., was von keinem Rade des großen Räderwerks getrieben wird, und keines wieder treibt. Keine Flamme des menschlichen Busens steigt höher und gerader zum Himmel auf, als die Kunst! Kein Wesen verdichtet so die Geistes- und Herzenskraft des Menschen in sich selber, und macht ihn so zum selbständigen menschlichen Gott.«

Bei Tieck und Wackenroder ist es auch ein *Musiker* – der Kapellmeister Berglinger, der am flachen Kunstverständnis seiner Zeitgenossen zugrunde geht und dem solche religiöse Überhöhung des künstlerischen Schaffens in den Mund gelegt wird. Musik scheint sich dafür anzubieten, weil sie keine Mimesis ist, weil sie sich von der gegenständlichen Welt besonders weit entfernt hält.

Die Kunst soll »von keinem gemeinen Zweck und Nutzen verschlungen« werden, fordert Berglinger und mit ihm auch Kreisler. Die romantische Kunstreligion, die hier formuliert wird, fordert mehr als ihr Kant, der sie wider Willen begünstigte, zugestehen mochte, als er seine Definitionen des Kunstgenusses – »interesseloses Wohlgefallen« und »Zweckmäßigkeit ohne Zweck« – entwickelte. Bei Kant bleibt die Kunst in nachgeordneter Stelle der Hierarchie der menschlichen Geisteskräfte eingefügt: In ihr soll man sich für höhere Aufgaben warm laufen. Auch Schiller, obwohl er die Autonomie der Kunst fordert, ordnet sie letztlich doch noch der

Moral unter. Erst die romantische Generation löst – an die Genie-Konzepte des Sturm und Drang anknüpfend – die Kunst aus allen über sie hinausgehenden Zweckreihen und muß dabei, von der eigenen Kosequenz getrieben, den immer noch alles überwölbenden religiösen Himmel ins Kunstwerk hineinziehen: Kunst wird säkularisierte Religion. Der Künstler wird zum Priester und das Publikum, wenn es sich nicht durch ›triviale Interessen‹ ablenken läßt, soll zur Gemeinde werden.

Zu solchen Höhenflügen der Selbsteinschätzung setzen die Künstler nicht zufällig gerade in dem geschichtlichen Augenblick an, als der Vermarktungsdruck auf die Kunst spürbar zunimmt. Es gibt am Ende des Jahrhunderts zum Beispiel über sechstausend Mitglieder der schreibenden Zunft. Solche Massierung dämpft das Selbstbewußtsein: Man muß sich unterscheiden. Der dicht bevölkerten Horizontale entkommt man durch die Weihen der Vertikale. Tausendfach vermittelt hängt man im kulturellen Netz, aus dem man sich zur angestrengtesten Unmittelbarkeit befreien will. Das Forcierte am romantischen Kunstenthusiasmus verrät die Anstrengungen solcher Himmelfahrten. Mehr muß man klettern, als daß man emporgehoben wird. Außerordentlich groß ist die Störanfälligkeit. Ein schiefer Blick, ein falsches Wort, ein Räuspern, eine Unaufmerksamkeit, schon ist man aus dem Takt, aus der Stimmung und droht abzustürzen. Von Traum und Ekstase ist viel die Rede, es fehlt aber die Sicherheit des Traums, und die Ekstase wirft prüfende Seitenblicke, ob sie auch ankommt. Kein Wunder, daß Tieck und Wackenroder sehnsüchtig zurückblicken auf Raffael und Dürer, jene »Gewaltigen«, in »denen die Kunst still und heimlich wie ein verhüllter Genius arbeitet und sie in ihrem Handeln auf Erden nicht stört«. Sie können nur staunen über einen Dürer, der »seelenvolle Kunstwerke« in einer Stube fertigte, »worin sein böses Weib täglich mit ihm zankte«. Der romantische Kunstenthusiasmus ist, wenn er bisweilen den Stil der frommen Einfalt nachahmt, nicht naiv, sondern eine besonders raffinierte Form des »Sentimentalischen«. Er ist in sich gebrochen, anfällig für irritierende Selbstreflexion, wie etwa der folgenden, die sich auch schon bei Wackenroder und Tieck findet: »Die Kunst«, heißt es dort, »ist eine verführerische, verbotene Frucht; wer einmal ihren innersten, süßesten Saft geschmeckt hat, der ist unwiederbringlich verloren für die tätige lebendige Welt. Immer enger kriecht er in seinen selbsteigenen Genuß hinein... Die Kunst ist ein täuschender, trüglicher Aberglaube..., worin alle die eigensüchtigen, sich selber genügenden Gedanken und Empfindungen abgesetzt sind, die in der tätigen Welt unfruchtbar und unwirksam bleiben«. Solche Bedenken sind für den Begeisterten indes nicht kränkend: Zwar werden die sozialen Gewissensbisse auf ihn losgelassen, doch ihm bleibt gerade deshalb die schmeichelhafte Gewißheit, zu jenen Auserwählten zu gehören, die von der »verbotenen Frucht« des Elitären essen. Deshalb konnte auch diese Art des romantischen Selbstzweifels im Ästhetizismus eines Baudelaire und seiner Nachfolger zum Prinzip offensiver Selbstbehauptung umgedeutet werden. Die Logik dieser Umdeutung lautet: Wir sind für die tätige Welt verloren, wir hängen einem trügerischen Aberglauben an, wir kriechen in den selbsteigenen Genuß? Gut, wir bekennen uns dazu und erklären, daß die tätige Welt nichts, der selbsteigene Genuß aber alles bedeutet, daß wir der elenden sozialen Verstrickung die künstlichen Paradiese entgegensetzen. Der ›poète maudit‹ ist die Inszenierung einer raffinierten Aufhebung der frühromantischen Selbstzweifel. Und diese Art der Aufhebung zeigt, daß die frühromantischen Skrupel den künstlerischen Stolz nicht antasten konnten.

Anders verhält es sich mit den Reflexionen über die Stellung der Kunst und der Künstler, die Hoffmann 1812, ebenfalls in der Rolle Kreislers, unter dem Titel *Gedanken über den hohen Wert der Musik* vorträgt. Dort entmystifiziert er, allerdings mit ironisch verstellter Stimme, den Kunstenthusiasmus mit Argumenten, die auf den modernen

Geist der wissenssoziologischen und sozialpsychologischen Entlarvung vorausweisen. »Zwar behaupten jene Toren«, läßt Hoffmann den zynisch-klugen Kunstbanausen sagen, »daß es eine ganz besondere Sache um die poetische Erhebung über das Gemeine sei, und manches Entbehren sich dann umwandle in Genuß: Allein die Kaiser und Könige im Irrenhause mit der Strohkrone auf dem Haupt sind auch glücklich. Der beste Beweis, daß alle jene Floskeln nichts in sich tragen, sondern nur den innern Vorwurf, nicht nach dem Soliden gestrebt zu haben, beschwichtigen sollen, ist dieser, daß beinahe kein Künstler es aus reiner, freier Wahl wurde, sondern sie entstanden und entstehen noch immer aus der ärmern Klasse.« Auf die heiße Begeisterung fällt ein kalter Blick, der den »Isistempel« der »heiligen Kunst« als kompensatorische Konstruktion von sozial Zu-Kurz-Gekommenen entlarvt. Hier erst erfährt der Künstlerstolz im Kern eine Kränkung. Der Künstler muß nun mit dem Verdacht leben, daß seine Imaginationen die Signatur sozialer Deklassierung tragen. Er ist in einer Entlarvungsfalle gefangen, denn jede Verteidigung bestätigt den Verdacht.

Bei Hoffmann sind solche Gedanken, ich sagte es schon, ironisch auf Distanz gehalten. Doch kann er sich ihrer Wirkung nicht gänzlich entziehen, sonst würde er nicht, immer noch ironisch, einen Vorschlag machen, dem er selbst in seinem Leben über lange Zeit gefolgt ist: Er empfiehlt dem künstlerischen Enthusiasmus, in die Kur einer prosaischen Nebenbeschäftigung zu gehen. »Den armen Künstlern... glaube ich wirklich nicht übel zu raten, wenn ich ihnen, um sich doch nur etwas aus ihrer zwecklosen Tendenz herauszureißen, vorschlage, noch nebenher irgend ein leichtes Handwerk zu erlernen: Sie werden gewiß dann schon als nützliche Mitglieder des Staats etwas gelten.« Man vergleiche diesen Rat mit jener durchaus nicht ironisch gemeinten Bemerkung Hoffmanns in einem Brief an Hippel vom 12. 12. 1807: »Vorzüglich aber glaube ich dadurch, daß ich außer der Kunst meinem öffentlichen Amte vorstehen muß-

Kreisler im Wahnsinn.
Zeichnung Hoffmanns (1822).

te, eine allgemeine Ansicht der Dinge gewonnen und mich von dem Egoismus entfernt zu haben, der, wenn ich so sagen darf, die Künstler von Profession ungenießbar macht.«

Die Kunstreligion, die Hoffmann seinen Kreisler emphatisch verkünden läßt (»Isistempel«), ist seine eigene und doch auch wieder nicht. Es meldet sich bei Hoffmann eine durch die Doppelexistenz im juristischen Beruf und in der Kunst geprägte Skepsis zu Wort, welche ihn die Begeisterung, von der er auch mitgerissen wird, zugleich von außen sehen läßt, wodurch ihm ihre Bedingung und Integration im gesellschaftlichen Ursache- und Wirkungsgefüge deutlich wird. Bezeichnend ist nun, daß Hoffmann in seinen kunsttheoretischen Reflexionen diese Fähigkeit, aus der Begeisterung herauszutreten, diese Kraft zur Selbstdistanzierung, als eine entscheidende Voraussetzung des Gelingens eines künstlerischen Werkes ansieht. Am Beispiel Beethovens entwickelt er diesen Gedanken: Beethoven »trennt sein Ich von dem innern Reich der Töne und gebietet darüber als unumschränkter Herr« (*Beethovens Instrumental-Musik*). Das ›abgetrennte Ich‹ ist das Außen im Innen, eine Voraussetzung dafür, daß das Innen nach Außen treten kann. Man darf weder ausschließlich mit dem Ich der Selbstbehauptung noch mit der Welt der Imagination verschmelzen: Die totalitäre Zumutung beider Seiten gilt es abzuwehren. Es geht um die Balance des ›Dazwischen‹. So erst kann das, was geschieht – drinnen und draußen – gesehen und darum sichtbar, hörbar, lesbar gemacht werden.

Weil ihm die Kraft zu diesem ›Dazwischen‹ fehlt, deshalb mißlingt Kreisler die Vollendung eines Werks und deshalb wird er wahnsinnig – so jedenfalls in der Version der 1813 geschriebenen Vorrede zu den *Kreisleriana*: »Die Freunde behaupteten: Die Natur habe bei seiner Organisation ein neues Rezept versucht, und der Versuch sei mißlungen, indem seinem überreizbaren Gemüte, seiner bis zur zerstörenden Flamme aufglühenden Phantasie zu wenig Phlegma beigemischt und so das Gleichgewicht zerstört worden, das dem Künstler durchaus nötig sei, um mit der Welt zu leben und ihr Werke zu dichten, wie sie dieselben, selbst in höherm Sinn, eigentlich brauche... Johannes wurde von seinen innern Erscheinungen und Träumen, wie auf einem wogenden Meer dahin – dorthin getrieben... So kam es denn auch, daß die Freunde es nicht dahin bringen konnten, daß er eine Komposition aufschrieb oder wirklich aufgeschrieben unvernichtet ließ.«

Hier ist nicht mehr, wie in den *Leiden* und in den *Hohen Gedanken* von der polemischen Entzweiung zwischen banausischer Umwelt und exzentrischem Künstlertum die Rede, sondern von einer inneren Zerrissenheit und Disharmonie. Kreisler leidet an einer Überfülle von Phantasie, von ›innerer‹ Musik, die jeden Versuch zur fixierenden Gestaltung im Werk überflutet. Kreisler droht im »wogenden Meer« seiner »inneren Musik«, die zu keiner Festigkeit kommt, zu ertrinken. Eine Problematik wird hier variiert, die sich als roter Faden durch das Werk Hoffmanns zieht: das »Mißverhältnis des inneren Gemüts mit dem Außenleben« (*Die Serapionsbrüder*).

Das Problem wäre weniger bedrängend, wenn man sicher sein könnte, daß es jenen inneren Reichtum wirklich gibt und daß der Mangel nur in der äußeren Gestaltungskraft, dem »Phlegma«, liegt. Aber wie, wenn die äußere Gestaltung die Probe aufs Exempel ist, wenn erst das Werk die Inspiration beweist? Wenn das »wogende Meer« nur eine Einbildung ist, die gnädig vom Eingeständnis entlastet, es möchte der inneren Inspiration an jener fordernden und durchschlagenden Kraft, die notwendig zum Werk führt, fehlen?

Der Verdacht, es könnte die Idee der *Produktionshemmung aus Überfluß* eine Selbstmystifikation sein, schleicht sich ein. Er hat in Hoffmanns Werk Spuren hinterlassen. Häufig tauchen bei ihm Figuren auf, die sich für Künstler halten, doch zu ihrem Leidwesen (manchmal auch zu ihrem Glück) erfahren müssen, daß sie es nicht oder jedenfalls nicht genügend sind: der *Baron von B.* in der gleichnamigen Erzählung, der über die Kunst der Violine begeisternd zu reden weiß, aber erbärmlich spielt; der geschickte, aber doch nicht künstlerische Geselle im *Meister Martin*; der Kunstenthusiast in den *Irrungen* etc. In diesen Gestalten verdeckt der Enthusiasmus einen leeren Wahn, der nur Vorgefühl einer Wirklichkeit ist, die nie eintrifft.

Es ist dieser Selbstzweifel, der Hoffmann in Diderots Neffen Rameau einen Geistesverwandten sehen läßt.

Hoffmann hatte als Komponist stets das Gefühl, daß sein opus magnum noch ausstehe, daß er es noch schaffen müsse, und hat schließlich erkannt, daß es ihm nicht mehr gelingen würde. Er hat, wie Kreisler, nicht vermocht, die ihm vorschwebende, seine ›wahre‹ Musik hervorzubringen. Seine Kompositionen sind im Stile ruhiger, ausgewogener Klassizität durchgeführt. Die wilden, explosiven Musikphantasien, in denen er Kreisler sich ergehen läßt, hat erst Robert Schumann in Komposition umgesetzt.

Hoffmann hat unter dieser Unerschaffenheit des intendierten Werkes gelitten. Immer wieder steht er vor dem selbstzweiflerischen Abgrund, der mit Rameaus zerknirschter Feststellung: »*Entweder ist niemand drinnen oder man will mir nicht antworten*« aufgerissen wird.

»*Man will mir nicht antworten*« – das ist die Unerschaffenheit aus Überfülle. Es mangelt nicht an Phantasie und Eingebung, sie ›antworten‹ aber nicht auf die strengen Imperative des äußeren Gestaltungswillens. Diese ›unerschaffene‹ Überfülle läßt Kreisler im Wahnsinn enden; es ist ein erhabener Wahnsinn; ein tröstliches Scheitern, weil es das unerschaffene Werk virtuell im Innern doch gibt.

Die Alternative: »*Niemand ist drinnen*« enthält demgegenüber keine Tröstung: Das ungeschaffene Werk bleibt leerer Enthusiasmus, ein Vorgefühl ohne Realität, ein ungedeckter Wechsel. Zwischen diesen beiden Versionen – *Unerschaffenheit aus Überfülle und Unerschaffenheit aus Mangel* – wird Hoffmanns Selbstgefühl als Komponist hin- und hergerissen.

Diese Unsicherheit schwächt seine Abwehr des Vorurteils, das ihn immer wieder zum Dilettanten abstempelt. Sehr deutlich wird dies in seinem Briefwechsel mit den verlegerischen und journalistischen Autoritäten des damaligen Musikbetriebes. Bescheiden fragt er bei Härtel an: »Ew. Wohlgeb. wird bekannt sein daß ich selbst komponiere, ... Ew. Wohlgeb. werden indessen, da mein Name noch wenig bekannt ist, wohl nicht geneigt sein, etwas von mir in Verlag zu nehmen, eine Anfrage deshalb werden Sie mir erlauben« (26.2.1809).

So wenig rechnet Hoffmann auf einen positiven Bescheid, daß er die Ablehnung Härtels noch nicht einmal im Tagebuch, wo er solche Enttäuschungen sonst zu notieren pflegt, vermerkt.

Ähnlich defensiv verhält er sich gegenüber Nägeli in Zürich. Ihm hatte Hoffmann eine Klaviersonate geschickt, die Nägeli wohl mit ziemlich schroffer Rüge zurücksendet. Zaghaft verteidigt Hoffmann die gerügten ›Fehler‹ als individuelle Stileigentümlichkeiten, ist aber sogleich bereit, sie mit Nägeli als abwegig zu verwerfen: »Aufrichtig gestanden hat mich das verwerfende Urteil der übersendeten Sonate um so mehr geschmerzt, als ich gerade in dem gerügten Fehler... ein mir vorschwebendes Ideal der höchsten Einfachheit zu erreichen gestrebt hatte. Gern will ich indessen zugestehen, daß ich dadurch auf einen Abweg geriet« (20. 5. 1809).

Gerade weil Hoffmann als Komponist und Musiker ein schwankendes, leicht irritierbares Selbstbewußtsein hatte, reagierte er empfindlich, wenn mittelmäßige Leute ihn als ihresgleichen behandelten. Durch Dummheiten und Stümpereien, die in seiner Anwesenheit begangen wurden, konnte er sich persönlich verletzt fühlen. Er fühlte sich dadurch heruntergezogen. Dem Weinhändler Kunz, seinem ersten Verleger, goß er einmal ein Glas Wasser ins Gesicht, als der Betrunkene mit seinem Singen nicht aufhören wollte.

Solche Würdelosigkeiten konnte er nur ertragen, wenn sie ausdrücklich unter der Lizenz des Komödiantischen geschahen, wenn man sich insgeheim auf die Regeln einer schauspielerischen Geselligkeit einigte. Erst im Milieu eines listen- und einfallsreichen Rollenspiels fand Hoffmanns bedrohtes Selbstgefühl jene geradezu traumwandlerische Sicherheit, welche die Kumpanen der durchzechten Nächte so sehr beeindruckt hat. Für diesen Umgang wählte er sich deshalb auch gerne die Virtuosen des Rollenspiels, die Schauspieler; in Bamberg Leo und Holbein, in Berlin Devrient... Mit diesen Leuten ließen sich ›Herzensergießungen‹ veranstalten, die schon deshalb nicht in die Gefahr gerieten, unfreiwillig komisch zu wirken, weil sie das Komische selbst in Regie nahmen. Fand sich keine Gelegenheit zum Spiel der Seelengeständnisse, dann ging Hoffmann auf Distanz. Die ihn gekannt haben, sprechen oft von seiner Neigung zur

Selbstmystifikation. Kunz zum Beispiel berichtet: »Er blieb sich gern selbst ein Rätsel, vor dessen Auflösung er sich stets fürchtete, und auch von mir verlangte er, daß ich es als eine heilige, unauflösbare Hieroglyphe betrachten möchte.«

Ein Geheimnis wollte er gerade solchen Leuten wie Kunz bleiben, mit dem er zwar bequemen Umgang suchte (Kunz besaß eine große Bibliothek, ein gut sortiertes Weinlager, eine Jagd und einen ausgedehnten Bekanntenkreis, dem auch etliche Prominente wie Jean Paul, Wetzel und Schubert angehörten), den er aber nicht besonders achtete. Ihnen wollte er keine Blicke ins eigene Seeleninnere vergönnen: Er hätte dies als entwürdigend empfunden. Anders ergeht es ihm mit Schauspielern, denen die Seele locker sitzt, weil sie nicht auf eine einzige festgelegt sind. In ihrer Gesellschaft kommt Hoffmann – in jener eigenartigen Mischung aus Ernst und Spiel – aus sich heraus. Der in Bamberg gastierende Schauspieler Leo erzählte später von seiner ersten Begegnung mit Hoffmann: »Was wir gesprochen, wer möchte, wer könnte es zu Papier bringen; aber ewig unvergeßlich wird es mir sein! Zwei Seelen schlossen sich auf und erkannten sich in der ewigen unendlichen Verwandtschaft! Vier Stunden schwanden uns unbewußt dahin; tiefe Sternenhelle, kalte Herbstnacht war es geworden; aus den lieblichen blühenden Regionen der Phantasie waren wir nach und nach auf das Gemeine, beengende, oft erbärmliche, des wirklichen Lebens gekommen... Gleichsam Hülfe suchend um dem Pestdunste zu entgehen, sahen wir *zugleich* zu dem unendlichen gestirnten Raum hinauf – feucht waren unser beider Augen, wir sahen uns wehmütig an, die Tränen *stürzten* itzt; unwillkürlich sanken wir uns in die Arme; hörbar klopften die Herzen aneinander...« Die komische Melodramatik dieser Szene ist genau von der Art, wie sie Hoffmann bei Seelenbekenntnissen schätzt: Man kann nicht mehr genau zwischen Ernst und Spiel unterscheiden – der Ernst wird spielerisch und das Spiel wird ernst.

Vierzehntes Kapitel
Der Wahnsinn einer Künstlerliebe

Hoffmann hat seinem Johannes Kreisler nicht nur die eigenen künstlerischen Leiden anvertraut, sondern hat ihm auch die Geschichte seiner unglücklichen Liebe zu Julia Marc, einer Gesangsschülerin, aufgeladen.

In der Einleitung zum zweiten Teil der *Kreisleriana*, Ende 1814 geschrieben, heißt es, »so scheint auch Kreisler durch eine ganz phantastische Liebe zu einer Sängerin auf die höchste Spitze des Wahnsinns getrieben worden zu sein«. Von einem Wahnsinn ist hier die Rede, der mehr und anderes ist als exzentrisches Gebaren oder nicht gestaltbare Überfülle künstlerischer Phantasie. Es geht um den Wahnsinn aus Liebe, genauer: um den Wahnsinn als Folge des zurückgestauten Begehrens. Und es ist dieser Wahnsinn – nicht der erhabene Wahnsinn aus künstlerischer Überfülle –, von dem sich Hoffmann selbst bedroht fühlte. Fast alle Tagebuch-Aufzeichnungen der Angst vor dem Wahnsinn sind in den Monaten heftigster Liebe zu Julia entstanden. Einige Beispiele: Am 6.1.1811 notiert Hoffmann: »gespannt bis zu Ideen des Wahnsinns, die mir oft kommen. Warum denke ich schlafend und wachend so oft an den Wahnsinn?« Knapp zwei Monate später, am 25.2.1811: »Ktch – Ktch – Ktch!!!! (ein Kürzel für Julia, R.S.) exaltiert bis zum Wahnsinn«. Am 5.2.1812: »in einer wahrhaft *fürchterlichen* Stimmung – Ktch bis zum *Wahnsinn* zum höchsten Wahnsinn«. Am 13.6.1812: »Zank mit Ktch in Gefolge von gestern – bis zum Wahnsinn verstimmt«.

Im November 1808, kurz nach seiner Ankunft in Bamberg, wird Hoffmann bei der verwitweten Konsulin Marc, einer Schwägerin des Arztes Friedrich Albert Marcus, eingeführt. Er soll die beiden Töchter im Gesang unterrichten. Julia, die ältere, ist zu diesem Zeitpunkt dreizehn Jahre alt.

Sie ist über ihr Alter gereift, hübsch und hat eine schöne Stimme.

Zwei Jahre unterrichtet er sie, bis er sich irgendwann Ende 1810 in seine Schülerin verliebt. In seinem Tagebuch nennt er sie Kätchen, abgekürzt »Ktch«. Er gibt ihr also den Namen der heimlichen Kaisertochter aus Kleists 1810 erschienenen Schauspiel »Das Käthchen von Heilbronn«. Das Stück kam ein Jahr nach der Uraufführung in Wien 1811 auf die Bamberger Bühne.

Wie schon bei Dora Hatt verknüpft Hoffmann die Geliebte mit literarischen Reminiszenzen. Das Käthchen aus dem Ritterstück ist in demselben Alter wie Julia. Beide sind schon Frauen, haben aber noch kindlichen Liebreiz. Kätchen ist ein Zauberwesen, das mit somnambuler Gefühlssicherheit ihrem widerstrebenden Geliebten solange folgt, bis dieser endlich die ihm selbst nicht bewußte Liebe zu dem Mädchen in sich entdeckt. Dieses Idealbild zweier Liebenden, die sich gegen alle äußere Unmöglichkeit finden, traumwandlerisch von ihrem Unbewußten gelenkt, hat Hoffmann, dem die Liebe zu Julia ebenfalls ›unmöglich‹ erscheinen mußte, fasziniert. Kätchen wird für Hoffmann der Name jener magischen Macht einer Liebe, die einer ganzen feindlichen Welt trotzt, die sich über das vernünftige Denken und Wollen der Liebenden hinwegsetzt und endlich so märchenhaft triumphierend siegt. Ein Stoff also für die Tagträume, in die Hoffmann seine Julia einspinnt. Die Umbenennung Julias hat aber noch einen prosaischen Sinn. Er muß den Namen verschlüsseln, weil Mischa manchmal in seinem Tagebuch liest. Trotzdem ist es zu Eifersuchtsszenen gekommen.

Über ein Jahr lang hat Hoffmann sich äußerste Zurückhaltung auferlegt, hat seine Gefühle nicht gezeigt, hat sie nur dem Tagebuch anvertraut. In griechischer, deshalb für Mischa nicht entzifferbarer Schrift notiert er am 16.2.1811: »Diese romantische Stimmung greift immer mehr um sich, und ich fürchte es wird Unheil daraus entstehen«. Zwei Tage später: »Ktch – in ihr leben und sind wir!«, um Mischa irre zu führen, setzt er später hinzu: »der Kunst«. Schnell erreicht seine nach außen stumme Leidenschaft eine verzweifelte Energie: »Hol' der Teufel die kuriose Stimmung– entweder schieße ich mich tot wie ein(en) Hund, oder ich werde toll!«, schreibt er am 28.2.1811. Hoffmann liebt Julia nicht nur platonisch. Am 18.3.1811, seine Gefühle für das Mädchen haben laut Tagebuch »beinahe den höchsten Gr(ad) erreicht«, legt sich Hoffmann ins Bett und onaniert. Er verschlüsselt das in der Bemerkung »Abends *Pipicampo* und geistiger Ehebruch«.

Natürlich wird sein körperliches Verlangen von der zunächst ahnungslosen Julia frustriert. Erleichterung verschafft Hoffmann die Affäre mit der Demoiselle Neuherr, einer sehr jungen Schauspielerin, die noch 1809 in Kinderrollen aufgetreten war und jetzt in Bamberg das Fach der ›zweiten Liebhaberinnen‹ betreut. Die Neuherr ist für ihn, wie er am 28.1.1812 ins Tagebuch einträgt, ein »Blitzableiter«. Die Affäre mildert den Druck der von Julia frustrierten Wünsche. Am selben Tag noch, an dem Hoffmann sich auf die Neuherr einläßt, schreibt er: »Gefunden, daß es möglich ist von Ktch zu abstrahieren« (8.1.1812). Das Abstrahieren von Julia verläuft also nicht so, wie es die fromme Legende der vergeistigten Künstlerliebe will.

Anfang 1812 kann Hoffmanns Vorsicht und Scheu die Gefühle nicht mehr zurückhalten. Wieder in griechischer Schrift notiert er am 20.1.1812: »Sie weiß alles oder vielmehr ahnt.«

Die Mutter »ahnt« wohl auch etwas, denn Ende Januar 1812 gibt es im Hause Marc ärgerliche Szenen, die Hoffmann den Vorsatz fassen lassen, nicht mehr zu den Marcs zu gehen. Wenige Tage später aber ist er wieder dort.

Bei einigem Besinnen weiß Hoffmann, daß aus seinen leidenschaftlichen Wünschen keine Wirklichkeit werden kann. Die zwanzig Jahre jüngere Julia ist von der Mutter für eine einträgliche Ehe vorgesehen. Hoffmann ist verheiratet, seine gesellschaftliche Stellung in Bamberg ist mittelmäßig. Er hängt mit sanfter Liebe an seiner Frau; nur in wilden Phantasien kann er sich vorstellen, sie zu verlassen. Einmal notiert er im Tagebuch den Wunsch, nach Italien zu fliehen (5.1.1812). Solche Ausbruchsphantasien bereiten ihm schlechtes Gewissen, deshalb nimmt er jetzt bei seinen nachmittäglichen Spaziergängen nach Bug vor den Toren Bambergs meistens Mischa mit. Er führt sie auch im Hause Marc ein. Doch die Besänftigung seiner Gefühle, die er sich davon erhofft, bleibt aus.

Der Widerspruch zwischen Begehren und der äußeren Wirklichkeit spitzt sich zu, ist kaum mehr auszuhalten. Nachdem er von Kleists gemeinsamem Tod mit Henriette Vogel gehört hat, kreisen seine Gedanken einige Tage lang um die Idee des Doppelselbstmords als Liebestod. Am 3.2.1812 schreibt er: »*Sonderbar romanesk zärtliche Stimmung* Rücksichts Ktch – sie kränkelt, gemeinschaftliche Todesgedanken.« Er wünscht den gemeinsamen Tod, die beiden aber haben nicht gemeinsam darüber gesprochen.

In kreiselnder Heftigkeit wechseln die Gefühle: Da denkt er mit Lust an den Untergang seines Selbst, dann hat er zwei Tage später Angst davor. Dann wird er plötzlich zum neugierigen Beobachter seiner selbst: »Betrachtungen über das Selbst – dem der Untergang droht – es ist etwas Ungewöhnliches, noch nicht Erlebtes« (5.2.1812). Aus dieser Neugier wird ironische Distanz, die das eigene seelische Befinden auf einen literarischen Goldgrund aufträgt: »Ironie über mich selbst – ungefähr wie im Shakespeare, wo die Menschen um ihr offnes Grab tanzen« (7.2.1812). Einen Tag später: »Ziemlich heitere Stimmung – Betrachtungen über mich selbst – beständige Gedanken (Ktch) können zur fixen Idee sich verdichten!« (8.2.1812) An diesem Tag faßt er auch den Plan zu einem »musikalischen Roman«, die *Lichten Stunden eines wahnsinnigen Musikers*.

Eifersucht reißt ihn aus dieser zeitweiligen Beruhigung wieder heraus. Im März 1812 kommt der wohlhabende

Kaufmannssohn Graepel aus Hamburg nach Bamberg. Die Konsulin Marc hat ihn für ihre Tochter Julia als Ehemann ausgesucht. Hoffmann hat in seinem *Hund Berganza* ein vernichtendes Bild dieses Menschen gezeichnet. Graepel hat keinen Sinn für Kunst und Literatur. Sein beliebtestes Unterhaltungsmittel war die Zote. Hoffmann nennt ihn einen »unsauberen Geist«, der »Abscheu und Ekel« erregen mußte; nicht nur Hoffmann, auch andere Bamberger, die im übrigen nichts gegen solche Ehegeschäfte einzuwenden hatten, waren von diesem Manne angewidert. Kunz schreibt: »Der Mensch war, trotz seiner Jugend, das Bild eines Greisen, ein ausgemergeltes Menschenmodell, die Male fleischlicher Begierden lagen auf Stirn, Augen und Wangen, und die Imbezillität seines Geistes leuchtete aus jedem gesprochenen Worte.«

Durch diesen jämmerlichen Nebenbuhler, der als »abgefeimter Lüstling« *(Berganza)* es doch immerhin versteht, Julias Sinnlichkeit für sich zu gewinnen, fühlt sich Hoffmann, dem dies nicht gelungen war, tief in seiner Männlichkeit gekränkt. Zu seinem Entsetzen muß er erleben, wie Julia unter den Händen dieses Mannes sich plötzlich verändert. »Ktch – lüstern freundlich (wie eine) die besondere Er(fahrungen) gemacht hat«, notiert er am 9.4.1812. Wie als müsse er sich nun seine Männlichkeit beweisen, geht Hoffmann in diesen Wochen häufig mit Kunz auf die Jagd, wo ihm auch nur eingebildete Treffer gelingen.

Am 25.4.1812 berichtet er: »Höchst merkwürdiges Gespräch mit Ktch: ›Sie kennen mich nicht – meine Mutter auch nicht – niemand – ich muß so vieles tief in mich verschließen – ich werde nie glücklich sein‹.«

Hoffmann ist nicht sonderlich erbaut über solche Situationen, denn für das Körperliche der Frau ist offenbar jemand anderes zuständig, er muß sich mit der Rolle des Empfängers von Seelenbekenntnissen zufrieden geben. Die aufgestaute Wut auf den Nebenbuhler, der Neid und die Verachtung, die er ihm entgegenbringt, das verletzte Gefühl der

Liebe, die Demütigungen, die Enttäuschungen – alles dies bricht schließlich aus ihm heraus bei einem Ausflug nach Pommersfelden (6.9.1812), zu dem das Brautpaar auch ihn eingeladen hat.

Es wird viel getrunken. Graepel ist der dröhnende Mittelpunkt der Runde. Man will sich in den Abendstunden noch ein wenig ergehen. Kunz, der auch dabei war, erzählt: »Mit sichtbarer Anstrengung erhob sich der Bräutigam von seinem Sitze, der Braut den Arm bietend. Hoffmann und ich schlenderten hinter dem Brautpaar her, die übrige Gesellschaft folgte gruppenweise. Kaum im Hofe vor dem Schloß angekommen, bemerkten wir, daß der Herr Bräutigam gewaltige Winkel, bald rechts, bald links, ausmaß, und die Braut kaum im Stande war, ihn zu halten. Ein derber Ruck geschah, der die arme Julia niederzureißen drohte; – Hoffmann sprang, sie zu halten, hinzu, ich auf die Seite des Sinkenden; allein zu spät, – der Sturz war geschehen, und der Ehekandidat lag, alle Viere von sich streckend, auf dem Erdboden. Julia erblaßte, rang die Hände, die Gesellschaft versammelte sich im Kreise um den Gestürzten, Hoffmann glühte vor Zorn, und sich gegen mich wendend, entfuhren ihm die mit lauter Stimme gesprochenen Worte: ›Sehen Sie, da liegt der Sch-hund! Wir haben doch auch getrunken, wie er, uns passiert so etwas nicht! Das kann nur so einem gemeinen, prosaischen Kerl passieren!‹ Alles erschrak bei diesen, mehr schreiend, als redend ausgestoßenen Worten. Julia warf Hoffmann Blicke der Verachtung zu, der Mutter entfuhren heftige Vorwürfe. Das Phantasma, was ihn bisher getäuscht, glaubte er als ein Geständnis in Julias Blicken und Gebärden zu lesen; das *decrescendo* seines Liebeslebens fuhr als Blitz aus heiterer Luft in sein Inneres. Er stand einen Augenblick wie niedergeschmettert, dann erhob er sich aber und entfernte sich mit schnellen, festen Schritten.« Das ist das Ende der Liebesgeschichte. Die Konsulin Marc verbietet Hoffmann das Haus.

Hoffmanns Liebe zu Julia blieb auch den Außenstehenden

natürlich nicht verborgen. Einige haben sich später dazu geäußert. Speyer erwähnt die »Leidenschaft«, welche sich Hoffmanns »Seele immer heftiger bemeisterte«. Kunz wird deutlicher: »Eine tüchtige Portion Sinnlichkeit hatte im Hause seiner Phantasie Platz genommen.« Das aber will Julia Marc dreißig Jahre später nicht wahrhaben. »O gewiß«, schreibt sie 1837, »sein Gefühl für mich war anderer Natur als Kunz es der Welt verkündet.« Mit ›niederer‹ Sinnlichkeit soll das alles nichts zu tun gehabt haben; »der Einfluß, den er auf mich übte, hielt mich frei von allem Trivialen des gewöhnlichen Mädchenliebens«. Kunz hatte noch etwas anderes »verkündet«, was Julia später ebenfalls empört abstritt. Kunz schreibt: »Seine Liebe zu Julien kann man einen fixen Wahnsinn nennen, da sie nicht durch das geringste Entgegenkommen vonseiten der Geliebten erwidert, ja, in späterer Zeit vielleicht bemitleidet ward. Profanen mußte sie ein Gegenstand des Spottes werden, wenn sie sich die beiden Liebenden gegenüber dachten.« Julia widerspricht: »Ganz erdichtet jedoch ist, daß ich Hoffmann mit Verachtung begegnet hätte, es kann nicht wahr sein, ich weiß es noch, wie damals gerade mein geängstetes Gemüt am innigsten sich zu ihm wandte.«

Wenn Kunz von »Verachtung« spricht, dann übertreibt er wahrscheinlich, doch daß Hoffmanns Leidenschaft für Julia im Kreise der Bamberger Spottlust hervorrufen mußte, läßt sich denken. Der gescheiterte Musikdirektor, ohne Vermögen, bereits verheiratet, nicht gerade eine blendende äußere Erscheinung, mit geringem sozialen Prestige; dagegen Julia: hübsch, jung, aus bester Familie, für eine Geldheirat vorgesehen – zwischen den beiden klaffte ein Abgrund, der schon komisch wirken konnte. Amelie Godin, eine entfernte Verwandte der Marcschen Familie, resümiert, was die eher Gutwilligen damals in Bamberg über dieses unglückliche Verhältnis dachten: »Als ein Verhältnis im üblichen Sinne des Wortes läßt sich übrigens diese leidenschaftliche Hingabe des den Vierzig nahen Mannes zu der sechzehnjährigen

Julia nur insoweit bezeichnen, als einseitige Liebe solches Wort rechtfertigen kann... Das junge Mädchen verehrte den Lehrer, ohne sich träumen zu lassen, daß der Verheiratete, ihr ältlich Erscheinende mit verliebter Liebe für sie schwärmte.«

Es war schon eine traurige Beziehung, auf die sich Hoffmann da eingelassen hatte. Krasser kann das von ihm auch sonst beklagte »Mißverhältnis des innern Gemüts mit dem äußeren Leben« nicht sein. Da singen Hoffmann und Julia im Duett. Für Hoffmann sind das Momente höchsten Glücks, Augenblicke einer spirituellen Vereinigung. »Nach einem Duett mit Julia höchste Exaltation«, notiert er am 4.1.1812 in seinem Tagebuch. Im Kreislerroman beschreibt er ausführlich, was er gesehen und empfunden hat, wenn er mit Julia sang: »Bald erhoben sich beide Stimmen auf den Wellen des Gesanges wie schimmernde Schwäne, und wollten bald mit rauschendem Flügelschlag emporsteigen zu dem goldenen strahlenden Gewölk, bald in süßer Liebesumarmung sterbend untergehen in dem brausenden Strom der Akkorde, bis tief aufatmende Seufzer den nahen Tod verkündeten, und das letzte Addio in dem Schrei des wilden Schmerzes, wie ein blutiger Springquell herausstürzte aus der zerrissenen Brust.«

Im Kreislerroman sind die Zuhörer »ergriffen«, »vielen standen die hellen Tränen in den Augen«. So hätte Hoffmann es gerne gehabt. Tatsächlich aber wirkten seine Duette mit Julia eher komisch. »Sang er... ein Duett mit einer Dame, die ihn interessierte«, berichtet Kunz, »so bedurfte es alles Zusammennehmens vonseiten des Zuhörers, um nicht in lautes Gelächter auszubrechen, über die der Dame zugeworfenen schmelzenden Blicke, oder über die verzückten, dem Himmel zugekehrten Augen, den süß gespitzten Mund usw.«

Diese unfreiwillige Komik entsteht aus einer mißglückten Körpersprache der Hingabe. Hoffmanns »nichts weniger als zur Annäherung auffordernd Äußere« (Hitzig) verzerrt sich zur lächerlichen Grimasse bei dem Bemühen, eine Annäherung zu signalisieren. Einem mißratenen Körper verzeiht man die Hingabe nicht, besonders dann nicht, wenn sie einem so schönen Leib wie dem der Julia gilt. Unweigerlich wird man zum Gespött. Das ist Hoffmann widerfahren. Deshalb wurde ihm der eigene Körper, eigentlich das *Organ der Lust*, zur *Schranke des Begehrens*. Sein Körper trennt ihn ab von der Welt seiner Wünsche. Auf diesem Hintergrund werden gewisse Eintragungen im Tagebuch erst verständlich, so wenn er am 9.1.1812 notiert: »in den eigenen Eingeweiden gewütet«; oder am 27.4.1812: »die Sphinx hat mich beim Schopf gepackt und wirft mich bergab kopfüber in ein verfluchtes Schlammgrab«.

Hoffmann ist mit seinem Körper – diesem »Schlammgrab« – entzweit. Vom Körper befürchtet er das Attentat auf sein Glück. Hippel überliefert dazu jene höchst aufschlußreiche Bemerkung des siebzehnjährigen Hoffmann, der über sein erfolgloses Werben um ein »körperkerngesundes Mädchen« klagt: »Da ich sie einmal nicht durch die Annehmlichkeit meines Äußeren interessieren kann, so wollt ich, daß ich ein Ausbund von Häßlichkeit wäre..., damit ich ihr auffiele, damit sie mich wenigstens ansähe.«

Sie hat ihn angesehen, aber sie hat ihn, nach dem Bericht Hippels, »verspottet«, und Hippel selbst hat »Mitleid« mit seinem Freund empfunden. Das sind niederschmetternde Reaktionen, kein Wunder, daß Hoffmann schließlich glaubt, »ich habe einen Künstlerkörper, d.h. er wird bald gar nicht zu brauchen sein, und ich werde mich empfehlen, ohne ihn mitzunehmen« (an Hippel, 1.5.1795).

Was ist das für ein Körper, der ihm zur Last wird und den er nicht »mitnehmen« möchte? Kleingewachsen, schon in jungen Jahren ein wenig gekrümmt, den übermäßig großen Kopf in die Schultern gezogen. Das Gesicht vergißt man nicht so schnell, das stets bewegte Mienenspiel, die sprechenden Augen, das kantige vorspringende Kinn, die dunklen Haare, der scharf geschnittene Mund. Diese Erscheinung ermunterte nicht zur Annäherung, sie faszinierte auf eine Art, die eine vorsorgliche Distanz geraten erscheinen ließ. Hoffmann hat es sich in seinem Körper nicht bequem machen können.

Hoffmanns Lust an der Verwandlung, eine Quelle seiner poetischen Inspiration, hat hier im Körperkonflikt ihren Ursprung. Auch sein Lob auf die Männerfreundschaft resultiert aus diesem Zurückweichen vor den Schranken des Körpers. In seinem Romanfragment *Der Geheimnisvolle* (1796), wovon er Auszüge in einem Brief an Hippel (13.3.1796) mitteilt, hatte er geschrieben: »Viel Gründe unterstützen meinen Satz fürs Männermonopol... Die Freundschaft tut gar nichts für die Sinnlichkeit, aber alles für den Geist. Ihr Genuß ist das Wohlwollen fürs verwandte, die Seeligkeit des Wiederfindens gleicher Regungen – haben wir den gefunden, der uns versteht... wie ganz anders malt sich uns dann die Welt, und unser Selbst wird uns dann nur erst wert« (an Hippel, 13.3.1796).

Dem forcierten Charakter der Argumentation merkt man an, wie stark die Kräfte des Begehrens sind, die im Namen der Freundschaft zurückgestaut werden. Nur in der Freundschaft, die auf den Körper verzichtet, will Hoffmann sein Selbst als wertvoll erfahren haben. Geschlechterliebe entfremdet. Das körperliche Selbst, so redet er sich ein, ist von minderem Wert, die Begegnung der Körper kann die »Seeligkeit des Wiederfindens gleicher Regungen« nicht herbeiführen. Das bleibt der Männerfreundschaft, dem »Männermonopol« vorbehalten.

Weil er ihn als Schranke erlebt, versucht Hoffmann manchmal, seinen Körper auszugrenzen. Im Bilde des häßlichen Wurzelzwerges *Klein Zaches* hat er ihn geradezu diffamiert.

Der Körper ist das Gewordene, die Natur, der er in diesem Konflikt das Machen und das Gemachte geradezu wütend entgegensetzt. Im Kampf mit der eigenen Natur wird ihm auch die äußere Natur suspekt. Man merkt es seinen literarischen Werken an, in denen Landschaften und Natur kaum eine Rolle spielen. Die Freunde haben an Hoffmann oft beschrieben, wie ihn Natur nur als »von Menschen belebte und bewegte« (Kunz) interessierte. »Was halten Sie von der schönen Natur? *Ich habe einen wahren Narren daran gefressen*«, pflegte Hoffmann mit ironischem Unterton zu fragen, wenn ihm Naturenthusiasten begegneten. Das »Intellektuelle« mußte vorherrschen, nur dann war ihm Natur genießbar. Das gilt für das Essen, an dem er sparte, »weil sich diesem Genuß keine geistige Seite abgewinnen läßt«; für das Trinken, worin er nur »Steigerung des geistigen Vermögens« sucht. Überhaupt zog ihn der sogenannte »natürliche Mensch« nicht an, »wenn er nicht durch ein starkes Gewürz für ihn genießbar gemacht wurde« (Hitzig).

Doch lassen sich die Ansprüche der Natur, vor allem der eigenen, auf Dauer nicht zurückweisen. Komplikationen treten auf. Sie sind in Hoffmanns Dialogerzählung *Nachricht von den neuesten Schicksalen des Hundes Berganza*, geschrieben am Ende der Bamberger Zeit, eingegangen.

Fünfzehntes Kapitel
Die Verfeindung mit dem Körper

Inzwischen hat sich für Hoffmann eine neue Situation ergeben, als er am 17.2.1813 mit der Niederschrift des *Berganza* beginnt. Er hat nun schon einiges veröffentlicht, das Anklang beim Publikum und beim Redakteur Rochlitz findet: den *Ritter Gluck*, Kreislers *Leiden* und die *Hohen Gedanken*; die Beethoven-Rezensionen und eine stattliche Zahl weiterer Rezensionen über Witt, Spohr, Mehul, Paer, Gluck, Pustkuchen und Weigl. Fast immer hat Hoffmann dabei sehr grundsätzliche musiktheoretische und musikgeschichtliche Überlegungen vorgetragen. Zuletzt im September 1812 hatte er die phantastische Erzählung *Don Juan* geschrieben.

Manche dieser Veröffentlichungen gehen weit über das Niveau schnellfertiger Rezensententätigkeit hinaus. Das ist Hoffmann selbst klar geworden, als er am 29.4.1812 in sein Tagebuch einträgt: »Jetzt wird es Zeit ernsthaft *in litteris* zu arbeiten.« Das hat aber auch der geschäftstüchtige Weinhändler Kunz, mit dem Hoffmann fast täglich verkehrte, bemerkt.

Kunz kannte sich in der literarischen Szene der Zeit aus, besaß eine große Bibliothek, las viel und hatte durchaus literarisches Gespür. Am 15.2.1813 äußert er Hoffmann gegenüber die Absicht, »Manuskripte drucken« zu lassen. Sein verlegerisches Debüt möchte er mit einer Sammlung Hoffmannscher Texte – bereits veröffentlichter und solcher, die erst noch geschrieben werden sollten – versuchen. An diesem Tag also entsteht die Idee zu einem Werk, das später als *Fantasiestücke* Hoffmanns erste Buchveröffentlichung werden wird (1814). Wenn Hoffmann zwei Tage darauf mit dem *Berganza* beginnt, dann schreibt er zum ersten Mal mit der ziemlich sicheren Aussicht auf eine selbständige literarische Buchveröffentlichung. Ebenso wie beim *Ritter Gluck* knüpft er auch im *Berganza* – diesmal aber ausdrücklich – an eine literarische Vorlage an. War es dort Diderots *Rameaus Neffe*, so ist es hier Cervantes' Erzählung mit dem recht umständlichen Titel: *Gespräch zwischen Scipio und Berganza, zwei Hunden im Hospital zur Auferstehung in Valladolid, vor dem Tor des Campo, gewöhnlich die Hunde des Mahudes genannt.*

Im seriellen Stationenstil der Zeitsatiren des 16. und 17. Jahrhunderts entfaltet Cervantes, am roten Faden der Erlebnisse eines Hundes, ein durch den hündischen Blick verfremdetes menschliches Sittenpanorama. Berganza, ein Bullbeißer, kommt zu einem Schäfer, dann zu einem reichen

Kaufmann, zu einem Häscheroffizier, der sich zugleich als Zuhälter betätigt, zu einem Trommelschläger, der den Hund in die Welt der Kunst einführt, zu Zigeunern, zu einem getauften Mohren, zu einem dichtenden Studenten, zu einem Schauspieldirektor und endlich in das Hospital zur Auferstehung in Valladolid, wo vor allem die Geschlechtskranken aller Art sich einfinden. Hier erzählt Berganza seine Lebensgeschichte dem hündischen Freund Scipio; ein Student belauscht ihn und hat alles aufgeschrieben.

Der serielle Charakter des Erzählens erlaubt Hoffmann eine zwanglose Fortsetzung: Der lebenskluge und vielerfahrene Berganza ist aus dem Krankenhaus entsprungen und begegnet nun, nach jahrhundertelangem Herumirren, zu nächtlicher Stunde in Bamberg dem Erzähler, dem er seine neuesten Erlebnisse auftischen kann. Auf Zeitsatire ist es auch diesmal abgesehen.

Cervantes hat seinem Hund das kynische Erkennungszeichen auf den Weg gegeben: Der Bullbeißer trägt den Almosen sammelnden Bettelmönchen jene Laterne voran, mit der Diogenes durch Athen gezogen war auf der Suche nach Menschen. Wie schon der Berganza des Cervantes setzt auch Hoffmanns Hund diese Suche fort: Es ist wahrlich nicht leicht, unter den Menschen Menschen zu finden.

Hoffmanns Hund ist von der Menschenwelt, insbesondere ihrer Bamberger Version, angeekelt; von ihrem moralischen und ästhetischen Utilitarismus, von den verlogenen Gefühlen, von der doppelten Moral. Vieles wird hier gestreift, Moralisches, Ästhetisches, Kulturgeschichtliches. Im Mittelpunkt aber steht der kaum verschlüsselte Bericht des Julia-Erlebnisses. Kunz hat vor der Drucklegung jene Passagen gestrichen, in denen die Anspielungen auf die Bambergiana überdeutlich waren.

In dieser Erzählung macht Hoffmann etwas sehr Überraschendes: Er löst die »phantastische Liebe«, seine phantastische Liebe, von der Figur des Johannes Kreisler, der in der Erzählung ja auch vorkommt, und überträgt sie auf den

Hund. Kreisler taucht nur am Rande auf, von der Aura des Künstlerwahnsinns umgeben.

Der Hund Berganza liebt die schöne Cäcilia bis zur Tollheit. Der Liebeswahnsinn verliert hier alle verklärenden Attribute. Der Erzähler gibt uns das fast schon abstoßende Bild einer hündischen Raserei. Auch fehlt hier das kynische Selbstbewußtsein des Hundes, der froh ist, kein Mensch zu sein. In den Julia/Cäcilia-Passagen der Erzählung hört die Tiergestalt Berganzas auf, Instrument der Satire zu sein, und wird zum Ausdruck von Hoffmanns Konflikt mit dem eigenen Körper.

Man muß die Tiergestalt Berganzas ernst nehmen; sie ist die sinnfällige Manifestation der Erfahrung eines unüberbrückbaren Abstandes von der sogenannten ›normalen‹ Menschenwelt. Dem Hund, der so menschlich empfindet, fehlen prinzipiell die Mittel, sich Cäcilia verständlich zu machen und sie für sich zu gewinnen. Der Körper des Hundes schließt jede Annäherung aus, er ist die Schranke, die jedes körperliche Begehren zur Obszönität werden läßt. Deutlicher kann Hoffmann seinen Haß auf einen Körper, der »zu nichts zu gebrauchen ist« und der ihn trennt von dem, was er begehrt, nicht Ausdruck geben.

In der Liebe wird für den Hund die hündische Existenz zur Verdammnis, gegen die er sich auflehnt. Er rast vor Eifersucht, weil der vermögende George, hinter dem natürlich Graepel steckt, mit Cäcilia verkuppelt wird. Die »dünnen Waden« des Nebenbuhlers reichen hin, bei Cäcilia die »Sinnlichkeit zu reizen«. Weil der Hund solche Wirkungen nicht ausüben kann, muß er erleben, wie die Angebetete zum »Opfer« eines »Lüstlings« wird. »Cäcilia hatte noch nie geliebt, jetzt nahm sie die gereizte Sinnlichkeit für jenes hohe Gefühl selbst.« Eine fatale Verwechslung, wogegen die schöne Cäcilia nur dann gefeit gewesen wäre, wenn ihm, dem Hund, das Unmögliche gelungen wäre, nämlich jenes »hohe Gefühl« zusammen mit der »Sinnlichkeit« in Cäcilia zu erwecken. Der Hundekörper hat Berganza um sein

Glück betrogen, jetzt muß er sich mit den Seelenbekenntnissen Cäcilias begnügen und wütet im übrigen gegen den Körper seines Nebenbuhlers, als er einmal Zeuge der »ekelhaften Liebkosungen« wird, die dieser Mann dem Mädchen verabreicht. Der Gipfel der hündischen Tollheit ist erreicht, wenn Berganza ins Schlafzimmer der Braut eindringt. Der Hund agiert, wo Hoffmann phantasiert. Das ungestillte Begehren schlägt um in Fetischismus: »Ich erblickte Cäciliens zierlich mit Spitzen reich besetzte Nachtkleider, die auf dem Sofa ausgebreitet lagen. Nicht umhin konnte ich, sie mit Wohlgefallen zu beschnüffeln.«

Vom Damenwäsche-Fetischismus geht es weiter zum Voyeurismus: Der Hund kriecht unters Bett, auf dem sich das Brautpaar zu schaffen macht: »Wie er nun so schamlos mit der nie zu befriedigenden Begier des entnervten Lüstlings die geheimsten Reize des keuschen Mädchens enthüllte..., das machte mich schon toll.« Nun hält es ihn nicht mehr unter dem Bett. Er springt hervor und »packte mit einem kräftigen Biß den dürren Schenkel des Elenden«. Die Dynamik dieser Gewaltphantasie sprengt an einer winzigen Stelle die Fiktion einer Hundegeschichte und der Hoffmannsche Affekt bricht unverhüllt durch. »Unterdessen«, so lesen wir, »stöhnte und ächzte halb ohnmächtig Georg unter meinen Bissen und Tritten.« Beißen ist Hundeart, aber nicht Treten; die Tritte gehen auf die Rechnung des Autors.

Am 3.12.1812 heiratet Julia. Am 13.12.1812 trägt Hoffmann in sein Tagebuch ein: »Liebe will in Haß sich wenden«. Als Hoffmann den *Berganza* niederschrieb, vollzog sich gerade diese Verwandlung. Man muß jedoch genau begreifen, wogegen der Haß sich richtet. Die Tagebuchnotiz selbst gibt darüber nur ungenügenden Aufschluß. Der *Berganza* ist da schon deutlicher: Der Haß richtet sich gegen den eigenen Körper, der als Schranke des Begehrens erfahren wird. Er richtet sich gegen den Körper der Frau, der diese für die Lockungen von »Wüstlingen« aller Art anfällig macht und sie dazu bringt, die »hohen Gefühle« zu verraten, und schließlich richtet er sich gegen den Körper des Konkurrenten.

Bei Berganza ist es der körperliche Mangel, der zur Schranke wird. Doch nicht nur ein mangelhafter Körper, sondern das Körperliche überhaupt, so will es die Entlastung suchende Phantasie Hoffmanns, soll verdächtigt werden, die Menschen um ihr Glück zu betrügen.

In der Erzählung *Don Juan*, wenige Tage nach dem Bruch mit Julia entstanden, gestaltet Hoffmann deshalb eine komplementäre Körperschranke: Ein mit Schönheit überreichlich ausgestatteter Körper ist dem Glück im Wege. Nicht *Mangel*, sondern *Überfluß* wird zur Schranke, zum glückszerstörenden Prinzip.

Don Juan ist ein »Schoßkind der Natur«. Klug, schön und leidenschaftlich. Begehrlich und begehrt. Er ist unersättlich und verliert sich in der schlechten Unendlichkeit seines sinnlichen Verlangens: »Den Juan begeisterten die Ansprüche auf das Leben, die seine körperliche und geistige Organisation herbeiführte, und ein ewig brennendes Sehnen, von dem sein Blut siedend die Adern durchfloß, trieb ihn, daß er gierig und ohne Rast alle Erscheinungen der irdischen Welt aufgriff, in ihnen vergebens Befriedigung hoffend!«

Don Juan ist, was seine »körperliche Organisation« betrifft, fast in allen Zügen das schiere Gegenbild zu Hoffmann: »Eine kräftige, herrliche Gestalt: Das Gesicht ist männlich schön; eine erhabene Nase..., weich geformte Lippen«. Doch da gibt es noch das »sonderbare Spiel eines Stirnmuskels über den Augenbrauen«, eine auffällige Eigentümlichkeit von Hoffmanns Physiognomie. Hoffmann hat sie seinem Don Juan gegeben und damit eine physiognomische Verbindung zwischen sich und seinem Wunschkörper hergestellt.

Die Erzählung ist – wie auch schon der *Ritter Gluck* – eine literarische Experimentalanordnung: Das Glücksversprechen eines schönen Körpers steht auf dem Prüfstand; Hoffmann projiziert ein Leiden, das ihm ein »unbrauchbarer

Körper« bereitet, auf Don Juan, ein »Schoßkind der Natur«, dessen Körper nur zu »brauchbar« ist. Die Versuchsanordnung soll zeigen: Die Extreme, Mangel und Überfluß, berühren sich. Sie verhindern beide das Glück. Don Juan wird von seinem schönen Körper in die Irre geführt. Er glaubt, daß »durch den Genuß des Weibes schon auf Erden das erfüllt werden könne, was bloß als himmlische Verheißung in unserer Brust wohnt«. Er findet nicht, was er sucht und muß deshalb »vom schönen Weibe zum schöneren rastlos« fliehen. Zuletzt findet er alles »irdische Leben matt und flach«. Er verflucht die Natur, seine Natur.

Dem Hund Berganza glaubt man es nicht recht, wenn er die körperenthobene, rein geistige Liebe preist. Er bleibt bei aller Erhebung ein Hund, dem die Trauben zu hoch hängen. Glaubwürdiger läßt sich die Idee der »überirdischen« Liebe an einer Gestalt wie Don Juan demonstrieren. Dieser hat ja die Trauben alle genossen und ihren Geschmack schließlich für schal befunden. An der Gestalt des Don Juan inszeniert Hoffmann die *erhabene* Verwerfung des Körperlichen. Ein häßlicher oder ein schöner Körper, gleichviel, er steht dem Glück im Wege. Man muß es mit einem anderen Organ zu ergreifen suchen, beispielsweise mit der Musik. Deshalb flieht die von Don Juan verführte und doch nicht mit ihm vereinigte Donna Anna zu dem ganz der Musik hingegebenen Erzähler in der Fremdenloge. »Du verstehst mich«, flüstert sie ihm zu, »denn ich weiß, daß auch *dir* das wunderbare, romantische Reich aufgegangen, wo die himmlischen Zauber der Töne wohnen!« Und plötzlich wird aus dem Erzähler, der sich als »reisender Enthusiast« vorgestellt hat, ein begnadeter Komponist, dem die Mozartsche Donna Anna schmeicheln kann: »Ja..., ich habe *dich* gesungen, so wie deine Melodien *ich* sind.«

Natürlich phantasiert sich Hoffmann in beide Gestalten hinein, in Don Juan und in den Musikenthusiasten, der offenbar mozartsche Opern zu komponieren versteht. Er wünscht sich den schönen Körper Don Juans und bestraft sich für diesen Wunsch, indem er den Frauenverführer in die Hölle schickt. Doch er entschädigt sich sogleich, denn das Scheitern des schönen Körpers wird zum Sieg des schönen Geistes. Der Erzähler ist gleichsam der lachende Dritte. Er darf Donna Anna zum phantastischen Stelldichein empfangen. Der Sieg des schönen Geistes aber ist ein Pyrrhussieg. Denn das Glück der idealen, körperlosen Liebe, wo immer es in Hoffmanns Werk beschworen wird, bleibt blaß, ohne rechte Wirklichkeit. Bei der Darstellung solchen Glücks verfällt Hoffmann in der Regel in ein hohles Pathos; die lebendige Sprache erstarrt in Versatzstücken, die formelhaft und monoton wiederkehren: Da wird »mit rauschendem Flügelschlag« emporgestiegen zu dem »goldstrahlenden Gewölk«; in »süßer Liebesumarmung« kann man »sterbend untergehen«; ein »sanfter, warmer Hauch« läßt einen »erbeben«; in »nie gefühlter Begeisterung« erhebt man sich »in mächtigem Flug« über die »Schmach des Irdischen« usw.

Da die »Schmach des Irdischen« allgegenwärtig ist – man trägt sie ja an seinem Körper mit sich herum –, so müssen auch die »nie gefühlten« Aufschwünge Konjunktur haben.

Die Siege des schönen Geistes scheinen also mit einer gewissen Leblosigkeit erkauft zu sein. Aber Hoffmann ist ein Phantast, der in der Schule der *Doppelexistenz* die *Skepsis* gelernt hat. Deshalb deckt er das Dilemma solcher Ekstasen nicht zu, sondern versetzt es bisweilen sogar ins Zentrum der Aufmerksamkeit, zum Beispiel im *Murr/Kreisler*-Roman (1819/21). Dort ist der spießige, flache Kater Murr mit all seinen verlogenen Gefühlsaufschwüngen nicht nur ein Kontrastbild zum genialischen Kreisler, sondern auch eine Art Paraphrase. Der Kater ist *auch* der in seiner Lächerlichkeit zur Kenntlichkeit verzerrte Kreisler. So weit sind die beiden gar nicht voneinander entfernt. Von Kreisler, der die Stimme Julias zum ersten Mal hört, heißt es: »Ein unnennbar süßes Weh durchbebte sein Inneres«. Und wie drückt sich der verliebte Kater aus, als er die holde Miesmies niesen hört? ... »alles unnennbar schmerzliche Entzücken, das mich außer mir selbst setzte, strömte heraus in dem lang gehaltenen Miau! das ich ausstieß«. Original und Parodie sind auswechselbar. Das Original ist schon seine eigene Parodie.

Der zurückgewiesene Körper rächt sich in der Sprache. Sie versagt bei dem Versuch, das vermeintlich höchste Glück körperenthobener Liebe auszudrücken. In der 12. Vigilie des *Goldnen Topfes* (1814) läßt Hoffmann seinen Erzähler die Schwierigkeit reflektieren, jenes Glück zu erzählen, das Anselmus, auf der Flucht vor der Frau aus Fleisch und Blut, nun mit dem holden Schlänglein Serpentina erlebt: »Aber vergebens blieb alles Streben, dir, günstiger Leser, all die Herrlichkeiten, von denen der Anselmus umgeben, auch nur einigermaßen in Worten anzudeuten. Mit Widerwillen gewahrte ich die Mattigkeit des Ausdrucks.«

Es soll Überfülle des Gefühls sein, die hier zur »Mattigkeit des Ausdrucks« führt. Doch die Ironie dieser Passage kommt aus dem Verdacht, es könnte auch der Mangel an Wirklichkeit die Ursache des matten Ausdrucks sein. Der »matte« Charakter der Sprache, die das erhabene Glück auszudrücken sich müht, kann, so verstanden, auf etwas Totes, Erstarrtes im Erleben hinweisen. Die erstarrte Sprache wäre dann der angemessene Ausdruck eines Erlebens, das mit der schmerzlichen Zurückweisung der Ansprüche körperlichen Glücks ebenfalls erstarrt ist.

Die späteren Werke Hoffmanns bestätigen diese Vermutung. Er hat dort nicht nur vor der Verkörperung des begehrten Glücks gewarnt; er hat – umgekehrt – auch geradezu grausige Geschichten über die Risiken des Platonismus der Gefühle erzählt. Die *Elixiere des Teufels* (1814/15) beispielsweise erzählen das Drama einer mißlingenden Sublimierung: Dort zerstören die ausgegrenzten Körperwünsche das spirituelle Sublimat und zerreißen schließlich die Person. Ähnlich grausame Geschichten erzählen *Der Sandmann* (1816) oder *Die Bergwerke zu Falun* (1819). Das Lob der »Künstlerliebe« – das Paradigma der entkörperlichten Liebe – wird bei Hoffmann fast immer ironisch gebrochen angestimmt. Die Himmelfahrten des Gefühls bleiben bei ihm in einer nicht auflösbaren Spannung zu den Wünschen nach Verkörperung. Daß Hoffmann diese Spannung aufrechterhalten und aushalten konnte, hat ihn zu einem im Vergleich mit seinen Zeitgenossen einzigartigen Realisten des Seelenabgrunds werden lassen.

Nach dem endgültigen Bruch mit Julia – im Dezember 1812 heiratet sie und verläßt die Stadt – hält Hoffmann eigentlich nichts mehr in Bamberg. Denn seit März 1812 ist es auch mit dem zeitweiligen Aufschwung des Bamberger Theaters, woran Hoffmann als Dekorateur, Komponist, Dramaturg und Regisseur wesentlichen Anteil hatte, vorbei. Holbein gibt im Februar 1812 die Theaterleitung ab und beendet damit die produktive Zusammenarbeit mit Hoffmann. Die beiden hatten dem Bamberger Theater mit der Inszenierung einiger Calderon-Stücke schon fast nationalen Ruhm erworben. Hoffmann hat im Sommer 1812 in einem Artikel für die Zeitschrift *Die Musen* über diese Bamberger Calderon-Renaissance berichtet und dabei besonders die gelungene Verbindung von katholischem Geist und Romantik gerühmt. Die Calderon-Stücke hatten das Theater in Bamberg populär gemacht. Ehrbare Bürger, die es sonst für Sünde gehalten hätten, das Theater zu besuchen, und sogar Geistliche konnte man unter den Zuschauern finden, die sich die mit attraktiven Theatereffekten angereicherten Mysterienspiele über Liebe, Ehre und Gnade nicht entgehen lassen wollten. Hoffmann hatte sehr schnell das Handwerk des Theatermaschinisten gelernt und brachte es in Calderons *Andacht zum Kreuz* fertig, den toten Helden in die Lüfte zu erheben und einen anderen jäh in eine Nonne zu verwandeln. Mit Hilfe raffinierter Beleuchtung besorgte er außerdem die Verklärung der weiblichen Heldin über den Theaterwolken. Die sphärische Musik dazu hatte Hoffmann auch komponiert. Das alles zielte darauf ab, »die Sinne«, so Hoffmann in seinem

Theaterbericht, »bei der symbolischen Darstellung des Übersinnlichen in Anspruch zu nehmen«.

Wenn auch die Calderon-Inszenierungen auf lebhaftes Interesse beim Publikum stießen, war dadurch die Finanzmisere des Bamberger Theaters doch nicht behoben. Wieder einmal stand der Bankrott bevor. Holbein entzog sich der ungewissen Lage und nahm ein Engagement in Würzburg an. Er hätte den Freund gerne mitgenommen, doch war für Hoffmann dort keine Stelle vorgesehen. So bleibt Hoffmann zurück. Er hilft zwar noch mit, das Engagement eines neuen Theaterdirektors einzufädeln, Vorteile hat er davon aber nicht mehr. Er bleibt in den letzten Monaten seines Bamberger Aufenthaltes dem Theater nur noch als gelegentlicher Komponist von Schauspielmusiken verbunden.

In dieser kummervollen Zeit der Auflösung der Bindungen an Bamberg findet Hoffmann Rückhalt in einem großen Plan, der ihn, als Komponist, so hofft er, endlich aus seiner verschollenen Existenz herausführt: »Die *Undine* soll mir«, schreibt er am 1.7.1812 an Hitzig, »einen herrlichen Stoff zu einer Oper geben.« Die Idee dazu war ihm gekommen, als er für einige Tage das Turmzimmer der bei Bamberg gelegenen Altenburg (auf Einladung des Eigentümers Marcus) bewohnte und ihn in dieser mittelalterlichen Atmosphäre die heftigen Regengüsse eines Gewitters an die Gestalt des Wassergeistes Kühleborn aus Fouqués 1811 erschienenem Märchen erinnerte.

Hoffmann fand in diesem Märchen alles, was er zuvor schon 1810 in einer Rezension der Weiglschen Oper *Das Waisenhaus* von einer operngerechten Vorlage gefordert hatte: »Ist der Komponist«, so schreibt er dort, »mit einer Oper beschäftigt, so denkt er gewiß nicht zuerst an einzelne Verse, einzelne Szenen, sondern sein Geist ist mit der phantastischen Idee des Ganzen erfüllt und aus ihr gehen feurig die Gestalten des Dramas hervor, ihren Charakter in Tönen lebhaft und kräftig aussprechend.« Die *Undine* bot ihm eine solche »phantastische Idee des Ganzen«: Undine, eine zauberische Meerjungfrau aus der Familie der Wassergeister, verliebt sich in den Ritter Huldbrand und erhält dadurch eine menschliche Seele; ein Danaergeschenk, denn Huldbrands Untreue läßt ihr die neu erworbene Seele zur Qual werden. Das Märchen erzählt von einer Metamorphose, in der sich – entsprechend der romantischen Naturphilosophie – der Bruch zwischen Geist und Natur, der Sündenfall der unbewußten Natur in die bewußte menschliche Existenz ereignet. Undine hätte nie aus dem Wasser herauskommen dürfen: Die Liebe lockt sie in die Menschenwelt, der Liebesverrat vertreibt sie daraus.

Daß es diese Idee der verlorenen Unmittelbarkeit war, die Hoffmann an dem Undine-Stoff anzog, geht auch daraus hervor, daß er in demselben Brief, worin er seinen Opern-Plan entwickelt, auf Kleists Aufsatz über das Marionettentheater hinweist, der bekanntlich auch von dieser Idee handelt.

Das Märchen verlegt dieses philosophisch hochreflektierte und doch so naiv-anschauliche Drama zwischen Natur und Seele in eine imaginäre, das »gewöhnliche« Leben »potenzierende« Szenerie, in das »wundervolle Reich der Romantik«, das, so Hoffmann in seiner Weigl-Rezension, das einzig angemessene Milieu einer inspirierten Opernmusik sein kann. Die Oper soll aus dem bürgerlichen Leben zwar das Problem, nicht aber den Stoff beziehen. Das Lob auf die staatlichen Fürsorgeeinrichtungen sollte nicht, wie das Weigls Waisenhausoper versucht, in Arien, Rezitativen und Ensembles angestimmt werden. Singende Anstaltsdirektoren und Finanzräte haben auf der Opernbühne nichts zu suchen.

Am 15.7.1812 unternimmt Hoffmann den ersten Schritt, den Opern-Plan in die Tat umzusetzen. Er bittet Hitzig, der sich in Berlin inzwischen als Verleger etabliert hat und bei dem Fouqués Märchen erschienen war, nach einem Librettisten Ausschau zu halten. Hoffmann ist außer sich vor Freude, als er bereits vier Wochen später erfährt, daß der berühmte Baron Motte-Fouqué selbst den Operntext einrichten will.

Hoffmann muß es als außerordentlich schmeichelhaft empfinden, daß zum erstenmal ein prominenter Schriftsteller bereit ist, für ihn, den unbekannten Komponisten, zu arbeiten. Er kann deshalb auch die berechtigte Hoffnung hegen, nun endlich einmal mit einer Komposition in der Öffentlichkeit durchzudringen. Jetzt hat er die Chance zum großen Wurf. »Tag und Nacht«, schreibt er in einem Brief an Fouqué vom 15.8.1812, »sehe und höre ich die liebliche Undine, den brausenden Kühleborn, den glänzenden Huldbrand pp.« So tief steckt er in diesen Wochen im »geheimnisvollen Geisterreich der Romantik«, daß der dramatische Bruch mit Julia ihn doch nicht gänzlich niederwirft. Zur eigenen Verwunderung bemerkt er bereits vier Wochen nach dem Skandal von Pommersfelden bei sich »größte Gleichgültigkeit« gegenüber Julia (Tagebuch, 5.10.1812).

Noch bis zum Eintreffen des fertigen Opernbuches hält die Undine-Euphorie an. Am 14.11.1812 übersendet Fouqué, der ja für sein schnelles Arbeiten bekannt war, das Libretto. Dadurch beflügelt, beginnt Hoffmann sogleich mit der Komposition. Noch am selben Tag vertont er Undines Romanze »Morgen so hell«. Doch dann kommt der Einbruch. Die zeitweilig zurückgestauten Sorgen und Kümmernisse dringen mit verdoppelter Kraft auf ihn ein. Er wird krank, ihn plagen Geldsorgen. »In der höchsten Not«, notiert er am 26.11.1812 in seinem Tagebuch, »den alten Rock verkauft, um fressen zu können!!« Plötzlich ist auch wieder der Schmerz über den unglücklichen Ausgang seiner Liebesgeschichte da. Am 30.12.1812 schreibt er: »Es stellen sich sonderbare phantastische Rückfälle Rücksichts Ktch. ein.« Ihm fehlt die Kraft zur Arbeit an der Undine-Komposition, die bis Mitte Februar 1813 liegenbleibt.

Ein Ausdruck dieser persönlichen Krise ist auch, daß Hoffmann in diesen Wochen noch häufiger als sonst die Gesellschaft des von ihm wenig geschätzten Kunz sucht, mit

Der Medizinaldirektor Dr. Christian Pfeufer untersucht den Weinhändler Carl Friedrich Kunz, Hoffmanns ersten Verleger. Zeichnung Hoffmanns, der sich dabei rechts selbst porträtiert hat.

dem es sich allerdings tüchtig pokulieren läßt. Da er außerdem bei ihm verschuldet ist, unterstützt er den Weinhändler bei dessen Vorhaben, eine Leihbibliothek am Ort aufzubauen. Hoffmann hilft im November 1812 bei der Katalogisierung und verfaßt einen Werbetext.

In den Augen von Kunz war Hoffmann durch die Tatsache, daß ein Fouqué dem Bamberger Musikdirektor ein Opernlibretto geschrieben hatte, sehr im Ansehen gestiegen. Kunz hatte auch literarische Urteilsfähigkeit genug, um in Hoffmanns Schreiben mehr zu sehen als nur Rezensententätigkeit; und da er neben einer Leihbibliothek auch einen Verlag gründen wollte, so unterbreitete er Hoffmann, wie schon erwähnt, den Vorschlag, die bisher erschienenen und einige noch zu schreibenden Aufsätze zu einer eigenen Publikation zusammenzufassen und als erstes Werk im neugegründeten Verlag herauszugeben. Kunz gegenüber verhält sich Hoffmann zunächst noch zögernd, doch tatsächlich beflügelt ihn diese neue Aussicht. Er unterbricht die soeben (am 14.2.1813) wieder aufgenommene Arbeit an der *Undine* und beginnt drei Tage später mit der Niederschrift des *Berganza*.

Während er an dieser Erzählung schreibt, trifft jene Nachricht ein, die ihm seine baldige Befreiung aus Bamberg, wo ihn nichts mehr hält, ankündigt. Am 27.2.1813 erhält er vom Leiter der zwischen Dresden und Leipzig hin und her pendelnden Operngesellschaft, Joseph Seconda, das Angebot einer Musikdirektorenstelle. Rochlitz und Härtel hatten ihren Musikkritiker für diese Stelle empfohlen.

Hoffmann ist bei aller Freude besonnen genug, sich zunächst von Rochlitz die Solidität des Secondaschen Unternehmens bestätigen zu lassen, denn gerüchtweise hatte er gehört, daß diese Operngesellschaft nicht im »mindesten Ansehn« stehe. Nachdem Rochlitz die Bedenken zerstreut und nachdem Hoffmann erfahren hatte, daß in Würzburg, wohin ihn Holbein holen wollte, das Theater vor dem Bankrott stehe, entschließt er sich am 13.3.1813, Secondas Angebot anzunehmen.

Leipzig und Dresden sind im Vergleich zu Bamberg schon ›große Welt‹; hier glaubt Hoffmann, wie er in einem Brief an Härtel schreibt, seinen »Ruf« in der Kunst endlich »begründen« zu können (23.3.1813).

Jetzt, vor der Abreise, wollen Kunz und Hoffmann ihren Verlagsvertrag perfekt machen. Hoffmann wählt als Termin der Unterzeichnung den 18. März, den Geburtstag Julias. Der Vertrag hält ausdrücklich fest, daß ein »Kaufmann« und ein »Musikdirektor« ihn schließen. Literatur ist für beide ein Nebenschauplatz ihres Geschäfts: »Es hat sich begeben, daß Hr. Kunz... sich auch entschlossen, eigne Verlagswerke ans Licht zu stellen, wogegen der M.D. (Musikdirektor, R.S.) Hoffmann, der eigentlich nur Noten schreiben sollte, sich auch nicht ohne Glück auf mannigfache Art in das literarische Feld gewagt.«

Hoffmanns am 29.4.1812 seinem Tagebuch anvertraute Absicht, »ernstlich *in litteris* zu arbeiten«, führt ihn in diesem Frühjahr, kurz vor der hoffnungsvollen Abreise, zu großen Plänen. Noch ist nicht einmal das Material für einen Band zusammen, da verpflichtet er sich schon, »vier Werke« zu liefern und konzediert dem Weinhändler darüber hinaus eine Option für alle weiteren Bücher, die er noch verfassen wird. Kein Zweifel: Der Musikdirektor fühlt sich am Anfang einer literarischen Laufbahn, in deren Verlauf er noch einiges auf den Markt zu bringen gedenkt.

Laut Vertrag soll nur der erste Band den Titel *Fantasiestücke in Callot's Manier* tragen. Hoffmann aber wird ihn für alle vier Bände, die bis Juni 1815 erscheinen, verwenden. Für den ersten Band lagen außer fünf zuerst in der *Allgemeinen Musikalischen Zeitung* veröffentlichten Stücken (*Ritter Gluck, Kreislers Leiden, Ombra Adorata, Gedanken über den hohen Wert der Musik, Don Juan*) die Umarbeitung zweier ebenfalls dort erschienenen Rezensionen (von Beethovens 5. Sinfonie und dessen Klaviertrios Op. 70) zu dem Aufsatz *Beethovens Instrumental-Musik* vor. Neu geschrieben wurden neben der Einleitung *Jacques Callot* die *Höchst zerstreuten Gedanken* und die ironische Anweisung *Der vollkommene Maschinist*. *Berganza*, an dem er zur Zeit des Vertragsabschlusses noch schreibt, ist dann für den zweiten Band vorgesehen.

Kunz verpflichtet sich auf die Zahlung eines bei literarischen Debüts üblicherweise bescheidenen Honorars: acht Reichstaler für den Druckbogen. Später wird Hoffmann das Achtfache verlangen können.

In seinen Erinnerungen behauptet Kunz, daß die Idee des Titels von ihm stamme. Hoffmann habe erst bei Gelegenheit des Vertragsabschlusses auf seine Veranlassung hin sich die Sammlung von Callots Zeichnungen beim Regierungspräsidenten Freiherrn von Stengel angeschaut. Das ist allerdings recht unwahrscheinlich, denn Hoffmann verkehrte die Bamberger Jahre über recht häufig bei Stengel und kannte dessen Bildersammlung sehr gut. Ihm werden dabei auch die phantastisch-satirischen Zeichnungen des lothringischen Malers

Callot (1592-1635) aufgefallen sein, zumal sie damals sehr berühmt waren, so berühmt, daß auch schon andere zeitgenössische Literaten sich in ›Callotscher Manier‹ versucht hatten, zum Beispiel Wieland, in dessen Roman *Don Sylvio von Rosalva* der Ausdruck vorkommt: »Ein Gemälde im Geschmacke des Callot«.

Hoffmann kannte diesen Roman und es gibt deutliche Anzeichen dafür, daß er seine eigene Poetik, die er in der Einleitung der *Fantasiestücke* formulierte, in Auseinandersetzung auch mit Wieland entwickelte.

In dieser Einleitung erklärt Hoffmann den Titel. Weshalb Callot? Was er an diesem Maler rühmt und worin er ihm nachfolgen will, ist die Kunst, dem Alltäglichen »etwas fremdartig Bekanntes« zu geben. Auf Callot Bezug nehmend und zugleich den eigenen Stil erläuternd, schreibt Hoffmann: »Selbst das Gemeinste aus dem Alltagsleben... erscheint in dem Schimmer einer gewissen romantischen Originalität, so daß das dem Phantastischen hingegebene Gemüt auf eine wunderbare Weise davon angesprochen wird.« Deutlich ist hier auf die berühmte Definition des Novalis angespielt: »Romantisieren heißt, dem Gewöhnlichen ein geheimnisvolles Ansehn, dem Bekannten die Würde des Unbekannten, dem Endlichen einen unendlichen Schein geben.« Doch anders als Novalis, bei dem das Alltägliche schließlich ganz absorbiert wird, besteht Hoffmann auf der doppelten Gegenwart des Alltäglichen und des Geheimnisvollen, des Realistischen und des Phantastischen. Für die romantische Oper fordert Hoffmann die Homogenität des Phantastischen, in seinen literarischen Texten aber strebt er die spannungsvolle Doppelperspektive aus Realismus und Phantasie an. Die »Gestalten des gewöhnlichen Lebens« – sie dürfen nicht, wie bei Novalis, verschwinden, sie sollen aber von einem »Schimmer« »umflossen« sein, der das Rätsel, das – vom Blick der Gewohnheit ignoriert – in ihnen steckt, offenbar macht. Phantasie ist für Hoffmann eine Verfremdungstechnik im Dienste der Wirklichkeitserkenntnis. Diese Wirklichkeit aber ist phantastischer, als die alltägliche Vernunft es sich träumen läßt. Ein solches Wirklichkeitsverständnis setzt die Phantasie in ihre Rechte ein; ganz im Gegensatz zu jenem früheren Werk im »Geschmacke des Callot«, zu dem bereits erwähnten Roman Wielands *Der Sieg der Natur über die Schwärmerei oder die Abenteuer des Don Sylvio von Rosalva* (1764). Dieser Roman erzählt von einem schwärmerischen jungen Mann, der, von einem Miniaturbildnis einer schönen Frau angeregt, in die Ferne zieht, um die Märchenprinzessin seiner Phantasie zu suchen. Zu seiner Überraschung muß er schließlich erkennen, daß die Angebetete niemand anderes als die junge Witwe in seiner Nachbarschaft ist. Er ist von der Wirklichkeit enttäuscht, will sich abwenden. Um ihn von seiner Phantasie zu kurieren, erzählt ihm der Bruder der Geliebten ein Märchen, worin ein ebenfalls verliebter Held schließlich in die imaginäre Märchenwelt gebannt bleibt. Diese Erzählung kuriert Don Sylvio; er faßt in der wirklichen Welt Fuß und heiratet die Nachbarin.

Hoffmann hat diese Fabel später in der Erzählung *Artushof* variiert; dort treibt das Bild der Geliebten einen Danziger Maler nach Italien, der dann bei der Rückkehr festellte, daß die imaginäre Geliebte in Wirklichkeit als Kriminalrätin in der Nähe Danzigs lebt. Doch anders als Hoffmann, der in solchen Geschichten die Lebendigkeit der Imagination gegen eine allzu leblose Wirklichkeit verteidigt, hat es Wielands aufklärerische Therapie darauf abgesehen, »unsern Helden« – so heißt es im Roman – »von der Bezauberung seines Gehirns je eher je lieber zu befreien«. Wielands »Gemälde im Geschmacke des Callot« warnt vor dem Eigensinn der Phantasie, zu dem Hoffmanns Callotsche »Manier« umgekehrt ermuntert.

Während Hoffmann mit dem Verlagsvertrag wichtige Weichen für die Zukunft stellt, ist er in den letzten Wochen zugleich damit beschäftigt, mit der Bamberger Vergangenheit abzuschließen: In der Gastwirtschaft »Zur Rose«, der

Theaterkneipe, wo er viele Nächte verbracht hatte, begleicht er einen Teil der aufgelaufenen Zechschulden, gibt noch einmal ein Abschiedsgelage, erfährt, daß Julia inzwischen schwanger ist, und läßt sich von Frau Kunz, in Erinnerung an eine moderate Affäre, eine Haarlocke schenken. Am 21.4.1813, in der Frühe um 6 Uhr, verlassen Mischa und Hoffmann Bamberg. »Meine Lehr- und Marterjahre sind nun in Bamberg abgebüßt«, so kommentiert er seine Abreise, »jetzt kommen die Wander- und Meisterjahre; – nun sitz' ich fest im Sattel!« Leider kommt es anders.

Hoffmann, der sich die Politik hatte vom Leibe halten wollen – jetzt greift sie, wie schon damals in Warschau, schicksalsmächtig nach ihm. Die Reise nach Dresden führt Hoffmann ins Zentrum eines gewaltigen Krieges, der ganz Mitteleuropa in Atem hält.

Sechzehntes Kapitel
In der Gewalt der Geschichte

Hoffmann hatte in Bamberg kaum Notiz genommen von jenem weltgeschichtlichen Drama, das nun seinem Höhepunkt entgegenstrebt.

Nach der preußischen Niederlage von Jena und Auerstädt 1806 steht Napoleons Herrschaft in Europa im Zenit. Sein Regime erstreckt sich bis nach Polen; alle deutschen Länder sind ihm verpflichtet. Österreich-Ungarn wagt 1809 noch einmal einen Krieg, wird aber besiegt und zum Stillhalten gezwungen. Rußland muß sich der gegen England gerichteten Kontinentalsperre anschließen. Der französisch-englische Gegensatz ist überhaupt der treibende Motor der napoleonischen Politik in Mitteleuropa. England bleibt die einzige europäische Macht, die nicht auf das Kommando Napoleons hört. Die Kontinentalsperre soll sie in die Knie zwingen. Die dramatische Schlußphase des napoleonischen Zeitalters beginnt mit Rußlands Ausscheren aus dieser Politik der Zollschranke. Napoleon rüstet zum Krieg gegen Rußland. Im Sommer 1812 bringt er das größte Heer zusammen, das Europa bis dahin gesehen hat: die »Große Armee«, zu der alle ›Verbündeten‹ Kontingente beisteuern müssen; es kommen über 500000 Mann zusammen. Der am 24.6.1812 begonnene Feldzug führt die Truppen bis nach Moskau und endet im Winter desselben Jahres mit einem katastrophalen Zusammenbruch. Die Weite des Raumes, der Winter, der Hunger, die demoralisierende Hinhaltetaktik der russischen Armee, die zermürbenden Partisanenkämpfe hinter der Front bewirkten die Auflösung der Hauptarmee, die, auf wenige tausend Mann geschrumpft, im Dezember 1812 in Ostpreußen eintrifft.

Inzwischen hatten die an der Nordflanke operierenden preußischen Kontingente unter dem Grafen Yorck die Verbindung zur französischen Hauptarmee verloren, und da sich die katastrophale Niederlage Napoleons abzeichnete, vereinbart Yorck mit der russischen Seite die Neutralisierung der preußischen Truppen in der Konvention von Tauroggen vom 31.12.1812.

Dieser eigenmächtige Schritt Yorcks leitet den preußischen Bündniswechsel ein: Preußen geht – auch von der antinapoleonischen Stimmung in der Bevölkerung bedrängt – auf die vermeintlich stärkere russische Seite über. Im Februar 1813 schließen die beiden Mächte ein Bündnis gegen Napoleon. Sie vereinbaren weitreichende Kriegsziele: Napoleon soll nicht nur militärisch geschlagen, sondern politisch vernichtet werden. Preußen will man in den Grenzen Friedrichs des Großen wiederherstellen. Die Macht des alten Reiches soll zuungunsten der übrigen deutschen Fürsten gestärkt und diejenigen Fürsten, die nicht zum Abfall von Napoleon bereit sind, sollen verjagt werden. Deshalb ergeht

Selbstporträt mit ironischen Charakterisierungen einzelner Gesichts- und Körperpartien

Zacharias Werner (1768–1823)
Bleistiftzeichnung
von E.T.A. Hoffmann

Julius Eduard Hitzig (1780–1849)

Theodor Gottlieb Hippel
(1775–1843)

oben links:
Adelbert von Chamisso
(1781–1838)
oben rechts:
Friedrich de la Motte-Fouqué
(1777–1843)

Carl Maria von Weber (1786–1826)

E.T.A. Hoffmann: »Die Fantasie erscheint Hoffmann zum Troste«

Königsberg – der Anfang

Berlin (Königliches Kammergericht) – das Ende

E.T.A. Hoffmann: Warschauer Räte

Johann Friedrich Reichardt
(1752–1814)

Carl Graf von Brühl (1772–1837)

Gasparo Spontini (1774–1851)

Ludwig Devrient (1784–1832)

E.T.A. Hoffmann (Zeichnung von Hugo Steiner)

der Aufruf an die Bevölkerung auch der Rheinbundstaaten, Freikorps gegen Napoleon zu bilden. Das später so berühmte Lützowsche Freikorps war eine solche aus Freiwilligen der übrigen deutschen Länder gebildete, partisanenartig operierende Truppe, militärisch bedeutungslos, aber – mit ihren schwarz-rot-goldenen Uniformstücken – symbolträchtig. Das durch die Heeresreform effektivierte Rekrutierungssystem stellt in Preußen in kurzer Zeit über 50000 Mann auf die Beine, daneben werden zahlreiche Landwehreinheiten gebildet.

Napoleon hat inzwischen neue Truppen ausgehoben. Die napoleonische Armee operiert im Frühjahr 1813 in Thüringen und Sachsen. Im März 1813 rücken die Franzosen in Dresden ein, weichen dann am 19.3.1813 vor den anrükkenden russischen und preußischen Truppen zurück, wobei sie zur Sicherung des Abzugs die Elbbrücke sprengen. Für Hoffmann, der dieses architektonische Meisterwerk aus dem 13. Jahrhundert bewunderte, die erste Enttäuschung bei seiner Ankunft in Dresden.

Die französischen Truppen ziehen sich nach Thüringen zurück; in ihrem Troß befindet sich der König von Sachsen. Dresden, seine Residenz, ist in preußisch-russischer Hand, als Hoffmann nach einer beschwerlichen und auch gefährlichen Reise – er muß ja von ›französischem‹ in ›russisch-preußisches‹ Gebiet überwechseln – dort ankommt.

Diese Reise führt Hoffmann nicht nur ins Zentrum des Kriegsgeschehens, sondern auch ins Herz der Turbulenzen eines Zeitalters, das, in bisher noch nicht gekanntem Ausmaß, ›politisch‹ geworden ist. Er bekommt das unterwegs schon zu spüren, als ihn ein preußischer Vorposten erst durchläßt, nachdem Hoffmann mit ihm ein Glas Schnaps auf Preußens Gloria getrunken hat. Hoffmann, bisher von großer politischer Gleichgültigkeit, gerät unter Politisierungsdruck, eine Folge der Veränderung, die sich in der Sphäre des Politischen inzwischen auch in Deutschland vollzogen hat: Das Politische ist expansiv geworden, es okkupiert

Leidenschaften, Gesinnungen, Hoffnungen, Wünsche, die vormals in der politischen Öffentlichkeit noch nichts zu suchen hatten. Hoffmann bekommt es zu tun mit einer Politik, die sich anschickt, ›totalitär‹ zu werden.

Im Absolutismus war Politik ein Monopol des monarchischen Staates. Der *absolute* Machtanspruch aber war nicht totalitär, denn der Bereich des Politischen war begrenzt: dynastische Selbstbehauptungs- und Machtpolitik nach außen und Friedenssicherung nach innen. Die politischen Institutionen schöpfen für die Finanzierung ihrer Zwecke einen Teil (in Preußen einen sehr erheblichen Teil) des gesellschaftlichen Reichtums ab und sind insofern interessiert am ertragreichen Funktionieren der Wirtschaft, die sie, im Sinne der ›Wohlfahrt‹, in den Grenzen merkantilistischer Politik zu regulieren versuchen. Politik war also das exklusive Geschäft des Hofes und seiner Instrumente: Beamtenapparat und stehendes Heer. Die monarchische Spitze war absolut, da sie die *ungeteilte* politische Macht besaß. Der absolutistische Staat monopolisierte die Politik; die Gesellschaft war frei von ihr, im doppelten Sinne: Weder sucht sie, in der Regel, nach politischen Ausdrucksformen noch ward sie zum Objekt der Politisierung von außen, vom Staat her. Kurz und bündig kommt das spätabsolutistische Politikmonopol zum Ausdruck in einem Reskript der preußischen Regierung von 1767. »Eine Privatperson«, so heißt es dort, »ist nicht berechtigt, über die Handlungen, das Verfahren, die Gesetze, Maßregeln und Anordnung der Souveräne und Höfe, ihre Staatsbedienten, Kollegien, Gerichtshöfe, öffentliche sogar tadelnde Urteile zu fällen, oder davon Nachrichten, die ihm zukommen, bekanntzumachen und durch den Druck zu verbreiten.« Die von der Politik ausgesperrten »Privatpersonen« antworten mit einer Aufwertung ihres Innenlebens, ihrer Moral und Kultur. Gegen die Politik führen sie ›den Menschen‹ ins Feld; den Menschen in einer Definition, die allem Politischen überhoben ist. Schiller zum Beispiel lehrt 1784: Die Bühne habe beim Publikum Platz zu schaffen für die Empfindung, »ein Mensch zu sein«, und sie habe die Funktion eines Gerichts. Die Gerichtsbarkeit der Bühne, die der politischen Sphäre den Prozeß macht, fange an, »wo das Gebiet der weltlichen Gesetze sich endigt«. Sie ist streng, diese Gerichtsbarkeit, »tausend Laster, die jene (die weltliche Gerichtsbarkeit, R.S.) ungestraft duldet, straft sie; tausend Tugenden, wovon jene schweigt, werden von der Bühne empfohlen«. Das spätabsolutistische Politikmonopol, als Antwort auf die politisierten Gesinnungsfronten der religiösen Bürgerkriege des 16. und 17. Jahrhunderts entstanden, hatte Moral, Religion, Gefühl in den privaten Innenraum abgedrängt, politisch entmachtet, und damit langfristig selbst die Voraussetzungen geschaffen für jene Entgegensetzung von Moral und Politik, aus der später die (bürgerlichen) Privatleute einen beträchtlichen Teil ihres Selbstbewußtseins ziehen werden.

Der Fortgang der Geschichte ist bekannt: Zunächst verdeckt das moralische Räsonnement seine politischen Implikationen – auch vor sich selbst. Dann wandelt sich, noch vor der Französischen Revolution und auch in Deutschland, die moralisierende in eine politisierende Öffentlichkeit, die von der absolutistischen Politik das Prinzip der Publizität einfordert.

Mit der Französischen Revolution ist es dann so weit: Die Gesellschaft zerbricht das absolutistische Monopol und nimmt die Politik in sich zurück. Damit wandelt sich der Bereich des Politischen. Politik wird zur Angelegenheit des *ganzen* Menschen und der *Massen*. In diesem Sinne wird sie totalitär.

Mit der Französischen Revolution erlebt eine Politik ihren Durchbruch, die beansprucht, einen neuen Menschen, eine neue Zeit, eine neue Gesellschaft hervorbringen zu können. Politik wird nun zu einem Denk- und Handlungsstil, bei dem es ums Ganze geht.

Es ist vorbei mit dem abgemagerten Politikbegriff des Spätabsolutismus, und die Politik wird von Affekten und

Ambitionen überflutet, die sich zuvor im gesellschaftlichen Bereich und im seelischen Innenraum aufgestaut haben: Freiheit, Gleichheit, Brüderlichkeit – das soll jetzt und hier politisch herstellbar sein. Politik wird zu einem Unternehmen, in das sich alles, was man auf dem Herzen hat, investieren läßt.

Man muß sich die gewaltige Zäsur klarmachen, die am Ende des 18. Jahrhunderts mit dieser Explosion des Politischen verbunden ist. Die Sinnfragen, für die zuvor die Religion zuständig war, werden jetzt an die Politik gerichtet; ein Säkularisierungsschub, der die sogenannten ›letzten Fragen‹ in gesellschaftlich-politische verwandelt: Robespierre inszeniert einen Gottesdienst der politischen Vernunft, und im Preußen der Befreiungskriege zirkulieren die Gebetsbücher des Patriotismus; eines hat sogar Heinrich von Kleist verfaßt.

Bis zur Französischen Revolution war die Historie weithin Privileg und Schrecknis einiger weniger gewesen. Die Menschen in ihrer Gesamtheit waren den Kriegen und der allgemeinen Ausplünderung ebenso unterworfen wie jeder beliebigen Seuche oder Naturkatastrophe. Wenn der träge Fluß des Geschehens in Bewegung geriet, dann brach er mit der ungeschichtlichen Gewalt der Gezeiten herein. Erst die Ereignisse von 1789 bis 1815 lassen bei den Zeitgenossen so etwas entstehen wie die verstehende Wahrnehmung von historischen Abläufen, die sich, synchron zu ihrer Politisierung, beschleunigen. Die ›Levée en masse‹, das allgemeine Aufgebot der Revolutionsarmeen, die Europa überschwemmen, bringt nicht nur das Ende der alten Kabinetts- und Söldnerkriege. Ganz wie Goethe es auf dem Schlachtfeld von Valmy 1792 erkannt hat, bedeuten die Volksheere, dieser Inbegriff einer waffenstarrenden Nation, daß die Historie nunmehr in jedermanns Lebensbereich getreten ist.

Die Entwicklung, die mit der Französischen Revolution durchbricht, ist unumkehrbar, auch in Deutschland. Die

Koalition hatte gegen das revolutionäre Frankreich zunächst noch mit den alten Methoden gekämpft und war dabei unterlegen. Was sich kulturell lange schon, seit dem Sturm und Drang, vorbereitet hat, nun bricht es auf: ein politisches Nationalbewußtsein. Nation, Vaterland, Freiheit – das sind jetzt Werte, für die Menschen zu sterben bereit sind. Dieser Politisierungsschub läßt sich ermessen, wenn man die öffentliche Bekanntmachung der preußischen Niederlage von 1806 vergleicht mit dem königlichen Aufruf vom März 1813.

1806 heißt es: »Der König hat eine Bataille verloren. Jetzt ist Ruhe die erste Bürgerpflicht.« Dagegen enthält der Aufruf von 1813, den übrigens Hippel, damals vortragender Rat bei Hardenberg, verfaßte, eine umständliche Rechtfertigung der bisherigen königlichen Politik und fordert dann bedingungslosen Einsatz für die nationale Sache: »Aber welche Opfer auch von einzelnen gefordert werden mögen, sie wiegen die heiligen Güter nicht auf, für die wir sie hingeben, für die wir streiten und siegen müssen, wenn wir nicht aufhören wollen, Preußen und Deutsche zu sein.«

Das ist die Stimme der neuen Politik, einer Politik, die gegenüber der Öffentlichkeit unter Rechtfertigungszwang steht und sich ihr gleichsam partnerschaftlich annähert. Auf eine politisierte Öffentlichkeit antwortet der Staat, indem er versucht, sie in Regie zu nehmen. Das Prinzip der Publizität wird nun, ein ganz neuer Vorgang, von oben angewandt. Napoleon selbst, der stets eine Felddruckerei mit sich führte, war dafür beispielgebend. Der Berliner Zensor empfiehlt 1813 dem preußischen König: »Die Verhältnisse (sind, R.S.) von der Art, daß auch bei dem gemeinen Mann die Teilnahme an den großen Begebenheiten des Tages und seine Bereitwilligkeit zur Mitwirkung für den allgemeinen Endzweck fortwährend und von allen Seiten kräftig angeregt werden muß.« Auf deutschem Boden ereignet sich in diesen Monaten des antinapoleonischen Befreiungskrieges die Geburt der politischen Propaganda. Stein empfiehlt in einer Denkschrift, der Überschwemmung Deutschlands mit »prahlerischen und lügenhaften Bulletins und Proklamationen« aus Napoleons Felddruckerei einen Damm aus hausgemachter, patriotischer Propaganda entgegenzusetzen. Die Macht Napoleons, so behauptet Arndt, beruht auf der Furcht, die er um sich verbreitet. Man muß das Volk über seine eigene Stärke aufklären, dann kann es sich auch gegen den »Tyrannen« behaupten. Die neue Politik macht die Propaganda zur Waffe. Man ist deshalb auch nicht überrascht, wenn Stein in seiner Denkschrift über die notwendigen Maßnahmen zu einem Aufstand in Deutschland gegen Napoleon die Schriftsteller an erster Stelle nennt: »Bei einer so leselustigen Nation bilden die Schriftsteller eine Art Macht durch ihren Einfluß auf die öffentliche Meinung.«

Im konservativen Wien gibt Metternich seit 1810 eine Zeitung heraus, den *Österreichischen Beobachter,* deren Zweck es ebenfalls ist, die öffentliche Meinung mit der Staatspolitik zu versöhnen. Die Regierung soll das Blatt streng kontrollieren, jedoch »ohne daß sie sich öffentlich dazu bekennen dürfte«. So die Anordnung Metternichs: Man will glaubwürdig bleiben. Friedrich Schlegel, der in seiner Jugend die öffentliche Meinung verächtlich ein »häßliches Untier« (*Lucinde*, 1799) gescholten hatte, wirkte zeitweilig als Redakteur an diesem Blatte. Auch Hoffmann hat, wie wir noch sehen werden, sein Pflichtsoll in diesen Propagandaschlachten absolviert. Seine antinapoleonischen Pamphlete verfaßt er allerdings erst, als es mit Napoleon schon vorbei ist.

Im stillen Bamberg hatte Hoffmanns politische Gleichgültigkeit das angemessene Milieu. Jetzt in Dresden wird er, wie noch nie, herausgefordert.

Am Tage von Hoffmanns Ankunft in Dresden, am 25.4. 1813, ziehen auch der preußische König und der Zar zusammen mit 20000 Mann Gardetruppen in die kurz zuvor von den Franzosen geräumte sächsische Residenz ein. Goethe, der auf einer Reise in Dresden Station gemacht hat, verläßt am selben Tag die Stadt: Er ist ein Bewunderer Napoleons und möchte den Jubelfeiern für die preußisch-russische Koalition aus dem Weg gehen. Doch auch Hoffmann ist nicht zum Feiern zumute, denn noch am Abend der Ankunft erfährt er, daß die Secondasche Operngesellschaft, deren Musikdirektor er nun ja ist, sich noch in Leipzig aufhält und daß es auch nicht abzusehen sei, wann sie nach Dresden kommen werde. Auch hört er gerüchtweise von Secondas finanziellen Schwierigkeiten. Das alles erinnert ihn fatal an sein Bamberger Debüt. Auch dort war er angekommen, um kurz darauf den Bankrott des Theaters erleben zu müssen. Hoffmann dachte, mit seinem Wechsel nach Dresden endlich die »Lehr- und Marterjahre« abschließen und eine größere Sicherheit gewinnen zu können, statt dessen gerät er erneut in eine höchst unsichere Situation und muß sogar zweifeln, ob aus dem Engagement bei Seconda überhaupt noch etwas wird. Unruhig und doch auch neugierig streift er während der nächsten Tage in den Straßen der Stadt umher, die er bei seinen beiden Besuchen in den Jahren 1800 und 1802 so liebgewonnen und in die er sich, besonders während seines Plocker »Exils«, stets zurückgesehnt hatte. Seinem Tagebuch vertraute er damals den Stoßseufzer an: »Wann werde ich wieder in den paradiesischen Gefilden wandeln – Wann werde ich« Dresden wiedersehen!« (8. 10. 1803) So »paradiesisch« sind die hiesigen Gefilde jetzt allerdings nicht. Die Elbbrücke ist zerstört, die Stadt quillt über von Soldaten. Preußische Grenadiere lagern auf den prachtvollen Brühlschen Terrassen. Auf den malerischen Plätzen der Altstadt brennen Feuer, an denen sich die Soldaten ihre Fleischrationen braten. In der Nähe der goldenen Reiterstatue Augusts des Starken in der Neustadt kampieren russische Soldaten. Der Dresdener Maler Ludwig Richter hat sich noch Jahrzehnte später an ihren Anblick erinnert: »Die braunen Kalmückengesichter mit den kleinen, schiefen Schlitzaugen, in Lederkutten eingehüllt, mit Pfeil und Bogen bewaffnet, Kirgisen mit ihren Spitzmützen, Baschkiren, mit fremdartigen Waffen geschmückt, manche in metallne

Schuppenpanzer gekleidet, dazu ihre kleinen, struppigen Pferde, Dromedare mit Gepäck beladen, alles lag und stand durcheinander.« Dresden, das bei den Zeitgenossen sonst als »Florenz des Nordens« galt, gleicht jetzt einem Heerlager.

Auf seinen Streifzügen erlebt Hoffmann eine freudige Überraschung. Einen Tag nach der Ankunft trifft er in Linkes Bade, einem Vergnügungspark, den alten Jugendfreund Hippel. Neun Jahre haben sich die beiden nicht mehr gesehen, fünf Jahre nicht mehr geschrieben. Ihre Lebenswege waren inzwischen weit auseinandergegangen. Hippel hatte sich zeitweilig ganz auf seine Leistenauer Güter zurückgezogen, hatte ritterschaftliche Ämter übernommen, war dann 1811 in den Staatsdienst zurückgekehrt, aus Angst davor, zu »verbauern« und auch des Geldes wegen, denn seine Güter waren verschuldet und die Meliorationsprojekte hatten nicht die erhoffte Wirkung gebracht. Daß einem Landjunker die Staatskarriere allemal offensteht, erweist sich auch bei Hippel: Während Hoffmann am Bamberger Theater ein monatliches Fixum von fünfzig Reichstalern erhält, wird Hippel im Dezember 1811 als Vortragender Rat beim Staatskanzler Hardenberg mit einem Anfangsgehalt von 3000 Reichstalern eingestellt. In Dresden hält sich Hippel im Gefolge des Staatskanzlers auf.

Für Hoffmann wird die Begegnung mit Hippel zur Herausforderung: In ihm trifft er nicht nur auf den schon fast verschollenen Partner der jugendlichen Seelenbekenntnisse, sondern auch auf den Verfasser des patriotischen königlichen Aufrufs »An mein Volk«. Das Treffen im Linkeschen Bade wird zur Begegnung mit dem Geist der neuen Politik. Diese Begegnung zwingt ihn nachhaltig zur Reflexion des Verhältnisses von Kunst und Politik. Fünf Monate nach dem Treffen mit Hippel hat Hoffmann in der Rahmenerzählung zu *Der Dichter und der Komponist* diese Reflexion literarisch verarbeitet.

Am 19.9.1813 beginnt Hoffmann mit der Niederschrift dieses als operntheoretische Erörterung gedachten Textes für die *Allgemeine Musikalische Zeitung*. In den Monaten seit der Begegnung mit Hippel ist viel geschehen: Die preußisch-russischen Truppen haben Anfang Mai bei Großgörschen im nordöstlichen Thüringen die offene Feldschlacht mit Napoleon gesucht, waren geschlagen worden und ziehen sich in der ersten Maiwoche deshalb auch aus Dresden zurück. Napoleon kehrt wieder in die sächsische Residenz zurück, die er für die nächsten dramatischen Monate, bis zum November 1813, zu seinem Hauptquartier macht. Der russisch-preußische Abzug und der französische Einmarsch gehen nicht ohne Kämpfe ab: Wieder werden einige Pfeiler der Elbbrücke gesprengt. In diesen Mai-Tagen erlebt Hoffmann die erste Kanonade, die im *Dichter und der Komponist* auch geschildert wird. Ein abprallendes Geschoß trifft ihn am Bein. Er trägt einen blauen Fleck davon.

Ende Mai beordert Seconda seinen Musikdirektor nach Leipzig. Auf der Reise, am 20. 5. 1813, kippt die Postkutsche um. Eine mitreisende Schauspielerin, jetzt frisch verheiratete Gräfin, mit der sich Hoffmann angeregt unterhalten hatte, wird tot unter dem Wagen hervorgezogen. Mischa erleidet eine beträchtliche Kopfverletzung.

Vier Wochen lang gastiert die Operngesellschaft in Leipzig. Hoffmann findet sich gut zurecht, bemerkt zu seiner Genugtuung, daß ihm zumindest als Musikschriftsteller schon ein gewisser Ruf vorausgeht. Ende Juni geht es wieder zurück nach Dresden, wo die Secondasche Truppe die Erlaubnis erhalten hat, abwechselnd mit einer französischen und italienischen Gesellschaft Opernvorführungen am Hoftheater zu geben.

Noch herrscht Ruhe. Die Waffenstillstandsvereinbarung gilt bis zum 10. 8. 1813. Hinter den Kulissen allerdings vollzieht sich ein diplomatisches Tauziehen voller Dramatik. Die preußisch-russische Koalition hatte in der Niederlage von Großgörschen erleben müssen, daß sie alleine nicht stark genug ist, Napoleon zu besiegen. Und die Freikorps und Partisanenverbände haben zwar Stoff für die einschlägige

Lyrik geboten, bleiben aber militärisch von zu geringem Gewicht. Außerdem hatte die Militärführung ihre Wirksamkeit eher eingeschränkt. Sie achtete doch schon während der Kämpfe darauf, daß ihr das bewaffnete Volk nicht über den Kopf wuchs. In diesen Monaten des Waffenstillstandes hing Preußens Geschick an einem seidenen Faden. Der Zar und seine Berater überlegten, ob sie sich nicht wieder hinter ihre Grenzen zurückziehen und Preußen dem französischen Kaiser preisgeben sollten. Für Preußen kam in dieser Situation alles darauf an, Österreich in die Koalition hineinzuziehen. Nur dann könnte auch Rußland im Bündnis gehalten werden. Doch auch Napoleon warb um Österreich. Er versuchte mit einem Friedensangebot auf Kosten Preußens die Koalition zu sprengen. Sein Angebot: Schlesien an Österreich, Westpreußen an ein wiederhergestelltes Polen, Ostpreußen an Rußland und die Mark Brandenburg samt der Hauptstadt Berlin an Sachsen. Preußen hätte es dann nicht mehr gegeben. Da aber Metternich und letztlich auch der Zar an einem europäischen Mächtegleichgewicht interessiert waren und weil sie nicht davon ablassen konnten, in Napoleon den Erben jener Revolution zu sehen, deren Spuren sie restlos aus dem Gesicht Europas austilgen wollten, ließen sie sich auf das im übrigen attraktive Angebot nicht ein, sondern schlossen sich zu einer Koalition zusammen, um den ›Endkampf‹ mit Napoleon bis zur politischen Vernichtung des Kaisers zu wagen.

Im August beginnen wieder die Kriegshandlungen. Die russisch-preußisch-österreichische Koalition bereitet eine Umzingelungsschlacht vor, die dann auch im Oktober 1813 in Leipzig mit katastrophalem Ausgang für Napoleon stattfinden wird. Napoleon möchte die drei großen Truppenteile der Koalition getrennt schlagen. Deshalb zieht er im August mit einer beträchtlichen Heermacht aus Dresden gegen den schlesischen Armeeflügel und läßt in der Stadt nur eine geringe Bedeckung zurück. Die schlesische Armee weicht aus, andere Truppenteile der Koalition umzingeln Dresden.

In Eilmärschen kehren Napoleons Truppen zurück. Der Kampf um Dresden dauert drei Tage (25.8.–28.8. 1813); die Stadt erlebt die größte Kanonade ihrer bisherigen Geschichte. Auf dem Schlachtfeld bleiben einige zehntausend Tote zurück. Es ist Napoleons letzter Sieg.

Inmitten des Pulverdampfes sitzt Hoffmann also an seinem Aufsatz über die romantische Oper. Wenn er nicht schreibt oder dirigiert, geht er auf die Straße, denn es gibt viel zu sehen: Verwundete, brennende Häuser, irgendwann einmal auch Napoleon, gesenkten Hauptes auf der Brücke, von Adjutanten umringt. Vom Dachboden aus kann man sogar Truppenbewegungen beobachten und Lagerfeuer und Mündungsfeuer.

Hoffmann hatte in den Monaten zuvor für seine *Fantasiestücke* die Erzählung *Der Magnetiseur* geschrieben, hatte einige Rezensionen verfaßt und sich vor allem nach halbjähriger Pause im Juni wieder an die Komposition seiner Oper *Undine* gemacht. Er möchte sich jetzt einmal zusammenhängend über das Ideal der romantischen Oper äußern. Er beginnt damit, während die Kriegsereignisse um ihn sich überstürzen. Dieser Kontrast zwischen Oper und Krieg ist auch ihm befremdlich vorgekommen. Deshalb gibt er dem kunsttheoretischen Dialog des *Dichter und der Komponist* einen auf die Zeitereignisse anspielenden Rahmen. An Härtel, für dessen *Allgemeine Musikalische Zeitung* der Text bestimmt ist, schreibt er: »Die Einkleidung, welche die Spur der Zeitverhältnisse trägt..., dürfte wohl ein größeres Interesse gewähren, als wenn ich dem Ganzen die Form einer trockenen Abhandlung gegeben« (14.11.1813). Doch diese »Einkleidung« ist mehr als nur eine Spekulation auf den Zeitgeist. Hier reflektiert er ein Problem, das sich nicht mehr abweisen läßt: das Verhältnis von Kunst und Politik. Als szenischen Hintergrund dafür wählt er die Erinnerung an die Begegnung mit dem patriotischen Hippel, die ihm in seinem Selbstverständnis offenbar doch zu schaffen gemacht hatte.

Die »Einkleidung« erzählt, wie sich zwei Freunde, Ludwig und Ferdinand, nach langer Trennung zufällig in der umkämpften Stadt treffen, wie ihre alte Freundschaft ungeachtet ihrer unterschiedlichen Stellung auflebt – Ludwig, der Komponist, lebt zurückgezogen und ärmlich; Ferdinand, der Dichter, hat beim Militär reüssiert. Beide vertiefen sich in ihr freundschaftliches Gespräch über die Oper (es geht um den Primat des musikalischen Geistes über das Wort), aus dem sie nach einiger Zeit durch Kriegslärm wieder aufgeschreckt werden. Mit politisch aufmunternden Worten an den kummervollen Zivilisten Ludwig verabschiedet sich Ferdinand und kehrt zu seiner Truppe zurück.

Ein bemerkenswertes Detail der Erzählung dementiert die ganze patriotische Rhetorik, mit der Hoffmann sie gespickt hat. »Der Feind war vor den Toren«, mit diesen Worten beginnt die Erzählung. Der »Feind« – das sind die Truppen, mit denen Ferdinand in die Stadt einrückt: die preußisch-russischen. Am Ende zieht Ferdinand »hochjubelnd« dem »Feind« entgegen. Der »Feind« – das ist jetzt das französische Heer. Beide Male erfolgt die Feind-Bezeichnung aus der Perspektive des Erzählers und nicht aus der Perspektive einer seiner Figuren. Es geht also nicht um die Darstellung einer Entwicklung, in deren Verlauf etwa jemand die Seite wechselt. Das Ganze sieht nach einem Versehen aus, oder steckt doch mehr dahinter? Immerhin waren die Franzosen noch in der Stadt, als Hoffmann mit der Niederschrift der Erzählung beginnt; da hätte es schon Mut gekostet zu schreiben: ›Die Befreier waren vor den Toren.‹ Als Hoffmann die Erzählung beendet, am 9. 10. 1813, bahnt sich Napoleons Niederlage an. Nun ist es leicht, die Franzosen »Feind« zu nennen. Ist das doppelte Feind-Bild also Ausdruck von Opportunismus? Ein Opportunismus aber, der so wenig Mühe darauf verwendet, sich unkenntlich zu machen, ist unwahrscheinlich. Hoffmann war ja nicht dumm. Nein, wir haben es hier wieder mit Hoffmanns notorischer Indifferenz in solchen Angelegenheiten zu tun. Mit keiner der beiden Seiten fühlt sich Hoffmann besonders verbunden, weshalb auch das Feindbild so schnell wechseln kann und weshalb dem Autor dieser Wechsel offenbar überhaupt nicht auffällt.

Das Feindbild wechselt übrigens auch in Hoffmanns Tagebuchaufzeichnungen. Die Erfolge Napoleons bei Großgörschen und Bautzen kommentiert er mit den Worten »Gute politische Neuigkeiten« (26. 5. 1813). Als umgekehrt im Herbst die Koalition siegreich gegen Napoleon vorrückt, sind das für ihn »fortdauernd günstige Nachrichten« (27./28. 9. 1813). Im August schreibt er an Kunz: »Wir vertrauen ganz auf das Glück von Napoleons Waffen – sonst sind wir verloren« (19. 8. 1813). Offenbar wendet sich Hoffmann jeweils der Seite zu, deren Sieg in greifbare Nähe rückt und die mit der Aussicht auf Sieg auch die Aussicht auf Frieden eröffnet. Hoffmann will zunächst einmal den Frieden um jeden Preis, egal ob es sich um einen napoleonischen oder um einen preußischen handelt.

Für den Bürger des 18. Jahrhunderts ist eine solche Haltung zum Krieg nicht außergewöhnlich. Die Untertanen brauchten und sollten keine Partei nehmen. Ausdrücklich verbietet Friedrich der Große den Bürgern, »sich in den Krieg zu mischen«; sie sollten »es gar nicht merken, wenn die Nation sich schlägt«. Die kritischen Zeitgenossen brauchen das verordnete Desinteresse nur noch polemisch zuzuspitzen. Für Lessing ist der Krieg »nichts als ein blutiger Prozeß unter unabhängigen Häuptern, der alle übrigen Stände ungestört läßt«, und für Moses Mendelssohn eine »nichtswürdige Streitigkeit der Habsucht«, die man, soweit es geht, unbeachtet lassen solle. Seit der Französischen Revolution aber hat der Krieg aufgehört, nur ein »Geschäft der Regierung« (Clausewitz) zu sein; er wird zur Sache einer patriotisch erregten Öffentlichkeit, die glaubt, im Krieg eine Identität behaupten oder gar gewinnen zu können. Doch Hoffmann wird von dieser Stimmung kaum ergriffen; er verhält sich zum Krieg gegen Napoleon, als handle es sich um einen der Kabinettskriege des 18. Jahrhunderts. Er weiß, daß seine Haltung Anstoß erregen muß, deshalb entschuldigt er sich, beispielsweise in einem Brief an Kunz vom 17.11.1813, also nach dem Sieg über Napoleon; er schreibt: »Haben nicht selbst manche meiner Freunde, auch Sie geliebter Freund! gar kleinmütig mich in einem frommen Wahne befangen geglaubt..., aber ich mußte schweigen, da es unmöglich war, ... irgendeinen überzeugenden Beweis meiner innigsten Meinung zu geben.«

Eine Präferenz hatte Hoffmann allerdings bezüglich einer Friedensordnung, die auf den Krieg folgen würde: Preußen sollte dabei immerhin so gut abschneiden, daß es seinen verjagten Beamten wieder ein Unterkommen verschaffen könnte! Seit der Begegnung mit Hippel beginnen Hoffmanns Gedanken sich nämlich darauf zu richten. Im Gespräch der Freunde war von der Möglichkeit des Wiedereintritts Hoffmanns in den preußischen Staatsdienst die Rede. Das Secondasche Unternehmen erschien Hoffmann zu diesem Zeitpunkt (Anfang Mai 1813) als nicht besonders solide, und so macht er sich Hoffnungen, nach dem Kriege in Berlin eine wenig arbeitsintensive Referentenstelle im Staatsdienst annehmen und aus dieser sicheren Position heraus sich mit dem Rückenwind einer gelungenen *Undine*-Aufführung auf eine Berliner Kapellmeister- oder gar Musikdirektorenstelle am Nationaltheater emporschwingen zu können. Es sind diese Projekte, die ihn, nach Bekanntwerden der Niederlage Napoleons bei Leipzig, in sein Tagebuch schreiben lassen: »Der Kaiser ist geschlagen... So habe ich gegründet(e) Hoffnung zu besserem fröhlichen Leben in der Kunst und alle Not wird geendet sein« (22.10.1813).

Doch zurück zur Rahmenerzählung in *Der Dichter und der Komponist*, wo Hoffmann das Problem der Fremdheit zwischen Kunst und Politik inszeniert. Im Zeichen dieser Fremdheit steht das erste Zusammentreffen der beiden Freunde, Ferdinand und Ludwig. Der militärische Putz Ferdinands dämpft die Freude des Wiedersehens bei Ludwig: »Der sanfte Sohn der Musen, der Dichter manches romantischen Liedes, das Ludwig in Klang und Ton gekleidet hatte, stand vor ihm im hohen Helmbusch, den gewaltigen, klirrenden Säbel an der Seite, und verleugnete selbst seine Stimme im harten, rauhen Ton aufjauchzend!« Die Uniform als Attribut der Rolle, die der Freund im öffentlich-politischen Leben spielt, befremdet Ludwig. Die freundschaftliche Vertrautheit von ehedem kann erst aufkommen, nachdem beide den öffentlichen Schauplatz verlassen und in eines der bei Hoffmann notorischen »Seitengemächer« getreten sind, wo Ferdinand die Insignien seiner öffentlichen Existenz ablegt. Nun erst fühlt Ludwig, »wie sein Inneres sich aufschloß«. Der öffentlich-politische Raum erscheint aus der Perspektive des intimen »Seitengemachs« als Bereich des Rollenspiels, der dröhnenden Uneigentlichkeit. Deshalb muß Ferdinand, der sich dort draußen offenbar wohl fühlt, auch beteuern: »Aber glaube mir, Ludwig! die Saiten, die so oft in meinem Innern erklungen, und deren Töne so oft zu dir gesprochen, sind noch unverletzt.« Nachdem man so zum Eigentlichen gekommen ist, kann der von zwei Sprechern getragene Essay über die romantische Oper beginnen; er wird aber dann durch das Getöse des »Generalmarsches« jäh abgebrochen. »›Ach Ferdinand, teurer, innig geliebter Freund!‹ rief er (Ludwig, R.S.) aus: ›Was soll aus der Kunst werden in dieser rauhen, stürmischen Zeit? Wird sie nicht, wie eine zarte Pflanze, die vergebens ihr welkes Haupt nach den finstern Wolken wendet, hinter denen die Sonne verschwand, dahinsterben?‹« In Ferdinands Antwort versucht Hoffmann mit einem verbalen Kraftakt, Kunst und Politik zu versöhnen. Fedinand nimmt wieder Helm, Säbel und Kaskett, und auch seine Sprache klirrt. Mit »erhöhter Stimme« setzt er zu einem Monolog an, der fast eine Collage aus Görresscher und Arndtscher Befreiungskriegsrhetorik ist: »In träger Untätigkeit schwelgten die Kinder der Natur, und die schönsten Gaben, die sie ihnen bot, achteten sie nicht, sondern traten sie in einfältigem

Mutwillen mit Füßen. Da weckte die zürnende Mutter den Krieg, der im duftenden Blumengarten lange geschlafen. Der trat, wie ein eherner Riese, unter die Verwahrlosten, und vor seiner schrecklichen Stimme, von der die Berge widerhallten, fliehend, suchten sie den Schutz der Mutter, an die sie nicht mehr geglaubt hatten. Aber mit dem Glauben kam auch die Erkenntnis: Nur die Kraft bringt das Gedeihen – dem Kampfe entstrahlt das Göttliche, wie dem Tod das Leben!«

So haben auch Arndt, Görres und die anderen getönt, wenn sie Napoleon das »Tier aus dem Abgrund« nannten, das die »schlaftrunkenen Völker« zwingt, ihrer eigentlichen Bestimmung inne zu werden. Eine ganze Mythologie, keine besonders originelle, bietet Ferdinand auf, um den entmutigten Ludwig zu ertüchtigen. Ferdinands Rede deutet den Krieg in den Bildern einer trivialisierten romantischen Naturphilosophie (aus der Natureinheit in die sich selbst entfremdete Natur und von dort – durch Krieg – Rückkehr zur Natureinheit). In solchem Licht wird der Krieg zu einer Art Wiedergeburt, später heißt das: Stahlbad der Nation.

Diese Rede über das Glück des Krieges gehört zum Inventar der öffentlich-politischen Sphäre. Im intimen »Seitengemach« klingt sie zu laut. Ludwig muß sich zusammenreißen, wenn er sie hört. Aber gerade deshalb ist die Fremdheit zwischen drinnen und draußen, zwischen Kunst und Politik eben doch nicht überbrückt.

Um diesem Eindruck entgegenzuwirken, verknüpft Hoffmann das politische und künstlerische Engagement in einer gemeinsamen Metapher: Ludwig beschreibt das hochgestimmte Gefühl des Zusammenwirkens der Künste mit den Worten, »ja, in jenem fernen Reiche..., da sind Dichter und Musiker die innigsten verwandten Glieder einer Kirche«. Genau dieses Bild der »einen Kirche« verwendet Ferdinand in seinem Schlußmonolog, um die Hochstimmung des Krieges zu kennzeichnen; er spricht dort vom »heiligen Streben, das die Menschen zu *einer* Kirche vereinigt«.

Die getrennten Bereiche Kunst und Politik werden in der Metapher kurzgeschlossen, Affekte der Kunst unmittelbar ins Politische übersetzt, was kaum Vermittlung, eher schon ›Ästhetisierung des Politischen‹ genannt zu werden verdient. Hoffmann, von der patriotischen und politisierten Zeitstimmung herausgefordert, versucht das Recht der Kunst zu verteidigen, indem er die Politik ästhetisiert, allerdings nur in der Rede; zur szenischen Gestaltung dieser trügerischen Einheit von Kunst und Politik muß ihm die Kraft fehlen, weil er letztlich nicht an das glaubt, wovon er Ferdinand mit den Versatzstücken der Befreiungskriegsideologie reden läßt.

Es ist nicht das politische Glück des Kriegs, sondern ein Glück anderer Art, das in Hoffmanns Erzählung schließlich zur Szene wird. Auch sie gehört zur Hoffmannschen Reflexion über das Verhältnis von Politik und Kunst: In einer Episode schildert Hoffmann, wie die Bedrohung durch den Krieg die Menschen zu einer Schutz- und Überlebensgemeinschaft vereint, in der die Entfremdungen des bürgerlichen Alltags für einen Augenblick außer Kraft gesetzt sind und ein Stück konkreter Utopie des Zusammenlebens sichtbar wird.

Ludwig ist, vor den einschlagenden Granaten Schutz suchend, in den Keller geeilt, wo er die Hausgemeinschaft bereits versammelt antrifft, in der Stimmung einer eigenartigen Ausgelassenheit: »In einem Anfall von Liberalität, die ihm sonst gar nicht eigen, hatte der im untern Stock wohnende Weinwirt ein paar Dutzend Flaschen seines besten Weins preisgegeben, die Frauen brachten, unter Zittern und Zagen, doch, wie immer auf des Leibes Nahrung und Notdurft sorglich bedacht, manches köstliche Stück aus ihrem Küchenvorrat im zierlichen Strickkörbchen herbei; man aß, man trank – man ging aus dem durch Angst und Not exaltierten Zustand bald über in das gemütliche Behagen, wo Nachbar an Nachbar sich schmiegend Sicherheit sucht und zu finden glaubt, und gleichsam jeder kleinliche künstliche

Pas, den die Konvenienz gelehrt, in dem großen Dreher untergeht, zu dem des Schicksals eherne Faust den gewaltigen Takt schlägt. Vergessen war der bedrängte Zustand, ja die augenscheinliche Lebensgefahr, und muntere Gespräche ergossen sich von begeisterten Lippen. Hausbewohner, die, sich auf der Treppe begegnend, kaum den Hut gerückt, saßen Hand in Hand beieinander, ihr Innerstes in wechselseitiger, herzlicher Teilnahme aufschließend.«

Diese Szene – sie enthält noch nicht das Grauen der späteren Bombenkeller – zeichnet den »exaltierten Zustand« der großen Nachbarschaft. Die sonst gegeneinander konkurrieren, jetzt vereinen sie sich. Keine Angst bewacht mehr das Eigentum, und der eigensüchtige Erwerbssinn tritt zurück. Fremdheit und Distanz sind verschwunden wie ein Spuk. Der exaltierte Zustand der bedrohten Menschen im Keller wird zur Utopie einer exaltierten Gesellschaft, die es jedermann erlaubt, aus seiner hochgerüsteten und maskierten Existenz herauszutreten. Hoffmann hält dieses kurze Glück im Bilde des Tanzes fest: Der normale bürgerliche Alltag gleicht den abgezirkelten Schritten des »Pas«, den »die Konvenienz lehrt«; dagegen läßt die Exaltation an den volkstümlichen »Dreher« denken, zu dessen Schwüngen nicht Herkommen und Regel, sondern nur »das Schicksal« den »gewaltigen Takt« schlägt. Das »Schicksal« – das ist der Krieg, der eben nicht, wie Ferdinand möchte, Begeisterung hervorruft, sondern Angst; jedoch eine Angst, die das Ängstigende des bürgerlichen Alltags verschwinden und dabei im Schatten der Todesdrohung ein kurzes Glück entstehen läßt. Dieser »Einklang aller Wesen« – Hoffmanns oft wiederkehrende Formel für die Utopie des gelingenden Lebens – entspringt hier aus der Solidarität gegen die Geschichte und ihre politische Bewegtheit. Solches Glück läßt sich politisch nicht herstellen, es ist nicht politikfähig, weil jede Allianz mit der Macht es zerstören müßte.

Aber jener »Einklang« hat eine spezifische Ambivalenz; es gibt ihn als hellen, harmonischen, polyphon zusammenstimmenden – die Musik läßt ihn ahnen: So ist er das Leben. Es gibt ihn aber auch als dunklen, magisch lähmenden, erstarren machenden – die Schrecken der Macht lassen ihn ahnen: So ist er der Tod. Das einemal handelt es sich um etwas, das die Macht nur zerstören kann, das andermal ist es etwas, das die Macht hervorbringt. Es gibt also auch einen »Einklang aller Wesen«, der nicht der Macht abgetrotzt ist, sondern den die Macht selbst erzwungen hat. Und gerade dort, wo die Macht über alle Vorstellung mächtig ist und alle Wirklichkeit zu *ihrer* Wirklichkeit homogenisieren kann, schlägt das Grauen vor ihr in Faszination um.

Als eine solche grauenhaft-faszinierende Macht wirkte Napoleon auf die Zeitgenossen, auch auf Hoffmann. Seine politische Indifferenz bewahrte ihn nicht vor der damals fast epidemischen Ergriffenheit angesichts des Phänomens ›Napoleon‹. Dieser Napoleon war weitaus mehr als eine politische Realität, er war ein Mythos. In jedem, der sich zu ihm verhielt – und jeder mußte sich verhalten –, rührte er mehr auf als politisches Denken und politische Leidenschaften. Er rührte an den psychischen Kern der damaligen Welt. Das gilt für die Bewunderung, die ihm entgegengebracht wurde, und für den Haß, der ihm entgegenschlug. Seine Macht kehrte das Innerste nach außen. In diesem Sinne hat Goethe von Napoleon als von einem »Aufklärer wider Willen« gesprochen: Er habe, unbeabsichtigt, allein durch seine »dämonische« Mächtigkeit, eine Art der Ergebung und des Widerstrebens bei den Unterworfenen erzeugt, die alles an den Tag bringen mußte, was in den Menschen steckt. Napoleon hat, sagt Goethe, »einen jeden aufmerksam auf sich gemacht«.

Diese Abgeklärtheit datiert von 1826. Wir befinden uns aber im Jahre 1813/14. Jetzt läßt sich noch nicht so souverän über das »Phänomen« urteilen; jetzt ist man noch mitten in der angespanntesten und erregtesten Aufmerksamkeit. Zunächst einmal ist Hoffmann erregt über diese Erregung. In einer Erzählung, die Napoleons Herrschaft der hundert Tage zum Thema hat, *Der Dey von Elba in Paris* (sie erschien 1815 in den patriotischen *Deutschen Wehrblättern*), spottet er über die »politische Sucht« der »kränkelnden Charakterlosen, die auf dem wogenden Meer der politischen Welt von jedem Lüftchen hin und her getrieben werden«, und versucht dann ein distanzierendes Resümee des Zeitgeistes dieser Jahre: »Diese Zeit hegte nicht allein den uns angeborenen Sinn fürs Wunderbare, unsere Gier nach unerwarteten Ereignissen – nein –, sie tat mehr; sie überflügelte mit dem Ungeheuren, was sie geschehen ließ, unsere kühnste Einbildungskraft.«

Der »Fokus« – ein beliebter Ausdruck bei Hoffmann – dieser Hochstimmung ist natürlich Napoleon. Seine Gestalt gerät in den Brennpunkt all der Phantasmen, die das deutsche Geistesleben dieser Jahre hervorgebracht hat.

Die erste Generation der Romantiker, die Schlegel, Schleiermacher, Tieck hatten Napoleon als Verkörperung der heiligen Revolution gefeiert. Beethoven wollte ihm seine dritte Sinfonie widmen. Sie alle sahen in ihm einen der Ihren, von einfacher Herkunft, wie sie, offenbart er, wie sie, revolutionäre Gefühle. Seine atemberaubende Karriere gibt ihnen die Gewißheit: Die Naturgewalt des Genies setzt sich durch, zerbricht alles Herkommen, verwirft die alte und entwirft die neue Zeit. Er ist das Fleisch gewordene transzendentale Subjekt der Geschichte; die feingesponnene Systemkategorie sitzt nun als »Weltgeist zu Pferde«, wie Hegel sagt. Für die Geistreichen in Jena und Berlin verkörpert dieser Mann den romantischen Künstler par excellence: Er hat die ganze Weltgeschichte ins ironische Kunstwerk verwandelt, er spielt mit dem Material der Geschichte wie der romantische Autor mit seinen Stoffen und Formen.

Überall wird Napoleons Büste verkauft. Goethe kann nicht genug davon bekommen. Tieck besitzt sie, Jean Paul, der sie gerne verschenkt, die Brüder Schlegel, die sie überall hin mitnehmen. Doch nach Jena und Auerstädt 1806 beginnt der Umschwung. Napoleon, der fast alle deutschen Territorien besetzt hält und neben mancher Modernisierung auch viel Bedrückung bringt, büßt in den Augen der Zeitgenossen zwar nichts von seinem Genie ein; er bleibt die Verkörperung des Weltgeistes, aber es ist jetzt ein böser, ein dämonischer Geist, der in ihm und durch ihn wirkt: der Widergeist, die Hölle, die gefallene Natur, eine Mischung aus Prometheus und Mephisto.

Selten ist jemand mit solcher Inbrunst gehaßt worden wie dieser Napoleon. Alle geistigen Strömungen haben ihren eigenen Napoleonhaß entwickelt: Die einen hassen den Despoten, die andern den Revolutionär, wieder andere den Verräter an der Revolution; man haßt in ihm den Furor des Rationalismus, dem keine Bindung heilig ist; den Geist des gesinnungslosen Machtzynismus; man haßt in ihm die hybride Gestalt des losgelassenen Ichs und nicht zuletzt den nationalen Feind der Deutschen. Napoleons Größe – Goethe sagte: »Der Mann ist euch zu groß« – mußte dem Haß eine erhabene geschichtsphilosophische Wendung geben: Die Geschichte oder Gott, gleichviel, haben ihn zur Gewalt des Weltgerichts bestellt. »Die Natur«, schreibt Arndt 1806, »die ihn geschaffen hat, die ihn so schrecklich wirken läßt, muß eine Arbeit mit ihm vorhaben.« Napoleon ist der »notwendige Zerstörer« (Adam Müller), der das »Evangelium des Todes« bringt. In den Haßtiraden klingt die Bewunderung nach. Besonders deutlich wird das an der Projektion des alten Genie-Begriffs auf diesen verruchten Abkömmling des Prometheus. Im »Genie«, so definierte Kant, gibt »die Natur die Regel«. Nach Schelling äußert sich im Genie jene »Potenz«, bei der durch »Gunst der Natur« die »bewußtlose Tätigkeit durch die bewußte bis zur vollkommenen Identität mit ihr gleichsam hindurchwirkt«. In Napoleon wird das Unbewußte des Genies zur Abgründigkeit, ein Genie also, das sich, wie der Naturbegriff überhaupt, verdüstert hat. Im Sturm und Drang hatte die Ermächtigung der Natur wider die maßlose Vernunft auf die hellen rousseauistischen Seiten der Natur spekuliert. Jetzt zeigt Natur, daß sie janusköpfig ist: Auf der Rückseite ihres Lachens blickt das Medusenhaupt. Napoleon ist die zerstörerische Natur, noch in der Zerstörung grandios: ein »Vulkan«, ein »Donnerwetter«, kein Wunder, daß es nicht gelingen will, ihn zu bändigen. »Der Dämon«, schreibt Hoffmann im *Dey,* »entsprang aus dem Kreis, in den ihn zu bannen endlich gelungen war, und mit dieser Tat schlug er an die ehernen Pforten seines finstern, entsetzlichen Reichs an, daß die Höllengeister aus der Ohnmacht erwachen und ihre blutigen Krallen ausstrecken sollen, nach allem Wahren, Rechten, Heiligen!«

In dieser allgemeinen napoleonischen Erregung findet Hoffmann, der sich ihr auch nicht entziehen kann, ein spezielles Thema: Napoleon wird für ihn zur monumentalen Gestalt aus der Nachtwelt des ›tierischen Magnetismus‹, der damals als medizinische Praktik, als naturphilosophische Spekulation und kosmologische Theorie schon fast zum Paradigma des menschlichen Wissens über die letzten Geheimnisse des Lebens avanciert war.

Siebzehntes Kapitel
Napoleon und der Magnetiseur

Am 12. 5. 1813 notiert Hoffmann in seinem Tagebuch: »N.M. den Kaiser... auf der Brücke gesehen, wie er Kavallerie und Artillerie vorbeidefilieren ließ (besondre Empfindungen)«. Welche »besondre Empfindungen«?

Eine Woche später beginnt er mit »großem Glück« die Erzählung *Der Magnetiseur,* die er vorerst noch »Träume sind Schäume« nennt. Man kann vermuten, daß dieser Text Auskunft gibt über jene »besondren Empfindungen« beim Anblick Napoleons. Kunz drängt auf die Fertigstellung der projektierten *Fantasiestücke*, für die Hoffmann die Erzählung schreibt. Er hält sie für gelungen. Sie entwickle eine »noch unberührte neue Seite des Magnetismus«, betont er in einem Brief an seinen Bamberger Freund, den Arzt Friedrich Speyer, dem er sie zuschickt mit der Bitte um fachkundige Beurteilung. Vorsorglich aber teilt er diesem seine eigne Meinung mit, nämlich daß seine Erzählung »tief einschneidet« in die »Lehre des Magnetismus«, indem sie deren »Nachtseite« darstelle (13.7.1813).

Hoffmann wendet sich an die Bamberger, weil er dort mit dem Magnetismus zum erstenmal in direkte Berührung gekommen war. Adalbert Friedrich Marcus, der große Bamberger Arzt, zählte in Deutschland zu den führenden Praktikern der mesmeristischen Therapie. Hoffmann las, von Marcus und Speyer angeregt, alle Literatur, die er zu diesem Thema in Kunzens Bibliothek auftreiben konnte (Bartels, Kluge, Reil, Mesmer), und wurde mehrfach Zeuge magnetischer Heilversuche am städtischen Krankenhaus.

Geraume Zeit schon hat Hoffmann also das Thema beschäftigt, aber erst jetzt, in den Turbulenzen des Befreiungskrieges, unternimmt er den Versuch, es literarisch zu gestalten. Das Thema taucht auch in späteren Erzählungen auf, beispielsweise in *Der unheimliche Gast* (1818) und *Der Elementargeist* (1821). Aber auffällig ist, daß auch dort die Verbindung zu Napoleon und den Befreiungskriegen gewahrt bleibt. Im *Unheimlichen Gast* werden wir in die Zeit der spanischen Erhebung gegen Napoleon versetzt, die Spuren des ›magnetischen‹ Komplotts führen nach Frankreich. Im *Elementargeist* wird der Hauptprotagonist in unheimliche, von magnetischen Praktiken hervorgerufene Ereignisse verstrickt, als er sich gerade von seinen antinapoleonischen Heldentaten ausruhen möchte. Das Zwielicht des Magnetismus, in das der Held gerät, nährt den Verdacht, als hätte der militärische Sieg dem napoleonischen »Höllenspuk« doch noch nicht ein Ende bereitet. Im *Magnetiseur* büßt Ottmar die Schuld, unter den Einfluß des Magnetiseurs geraten zu sein, mit dem Tod in der Schlacht gegen Napoleon. Die Vernichtung Napoleons kann die Niederlage durch den Magnetiseur wettmachen – ein deutlicher Hinweis auf die geheime Identität dieser beiden »feindlichen Prinzipe«: Napoleon und die »Nachtseite« des Magnetismus.

In der Erzählung warnt der alte Baron, der selbst einmal dem geheimnisumwitterten Magnetiseur verfallen war, vor jener »Mode«, auf alles, »was die Natur weise uns fern gerückt hat, Jagd zu machen«; Hoffmann spielt damit an auf das grassierende Interesse am ›tierischen Magnetismus‹ bei den Zeitgenossen. Das Magnetisieren war inzwischen schon fast zu einem Gesellschaftsspiel geworden, die Journale und Salons diskutieren die Heilerfolge und die Weissagungen des magnetischen Schlafs. In den Geheimbünden und Verschwörungen vermutet man magnetische Praktiken. Und Cagliostro – hat er nicht auch magnetisiert? fragt man sich.

Nicht nur Ärzte, das Publikum selbst übt sich in der wundersamen Kunst. Jean Paul magnetisiert die Zahnschmerzen seiner Frau, mit Erfolg. Schelling versucht, die kranke Tochter Caroline Schlegels zu kurieren, ohne Erfolg. Das Mädchen stirbt, Schellings Ansehen nimmt Schaden. Aus den Schweizer Bergen schickt Lavater seine poetischen »Seufzer beim Magnetisieren« ins Land: »Laß Deines Lebens Kraft auf meinen Scheitel fließen / Und sich durch meine Hand gleich einem Strom ergießen!« Auch Schiller unterzieht sich einer Kur, und der fromme Jung-Stilling erweitert seine Kompetenz in der Kunst der Bekehrung, der Kameralistik und der Starstecherei um das Gebiet der magnetischen Striche. Auch manche der rationalistischen Ärzte, die vormals den Mesmerismus/Magnetismus heftig bekämpft haben, laufen über. Der prominenteste Konvertit ist Hufeland, der Berliner Papst der aufklärerischen Medizin.

In Preußen mischt sich der Staat ein: 1812, auf dem Höhepunkt der Mode, wird eine Kommission gebildet zur Prüfung des ›tierischen Magnetismus‹. Die aufklärerische Mehrheit der Akademie hatte ein Verbot des Magnetismus verlangt. Doch der Hof, beeinflußt durch den königlichen Leibarzt Koreff, den berühmten Magnetiseur und späteren Serapionsbruder Hoffmanns, fördert die neue Lehre, zu deren Anhängern auch der Staatskanzler Hardenberg und der Minister Wilhelm von Humboldt zählen. Man will die Respektabilität der Lehre verteidigen, indem man die Scharlatane bekämpft: Über jede Kur soll, so befiehlt eine Verordnung von 1812, genau Bericht erstattet werden. Man will damit den Wundertätern zu Leibe rücken, die über Land ziehen und in hellen Mondnächten ihren Patienten mit Roßhaaren magnetische Striche verabreichen. Nicht länger mehr sollen Bauernmädchen, in magnetischen Schlaf versetzt, die Geheimnisse der Weltgeschichte und des Weltgerichts ausplaudern dürfen.

Auch in die Literatur dringen die Somnambulen und Magnetiseure vor. Der Heilbronner Arzt Eberhard Gmelin schreibt die Krankengeschichte der Tochter des dortigen Bürgermeisters Kornacher auf, Schubert kolportiert sie in seinen *Ansichten von der Nachtseite der Naturwissenschaft*, und Heinrich von Kleist läßt sich davon für sein *Käthchen von Heilbronn* anregen, dessen Titelfigur mit dem Ritter von Strahl in offenkundig magnetischem Rapport steht. Auch der Prinz von Homburg präsentiert sich in somnambuler Versunkenheit seinem Publikum.

Der ›tierische Magnetismus‹, auf den sich jeder Empfindsame, sei es aktiv oder passiv, zu verstehen glaubt, ist ein Angriff auf das ärztliche Monopol der Heilkunst. Die Ärzte müssen sich verteidigen. Ihrem Einfluß ist ein Edikt zuzuschreiben (1812), das ausdrücklich nur approbierten Medizinern die Anwendung magnetischer Kuren erlaubt. Natürlich hält man sich nicht daran.

Der Rationalismus sieht sich in die Defensive gedrängt und verlangt schließlich nur noch, daß die Lehre des ›tierischen Magnetismus‹ an das aufgeklärte Natur- und Weltbild irgendwie angepaßt wird; das Unbekannte soll aufs Bekannte, das Wunderbare aufs Natürliche zurückgeführt werden.

Der Magnetiseur. Radierung von Daniel Chodowiecki (1790).

Ein Preisausschreiben der Berliner Akademie von 1817 fordert, es sollten die magnetischen Erfahrungen »mit kritischer Beurteilung zusammengestellt und so geordnet werden, daß sich diese neuen Erscheinungen an andere längst bekannte anreihen, nämlich an die des natürlichen Schlafes, an die des Traums, des Nachtwandelns und verschiedener Nervenkrankheiten«.

Was hat es nun mit der Lehre des ›tierischen Magnetismus‹ auf sich? Zu dem Zeitpunkt, als Hoffmann in seiner Erzählung ihre »Nachtseite« entwickelt, gibt es sie schon fast ein halbes Jahrhundert. Franz Anton Mesmer, 1734 am Bodensee geboren, gilt als ihr Begründer. Doch er ist, bezogen auf seine Zeit, durchaus nicht originell. Da man sich seit Newton daran gewöhnt hat, daß die Sichtbarkeit kein Kriterium der Wahrheit und daß auch die Existenz des Unsichtbaren aus Erfahrungsgesetzen postuliert werden kann, so haben jetzt die ›Imponderabilien‹ ihre große Stunde. Newtons »Äther«, der unsichtbar und ungreifbar den leeren Raum und die Körper durchdringt, gehört dazu, auch die Elektrizität, die Mitte des 18. Jahrhunderts entdeckt wird. Hier knüpft Mesmer an. Er behauptet, daß es zwischen belebten Körpern eine besondere Art des »Rapports« gebe. Psychische Ereignisse seien in Wirklichkeit physische Vorgänge und würden, vermittels eines »Fluidums«, in bestimmten Raumgrenzen auf ein anderes Lebewesen einwirken. Mesmer will der Newtonschen Gravitation eine »gravitas animalis« zur Seite stellen. Er nennt sie »belebte Schwerkraft«: »Wem wäre es je entgangen«, schreibt er, »daß die bedeutendsten Gemütsbewegungen unseres Körpers durch solche Stoffteilchen zustande kommen, die wir wegen ihrer übergroßen Feinheit fast nicht zur Klasse der Stoffe rechnen können? Die Einwirkung geschieht durch einen lichtähnlichen Stoff (materia luminosa); und doch ist dessen Macht, den Körper eines Lebewesens zu verändern, niemand verborgen. Nur ein ganz winziger Teil des gesamten Nervennetzes im Körper eines Lebewesens ist dazu angelegt, Eindrücke von diesem Lichtstoff anzunehmen; und trotzdem genügt er, um das ganze Lebewesen zu erregen, d. h. in ihm wunderbare körperliche und geistige Veränderungen hervorzurufen.«

Wichtig für die Weiterentwicklung dieser Theorie wurde die vom schottischen Arzt Brown behauptete spezifische Irritabilität der Nervenpartien, auf die jene ominöse, zwischen Körpern entstehende Kraft einwirken kann. Diese Kraft selbst stellt sich Mesmer – darin noch in der Tradition des Rationalismus – als stoffliche Substanz vor, wenn auch mit der Einschränkung, daß sie »fast nicht mehr zum Bereich des Stofflichen zu rechnen« sei.

In einer Zeit, die aufgehört hat, den Stein der Weisen in der Alchimie zu suchen und statt dessen sich auf die Entdeckung von Panazeen, die berühmten Allheilmittel, geworfen hat, ist es nicht weiter erstaunlich, daß Mesmer die Idee fasziniert, diese ›Kraft‹ zu Heilzwecken in Regie zu nehmen: »Die Heilkunst wird zu ihrer letzten Vollendung gelangen.« Diese Kraft, so glaubt er, kann sich in bestimmten Körpern sammeln, konzentrieren, und durch Berührung mit einem leitenden »physischen Agens« geht sie dann auf andere Körper über. Ein ganzes System von Berührungsakten ist erforderlich: die magnetischen Striche. Am besten macht man es so: »Um sich in Harmonie mit dem Kranken zu versetzen, muß man zuerst die Hände auf die Schultern legen und längs der Arme bis zur Spitze der Finger fahren, indem man den Daumen des Kranken einen Augenblick hält; dies muß man zwei- oder dreimal wiederholen und nachher vom Kopf bis zu den Füßen herunter Ströme errichten«, so Mesmer.

Aber nur zwischen Körpern einer besonderen geistigen und körperlichen Konstitution ist mit Hilfe solcher Praktiken ein »Rapport« möglich. Wer Kraft verströmen will, muß stark, aktiv, gleichsam übervoll sein, wer sie auf sich wirken lassen will, schwach, passiv, leer. Die Kraft kann man nicht erwerben, man hat sie von Natur aus oder hat sie nicht. So kommt der Magnetiseur zu seinem Charisma, das ihn über das Handwerkliche erhebt, ihn aber auch ins Zwielicht der Scharlatanerie geraten läßt. Mesmers magnetische Kraft hatte sogar noch hingereicht, um die mit Wasserflaschen und Eisensplittern gefüllten Fässer, die sogenannten »Baquets«, die von Heilung und Erleuchtung suchenden Patienten umlagert wurden, zu magnetisieren.

Mesmer praktizierte zuerst in Wien, wo er mit Mozart befreundet war, dann in Paris. Am Vorabend der Revolution hofiert ihn dort eine Gesellschaft, die auch einem Cagliostro zu Füßen gelegen hatte. Im Zeitalter der geheimen Bünde und Logen gründet auch Mesmer seinen Club, den »Orden der Harmonie«. Hier machen sich seine Schüler daran, eine »aus der allgemeinen Physik der Welt strömende Moral« (Bergasse) zu entwickeln: Das geruhsame Fließen des »Fluidums« soll nicht nur die körperlichen, sondern auch die gesellschaftlichen Versteifungen auflockern. Notfalls müssen die Institutionen umgebaut werden, damit die Lebenskraft strömen kann. In manchen Städten Frankreichs entwickeln sich aus den mesmeristischen »Orden« die späteren Jakobinerzirkel.

Mesmer selbst ist schließlich eingesponnen in ein Netz von Gerüchten und Phantasmen. Die Fama bemächtigt sich seiner. Den einen gilt er als Erleuchteter, den anderen als Scharlatan, und der Hof in Wien läßt diesen weltgewandten schwäbischen Tüftler als jakobinerverdächtig zeitweilig einkerkern, als er 1793 in die Habsburgmetropole zurückkehrt.

Zunächst wird es still um den Mesmerismus, bis dann mit Beginn des neuen Jahrhunderts die romantische Generation mit Leidenschaft, Gedankenreichtum und Spekulationsfieber diese Theorie wieder aufgreift. Die mesmerische »belebte Schwerkraft« wird jetzt gänzlich spiritualisiert: Sie wird zur immateriellen, aber im Materiellen wirkenden Lebenskraft umgedeutet und bekommt bei Schelling ihren festen Platz im System der romantischen Naturphilosophie. Fasziniert waren die Romantiker von der These Barbarins und

Puysegurs, daß ein psychisches Prinzip ohne mechanisch-materielle Mittelglieder direkt auf die physische Körperwelt einwirken könnte, daß z.B. die bloße Willenskraft ein »Fluidum« erzeugt, das fremde Körper zu bestimmten Reaktionen veranlaßt. Die Idee des »magnetischen Rapports« wird schnell ausgeweitet: Das psychische Prinzip wirkt nicht nur auf den fremden Körper, sondern auch auf die fremde Psyche. Der Magnetiseur kann in seinem Medium das eigene Ich einpflanzen, und er kann in ihm eine psychische Schicht aktivieren, die es dem Patienten erlaubt, beispielsweise seine eigenen Krankheitsherde zu »sehen«. Das vegetative Gebiet wird hellsichtig, so daß der Mensch bei abgeblendeten oder ruhenden Sinneswerkzeugen hört, riecht, empfindet, sieht. Bei den Zeitgenossen heißt das »Sinnenversetzen« oder »Träumen in den tieferen Nervenzügen«. Hier verknüpft sich die Lehre des tierischen Magnetismus mit den Arkanpraktiken der Clairvoyance, des Somnambulismus und der Hypnose. Das psychoanalytische und psychotherapeutische Denkmuster kündigt sich an.

Hoffmann erzählt im *Magnetiseur* eine Episode, in der sich schon deutlich die Umrisse einer solchen Psychotherapie abzeichnen: Theobald, ein Vertrauter des Magnetiseurs Alban, muß erleben, wie sich seine Verlobte in einen italienischen Soldaten verliebt. Bei der Vorstellung, der Italiener könnte in der Schlacht fallen, gerät Auguste in »wirkliche Verstandesverwirrung« und erkennt ihren Theobald nicht mehr. Der setzt nun seine magnetische Macht ein, lenkt die Träume des Mädchens zurück in gemeinsame Kindheitserlebnisse: Theobald hatte damals für Auguste eine Strafe auf sich genommen. Von diesem Augenblick an hatte Auguste begonnen, Theobald zu lieben. Diese Urszene der Entstehung der Liebe aus dem Schuldgefühl durchleidet Auguste noch einmal im Traum, durch die magnetischen Praktiken Theobalds gelenkt. Die Therapie zielt also auf eine Wiederherstellung der Urszene nicht nur im Erinnern, sondern im Erleben. Das Kalkül dabei ist freilich dem der späteren

Freudschen Therapie entgegengesetzt: Das »Agieren« der Urszene soll ja bei Freud von ihrem traumatischen Druck befreien. Auguste hingegen soll in die Urszene zurückgebunden, sie soll mit Hilfe des wiederbelebten Schuldgefühls ihrem Verlobten in die Arme getrieben werden. Es geht Theobald darum, Auguste von ihrem aktualisierten Unbewußten her zu beherrschen, sie an sich zu binden. Es geht um Macht, und das ist auch jener Aspekt des Magnetismus, den Hoffmann als »Nachtseite« in den Mittelpunkt seines durch die Napoleon-Erregung stimulierten Interesses rückt.

Die Erzählung schildert die Vernichtung einer ganzen Familie durch die dämonische Macht des Magnetiseurs Alban. Dieser ist von Ottmar, dem Sohn der Familie, ins Haus geholt worden. Der Vater erkennt zu seinem Entsetzen in Alban den schrecklichen Major seiner Jugend, dem er einstmals fast bis zur Selbstvernichtung anhing. Jetzt verfällt ihm auch Maria, die Tochter. In solch starkem »Rapport« zu ihr steht Alban, daß Maria am Traualtar tot zusammenbricht, als sie dem Magnetiseur durch eine Heirat mit Hypolit entkommen will.

»Am Schluß der Erzählung«, schreibt Hoffmann in einem Brief an Kunz, »wüte ich unter den lebendigen Menschen, wie ein Dschingiskan; aber es soll nun einmal so sein« (20. 7. 1813): Hypolit stirbt von der Hand Ottmars. Dieser fällt im Kampf gegen Napoleon; den Vater rafft der Kummer hin. Diese Tode haben alle etwas mit Alban, dem Magnetiseur, zu tun. Er ist es, der am Leben bleibt, und natürlich der Erzähler, der viele Jahre später die beredten Zeugnisse der Tragödie (Briefe Albans und Marias, Bickerts Tagebücher) an dieser Schädelstätte des Magnetismus entdeckt.

Die Existenz des Phänomens selbst – die Wirkung magnetischer Praktiken – steht für Hoffmann außer Frage. Er läßt zwar im *Magnetiseur* und auch später in den Gesprächen der *Serapionsbrüder* Zweifler und Skeptiker auftreten. Sie alle aber werden schließlich eines Besseren belehrt oder müssen die Angst hinter ihren Zweifeln zugeben. »Schon das Wort, magnetisch, macht mich erbeben«, zürnt der alte Baron im *Magnetiseur*, »aber jeder nach seiner Weise, und wohl euch, wenn die Natur es leidet, daß ihr mit täppischen Händen an ihrem Schleier zupft, und eure Neugierde nicht mit euerm Untergange bestraft.« Es gibt geheimnisvolle Kräfte in der Natur, aber die angstbestimmte Skepsis zweifelt, ob es gut ist für den Menschen, ihrer gewahr zu werden. Denn der Mensch, so lehrt die romantische Naturphilosophie, und so denkt auch Hoffmann, ist der Natur entfremdet, weshalb ihm das Verschlossene, wenn er es zum Geständnis seiner Wahrheit zwingt, als Abgründiges erscheinen muß. Im *Unheimlichen Gast* läßt Hoffmann einen Protagonisten sagen: »Ich meine, daß in jener goldnen Zeit, als unser Geschlecht noch im innigsten Einklange mit der ganzen Natur lebte, kein Grauen, kein Entsetzen uns verstörte, eben weil es in dem tiefsten Frieden, in der seligsten Harmonie alles Seins keinen Feind gab, der dergleichen über uns bringen konnte.«

Diese Angst ist in den einschlägigen Reflexionen der Zeitgenossen ein häufig anzutreffendes Motiv. Dem Jüngling in Novalis' *Die Lehrlinge zu Saïs* verzehrt es die »arme Persönlichkeit«, wenn er »bebend in süßer Angst« in den »dunklen lockenden Schoß der Natur« hinabblickt. Den Gedanken des Erkenntnisfrevels hat Novalis in dem grandiosen Bild ausgesprochen, daß die Natur womöglich erst dann zu Fels erstarrt sei, als der forschende Blick des Menschen sie traf. Auch für Schubert, den Hoffmann eifrig las, ist Naturerkenntnis bedrohlich unter der Voraussetzung der Naturentfremdung. Wenn nicht mehr die Natur den Geist, sondern umgekehrt der Geist die Natur erfassen und beherrschen will, dann wendet die Natur dem menschlichen Geist ihre bedrohlichen Seiten, ihre »Nachtseiten« zu, lehrt Schubert. Der Mensch mag zwar geheime Kräfte entdecken, diese können aber der entfremdeten Vernunft nur zum Unheil ausschlagen. Wie ein Schatten folgt in der romantischen Naturphilosophie das Bedürfnis nach Selbstbestrafung dem verlockenden Gang der Neugier. Die Furcht vor dem Magnetismus konkretisiert bei Hoffmann die gemischten Gefühle, die aus der Nachbarschaft von Erkenntnis und Frevel entspringen.

Zwei Aspekte des Magnetismus sind es, die bei Hoffmann Grauen erregen: auf der passiven Seite die Erfahrung des *Ich-Verlustes*, auf der aktiven die hybride *Macht-Lust*. Für die passive Seite stehen im *Magnetiseur* der alte Baron und insbesondere Maria. An diesen Figuren versucht Hoffmann, sich vorzustellen, was im Inneren der Person vorgeht, wenn sie unter den Einfluß eines »fremden geistigen Prinzips« gerät und wenn dieses fremde Ich etwas zum Leben erweckt, was »tief in unserer Seele reglos schlummert«; er versucht die bestürzende Erfahrung nachzuvollziehen, wenn aus der »Tiefe« uns jenes fremde Ich anblickt, wenn wir das Gefühl haben müssen, von einem fremden Ich ›besetzt‹ zu sein, und wenn das Bewußtsein eines eigenen Ichs keinen Halt mehr findet.

Solche Erfahrung ist bei Hoffmann nicht nur mit dem Thema Magnetismus verknüpft. Sie durchzieht sein gesamtes Werk und ist vielleicht am dichtesten dargestellt in den *Elixieren des Teufels*. »Mein eignes Ich«, klagt dort der abgebrannte Mönch Medardus, »schwamm ohne Halt wie in einem Meer all der Ereignisse, die wie tobende Wellen auf mich hereinbrausten.«

Für die Opfer ist der Magnetismus die Erfahrung des Ich-Verlustes unter der psychodynamischen Gewalt einer totalitären Macht. Doch hat diese Macht auch etwas Anziehendes – sogar für die Opfer: Sie saugen sich am »durchdringenden Blick« des Magnetiseurs fest. Diesem fremden Blick bleibt nichts verborgen. Der Angeblickte wird durchsichtig. Seine Transparenz liefert ihn aus. »Ich bin dein Gott«, sagt Alban zum Baron, »der dein Innerstes durchschaut, und alles was du darin jemals verborgen hast oder verbergen willst, liegt hell und klar vor mir.« Die tiefe Zweideutigkeit dieser Transparenz liegt aber darin, daß nicht nur das Verborgene offenbar wird, sondern daß diese Offenbarungen zugleich das Ansinnen der Macht zurückspiegeln: »Dies gänzliche Aufgeben des eignen Ichs, diese trostlose Abhängigkeit von einem fremden geistigen Prinzip, ja diese durch das fremde Prinzip allein bedingte Existenz erfüllt mich mit Grausen und Entsetzen«, in diesen Worten faßt Theodor in den Gesprächen der *Serapionsbrüder* seinen Standpunkt zusammen. Dieses »Entsetzen« gilt jenen Ambivalenzen, die später im psychoanalytischen Denkmuster noch deutlicher hervortreten werden: Der als Befreiungsakt inszenierte Geständniszwang; die Wiederkehr des Analytikers im Analysanden; diese vertrackte Hierarchie des Authentischen: als wäre das in der Analyse ›agierende‹ Ich das ›eigentliche‹; die als Gesundung erlebte »Abhängigkeit von einem fremden geistigen Prinzip«. Wer einmal unter die Obhut der Analyse sich begeben hat und davon süchtig geworden ist, dem wird Marias Brief, worin sie ihre Abhängigkeit vom Magnetiseur beschreibt, aus dem Herzen sprechen: »Ja, oft gebietet er mir mein Inneres zu durchschauen und ihm alles zu sagen, was ich darin erblicke, und ich tue es mit der größten Bestimmtheit; zuweilen muß ich plötzlich an Alban denken, er steht vor mir, und ich versinke nach und nach in einen träumerischen Zustand, dessen letzter Gedanke, in dem mein Bewußtsein untergeht, mir fremde Ideen bringt, welche mit besonderem, ich möchte sagen, golden glühendem Leben mich durchstrahlen, und ich weiß, daß Alban diese göttlichen Ideen in mir denkt, denn er ist dann selbst in meinem Sein, wie der höhere belebende Funke, und entfernt er sich, was nur geistig geschehen kann, da die körperliche Entfernung gleichgültig ist, so ist alles erstorben. Nur in diesem *mit Ihm* und *in Ihm* Sein kann ich wahrhaftig leben, und es müßte, wäre es ihm möglich, sich mir geistig ganz zu entziehn, mein Selbst in toter Öde erstarren.«

Beim magnetischen Paar korrespondiert die Opferperspektive mit der Perspektive der Macht. Diese ist in Albans Brief, den Hoffmann für die gelungenste Passage der ganzen

Erzählung hält, dargestellt. Eine Psychologie und Philosophie des Willens zur Macht wird hier entwickelt. Alban gibt sich als Mitglied einer »unsichtbaren Kirche« zu erkennen, die den geheimen Schatz ihrer Herrschaftstechniken verhüllt, indem sie den untergeordneten Heilzweck vorschiebt, »so wurde der Schleier gewebt, den die blöden Augen der Ungeweihten nicht durchdringen«. »Ist es denn nicht lächerlich zu glauben«, fährt Alban fort, »die Natur habe uns den wunderbaren Talisman, der uns zum König der Geister macht, anvertraut, um Zahnweh oder Kopfschmerz, oder was weiß ich sonst, zu heilen?« Alban will die Macht und nur sie, weil sie ihm als die dichteste Gestalt des Lebendigen erscheint, nach der Maxime: ›Ich herrsche, also lebe ich.‹ Alban schreibt: »Es ist die unbedingte Herrschaft über das geistige Prinzip des Lebens, die wir ... erzwingen ... Das unterjochte fremde Geistige (kann) nur in *uns* existieren, und mit seiner Kraft nur uns nähren und stärken!«

So reden bei Hoffmann alle, die vom Eros der Macht besessen sind, beispielsweise Euphemie in den *Elixieren*: »Gibt es etwas Höheres als das Leben im Leben zu beherrschen, alle seine Erscheinungen, seine reichen Genüsse wie im mächtigen Zauber zu bannen, nach der Willkür, die dem Herrscher verstattet?«

Das Geheimnis solcher Macht ist, daß sie aufhört, ein *Mittel* zu sein, daß sie sich selbst zum *Zweck* wird. Solange sie noch ein Mittel ist, bleibt sie auf einen außerhalb liegenden Sinn bezogen, dem sie dient. Der zentrale Aspekt der Albanschen Philosophie ist die radikale Säkularisierung der Macht: *Sie ersetzt den Sinn*. An die Stelle der Sinngebung des Lebens tritt die Lust an der Macht; die Welt verwandelt sich in ein Labyrinth von Machtbeziehungen; ohne Sinn, aber dynamisch.

Ein halbes Jahrhundert vor Nietzsche verkündet Alban die Heiligsprechung der Macht: »Alle Existenz ist Kampf und geht aus dem Kampfe hervor. In einer fortsteigenden Klimax wird dem Mächtigern der Sieg zuteil, und mit dem unterjochten Vasallen vermehrt er seine Kraft... Das Streben nach jener Herrschaft ist das Streben nach dem Göttlichen, und das Gefühl der Macht steigert in dem Verhältnis seiner Stärke den Grad der Seligkeit.«

Diese neue Seligkeit der Macht, die sich in einer metaphysisch entzauberten Welt an die Stelle des Sinns setzt – sie hat Hoffmann nachdrücklich auf die Gestalt Napoleons projiziert. Für Hoffmann ist mit Napoleon die Dynamik solcher Macht zur geschichtlichen Gestalt geworden.

In dem kurzen Text *Die Vision auf dem Schlachtfelde bei Dresden* – Mitte Dezember 1813 entstanden als Beitrag zu der Flut von Verwünschungen, die den Niedergang des einst so gefürchteten Napoleon begleiten – läßt Hoffmann seinen Napoleon verkünden, was zuvor schon die Botschaft des Magnetiseurs Alban gewesen war. Verloren in der »furchtbaren Öde« des »leeren Raumes« – in einer Szenerie, die deutlich anspielt auf Jean Pauls Alptraumsequenz *Rede des toten Christus vom Weltgebäude herab, daß kein Gott sei* – schleudert der Tyrann denen, die noch an die altmodische metaphysische Gerechtigkeit glauben, entgegen: »Wahnsinnige, was sucht ihr über meinem Haupt? – Über mir nichts! – Öde ist der finstere Raum da droben, denn ich selbst bin die Macht der Rache und des Todes und wenn ich meine Arme austrecke über euch, verstummt euer Jammer, und ihr sinkt vernichtet in den Staub!«

Die Sinnlosigkeit, die der Tyrann als Verkörperung der totalen Macht in die Welt bringt, wird in der *Vision* zwar noch einmal überwunden. Doch der Schock vor dem nihilistischen Abgrund der Macht wirkt nach.

Napoleon ist für Hoffmann der politische Magnetiseur, der Gott des leeren Himmels und der neuen Zeit, in der gilt, was Napoleon selbst so gesagt haben soll: »Die Politik ist das Schicksal.«

Diese antinapoleonische *Vision* hat Hoffmann seinem Verleger Kunz gegenüber, der sie ohne seine Zustimmung als Flugschrift verbreitete, als »nicht eigentlich politisch«

(28.12.1813) bezeichnet. Was meint er damit? Wogegen Hoffmann sich wehrt, ist die Expansion des Politischen. Diese Abwehr soll selbst nicht politisch sein, weil sie doch der Politik gerade das Recht auf den ganzen Menschen bestreitet, weil sie sich doch der politischen Usurpation des Schicksals widersetzt. Hoffmann will die Reduktion des Politischen – doch dieser Wunsch wird ihn ungewollt, aber unweigerlich in die Politik verstricken.

Am 16.8.1813 beendet Hoffmann den *Magnetiseur;* »am Schluß der Erzählung« wüte er »unter den lebendigen Menschen, wie ein Dschingiskan« (an Kunz, 20.7.1813). Es vergeht eine gute Woche, dann ist aus dem imaginären Schlacht- und Leichenfeld der Macht ein wirkliches geworden. Die Schlacht um Dresden (25./26.8.1813) läßt Zehntausende von Toten und Verwundeten zurück. Am 29.8. 1813 besucht Hoffmann das Schlachtfeld vor der Stadt. Seine Eindrücke hält er in einer Beschreibung (*Drei verhängnisvolle Monate,* 1813) fest, die für die Freunde in Bamberg und für eine spätere Veröffentlichung bestimmt ist: »Heute ging ich vor den Moszynskischen Garten und sah zum erstenmal in meinem Leben ein *Schlachtfeld* – Erst heute... wurden, wie ich bemerkte, zuerst die gebliebenen Franzosen nackt ausgezogen und in große Gruben zu 20, 30, verscharrt... Das Feld war überdeckt mit Russen, zum Teil auf die schrecklichste Weise verstümmelt und zerrissen – So z.B. sah ich einen, dem gerade die Hälfte des Kopfs weggerissen... Auf manchem unverstümmelten Gesicht sah man noch die Wut – den Grimm des Kampfs – einer hatte gerade in die Patronentasche gegriffen um frisch zu laden und so hatte ihn der Tod getroffen – Ein russ(ischer) Offizier... hielt noch den Säbel über dem Kopfe geschwungen in der rechten Hand und war so zum Tode erstarrt – Eine Kano-(nen)kugel hatte ihn gerade auf der Brust am linken Arm getroffen, diesen weggerissen und die Brust zerschmettert... Mir schien es, als bewege sich etwas im Grase in geringer Entfernung..., wir gingen darauf zu, und siehe da ein Russe, dem beide Füße auf das jämmerlichste zerschossen waren, so daß alles von geronnenem Blut klebte, saß ganz gemütlich aufrecht und zehrte von einem Stück Kommisbrot.«

Achtzehntes Kapitel
Die Verwandlungslust

In seinem Tagebuch stellt Hoffmann ausdrücklich eine Verbindung her zwischen den Bildern des imaginären Schreckens, wie er sie soeben im *Magnetiseur* entworfen hat, und der Wirklichkeit der durch die Konkurrenz der Mächte verstümmelten Leiber: »Was ich so oft im Traume gesehn, ist mir erfüllt worden – auf furchtbare Weise – Verstümmelte zerrissene Menschen!!« (29.8.1813) Inmitten dieser Greuel bewahrt Hoffmann eine eigenartige Gefaßtheit, die sich bisweilen sogar zu zynischem Behagen und zur Schaulust steigert: »Wir sahen«, schreibt er in *Drei verhängnisvolle Monate,* »ganz gemütlich mit einem Glase Wein in der Hand zum Fenster heraus, als eine Granate mitten auf dem Markte niederfiel und platzte – in demselben Augenblick fiel ein westfälischer Soldat, der eben Wasser pumpen wollte, mit zerschmettertem Kopfe tot nieder – und ziemlich weit davon ein anständig gekleideter Bürger – Dieser schien sich aufraffen zu wollen – aber der Leib war ihm aufgerissen, die Gedärme hingen heraus, er fiel tot nieder ... Der Schauspieler Keller ließ sein Glas fallen – ich trank das meinige aus und rief: ›Was ist das Leben! nicht das bißchen glühend Eisen ertragen zu können, schwach ist die menschliche Natur!‹«

Ähnlich ostentativ ungerührt hat sich Hoffmann schon früher bei anderen schrecklichen Gelegenheiten verhalten, beispielsweise beim Tode des hochverehrten Großonkels Voeteri, den er seinem Freund Hippel am 25.10.1795 mit folgenden Worten schildert: »Eben jetzt sehr zur Unzeit stirbt der Großonkel. – Eben bin ich da gewesen – da liegt er mit eingefallnen Backen, offnem Munde, brechenden Augen, und röchelt dumpf – ... Du siehst, daß meine Abwechselungen hier sehr traurig sind, daß ich schwarz gehe und einige Wochen die Bälle... meiden muß.«

Bei einer Bamberger Redoute (1812) erlebte Hoffmann einmal, wie ein Tänzer plötzlich tot zusammenbrach. Sogleich fertigte er eine Zeichnung davon an und eilte zu Kunz, um ihm das Ereignis zu berichten und die Zeichnung zu zeigen. »Sehen Sie«, so protokolliert Kunz Hoffmanns Schilderung, »ein kleiner Schnörkel hat sich diese Nacht zugetragen...! Dieser Mann da (auf das Papier zeigend) ist ein schöner Engel geworden! Auch die Toten sollen leben!‹ (trinkt).« Kunz, aber auch die anderen Bamberger Bekannten empörten sich darüber, wie Hoffmann einen »Vorfall, der ein Schrecken aller Anwesenden war« mit der »heitersten Laune« aufgreifen konnte. Man merkt solcher Gelassenheit, solcher ›Heiterkeit‹ das Forcierte, das Absichtsvolle an. Der Voyeurismus, zu dem Hoffmann sich zwingt, steht im Dienste der Selbstbehauptung. In der Konfrontation mit dem Schrecken übt sich Hoffmann in der Kunst des »wunderbaren Heraustretens aus sich selbst« (Euphemie zu Medardus in den *Elixieren*), einer Kunst, die es ihm erlaubt, auch noch angesichts des Schreckens neugierig zu bleiben und diesem sogar eine ästhetische Seite abzugewinnen. Er betreibt hier die Selbstbehauptung als Rückzug auf die Kraft der ungerührten Wahrnehmung.

Neugierig betritt Hoffmann das Schlachtfeld, mit dem Weinglas in der Hand betrachtet er jenen Mann, dem die Gedärme aus dem Leib quellen. Der Blick auf das Grauen ist weder politisch noch moralisch gefiltert. Vielleicht ist dies auch der Grund dafür, daß Hoffmann es unterläßt, die Skizze der *Drei verhängnisvollen Monate* abzuschließen und sie zu veröffentlichen. Zu offensichtlich fehlten seinen Schilderungen jene ›Parteilichkeit‹, jenes moralische und politische Engagement, das man in der erregten Öffentlichkeit von solchen Berichten erwartete.

Die bemüht gelassene Ästhetik des Schreckens ist die eine Reaktion Hoffmanns auf das Grauen, das sich um ihn herum abspielt. Die andere ist der Versuch, sich inmitten der Szenerie des Todes der eigenen Lebendigkeit dadurch zu vergewissern, daß er seiner Phantasie zu spielen erlaubt. Gegen die todbringenden politischen Mächte setzt er die verwandelnde und darum lebenserhaltende Macht der Phantasie. Während die Schlacht um Dresden tobt, trägt Hoffmann sich mit den Ideen zum *Goldnen Topf*, jenem Märchen, das er bis an sein Lebensende als sein gelungenstes literarisches Werk ansehen wird.

Am 19.8. 1813 schreibt er seinem Verleger Kunz: »In keiner als dieser düstern verhängnisvollen Zeit, wo man seine Existenz von Tage zu Tage fristet und ihrer (nicht) froh wird, hat mich das Schreiben so angesprochen – es ist, als schlösse ich mir ein wunderbares Reich auf, das aus mein(em) Innern hervorgehend und sich gestaltend mich dem Drange des Äußern entrückte – Mich beschäftigt... vorzüglich ein *Märchen*.« In den folgenden Wochen behauptet Hoffmann seinem Verleger gegenüber mehrfach, er befände sich mitten in der Arbeit an diesem ebenfalls für die *Fantasiestücke* bestimmten Märchen. Tatsächlich aber beginnt er mit der Niederschrift erst am 26.11.1813. Doch hat ihn die ganze Zeit über diese Märchenidee nicht losgelassen. Auch und gerade dann nicht, als Anfang November 1813 sich die Franzosen in der Stadt verbarrikadieren und den Ansturm der Koalition erwarten. In dieser Woche kulminieren Schrecken und Elend in der leidgeprüften Stadt. Man muß mit einer Kanonade rechnen. Fast wäre Dresden schon vor 1943 zerstört worden. Die Abschnürung vom umliegenden Land bewirkt eine Hungersnot. Über die verhungerten Pferde auf den Straßen machen sich die halbverhungerten Menschen her. Vor den Bäckerläden kommt es zu Messerstechereien. Nervenfieber und Typhus grassieren. In den Krankenhäusern sterben täglich über 200 Menschen, ungefähr ebensoviele auf offener Straße. Ludwig Richter, der Maler des Biedermeieridylls, erinnert sich dieser Tage des Grauens: »Wir hatten ein ... Haus, wo täglich die Gestorbenen ganz entkleidet aus den Fenstern des ersten und zweiten Stockes herabgeworfen und große Leiterwagen bis oben herauf damit angefüllt wurden. Zum Entsetzen schrecklich sah eine solche Ladung aus, wo abgezehrte Arme, Beine, Köpfe und Körper herausstarrten, während die Fuhrleute auf diesem Knäuel herumtraten und mit aufgestreiften Hemdärmeln hantierten, als hätten sie Holzscheite unter sich.«

Doch unverdrossen werden weiterhin Opern gegeben. Hoffmann kommt an solchen offenen Leiterwagen voller Leichen vorbei, wenn er von seinem Wohnquartier aus zur abendlichen Vorstellung der *Zauberflöte* geht, die er in diesen Tagen gerade zu dirigieren hat. Der grelle Kontrast, den er hier täglich erlebt, läßt ihn um so unbeirrter an der Idee jenes anderen Kontrastes zwischen Phantasie und Wirklichkeit, von dem das Märchen erzählt, festhalten.

Am 10.11.1813 kapitulieren die Franzosen in Dresden und ziehen ab. Der Weg nach Leipzig, wo die Secondasche Operngesellschaft während der Wintersaison spielt, ist frei. An einem Novemberabend kurz vor seinem Abschied von Dresden, das sich erst langsam von den soeben ausgestandenen Schrecknissen erholt, schreibt Hoffmann die ersten Sätze seines wunderbaren »Märchens aus der neuen Zeit«: »Am Himmelfahrtstage, nachmittags um drei Uhr, rannte ein junger Mensch in Dresden durchs Schwarze Tor...«

Warum eigentlich »rennt« Anselmus? Es ist doch Feiertag. Anselmus strebt dem Linkeschen Bade zu. Er will sich vergnügen. Kann er die Freuden des Gartenlokals nicht erwarten, befürchtet er, etwas zu versäumen, und rennt deshalb? Wer ein Hindernis umrennt, der ist mit seiner Aufmerksamkeit nicht dort, wo sich die Körper im Raume stoßen. Der vergessene Körper aber bringt sich regelmäßig wieder in Erinnerung. Anselmus hat da seine üblen Erfahrungen: Er gleitet aus, wenn er grüßen will, verliert den Hut, wenn er sich nach Frauen umdreht. Jetzt also rennt er in einen Korb mit Äpfeln. Wir lernen Anselmus kennen als einen Menschen, der, um zu seinem Glück zu kommen, die falsche Gangart eingeschlagen hat. Er hätte nicht rennen dürfen. So aber muß er seine gesamte Barschaft aufwenden, um, von »Ärger und Scham« geplagt, dem Kreis der keifenden Marktfrauen und kichernden Mädchen zu entkommen. Fürs Linkesche Bad bleibt kein Geld mehr übrig. Welches Glück hat er dort gesucht? »Ich wollte den lieben Himmelfahrtstag recht in der Gemütlichkeit feiern, ich wollte ordentlich was daraufgehen lassen. Ich hätte ebensogut wie jeder andere Gast in Linkes Bad stolz rufen können: ›Markör – eine Flasche Doppelbier – aber vom besten bitte ich!‹ – Ich hätte bis spät abends sitzen können, und noch dazu ganz nahe bei dieser oder jener Gesellschaft herrlich geputzter schöner Mädchen. Ich weiß es schon, der Mut wäre mir gekommen, ich wäre ein ganz anderer Mensch geworden...; die Mädchen hätten sich so schalkhaft lächelnd angesehen, wie es wohl zu geschehen pflegt, wenn ich mich ermutige zu zeigen, daß ich mich auch wohl auf den leichten Weltton verstehe und mit Damen umzugehen weiß. Aber da führt mich der Satan in den verwünschten Äpfelkorb...«

Der Satan versteht sich gut auf Äpfel. Mit dieser Frucht verführte Eva den Mann. Hier, am Schwarzen Tor zu Dresden, hat sie ihm die Äpfel gleich dutzendweise zwischen die Füße geworfen. Er fällt. Dabei wollte Anselmus in Linkes Bade sich verwandeln: »ich wäre ein ganz anderer Mensch geworden«. Vielleicht ist er deshalb so gerannt, weil er vor sich selbst davonlief? Der »andere Mensch«, zu dem er hatte werden wollen, ist aber überraschenderweise der gewöhnliche: »Ich hätte ebensogut wie jeder andere Gast...«

Anselmus möchte ein Mädchen erobern. Er hält das für ein Unternehmen, das »Mut« erfordert, man muß sich nämlich auf den »leichten Weltton« verstehen, und der gelingt nur mit Mühe. Anselmus will sich in jemand verwandeln, der die erfolgversprechenden Regeln der erotischen Werbung beherrscht. Kant hat einmal diese Regeln definiert: »Ein ernstlich Verliebter ist in Gegenwart seiner Geliebten verlegen, ungeschickt und wenig einnehmend. Einer aber, der bloß den *Verliebten* macht und sonst Talent hat, kann seine Rolle so natürlich spielen, daß er die arme Betrogene ganz in seine Schlingen bringt; gerade darum, weil sein Herz unbefangen, sein Kopf klar und er also im ganzen Besitz des freien Gebrauchs seiner Geschicklichkeit und Kräfte ist, den Schein des Liebenden sehr natürlich nachzumachen.« Der »leichte Weltton« ist nichts anderes als dieser »freie Gebrauch seiner Geschicklichkeit« bei den erotischen Eroberungsfeldzügen des Mannes. Zur Logistik solcher Feldzüge gehört eine gefüllte Brieftasche. Man muß beim Ober, so daß es alle hören können, großzügige Bestellungen aufgeben können.

So also phantasiert Anselmus auf seinem Rasenplätzchen an der Elbe unterm Holunderbusch. Es sind recht gewöhnliche Genüsse, die Anselmus entbehrt und die er sich herbeiträumt. In Anselmus, der so träumt, entdecken wir noch nichts von dem späteren Bewohner des poetischen Wunderreiches Atlantis. Oder doch?

Im Traumland Atlantis herrscht der »heilige Einklang aller Wesen« als prästabilierte Harmonie. Der Tagtraum des Anselmus geht schon in diese Richtung, aber schleppt noch an den Lasten der konkurrenzhaften Selbstdarstellung. Im Tagtraum geht es um gelingende erotische Selbstbehauptung, der »Einklang« ist ein Sieg im Kampf, Atlantis aber gewährt die Befreiung vom Kämpfenmüssen, doch in einem Milieu der Körperlosigkeit.

Auf den Weg nach Atlantis wird Anselmus durch die »verwirrende Rede« eines Wesens gelockt, das den Jüngling zwar verliebt anblickt, aber doch keinen Körper zu haben scheint, jedenfalls keinen Frauenkörper. Dem Träumer ist es, als redeten die Schlänglein im Busch, als sähen sie ihn an. Aber vielleicht ist es auch die ganze Natur, welche »die Augen aufschlägt« und den Trostbedürftigen »anspricht«? »Da regte und bewegte sich alles, wie zum frohen Leben erwacht. Blumen und Blüten dufteten um ihn her, und ihr Duft war wie herrlicher Gesang von tausend Flötenstimmen und was sie gesungen, trugen im Widerhall die goldenen vorüberfliegenden Abendwolken in ferne Lande.«

Der Naturanblick spiegelt ein erotisches Begehren zurück, dem der Kampfplatz des Linkeschen Bades verschlossen blieb und das sich deshalb nicht in den komplizierten Stellungskriegen der Geschlechter aufreiben muß, dafür aber eigenartig bezuglos bleibt: Anselmus möchte die ganze Natur umarmen.

Das Überraschende an Anselmus' Träumen, sofern sie über das Revier des Linkeschen Bades hinausgehen, ist die Wunschzensur, die sich in ihnen manifestiert. Da gibt es kein Überschäumen. Die Kristallstimmen im Busch, das gleichsam freischwebende Augenpaar, die ins Niedliche verwandelten Schlänglein verraten eine außerordentlich stark gefilterte Sinnlichkeit. Vergleicht man solche Wunschbilder mit den doch recht handfesten Lockungen der »hübsch geputzten« Veronika, die sich um Anselmus bemüht, so kann man von einer Art Erfüllungsscheu sogar in den Wunschphantasien des jungen Mannes sprechen.

Die körperliche Nähe macht ihm Angst. Vor dem Angebot ihrer Genüsse weicht er ins Imaginäre aus. Die Erfüllungsscheu vor der verkörperten Liebe treibt Anselmus in die Arme des Schlängleins Serpentina, die ihm in den Gemächern des Archivarius Lindhorst, ihres Vaters, zur Muse seiner poetischen Entrückung wird.

In einer mythologischen Erzählung, die auch die eigene Genealogie enthält, erläutert Serpentina ihrem Liebhaber die Bedingungen, unter denen sie geliebt sein will. Sie möchte vermeiden, daß sich in ihrer Liebe jene schuldhafte Verstrickung wiederholt, in die ihr Vater, der Archivar und Erdgeist

Salamander, in mythologischer Vorzeit geraten war. Auch er verliebte sich in ein Schlänglein (die Mutter Serpentinas), das ihm aus dem Blütenkelch einer Feuerlilie entgegenlispelte. Er ergreift die »schöne Schlange« und bittet beim Geisterfürsten Phosphorus, der hier zuständig ist, um die Erlaubnis zur Hochzeit. Phosphor aber lehnt ab, weil er selbst ein gebranntes Kind ist: Er seinerseits hat auch schlechte Erfahrungen gemacht beim Versuch, ein schönes Exemplar der mythologischen Flora ganz in Beschlag zu nehmen. Die von ihm geliebte Feuerlilie nämlich verwandelte sich unter seinem Kuß, »denn der Sinn«, so war ihm geweissagt worden, »wird die Sinne gebären«. Die durch den Kuß geborenen »Sinne« beenden die stationäre Lebensweise der geliebten Feuerlilie. Sie wird wie Prousts Albertine zur »Entflohenen«: »Da küßte sie der Jüngling Phosphorus, und wie vom Lichte durchstrahlt loderte sie auf in Flammen, aus denen ein fremdes Wesen hervorbrach, das schnell dem Tale entfliehend im unendlichen Raume herumschwärmte, sich nicht kümmernd... um den geliebten Jüngling.« Das hat er nun davon, der arme Jüngling, eine Feuerlilie besitzen zu wollen.

Der »orientalische Schwulst«, so bezeichnen die Konrektoren und Registratoren im Märchen diese Mythologie, erzählt eine »alte Geschichte, und wem sie just passieret, dem bricht das Herz entzwei« (Heine).

Hoffmann hat sie auch unmythologisch erzählt, beispielsweise in der Novelle *Signor Formica* (1819). Dort versucht der junge Antonio mit Hilfe Salvators, eines raffinierten Lebenskünstlers und Malers, an die geliebte Marianna heranzukommen, die von einem eifersüchtigen Onkel bewacht wird. Das Werk der Eroberung ist eigentlich schon gelungen, da warnt Salvator den Verliebten davor, die Früchte zu ernten, die er so eifrig gesät hat: »Das Unerforschliche in der Natur der Weiber spottet jeder Waffe des Mannes. Die, von der wir glauben, daß sie sich uns mit ihrem ganzen Wesen hingab, daß ihr Inneres sich uns erschlossen, betrügt uns am ersten, und mit dem süßesten Kuß saugen wir das verderblichste Gift ein.«

Das »Unerforschliche in der Natur der Weiber«, deren geheimnisvolle Fähigkeit zur Verwandlung sich jedem Besitzanspruch entzieht, wird hier als Warnung vor der Ehe zu bedenken gegeben. Das verdient festgehalten zu werden, weil es im scharfen Gegensatz steht zur Ehekritik als Philisterkritik, wie sie Hoffmann beispielsweise in der Figur des Kater Murr gestaltet hat. Der Kater bietet dem Kätzchen Miesmies seine Pfote: »Sie schlug ein, und sobald wir ein Paar worden, merkte ich auch alsbald, wie meine Liebesschmerzen sich ganz und gar verloren..., daß nach und nach auch das letzte Fünkchen der Liebe zu der Schönen erlosch, und daß in ihrer Nähe mich die tötendste Langeweile faßte.«

Einmal also ist die besitzergreifende Vereinigung zum Paar Quelle größter Beunruhigung, beim andern Mal zieht sie die leblose Ruhe erstorbener Wünsche nach sich. Die bei Hoffmann so oft gestaltete Scheu vor der Ehe hat etwas Ambivalentes: Man weiß oft nicht genau, ob Hoffmanns Helden vor der Geliebten zurückweichen, weil sie in der ›festen Beziehung‹ die Risiken der verzehrenden Unruhe oder die Risiken der leblosen Ruhe scheuen, ob sie also Angst vor dem Leben oder Angst vor dem Tod haben.

Diese Ambivalenz gilt auch für Anselmus. Er hat Angst vor Veronika, weil sie geheiratet werden möchte, um Hofrätin zu werden. Aber ist es wirklich nur das wohldotierte Ehegefängnis, das ihn ängstigt? Ängstigt ihn nicht auch die Aussicht, seine schöne Hofrätin könnte den werbenden Blicken der »vorübergehenden Elegants« nicht ganz unzugänglich sein?

Anselmus, der vor Veronika zurückweicht, geht bei Serpentina in die Schule des poetischen Verzichts. Serpentina und ihr Vater Lindhorst möchten Anselmus zu ihrem Herold der körperlosen Liebe machen. Sie haben ihn sich auserwählt, da er ihnen als ein Jüngling erscheint, der »in der dürftigen armseligen Zeit der innern Verstocktheit« zu den wenigen zählt, die die »Bürde des Gemeinen« abwerfen können, um die poetische Himmelfahrt anzutreten. Seinem »kindlich poetischen Gemüt« kann man das Erlösungswerk anvertrauen. Serpentina will ihr Versprechen, sich für »immerdar« mit Anselmus im Zauberreich Atlantis vereinigen zu wollen, einlösen, wenn Anselmus seinerseits bereit ist, auf die Welt der verkörperten Genüsse zu verzichten. Die Erlösung, die sie als Muse der Poesie bereit hält, ist die erhabene Verklärung der Erfüllungsscheu eines verschüchterten, vor allem von Frauen eingeschüchterten jungen Mannes.

Dieser Jüngling, dem Hoffmann jenen Namen gab, der im katholischen Heiligenkalender für den 18.3. vorgesehen ist, den Geburtstag der Julia Marc, dieser Anselmus, eine Traumgestalt des Autors also, ist doch auch ganz eingehüllt in das Licht jener »durchgehaltenen Ironie« (an Kunz, 14.3.1814), auf die Hoffmann so stolz ist. Anselmus ist auch eine komische Figur, von der Angst und von der Sehnsucht in die Irre geführt.

Einen Geistesverwandten des Anselmus, den Peregrinus Tys aus dem *Meister Floh* (1821) hat Hoffmann einen »beinahe kindischen welt- und vorzüglich weiberscheuen Menschen« genannt. Diese Charakteristik paßt auch auf Anselmus. Doch anders als dieser geht Peregrinus doch nicht in der Welt des Wunderbaren unter, sondern heiratet Röschen, die Tochter des Buchbinders Lämmerhirt, und überläßt die mythologische Dörtje ihrem Liebestod. Anselmus umgekehrt verzichtet auf Veronika und versinkt im »Wunderbaren und Seltsamen« der Lindhorstschen Schreibstube. Als Liebhaber der poetischen Muse Serpentina wird er zum entsagenden Dichter. Die Poesie, die er repräsentiert, dürfte auch im Sinne Hoffmanns nicht die beste sein; schüchtern schlägt sie die Augen nieder, blickt nach innen, um den Verzicht zu vergessen, dem sie sich verdankt. Sie verdrängt die »Duplizität alles Seins«. Sie hat sich einem einzigen

Mythos, nämlich dem der Welt- und Körperflucht verschrieben.

Hoffmann kann eine solche Poesie nicht gutheißen, deshalb kompensiert er auch ironisch die Entrückung des Anselmus, indem er den Erzähler in das Erzählgeschehen einführt. Anselmus hat sich davongemacht, und der Erzähler wird nun zu einer Art Stuntman für die riskante Aufgabe, vor der sich Anselmus drückt: Phantasie und Wirklichkeit miteinander zu verbinden.

Wer sich darauf nicht einläßt – entweder weil er in der Wirklichkeit oder weil er in der Phantasie versinkt –, der begibt sich der Kraft der Verwandlung, die für Hoffmann das Zentrum des Lebendigen ist.

Solche Verwandlungen geschehen natürlich nicht auf der vorgebahnten »großen Landstraße des Lebens«, wo »Vernunft« und »Klugheit« gebieten *(Meister Floh)* und dafür sorgen, daß man »immer derselbe bleibt«, daß man als »eingefleischter Philister« in »demselben Geleise« forttrabt *(Serapionsbrüder)*.

Den »Drang nach Permanenz und Härte« repräsentieren im Werk Hoffmanns alle jene braven Bürger, die sich nicht »vexieren« lassen wollen. Wenn sie mit ihresgleichen umgehen, kann das schon zu grausig-lustigen Szenen führen, wie zum Beispiel der folgenden, die Hoffmann in den *Serapionsbrüdern* erzählt: »Denkt euch zwei Leute – ich will sie Sebastian und Ptolomäus nennen – denkt euch also, daß diese auf der Universität zu K- mit dem größten Eifer die Kantische Philosophie studieren, und sich beinahe täglich in den heftigsten Disputationen über diesen, jenen Satz erlaben. Eben in einem solchen philosophischen Streit, eben in dem Augenblick, als Sebastian einen kräftigen entscheidenden Schlag geführt, und Ptolomäus sich sammelt, ihn wakker zu erwidern, werden sie unterbrochen, und der Zufall will es, daß sie nicht mehr in K- zusammentreffen. Der eine geht hierhin, der andere dorthin. Beinahe zwanzig Jahre sind vergangen, da sieht Ptolomäus in B- auf der Straße eine

Figur vor sich herwandeln, die er sogleich für seinen Freund Sebastian erkennet. Er stürzt ihm nach, klopft ihm auf die Schulter, und als Sebastian sich umschaut, fängt Ptolomäus sogleich an: Du behauptest also daß – kurz! – er führt den Schlag, zu dem er vor zwanzig Jahren ausholte. Sebastian läßt alle Minen springen, die er in K- angelegt hatte. Beide disputieren zwei, drei Stunden hindurch straßauf straßab wandelnd. Beide geben sich ganz erhitzt das Wort, den Professor selbst zum Schiedsrichter aufzufordern, nicht bedenkend, daß sie in B- sind, daß der alte Immanuel schon seit vielen Jahren im Grabe ruht, trennen sich und finden sich nie mehr wieder.«

Solche braven Bürger sind die Funktionäre des Verwandlungsverbots; der Registrator Heerbrand, der Konrektor Paulmann, sie machen höchstens Karriere, eine bürgerliche Schwundstufe der Verwandlung. Als Machthaber des bürgerlichen Alltags führen sie einen unaufhörlichen Kampf gegen spontane und unkontrollierte Verwandlung.

Die Kraft der Verwandlung erlischt, wo ein Aspekt des Lebens totalitär wird. Deshalb faszinieren Hoffmann die doppel- oder vielgesichtigen Wesen. Lindhorst, wäre er nur ein zauberischer Salamander und nicht auch Archivarius, er könnte nicht auf den Straßen Dresdens in der Abenddämmerung seine Rockschöße ausbreiten und davonfliegen, um dann am anderen Tage in einer Kneipe eine Tischrunde zu unterhalten. Lindhorst repräsentiert wie alle Hoffmannschen Figuren dieses Typs die schwankende Mitte zwischen den jeweils totalitären Polen der phantastischen Entrückung und dem Versinken in der Alltagsvernunft. Nur diese Mitte bewahrt die Kraft der Verwandlung, die Extreme sind ihr Ende.

Daß dies so ist, hat Hoffmann sinnfällig gemacht durch die Verwendung eines beide Möglichkeiten zugleich charakterisierenden Motivs: des Kristallmotivs. Zur Gefangenschaft in der Kristallflasche wird Anselmus verurteilt, als er zeitweilig den kleinmütigen Irrtum begeht zu glauben, daß seine Liebe zu Veronika die restlose Erfüllung seiner Träume bedeute. Indem er sich mit dem zufrieden gibt, was die Bürger der Pirnaer Vorstadt und ihre Töchter zu bieten haben, wird es eng um ihn herum, so eng wie in einer Kristallflasche; das »gläserne Gefängnis« nimmt ihm allen Bewegungsraum und die Luft zum Atmen. Freilich muß man sich bewegen wollen und Lust zum Atmen haben, um diese Gefangenschaft überhaupt zu bemerken. Das Kristallmotiv ist hier der sinnfällige Ausdruck des Verwandlungsverbots, das im bürgerlichen Alltag herrscht.

In *Die Bergwerke zu Falun* (1818) taucht es ebenfalls auf. Dort erliegt Elis Fröbom der Suggestion des Wunderbaren. Ihn zieht es ins Innere des Berges, er hat die Bergkönigin geschaut; Verwandlungen, wie er sie noch nie an sich erlebt hat, locken. Seine Braut Ulla kann ihn nicht halten. Noch am Hochzeitstag flieht er aus ihrer Umarmung. Doch auch sein »Fall« endet im »Kristall«. Elis wird verschüttet, und viele Jahre später findet man ihn, »kristallisiert« im Vitriolwasser. Auch das Versinken im Wunderbaren, das die Brücken zur Realität abbricht, führt ins »gläserne Gefängnis«, das lehrt diese Erzählung. Es liegt deshalb nahe, den Fluch des Äpfelweibs »Ins Kristall – dein Fall« vom Anfang des *Goldnen Topfs* nicht nur auf die Kristallflaschen-Episode, sondern auch auf das Ende der Erzählung zu beziehen. Widerfährt dem nach Atlantis entrückten Anselmus denn nicht dasselbe Geschick wie Elis Fröbom? Ist Atlantis nicht auch ein »gläsernes Gefängnis«, in dem Anselmus, nunmehr von der »prosaischen« Wirklichkeit gänzlich getrennt, eingesperrt ist? Das Oszillieren der Verwandlungen hat in dem von der Wirklichkeit gelösten Reich des Eskapismus keinen Ort mehr. Verwandlung gibt es nicht im homogenen Milieu, sondern nur dort, wo die fixierenden Zumutungen der Realität immer wieder die Lust des Entweichens hervorbringen.

Die Lust an der Verwandlung, die in Hoffmanns Werk so mächtig durchbricht, hat ihre eigene Sozialgeschichte. In mehreren Schüben hat der abendländische Zivilisationsprozeß die Affekte der Menschen modelliert. Er monopolisiert die offene Gewalt im Bereich des staatlichen Handelns, schafft dadurch ›befriedete‹ Räume des gesellschaftlichen Lebens, in denen die Gewalt zwar nicht verschwindet, jedoch zu sublimeren, indirekteren und regelhaften Formen abgedämpft wird. Die Verflechtungen des Gesellschaftskörpers werden komplex. Die Handlungsketten, in die der einzelne verwoben ist, werden länger und unübersichtlicher. Das sich verdichtende Menschengeflecht gewöhnt den einzelnen an ein genau geregeltes ›An-Sich-Halten‹. Die in den Kulissen des Alltags verborgene Gewalt setzt ihr Werk der Triebmodellierung fort. Das »Fluide« der menschlichen Natur früherer Jahrhunderte verfestigt sich, die zwischen Extremen schwankenden Affektlagen werden ›zivilisiert‹, auf eine mittlere Linie gedämpft.

Diese Entwicklung beginnt mit der frühen Neuzeit, aber beschleunigt sich an der Epochenschwelle vom 18. auf das 19. Jahrhundert so sehr, daß sie als Problem erlebt werden konnte und mußte. Die ›befriedete‹ und arbeitsteilig-funktionell durchorganisierte bürgerliche Gesellschaft braucht Menschen, die eine dauerhafte und darum berechenbare Identität herausgebildet haben, die sich beherrschen, die ›an sich halten‹ können, die nicht nur von außen gezwungen werden müssen, sondern sich selbst zwingen können. Der sich selbst in Zaum hält, will dafür wenigstens die Sicherheit draußen. Sie ist aber nur zu haben, wenn das gesellschaftliche Leben in die Muster des Rollenspiels eingefangen bleibt. Das Rollenspiel der bürgerlichen Welt muß den Menschen trennen in eine innere und äußere Welt und die Bedingungen regeln, unter denen die innere Welt nach außen treten darf. Oft darf sie nicht. Das geregelte und komplizierte Miteinander würde sonst explodieren, die langen Handlungsketten, in die der einzelne verstrickt ist, würden sonst zerreißen.

Das Spiel auf der Bühne des bürgerlichen Lebens mag in

Anbetracht der verschlossenen und deshalb abgründigen Innerlichkeit immerhin ›Schein‹ sein, aber es ist, wie Kant schreibt, notwendiger Schein. Anders läßt sich nicht zusammenleben. Und es besteht auch die Hoffnung, so meint Kant, daß der Schein des Äußeren schließlich doch auch aufs Innere übergreift und den Menschen zu dem macht, was er in der bürgerlichen Welt scheinen soll. Dann erst wäre die Gefahr des verwandelnden Hervorbrechens der zurückgehaltenen Innerlichkeit wirklich gebannt. Bis dahin soll man so tun ›als ob‹.

So muß aber die bürgerliche Welt zu einer Welt des Verdachts werden. Ein gewisser Friede ist zwar eingekehrt, aber man kann ihm nicht trauen, man muß auf der Hut sein. Man genießt die Sicherheit und hat doch Angst vor dem Chaos, von dem man glaubt, es könnte durchbrechen, hervorbrechen aus den gesellschaftlichen Unterschichten und aus den Unterwelten der eigenen Psyche. Dem neuen Jahrhundert gibt der alte Kant die Warnung auf den Weg. »Weil aber Torheit, mit einem Lineamente von Bosheit verbunden... in der moralischen Physiognomik an unserer Gattung nicht zu verkennen ist: so ist allein schon aus der Verheimlichung eines guten Teils seiner Gedanken, die ein jeder kluge Mensch nötig findet, klar genug zu ersehen: daß in unserer Rasse jeder es geraten finde, auf seiner Hut zu sein und sich nicht *ganz* erblicken zu lassen wie er ist; welches schon den Hang unserer Gattung, übel gegeneinander gesinnt zu sein, verrät.«

Man kann sich leicht denken, wie eine Zivilisation, die den Menschen in ein Innen und Außen zerreißt, indem sie das Äußere in eine Rolle fixiert und das Innere als eine abgeschirmte psychische Hinter- und Unterwelt konstituiert, als eine Welt des Vorbehalts, – wie diese Zivilisation eine ganz eigene Verwandlungslust hervorbringen muß. Denn solange den Zumutungen des sozialen Verwandlungsverbots nur mit dem Vorbehalt entsprochen wird, es gebe da im Inneren noch etwas, das sich besser »nicht ganz blicken«

lassen sollte, solange gibt es noch ein Jenseits zur verwandlungsfeindlichen Identität, das man in der Reserve behält, das aber im geeigneten Moment sich verkörpern kann. Die Kultur sorgt für solche Momente. In ›begrenzten Explosionen‹ darf die zurückgestaute Verwandlungslust die ›Persona‹ zersprengen, die soziale Maske zerreißen. Das geschieht in der Poesie, in der Kunst überhaupt, in den Festen, im Rausch.

Die Spannung zwischen Verwandlungsverbot und Verwandlungslust nimmt auch deshalb zu, weil der sich wandelnde soziale Erlebnisraum, in dem das Verwandlungsverbot wirkt, gleichzeitig neue Anreize zur Verwandlung schafft. Es entstehen Großstädte und mit ihnen das ganze moderne Phänomen der Anonymität. Da man sich in der Menge verliert, kann man auch bisweilen aus seiner sozialen Identität heraustreten. Hoffmanns Erzählung *Das Fräulein von Scuderi* (1818) verarbeitet diese Erfahrung.

Unerkannt geht in der großen Stadt Paris ein Mörder um. Nur soviel weiß man: Es muß jemand sein, der sich von den braven Bürgern nicht unterscheidet, aber im Schutze der Anonymität seine grauenhafte Doppelexistenz auslebt. Der bedrohte Gemeinschaftsfriede erzeugt den großen Verdacht: Da jedermann nicht nur das ist, was er in seiner sozialen Rolle darstellt, so könnte auch jedermann sich unversehens in einen Mörder verwandeln: »Wie ein unsichtbares tückisches Gespenst schlich der Mord sich ein in die engsten Kreise, wie sie Verwandtschaft – Liebe – Freundschaft nur bilden können... Das grausamste Mißtrauen trennte die heiligsten Bande. Der Gatte zitterte vor der Gattin – der Vater vor dem Sohn – die Schwester vor dem Bruder... und wo sonst Lust und Scherz gewaltet, spähten verwilderte Blicke nach dem verkappten Mörder.«

Weitere Verwandlungsreize kommen aus der expandierenden Welt des Politischen. Die Politik lenkt die Geschichte, treibt sie voran, so glaubt man jetzt. Unter diesem Blickwinkel erscheint die soziale Realität plötzlich nicht länger mehr als etwas Gewordenes, sondern als etwas Gemachtes. Und wenn sie gemacht ist, so kann sie auch anders gemacht werden. Wo die geschichtliche Verwandlungstat im Großen lockt, fällt es schwerer, im Kleinen, d. h. in bezug auf die eigene Identität, die Verwandlungsverbote zu akzeptieren.

In der durchweg ironisch gehaltenen Erzählung *Die Irrungen* (1821) hat Hoffmann diese politisch ambitionierte Verwandlungslust mehr karikiert als beschrieben: Theodor, ein etwas saft- und kraftloser, dafür um so schwärmerischer Jüngling in Berlin, glaubt zu Höherem berufen zu sein: Er möchte sich in einen Kämpfer für die Freiheit Griechenlands verwandeln. Er wirft sich in eine neugriechische Tracht, läßt sich noch ein wenig in den Salons bewundern und macht sich dann auf den Weg. Natürlich gelangt er nicht bis nach Griechenland, an der Pferdestation zu Zehlendorf ist die Reise zu Ende.

Glück scheint für Hoffmann nur dort möglich zu sein, wo die Alleinmacht irgendeiner Instanz, irgendeines Lebensstils, irgendeiner vermeintlichen Identität gebrochen ist.

Odo Marquards Unterscheidung zwischen »Monomythie« und »Polymythie« läßt sich ganz gut auf Hoffmann anwenden: »Man muß viele Mythen – viele Geschichten – haben dürfen, darauf kommt es an; wer – zusammen mit allen anderen Menschen – nur einen Mythos – nur eine einzige Geschichte – hat und haben darf, ist schlimm dran. Darum eben gilt: Bekömmlich ist Polymythie, schädlich ist Monomythie. Wer polymythisch – durch Leben und Erzählen – an vielen Geschichten teilnimmt, hat durch die jeweils eine Geschichte Freiheit von der jeweils anderen et vice versa...; wer monomythisch – durch Leben und Erzählen – nur an einer einzigen Geschichte teilnehmen darf und muß, hat diese Freiheit nicht: Er ist ganz und gar – sozusagen durch eine monomythische Verstricktseinsgleichschaltung – mit Haut und Haaren von ihr besessen. Wegen dieses Zwangs zur restlosen Identität mit dieser Alleingeschichte verfällt er narrativer Atropie und gerät in das, was man nennen kann: die Unfreiheit der Identität aus Mangel an Nichtidentität.«

Monomythisch gefangen sind bei Hoffmann die Figuren, die entweder ganz im bürgerlichen Alltag oder ganz im Jenseits davon untergehen. Monomythisch verstrickt ist also der Registrator Heerbrand, der nur an der Geschichte seiner Amtskarriere teilnimmt und selbst im Traum nicht aufhört, verlorene Aktenstücke zu suchen; ist aber auch Anselmus, der von der Atlantis-Welt mit Haut und Haaren verschlungen wird. Deshalb ist ein positiver Held des *Goldnen Topf* nicht zuletzt der Erzähler selbst, der an vielen Welten, an vielen Geschichten teilnimmt, der ein verwirrendes Spiel des Perspektivwechsels betreibt, der die Einheit von Raum, Zeit und Handlung auflöst, der sich selbst zur erzählten Figur macht, der empirische Wirklichkeit und Imagination so ineinanderschiebt, daß alle Eindeutigkeit schließlich verschwindet.

Er spielt auch mit den Systemen des Wissens und der Mythologie. Hoffmann las, ehe er den *Goldnen Topf* schrieb, Schellings *Weltseele* und Schuberts *Ansichten der Nachtseite der Naturwissenschaft* und hat hieraus sich allerlei zusammengeklaubt für Lindhorsts und Serpentinas mythologische Erzählungen, die er dann hauptsächlich im Kaffeehaus vortragen läßt. Da gehören sie hin, weil Hoffmanns Ironie auch mit den mythischen Elementen spielt. Den Archivar Lindhorst läßt er in Trauer gehen, weil dessen mythischer Ahne, der Jüngling Phosphorus, »erst« vor 385 Jahren gestorben ist, und von seinem Bruder erzählt Lindhorst, daß er bei einem Streit »stehenden Fußes unter die Drachen« gegangen sei, in dieser Eigenschaft bei Tunis einen mystischen Karfunkel bewache und manchmal auf eine »Viertelstunde« nach Dresden herüberkomme, um Neuigkeiten von den Quellen des Nils zu berichten.

Nein, Mythologie ist bei Hoffmann nicht Metaphysik, sondern Artistik, nicht raunende Bedeutungsschwere, sondern ein subjektives Spiel mit Bedeutungen, ein Polymythismus, der zuletzt doch nur daran glaubt, daß man an vieles glauben kann. Politisch bedeutet dieser Polymythismus: Hoffmann wendet sich gegen den Monomythismus der Repression, die nach dem ganzen Menschen greift, wie auch gegen den der Obsession, die durch Politik einen neuen Menschen hervorbringen will.

Hoffmann hält es mit der Gewaltenteilung. Das hat er praktisch bewiesen, als er beispielsweise eine politische Bevormundung des juristischen Verfahrens gegen den Turnvater Jahn abwehrte. Gewaltenteilung aber ist mehr als ein politisch-institutioneller Regelungsmechanismus. Gewaltenteilung gehört zum Kern der polymythischen Haltung. Wenn sich die Macht auf mehrere Götter verteilt, wachsen für den Menschen die Chancen zur Selbstbehauptung und Autonomie; die Götter, die sich die Gewalt teilen müssen, haben oft genug miteinander zu tun und neutralisieren sich womöglich. Aber wenn einen nur der eine und einzige Gott im Auge hat, ist man verloren. So verhält es sich mit Gott und den Göttern, und so verhält es sich auch mit der Wahrheit und den Mythen. Bei einer Vielzahl von Mythen verliert jeder einzelne Mythos seine ausschließliche Wahrheit und erlaubt ein levantinisches Lavieren zwischen den Fronten. Gewaltenteilung ist die gebrochene Macht des Absoluten. Eine Pluralität von sich wechselseitig relativierenden Zumutungen und Verlockungen ist für Hoffmann immer noch das Milieu, in dem es sich am besten leben läßt.

Wenn Gefühlsmächte – Liebe, Sexualität, Angst etc. – einen mit der Unbezwinglichkeit von Naturmächten ergreifen, ist es außerordentlich schwer, ein relativierendes Spiel mit ihnen zu beginnen. Alle Leichtigkeit ist dann dahin, wir sind monomythisch gefesselt. Weil das so ist, wurde Hoffmann, der vom Spiel nicht lassen wollte, dreißig Jahre vor Baudelaire zum Apologeten der künstlichen Paradiese. Man versetzt sich absichtsvoll, mit Hilfe des Weines etwa, in Zustände des Glücks, und die Offenbarungen, die einem dann zuteil werden, mögen zeitweilig überwältigend sein, aber sie bleiben doch Gewalten, denen man erlaubt hat, eine Weile zu wirken. Solange die Lust an der Künstlichkeit sich nicht in die Naturgewalt der Sucht umwandelt, bleibt die Möglichkeit zum Rückzug, was für die psychischen ›Natur‹-Gewalten nicht unbedingt gilt. Man muß seinen Phantasien, und seien sie auch noch so euphorisch, entkommen können. Darauf kommt es Hoffmann an, und darum ist für ihn der Rausch kein Surrogat, sondern eine legitime, weil lebbare Form des Glücks.

Es ist schon erstaunlich, daß bei allem Tiefsinn und hoher philosophischer Spekulation, die man an den *Goldnen Topf* gewendet hat, so selten bemerkt wurde, daß das Märchen nicht nebenher, sondern im Kern eine grandiose Apotheose der Weinseligkeit enthält. Lindhorst ist bekanntlich gleichzeitig ein Salamander. Seit Paracelsus gilt der Salamander als Elementargeist des Feuers. Doch schon zu Hoffmanns Zeiten ließ dieser »Elementargeist« eher an feurigen Wein denken. Hoffmann bekräftigt diese Assoziation, indem er die Punschterrine zum zeitweiligen Aufenthaltsort Lindhorsts macht. »Denn ich saß«, so läßt er ihn erzählen, »eben in dem Augenblick noch in der Terrine, als der Registrator Heerbrand danach griff, um sie gegen die Decke zu schleudern, und mußte mich schnell in des Konrektors Pfeifenkopf retiriren.«

Aus der Punschterrine in den Pfeifenkopf; beide Rauschmittel bewohnt der Archivarius, wobei das letztere natürlich weniger wirksam ist, doch wirksam genug, um dem pfeifenrauchenden Anselmus unterm Holunderbaum die Gestalten der grünen Schlänglein herbeizuzaubern. Im übrigen aber ist Anselmus' Wunsch, sich hinwegzuträumen, so überwältigend stark, und er ist mit einer solch kräftigen Phantasie ausgestattet, daß er auch trockenen Fußes in das geliebte Atlantis kommt. Die Schreibarbeit in den Gemächern des Weingeistes entwickelt bei ihm offenbar Schubkraft genug. Er ist der Poet, der sich sozusagen endogen berauschen

Brief an den Schauspieler F. G. Keller in Leipzig vom 24. Januar 1814:

Da heute der 24' Januar ist, ersuche ich Sie, Geehrtester! mich heute Abend um 8 Uhr auf eine Pfeife Tabak und ein Glas sehr guten Punsch zu besuchen – Sie werden in mir einen zwar kränklichen aber übrigens jovialisirenden Mann finden, der den ganzen Tag halb im Bette halb außer demselben existirend allerley poetische Allotria getrieben.

Der Ihrigste

kann. Das vor allem macht ihn zu einer märchenhaften Figur in einem »Märchen aus der neuen Zeit«. Hoffmann aber mochte auf Wein, auf Arrakpunsch als Vehikel der Verwandlung nicht verzichten. Hier im ganz diesseitigen Dresden des Spätherbstes 1813 braucht man doch gewisse Hilfsmittel zum Flügelschlagen.

Da sitzt der Erzähler, traurig und matt, Anselmus ist über alle Berge. Es will ihm nicht gelingen, dem Jüngling hinterherzuschreiben. Ernüchterung ist beim Erzähler eingekehrt, es fehlt ein Schluck. Doch Lindhorst alias Salamander läßt ihn nicht auf dem Trockenen sitzen. Er erscheint, »mit einem schönen goldenen Pokal in der Hand, aus dem eine blaue Flamme hoch emporknisterte. ›Hier‹, sprach er, ›bring ich Ihnen das Lieblingsgetränk Ihres Freundes des Kapellmeisters Johannes Kreisler. – Es ist angezündeter Arrak... Nippen Sie was weniges davon.« Das läßt sich der Erzähler nicht zweimal sagen, und nun geht das Beschreiben der Wunderwelt Atlantis hurtig voran. Wer es immer noch nicht gemerkt hat, dem gesteht der Erzähler augenzwinkernd: »Die Vision, in der ich nun den Anselmus leibhaftig auf seinem Rittergute in Atlantis gesehen, verdanke ich wohl den Künsten des Salamanders!« So erlauben die Künste des Salamanders einen ganz und gar künstlichen Blick hinüber. Das Paradies ist nebenan.

Neunzehntes Kapitel
Schicksale des Abgrunds

Am 15.2.1814 ist Hoffmann mit dem *Goldnen Topf* fertig. Er hat nur seine besten Stunden an diese Erzählung gewandt, zwischendurch hat er sich immer wieder andere Arbeiten vorgenommen: Rezensionen für die *Allgemeine Musikalische Zeitung*, die *Vision* und auch *Die Automate*, eine Erzählung, mit der er in der »*Zeitung für die elegante Welt*« debütiert und die er später in die *Serapionsbrüder* aufnehmen wird.

Seit Mitte Dezember 1813 lebt er nun wieder in Leipzig, wo er mit der Secondaschen Operngesellschaft Vorstellungen gibt. Nach den dramatischen Monaten – 25.4.1813 bis 20.5.1813 in Dresden; 23.5. bis 24.6. in Leipzig; 25.6. bis 9.12. wieder in Dresden – ist jetzt eine gewisse äußere Ruhe eingekehrt. Die napoleonischen Truppen haben Sachsen verlassen. Die Koalition trägt den Krieg nach Frankreich hinein. Der Zusammenbruch des ganzen napoleonischen Systems ist in greifbare Nähe gerückt. Doch mit dem Nachlassen der äußeren Spannung, die auf Hoffmann produktiv gewirkt hat, wächst die innere. In seinem Tagebuch klagt er über Vereinsamung, über sein »Anachoretenleben«. Silvester verbringt er »ohne eigentlich gemütliche Stimmung«. Gesellschaft leistet ihm Adolph Wagner, der ihm in den letzten Leipziger Monaten zum einzigen Freund wird. Adolph Wagner fristet sein Leben eher kümmerlich als Übersetzer, Schriftsteller und Privatgelehrter. Er ist ein Onkel des Richard Wagner, der im Sommer 1813 geboren wurde.

Hoffmann ist mit seiner Kapellmeistertätigkeit bei Seconda nicht mehr zufrieden. Zunächst hatte es ihn ja mit Genugtuung erfüllt, daß die Sänger und Musiker ihn als Autorität akzeptierten. Nach den Bamberger Demütigungen kann er sich jetzt als Kapellmeister anerkannt fühlen. Noch im Juli 1813 fühlt er sich »wie ein Fisch im Wasser, im rechten Element« (an Speyer, 13.7.1813). Nach der ersten gelungenen Opernaufführung notiert er im Tagebuch: »Immer mehr schicke ich mich in mein neues Amt – es wird mir schon leicht« (13.6.1813). Das ist die Freude darüber, daß er der Aufgabe gewachsen ist – mehr nicht. Die Routine des Betriebs läßt dieses Erfolgserlebnis verblassen. Dreimal die Woche wird gespielt, viermal wird geübt. Für die Neueinstudierung bleibt wenig Zeit, denn fast wöchentlich wechselt das Programm. Auf den Spielplan hat Hoffmann wenig Einfluß; es wird das Bewährte und Populäre gegeben. Hoffmann bedient den Betrieb, eigene Akzente setzt er nicht. Am 11.1.1814 trägt er in sein Tagebuch ein: »Das tägliche Spielen wird mir im höchsten Grade zu(r) Last – die daraus folgende ungemütliche St(immung) steht mei(n)e(n) hohen Zwecken entgege(n) – schon seit 8 Tagen schlafe ich unruhig und bin von ängstlichen Unglück weissagenden Träumen geplagt.«

Am 25.2.1814 trifft das Unglück ein. Bei einer der lustlosen Vorstellungen im zugigen, kalten Theatergebäude veranlaßt Hoffmann, um mit dem Ganzen schneller fertig zu werden, die Streichung einer Arie. Vor allen Sängern und Musikern macht Seconda daraufhin seinem Kapellmeister eine wütende Szene, in deren Verlauf er ihn der Inkompetenz bezichtigt. Es kommt zum regelrechten Streit. Am nächsten Tage erhält Hoffmann seine Kündigung. Seinem Tagebuch vertraut er an: »*Konsterniert* – ich mußte abends in die Probe von ›Camilla‹ mit unbeschreiblichen Gefühlen m(e)i(ne) ganze Karriere ändert sich abermals!! Den Mut ganz sink(en) lassen.«

Wieder ist Hoffmann als Musikdirektor gescheitert. Und man muß sagen: Es waren nicht nur die Umstände. Dresden – Leipzig das ist kulturell die große Welt, das ist nicht Provinz wie Bamberg. Hier gibt es ein gutes Publikum, öffentliches Interesse, Förderung, Anregung. Carl Maria von Weber hat wenige Jahre später in Dresden seinen kometenhaften Aufstieg begonnen und noch später Richard Wagner! Dresden – Leipzig war für den praktischen Musiker Hoffmann eine Chance; sie blieb ungenutzt. Hoffmann hat aus seiner Position zu wenig gemacht. Hatte er den Vorwurf des Dilettantentums vielleicht doch schon so sehr verinnerlicht, daß er sich mit dem Gefühl zufriedengab, dem Betrieb gewachsen zu sein, ohne ihm doch seinen eigenen Stempel aufgedrückt zu haben?

Hoffmann wird krank, ein starker Rheumatismus quält ihn. Dazu kommen jetzt große Geldsorgen. Seconda muß ihm zwar noch für einige Wochen Honorar zahlen, aber was soll dann werden? In Königsberg liegen noch einige hundert Reichstaler aus der Hinterlassenschaft des 1811 verstorbenen Onkel Ottos. Von diesem Geld wird er in den nächsten Monaten leben. Er zeichnet antinapoleonische Karikaturen, die auch ein wenig Geld abwerfen. Er bittet Rochlitz, ihm Gesangsschülerinnen zu vermitteln. Diese ganze Situation wirkt auf ihn um so beklemmender, weil sie ihn an das Elend in Bamberg erinnert. Ist er denn gar nicht vorangekommen, soll der Jammer wieder von vorne beginnen? Eine vage Hoffnung hat er: Vielleicht läßt sich doch verwirklichen, worüber er im April 1813 mit Hippel gesprochen hat: eine Wiedereinstellung im Staatsdienst, nach Möglichkeit in Berlin und dort dann, mit dem Erfolg seiner *Undine*-Oper im Rücken, den Sprung auf eine angesehene Kapellmeister- oder Musikdirektorenstelle am Nationaltheater wagen. Diese Pläne deutet er Rochlitz und Kunz gegenüber an, erweckt sogar den Anschein, als sei das alles schon ausgemacht. In Wirklichkeit sind es aber vorerst nur Tagträume eines erneut gescheiterten und überaus ratlosen Kapellmeisters. Erst im Sommer des Jahres, bei einem Treffen mit Hippel, der auf der Durchreise nach Leipzig kommt, unternimmt er erste ernsthafte Schritte, um diese Pläne zu verwirklichen.

Hoffmann ist jetzt 38 Jahre alt und hat wieder das Gefühl, an einem Anfang zu stehen. Nur als Musikkritiker hat er sich inzwischen einen Ruf erworben. Die beiden ersten Bände der *Fantasiestücke* sind noch im Druck. Es ist noch höchst ungewiß, ob sie vom Publikum angenommen werden. Jean Pauls Vorrede, die auf Drängen von Kunz zustande gekommen ist, ärgert ihn. Besonders verletzt ihn Jean Pauls Bemerkung: »Was den... Kapellmeister Kreisler... so ingrimmig... macht, ist vielleicht weniger die Beleidigung der Kunst als die des Künstlers selbst, welchen man in vornehmen Residenzhäusern als Musikdirektor zum Platzkommandanten musikalischer Abc-Schützen anstellt.« Gerade weil diese Bemerkung auf seine jetzige Situation wieder zutrifft, ist es Hoffmann höchst unangenehm, daß sie Jean Paul in die Öffentlichkeit hinausposaunt. Vorsorglich verbittet er sich bei Kunz den Wiederabdruck der Vorrede bei einer möglichen zweiten Auflage.

In diesen Wochen hadert Hoffmann mit seinem Schicksal. Es ist ihm, als würde eine geheime Logik, eine verborgene Macht sein Leben und Schaffen am Erfolg und an der Entfaltung hindern. Seine Gedanken kreisen um die Herkunft, um sein Elternhaus, dem er in solchen Krisensituationen gerne die Schuld am Mißlingen und am Gefühl des Ungenügens zuschiebt. Einmal kommt die Diskussion mit Rochlitz auf Iphigenies Ausspruch »Wohl dem, der seiner Väter gern gedenkt«. Dieser Satz habe, so berichtet Rochlitz, Hoffmann so sehr getroffen, daß er fluchtartig die Diskussionsrunde habe verlassen müssen.

Beim Grübeln über das eigene Geschick kann die Erinnerung an Julia Marc und an die ganze unglückliche Liebe von Bamberg nicht ausbleiben. Nun, da es um ihn herum still geworden ist und da er sich zur Zeit wieder in derselben beruflichen Lage befindet wie damals in Bamberg, kehren die alten Bilder des Glücks und des Elends wieder. Auf dem Höhepunkt des damaligen Liebesunglücks, am 9.2.1812, hatte Hoffmann das Bamberger Kapuzinerkloster besucht und war von dem Zauber der Atmosphäre aus Entsagung, Behagen und Todesverliebtheit, die er dort antraf, hingerissen. Diese Szene muß ihm vor Augen gestanden haben, als ihm wenige Tage nach Secondas Kündigung, am 4.3.1814, die Idee zu *Die Elixiere des Teufels* kommt. Wie damals stellt er jetzt auch wieder »Betrachtungen« an »über das Selbst – dem der Untergang droht« (T 5.2.1812). Wie damals bricht auch jetzt mit dem Wegfall der beruflichen Stabilisierung die Angst vor dem Wahnsinn durch. Damals schrieb er: »Warum denke ich schlafend und wachend so oft an den Wahnsinn? – ich meine, geistige Ausleerung könnte wie ein Aderlaß wirken« (6.1.1811). Nun, da diese Stimmung wiederkehrt, greift er tatsächlich zum Mittel der »geistigen Ausleerung«.

Am 6.3.1814 beginnt Hoffmann mit der Niederschrift der *Elixiere*. Nicht einmal vier Wochen – wenn man die Zeit abrechnet, die er für andere Dinge aufwendet – braucht er, dann ist der erste Band des Romans fertig. Er ist fast in einem Zuge heruntergeschrieben. Später wird Hoffmann auf die »besondere Stimmung« (2.9.1814) hinweisen, in der er den Roman geschrieben habe und die es ihm unmöglich

Als Gichtkranker auf dem Bett sitzend und schreibend. Selbstbildnis Hoffmanns in einem Brief an C. F. Kunz vom 4. März 1814.

mache zu entscheiden, ob das Buch etwas tauge oder nicht. Was Kafka einmal von seinem *Urteil* gesagt hat, daß es »wie eine regelrechte Geburt mit Schmutz und Schleim bedeckt« aus ihm herausgekommen sei, das gilt wohl auch für die *Elixiere*, die Hoffmann in einem beispiellosen Furor aufs Papier wirft. Als er im Sommer 1815, inzwischen wieder in Berlin, den zweiten Teil des Romans schreibt, hat er deshalb auch zunächst große Schwierigkeiten, sich in die alte Stimmung zu versetzen und sich dem alten Schwung zu überlassen.

Die Grundidee des Romans – von dem er hofft, daß er ihm finanziell zum »Lebenselixier« werden möge – erläutert er in einem Brief an Kunz vom 24. 3. 1814: »Es ist darin auf nichts Geringeres abgesehen, als in dem krausen, wunderbaren Leben eines Mannes, über den schon bei seiner Geburt die himmlischen und dämonischen Mächte walten, jene geheimnisvollen Verknüpfungen des menschlichen Geistes mit all' den höhern Prinzipien, die in der ganzen Natur verborgen und nur dann und wann hervorblitzen... recht klar und deutlich zu zeigen.« Auf die Darstellung der geheimen Macht des Schicksals also kommt es ihm an.

Diese Schicksalsmacht trägt nun aber nicht mehr die Züge des Magnetiseurs oder Napoleons, die Schicksalsmacht liegt im eigenen Körper, im »kochenden Blut«. Die Sexualität ist das Schicksal – davon erzählt der Roman, der aus Hoffmanns Nachdenken über die Logik des eigenen Schicksals und aus der jetzt wieder drangvollen Erinnerung an die unglückliche Liebe zu Julia Marc erwächst. Obwohl der Roman in den Satz ausmündet: »Es gibt Höheres als irdische Lust..., *das* ist jene höchste Sonnenzeit, wenn fern von dem Gedanken frevelicher Begier die Geliebte wie ein Himmelsstrahl alles Höhere... in Deiner Brust entzündet«, so handelt er doch von nichts anderem als von den sogar mörderischen Konsequenzen des Entsagungsgebots. Im *Goldnen Topf* hatte Hoffmann den körperscheuen Anselmus heiter in die Sublimierungswelt des imaginären Atlantis entlassen. Die *Elixiere des Teufels* schildern die Nachtseite desselben Prozesses, sie geben eine Innenansicht der pathogenen Dynamik der mißlingenden Sublimierung.

Erzählt wird die Lebensgeschichte des Mönchs Medardus. Hoffmann, auf Publikumswirksamkeit bedacht, übernimmt dabei einige Handlungselemente aus dem damals viel gelesenen Schauerroman ›*Der Mönch*‹ (›*Ambrosio or the Monk*‹, 1795) von Matthew Gregory Lewis.

Medardus, von Kindheit an für das Klosterleben bestimmt, wird zum gefeierten Kanzelredner. Im Beichtstuhl verliebt er sich; das Kloster wird ihm zu eng, er verläßt es, um die Geliebte zu suchen, begegnet einem Doppelgänger, schlüpft in dessen Rolle, begeht einige Morde, fast hätte er auch die Geliebte getötet. Flieht, wird in eine Irrenanstalt gesteckt, zweifelt, ob er die grausigen Taten überhaupt begangen hat, gerät in die Intrigen und dann in die Verliese des Vatikans, kehrt ins heimatliche Kloster zurück, will büßen, wird Zeuge, wie sein Doppelgänger die Geliebte ermordet, entsagt der Welt und dem Leben, findet aber noch die Kraft, sein ganzes grausiges Geschick zu erzählen, seine letzte Bußübung.

Über Medardus und Aurelie, seiner Geliebten, die in Wirklichkeit seine Halbschwester ist, liegt ein Fluch, der von einem Urahnen, dem Maler Francesko, ausgeht. Was hatte dieser sich zuschulden kommen lassen? Die sexuelle Begierde hatte ihn verführt; die heilige Rosalia, die Patronin der Entsagung, war ihm unter der Hand in seinem Bilde zur wollüstigen Venus geraten. Er hat also gewissermaßen gegen das Sublimierungsgebot verstoßen. Kurz ist der Weg von der sinnlichen Kunst zum sinnlich-ausschweifenden Leben: Die Venus des gemalten Bildes wird Fleisch. Sie ist eine leibhaftige Teufelin, wie sich später herausstellt. In den Kindern und Kindeskindern aus dieser Verbindung setzt sich das Unheil fort. Eine verwickelte Geschichte aus Mord, Ehebruch, Inzest und Kindesvertauschung ist die Folge. Medardus und Aurelie sind, ohne daß sie es wissen, darein verwoben.

Hoffmann hat dick aufgetragen. Das ganze Gespinst aufzunesteln lohnt nicht, nur soviel: Medardus ist zwar Kind einer legitimen Ehe, weshalb er wohl auch die schließliche Kraft zur ›Läuterung‹ aufbringt; sein Vater Franz hat einen Mord, eine Kindsvertauschung und zwei Ehebrüche auf dem Gewissen, kein Wunder, entstammt er doch einer Inzestbeziehung. Der Großvater hatte seine Schwester vergewaltigt, und der Urgroßvater verführte die Frau seines Adoptivvaters. Diesem Wüstling kann man so recht auch keinen Vorwurf machen, ist er doch der Sproß einer leibhaftigen Teufelin, eben jener besagten Venus, die sich der Urahn des verruchten Geschlechts zur Frau erkoren hatte. Verfolgt man die Ahnenkette Aureliens zurück, so trifft man auf dieselbe teuflische Urururgroßmutter. Aureliens wie Medardus' Erbteil ist jener »freveliche Trieb«, von der Venus ihnen in die Wiege gelegt. Sie sind mit Sexualität als mit einem Fluch geschlagen. Am Anfang steht die selbstverschuldete Nachgiebigkeit: Der Urahn Francesko war vom Weg der künstlerisch-religiösen Andacht und Sublimierung abgeirrt und hatte dem verfluchten Begehren in sich Raum gegeben. Einmal der Stimme der Sexualität erlegen und das Verhängnis ist nicht mehr aufzuhalten: Es erbt sich fort.

Die Idee einer von Anbeginn *zerstörerischen* und deshalb denunzierten Sexualität bestimmt die kolportagehaften, der Schauerromantik entlehnten und um das Inzestmotiv kreisenden Züge des Romans. Diese Idee der zerstörerischen Sexualität ist wie das Formenrepertoire, in dem sie sich ausdrückt, überkommen, alt.

Doch das aufregend Neue an Hoffmanns Roman ist, daß in dieser herkömmlichen Geschichte zugleich eine ganz andersartige Geschichte erzählt wird. An der Lebensgeschichte des Medardus zeigt uns nämlich Hoffmann, wie die *Sexualität erst zerstört werden muß, ehe sie zerstörerisch wirken kann.* Eine moderne Auffassung. Diesen entscheidenden Schritt geht Hoffmann, beispiellos für seine Zeit, weiter: Er deutet die *zerstörerische* Sexualität als Ergebnis der *zerstörten* Sexualität. Die Sexualität ist eine Naturmacht, die man nicht hat gewähren lassen und die deshalb explodiert. Hoffmann erzählt, wie sie den Medardus in die Persönlichkeitsspaltung treibt. Es ist noch nie vor Hoffmann so einfühlsam, so verstehend, so von innen heraus der schizophrene Prozeß geschildert worden.

Zwar ist gerade die Welt der Romantiker von einer bunten Schar von Wahnsinnigen bevölkert. In den Gesprächen der *Serapionsbrüder* läßt Hoffmann seinen Theodor sogar über diese »wahnsinnige Lust am Wahnsinn« spotten. Der Wahnsinn, so Theodor, gewähre allerdings »Blicke« in die »schauerlichste Tiefe« der menschlichen »Natur«, doch die genüßliche Romantisierung versperre gerade den verstehenden Zugang zum ganzen Ernst und zur ganzen Qual des Irreseins. Hoffmann weiß, wovon er redet. Denn ihn selbst quälte die Angst vor dem Wahnsinn. Einige Zeit vor der Niederschrift der *Elixiere* trägt er in sein Tagebuch ein: »Anwandlung von Todesgedanken: Doppelgänger« (6.1. 1804).

Die »wahnsinnige Lust am Wahnsinn«, vor der Hoffmann seine Zeitgenossen (und nicht nur sie) warnt, hat es zumeist nicht auf die verstehende Nähe zum Leiden abgesehen, sondern läßt die Gestalten des Wahnsinns als Träger von zuvor schon festgelegten Bedeutungen auftreten. Für Schoppe in Jean Pauls *Titan* ist der Wahnsinn eine Zuflucht, ein Gehäuse gegen den »Welt-Ekel« (so hat man dann auch Hölderlins Leben im Turmzimmer am Neckar gedeutet). Oder der Wahnsinnige ist der Schattenriß einer philosophischen Reißbrettzeichnung, beispielsweise wie bei Tiecks *Lovell* das experimentell zu Ende gedachte Fichtesche ›Ich‹. Oder der Wahnsinnige ist der begnadete Seher. Bei Novalis sollte Heinrich von Ofterdingen im Zustande des »freiwilligen Wahnsinns« den »Sinn der Welt« erraten. Oder im Wahnsinn soll die herrschende Vernunft erscheinen, zur Kenntlichkeit verzerrt. So in den *Nachtwachen* des Bonaventura und bei Wackenroder. Schließlich gibt es noch den Wahnsinn als Schwundstufe der schönen Seele, die zerbrach. Der Harfner in Goethes *Wilhelm Meister* oder der Sonderling Victor in Eichendorffs *Ahnung und Gegenwart* repräsentieren diesen Typus.

Solches Personal gehört zur Welt der »unriskanten Präsenz« des Wahnsinns. Es handelt sich dabei um Demonstrationsfiguren eines literarischen Argumentations- und Bedeutungsspiels. Das Interesse ist literarisch-philosophisch, ohne erkennbare Nähe zum Irresein. Anders bei Hoffmann. Ohne rationalistische Abwehr und trotz romantischer Mystifikation, die auch er bisweilen betreibt, sucht er die verstehende Nähe zum Irresein, eine Nähe, die schließlich den

Krankheitsbegriff, an dem die romantische Stilisierung im Kern immer festgehalten hat, auflöst, indem sie die Attitüde des distanzschaffenden Erklärens ins Verstehen zurücknimmt.

Im kolportagehaften Vererbungs- und Verhängnisdrama beginnt die Tragödie des Medardus mit der Schuld des Urahns. Aus der Sicht des psychologischen Realismus jedoch läßt Hoffmann die Tragödie damit einsetzen, daß Medardus fürs Zölibat, also für die Verfeindung mit den Körperwünschen, bestimmt wird, noch ehe er sich ihrer so recht bewußt geworden ist. So müssen denn auch die ersten Erregungen der Sexualität auf den jungen Medardus bedrohlich wirken. Sie unterminieren das, was er für seine Bestimmung, für sein ›wahres‹ Selbst hält: »Eines Morgens, als ich zum Konzertmeister gehen wollte, meines Unterrichts halber, überraschte ich die Schwester im leichten Morgenanzuge, mit beinahe ganz entblößter Brust...; nie gekannte Gefühle regten sich stürmisch in mir... Meine Brust war krampfhaft zusammengepreßt..., meine innere Angst stieg mit jedem Momente.«

Angst hat er, weil das bisherige Bild seines Selbst, das ihm Sicherheit gab, in Gefahr ist, und weil er plötzlich eine verborgene Schicht seiner Person, die er doch zu kennen glaubt, entdecken muß, »eine unbekannte wundervolle Sehnsucht..., die wohl sündlich sein mochte«. Er empfindet die Körperwünsche als etwas Feindliches und überträgt dieses Gefühl auf die Frau, die sie auslöst: »Ich warf mich, wie in toller Verzweiflung auf den Fußboden..., ich verwünschte – ich verfluchte das Mädchen – mich selbst.« Er will das Verlangen in sich abtöten, und schon tauchen auch Tötungsphantasien gegenüber dem Mädchen auf. Vorerst aber begnügt er sich mit einer symbolischen Vernichtung: Er will die Schwester des Konzertmeisters aus seinem Leben streichen und sich selbst endgültig und unwiderruflich im Kloster einmauern, auf der Flucht vor seinem Begehren, das er nun mit aller Energie auszugrenzen gewillt ist. Durch diese Ausgrenzung wird sein Triebleben zu einem ›fremden‹

Selbst mit eigenen, nicht mehr integrierbaren Automatismen. Was Medardus für sein ›wahres‹ Selbst hält, schließt er in den Klostermauern ein, und das »falsche Selbstsystem« beginnt sein eigenes Leben zu führen, das schließlich vor den Klostermauern nicht haltmacht. In zwei großen Schüben dringt das ›falsche‹ Selbst in das verzweifelt verteidigte ›wahre‹ Selbst ein: zuerst die Infiltration, dann die Machtergreifung.

Unmerklich nistet es sich zunächst in die Aktivitäten des ›wahren‹ Selbst ein und läßt sie zweideutig werden. Dann endlich setzt es sich in einer Art »Implosion« gänzlich an die Stelle des zur Gegenwehr nicht mehr fähigen ›wahren‹ Selbst. Hoffmann gibt diesem Umschlag durch die Machtergreifung des Doppelgängers eine sinnfällige Darstellung. Auch die Infiltration erhält ein grelles Signal: das Teufelselixier, das Medardus langsam vergiftet.

Nach der Machtergreifung des ›falschen‹ Selbst kehren sich die Rollen um: Jetzt ist es das ›wahre‹ Selbst, das sich als schlechtes Gewissen und Selbstbeobachtungsmanie in die Aktivitäten des ›falschen‹ Selbst einschleicht. Der Prozeß der Spaltung wird rückwärts durchlaufen: Das ›wahre‹ Selbst erobert sich wieder seine Vorrangstellung, während dem ›falschen‹ Selbst nur noch die Kraft der Anfechtung bleibt.

Diese doppelte Bewegung – vom ›wahren‹ zum ›falschen‹ und von diesem wieder zurück zum ›wahren‹ Selbst – ist aber nicht als Heilungsprozeß dargestellt. Denn diese Bewegung hat eine irreversible Verwüstung zur Folge, eine Bewegung der verbrannten Erde. Am Ende hat Medardus nichts mehr in der Hand als seine Vergangenheit. Sein gegenwärtiges Selbst hat alle vitale Substanz verloren. Im verwüsteten Selbst bleibt nur noch jener Ich-Rest übrig, der die Schatten der Vergangenheit beschwören kann. Ein Erzähler, der seine Wirklichkeit verloren hat und deshalb erzählt.

Medardus, der die Leidenschaften des Körpers ausgrenzt, wird zum leidenschaftlichen Kanzelredner (vielleicht hat

Hoffmann dabei an Zacharias Werner gedacht, der seine erotischen Talente in den Dienst seiner Predigten stellte, mit denen er 1814 in Wien vor allem die Damen hinriß). Die Predigt wird zur Ersatzhandlung. Wenn er es sich schon versagen muß, die Frauen zu berühren, dann genießt er wenigstens das subtile Vergnügen, die Frauen mit dem Wort zu rühren. Ihn entzücken die »unwillkürlich den Lippen entfliehenden Ausrufe der andachtsvollen Wonne«. Auch die religiöse Andacht und die Bußübungen bekommen etwas Zweideutiges: Das Altarbild der Hl. Rosalia erweckt in ihm sinnliches Verlangen, die Bußübungen geraten ihm zum lustvollen Masochismus, und im Beichtstuhl schließlich fängt er für Aurelie Feuer.

Dem Doppelgänger begegnet Medardus nach Verlassen des Klosters. Victorin, der Halbbruder, ist in der Romanwelt beides: jemand anderes als Medardus und dessen anderes Selbst. »Aber«, so berichtet Medardus, »als ich so recht mit mir zu Rate ging, war es, als träten die heimlichsten Gedanken aus meinem Inneren heraus und verpuppten sich zu einem körperlichen Wesen, das recht greulich mein Ich war.« Victorin stürzt in den Abgrund, Medardus tritt an seine Stelle. Doch da Victorin sich in der Rolle des Medardus ins Haus des Barons von F. einschleichen wollte, muß Medardus, wenn er das Spiel Victorins fortsetzen will, in doppelter Potenz ›spielen‹. Durch Victorin hindurch muß er seine eigene ›Wahrheit‹ zum Spiel der Täuschung machen. Das ist die Umkehrung: Das ›wahre‹ Selbst ist zur Maske geworden, das bisher Ausgegrenzte, der Geist Victorins, das durch Ausgrenzung zum feindlichen Prinzip gewordene Triebleben, rückt in den Mittelpunkt. Doch das ›wahre‹ Selbst ist jetzt nicht nur Maske, es hat sich – vorerst noch ohnmächtig – auf eine Beobachtungsposition zurückgezogen. Der ›alte‹ Medardus sieht dem ›neuen‹ zu und kann sich für dessen greuliche Taten nicht verantwortlich fühlen. Wenn Medardus für Augenblicke in sein altes Selbst zurückkehrt, dann ist ihm, als seien die Verbrechen von jemand anderem, eben dem Doppelgänger, verübt worden. So aber ist er am tiefsten in seinen Wahn verstrickt: Er hält sein anderes Selbst für jemand anderes als er selbst. Projiziert Medardus seine Verbrechen auf den Doppelgänger, dann verliert er das Bewußtsein der Gespaltenheit: Er versinkt im Abgrund eines fragmentierten Ichs, dem sich die anderen Ich-Fragmente als andere Personen darstellen. So paradox es klingen mag: Nur wenn sich Medardus in seiner Gespaltenheit erfährt, ist er sich nahe. Diese Nähe, diese Augenblicke der Selbstbegegnung sind schrecklich; und das Schicksal der Seele steht auf des Messers Schneide: Die Person kann völlig zerbrechen, aber sie kann auch zusammenfinden im erfahrenen und gelebten Widerspruch.

Hoffmann schildert einen solchen Augenblick der Selbstbegegnung: Medardus sitzt unter Mordanklage im Kerker. Unter dem Boden pocht es, ruft es, kratzt es. Da will jemand herauf. Medardus hat Angst, und doch beginnt er, Steine aus dem Boden zu brechen. »Der, der unten war, drückte wacker herauf..., da erhob sich plötzlich ein nackter Mensch bis an die Hüften aus der Tiefe empor und starrte mich gespenstisch an mit des Wahnsinns grinsendem, entsetzlichem Gelächter. Der volle Schein der Lampe fiel auf das Gesicht – ich erkannte mich selbst – mir vergingen die Sinne.« Die fragmentierten Ich-Teile drängen also zueinander, aber in Feindschaft, mit Furcht und Schrecken. Der ›obere‹ Medardus verschanzt sich vor dem ›unteren‹ wieder in jenem mönchischen Ich-Fragment, das ihm als sein ›wahres‹ Selbst gilt. Er flieht vor der Sexualität und sucht Schutz in einer Abwehrhaltung, die die Sexualität immer wieder zerstörerisch werden läßt. Ein verhängnisvoller Zirkel. Deshalb werden im schon fast wieder ›geläuterten‹ Medardus die »Geister der Hölle« erneut wach, als er Aurelien zu nahe kommt. Sogleich will er sie ermorden, kommt nicht dazu, muß fliehen, und in den »finsteren Wäldern« verliert er nun gänzlich das Bewußtsein, das er erst in Italien wiederfindet, wo die Tollheit ein wärmeres Klima erwartet. Hoffmanns

Schilderung des Erwachens entfaltet eine ganze Phänomenologie der multiplen Ich-Erfahrung: »Eine sanfte Wärme glitt durch mein Inneres. Dann fühlte ich es in allen Adern seltsam arbeiten und prickeln; dies Gefühl wurde zu Gedanken, doch war mein Ich hundertfach zerteilt. Jeder Teil hatte im eignen Regen eignes Bewußtsein des Lebens, und umsonst gebot das Haupt den Gliedern, die wie untreue Vasallen sich nicht sammeln mochten unter seiner Herrschaft. Nun fingen die Gedanken der einzelnen Teile an sich zu drehen, wie leuchtende Punkte, immer schneller und schneller, so daß sie einen Feuerkreis bildeten, der wurde kleiner, so wie die Schnelligkeit wuchs, daß er zuletzt nur eine stillstehende Feuerkugel schien.«

Das Ich ist zerstreut in eine Vielzahl von Körperpartikeln, an denen verschiedene Gefühle haften. Jedes Ich-Partikel führt sein eigenes Leben. Doch langsam bildet sich aus dieser verwirrenden Vielfalt ein Ornament, ein »Feuerkreis«. Im Chaos entsteht ein Umriß: Das Ich wird geboren. Es basiert auf einer Sinnestäuschung. Denn fest und stabil ist dieses ›Ich‹ genausowenig wie der »Feuerkreis«, nur einer vergröbernden, vereindeutigenden Wahrnehmung bietet es sich als festes Gebilde dar.

Die Geburt des Ichs macht dem schillernden Fluten vielfältiger Bewußtseinsregungen ein Ende, bringt Ordnung, »Herrschaft« in ein Chaos. Unter dem strengen Blick der Klosterherren findet Medardus wieder zu jenem quälenden Selbstbewußtsein zurück, das sich nur durch Ausgrenzung behaupten kann: aus dem verselbständigten Triebleben wieder unter das verselbständigte, triebunterdrückende Ich-Fragment. Keine neue Einheit, sondern die alte Spaltung. Mit Angst und Wut geht Medardus nun wieder gegen sein ›falsches‹ Selbst vor. Sogar seine Träume sind nicht vor ihm sicher, weil er nicht vor ihnen sicher ist, »denn selbst die Frevel des Traums, jeder sündliche Gedanke fordert doppelte Buße«.

Doch ehe Medardus ganz in die entsagende mönchische

Existenz einstimmen kann, muß noch ein Mord geschehen. Aurelie muß getötet werden, damit Medardus sein sexuelles Verlangen zur religiösen Verehrung läutern kann. Die Sublimierung gelingt nur auf dem Hintergrund eines Mordes. Doch die Tat, von ihm gewünscht, braucht er selbst nicht mehr zu vollbringen. Der schmutzige Doppelgänger übernimmt das. Da Medardus die Tat nicht begangen hat, sondern ihr nur beiwohnt, kann er diesem Mord einen hohen Sinn geben: »Aureliens Tod war das Weihefest jener Liebe, die... nur über den Sternen thront, und nichts gemein hat mit dem Irdischen.«

Aurelie muß sterben, damit sie als *Bild* der Liebe fortbestehen kann. In den *Elixieren* hat Hoffmann also den Vorgang der Idolisierung zu Ende erzählt: Die symbolische Vernichtung des Körperlichen in der erhabenen Liebe wird hier zur konkreten Tat.

Rücken wir uns noch einmal das Ganze dieses »Weihefestes der Liebe« vor Augen: Medardus ist aus dem Selbst seiner abgespaltenen Triebe in sein körperfeindliches Selbst zurückgekehrt, und da er Aurelie auch weiterhin liebt, darf sie körperlich nicht mehr existieren. Sie muß sterben. So bewahrt sie ihre Reinheit. Medardus verbietet sich ihre körperliche Berührung und will deshalb, daß auch kein anderer mehr sie berühren kann. Die Lust an der toten Aurelie ist die Lust am vollkommensten Besitz. Der Gedanke des Medardus und die Tat des Doppelgängers vollenden nur, womit die Äbtissin bereits begonnen hat, als sie Aurelie zur Nonne weihte. Das »Weihefest der Liebe« wird zelebriert von einer »heidnischen Priesterin«, die mit »gezücktem Messer« das »Menschenopfer« vollbringt.

Der »geheime Faden«, der sich durch das hier erzählte Leben zieht, »es festknüpfend in allen seinen Bedingungen«, ist die zwangsläufige Geschichte der Verfeindung mit dem Körperlichen. Sie beginnt im frommen Entsagungsmilieu des Klosters zur Heiligen Linde, wo der kleine Medardus präpariert wird, und endet mit jenem grausamen

»Menschenopfer«. Die Himmelfahrt der vergeistigten Liebe – diese Logik entwickelt der Roman – läßt die Körperwünsche abgründig und gewalttätig werden. Die *Elixiere* sind ein Gegenstück zum *Goldnen Topf*. Sie schildern die Schatten, die das »überirdische« Atlantis wirft, sie schildern eine Welt von Tod, Gewalt und seelischer Zerstörung, in die hineingeraten kann, wer sich ›monomythisch‹ der Flucht vor dem verkörperten Glück verschreibt.

Am 23. 4. 1814 beendet Hoffmann die Reinschrift des ersten Teils der *Elixiere*. Zum finanziellen »Lebenselixier«, wie er gehofft hat, wird ihm dieser Roman zunächst nicht. Erst ein Jahr später findet er einen Verleger. Im September 1815 erscheint der erste Teil und im Frühjahr 1816 der (im Sommer 1815 geschriebene) zweite Teil des Romans, der dann zwar vom Publikum eifrig gelesen, doch von der ›seriösen‹ Literaturkritik kaum zur Kenntnis genommen wird. Man rechnet den Roman zum Genre der trivialen Schauerromantik und hält ihn deshalb einer ernsten Betrachtung nicht für wert. Einer der wenigen, die damals schon anders darüber dachten, war der junge Heinrich Heine. In seinem dritten »Brief aus Berlin« schreibt er: »In den *Elixieren des Teufels* liegt das Furchtbarste und Entsetzlichste, das der Geist erdenken kann. Wie schwach ist dagegen *The Monk* von Lewis, der dasselbe Thema behandelt. In Göttingen soll ein Student durch diesen Roman toll geworden sein.«

Größeren Erfolg hat Hoffmann mit den beiden ersten Bänden der *Fantasiestücke*, die Anfang Mai 1814 herauskommen. In fast allen wichtigen Literaturzeitschriften erscheinen günstige Besprechungen. Man rühmt Phantasie, musikalischen Sachverstand, skurrilen Einfallsreichtum, Ironie und unterhaltsame Spannung. Nach der Lektüre des *Magnetiseurs* ist Jean Paul davon überzeugt, in seiner Vorrede den Autor zu wenig gelobt zu haben.

Gerade mit dieser Erzählung beginnt Hoffmanns Karriere beim weiblichen Lesepublikum, wovon Ottilie von Pogwisch aus Weimar berichtet. Sie selbst rechnet sich, zum Mißfallen ihres künftigen Schwiegervaters Goethe, zu den dortigen Bewunderinnen Hoffmanns.

Als Ende 1814 der *Goldne Topf* herauskommt, gibt es fast schon überschwengliches Lob. Der neue Märchenstil der Verbindung von Realistik und Phantasie ist sehr wohl bemerkt worden. Besonders der Berliner Romantikerkreis um Chamisso und Fouqué, zu dem Hoffmann bald stoßen wird, ist hingerissen. Nur die goetheanisch gesinnte *Jenaische Allgemeine Literatur-Zeitung* äußert sich tadelnd: »Wie ist doch hier die ganze Unart und Abart der neueren Ästhetik der Deutschen so sichtbar, welche... sich dahin verirrt hat, in jegliche Laune, in das Gewöhnliche, gar zu oft das Alberne einen phantastischen Sinn hinein zu interpretieren.«

Als Hoffmann 1813 nach Dresden/Leipzig kam, hatte er einen Namen als Musikschriftsteller, jetzt ist er eine literarische Berühmtheit, die in Berlin von den dortigen Literaten durchaus achtungsvoll empfangen werden wird. Leicht verwundert konstatiert Hoffmann in einem Brief an Kunz: »Sie sehen übrigens, Teurer, wie ich ein Scribilifax worden, aber wahrlich ohne mein sonderliches Bemühen; – so was muß sich von selbst finden« (24. 3. 1814). Tatsächlich: Obwohl Hoffmann nun schon eine stattliche Anzahl literarischer Werke verfaßt hat – auch solche, die ihm selbst als gelungen oder wie *Der goldne Topf* sogar als einmalig vorkommen –, so bleibt für ihn die Literatur immer noch ein Seitentrieb dessen, was er als die Hauptsache, als wichtigstes Ziel seines Bemühens und seines Ehrgeizes, ansieht: das Komponieren. Die *Undine* soll sein opus magnum werden, mit ihr will er berühmt werden, weshalb er auch in den *Fantasiestücken* anonym auftreten wollte (Jean Paul allerdings hatte dieses Vorhaben durchkreuzt).

Die literarische Existenz hatte sich nun also ›von selbst‹ gefunden, doch auf Kosten der *Undine*. Die Oper bleibt ihm liegen. Erst im Sommer 1814, zur Zeit des Hippel-Besuchs, »ermutigt« er sich und vollendet sie. Annähernd zwei Jahre sind verstrichen, seit er – noch in Bamberg – die erste Arie gesetzt hat.

Obwohl Hoffmann als Musikdirektor nun zweimal gescheitert ist, will er das Metier nicht aufgeben. Zwar bewirbt er sich in Berlin – unterstützt von Hippel – um eine Wiedereinstellung in den Staatsdienst, doch nur mit der Absicht, sich zwischenzeitlich finanziell abzusichern, um in größerer Gelassenheit einen Erfolg der *Undine* und eine sich daraus möglicherweise entwickelnde musikalische Karriere abwarten zu können.

In seinen letzten Wochen in Leipzig findet Hoffmann nicht mehr die Ruhe zum Arbeiten. Er wartet auf einen Bescheid aus Berlin. Mitte September macht ihm das Justizministerium das Angebot, »auf ein halbes Jahr, ohne Gehalt, beim Kammergericht in Berlin zu arbeiten, um sich mit den Fortschritten der Legislation... bekannt zu machen, demnächst aber wiederum, nach seiner Anciennität als Rat, einzurücken«. Hoffmann nimmt an, obwohl er sich ein besseres Angebot, nämlich eine sofortige Dotierung erhofft hatte.

»Als Hoffmann«, berichtet Rochlitz, »mir dies (die Wiedereinstellung. R.S.) mitteilte, konnte ich mich nicht enthalten, in Bewunderung auszubrechen. Nun, sagte er, mit eins wie verwandelt: Bin ich denn ein Hund, den man verkrümmen läßt, wenn man mehr zu tun hat? Oder sind uns die Herren nicht schuldig, das Möglichste zu tun, da wir ihnen ihr Spiel machen helfen, statt daß wir das unsrige gewinnen könnten?«

Drittes Buch
Der wilde Kammergerichtsrat

1814–1822

Ihr sollt niemals aufhören zu leben, ehe Ihr gestorben, welches manchem passiert und ein gar ärgerliches Ding ist.
Briefe aus den Bergen

Zwanzigstes Kapitel
Vorboten des Ruhms

Am 26.9.1814 treffen Hoffmann und seine Frau in Berlin ein. Schon am nächsten Abend gibt Hitzig zu Ehren des »Kapellmeister Kreisler« einen geselligen Empfang. Illustre Gäste haben sich zur Begrüßung des Verfassers der *Fantasiestücke,* die in Berlin großes Aufsehen erregen, eingefunden: Fouqué, Ludwig Tieck, Chamisso, Franz Horn und der Maler Philipp Veit.

Hoffmann, der zuletzt in Leipzig ein »Anachoretenleben« geführt hat, sieht sich plötzlich in den Mittelpunkt gesellschaftlicher Aufmerksamkeit gerückt. Das schmeichelt ihm, er spielt gerne die Rolle des skurrilen, witzigen und geistreichen Kreisler. Hoffmann hat diesen Abend in dem *Brief des Kapellmeisters Kreisler an den Baron Wallborn* (1815) geschildert. Auch Tieck erinnert sich später an dieses erste (und einzige) Zusammentreffen: »Hoffmann war eine merkwürdige Erscheinung, ein kleines unruhiges Männchen mit dem beweglichsten Mienenspiel und stechenden Augen. Er hatte etwas Unheimliches.«

Tieck und Veit verlassen wenig später Berlin, die anderen Gäste des Abends aber wollen Hoffmann in ihrer Mitte halten. Man trifft sich regelmäßig im Café Manderlee. Hitzig, Contessa, Chamisso und manchmal auch Fouqué sind dabei. So schnell ist man miteinander vertraut, daß schon am 13.1.1815 der Plan gefaßt wird, einen Roman »en quatre« zu schreiben, ein beliebtes Gesellschaftsspiel in den vom frühromantischen Ideal der »Sympoesie« beeinflußten Literatenzirkeln. Keiner der Autoren darf vom Plan des anderen wissen, und jeder muß das Kapitel des Vordermanns fortspinnen. Manche der dabei entstehenden Produkte sind sogar veröffentlicht worden. In Prag erscheint *Der Roman aus dem Stegreif,* von sechs jungen Leuten verfaßt, die anonym bleiben wollen. In Dresden schart Carl Maria von Weber einen Kreis um sich zur gemeinschaftlichen Abfassung eines Romans: Jedem wird ein Stichwort zugelost. Die Mode nimmt so überhand, daß Tieck sie in einer seiner *Straußfedergeschichten* parodiert (1797). Noch ein Jahr zuvor hatte er selbst aber mit seiner Schwester und seinem Schwager einen gemeinschaftlichen satirischen Roman auf die grassierenden Rittergeschichten schreiben wollen. Der vielversprechende Titel *Kuno von Kyburg nahm die Silberlocke des Enthaupteten und ward Zerstörer des heiligen Fehmgerichts, eine Kunde der Väter* stand schon fest, auch ein Verleger war gefunden; als der dann aber die parodistische Absicht merkte, platzte das Unternehmen.

Chamisso und Fouqué hatten auch schon einmal, 1807, mit Neumann und Varnhagen von Ense einen gemeinschaftlichen Roman verfaßt, *Die Versuche und Hindernisse Karls*, und damit sogar ein gewisses literarisches Aufsehen erregt. Es wird den Freunden nicht schwergefallen sein, Hoffmann, der die Spiele der Einbildungskraft zu schätzen wußte, für ein neuerliches gemeinschaftliches Romanprojekt zu gewinnen. Zunächst sind außer Hoffmann Contessa, Chamisso und Hitzig dabei. Der zuletzt Genannte springt dann aber ab und macht dem einfallsreicheren Fouqué Platz.

Der Roman des Freiherrn von Vieren nennen die Freunde ihr Vorhaben. Chamisso und Hoffmann, die beide in ihren jüngsten Werken das Thema des Doppelgängertums variiert hatten – Chamisso im *Peter Schlemihl* und Hoffmann in den *Elixieren* und den *Abenteuer der Sylvesternacht* – geben der gemeinschaftlichen Erzählung eine ähnliche, wenn auch parodistisch verspielte Richtung: Gleich mit zwei Doppelgängern wird der junge Held der Erzählung, der Maler Georg Haberland, konfrontiert. Er gerät in ein dichtes Gespinst von Intrigen, Verwechslungen, Liebesblicken. Auch Mord und Totschlag dürfen nicht fehlen.

Die Beiträge von Chamisso, Fouqué und Contessa haben sich erhalten; Hoffmann hat seinen Anteil später für die

Taschenbucherzählung *Die Doppelgänger* verwendet, wie er überhaupt recht bedenkenlos verfuhr mit allem, was ihm irgendwann einmal aus der Feder geflossen war. Den *Revierjäger* zum Beispiel, den er noch im Sommer 1814 für die *Fantasiestücke* schrieb und den Kunz seiner minderen Qualität wegen ablehnte, verwandte Hoffmann 1816 für die *Nachtstücke;* ähnlich verfuhr er mit der ebenfalls für die *Fantasiestücke* bestimmten anekdotischen Erzählung aus der Zeit der Belagerung Dresdens, *Die Erscheinung:* Diesen Text fügte er den *Serapionsbrüdern* ein. Als die Verleger sich um die schnellfertigen Arbeiten des Autors zu reißen begannen, hat Hoffmann ohne Bedenken eben alles zu verwerten versucht, was er jemals zu Papier gebracht hatte. Wäre er noch im Besitz seiner frühen Romanmanuskripte gewesen, vielleicht hätten sie auf diesem Wege doch noch das Licht der Öffentlichkeit erblickt.

Der Vierer-Roman wurde nicht vollendet. Sein Schicksal war besiegelt, als Chamisso, eine treibende Kraft des Ganzen, am 15.7. 1815 Berlin verließ, um als Naturforscher an einer mehrjährigen Weltumseglung teilzunehmen. Noch von Bord der »Rurik« aus ermahnt er die daheimgebliebenen »Confabulanten«, die gemeinsame Geschichte doch ja fortzuspinnen. Besonders Hoffmann, den er einen »König der Schnurrpfeifer« nennt, legt er die Weiterführung des Unternehmens ans Herz. Dieser aber verlor gerade wegen der Entfernung Chamissos, der ihm der Liebste in der Runde war, die Lust daran. Die freundschaftliche Geselligkeit indes blieb erhalten.

In einem noch erweiterten Kreis kam man regelmäßig zusammen, um tüchtig zu punschen, zu debattieren und sich wechselseitig aus angefangenen Werken vorzulesen. Der erweiterten Runde gehörten noch an Fritz von Pfuehl, ein schöngeistiger Offizier, der über seinen Bruder Ernst auch mit Kleist verkehrt hatte; der Theologe Johann Georg Seegemund, ein novalisierender Lyriker und Angehöriger des »Nordsternbundes« von 1807 (aus diesem Kreis waren die

Versuche und Hindernisse Karls hervorgegangen); vor allem aber Johann Ferdinand Koreff. Dieser war zusammen mit Hoffmann Mittelpunkt der Runde, die sich nach dem Datum ihrer ersten Zusammenkunft, am 12.10.1814, dem ›Seraphinentag‹, fortan »Seraphinenorden« nannte.

Koreff war ein weltläufiger Arzt; in Paris avancierte er als magnetisierende Koryphäe zum Liebling der mondänen Welt. Der Staatskanzler Hardenberg lernt ihn dort 1814 kennen und schätzen, nahm ihn als seinen Leibarzt mit nach Berlin, ernannte ihn zum Geheimen Oberregierungsrat und zum Universitätsprofessor. Koreff galt als mächtiger Mann am Hofe; man traute ihm jede Intrige zu; manche erinnerte er an jenen unseligen, obskurantistischen Bischoffwerder, der zwanzig Jahre zuvor sein Unwesen am preußischen Hofe getrieben hatte. Doch das Gerücht tat diesem Weltmann unrecht: Koreff verstand und betrieb den Magnetismus als strenge naturphilosophische und medizinische Disziplin; er war politisch liberal eingestellt, weshalb er auch in der Zeit der ›Demagogenverfolgung‹ die Gunst Hardenbergs verlor. Wie auch Hoffmann war er den »Nachtseiten« der Natur und des Lebens zugewandt und konnte auch andere damit faszinieren, aber hatte zugleich souveräne Vernunft genug, um über Scharlatanerie, Geheimnistuerei und die »wahnsinnige Lust am Wahnsinn« zu spotten. So war Koreff ein Mann nach dem Geschmack Hoffmanns, der ihn auch in den *Serapionsbrüdern* als Vincenz recht günstig porträtierte. Vincenz ist dort zuständig für die Geschichten des Grauens, die er aber mit lässiger Bonhommie aufzutischen pflegt.

Auch Koreff hatte 1807 dem »Nordsternbund« um Hitzig und Varnhagen von Ense angehört, seine polyglotte Karriere aber – er hatte zwischenzeitlich nicht nur in Paris, sondern auch in Wien, in der Schweiz und Italien praktiziert – entfremdete ihn den Freunden, die mit einem gewissen Neid seine glänzende Laufbahn verfolgten. Vielleicht hätte Koreff, 1815 nach Berlin zurückgekehrt, diesen alten Umgang gar nicht mehr erneuert, wenn der Kreis der ehemaligen

Freunde inzwischen nicht durch Hoffmann belebt worden wäre. Ihm jedenfalls schloß er sich eng an, zum Unwillen des im Sommer 1815 besuchsweise in Berlin weilenden Varnhagen, der überhaupt seinen Ärger über das am geselligen Himmel neu aufgegangene »Zentralgestirn« Hoffmann nur schlecht verbergen kann: »Er riß«, schreibt Varnhagen, »wohl Koreff... in seine Art hinüber, aber in den krampfhaften Sprüngen dieser Laune und in dem Lärm des meist groben Beifalls ging um so gewisser unser früherer Sinn und Ton völlig unter. Hoffmann... verlangte auch nicht zu herrschen, ... aber sein Humor war aufdringlich und beunruhigend.« Es wundert Varnhagen, »daß so viel Aufmerksamkeit und Eifer sich ihm zuwandte«.

So erfolgreich wie Hoffmanns Debüt im geselligen Leben Berlins war auch sein literarisches Auftreten. Hatten schon die ersten beiden Bände der *Fantasiestücke* Aufsehen erregt, nach dem Erscheinen des *Goldnen Topfs* (Ende 1814) wird Hoffmann zur prominenten, umworbenen Figur der literarischen Szene. Jetzt beginnen sich die Redakteure und Verleger der Frauentaschenbücher und Almanache, die nun »wie Pilze aus dem Boden wachsen« (Seegemund), bei Hoffmann zu melden. Die *Urania*, bei Brockhaus verlegt, möchte eine Erzählung. In wenigen Tagen des Februar 1815 schreibt Hoffmann *Die Fermate*. Während eines gemeinsamen Mittagessens läßt Hoffmann sich beschwatzen und tritt die Erzählung an Fouqués *Frauentaschenbuch* ab. Deshalb muß er für die *Urania* unter Zeitdruck etwas Neues produzieren: So entsteht, ebenfalls noch im Februar, *Der Artushof*.

Hoffmann nimmt die verlegerischen Angebote um so bereitwilliger an, als er sich zur Zeit in ernsten Geldnöten befindet. Er ist am Kammergericht angestellt, doch noch ohne Gehalt. Er erhält ein einmaliges Honorar von 200 Reichstalern, ein regelmäßiges Gehalt wird er erst ab April 1816 beziehen. Die Königsberger Erbschaft ist fast aufgezehrt, so muß ihm also die gut dotierte Taschenbuchproduktion gelegen kommen.

Erstaunlich aber ist, daß er dafür überhaupt Zeit findet, denn die Arbeitsbelastungen im Amt sind größer, als er es sich vorgestellt hatte. Er muß sich in die inzwischen vielfach abgeänderten neuen Rechtsvorschriften hineinfinden. Seine Briefe aus den ersten Monaten des Jahres 1815 sind voller Klagen über die Mühsal dieses neuen alten Geschäfts, das er aber doch überraschend schnell meistert. Hitzig, der nach einem Intermezzo als Verleger ebenfalls wieder in den Staatsdienst am Kammergericht zurückgekehrt ist, berichtet: »Man schien es erst nicht zu begreifen, daß der Mann, welcher noch vor kurzem die Battute im Orchester geführt, jetzt in dem ersten Kriminalgericht... seinen Platz vollständig ausfüllen, und die Feder, der die *Fantasiestücke in Callots Manier* entflossen, die regelrechtesten Relationen schreiben könne, und doch mußte selbst der Neid zugestehn, daß seine juristischen Arbeiten auch nicht eine Spur der schöngeisterischen Halbbildung an sich trugen, die Schwächlinge so gern überall durchblicken lassen, um zu zeigen, daß sie höher stehen als andere; sondern daß sie vielmehr, wie alles wahrhaft Gediegene, ganz einfach und schmucklos auftraten.«

Wenn Hoffmann trotzdem über die Amtsgeschäfte, die ihm doch offenbar so leicht von der Hand gehen, klagt, so deshalb, weil er befürchtet, daß er das Doppelengagement im Amt und in der Kunst auf die Dauer nicht durchhalten kann. Um keinen Preis aber will er seine künstlerischen Ambitionen aufgeben oder auch nur einschränken. In einem Brief an Hippel vom 12.3. 1815 schildert er seine »fatale Krisis«: »Von der Kunst kann ich nun einmal nicht mehr lassen, und hätte ich nicht für eine herzensliebe Frau zu sorgen und ihr nach dem, was sie mit mir ausstand, eine bequeme Lage zu bereiten, so würde ich lieber abermals den musikalischen Schulmeister machen, als mich in der juristischen Walkmühle trillen lassen!«

Die »Kunst« – das ist für den inzwischen avancierten Literaten Hoffmann immer noch primär die Musik, und sich ihr restlos zu verschreiben, daran hindert ihn also nur die Sorge um Mischa. Vom Freund Hippel erbittet er deshalb auch noch einmal Unterstützung beim Versuch, sich eine weniger arbeitsreiche Expedientenstelle im Büro Hardenberg zu verschaffen. Unzweideutig erklärt er, an einer juristischen Karriere kein Interesse zu haben, er würde auch die allgemein hoch angesehene Ratsstelle am Kammergericht nur als ein »Interimistikum« ansehen.

Seine Hoffnungen sind immer noch an die *Undine* geknüpft. Fouqué, der am Hofe ein und aus geht, soll, so schreibt er an Hippel, dort gute Stimmung für ihn machen, vielleicht wird es ihm dann gelingen, »in eine angenehme Künstlerlage versetzt (zu) werden, d. h. Theaterkomponist oder Kapellmeister (zu) werden«!

Aus der Expedientenstelle wird nichts, doch mit dem *Undine*-Vorhaben geht es jetzt voran. Am 5.8.1814, noch in Leipzig, war Hoffmann mit der Komposition der *Undine* fertig geworden. Sogleich nach seiner Ankunft in Berlin haben er und Fouqué die ›Taktik‹ ihres Bemühens, die Oper auf die Berliner Bühne zu bringen, festgelegt. Am 25.9.1814 war Iffland, der langjährige Direktor des Nationaltheaters, gestorben. Es galt als sicher, daß zum Nachfolger der Reichsgraf Carl von Brühl bestimmt werden würde. Ein »herrlicher wahrhaft nach *unserer* Weise gesinnter Mann«, sagt Hoffmann von ihm (28.9.1814) und rechnet auf eine »große Revolution« am Theater, »an der ich«, so schreibt er, »teilnehme, wenigstens mittelbar«.

Im Unterschied zu Iffland, dem, obwohl man ihn als Schauspieler bewunderte, immer noch der etwas herabsetzende Ruf eines ›Komödianten‹ anhing, war Brühl, der einer altadligen thüringischen Familie entstammte, ein Mann des Hofes und galt doch auch als ›Kavalier‹ der schönen Künste. Ein Schöngeist, der dem Rittertum der Fouquéschen Romane hätte entsprungen sein können. Ursprünglich hatte Brühl Forstwissenschaften studiert, war als junger Mensch der Berliner Singakademie beigetreten, in deren Orchester er

Violine und Waldhorn spielte. In Weimar wirkte er am Theater mit; Goethe, auch sonst sehr wohlwollend gegenüber adligem Kunstenthusiasmus, wurde auf den schauspielernden Reichsgrafen aufmerksam und schrieb ihm in einem seiner Festspiele eine Rolle auf den Leib. In Weimar erreichte ihn der Antrag, Kammerherr beim Prinzen Heinrich von Preußen zu werden. Er nahm an, und nach dem Tode des Prinzen bekleidete er dasselbe Amt bei der Königin Luise, die den stattlichen Mann in ihr Herz geschlossen zu haben scheint. Jedenfalls setzte sie sich 1809 dafür ein, daß er zum Nachfolger des verstorbenen Opernintendanten Freiherrn von Reck eingesetzt werde. Daraus wurde aber nichts, man gab dem Theaterleiter Iffland auch an der Oper den Vorzug – so entrichtete man in der Zeit der ›preußischen Erneuerung‹ den Tribut an den bürgerlichen Geschmack. Für Brühl war das Theater eine Bildungsanstalt im idealen Sinne der Weimarer Klassik. Er zog deshalb auch den Weimarer Schauspieler Pius Alexander Wolf und seine Gattin nach Berlin, die beide für ihre Kunst, Goethesche Verse zu sprechen, berühmt waren. Goethe ließ sie deshalb auch nicht gerne ziehen.

Brühl ging auch der Ruf voraus, ein Freund der deutschen Oper zu sein. Man erwartete auch von ihm, daß er mit dem Ifflandschen Moralismus und Bürger-Naturalismus brechen und dem Wunderbaren, Phantastischen und Historisierenden mehr Raum geben werde. Hoffmann und Fouqué konnten sich also gute Chancen für ihr Opernmärchen *Undine* ausrechnen. So warten die beiden die offizielle Ernennung Brühls zum Generalintendanten ab. Sie erfolgt am 14.2. 1815. Bereits am nächsten Tag verfaßt Fouqué ein Schreiben an Brühl, in dem es heißt: »Es war mein Wunsch..., Ihnen meine Freude auszusprechen über die Hoffnungen, welche uns allen, die wir die Kunst ehren und üben, aufgehn, indem Sie sich der Lenkung unsrer Berliner Schauspiele annehmen... Zugleich komme ich mit einem Antrage. Ich übergebe Ihnen das beikommende Manuskript (das Libretto der

Undine. R. S.) zur Prüfung, ob es sich nicht für eine Darstellung auf der Bühne unsrer Residenz eignen möchte, mit veranlaßt zu diesem Schritt durch den Wunsch unserer Königlichen Prinzen und Prinzessinnen, die sich freuten zu vernehmen, ich habe meine *Undine* als Oper bearbeitet. Eine überaus treffliche Komposition dazu verdanke ich dem genialen Hoffmann, Verfasser der *Fantasiestücke in Callots Manier,* und ehemals Kapellmeister.« Diesem Schreiben legt Hoffmann sein eigenes bei, das im Tone um einiges bescheidener ausfällt: »Möchte es mir gelungen sein, den Geist der Tiefe und Anmut der in dem herrlichen Gedichte überall hervorleuchtet, in der Musik recht aufgefaßt zu haben, denn so könnte ich vielleicht erwarten, daß Ew. Hochgeboren das Werk, das wenigstens rücksichts des Gedichts sich so sehr über das Gewöhnliche erhebt, einiger Aufmerksamkeit würdig achten werden.«

Hoffmann kann in diesem Brief die Partitur nicht beilegen, weil er ihre Reinschrift noch nicht beendet hat. Er setzt also auf Fouqués Beliebtheit bei Hofe und auf seinen eigenen neu erworbenen Namen als Schriftsteller. Der »Verfasser der *Fantasiestücke*« muß für den Komponisten einstehen.

Fast drei Monate müssen Fouqué und Hoffmann warten, bis Brühl auf das Angebot eingeht. Doch Gerüchte dringen schon vorher durch. Der Text der Oper habe »eine *durchgreifende Sensation* erregt«, berichtet Hoffmann dem auf den Gütern seines Schwiegervaters in Nennhausen weilenden Fouqué am 8. 5. 1815. »Ohne meine Komp(osition) zu kennen, ist die Aufführung beschlossen, und zwar soll sie mit allem nötigen Aufwande, mit neuen Dekorationen usw. gegeben werden.«

Dieses Gerücht trügt nicht. Ende Mai 1815 läßt Brühl Hoffmann auf dem Klavier aus der Partitur vorspielen. Der Generalintendant ist nicht besonders aufmerksam. Während des Vorspiels wird er einigemale herausgerufen, worüber sich Hoffmann später bei Fouqué beklagt, den gedämpften Eindruck, den die Musik auf Brühl gemacht zu haben scheint, entschuldigend. Doch trotzdem: In einem Brief an Fouqué vom 27.5.1815 verspricht Brühl eine Aufführung der Oper für den kommenden Winter. Er lobt das Libretto, über die Musik urteilt er zurückhaltender. Im Briefkonzept hatte er Hoffmanns Komposition eine »geistvolle kräftige und echt geniale« genannt; das »echt geniale« läßt er dann weg; aus »schön und vorzüglich« wird nur »schön«. Ihm ist die Musik zu schwer, zu anspruchsvoll, ihn stört der »heroische Stil«. Der Komponist tue des Guten zuviel, gerade als Debütant müsse er es dem Publikum leichter machen; ein wenig »verzuckert«, »hell«, »klar« und »freundlich« solle die Musik sein. Die Kontraste seien nicht scharf genug gewählt.

Natürlich ärgert sich Hoffmann über die schulmeisterliche Art der Beurteilung. »Etwas komisch kommt es mir vor«, schreibt er am 29.5.1815 an Fouqué, »daß Brühl mich für einen angehenden Dilettanten zu nehmen scheint und vorzüglich mir die Kenntnis des Effekts nicht zutraut!« Doch er hält seinen Ärger zurück, denn vor allem muß er Fouqué, von dem er weiß, daß er kein selbständiges musikalisches Urteil besitzt, beruhigen. Fouqué solle sich durch Brühls Bewertung nicht beirren lassen, schreibt Hoffmann, Hauptsache, die Oper werde gegeben; die Musik werde schon noch gefallen, wenn sie erst mit Orchester und Gesang erklinge.

Allerdings urteilt Brühl so zurückhaltend über die Musik, weil ihn dieses Opernsujet insgesamt so sehr beeindruckt hatte, daß er eine ins Große gehende Aufführung plante, eine Prunkinszenierung mit viel dekorativem Aufwand, eine »Haupt- und Staatsoper«, vielleicht sogar im Großen Opernhaus, das lange Zeit nur der italienischen Oper vorbehalten geblieben war. Und da Brühl Hoffmann tatsächlich für einen Dilettanten hielt, übertrug er seine eigene Unsicherheit in der Beurteilung der Musik auf die Komposition und glaubte, einem angeblich unerfahrenen Komponisten Verbesserungsvorschläge unterbreiten zu müssen, um die

Musik auf das Niveau der grandiosen Inszenierungspläne zu heben.

Nachdem nun die Oper angenommen ist, tritt Hoffmann gegenüber Brühl selbstbewußter auf, so selbstbewußt, daß der von Standesdünkel nicht freie Baron Fouqué fürchtet, Brühl könnte vor »Hoffmanns satyrischem Wesen ein wenig scheu werden« und Hoffmann könnte seine »starre, vielleicht mit höflichem Bürgerhochmut versetzte Künstlerlaune« auf eine »allzu herbe Weise« zeigen. Diese Befürchtung war nicht ganz unberechtigt: Am 5.8. bittet Hoffmann darum, »rücksichts der Dekorationen und Maschinerie« – womit Schinkel beauftragt worden war – zu Rate gezogen zu werden. In einem freundlichen Brief geht Brühl darauf ein, bittet geradezu um Hoffmanns Rat in Fragen der Inszenierung und trägt Hoffmann außerdem die Mitarbeit an dem neu gegründeten *Dramaturgischen Wochenblatt* an. Tatsächlich aber scheint Brühl über Hoffmanns Initiative nicht sonderlich erbaut gewesen zu sein. In einem Brief an Miltiz berichtet Fouqué, der als Freund der königlichen Familie auch noch auf ›höherer‹ Ebene mit Brühl verkehrte und der es darum wissen mußte, der Generalintendant sei von der Aussicht beunruhigt gewesen, »dieser ehemalige Theaterdirektor könne zu anmaßend eingreifen wollen«.

Brühl hatte eine Aufführung der Oper für den Winter 1815/16, für die herkömmliche Opernsaison des Karnevals also, versprochen. Dieser Termin kann aber nicht eingehalten werden, und zwar einfach deshalb nicht, weil Hoffmann die Reinschrift der Partitur immer noch nicht abgeschlossen hat. Allerdings hat Brühl auch nicht gedrängt, vielleicht war es ihm letztlich doch lieber, sein Intendantendebüt zunächst mit bewährten, des Erfolges beim Publikum gewissen Opern zu bestreiten. Auf dem Programm stehen Spontini, Sacchini, Mozart, Catel, Paer. Immerhin aber wagt sich Brühl an eine Aufführung der umstrittenen Beethoven-Oper *Fidelio*. Im Oktober 1815 wird die Oper zweimal gegeben, Hoffmann hatte Härtel eine Rezension für die *Allgemeine*

Musikalische Zeitung versprochen, er kommt aber nicht dazu, wie er überhaupt nun seine Mitarbeit an der *Zeitung* für einige Jahre ruhen läßt. Sein letzter Beitrag waren die *Briefe über Tonkunst in Berlin* (Dezember 1814); geplant war eine laufende Berichterstattung. Es erschien jedoch nur der erste Brief.

Hoffmann ist mit Arbeit überhäuft, im Amt, für die Taschenbuchproduktion. Da er für den ersten Band der *Elixiere* einen Verleger gefunden hat, muß er im Sommer 1815 nun schleunigst den zweiten Band nachliefern. Er hat also Gründe genug, die Reinschrift der *Undine* hinauszuschieben; doch wäre ihm wirklich an einer möglichst frühzeitigen Aufführung der Oper gelegen gewesen, dann hätte er, koste es was es wolle, die Arbeit an der Partitur vorgezogen. Die Verspätung mutet deshalb wie ein eigenartiges Zögern, Zurückhalten an. Von seinem Kreisler hat Hoffmann erzählt, daß er seine Partituren nach den Stunden des begeisterten Komponierens verbrannt habe. Ganz so schlimm trieb es Hoffmann nicht. Aber nun, da die Aufführung in greifbarer Nähe ist, scheint er doch vor dem letzten Schritt der Fertigstellung zurückzuschrecken. Eine Aufführung seiner *Undine* in Berlin – das war über Jahre hin sein großer Traum. Er hat sie erwartet als Stunde der Wahrheit. Jetzt ist die Stunde da, jetzt muß sich alles entscheiden, da verschafft sich Hoffmann noch einmal, beängstigt durch den eigenen Erwartungsdruck, einen Aufschub.

Ende 1815 endlich ringt er sich durch und macht sich an die Reinschrift. Er will bis zum 26.1.1816 damit fertig werden. An diesem Tag feiert er seinen vierzigsten Geburtstag (in Wirklichkeit allerdings ist er am 24. Januar geboren). Vor einiger Zeit hatte er an Hitzig geschrieben: »Nach einer besondern Meinung, die, ich weiß nicht wie, sich im Innern erzeugt, und die zuweilen mein innerer Poet ordentlich in allerlei besonde(rn) Tönen und Melodien kantatenmäßig absingt..., soll all mein Lebensglück so wie auch mein rechter Verstand erst nach meinem vierzigsten Jahre anheben!« (2.9.1814) An seinem vierzigsten Geburtstag also legt er letzte Hand an *Undine*, die ihm das Tor zum »Lebensglück« aufstoßen soll. Am 29.1.1816 übersendet Hoffmann die *Undine*-Reinschrift des zweiten und dritten Aktes an Brühl. Nun können und müssen die Dinge ihren Lauf nehmen.

Einundzwanzigstes Kapitel
Undine – und kein Ende

Den Aufschub hatte Hoffmann, der seinem Kreisler eine gewissermaßen nüchterne Realitätstüchtigkeit voraus hatte, nicht ungenutzt gelassen. Anfang Oktober 1815 weilt Hoffmann für eine Woche zu Besuch bei Fouqué in Nennhausen. Auch Hitzig ist mit von der Partie. Die Baronin, die sonst mit ihrem Gatten in der Produktion schnellfertiger und dickleibiger Romane wetteifert, legt die Feder beiseite und widmet sich der Bewirtung der Gäste. »Sie ist als Hausfrau besser als sich literarisch drucken lassend«, schreibt Hoffmann (23.12.1815), der den schreibenden Frauen nicht sonderlich gewogen war. Fouqués Schwiegervater, der alte Baron von Briest – diese Sippe hat sich Fontane zum Muster genommen – sorgt für die nötige Gemütlichkeit: Er spendet zum »Damentee« eine »Pfeife Varinaknaster«, ein besonderer Genuß, denn der Tabak ist in Berlin herzlich schlecht, weshalb Hoffmann sich gewöhnlich seine Ration vom Verleger Härtel aus Leipzig schicken ließ.

In diesen Tagen trifft eine Stafette vom Grafen Brühl ein: Fouqué soll zur Säkularfeier des Hohenzollernhauses einen szenischen Prolog dichten, die Musik dazu werde man sich aus der musikalischen Reservatenkammer besorgen. Fouqué, stets zum Ruhm auf die Hohenzollern aufgelegt, läßt sich nicht lange bitten, schon hat er eine Idee: »Ich wählte den Urahn des königlichen Hauses, Thassilo, zum Gegenstand, eine Vision der Herrlichkeit seiner Nachkommen ihm vorführend... Einige Chöre sollten eingeflochten werden nach bekannter Sangweise. Aber gegen das Letztere opponierte Hoffmann. ›Dichten Sie frei!‹ sprach er. ›Ich mag Sie nicht so eingeschnürt wissen in so hundert- oder tausendfach abgeleierte Melodien. Für die musikalische Komposition sorge dann ich... Als ich den Anfangschor meinem verbündeten Freunde am Abend überliefert hatte, fand ich ihn morgens darauf singend in seinem Schlafzimmer auf- und abschreiten. Im leichten Nachtkamisol und Nankingpantalons, eine weiße Schlafmütze schräg auf den Kopf gestülpt, zur Hand einen hochgeschwungenen mächtigen Stab, womit in dem altertümlichen Landsitze die Fensterladen gegen nächtliche Einbrüche verwahrt wurden, die bereits rüstige Schreibfeder schräg auf die Mütze gesteckt, sang die kleine elfenähnliche Gestalt die Anfangsworte des ersten Waffenreigens aus meiner Dichtung.«

Die Komposition muß Hoffmann gut gelungen sein. Die *Vossische Zeitung,* die nicht jedes Ereignis zu rühmen pflegte, das mit dem Hause Hohenzollern zusammenhing, lobte das am 22. 1. 1815 aufgeführte Stück, »welches begleitet und gehoben von der genialischen Musik, – der Arbeit des schon als Schriftsteller rühmlich bekannten hiesigen Regierungsrats, Hr. Hoffmann – einen großen Eindruck macht«.

Die für Hoffmann erfreuliche Folge dieses Erfolgs ist, daß Brühl, der die *Undine*-Komposition ja immer noch nicht in Gänze kennt, eine beträchtlich bessere Meinung von der musikalischen Kunst Hoffmanns bekommt. Er will das Stück und die Musik sogar ins feste Repertoire übernehmen. So kann denn Hoffmann am 23. 12. 1815 an Kunz schreiben: »Die Vorstellung der *Undine* ist durch meine Schuld verzögert... Diese Zögerung bringt mir aber mehr Vorteil als Schaden, da ich mich unter der Zeit künstlerisch fester gesetzt, auch schon in einer kleinen Komposition auf dem Theater reüssiert habe.«

Hoffmann versucht, mit dem Kapellmeister Bernhard Anselm Weber, den er im *Ritter Gluck* ja so heftig kritisiert hatte, ein besseres Auskommen zu finden, da er dessen Wohlwollen für die *Undine*-Aufführung braucht. »Mit Weber«, berichtet er Kunz, »stehe ich sehr gut, wir trinken zuweilen ein Gläschen Johannisberger Schloßwein!« (23. 12. 1815)

Nach der Übersendung der Reinschrift an Brühl am 29. 1. 1816 hat es Hoffmann jetzt sehr eilig. Der selbstgewählte Aufschub ist vorbei, nun soll die Oper möglichst schon im Frühjahr auf die Bühne kommen. Er gibt Brühl Hinweise, wie die Probearbeiten zu beschleunigen seien, und macht Besetzungsvorschläge. Für die Titelrolle wünscht er sich die erst 18jährige Johanna Eunike, deren Stern am Opernhimmel damals gerade aufgeht. Johanna – sie war eine Tochter des Berliner Sängerehepaars Eunike – hatte ihren Durchbruch als Zerline in Mozarts *Don Giovanni* erlebt. Schnell wird das Mädchen mit der ausdrucksstarken Stimme zum Liebling des Opernpublikums. Es kommen sogar schon Leute von außerhalb, nur um die Sängerin zu hören und zu sehen. In manchen Cafés hängt bereits ihr Bildnis. Wenn die Eunike einmal krank ist, so spricht man darüber in den Salons. Unter den Linden gibt es kleinere Aufläufe, wenn Johanna sich sehen läßt. Heine nennt sie die »Nachtigall von Berlin« und will ihr einmal im Tiergarten begegnet sein. Seine Befangenheit soll noch den nächsten Tag angedauert haben.

Johanna wird die Undine singen, und es wird ihre Glanzrolle werden. Hoffmann wird ihr dafür bis an sein Lebensende dankbar sein; ein wenig hat er sich wohl auch in sie verliebt, nicht mehr so stürmisch wie zu Julias Zeiten, dafür mit einer gewissen Wehmut, die aus der Resignation kommt, denn er weiß, daß es mit der großen Liebe nun doch wohl vorbei ist. So wird er in den nächsten Jahren die Figuren seiner Erzählungen vorschicken, die sollen bei Johanna werben und ihr die Gefühle des Autors vortragen, manchmal ein wenig ironisch gebrochen. Das fremde Kind aus dem gleichnamigen Märchen will ihm, so schreibt er ihr im November 1817, ins Ohr geflüstert haben, »daß es gar nicht die Zeit erwarten könne, zu dem herzlieben Undinchen zu kommen, mit dem es sonst recht oft, gar anmutig und wunderbar gespielt«! Am 21.1.1819 schickt er ihr seine *Sechs italienischen Duettinen*, die er in Bamberg für Julia komponiert hatte und die soeben im Druck erschienen sind. Er gibt dem Geschenk eine beziehungsreiche Widmung: »Eigentlich sind diese Duettinen schon vor neun Jahren komponiert in einer schöneren Künstlerzeit..., aber erst in diesem Augenblick... ans Licht der Welt getreten, wie Sie aus der Nässe des Papiers, die ich nicht vergossenen Tränen zuzuschreiben bitte, vermerken werden. Der Inhalt ist ganz entsetzlich, ordentlich bis zur Angst zärtlich – lauter Liebesweh – Not und Jammer! – Singen Sie die Duettinen mit Papachen, so hat das weiter nichts zu bedeuten.« Noch auf dem Sterbelager ist er in Gedanken bei ihr, bei seiner Undine. Am 1.5. 1822 diktiert er: »Johanna! ich sehe Ihren freundlichen Blick, ich höre Ihre süße liebliche Stimme: Ja, oft lispelt mir in schlaflosen Nächten entgegen: Morgen so hell...«

Der Johanna Eunike ist es später fast ebenso ergangen wie der Antonie im *Rat Krespel*. Ein Stimmbandleiden zwingt sie 1825, ihre Gesangskarriere aufzugeben, worüber ganz Berlin trauerte. Anders als Antonie jedoch bleibt Johanna für die Tröstungen der bürgerlichen Ehe empfänglich: 1826 heiratet sie den Maler Franz Krüger.

Für die Rolle des Kühleborn schlägt Hoffmann den Bassisten Joseph Fischer vor, auch einer der Stars am Berliner Nationaltheater. Das *Dramaturgische Wochenblatt* sagt von ihm, daß er »zu den ersten jetzt lebenden Sängern gehört, daß er eine Zierde unserer Oper ist«. Hoffmann hielt große Stücke auf diesen Sänger, der ihn aber in der Folgezeit sehr enttäuschen wird. Zunächst verlangt Fischer eine zusätzliche Arie, um sich besser zeigen zu können. Als Hoffmann endlich zähneknirschend bereit ist, diesem Ansinnen Genüge zu tun, erfährt er, daß Fischer mit der Bemerkung, daß »unsangbar sei, was der Herr Kammergerichtsrat dem Sänger in Noten vorlege«, die Partie zurückgegeben habe. Hoffmann ist empört. Er wird sich rächen.

Als Fischer im Februar 1818 im *Gesellschafter* einen Artikel erscheinen läßt, in welchem das Publikum wegen mangelnden Beifallspendens getadelt wird, und daraus eine heftige Pressekampagne für und wider Fischer entbrennt, veröffentlicht Hoffmann im *Freimüthigen* eine satirische Glosse, die mit den Eitelkeiten Fischers abrechnet. Hoffmann lädt darin seinen ganzen Groll ab über ein Virtuosentum, das vom Komponisten anmaßend ›schöne Stellen‹ verlangt und vom Publikum Bewunderung nicht fürs Werk, sondern ausschließlich für die eigene Darstellungskunst fordert. »Wer würde wohl so boshaft sein«, schreibt Hoffmann, »den alle Kunst aus dem lauten Beifall schöpfenden Mimen dem Seiltänzer an die Seite zu stellen, der, je mehr er beklatscht wird, desto höhere Sprünge verführt.« Zum Ende seines Pasquills hat Hoffmann noch einen Vorschlag parat: »Erlaube, herziges Gemüt! daß wir uns in Rotten teilen und so nach Art eines wohl unterhaltenen Pelotonfeuers ein unaufhörliches Klatschen dir, teurer Mime, bereiten!«

Am 18. 3. 1818 kommt es zum Skandal. Fischer wird bei einem Wohltätigkeitskonzert, das eigens zur Versöhnung des Sängers mit dem Publikum gegeben wird, ausgepfiffen. Lautstark fordert man den Sänger auf, seine ›Publikumsbeschimpfung‹ zurückzunehmen. Man ist um so mehr erbost, weil bekannt ist, daß Fischer zu den höchstdotierten Sängern am Theater gehört. Einige Male setzt Fischer zum Gesang an, doch alles geht im Tosen unter. Gubitz, der Herausgeber des *Gesellschafters* und Chef der Berliner Gerüchteküche, sieht in Hoffmann den Drahtzieher des Skandals, er vermutet, daß dieser sich »mit dem Schwarm seines Anhanges im Weinhause bei Lutter und Wegener... feierlichst verbündet hätte«, Fischer von der Bühne zu treiben. Wie dem auch sei, Hoffmann wird es jedenfalls mit Genugtuung erfüllt haben, als Fischer nach diesem Skandal die Stadt verläßt.

Noch in die Zeit der Vorbereitung der *Undine*-Aufführung fällt eine für Hoffmann höchst unangenehme Entscheidung. Der als Solocellist berühmte und auch von Hoffmann bewunderte Bernhard Rombach – Hoffmann rühmt sein Spiel in den *Briefen über Tonkunst in Berlin* – wird von Brühl im Frühjahr 1816 zum Kapellmeister am Nationaltheater berufen. Gerade auf diese schon über Monate vakante Stelle hatte Hoffmann für die Zeit nach einer erfolgreichen *Undine*-Aufführung spekuliert. Damit ist es nun vorbei. Hoffmann sieht keine Chancen mehr – wenigstens in Berlin –, sich hauptberuflich als Musiker etablieren zu können. Gleichzeitig wird er allerdings von anderer Seite ins Geschirr genommen: Im April 1816 erfolgt seine ›Verbeamtung‹ am Kammergericht, regelmäßige Besoldung (zunächst tausend Reichstaler pro Jahr) und Pensionsansprüche sind ihm sicher. Bei der *Undine*-Uraufführung wird es dann also ein wirklicher Kammergerichtsrat sein, den das Premierenpublikum herausruft.

Mittlerweile ist die Kunde von der baldigen Uraufführung der Oper weit über Berlin hinausgedrungen. In Leipzig stimuliert Rochlitz in der *Allgemeinen Musikalischen Zeitung* die Neugier, in Dresden ist es kein anderer als Carl Maria von Weber. Dieser weilte im Juni 1816 in Berlin, wo er, wie er in einem Brief an seine Braut schreibt, »die sehr interessante Bekanntschaft Hoffmanns« macht. »Es ist wahr«, so berichtet er weiter, »daß aus diesem Gesicht ein wahrhaft kleines Teufelchen heraussieht.« Wenig später wird er dann Hoffmann als seinen besten Freund in Berlin bezeichnen. Er verspricht ihm eine große Rezension der *Undine*. Er wird das Versprechen halten und damit einiges für Hoffmanns Renommee als Komponist tun.

Die Uraufführung der *Undine* findet am 3.8.1816, am Geburtstag des Königs, statt. Dem Ereignis wird dadurch noch zusätzlich Bedeutung und Aufmerksamkeit zuteil.

»Noch sehe ich ihn (Hoffmann. R. S.) vor mir am Mittag vor der ersten Aufführung unserer Undine«, erinnert sich Fouqué, »wo wir bei unserem Freunde Hitzig zusammengetroffen waren, um uns dann gemeinschaftlich in das Schauspielhaus zu verfügen. Wir standen... auf dem Sprunge, das Pulsieren, wie es wohl allen, auch sonst gefaßten und begründeten Dichtern und Tonkünstlern vor solch einem Momente durch Sinn und Seele zieht, in allen Adern spürend... Nun geschah es, daß eine geistreiche und schöne Frau nach Tisch unmittelbar vor demselben Augenblick eintrat, wo Hoffmann und Fouqué in einer gemeinschaftlichen Berliner Droschke nach dem Theater abzufahren gedachten.... Dabei begab es sich, daß Hoffmann mit seiner auffallend kleinen Statur jener hohen Gestalt gerade gegenüberstand, bereits marschfertig, den Regenschirm in der Rechten, in vollständig senkrechter Positur, und, gleichsam um sich... anzupfählen, sich mit weit ausgestrecktem Arm an selbigem Regenschirm stramm festhielt. Es war dieselbe Stellung, welche ehedem preußische Infanterie-Offiziere... *en parade* reglementsmäßig anzunehmen hatten.« Das ist Hoffmann: Nur Stunden vor dem großen Ereignis hat er noch Laune, eine Dame, die ihm wohl etwas hölzern vorgekommen sein muß (vielleicht hat sie ihn auch an die *Sandmann*-Olimpia erinnert!), zu »vexieren« – so pflegte er solche gestische Satire zu bezeichnen.

Die Aufführung wird ein Erfolg. In einem Brief an Brühl spricht Hoffmann sogar von einer »Sensation« (9. 8. 1816) – das allerdings ist übertrieben, oder trifft nur auf die Schinkelschen Dekorationen zu. Denn diese werden in den zeitgenössischen Rezensionen überschwenglich gerühmt. Noch Jahrzehnte später erinnert sich Ludwig Rellstab: »So lieferte er (Schinkel. R. S.) die Dekorationszeichnungen zu Fouqués durch E. T. A. Hoffmann komponierten Oper *Undine*, die dadurch einen malerischen theatralischen Reiz gewann, der allen, die Zeuge davon gewesen, noch heute unvergeßlich ist. An Schönheit, an phantastischem Reiz hat die Bühne, soweit wir sie kennen, noch heute nichts Ähnliches für das Auge geleistet.«

Die Kostümschneider hatten nach Vorlagen altdeutscher Maler, besonders Holbein und Cranach, gearbeitet. Brühl achtete geradezu pedantisch auf Detailgenauigkeit. Man scheute auch keine Kosten. Schon allein dieser Aufwand kam einer kleinen Revolution gleich. Denn bisher hatte man sich fast nach Belieben aus der Reservatenkammer des Theaters bedient: Othello als preußischer Gardeoffizier und Jago in römischer Toga, das konnte schon einmal vorkommen, mußten doch die Schauspieler, von einer kärglichen Kostümpauschale unterstützt, in der Regel für ihre Garderobe selber sorgen.

Die Bühnenbildner arbeiteten mit den neuesten Tricks der Raumillusion. Vorn eine Anhöhe mit Wäldern, die rauschen, in der Raumtiefe ein Schloß, eine bewegte See, Wind, Sonnenaufgänge, bleiches Mondlicht, Gewitter, Stimmen aus der Höhe und aus der Tiefe; dann der Platz einer alten Reichsstadt, Glockengeläut und Gassen, ein magischer Raum beim Schlußbild. Undine, nach Huldbrands Liebesverrat, ins Wasser zurückgekehrt, schwebt; ein Nebelgewölk verhüllt sie, in verfließenden Umrissen erkennt man ein Portal aus Muscheln, Algen und Korallen, Undine darunter, Huldbrand ihr zu Füßen, tot aber vom Wasser sacht bewegt, darüber riesengroß und schattenhaft die Gestalt des Wassergeistes Kühleborn.

Hoffmanns Musik gefällt, doch bleibt sie nicht unumstritten; ein Rezensent beklagt die Häufigkeit der »chromatischen Gänge«; ein anderer wünscht sich mehr Tenorpartien, alles sei zu düster gehalten, der Komponist hätte die Celli und Bratschen etwas zurücknehmen sollen; manche vermissen eingängige Melodien, ›schöne Stellen‹. Doch einer, dessen Urteil schwer wiegt, ist voll des Lobes: Carl Maria von Weber. »Das ganze Werk«, so schreibt er im Januar 1817 in der *Allgemeinen Musikalischen Zeitung*, »ist eines der geistvollsten, das uns die neuere Zeit geschenkt hat«; die Oper sei aus »einem Guß«, es gebe darin keine einzige Stelle, »die ihn nur einen Augenblick dem magischen Bilderkreise, den der Tondichter in seiner Seele hervorrief, entrückt hätte... Mit einer seltenen Entsagung, deren Größe nur derjenige ganz zu würdigen versteht, der weiß, was es heißt, die Glorie des momentanen Beifalls zu opfern, hat Hr. Hoffmann es verschmähet, einzelne Tonstücke auf Unkosten der übrigen zu bereichern.« Weber ergreift in der Rezension die Gelegenheit, sich grundsätzlich über seiner Meinung nach verfehlte Bestrebungen des herrschenden Musikbetriebes auszusprechen. »Niedergedrückt von den Greueln des Krieges, vertraut geworden mit allem Elende, sucht man nur Erheiterung in den gröblichst aufreizenden Kunstlüsten; ... zufrieden, durch triviale Späße und Melodien gekitzelt worden zu sein oder geblendet durch Maschinen-Unfug ohne Zweck und Sinn. Gewohnt im täglichen Leben frappiert zu werden, tat auch hier nur das Frappante Wirkung.« Auf diesem Hintergrund lobt Weber Hoffmanns kompositorische Disziplin, die sich nicht zum Feuerwerk der Effekte verleiten läßt.

Für den Komponisten Hoffmann mag das gelten, als Schriftsteller allerdings hat er bei seiner in diesen Jahren mächtig anschwellenden Taschenbuchproduktion »das Frappante« und die »gröblichst aufreizenden Kunstlüste« durchaus nicht gescheut.

Beim breiten Publikum erfreut sich *Undine* in der Folgezeit wachsender Beliebtheit. Die Vorstellungen sind stets ausverkauft. In Prag und Wien erwägt man ebenfalls eine Aufführung. In Wien wird nichts daraus, das Hoftheater steht wieder einmal vor dem Bankrott; allerdings kommt doch 1817 eine *Undine* auf die dortige Bühne: ein Plagiat, Aloys Gleich hat den Text, und Ignaz von Seyfried die Musik dazu geschrieben. Prag erwirbt von Hoffmann die Partitur, aber erst 1821 wird die Oper dort gegeben; Holbein hatte sich dafür eingesetzt. Nach einem Bericht der *Allgemeinen Musikalischen Zeitung* soll sie den Pragern »total mißfallen« haben.

Um nicht selbst mit auswärtigen Opernhäusern verhandeln zu müssen, bietet Hoffmann dem Nationaltheater gegen eine entsprechende Dotierung die Verkaufsrechte der Partitur an. »Es ist vorauszusehen«, schreibt er an Brühl, »daß *Undine* wohl auf alle bedeutenderen Bühnen Deutschlands kommen dürfte, und so würde die Theaterkasse, wenn sie sich ein für allemal mit mir abfände und dann für ihre eigene Rechnung die Oper weiter verkaufte, keinen Schaden leiden« (7.11.1816). Brühl geht auf das Angebot nicht ein, im Theateretat sei dafür kein Posten vorgesehen, schreibt er; er verschweigt, daß er die Aussicht des Weiterverkaufs der Oper als nicht so glänzend ansieht wie Hoffmann. Tatsächlich werden auch außer Prag und Wien keine »bedeutenderen Bühnen« sich um die *Undine* bemühen.

Bis zum Sommer 1817 erlebt die Oper vierzehn Aufführungen. Das ist nach damaligen Maßstäben viel. Brühl will die Oper auch weiterhin im Repertoire halten. Am 27.7.1817 wird es dennoch die letzte Vorstellung sein, denn zwei Tage später steht das Schauspielhaus in Flammen und brennt bis auf die Grundmauern nieder. Auch der bei den Berlinern inzwischen sprichwörtlich gewordene Schinkelsche Dekorationszauber der *Undine* wird ein Raub der Flammen. Hoffmann, der dem Schauspielhaus gegenüber wohnte, mußte das mitansehen. Der schwedische Romantiker Per Daniel Atterbom, der in diesem Sommer gerade Berlin besuchte, hat ihn bei dieser Gelegenheit beobachten können: »Einmal wurde er (Hoffmann. R.S.) mir von ferne gezeigt; es war an dem Abende, da mitten im Sommer das neue Schauspielhaus abbrannte, bloß zwei Tage später, nachdem ich noch die von ihm ebenso romantisch komponierte wie von seinem Freunde Fouqué romantisch gedichtete Oper *Undine* dort hatte aufführen sehen. Er hatte sich aus dem Fenster seiner am Gendarmenmarkt gelegenen Wohnung gelehnt, und der Feuerschein beleuchtete das kleine magere Antlitz, unter dessen Larve in jenem Augenblick gewiß einige Dutzend Wunder und Märchen spukten. Es war Abend, und das riesige, nun an allen Enden in Flammen stehende Gebäude, welches schon seit der Mittagsstunde ein Raub der Flammen war, glich im Halbdunkel mit seinem stehengebliebenen Gerippe und dessen vielen leuchtenden Fensteröffnungen einem königlichen Salamanderpalast.«

Wie Hoffmann selbst den Brand erlebt hat, schildert er Hippel. »So melde ich Dir«, schreibt er am 15.12.1817, »daß ich mich in der augenscheinlichsten Gefahr befand, aufs neue ganz ruiniert zu werden. Das Dach des Hauses, in dem ich im zweiten Stock wohne (Tauben und Charlottenstraßenecke), brannte bereits von der entsetzlichen Glut, die das ungeheure brennende Bohlendach des Theaters verbreitete, und nur der Gewalt von drei wohldirigierten Schlauchspritzen gelang es, das Feuer zu löschen und das Haus, so wie wohl das ganze Viertel zu retten. Ich saß gerade am Schreibtisch, als meine Frau aus dem Eckkabinett etwas erblaßt eintrat und sagte: Mein Gott das Theater brennt! – Weder sie noch ich verloren indessen nur eine Sekunde den Kopf. Als Feuerarbeiter, zu denen sich Freunde gesellt hatten, an meine Türe schlugen, hatten wir mit Hilfe der Köchin schon Gardinen, Betten und die mehrsten Meubles in die hinteren, der Gefahr weniger ausgesetzten Zimmer getragen, wo sie stehenblieben, da ich nur im letzten Moment alles heraustragen lassen wollte. In den vorderen Zimmern sprangen nachher sämtliche Fensterscheiben, und die Ölfarbe an den Fensterrahmen und Türen tröpfelte von der Hitze herab. Nur beständiges Gießen bewirkte, daß das Holzwerk nicht vom Feuer anging. – Meinen Nachbarn, die zu eilig forttragen ließen, wurde vieles verdorben und gestohlen, mir gar nichts.«

Seinem staatsfrommen Hippel gegenüber erspart sich Hoffmann jene launige, versteckt politische Satire auf das neuerliche Zopfwesen des Staates, die er in einem Brief an Adolph Wagner in Leipzig mit der Schilderung des Brandes verknüpft: »Ich könnte Ihnen erzählen..., daß der Kredit des Staats wankte, da, als die Perückenkammer in Flammen stand und fünftausend Perücken aufflogen, Unzelmanns Perücke aus dem Dorfbarbier mit einem langen Zopf, wie ein bedrohliches feuriges Meteor über dem Bankgebäude schwebte – doch... daß beide gerettet sind, ich und der Staat. *Ich* durch die Kraft von drei Schlauchspritzen..., der *Staat* durch einen couragösen Gardejäger auf der Taubenstraße, der... besagtes Ungetüm durch einen wohlgezielten Büchsenschuß herabschoß. Zum Tode getroffen, zischend und brausend sank es nieder in den Pißwinkel des Schonertschen Weinhauses – Hierauf stiegen sofort die Staatspapiere! – Ist das nicht Stoff zum Epos?« (25.11.1817)

Der Brand mag die Staatspapiere steigen lassen, auf jeden Fall aber stoppt er den Siegeszug der *Undine*. Brühl verspricht zwar, es werde die Oper nach Eröffnung des neuen Schauspielhauses wieder gegeben werden. Doch als 1821 der Bau endlich fertig ist, kommt es nicht mehr dazu. Das lag allerdings nicht an Brühl, der weiterhin an einer neuerlichen Aufführung der Oper interessiert bleibt, obwohl inzwischen in der Folge des Spontini-Streites Hoffmann sozusagen zum ›Gegenlager‹ zählte. Es ist Fouqué, der zu lange zögert, den geringfügigen Umarbeitungswünschen Brühls, auf die Hoffmann bereitwillig eingegangen ist, zu entsprechen. Im Herbst 1816 wäre Fouqué in seinem grenzenlosen Byzantinismus noch bereit gewesen, auf einen Wunsch der allerhöchsten Majestät hin sogar eine substantielle Änderung der Gesamtaussage des Märchenstoffes vorzunehmen. So hatte der König geäußert, die *Undine* möge doch versöhnlich ausklingen: Undine nicht ins Wasser zurückgekehrt und Huldbrand nicht mit zerrissenem Herzen, sondern beide vereint bei der Himmelfahrt – das sollte doch gefälligst die Schlußapotheose sein. »›Wenn der Ritter die Geliebte auch jenseits nicht wiedergewänne, wo bliebe dann der ganzen Dichtung Wert und Sinn‹«, habe der König gesagt, berichtet Fouqué und fährt dann fort: »Ja, da freute ich mich mit Tränen in den Augen, empfindend, wie tief alle Ästhetik unter dem in das Ewige reichenden persönlich hohen und tiefen Gefühle steht, und ich mögte fortan bei keiner Bühnendarstellung der *Undine* den Geliebten anders, als lebend an ihrer Seite auf dem Thron erblicken.«

Wenn Fouqué jetzt – 1820/21 – sich so beharrlich sperrt, dann ist die inzwischen eingetretene Entfremdung zwischen ihm und Hoffmann daran schuld. Fouqué, der vor 1815 mit seinen klirrenden Ritterromanen einer der meistgelesenen Autoren gewesen war, ist in Ansehen und Beliebtheit gesunken. Hoffmann ist der neue Star der Frauentaschenbücher, er hat ihn überflügelt. Fouqué reagiert darauf mit nur mühsam zurückgehaltenem eifersüchtigem Groll. Dazu kommen politische Differenzen. Fouqué begrüßte vorbehaltlos die ›Demagogenverfolgung‹, die nach den Karlsbader Beschlüssen 1819 einsetzte und bei Hoffmann, wie wir noch sehen werden, liberalen Widerstand hervorrief. Fouqué, dieser wunderliche Mann, glaubte am Ende sogar, daß eine Kabale der ›Demagogen‹ ihn seines literarischen Ruhms beraubt habe.

Eine gedeihliche Zusammenarbeit mit Fouqué war für Hoffmann nun also schwierig geworden. Trotzdem hat sich Hoffmann um eine erneute Aufführung der *Undine* bis zu seinem Lebensende bemüht. Noch auf dem Sterbelager läßt er sich die Partitur kommen, um Korrekturen daran vorzunehmen.

Zweiundzwanzigstes Kapitel
Berliner Tage und Nächte

Bedenkt man, wie sehr Hoffmann der Aufführung seiner Oper über Jahre hin, seit 1812, entgegengefiebert hatte, wie ihm sein »liebes Undinchen« zum glücksverheißenden Kind geworden war, wie er an die Zäsur in seinem Leben glaubte, die mit einem Erfolg am Nationaltheater verknüpft sein werde, dann überrascht doch die Ernüchterung, die trotz aller Anerkennung, die ihm nun auch als Komponist entgegengebracht wird, sehr bald bei ihm einkehrt. Seit der Schülerzeit hatte er von einem großen musikalischen Werk geträumt – die *Undine*, das soll es also nun gewesen sein?

Es bleibt ein Überschuß an Wünschen und Hoffnungen, der im Erreichten nicht aufgeht, doch auch nicht – zunächst jedenfalls – die Kraft gibt, zu neuen Ufern aufzubrechen. Zwar schreibt er an Minna Doerffer, die ehemalige Verlobte, der er nun nach vielen Jahren zum erstenmal wieder einen Brief zukommen läßt, mit forciertem Stolz: »In kurzer Zeit wird die Oper auch auf den Bühnen in Wien, Prag, Stuttgart und München ihr Heil versuchen. Ich sage mit Goethe: Was man in der Jugend gewünscht, hat man im Alter vollauf« (8.11.1816). Hoffmann übertreibt: Er hat es doch nicht »vollauf«. Man vergleiche diese prunkende Selbstdarstellung mit jenem auf Resignation gestimmten Brief an den Komponisten J.P. Schmidt, der auch einmal Gerichtsassessor war und nun die von Hoffmann so begehrte Expedientenstelle, die viel Zeit für die Kunst läßt, erhalten hat. »Mich selbst«, so schreibt Hoffmann am 8.9.1816, »bitte ich gar nicht zu den gangbaren Komponisten zu rechnen, da es mir zu sehr an Praktik fehlt um noch viel zu schreiben. *Undine* war höchst wahrscheinlich die erste und letzte Oper, die ich hier auf das Theater brachte.«

Allerdings ermutigt sich Hoffmann im Sommer 1817 noch einmal zum Plan einer Oper nach Calderon; Contessa schreibt sogar schon das Libretto, aber außer einer Arie und der oft wiederholten Versicherung, er habe das Ganze schon im Kopf, kommt nichts dabei heraus. Nein, *Undine* wird seine »erste und letzte« Oper in Berlin bleiben, und er weiß das auch.

Zum Gefühl, als Komponist mit der *Undine* das ihm Erreichbare erreicht zu haben, gesellt sich zur selben Zeit eine ähnlich resignative Selbsteinschätzung bezüglich seiner Schriftstellerlaufbahn. Dieser Autor, um den sich die Verleger reißen, bekennt am 30.8.1816 in einem Brief an Hippel:

»Ich schreibe keinen *goldnen Topf* mehr! – So was muß man nur recht lebhaft fühlen und sich selbst keine Illusion machen!« (Hier jedoch behält er nicht recht: Mit der *Prinzessin Brambilla* wird ihm noch einmal ein grandioses Meisterwerk gelingen!)

Illusionslos sieht er auch seine berufliche Position: Er ist nun ein fest besoldeter, auch in Amtsgeschäften angesehener Kammergerichtsrat, der manchmal sogar den Präsidenten des Gerichts vertreten muß. Auf das Geld, die Sicherheit und das Prestige dieser Stelle kann und will er nicht mehr verzichten: Die Hoffmanns wohnen repräsentativ und teuer am Gendarmenmarkt, teuer sind auch die Umtrünke bei »Lutter und Wegner«, die Mahlzeiten im Restaurant Dietrich. Hoffmann kleidet sich in feines Tuch und putzt auch Mischa heraus, und – wahrscheinlich – hat er mit den Kumpanen von »Lutter und Wegner«, von denen einige (besonders d'Elpons und Lüttwitz) zu den stadtbekannten Glücksspielern zählen, auch einiges Geld an den Pharo-Tischen verloren.

Hoffmann hat also allen Grund, auf die goldenen Ketten des Amtes und der literarischen Serienproduktion nicht zu verzichten. Doch wird er auch weiterhin tüchtig mit ihnen klirren. Dazu aber braucht er Leute um sich herum, ein Publikum. Sein unterhaltsames Talent schafft es ihm. Nun, da er ein berühmter Autor ist, eine prächtige Oper auf die Bühne gebracht hat, von der alle Welt redet, die angesehene Stelle eines Kammergerichtsrates bekleidet, wird er von Leuten, die ihn als Zierde ihres Salons gewinnen wollen, bestürmt. Er lernt Gott und die Welt kennen: Wilhelm von Humboldt, Zelter, Pückler, August von Goethe. Clemens Brentano besucht ihn und zieht ihn in seinen Freundeskreis um die Brüder Gerlach. Dort ist man nicht gut zu sprechen auf Fouqué. Hoffmann kommt in schwierige Situationen. Brentano hatte Fouqué einmal ganz offen zu verstehen gegeben, daß dessen Roman *Sigurd* nun wirklich »gar nichts tauge«, hatte sich daraufhin bei dem beleidigten Fouqué in einem Brief entschuldigt, dessen Ironie alles nur noch schlimmer machte, und nun läßt Brentano keine Gelegenheit aus, um den wackeren Ritter zu ›mystifizieren‹. Einmal plant er, Fouqué in einem geharnischten Triumphzug zu einem Gesellschaftsabend abzuholen, Hoffmann wird das delikate Geschäft übertragen, den armen Mann einzuladen. Hoffmann, zwischen die Fronten geraten (sonst ein bequemer Ort für ihn), warnt seinen Librettisten, doch ebenfalls mit Ironie. Wo man ›spielt‹, da ist er allemal gerne mit von der Partie.

Bei einer Abendeinladung lernt ihn Eichendorff kennen. Noch Jahrzehnte später hat er Hoffmann in seiner Literaturgeschichte mit einem Feuerwerk verglichen, das unter Knattern und Blitzen abbrennt, Staunen erregt, doch schnell vorbei ist. Über Hoffmanns »Weinhausleben« hat er, wie viele andere, die Nase gerümpft.

Hoffmann war eitel genug, um diese Mittelpunktrolle, die ihm nun zugefallen war, eine Weile lang genießen zu können. Doch bald bemerkt er, daß die Bewunderung, die man ihm hier zollt, so dünn und kraftlos ist, wie der Tee, der bei diesen Geselligkeiten gereicht zu werden pflegt. »Wie alles«, erzählt Hitzig, »so war auch die Eitelkeit bei ihm in großem Stil; er strebte überall, wo es Genuß galt – und Eitelkeit gab ihm den höchsten – nach dem Vollen, Ganzen; abgestandene Beifallsphrasen, wie sie die feine Societät heute über einen neuen Tänzer, morgen über das neueste Werk von Goethe, und übermorgen etwa über den blutigen Kampf einer unterdrückten Nation aus einem Beutel auszugeben pflegt, konnten ihm keine Freude machen.«

Das lauwarme Bad war nicht sein Element. Von der Geselligkeit forderte er Reibung, Anreiz, Spannung, Herausforderung. Er suchte nicht das seelenvolle Gespräch, das Aufschließen der Herzen, das gefühlvolle Verstummen. Fürchterlich war ihm der »Dämon der Langeweile«, auch dann, wenn er im Gewande der Gemütlichkeit daherkam. Hoffmann nahm in Dingen der Geselligkeit eine »okkasionalistische« Haltung ein. Er suchte die Welt um sich her ab nach Anlässen, Gelegenheiten, die das Schwungrad seines Witzes, seiner Einbildungskraft, seiner Phantasie, seiner Gedanken in Bewegung setzen konnten. Daß jemand ›aufrichtig‹ war und es ›ernst‹ meinte, war für ihn noch nicht Grund genug, ihm zuzuhören. Es mußte noch irgend etwas Besonderes hinzukommen. Gute Absichten, wenn es dabei blieb, langweilten ihn. Er zog die einfallsreiche Lüge der gähnenden Wahrheit vor.

Hitzig hat ihn deshalb getadelt: »Für sittliche Würde des Menschen äußerte er (Hoffmann. R.S.), durch die Wahl seines Umgangs, wenig Sinn. Gesinnung galt ihm in geselliger Beziehung nichts. Als höchste Empfehlung diente bei ihm die Fähigkeit, sich durch ihn ansprechen zu lassen... hierauf folgte die, ihn zu amüsieren, was nur durch schlagenden, nicht viel Raum einnehmenden Witz... geschehen konnte; endlich der Besitz irgend einer Eigenschaft, die ihm imponierte... Wer ihn nicht auf irgend eine dieser Arten anzog, der war ihm gleichgültig.« Auf eine dieser Arten muß ihn wohl auch der abgedankte und schlecht beleumundete Offizier d'Elpons angezogen haben, mit dem er seit 1819 manche Nächte bei »Lutter und Wegner« verbrachte und dem er eigentlich hätte gram sein müssen, hatte doch d'Elpons ein Jahr vor Beginn der Zechfreundschaft ein antisemitisches Pamphlet veröffentlicht, worin Hoffmann, den d'Elpons anscheinend für einen wohlhabenden, aus jüdischem Hause stammenden Gernegroß hielt, übel verleumdet wird.

Hoffmann, der mit seinen Gesichtszügen spielte und mit dem ganzen Körper sprach, kultivierte seine physiognomische Aufmerksamkeit. Stets lag er auf der Lauer, den Widerspruch zwischen Körper und Rede auch bei den anderen zu entdecken. Überhaupt erregte es ihn, wenn die Körper ihren Besitzern aus dem Ruder liefen und ihre eigenen Kapriolen schlugen. So liebte er die Natur in ihrer Selbstpersiflage, ihren grotesken Gestaltungen. Sein eigener zwergenhafter

Wuchs, der mächtige Kopf, das ausgeprägte spitze Kinn – das hat ihn gezwungen, sich mit den vertrackten Launen der Körperbildung gut zu stellen.

Allen, die ihn damals erlebten, war seine quirlige Beweglichkeit auffällig. Hoffmann konnte mitten in der Unterhaltung vom Tische aufspringen, gestikulierend herumlaufen. Wenn er doch sitzen blieb, rutschte er unruhig auf dem Stuhl herum. Manchmal beugte er sich weit über den Tisch hinüber, fixierte sein Gegenüber, lehnte sich plötzlich zurück, blickte zur Decke, schloß die Augen, riß sie wieder auf, spreizte die Arme. Er konnte jäh verstummen. Er sprach schnell, mit hoher Stimme, verschluckte die Endsilben, zog die Augenbrauen zusammen bei bedeutungsvoll gemeinten Worten.

Nicht was man ist, sondern was man aus sich macht, interessiert Hoffmann, und deshalb gerät er oft und gerne ins Grimassieren. »Wie sein innerer Strom aufwogte«, berichtet ein Zeitgenosse, »so verwandelte sich seine Physiognomie alle Augenblicke. Das kleine, kluge Gesicht war fast immer ein anderes... Zuweilen setzte er sich auch wohl auf einen, soweit als möglich, von der Gesellschaft entfernten, einsamen Stuhl, um, unbemerkt, wie er vermutlich glaubte, seinem Mienenspiel alle mögliche Zügellosigkeit verstatten zu können.«

Hoffmann imitierte gerne. Ein Meister der Mimikry, trieb er dabei die Widersprüche, die er beobachtete, hervor. Bei seiner Statur mußte fast jede gestische Nachahmung zur Karikatur werden. Er machte aus der Not eine Tugend, so kam ihm der eigene Körper zu Hilfe bei der Entwicklung seines satirischen Talents.

Als Hoffmann der guten Gesellschaften, in denen man ihn herumreichte, überdrüssig war, da ging er, wie Hitzig mit verhaltenem Groll bemerkt, »aus den Teesalons in das Weinhaus..., sich den Grundsatz aufstellend, daß, wenn man Kunstgenüsse haben wolle, man sie an öffentlichen Orten für sein Geld besser finde als in Privatzirkeln für beschwerliche Kratzfüsse, und daß die Gesellschaft in der Weinstube vor allen übrigen den Vorzug habe, daß, wenn sie einem nicht gefiele, man weggehen könne, wenn man wolle, ohne daß es der Wirt übelnehme«.

Das ist der Polymythiker Hoffmann; da sitzt er, erzählt Geschichten und hält sich die Fluchtwege offen; komme einer, ihn festzunageln. Er geht und bleibt, wenn es ihm Spaß macht. Allerdings ist er ganze Nächte geblieben, unzählige Nächte, und dabei hat er so viel getrunken, daß seine Zechschulden, als er starb, auf 1116 Reichstaler angewachsen waren. Der Wirt jedoch verzichtete auf das Eintreiben der Schuld, er wußte, daß sein Stammkunde Hoffmann ihm die Neugierigen in hellen Scharen ins Lokal gezogen hatte. Gut hat er an Hoffmann verdient.

Wie trank Hoffmann? Hitzig hat es anschaulich erzählt: »Man denke hierbei aber nicht etwa an einen gemeinen Trinker, der trinkt und trinkt, aus Wohlgeschmack, bis er lallt und schläft; gerade das Umgekehrte war Hoffmanns Fall. Er trank, um sich zu montieren; dazu gehörte anfangs, wie er noch kräftig war, weniger; später, natürlich mehr; – aber war er einmal montiert; wie er es nannte, in exotischer Stimmung, die, oft bei einer halben Flasche Wein, auch nur *ein* gemütlicher Zuhörer hervorrufen konnte, so gab es nichts Interessanteres, als das Feuerwerk von Witz und Glut der Phantasie, das er dann unaufhaltsam, oft fünf, sechs Stunden hintereinander, vor der entzückten Umgebung aufsteigen ließ. War aber auch seine Stimmung nicht exaltiert, so war er im Weinhause nie müßig, wie man so viele sitzen sieht, die nichts tun als nippen und gähnen; er schaute vielmehr mit seinen Falkenaugen überall umher; was er an Lächerlichkeiten, Auffallenheiten, selbst an rührenden Eigenheiten bei den Weingästen bemerkte, wurde ihm zur Studie für seine Werke, oder er warf es mit fertiger Feder auf das Papier.«

Hoffmann trank und vertrug viel. So manche Gefährten zogen sich schließlich von ihm zurück, weil sie, wie beispielsweise der Komponist J. P. Schmidt, den »physischen Exzessen« des Trinkens und des nächtelangen Zusammenhockens nicht gewachsen waren.

Oft nahm er schon morgens nach dem Frühstück einen Schluck Arrak, aus dem er auch einen bei den Freunden beliebten Punsch zu brauen verstand.

Hoffmanns Tagesablauf war überaus strapaziös. Vormittags arbeitete er im Kammergericht, zweimal die Woche war Gerichtstermin. Mittags aß er meist außer Haus. Schlief am frühen Nachmittag, ging spazieren, dann schrieb und komponierte er. Abends besuchte er oft das Theater und die Oper, danach ging er ins Weinhaus, wo er sich manchmal bis zum Morgen aufhielt. Mischa, versteht sich, nahm an diesen Exkursionen nicht teil; still lebte sie im Hause, vom Bekanntenkreis Hoffmanns kaum bemerkt. In den letzten Jahren ging Hoffmann ganz dazu über, Leute, die etwas von ihm wollten, zu »Lutter und Wegner« zu bestellen. Dort residierte und empfing er.

In allem, außer in seinen juristischen Amtsgeschäften, konnte Hoffmann nur schwer Ordnung halten. Den Verlegern gegenüber legte er sich auf Abgabetermine fest, die er nicht einhalten konnte, überhäufte sich mit Verpflichtungen. Unter seinen Manuskripten herrschte eine heillose Unordnung; manchmal fand sich nur noch Mischa zurecht. Eine Bibliothek hat Hoffmann nie besessen. Das Sammeln und Horten war nicht seine Art. Selbst die eigenen Werke besaß er nicht vollständig.

In den Amtsgeschäften indes hätte er, was Ordnung und Pünktlichkeit betrifft, sogar noch den Registrator Heerbrand übertrumpft: Da er seine Akten stets fand, brauchte er sie nicht noch im Traume zu suchen. Der Kammergerichtsvizepräsident Trützschler lobt fast in jedem Jahresbericht die »solide« oder gar »exzellente« Arbeit des Juristen Hoffmann. Die Kollegen bewunderten die Schnelligkeit und Gründlichkeit, mit der Hoffmann seine »Relationen«, »Dekrete« und »Voten« verfaßte. Er war dafür bekannt, daß bei ihm die »Spruchsachen« nicht liegen blieben. Die Routine und Eilfertigkeit verdrängten bei ihm jedoch nicht den Gerechtigkeitssinn. Die Schriftstellerin Helmina von Chézy, gegen die Hoffmann in einem Beleidigungsprozeß die Untersuchung führen mußte, berichtet noch viele Jahre später voller Bewunderung, wie dieser Kammergerichtsrat, von dem sie wußte, daß er sie als Literatin durchaus nicht schätzte, sich schützend vor sie gestellt habe und mit kasuistischem Raffinement ein Unrecht abzuwehren verstand.

Im Amt konnte Hoffmann sich seine Zeit und seine Arbeit offenbar sehr gut einteilen. Er konzentrierte seine Aufmerksamkeit auf das Wesentliche, vermied wichtigtuerische Geschäftigkeit und brachte es fertig, bei Konferenzen und Sitzungen nebenher ganze Erzählungen zu skizzieren oder manche Passagen sogar auszuführen (eine *Sandmann*-Szene ist auf diese Weise entstanden).

Als Hoffmann im Juli 1815 seine neue Wohnung in der Charlottenstraße bezog, bekam er einen prominenten Nachbarn: den hochberühmten Schauspieler Devrient, den Iffland noch kurz vor seinem Tode nach Berlin verpflichtet hatte. Hoffmann und Devrient werden ein unzertrennliches Paar, besonders bei den nächtlichen Sitzungen im Weinhause.

Ludwig Devrient (1784-1832), Sohn eines Berliner Tuchhändlers, war, als die Mutter starb, früh in ein Heim gesteckt worden. Mehrfach lief er davon. Man holte ihn zurück. Es zog ihn zum Theater. Er hatte sonst nichts gelernt, aber spielen konnte er. In Leipzig schloß er sich 1804 einer Wanderbühne an. Betrunkene Landstreicher und harmlose Bösewichte waren sein Fach. Einmal durfte er den Karl Moor spielen. Das war sein Durchbruch. In Leipzig und Breslau avancierte er zum besten Darsteller abgründig tragischer Figuren. Lear und Falstaff wurden seine Glanzrollen. Diese Mischung aus Wahnsinn und Weisheit, Leidenschaft und Melancholie lag ihm. So sehr gab er sich dem Spiel hin, daß er bisweilen auf der Bühne zusammenbrach. Iffland erlebte ihn 1814 in Breslau. »Der einzige Ort, der

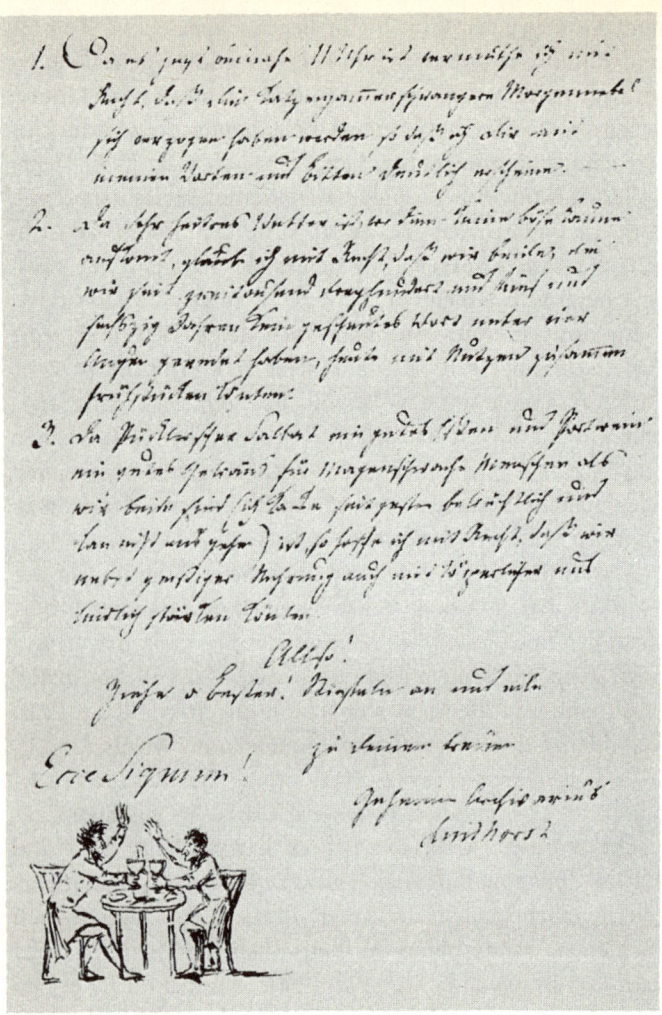

Brief an den Schauspieler Ludwig Devrient, vermutlich Frühjahr 1817:

1. Da es jezt beinahe 11 Uhr ist vermuthe ich mit Recht, daß die Katzenjammerschwangere Morgennebel sich verzogen haben werden, so daß ich Dir mit meinen Worten und Bitten deutlich erscheine.–
2. Da sehr heitres Wetter ist, vor dem keine böse Laune aufkomt, glaube ich mit Recht, daß wir beide, die wir seit zweitausend dreyhundert und fünf und

Ihrer würdig ist, ist Berlin«, soll er zu ihm gesagt haben, »dieser Platz – ich fühle es nur zu gut – wird bald vakant sein.« Kurz danach stirbt Iffland, und Devrient kommt nach Berlin. Hier setzt er seine Karriere fort. Doch da das Publikum ihn so gerne sah und er aus jeder Rolle noch etwas machen konnte, so mußte er auch noch beim letzten faden Lustspiel auftreten. Hoffmann befürchtete deshalb, daß er sein Talent verschleudere.

In noch weit stärkerem Maße als Hoffmann bediente sich Devrient der »Montierung« durch Wein. Sechs Flaschen soll er pro Tag getrunken haben. Seinem Spiel scheint das aber keinen Abbruch getan zu haben. Nur mit seiner Gesundheit war er recht bald am Ende. Schon einige Jahre vor seinem Tode war er ein körperliches Wrack.

Was Hoffmann an Devrient schätzte, war das leidenschaftliche Komödiantentum und die komödiantische Leidenschaftlichkeit. Auch im Tragischen – ob im Leben oder auf der Bühne – blitzte bei Devrient stets eine Ironie durch, die noch dem strengen Ernst etwas von seiner Schwere nahm; er konnte sein Herz ausschütten – und das tat er häufig –, aber immer war dabei ein Rest Spiel, weshalb nie jene Art der lähmenden Aufrichtigkeit eintrat, die Hoffmann nicht leiden mochte.

Nicht nur auf der Bühne bewies Devrient erstaunliches Improvisationstalent. Wie Hoffmann zog er, was ihm begegnete, sogleich in die Verwandlungswelt der Imagination.

sechzig Jahren kein gescheutes Wort unter vier Augen geredet haben, heute mit Nutzen zusammen frühstücken könten.
3. Da Pücklerscher Sallat ein gutes Essen und Portwein ein gutes Getränk für Magenschwache Menschen als wir beide sind (ich kacke seit gestern beträchtlich und kan nicht ausgehen) ist, so hoffe ich mit Recht, daß wir nebst geistiger Nahrung auch mit körperlicher uns leidlich stärken könten.
                Also!
     Ziehe o Bester! Stiefln an und eile
          zu Deinem treuen
                           Geheimen Archivarius
Ecce Signum   Lindhorst

Brief an den Schauspieler Ludwig Devrient vom 9. Januar 1821: Gar erfreulich würd' es mir seyn, wenn Du heute Abend, nachdem Du bey L & W gegessen bey mir ein Gläschen Punsch einnehmen wolltest, den meine Frau sehr schön bereitet. Du findest d'Elpons und Lüttwitz *nicht* bey mir, wohl aber bitte ich die gemüthlichen Männer Vomsee und Meier mitzubringen sie in meinem Nahmen höflichst einladend. Schlag' mir ja meine Bitte nicht ab ärgre Dich nicht und bring ein heitres Gemüth mit.

D 9 Jan: 1821   Dein ergebenster
                                                           Hoffm

Die beiden warfen sich die Bälle ihrer Einfälle zu, mischten Ernst und Spiel, ironisierten und imitierten die Leute und sich selbst, machten sich Geständnisse, gaben Trost, führten ihre Nachtgespenster vor. In den Nächten mit Devrient hatten Hoffmanns Erzählungen Premiere.

Dreiundzwanzigstes Kapitel
Hoffmann kommt in Mode

Hoffmanns Erzählungen – eine wahrhafte Flut ergießt sich davon auf den Markt der Frauentaschenbücher, Almanache, Taschenkalender und Zeitschriften. Er schreibt für den *Freimüthigen*, für die *Urania*, für den *Berlinischen Taschenkalender*, für das *Taschenbuch zum geselligen Vergnügen*, für die *Gaben der Milde*, für den *Wintergarten*, für das *Rheinische Taschenbuch*, für das *Frauentaschenbuch*, für das *Taschenbuch – der Liebe und Freundschaft gewidmet*, für den *Zuschauer. Zeitblatt für Belehrung und Aufheiterung*.

Hoffmann ist ein gefragter Autor in diesem Publikationsmilieu. Am Ende kann er an Honorar das Achtfache von dem fordern, was er für seine *Fantasiestücke* von Kunz bekommen hat. In dieser Branche ist es nur Heinrich Clauren, der noch höhere Honorare fordern kann und auch erhält. Doch über Clauren rümpfen selbst die ihre Nase, die seine Bücher verschlingen. Hoffmanns Reputation ist größer. Wenn Clauren als Konsalik der Biedermeierzeit gelten kann (was die Verbreitung und Qualitätseinschätzung betrifft), dann war Hoffmann ihr Simmel. So ist es wohl auch nicht nur Wunschphantasie gewesen, wenn Hoffmann in *Vetters Eckfenster* eine Blumenverkäuferin schildert, die ihre ungeteilte Aufmerksamkeit nicht ihren Kunden, sondern der Lektüre des *Klein Zaches* zuwendet.

Der nun auch bei Marktfrauen beliebte Autor wird von der ›seriösen‹ Literaturkritik der *Jenaische Allgemeine Literatur-Zeitung* oder der *Heidelbergischen Jahrbücher* kaum mehr einer Besprechung für wert gehalten. Trotzdem wird auch in den Intellektuellenzirkeln, besonders in Berlin, viel über Hoffmann geredet. Dort wartet man geradezu auf seine neuen Produktionen. Atterbom und Heine haben sehr anschaulich davon berichtet. Im Café Royal und natürlich bei »Lutter und Wegner« kennt man manche der Hoffmannschen Erzählungen, noch ehe sie im Druck erscheinen. Im Fall des *Meister Floh* (1822) wurde das Ausplaudern und das Gerüchtewesen für Hoffmann zum Verhängnis. Die Staatsmacht, die ja auch in den Weinhäusern und Restaurationen der Linden- und Friedrichstraße zu verkehren pflegte, bekam frühzeitig Wind von dem geplanten Pasquill.

Auch beim *Klein Zaches* hatte es noch vor Erscheinen, ja sogar vor Beendigung der Niederschrift, Gerüchte gegeben: von politisch gefährlicher Satire, von Verbot war die Rede. Graf Pückler-Muskau ist deshalb überrascht, als er von Hoffmann die Buchausgabe des *Klein Zaches* zugesandt bekommt. In seinem Dankesbrief an Hoffmann schreibt er am 2.2.1819, er freue sich über das Büchlein um so mehr, da ihm doch versichert worden sei: »Zinnober sei ein solcher Ausbund, daß er gar nicht das Licht der Welt werde erblicken dürfen.« Pückler-Muskaus Kenntnisse kommen aus der Gerüchteküche der ›feinen‹ Welt, wo Hoffmann ebenfalls ein beliebter, auf jeden Fall aber aufmerksam registrierter Autor ist. Hardenberg liest Hoffmann und auch Gneisenau, der das Märchen *Nußknacker und Mausekönig* (1816) lobt, weil Hoffmann darin »Feldherrntalent« zeige, da er »die gewaltige Schlacht so gut geordnet und Nußknackers Verlieren vorzüglich von der Eroberung der auf Mamas Fußbank schlecht postierten Batterie abhängig gemacht« habe (an Kunz, 8.3.1818).

Die Verleger und Redakteure wissen, was sie an Hoffmann haben. Stephan Schütze, der in Weimar das *Taschen-*

buch zum geselligen Vergnügen herausgibt, schreibt dem Verleger, nachdem es großen Ärger über die verspätete Zusendung der *Datura fastuosa* gegeben hat: »Ja – wenn nur an Hoffmann nicht so viel gelegen wäre! Eine gute Erzählung von ihm übertrifft wirklich alles, was nur in der Art in allen Taschenbüchern zu lesen ist« (4. 10. 1819).

Redakteure können ihre eigene Karriere betreiben, indem sie Hoffmann für einen Beitrag gewinnen. Wenn ihr Stuhl wackelt, wird Hoffmann ihr Notnagel. So ergeht es beispielsweise Fouqué, der das *Frauentaschenbuch* herausgibt. Der inzwischen aus der Mode gekommene Fouqué ist auf Hoffmann angewiesen, wenn er seine Stellung halten will. Hoffmann, von anderweitigen Anträgen überhäuft, liefert nicht, und so muß auch Fouqué schließlich seine Tätigkeit für das *Frauentaschenbuch* 1820 einstellen.

Die Schnelligkeit, mit der Hoffmann seine Erzählungen aufs Papier wirft, ist atemberaubend. Zwischen 1815 und 1822 sind es jährlich jeweils mehrere hundert Druckseiten. Im Jahr 1815 beispielsweise verfaßte er die *Abenteuer der Sylvesternacht*, noch einige Stücke der *Kreisleriana*, die Erzählungen *Die Fermate* und *Der Artushof;* im Sommer schreibt er den zweiten Band der *Elixiere*, zum Jahresende den *Sandmann*. Oder das Jahr 1817: Hier verfaßt er acht umfängliche Erzählungen, die teils in die *Nachtstücke*, teils in die *Serapionsbrüder* aufgenommen werden: *Das Gelübde, Das öde Haus, Das Majorat, Das steinerne Herz, Der Kampf der Sänger, Doge und Dogaresse, Das fremde Kind* und *Meister Martin der Küfner und seine Gesellen*. Daneben verfaßt er für das *Dramaturgische Wochenblatt* eine sehr ausführliche Betrachtung zum Theater, *Die Kunstverwandten*, eine Schrift, die er im Jahr darauf umarbeitet zu dem Buch *Seltsame Leiden eines Theater-Direktors*.

Es läßt sich denken, daß bei solchen Massen wenig Zeit bleibt zu feilen. Manchmal schreibt er an mehreren Erzählungen gleichzeitig. So hatte er es schon gehalten zu einer Zeit, als er noch nicht so maßlos mit Aufträgen überhäuft war. Bei der Jahreswende 1813 auf 1814 schrieb er gleichzeitig an *Milos Brief*, an der *Automate* und am *Goldnen Topf*. Und so geht es fort: 1818 hat er zur selben Zeit in Arbeit: *Der unheimliche Gast*, die Rahmengespräche für die *Serapionsbrüder*, *Die Brautwahl*, *Eine Spukgeschichte*, und für die *Bergwerke zu Falun* beginnt er Material zu sammeln.

Wenn Hoffmann dann beim *Kater Murr* in ironischem Spiel zwei Romane – den Murr- und den Kreislerroman – ineinanderschiebt, dann bedeutet das auch, daß er seine Arbeitsmethode zum Formprinzip erhebt. Die Selbstironie geht dabei noch weiter: Das Formprinzip des *Kater Murr* ›entwickelt‹ er aus der Fiktion eines Dualismus zwischen dem ›eigentlichen‹ Werk – Murrs Selbstbiographie und den Makulaturblättern – der Kreisler-Biographie, die nur aus Versehen mit abgedruckt worden seien. Diese Unterscheidung zwischen Makulatur und dem ›eigentlichen‹ Werk hat Hoffmann für sein eigenes Schreiben stets festgehalten. Doch indem er Kater Murrs selbstgefällige Geschwätzigkeit und Pedanterie zum Hauptwerk und Kreislers Biographie zur Makulatur stempelt, persifliert er die seiner Meinung nach auf dem Literaturmarkt sich vollziehende Umwertung der Werte; eine Umwertung, die einem sentimentalen Bildungsphilister von der Art des Kater Murr einfach mehr Chancen einräumt als einem exzentrischen, zerrissenen Kreisler, den es abwechselnd ins Kloster und in den Wahnsinn treibt.

Soweit die persiflierende Absicht. In Wirklichkeit aber ist sogar Kreisler eine Figur, die sich ganz gut auch in der Schauer- und Rührszenerie der Almanach-Literatur behaupten kann. Fouqués Gattin, die Baronin Caroline, die eine ganze Bibliothek selbstgeschriebener Romane hinterließ, hat deshalb auch sehr schnell die Gestalt Kreislers dem Personal ihrer halb gesitteten, halb unartigen Erzählwelt einverleibt. In ihrer Erzählung·*Der Delphin* ist aus Johannes Kreisler der Kapellmeister Gottmund geworden, der seine Zeit zumeist damit verbringt, »tiefsinnig vor sich nieder« zu blicken.

Allerdings geht sein Blick zum Himmel, wenn er in die Tasten greift: »Von dem Augenblicke an weiß ich nichts mehr von allem«, berichtet die Erzählerin, »was um mich vorging. Herz und Seele flossen hinüber in die Klänge... Gottmund war bleich und erschöpft in den Sessel zurückgesunken... Der Nachhall der Töne ging noch säuselnd durch die Herzen der Versammlung.«

Tatsächlich beginnen nun auch in dieser Welt des Lesefutters die ahnungsvoll verschlossenen, exzentrisch tobenden und unglücklich, aber häufig liebenden Künstlerfiguren ihren Siegeszug anzutreten. Im biedermeierlichen Blätterwald werden die Kreislers nicht zu Makulatur, und wenn sie gar im Stile des Verschollenen, Fragmentarischen daherkommen, so steigert das ihre Wirkung beim Publikum.

Die Geschmackswelt, bei der Hoffmann mit seinen *Nachtstücken* (Band 1, 1816, Band 2, 1817) und mit den *Serapionsbrüdern* (1819–1821) solch großen Erfolg hat, ist von einem klugen Rezensenten des *Literaturblatts* 1826, vier Jahre nach Hoffmanns Tod, treffend, wenn auch mißbilligend charakterisiert worden: »Vergleicht man die Masse der neueren Romane mit den früheren, so zeigt sich ein merklicher Unterschied. Eine gewisse Naivität ist darin verloren gegangen und in ihr die Wärme, die Innigkeit, dagegen hat sich eine herzlose Persiflage, eine vornehme Altklugheit und aller Aberwitz einer vom Gemüt verlassenen Phantasterei eingedrängt. Der biedre, krautkräftige und etwas borniert Heroismus der Ritter-, Räuber- und Zaubergeschichten hat einer feinen, giftigen Grausamkeit Platz gemacht... Die bürgerlichen, sentimentalen, weinerlichen Romane, darin man noch ehrlich liebte und nur von Eltern und Vormündern zu leiden hatte, sind vor raffinierten Wahlverwandtschaft- und Ehebruchsgeschichten gewichen..., die Romanschreiber... gefallen sich mehr in der Schilderung der Verdorbenheit, als der Unschuld und geben uns psychologische Experimente statt der früheren Herzensergießungen. An die Stelle der moralischen Romane sind die humoristischen und ironisierenden getreten... Statt der bändereichen Romane... findet man jetzt hauptsächlich nur kleine Novellen, die immer mehr überhand nehmen, die Unterhaltungsblätter und Taschenbücher füllen und den Roman ganz in die periodische Literatur unterzutauchen drohen.« Der Rezensent ist alarmiert: die Welt von gestern scheint endgültig vorbei zu sein. Und doch hatte ihr Verschwinden schon viel früher begonnen.

Der revolutionäre Impetus der Frühromantiker hatte die Reflexionspoesie gefordert: Das Raffinierte, Interessante, Labyrinthische hatte eine außerordentliche Aufwertung erfahren. Die Lust am Orientierungsverlust hatte ästhetischen Reiz bekommen. Die frühromantische Generation hatte es allerdings in diesem Milieu des Raffinements – nach Schiller das »Sentimentalische« – nicht allzulange ausgehalten –, sie hatte sich inzwischen wieder ans Feste, Verbindliche geklammert: Schelling, Friedrich Schlegel und Brentano werden katholisch, Hegel staatsfromm, und Hölderlin zieht sich in seinen Turm zurück. Es zieht die meisten zurück zu einer, nun aber vermittelten, Unmittelbarkeit, zu einer angestrengten Naivität. Daß sie alle aber den tiefgreifenden Wandel des Zeitgeistes antizipiert haben, zeigt sich jetzt, da ihre Lust am Gebrochenen, Reflektierten, Raffinierten und Auflösenden zu einem Phänomen der ›Massenliteratur‹ wird. Die zitierte Charakteristik der »neueren Romane« hebt alles das – ärgerlich – hervor, was sich unter den Begriff ›Verlust der Naivität‹ fassen läßt: Da ist die Rede von »herzloser Persiflage«, vom »Aberwitz einer von Gemüt verlassenen Phantasterei«, von der »feinen giftigen Grausamkeit«, von »raffinierten Ehebruchsgeschichten«, von der »Schilderung der Verdorbenheit«, von »psychologischen Experimenten«, vom »humoristischen und ironisierenden« Stil.

Wahrscheinlich mußte der Zeitgeist raffiniert werden, weil die Politik der Restauration nach 1815 das Leben, so als wäre nichts geschehen, in die überlebte Ordnung des 18. Jahrhunderts hineinzwingen wollte. Es war aber zuviel geschehen. Das Vertrauen in die Haltbarkeit und Verläßlichkeit des Überkommenen war dahin seit der Französischen Revolution und seit Napoleons Armeen die gewachsenen Ordnungen Europas durcheinandergewirbelt hatten. Eine solche Zeit der Umwandlungen und Umwertungen begünstigt eine Haltung, die sich aufs Gegebene einläßt, ohne zu vergessen, daß alles höchst unsicher und doppelbödig bleibt. Überzeugungen beginnen zu blinzeln, die Moral schielt. Man duckt sich, zieht den Kopf ein, macht es sich auch, soweit es geht, bequem, doch blickt man »aus heimlichen Stübchen« (Eichendorff) gerne ins Freie hinaus, dorthin, wo es abgründig zugeht, wo es stürmt oder wo alles in eigenartiges »Zwielicht« (Eichendorff) getaucht ist. Das sogenannte Biedermeier – die Jahre zwischen 1815 und 1840 – kultiviert die Gemütlichkeit des ›Als-ob‹, vergleichbar vielleicht der Wiener Kultur am Ende des Jahrhunderts, als das Bürgertum seine Ordnung liebte, aber auch eigenartig angezogen war von dem, was sie untergrub: das Unbewußte, die sexuelle Pathologie, der Verdacht der Lebenslüge.

Mit seinen Erzählungen lag Hoffmann gut im Trend der Zeit. Leider gilt das auch für den Antisemitismus, der nach 1815, von der deutsch-patriotischen Bewegung stimuliert und von offiziell staatlicher Seite gefördert, wieder grassierte und auch im Werk Hoffmanns Spuren hinterlassen hat.

Auf dem Theater wurden damals antisemitische Possen gespielt, die provinziale Ständevertretung Preußens forderte stürmisch die Abschaffung des Patents von 1811 (bürgerliche Gleichstellung der Juden) und die (Wieder-)Einführung der Ausnahmegesetze für jüdische Mitbürger. Mancherorts wurden bei jüdischen Händlern Türen und Fenster eingeschlagen. »In Deutschland«, so schreibt ein französischer Korrespondent 1819, »ist eine abscheuliche Judenverfolgung angebrochen, welche über die Aufklärung und Bildung in diesem Lande ein schlechtes Resultat gibt, da wir namentlich hören, daß dieser Haß von einigen Schriftstellern begünstigt sein soll.«

Daß Hoffmann, der mit Juden freundschaftlich verkehrte (Koreff, Hitzig), nicht frei von antisemitischen Vorurteilen war, zeigen die Erzählungen, die er für den halboffiziellen *Berlinischen Taschenkalender* schrieb. Sowohl in der *Brautwahl* als auch in den *Irrungen* und in den *Geheimnissen* finden sich schablonenhafte Karikaturen von geldgierigen und renommiersüchtigen Juden. Solcher Spott ist bei Hoffmann milde, ohne Haß, beiläufig, bleibt aber doch ein trüber Aspekt seines Schreibens.

Gut im Trend der Zeit lag Hoffmann auch, was den »Aberwitz« der »Phantasterei«, die »raffinierten Ehebruchsgeschichten«, die »psychologischen Experimente« und den »ironischen Stil« betrifft, in dem dies alles vorgetragen wird.

Entlang der Allee »Unter den Linden« gibt es eine stattliche Gebäudefassade. Alles ist hier aufs beste eingerichtet, geordnet und zeigt seine schönste Seite. »Schon oft«, so erzählt Hoffmann in dem Nachtstück *Das öde Haus* (1817), »war ich die Allee durchwandelt, als mir eines Tages plötzlich ein Haus ins Auge fiel, das auf ganz wunderliche seltsame Weise von allen übrigen abstach. Denkt euch ein niedriges, vier Fenster breites, von zwei hohen schönen Gebäuden eingeklemmtes Haus, dessen Stock über dem Erdgeschoß nur wenig über die Fenster im Erdgeschoß des nachbarlichen Hauses hervorragt, dessen schlecht verwahrtes Dach, dessen zum Teil mit Papier verklebte Fenster, dessen farblose Mauern von gänzlicher Verwahrlosung des Eigentümers zeugen.«

Dieses Haus ist eine Lücke in der glatten Prachtfassade. Hier hakt Hoffmanns Phantasie ein. Und dann gibt es noch ein anderes Geheimnis, unter den Berlinern ebenso wie dieses Haus Gegenstand raunender Gerüchte hinter vorgehaltener Hand: Seit 1816 ist die von ihrem Mann geschiedene Tochter Hardenbergs, Lucie, wieder in Berlin. In ihrer Begleitung ihre Tochter und ein außerordentlich schönes Mädchen, Helmine Lanzendorf, die sie als Tochter ihres

Kutschers ausgibt. Doch auffällig ist, wie sehr sie dieses Mädchen verwöhnt. Man munkelt, Helmine sei ihr uneheliches Kind aus der Verbindung mit Bernadotte, dem ehemaligen General Napoleons und späteren König von Schweden. Helmine wird schnell zum bewunderten Mittelpunkt der Hoffeste. Varnhagen schreibt: »Die Männer huldigten ihr beeifert... Helmine war kalt, sie schien mit den Huldigungen nur zu spielen und fesselte dadurch nur desto mehr.«

Auch Hoffmann, über Koreff zu einer Hardenbergschen Abendgesellschaft geladen, ist von Helmine, die er dort trifft, ›gefesselt‹; nicht nur ihre automatenhafte kalte Schönheit, sondern auch ihre dunkle Herkunft und die Verwicklungen, die sich um sie herum ergeben, faszinieren ihn. Graf Pückler-Muskau, den Hoffmann auch durch Koreff kennengelernt hatte, bereitet nämlich gerade seine Verlobung mit der wesentlich älteren Lucie von Hardenberg vor, doch ganz offensichtlich hat er es vor allem auf ihre ›Pflegetochter‹, Helmine, abgesehen. Hier bahnt sich eine neue »raffinierte Ehebruchsgeschichte« an. Helmine, die ja selbst wohl einer solchen entstammt, scheint prädestiniert, die geordneten Eheverhältnisse um sich her durcheinanderzuwirbeln. Selbst der im übrigen solide Friedrich Wilhelm III. erwog ernstlich, diesem Mädchen die morganatische Ehe anzutragen.

So arbeitet nun Hoffmanns Phantasie: Er verknüpft die beiden Geheimnisse – das öde Haus »Unter den Linden 9« und Helmine – und macht daraus eine Geschichte ganz nach dem Geschmack eines Publikums, das sich auf angenehm schaurige Weise gerne davon erzählen läßt, wie unterhöhlt doch der Boden der Ordnung und Moral tatsächlich sei und daß es auch noch in der Tageshelle einer Prunkstraße dunkle Ecken gibt.

Effektsicher setzt Hoffmann die Pointen seiner Geschichten, die häufig in die Hinterwelt des Alltags führen. Zumeist zielt er auf die Erregung jenes »sechsten Sinnes«, der es vermag, »an jeder Erscheinung, sei es Person, Tat oder Begebenheit, sogleich dasjenige Exzentrische zu schauen, zu dem wir in unserm gewöhnlichen Leben keine Gleichung finden und es daher wunderbar nennen« *(Das öde Haus)*. Hoffmanns Imagination läßt sich von der skeptischen Frage leiten: »Was ist denn aber gewöhnliches Leben?«

Ein Student begegnet einem italienischen Optiker, der grauenhafte frühkindliche Erinnerungen in ihm wachruft; er kauft eine Brille; beobachtet – durch die neu erworbene Brille – eine Frau am Fenster, verliebt sich und wird wahnsinnig, als er bemerkt, daß er einer Automate zu tief in die Augen geblickt hat; schließlich bezweifelt er auch die Lebendigkeit seiner Verlobten daheim und endet mit Selbstmord. Doch diese grausige Geschichte ist nicht exotisch, sondern bleibt immer nahe. Hoffmann nimmt das Gesellschaftsmilieu seiner Leser in die Erzählung hinein, berichtet, wie dort nun die Automatenfurcht grassiert, der Verdacht, ob denn überhaupt lebt, was sich da so bieder und brav gebärdet. Hoffmann läßt im Biedermeier das Mißtrauen umgehen: Lebt das Leben noch? »Um nun ganz überzeugt zu werden, daß man keine Holzpuppe liebe, wurde von mehrern Liebhabern verlangt, daß die Geliebte etwas taktlos singe und tanze, ... daß sie nicht bloß höre, sondern auch manchmal in *der* Art spreche, daß dies Sprechen wirklich ein Denken und Empfinden voraussetze. Das Liebesbündnis vieler wurde fester und dabei anmutiger, andere dagegen gingen leise auseinander« *(Der Sandmann)*.

Hoffmann führt seine Leser überallhin, wo es aus dem einen oder anderen Grund nicht geheuer ist. Beispielsweise auf einen alten Herrensitz am Kurischen Haff: »Die Gegend ist rauh und öde, kaum entsprießt hin und wieder ein Grashalm dem bodenlosen Triebsande, und statt des Gartens, wie er sonst das Herrenhaus zu zieren pflegt, schließt sich an die nackten Mauern nach der Landseite hin ein dürftiger Föhrenwald, dessen ewige, düstre Trauer den bunten Schmuck des Frühlings verschmäht, und in dem, statt des fröhlichen Jauchzens der zu neuer Lust erwachten Vögelein nur das schaurige Gekrächze der Raben, das schwirrende Kreischen der sturmverkündenden Möwe widerhallt.« In dieser Gegend – es sind Orte der Kindheit Hoffmanns – wird der Leser Zeuge des Schlußaktes eines sich über Generationen hinziehenden Dramas, worin eine freiherrliche Familie durch Eifersucht, Bruderzwist, unglückliche Liebe und Geiz sich selbst zerstört *(Das Majorat).*

Oder der Leser darf in die tolle Commedia-dell'arte-Welt eintauchen, in das sinnenverwirrende Maskentreiben unter südlichem Himmel, wo die Lebenslust noch ihre große Stunde hat *(Signor Formica, Prinzessin Brambilla).* Solche Exkursionen finden im etwas steiferen Norden ein gewogenes Publikum, nachdem Heinses *Ardinghello und die glückseligen Inseln* und Goethes *Italienische Reise* mit der furiosen Beschreibung des Römischen Karneval den Appetit angeregt haben.

Manchmal führt Hoffmann seine Leser auch in die deutsche Vergangenheit, zum Sängerkrieg auf der Wartburg, wo der ›reine‹ Heinrich von Ofterdingen über den dämonischen Klingsor siegt *(Der Kampf der Sänger),* eine Erzählung, die später Richard Wagner angeregt hat; oder es geht ins alte Nürnberg, in die Hans-Sachs-Welt, wo – wie es der rückwärtsgewandte Traum will – Kunst und Leben auf dem Boden des goldenen Handwerks noch eine festtägliche Einheit bildeten. Das sind Träume eines gelingenden, altmeisterlichen Lebens, »von deutscher Art und Kunst«, denen man nachhängt in einer Zeit, als der in den Befreiungskriegen erwachte deutsche Patriotismus in Atemnot geriet.

Bei allen diesen Auf- und Abstiegen in die Regionen des Grauens und des Entzückens macht Hoffmann seine »Himmelsleiter« am Boden seines Hier und Jetzt fest. »Ich meine«, so läßt er den Serapionsbruder Theodor seine Poetik erläutern, »daß die Basis der Himmelsleiter, auf der man hinaufsteigen will in höhere Regionen, befestigt sein müsse im Leben, so daß jeder nachzusteigen vermag. Befindet er sich dann, immer höher und höher hinaufgeklettert, in einem fantastischen Zauberreich, so wird er glauben, dies

Reich gehöre auch noch in sein Leben hinein und sei eigentlich der wunderbar herrlichste Teil desselben.«

Für solche Verankerung stehen Hoffmann eine ganze Reihe von Techniken zu Gebote. Manchmal nimmt er ein zeitgenössisches Gemälde, dessen Bekanntheit er zumindest beim Berliner Publikum voraussetzen kann, zum Ausgangspunkt. Bei der Erzählung *Die Fermate* (1815) ist es ein Gemälde von Johann Erdmann Hummel, das auf der Berliner Kunstausstellung 1814 zu sehen war: Es zeigt eine musizierende Gruppe im weinlaubumrankten Pavillon, die jäh von einem Gast gestört wird. Auch Eichendorff hat einige Jahre später im *Taugenichts* auf dieses Bild angespielt. Hoffmann läßt sich von Hummels Bild zu einer Erzählung inspirieren, in der es um einen Jüngling geht, den eine italienische Sängerin auf die Künstlerlaufbahn lockt und der dieser Sängerin einen gleißnerischen Schlußtriller durch eine ungeschickte Begleitung abschneidet, woraufhin es mit der Liebe zwischen den beiden vorbei ist. Einige Jahre später trifft er zufällig wieder auf diese Sängerin in einer Situation, die der von Hummel gemalten gleicht: eine festtägliche Gruppe in einer italienischen Lokanda, die Sängerin holt soeben Atem für den letzten krönenden Triller, da fährt die akkompagnierende Schwester mit dem abbrechenden Akkord dazwischen. Eine pittoresk-heitere Geschichte über das Mißlingen der Vollendung, ein Thema, das Hoffmann nahe angeht und hier doch so leichthin erzählt wird.

Für die Erzählungen *Doge und Dogaresse* und *Meister Martin der Küfner und seine Gesellen* hat sich Hoffmann von Gemälden des damals weithin bekannten und mit Goethe befreundeten Karl Wilhelm Kolbe anregen lassen. Auch hier verfährt er ähnlich wie in der *Fermate*. Er nimmt die gemalte Szenerie als einen konzentrierten und deshalb fixierten Augenblick, den er in das Vorher und Nachher der Handlung, die hier kulminiert, wieder auflöst. Er nimmt die Bilder als Schnappschüsse, deren Geschichte er dann erzählt.

Eine andere Technik der Verankerung besteht darin, auch in ferne Vergangenheiten oder auf phantastische Schauplätze ironisch versteckt gegenwärtiges Lokalkolorit oder aktuelle Psychologie einzuschmuggeln, so zum Beispiel in *Die Brautwahl* und *Signor Formica*. Wenn Hoffmann von aktuellen Gegebenheiten, Örtlichkeiten und Vorkommnissen ausgeht, dann verfährt er umgekehrt: Langsam läßt er das Alltägliche ins Phantastische übergleiten, um dann, wenn der Leser genügend verwirrt ist, ins ›gewöhnliche Leben‹ zurückzukehren. Soeben noch hatte der unheimliche Wetterglashändler Coppola seinen letzten gespenstischen Auftritt, Nathanael liegt mit zerschmettertem Kopf am Boden, da läßt der Erzähler plötzlich Ruhe einkehren: »Nach mehreren Jahren will man in einer entfernten Gegend Clara gesehen haben, wie sie mit einem freundlichen Mann Hand in Hand vor der Türe eines schönen Landhauses saß und vor ihr zwei muntre Knaben spielten.« Ein Bild, wie es Ludwig Richter hätte malen können. Doch der harte Schnitt zum zuvor erzählten Grauen gibt dieser biedermeierlichen Idylle eine dunkle Färbung: Auch die vermeintliche Sicherheit des beruhigten Lebens bekommt etwas Grauenhaftes.

Im Geiste der Zeit lag es auch, wenn Hoffmann seine gesammelten Taschenbuch- und Almanacherzählungen in den *Serapionsbrüdern* ins »Futteral« der geselligen Unterhaltung einbettet. Sein literarisches Vorbild ist natürlich Tiecks *Phantasus*, wo ebenfalls Erzählung und Rahmengespräch miteinander verbunden werden. Tieck wiederum hatte sich an Goethes *Unterhaltungen deutscher Ausgewanderter* orientiert.

Am 17.2.1818 schreibt Hoffmann an den Verleger Riemer, der ihm angeboten hatte, seine gesammelten Erzählungen herauszugeben: »Erlauben Sie indessen eine Frage, deren Entscheidung ich Ihnen gänzlich überlasse, so wie Sie glauben, daß das Buch besser geht. Ist es geratener die Sache unter dem simplen Titel: Erzählungen gehn zu lassen oder eine Einkleidung zu wählen nach Art des Tieckschen Phantasus?« Riemer mit seinem verlegerischen Gespür für den Publikumsgeschmack hat dann zur »Einkleidung« geraten, zu einer Form also, die es einem Autor, der mittlerweile als Unterhaltungsschriftsteller gilt, erlaubt, den angemessenen Ort seines Erzählens, die gesellige Unterhaltung, zum Gegenstand des Erzählens selbst zu machen.

Überhaupt hat damals das Gesellige Konjunktur. Es sind die Jahrzehnte nach 1815, in welchen sich Deutschland zum klassischen Land der Vereine und Zirkel entwickelt. In allen öffentlichen, vor allem politischen Betätigungen gehemmt und bevormundet, schlossen sich die Menschen im Wunsch nach Gesellschaft mit Gleichgesinnten zu Bünden zusammen. Bei der Inhaltslosigkeit der Presse, auf der die Zensur lastete, konnte die öffentliche Meinung öffentlich nicht zur Sprache kommen, wer aber als Künstler, Schriftsteller, Beamter, Geistlicher oder was immer den Zusammenhang mit dem, was weitere Kreise bewegte, nicht verlieren wollte, mußte sich in Klubs, Vereinen, Tafelrunden, Kränzchen, Zirkeln etc. zusammenschließen. So gibt es in Berlin zum Beispiel die »Gesetzlose Gesellschaft«, die sich 1809 unter dem Druck der französischen Herrschaft gebildet hatte und, ohne bestimmt ausgeprägten literarischen und politischen Charakter, Männer aller höheren Berufe vereinte und, wie Hoffmann, der dort Mitglied war, in den *Geheimnissen* (1821) schreibt, »keine andere Tendenz hat, als auf gute deutsche Art Mittag zu essen«. Übrigens war hier auch Hegel mit von der Partie, bei welcher Gelegenheit Hoffmann ihn wahrscheinlich kennengelernt hat. So harmlos, wie es Hoffmann darstellt, ging es in dieser Runde allerdings nicht zu. Varnhagen berichtet von einer der Zusammenkünfte dieser Jahre: »Wer als Fremder alles mit angehört hätte, dem wären die Haare zu Berge gestanden über den gefährlichen Geist.«

Da die Leidenschaft des Lesens und Schreibens im Vergleich zum Jahrhundertbeginn noch weiter zugenommen hat und in der Folge eines gewissen wirtschaftlichen Aufschwungs auch noch das Kleinbürgertum zu ergreifen beginnt, und da ausdrücklich politische Vereinigungen in dieser Zeit kaum auftreten dürfen, so haben jetzt gerade auch die ›schöngeistigen‹ – oft aber politisch hintersinnigen Geselligkeitsformen Konjunktur. Um die Gebrüder Gerlach herum bildet sich die »Gesellschaft für Deutsche Sprache«, wo Hoffmann auch bisweilen verkehrt; Clemens Brentano gründet die »Gesellschaft der Maikäfer«, die, wie es einmal in ihrem Kreis ironisch gesagt wurde, sich aufs »Dichten und Trachten versteifen«. Ein anderer Bund, die »Philarten«, verfolgt den Zweck, »die Seele vom Schlafe zu erwecken«; es gibt einen »Disputierverein zur Behandlung Schwebender Fragen«; die »Freunde des Berlinischen Taschenkalenders« treffen sich am Dienstag; eine Montagsgesellschaft« gibt es und eine »Mittwochsgesellschaft«.

Es gab aber auch die Geselligkeit gänzlich unpolitischer Art: Hedwig Stägemann, Wilhelm Müller, der ›Griechen- und Winterreise-Müller‹, und Wilhelm Hensel, jener Maler, den Hoffmann in den *Geheimnissen* so ironisch porträtierte – diese drei haben sich ein besonderes Spiel ausgedacht. Bei ihren Zusammenkünften ist die Stägemann die schöne Müllerin, Müller ist der Müller, und Wilhelm Hensel ein flotter Jäger, der sich zwischen die beiden schiebt. – Einige Studenten treffen sich im Café Royal und beschließen, Goethes Faust weiterzudichten. Der eine von ihnen schreibt mutig an den Meister und bittet ihn, ihm doch den Plan des zweiten Teils von Faust mitzuteilen, damit er ihn vollende. Goethe, von solchen Hochsinnigen einigermaßen geplagt – immerhin wird ihn sogar sein Enkel mit solchen Versen belästigen wie »Im Golfe von Neapel / Laufen viele Schiffe vom Stapel« – Goethe also hat, soviel man weiß, auf das Ansinnen der faustischen Geselligkeit nicht geantwortet. – In Berlin bilden sich schon einige Matadore heraus, die in Gesellschaften herumziehen und im Stile von Zirkusartisten auf Zuruf und zu jedem beliebigen Thema Gedichte produzieren.

Hoffmanns Erzählsammlung trägt den Namen, den sich

der nach Chamissos Rückkehr von seiner Weltreise am 14.11.1818 erneuerte literarische Freundschaftsbund um Hitzig gegeben hatte: »Serapionsbrüder«. 1815 nannte sich dieselbe Runde, der damals noch bisweilen Fouqué angehörte, »Seraphinenorden«. Als Hoffmann Anfang 1818 den Plan zu dieser Erzählsammlung faßte, war die Erneuerung des Freundschaftsbundes noch nicht abzusehen, und so wollte er dem Buch auch zuerst den Titel »Seraphinenbrüder« geben.

Auf den Namen »Serapion« kommen die Freunde, weil der 14.11.1818, der erste Abend der erneuerten Geselligkeit, der Tag des Heiligen Serapion ist. Mischa, die für solche Gelegenheiten den katholischen Heiligenkalender bereit hält, hat die Anregung dazu gegeben.

In den Rahmengesprächen der *Serapionsbrüder* finden sich Porträts der Teilnehmer dieser Runde. Der in Gesprächen einfallsreiche, aber als Dichter schwache Koreff tritt als Vinzenz auf. Hoffmann hat ihm, mit ironischem Hintersinn, das Märchen *Die Königsbraut* in den Mund gelegt. Der dilettierende ›Dichter‹ muß also erzählen, wie jemand mit Hilfe eines Spatenhiebs von der »Dichteritis« geheilt wird. Der ausgleichende, vernunftbetonte Hitzig muß als Ottmar gerade die ›wilden‹ Spukgeschichten erzählen. Nur Contessa wird als Sylvester noch am ehesten in seinem Metier belassen. Er darf beispielsweise die beschauliche, Altnürnberger Geschichte *Meister Martin* erzählen. Theodor, Cyprian und Lothar sind Figuren, die Hoffmann selbst am nächsten stehen.

In den Rahmengesprächen der *Serapionsbrüder* wird über die einzelnen Erzählungen diskutiert, manche werden sogar scharf kritisiert (zum Beispiel *Der Kampf der Sänger* und *Der unheimliche Gast*); das Gelungene wird hervorgehoben, auch wenn es nur Aspekte betrifft (einzelne Figuren, einzelne Situationen; am *Unheimlichen Gast* zum Beispiel wird nur die Szene des plötzlichen Öffnens der Tür gelobt!). Man läßt sich in lockerer Assoziation zu weiteren Gedanken anregen. Im Plauderton breitet Hoffmann hier seine poetologischen Reflexionen aus, seine Überlegungen zum Thema Magnetismus, Wahnsinn, zur Kultur der Geselligkeit. Auch unmittelbar biographische Reminiszenzen finden sich hier; so wird von Theodor berichtet, daß bei ihm körperliche Krankheit zur Steigerung der poetischen Schaffenslust führe – eine Beobachtung, die auf Hoffmann selbst zutrifft.

Das alles – diese Reflexionen, Anspielungen, versteckte Porträts, Blicke in die Dichterwerkstatt – hatte seinen Reiz und kam auch beim Publikum an. Für Hoffmann selbst aber lag die Bedeutung der Rahmenkonstruktion, für die er sich zunächst eher beiläufig entschieden zu haben scheint, noch auf einer anderen Ebene: Die Einbettung seiner oft flüchtig und schnellfertig hingeworfenen Erzählungen in den geselligen Rahmen gibt diesen Produkten nämlich einen Sinn zurück, den sie als ›Literatur‹ sehr leicht verlieren: Sie werden zur erzählenden Rede, sie ›verflüssigen‹ sich gleichsam wieder zum aktuellen Ereignis des Erzählens. Die alte Bedeutung des Erzählens lebt dabei noch einmal auf. Da kommen Menschen zusammen, die den Sorgen und Bedrückungen, den Ritualen und Fesseln des Alltags gemeinsam einen Spielraum von Lebendigkeit abgewinnen wollen. Sie sitzen zusammen und erzählen sich etwas. Den Lebens-Sinn solchen Erzählens sprechen vielleicht am deutlichsten die *Märchen aus tausendundeiner Nacht* aus, auf die Hoffmann nicht zufälligerweise einmal hinweist: Dort wird erzählt, um dem Leben noch Raum zu schaffen, Aufschub vor dem drohenden Tod. So ist es auch in Boccaccios *Decamerone*, wo die Menschen noch unter der Furie der Pest an ihrer Liebe zum Leben festhalten, indem sie sich etwas erzählen; und so verhält es sich auch in Goethes *Unterhaltungen deutscher Ausgewanderten*. In einer höchst ungewissen, gefahrvollen Situation – die Flüchtlinge haben ihre Herkunft und ihre Zukunft verloren – geben sich heimatlose Menschen für Augenblicke eine Heimat – eben im Erzählen.

Eine solche dramatische Situation ist in den *Serapionsbrü-*

dern nicht vorgegeben, aber doch geht es auch hier um Ermunterung: »Aber wen von uns hat indessen nicht der wilde Strudel von Ereignis zu Ereignis, ja von Tat zu Tat fortgerissen? Konnte denn alles Schrecken, alles Entsetzen, alles Ungeheure der Zeit an uns vorübergehen, ohne uns gewaltig zu erfassen, ohne tief in unser Inneres hinein seine blutige Spur einzugraben...? Laßt uns also... versuchen, wie sich ein neues Band unter uns verknüpft.« Und sie knüpfen es nun durch Erzählen.

Der Rahmen der *Serapionsbrüder* inszeniert dieses bedeutungsvolle Ritual des Erzählens; es muß nicht alles für sich genommen gleich wichtig, bedeutend, ›tief‹ sein; ›unterhält‹ es in jenem archaischen Sinn des orientalischen Erzählens, so ist es gut. Der Sinn, den das Erzählen selbst hat, teilt sich den einzelnen Erzählstücken mit, mögen sie auch literarisch minderer Qualität sein. So kommt Hoffmann, der von seiner Taschenbuchproduktion einmal sagte, sie sei von der Art, daß man sie auch mit dem Hintern schreiben könne, am Ende der *Serapionsbrüder* doch zu einem versöhnlichen Schluß: »Jeder sprach wie es ihm im Innersten recht aufgegangen war, ohne seine Gedanken für etwas ganz Besonderes und Außerordentliches zu halten oder dafür ausgeben zu wollen, wohl wissend, daß das erste Bedingnis alles Dichtens und Trachtens eben jene gemütliche Anspruchslosigkeit ist, die allein das Herz zu erwärmen, den Geist wohltuend anzuregen vermag.«

Man muß sich vorstellen, daß Hoffmann seine Erzählungen und Romane fast so schnell zu Papier brachte, wie wenn er sie mündlich vorgetragen hätte. Der Weg vom Erfinden zum Schreiben war ungefähr genauso kurz wie der zum Sprechen. So hat sein Stil denn auch etwas Gesprochenes. Er skizziert einen Vordergrund, deutet mit höchst charakteristischen Strichen an, die aufgrund ihrer Prägnanz in Erinnerung bleiben, pointiert die Effekte des Rätselhaften, referiert dann eine zumeist enthüllende Vorgeschichte, kehrt auf den Vordergrund zurück, wo das weitere Geschehen – die Konsequenzen und Verwicklungen – oft mit Hast zum Ende gebracht wird. Die Dynamik des Erzählens entspringt dabei nicht zuletzt aus der Angst vor dem Vergessen. Der rote Faden muß gespannt bleiben, sonst verwirrt sich alles, und Bezüge, Querverbindungen etc., die miterzählt werden müssen, gehen verloren. Trotzdem ist es einigemale vorgekommen, daß Hoffmann, wenn er unter Termindruck Teile des Manuskriptes schon abgesandt hatte, nicht mehr genau wußte, was er geschrieben hatte. Er mußte dann die Peinlichkeit auf sich nehmen, beim Verleger anzufragen, was es denn mit dieser oder jener Figur auf sich habe.

Durch Hoffmanns Erzählungen geht ein verzeitlichender Zug: Es dominiert das Nacheinander. Das Spiel von Symbolen und Korrespondenzen kann sich nur begrenzt entfalten, der Zug der Handlung ist zu mächtig. Greift er doch einmal darauf zurück, dann bekommen die Symbole – wie z.B. im *Sandmann* das Auge, die Brille, der Spiegel – eine in die Handlung integrierte dynamische Funktion. Betrachtungen, Schilderungen können sich nicht ausbreiten, ein Sog, der vom Ende ausgeht, zieht sie in den Fluß des Geschehens.

Diese Art des Erzählens begünstigt eine verschlingende Lektüre, ein komplementärer Vorgang zum ›fließenden‹ Schreiben.

Eine Voraussetzung dafür, daß es bei Hoffmann so fließt, ist seine Bedenkenlosigkeit. Die Literatur hat er nie so ernst genommen wie die Musik, deshalb ist er hier auch frei von der hemmenden Angst, Fehler zu machen. Mit derselben Bedenkenlosigkeit hat er übrigens auch seine großen Werke geschrieben. Für den *Kater Murr* oder die *Prinzessin Brambilla* hat er sich nicht mehr Zeit gelassen als für irgendeines seiner hastigen Almanachprodukte. Wenn er besser getroffen hat, so lag das jedenfalls nicht daran, daß er sorgfältiger gezielt hätte.

Vierundzwanzigstes Kapitel
Die Imagination auf der Suche nach Leben

Überblickt man Hoffmanns Erzählwerk insgesamt, so bemerkt man einen weiteren, und zwar sehr wichtigen Grund für den schnellen Fluß des Erzählens: Oft brauchen sich die Erzählungen keine neuen Wege zu suchen, mit wechselnden Stoffen verfolgen sie die Spuren einer Problematik, die ein recht übersichtliches Verlaufsschema ergeben. Es geht dabei um die miteinander verbundenen Probleme des Verhältnisses von Imagination und Verkörperung, von Liebe und Kunst und von Kunst und bürgerlichem Leben.

Die Umrisse des Verlaufsschemas: Da lebt jemand in einer beengenden, ängstigenden Wirklichkeit. Ihre Zumutungen sind übermächtig. »Ich habe zuviel Wirklichkeit«, schrieb Hoffmann in einem Jugendbrief. Wie er selbst, so fühlen sich viele seiner Helden als Gefangene ihres Berufs, ihres Herkommens, der Konventionen, der Erwartungen der Umwelt. Besonders eng wird es, wenn sogar der eigene Körper zum Gefängnis wird. »Ich habe einen Künstlerkörper..., er wird bald gar nicht zu brauchen sein«, schrieb Hoffmann ebenfalls in einem Jugendbrief. Dem Hund Berganza wird der Körper zur Last, dem Klein Zaches sogar zur Verdammnis. Wenn ein Begehren erwacht – und es erwacht vor allem in der großen Leidenschaft der Liebe – und es an diese Grenzen stößt, dann kann das Drama beginnen: Das in die Körperwelt eingezwängte Begehren drängt in die Imagination. Der Held »schaut« das Bild einer Frau und verliebt sich. Es muß ein ›Bild‹ sein, noch nicht eine Person. Es handelt sich noch nicht um eine ›Beziehung‹, sondern um das Erlebnis einer inneren Kraft, eines inneren Vermögens. Zum ›Bild‹ kann ein wirkliches Gemälde wie das Altarbild der Hl. Rosalia in den *Elixieren* oder die Fresken im *Artushof* werden; auch eine Stimme wie in der *Automate* oder ein

Phantasma, die Bergkönigin in *Die Bergwerke zu Falun*, können die Funktion des ›Bildes‹ übernehmen. Sogar eine Puppe *(Sandmann)* vermag die verliebte Imagination zu wecken.

Wenn auch die ›Beziehung‹ zunächst gänzlich imaginär bleibt, so greift sie doch tief ins Leben des jeweiligen Helden ein. Der nämlich fühlt sich wie neugeboren, oft löst er sich aus seinen bisherigen Lebensumständen (Traugott im *Artushof* gibt seinen Kaufmannsberuf auf und wird Maler, Theodor in *Die Fermate* geht auf Reisen). Zur Krisis kommt es nun, wenn die ›Geschaute‹ zur Person aus Fleisch und Blut wird, wenn sie, wie Hoffmanns Formel dafür lautet, »ins Leben tritt«. Es muß zur Krisis kommen, weil es, so Hoffmann, eine nicht tilgbare Differenz zwischen Imagination und Verkörperung gibt. Die Einheit von Person und ›Bild‹, als vollendetes Glück, hat keine Dauer.

Wenn sich dann ›Bild‹ und Person wieder trennen, so gibt es prinzipiell vier weitere Verlaufsmöglichkeiten:

Die erste ist der Sturz in die hermetische Welt der Imagination. Der Einsiedler Serapion, der »keine Außenwelt mehr statuiert«, ist ein solcher Fall, den Hoffmann auch »heiterer Wahnsinn« nennt. Ihm ist verwandt die ebenfalls noch geschlossene Phantasiewelt der Kindheit. Hoffmanns Märchen *Nußknacker und Mausekönig* und *Das fremde Kind* erzählen davon.

Eine weitere Verlaufsform ist der Sturz in die ebenso hermetische Welt eines ausgenüchterten Realitätsprinzips, das nur noch die Verbindlichkeit der »Außenwelt« statuiert. Die Beamten, die auch in ihren Träumen nicht aus ihren Aktenschränken herauskommen, vertreten diesen Typus der ›wahnsinnigen Vernünftigkeit‹. An den Studenten in den Kristallflaschen im *Goldnen Topf* demonstriert Hoffmann, daß diese ›Äußerlichkeit‹ auch eine Art ist, sich einzuschließen.

Die Trennung von ›Bild‹ und Person schlägt sich drittens in der heiter-gelassenen, manchmal aber auch schmerzlichen, als solche aber trotzdem festgehaltenen Erfahrung der »Duplizität« allen Seins nieder. Der *Artushof* thematisiert diese Erfahrung. An den alten Fresken der Danziger Börse, dem »Artushofe«, kann sich Traugott, der junge Kaufmannsassocié, nicht sattsehen; er erschaut das ›Bild‹, spürt die Berufung zum Maler; er verfolgt die ›Geschaute‹, die sich ihm als Tochter des wahnsinnigen Malers Berklinger, der seine Tage vor der leeren Leinwand zubringt, verkörpert. Diese Felicitas ist irgendwann einmal mit ihrem Vater plötzlich verschwunden, nach Sorrent, so glaubt Traugott. Er zieht ihr nach. Dort in Italien findet er zwar nicht das geliebte Mädchen, dafür aber entdeckt er sein künstlerisches Genie. Außerdem findet er in Dorina, einem Mädchen, das Felicitas ähnelt, einen gewissen Ersatz. Wegen einer Nachlaßangelegenheit wird er nach Danzig zurückgerufen. Dort erfährt er, daß die Entrückung der Felicitas nach Italien gar nicht stattgefunden hatte, das Traumbild seiner Liebe hat sich vielmehr nach Marienwerder verheiratet und ist nun die angesehene Kriminalrätin Mathesius.

Es gibt bei Hoffmann viele Figuren, die solche Ernüchterung nicht mit heilem Verstand überleben. Traugott indes findet die Kraft, die »Duplizität« von Imagination und Wirklichkeit auszuhalten. Ihn hat die Erregung durch das ›Bild‹ auf den Weg der Selbstentdeckung gebracht: Er hat in sich die Wirklichkeit seiner imaginären Produktivität entdeckt, er hat sie so selbstgewiß entdeckt, daß er es nicht nötig hat, die widerständige, nichtimaginäre Wirklichkeit zu leugnen, er ist, nach einem Worte Kleists, »durch diese schöne Anstrengung mit sich selbst bekannt gemacht«. So kann Traugott am Ende ausrufen: »Nein, nein, Felicitas, nie habe ich dich verloren, du bleibst mein immerdar, denn du selbst bist ja die schaffende Kunst, die in mir lebt. Nun – nun erst habe ich dich erkannt. Was hast du, was habe ich mit der Kriminalrätin Mathesius zu schaffen!«

Die Erkenntnis des Prinzips der Duplizität, die solchen Figuren wie Traugott ein heiteres, nur manchmal ein wenig durch Wehmut getrübtes Leben ermöglicht, hat Hoffmann in den Gesprächen der *Serapionsbrüder* in Abgrenzung zum »heiteren Wahnsinn« des Einsiedlers Serapion einmal so formuliert: »Armer Serapion, worin bestand dein Wahnsinn anders, als daß irgendein feindlicher Stern dir die Erkenntnis der Duplizität geraubt hatte, von der eigentlich allein unser irdisches Sein bedingt ist. Es gibt eine innere Welt, und die geistige Kraft, sie in voller Klarheit, in dem vollendetsten Glanze des regesten Lebens zu schauen, aber es ist unser irdisches Erbteil, daß eben die Außenwelt, in der wir eingeschachtet, als der Hebel wirkt, der jene Kraft in Bewegung setzt. Die innern Erscheinungen gehen auf in dem Kreise, den die äußeren um uns bilden und den der Geist nur zu überfliegen vermag in dunklen geheimnisvollen Ahnungen.« Lebbar aber ist diese »Duplizität« nur, wenn jenes »irdische Erbteil«, mit anderen Worten: wenn das Begehren des Körpers, nicht allzusehr seine pochende Gegenwart behauptet.

Wenn der Körper kompromißlos bleibt, dann ergibt sich die vierte Verlaufsvariante, aus der Hoffmann gerne seine schaurigen Effekte gezogen hat: Die Imagination läßt sich nur durch Gewalt gegen die Verkörperung verteidigen. Wie das vor sich geht, zeigte schon das Beispiel der Verklärung Aureliens in den *Elixieren*: Aurelie muß getötet werden, damit jene Beruhigung eintreten kann, die eine Verklärung im ›Bild‹ erlaubt.

In der *Jesuiterkirche in G.* geschieht etwas Ähnliches. Nur hat es hier Hoffmann in seiner flüchtigen Art nicht zu Ende erzählt. Es wird nur angedeutet, daß der Maler seiner Kunst, also dem ›Bild‹ zuliebe seine Frau wahrscheinlich getötet hat.

Von dieser Variante her fällt ein dunkler Schatten auf die körperverzichtende sublime ›Künstlerliebe‹, die, wie es im *Kreisler*-Roman heißt, nur »geistige Fühlhörner, an denen weder Hand noch Finger befindlich« nach der Geliebten aus Fleisch und Blut ausstreckt. Unter dem erhabenen Verzicht wird ein explosives Gemisch sichtbar: Gewalt gegen die

Körperwünsche, gegen den eigenen Körper und den Körper des anderen.

Aus dieser Welt von Gewalt und Selbstzerstörung berichtet auch eine der berühmtesten Erzählungen Hoffmanns, *Der Sandmann*. Nicht zuletzt durch die Freudsche Interpretation, die hier das klassische Drama des Ödipuskomplexes entdeckt, hat diese grausige Erzählung aber inzwischen schon fast aufgehört, ein »Nachtstück« zu sein, und gleicht nun einem hell ausgeleuchteten Szenario, worin psychoanalytische Kategorien mit zwei Beinen agieren. Hoffmann selbst hat die Erzählung nicht allzuhoch eingeschätzt. Allerdings hat sie sich ihm mit einer beispiellosen Gewalt der Evidenz aufgedrängt. Was er sonst nicht getan hat: Beim *Sandmann* notiert er genau die Stunde, zu der er mit der Niederschrift begonnen hat, und jene berühmte ›Urszene‹ aus der Kindheit Nathanaels – Coppelius will dem Knaben die Augen rauben, der Vater stirbt etc. – schrieb er in einem Zuge während einer Sitzung des Kammergerichtes nieder.

Der Student Nathanael verliebt sich in eine Frau, die ihn aus einem Fenster des Nachbarhauses anzulächeln scheint. Er hat sie schon einige Zeit dort beobachtet, aber erst der Blick durchs »Perspektiv« erweckt seine Gefühle. Dieses Perspektiv erwarb er von dem Wetterglashändler Coppola, von einem Menschen, in dem er eine grauenhafte Gestalt seiner Kindheit wiederzuerkennen glaubt, den Advokaten Coppelius, der auf dunkle Weise mit dem Tod des Vaters verbunden ist.

Nathanael ist vom Auftauchen Coppolas beunruhigt, ihn plagt die Ahnung, daß dieser Mensch »sein Liebesglück stören« werde. Doch dem scheint – zunächst – nicht so zu sein, denn mit Hilfe des Coppolaschen Perspektivs fängt das Liebesglück erst so richtig an. Die durchs Fernglas »erschaute« Olimpia im Fenster erweckt in ihm eine kräftigere Leidenschaft als Clara, die Verlobte zu Hause.

Anders als Clara hält Olimpia still, fordert nicht, läßt keinen Widerstand spüren, weshalb Nathanael auch ausrufen kann: »O du herrliche, himmlische Frau!..., du tiefes Gemüt, in dem sich mein ganzes Sein spiegelt!« Nathanael spiegelt sich in Olimpia, und ihr scheinbar verstehender Blick ist der zurückgeworfene eigene. Sie ist ohne Leben, ohne Körper. Die Entdeckung, daß Olimpia in Wahrheit ein Automat ist, konfrontiert Nathanael grausam mit seinem Narzißmus. Er bringt es offenbar nur zur Selbstbegegnung. Wer so liebt wie Nathanael, hat Angst vor dem Anderen, vor der wirklichen Frau, vor der Frau mit Körper, beispielsweise vor Clara.

Noch ehe Nathanael sich in Olimpia verliebt, gesteht er diese Angst, verschlüsselt in der Erzählung eines Traumes. Er steht mit Clara vor dem Traualtar, da berührt der fatale Coppelius Claras »holde Augen«; die »springen in Nathanaels Brust wie blutige Funken sengend und brennend«. Die Augen Claras, sie sind nicht länger mehr ›Fenster der Seele‹, sie sind ein Stück ihres Körpers, von dem er sich bedroht fühlt. Die »springenden Augen« sind der Körper der Frau, den Nathanael fürchtet, weil ihm von dort die Auflösung der mühsam behaupteten Identität droht. Denn läßt er die »springenden Augen« in sich eindringen, so dreht sich alles im »Feuerkreis«: »Es ist ein Tosen, als wenn der Orkan grimmig hineinpeitscht in die schäumenden Meereswellen, die sich wie schwarze, weißhauptige Riesen emporbäumen in wütendem Kampfe.« Doch die Schrecken vor dem wirbelnden Pulsieren der Körperverschmelzung haben ein plötzliches Ende: Die »springenden« Augen Claras verwandeln sich in den distanzschaffenden »Blick«, der umgekehrt nur noch den An-Blick herausfordert: »Ich habe ja meine Augen«, sagt die geträumte Clara, »sieh mich doch nur an.« Nathanael folgt der Aufforderung, sogleich »verrauscht dumpf das Getöse« im »schwarzen Abgrund«. Doch die Ruhe, die nun einkehrt, wird tödlich sein. Die Augen Claras, die nicht mehr »springen«, leben auch nicht mehr. »Nathanael blickt in Claras Augen; aber es ist der Tod, der mit Claras Augen ihn freundlich anschaut.«

Dieser Traum nimmt Nathanaels Geschichte vorweg. Am Ende der Erzählung, nachdem Nathanael sich vom Olimpia-Schock einigermaßen erholt hat, wird er Clara anblicken, kurz vor der Heirat, wieder durchs »Perspektiv«, und er wird in ihr zu seinem Entsetzen eine Automate entdecken. Das eine Mal hat er also im Toten das Lebendige, das andere Mal im Lebendigen das Tote gesehen. Diese Verwirrung wird er nicht überleben. Riesengroß steht Coppelius am Fuße des Turms, von dem sich Nathanael herabstürzt.

Nathanael hat sich in seinem Empfinden gegen die Welt der Anderen, gegen die Körperwelt eingeschlossen. Die Angst vor dieser Welt hat ihn der Fähigkeit beraubt, zwischen Wirklichkeit und Imagination zu unterscheiden. Was hat ihn in diesen selbstzerstörerischen Selbstbezug hineingetrieben?

Wie so oft in seinen Erzählungen präsentiert Hoffmann eine frühkindliche Urszene, die davon berichtet, wie alles angefangen hat. Das psychoanalytische Denkmuster vorwegnehmend, suchen seine Erzählungen die Wahrheit der Person in ihrer verschlüsselten frühen Kindheit, in jener ›Geheimgeschichte‹, aus der ursprungsmythisch das Schicksal entspringt. Die Familie pflegte sich bisweilen nach dem Abendbrot im Zimmer des Vaters gemütlich zu versammeln. Es wurde erzählt, und der Vater rauchte. Es ist immer ein Poltern auf der Treppe, das dieses friedliche Beieinander von Eltern und Kindern abrupt beendet. »Der Sandmann kommt«, sagt die Mutter dann.

Das Poltern auf der Treppe, das bedrückte Schweigen des Vaters und die Traurigkeit der Mutter, der gestörte Friede, das Türenschlagen – alles deutet auf ein wirkliches Stelldichein des Vaters mit einem noch undefinierbaren, jedenfalls aber grauenhaften Wesen, eben dem ›Sandmann‹ hin. Nathanael will sich Gewißheit verschaffen, er will mit eigenen Augen sehen, wovon er bisher nur die fatale Wirkung gespürt hat. Er verbirgt sich im Zimmer des Vaters. Der unheimliche Gast kommt, es ist ein Altbekannter, der Advokat Coppelius, der manchmal bei der Familie zu Mittag ißt. »Aber die gräßlichste Gestalt hätte mir nicht tieferes Entsetzen erregen können als eben dieser Coppelius«, berichtet Nathanael. Weshalb dieses Entsetzen? Zunächst einmal deshalb, weil der Geheimnisvolle sich als ein längst Bekannter entpuppt. Dann aber auch, weil Coppelius sogar bei Tageslicht »widrig und abscheulich« wirkt, so widrig und abscheulich, daß alles, was er berührt, ekelerregend wird. Coppelius steht im Zentrum eines Kraftfeldes, das dem Kind die Sinne raubt. Nachts darf man ihn nicht anblicken. Sitzt er zu Mittag am Tisch, verbreitet er Schweigen um sich; was er berührt, kann man nicht mehr anfassen, und es schmeckt nicht mehr. Vor Coppelius vergeht dem Kind Hören und Sehen. Kein Wunder, daß der Körper des Jungen erstarrt beim verbotenen Blick auf den unheimlichen Gast. Als Coppelius ruft, »Augen her, Augen her«, stürzt sich Nathanael mit einem Aufschrei aus dem Versteck; Coppelius packt ihn, will die Augen des Kindes, der Vater fleht um Schonung, Nathanaels Körper wird zum Automat: »Und damit faßte er mich gewaltig, daß die Gelenke knackten, und schrob mir die Hände ab und die Füße und setzte sie bald hier, bald dort wieder ein.« Erzählt wird also, wie aus einem unbestimmten Dunkel heraus, aus dem Coppelius kommt, ein Kind im frühen Alter aus seinem Körper vertrieben wird.

Ob das nun das ödipale Dreieck mit den Schrecken der Kastration ist, was Nathanael, nach Freud, hier erlebt, kann dahingestellt bleiben. Aus Hoffmanns eigenem Leben jedenfalls hatte sich der Vater so frühzeitig zurückgezogen, daß es zu einem ödipalen Dreieck gar nicht kommen konnte.

Die Freudsche Interpretation sieht im Augen- und Perspektivmotiv lediglich ein »Äquivalent zur Kastration«. Damit aber geht eine Pointe der Erzählung verloren: Wer – so zeigt das Schicksal Nathanaels – durch welche frühkindlichen Umstände auch immer aus seinem Körper vertrieben wird, der kann auch seinen Augen nicht mehr trauen.

Der Sandmann. Zeichnung Hoffmanns (um 1815).

Hoffmann erzählt die Geschichte eines Menschen, dem sein verkörpertes Selbst entrissen wird. Die Macht, die solches in der frühen Kindheit bewirkt, ist familiär und bleibt doch im dunkeln, von Imagination umsponnen, faßbar nur in ihren dramatischen Wirkungen. Und die Urszene fixiert jenen grellen Augenblick, als die Macht das Kind zwingt, seinen Körper als leblose Puppe der Außenwelt zur mechanischen Hantierung zu überlassen.

Damals hatte Coppelius Nathanael in eine mechanische Puppe verwandelt, jetzt dreht er ihm eine Augenprothese an. Er bringt ihn dazu, sich nicht mehr seinen Sinnen, seiner Sinnlichkeit, anzuvertrauen, sondern einem künstlichen Apparat. Im »Perspektiv« ist das ganze Psychodrama Nathanaels enthalten: Das Selbstgefühl und die Wahrnehmung haben sich aus dem verkörperten Selbst zurückgezogen, der lebendige Organismus bewaffnet sich mit einem toten Organersatz, die Coppolasche Brille, die sich Nathanael vor die Augen hält, täuscht ihn, läßt ihn sein Leben verfehlen, macht ihn fast zum Mörder, auf jeden Fall aber zum Selbstmörder.

Hätte Nathanael die Lust seines Körpers als Erkenntnismittel einsetzen können, er hätte sich nicht getäuscht, weder in Olimpia noch in Clara.

»Ich denke immer, ich habe einen Künstlerkörper, d. h. er wird gar nicht zu brauchen sein, und ich werde mich empfehlen, ohne ihn mitzunehmen«, so schrieb der junge Hoffmann. Im *Sandmann* probiert er aus, wie es jemandem ergeht, der seinen Körper nicht »braucht« und sich »empfiehlt, ohne ihn mitzunehmen«.

Neben der Konstellation *Liebe – Imagination – Körper* ist das andere große Thema Hoffmanns: *Kunst und Leben.*

In den *Kreisleriana* und dem *Hund Berganza* hatte er bereits dieses Thema aufgegriffen. Dort protestiert er dagegen, daß die Kunst, die doch als Zweck in sich selbst ruhe, in den übergreifenden gesellschaftlichen Zweckreihen zum bloßen Mittel, zum Mittel der Unterhaltung, Belehrung, moralischen Erbauung oder der Aufrüstung der Arbeitskraft degradiert wird. »Es gibt keinen höheren Zweck der Kunst«, schreibt er im *Berganza*, »als in dem Menschen diejenige Lust zu entzünden, welche sein ganzes Wesen von aller irdischen Qual, von allem niederbeugenden Druck des Alltagslebens, wie von unsaubern Schlacken befreit, und ihn *so* erhebt, daß er, sein Haupt stolz und froh emporrichtend, das Göttliche schaut, ja mit ihm in Berührung kommt.«

Hoffmann möchte keine Zwecke dulden, die über der Kunst stehen; er will die Kunst vom Nützlichkeitsprinzip abkoppeln. In dieser Frontstellung reibt er sich an einer bürgerlichen Gesellschaft, die sich anschickt, die Welt in ein Universum der Mittel zu verwandeln. Seinen Kreisler läßt er mit Hamlet ausrufen: »Ihr könnt mich zwar verstimmen, aber nicht auf mir spielen!« Doch es ist dieselbe Geste, die einerseits die Integration durch gesellschaftliche Verwertung zurückweist und andererseits den solitären Charakter der Kunst zur Metaphysik und Religion steigert.

Die Imagination, die angesichts der Verkörperungen der

Liebe so manches Mal sich blamiert oder auch katastrophale Verwicklungen hervorruft, sie findet in der Kunst gleichsam ihren ›Astralleib‹. Ein ›höheres‹ oder ›tieferes‹ Leben, gleichviel, erschließt die Kunst. Das hat Hoffmann immer wieder von der Musik gesagt, wohlgemerkt nicht von der Literatur, bei der er weniger Bedenken trug, sie dem Unterhaltungsinteresse dienstbar zu machen. Allerdings ist die Literatur für ihn auch die Klagemauer. Hier entlädt er seinen Kummer über die vom bürgerlichen Leben geschundene Musik. In der Literatur hat er aber auch bestimmte Konsequenzen der Kunstmetaphysik zu Ende gedacht. Deren Probleme begannen damals offensichtlich zu werden.

Die Frühromantiker hatten die Kunst den Platz der Religion einnehmen lassen (oder die Religion, wie Schleiermacher, zur Kunst gemacht). An dem »gestirnten Himmel über uns«, der nach Kant nun als leer, d. h. götterlos, zu gelten habe, ließ man die Sterne der Poesie aufgehen, die ins Herz hineinstrahlen und das harte »Sittengesetz«, das Kant dort eingepflanzt hatte, erweichen.

Das romantische Lebensgefühl fand wenig Geschmack an Kants schweißtreibenden transzendentalen Kategorien; es wollte mit einem Sprung den transzendentalen Ort erreichen. Dieser Ort war die Kunst, der Sprung ein Tanz und die Aussicht so schön, wie sie Caspar David Friedrich gemalt hat oder wie sie Jean Paul beschrieb: »So weit über das Gewölk des Lebens hinauszudrängen, daß man die ganze äußere Welt mit ihren Wolfsgruben, Beinhäusern und Gewitterableitern von weitem unter seinen Füßen wie ein eingeschränktes Kindergärtchen liegen sieht.«

Es ist nun nicht zu übersehen, daß diese Kunsteuphorie nach 1815 allgemein in Verdacht gerät; die Skepsis nagt an ihr – das gilt auch für Hoffmann, der ja nun als Kammergerichtsrat und gut dotierter Tagesschriftsteller fest im bürgerlichen Sattel sitzt. Hoffmann erlebt an Clemens Brentano, mit dem er 1816 Umgang pflegte, geradezu ein Lehrstück in der Krise der romantischen Kunstreligion.

Brentano war etwa gleichzeitig mit Hoffmann nach Berlin gekommen, wo man ihn, dessen poetische Talente sich bald zu erschöpfen begannen, als Paradiesvogel der ›ästhetischen Tees‹ immer noch bewunderte, verhätschelte und umwarb. Doch Brentano mochte sich seines Ruhmes nicht mehr freuen. Die Poesie, über die er allzuleicht verfügt hatte, war ihm zu Schall und Rauch geworden, ein gewissenloses Spiel, womit man sich am Leben versündigte. In einem Briefentwurf an Hoffmann hat sich Brentano Anfang 1816 darüber ausgesprochen: »Seit längerer Zeit habe ich ein gewisses Grauen vor aller Poesie, die sich selbst spiegelt, und nicht Gott...; ich habe die tiefe Überzeugung, daß dem Gaukler, schüttelte er auch die göttlichsten Gaben aus dem Zauberbecher, es dennoch mit dem Geben nicht ganz ernst ist, es macht ihm Lust den Hungernden mit Manna totzuschlagen... Die witzigen gaukelnden sogenannten Humoristen treten immer in der Literatur ein, vor der Hungersnot. Es ist das Henkersmahl, der letzte Schmaus des verlornen Sohnes.«

Den künstlerischen Menschen verglich Brentano einmal mit einer Gans, die alle natürliche Proportion und Lebenskraft verliert, indem man ihre Leber für den späteren genüßlichen Verzehr übermäßig mästet. Brentano ist mit dieser Krise nur fertig geworden, indem er sich dem Katholizismus zuwandte. In der Religion fand er den Halt, den ihm die Kunst als Lebensmacht nicht mehr geben konnte. Er ging damit einen Weg, den beispielsweise auch Friedrich Schlegel, Schelling und Eichendorff beschritten. Das vitale Zutrauen in die Poesie war inzwischen dem sicherlich auch altersbedingten Gefühl gewichen, in der Kunst das »gediegene, in seinen Zwecken befestigte Leben«, wie Hegel das nennt, zu verlieren. Man hatte ganz einfach nicht mehr die Kraft, die Kunst an die Spitze der möglichen Zweckreihen des Lebens zu setzen. »Was aber schön ist, selig scheint es in ihm selbst« (Mörike) – daran fand man nun kein Genügen, plötzlich bemerkte man eine metaphysische und, damit verbunden, auch eine institutionell-bürgerliche Obdachlosigkeit. Die Kunst rückte aus dem Zentrum eines homogenen Milieus; es war, als hätte der Zuruf der desillusionierenden Geschichte die Schlafwandler aufgeweckt und abstürzen lassen. Die trotz aller Reflexion immer noch im Kern naive Selbstsicherheit von früher war dahin. Bei Brentano meldet sich sogar das Gefühl der Scham, eine sehr moderne, weil soziale Scham, die dann später im Vormärz programmatisch wird: »Eine gewisse innere Scham hält uns zurück, ein Gefühl, welches jeden befällt, der mit freien und geistigen Gütern, mit unmittelbaren Geschenken des Himmels Handel treibt... Alle Menschen, welche ihr Brot nicht im Schweiß ihres Angesichts verdienen, müssen sich einigermaßen schämen, und das fühlt einer, der noch nicht ganz in der Tinte war, wenn er sagen soll, er sei ein Schriftsteller« (Brentano, *Geschichte vom braven Kasperl und dem schönen Annerl*, 1817).

In dieser Zeit hätte Schiller nicht mehr so unbefangen seine *Ästhetische Erziehung des Menschen* schreiben können. Jetzt werden die Stimmen überlaut, die in der Kunst, wenn sie unbescheiden daherkommt, ein das Leben zersetzendes Gift sehen. Die Kunst gerät in die Defensive, unter Rechtfertigungszwang. Es muß erst ein halbes Jahrhundert vergehen, ehe ein Richard Wagner wieder den prunkenden Versuch unternimmt, das Leben unter das Diktat der Kunst zu zwingen. Erst mit ihm wird der frühromantische Wunsch nach ›Erlösung‹ durch Kunst und Poesie noch einmal selbstbewußt die geschichtliche Bühne betreten.

Hoffmanns Variationen zum Thema Kunst und Leben sind von der Krise geprägt. Und so ist es auch kein Zufall, daß gerade Brentano, an dem sie besonders prägnant zum Ausdruck kommt, ihm die Anregung gibt zum *Rat Krespel*, jener Erzählung, worin die Lebensproblematik der Kunst überaus pointiert dargestellt wird.

Im sechsten Buch von *Dichtung und Wahrheit*, das Hoffmann kannte, berichtet Goethe von einem Frankfurter Original, dem Rat und Archivar Johann Bernhard Crespel, der den Goetheschen Freundeskreis zu einem bizarren Spiel des Partnertausches angestiftet hatte. Souverän setzte sich dieser Crespel, ein menschenscheuer, bisweilen zynischer, aber für die Kunst begeisterter Mensch, über Sitte und Konvention hinweg, ging seine eigenen Wege, auch zum Beispiel beim Bau eines Hauses, worüber Goethes Mutter ihrem Sohn in Weimar berichtet hatte: »Crespel (baut) ein Haus nach eigner Invention, hat aber in dem Kickelsort weder Maurer noch Zimmerleute, weder Schreiner – noch Glaser – das ist er nun alles selbst – es wird ein Haus werden – wie seine Hosen, die er auch selbst fabriziert.«

Wahrscheinlich erfuhr Hoffmann über Brentano von diesem wunderlichen Selbsthelfertum. Er läßt jedenfalls seinen Rat Krespel in ähnlich skurriler Manier ein Haus bauen. An Brentano mochte Hoffmann auch gedacht haben, als er über Krespel schrieb: »Was bei uns Gedanken bleibt, wird dem Krespel alles zur Tat.« Von sich selbst nämlich hatte Brentano gesagt, er sei jemand, der »jeden witzigen treffenden Gedanken, so wie er ihn durchzuckte, aussprechen mußte –«.

Hoffmanns Rat Krespel ist eine bizarre Figur, der »die Natur oder ein besonderes Verhängnis die Decke wegzog, unter der wir andern unser tolles Wesen unbemerkter treiben«. Sein »tolles Wesen« besteht in einem geheimnisvollen Umgang mit einer schönen jungen Frau, die er im Hause einsperrt und der er das Singen verbietet. Eines Nachts hatte man in den Straßen einen »überirdisch schönen« Gesang gehört, der jäh und, wie es schien, gewaltsam abbrach. Von Krespel weiß man nur, daß er alte Geigen zerlegt und dann wegwirft. Der ganze Hintergrund der Geschichte kommt nach und nach zum Vorschein. Die junge Frau ist Antonie, die Tochter Krespels; sie ist eine begnadete Sängerin, doch mit einer unheilbaren Krankheit geschlagen. Der Arzt hatte erklärt, daß Antonie in sechs Monaten sterben müßte, falls sie nicht dem Gesange vollkommen entsagte. So wacht

Krespel, der sonst die geliebte Tochter auf der Geige zu begleiten pflegte, darüber, daß dieser sterbende Schwan fortan stumm bleibt. Um des Lebens willen verzichtet er auf die Schönheit eines Gesanges, der so zerstörerisch wirkt.

Bamberger Reminiszenzen klingen hier an. Wir wissen, daß die Konsulin Marc gegen Hoffmann den Vorwurf erhob, seine Gesangsmethode würde Julias Gesundheit untergraben. Die Kunst, die Leib und Leben verzehrt, das war ein Phantasma, um das auch Hoffmanns Don Juan-Erzählung kreist: Die Sängerin der Donna Anna stirbt nach ihrem glänzenden Auftritt. Krespel aber entscheidet sich gegen die Kunst und für die Lebenserhaltung. Von der lebendigen Kunst abgeschnitten, sucht er Trost in der handgreiflichen Analyse: Er zerlegt die Instrumente, um dem Geheimnis der schönen Töne auf die Spur zu kommen, und zerstört dabei doch nur, was er sucht. Trotzdem ist Antonie nicht zu retten: Im Traum hört er sie singen, als er aufwacht, ist sie tot.

Dort wo Hoffmann versucht, den Widerstreit zwischen Kunst und Leben als versöhnt darzustellen, weicht er gerne in eine rückwärtsgewandte Utopie aus. An den altdeutschen Meistern (Dürer im *Feind* und Meister Martin in der gleichnamigen Erzählung) zeigt er, wie eine im Handwerklichen verwurzelte Tüchtigkeit, die auch die bürgerliche Anerkennung genießt, sich zur Kunst steigert, ohne doch den Boden des gesellschaftlichen Lebens und der bürgerlichen Moral verlassen zu müssen. In dieser Hans-Sachs-Welt entdeckt er einen Lebenszusammenhang, der die Vereinzelung durch Vereinseitigung und den Enthusiasmus durch Verzicht noch nicht kennt und der im Bürger noch den künstlerischen und im Künstler noch den bürgerlichen Sinn erhält. Bereits Novalis hatte in seinem *Ofterdingen* das alte Augsburg in diesem Geiste der Versöhnung von Kunst und Leben dargestellt, und Richard Wagner hat später in seinen *Meistersingern* solche Utopie wieder aufgegriffen, ehe er sich daran machte, seinen neuen Mythos der einheitsstiftenden Kunst zu schaffen. Doch auch diese Meister-Typen sind bei Hoffmann schon gefährdet: In *Der Feind*, einer Erzählung, die Hoffmann auf dem Sterbelager diktierte und nicht mehr vollenden konnte, zieht sich um Albrecht Dürer eine geheimnisvolle Verschwörung des Abgründigen zusammen.

Vor allem aber: Zu den Meister-Typen zählt auch der Goldschmied Cardillac aus *Das Fräulein von Scuderi* – eine der grausigsten Figuren der Hoffmannschen Welt. Die dramatische Handlung dieser Erzählung, die schon bei ihrem ersten Erscheinen in einem Taschenbuch ein begeistertes Echo auslöste und dem Autor als Geschenk vom erfreuten Verleger eine Kiste Wein einbrachte, ist bekannt: Im Paris Ludwig des Vierzehnten ereignet sich eine rätselhafte Mordserie. Eine kluge Hofdame, die Scuderi, wird zur Detektivin. Ihr gelingt, woran der kriminalistische und richterliche Scharfsinn scheitert: die Entdeckung des Mörders. Es ist der Goldschmied Cardillac, in seinem Fache der größte Meister seiner Zeit, der die feinste Gesellschaft von Paris zu seiner Kundschaft zählen kann. Aber gerade dies löst in ihm den Furor der Mordgier aus. Ihm ist es nämlich unmöglich, seine Kunstwerke, an die er seine ganze Liebe und sein ganzes Können wendet, in fremden Händen zu wissen, bei Leuten, die nichts anderes damit anfangen, als ihrer Eitelkeit und Prunksucht zu schmeicheln und ihren galanten Abenteuern aufzuhelfen. Das ist ein häufig variiertes Thema bei Hoffmann: »Ich verriet Unheiligen das Heilige«, läßt er seinen Ritter Gluck sagen; die Kunst prostituiert sich, indem sie sich verkauft. Es gibt da ein dramatisches Mißverhältnis zwischen dem, was die Kunst für den Künstler und dem, was sie für das gewöhnliche Publikum bedeutet.

In den *Kreisleriana* hatte Hoffmann sich mit der Publikumsbeschimpfung begnügt, der Ton war dabei immerhin unversöhnlich genug, um Jean Paul in seiner Vorrede der *Fantasiestücke* zu der tadelnden Bemerkung zu veranlassen: »Ein Künstler kann leicht genug – beispielshalber sei es unser Verfasser – aus Kunstliebe in Menschenhaß geraten, und die Rosenkränze der Kunst als Dornenkronen und Stachelgürtel zum Züchtigen verbrauchen.«

Im *Fräulein von Scuderi* nun wird aus der Publikumsbeschimpfung eine Publikumsermordung im großen Stil. Der Künstler versucht als einsamer Rebell jenen Lebenszusammenhang blutig zu zerreißen, in dem seine Kunst, die ihm selbst der höchste Zweck ist, zum bloßen Mittel herabgesetzt wird. Hier explodiert der Widerstreit zwischen Kunst und Leben in einem mörderischen Eklat.

Doch es geht in dieser Erzählung nicht nur um die extreme Pathologie einer Künstlerseele. Eine weitere Pointe nämlich ergibt sich aus der Kontrastierung einer verstehenden Sichtweise, die auch in diesem Wahnsinn noch eine nachvollziehbare Logik entdeckt, mit jener juristischen Unbeholfenheit und Grobschlächtigkeit, die angesichts dieses Phänomens entweder ratlos bleibt oder zum kurzen Prozeß drängt.

Wie schon in den *Elixieren* erscheint die Erkenntniskraft des Juristischen beim Blick in die Abgründe der Seele in keinem sehr günstigen Licht. Nun wissen wir aber, daß Hoffmann, der sich als Poet auf das Abgründige so gut verstand, auch als Jurist gerne solche Fälle an sich zog, in denen es um Wahnsinn und Leidenschaft, um die heikle Frage der ›Unzurechnungsfähigkeit‹ ging. Wie hat er sich dabei verhalten? Die Erfahrung des Poeten – wie geht sie in das Wissen des Juristen ein? Da gab es beispielsweise den Fall Schmolling.

Fünfundzwanzigstes Kapitel
Der juristische Blick in den Abgrund

Am 25.9.1817 fand man in der Hasenheide zu Berlin die Henriette Lehne durch einen Messerstich schwer verletzt am Wege liegen; sie kann noch den Täter angeben: ihren Geliebten, den Tabakspinnergesellen Daniel Schmolling. Dieser kehrt unmittelbar nach der Tat zum Ort des Geschehens zurück und bestätigt die Anschuldigung: Ja, er habe die Henriette ins Herz gestochen. Sie stirbt am folgenden Tag. Der nicht vorbestrafte 38jährige Schmolling legt vor dem Untersuchungsrichter ein umfassendes Geständnis ab: Schon vor drei Wochen habe er sich entschieden, seine Geliebte zu töten. Ein Motiv aber kann er nicht angeben; er behauptet, daß ihn der Gedanke, er müsse die Tat vollbringen, nicht in Ruhe gelassen habe.

Das Fehlen eines Motivs veranlaßt die Untersuchung des Geisteszustandes von Schmolling, man will die Schuldfähigkeit überprüfen. Der mit dieser Untersuchung beauftragte Dr. Merzdorff erklärt, Schmolling habe die Tat in einem Anfall von »amentia occulta« begangen und sei im Augenblick der Tat »der Freiheit, sich selbst nach Vernunftgründen zu bestimmen, völlig beraubt gewesen..., ohne sich selbst durch Trunkenheit oder leidenschaftlichen Affect um diese Freiheit gebracht zu haben«. Gestützt auf dieses Gutachten plädiert Schmollings Verteidiger auf Straffreiheit und Sicherheitsverwahrung.

Die Kriminaldeputation beim Stadtgericht Berlin, wo der Prozeß anhängig ist, setzt sich über das Gutachten hinweg und beantragt die Todesstrafe: Die Annahme einer »amentia occulta«, einer plötzlichen, wieder vorübergehenden Geistesverwirrung im Augenblick der Tat laufe auf einen »Zirkelschluß« hinaus, argumentiert die Kriminaldeputation. Statt zu beweisen, daß eine Geisteszerrüttung zur Tat geführt habe, würde umgekehrt von der Tat auf eine Geisteszerrüttung geschlossen. Auf Veranlassung der Verteidigung wird die Sache dem Kriminal-Senat des Berliner Kammergerichts zur Begutachtung vorgelegt. Und der Verfasser des Kammergerichtsvotums, das sich ebenfalls gegen die These der Unzurechnungsfähigkeit ausspricht und damit für die Todesstrafe plädiert, ist E. T. A. Hoffmann.

Hoffmanns Vorliebe für solch schwierige Fälle war bekannt. Hitzig hat sie später an dem inzwischen verstorbenen Kammergerichtsrat gerügt, »der sich infolge der eigentümlichen Richtung seines Geistes besonders in Ausführungen über zweifelhafte Gemütszustände gefiel«.

Auch in anderen Fällen hat Hoffmann wider die behauptete Unzurechnungsfähigkeit argumentiert. Gerade wenn es um Taten ging, in denen sich seelische Abgründe auftaten, zögerte er, von ›Krankheit‹ zu sprechen. Er hatte einen sehr weiten Begriff des ›Normalen‹; auch das Verbrechen hatte darin seinen Platz.

Die forensische Auseinandersetzung über die Frage der Zurechnungsfähigkeit, in die Hoffmann mit seinen Gutachten – die übrigens Büchner später für seinen Woyzeck studieren wird – eingreift, hat schon damals die Gemüter bewegt. Es vollzieht sich im Stil des Urteilens und Strafens gerade ein epochaler Umbruch, in den die großen philosophischen Themen und Tendenzen des Zeitalters verwickelt sind. In der Frage der Zurechnungsfähigkeit stehen sich die unterschiedlichen anthropologischen Ideen, welche die Neuzeit hervorgebracht hat, gegenüber, unter dem Druck einer praktischen, zumeist Leben oder Tod betreffenden Frage zur Stellungnahme herausgefordert: Wie weit ist der Mensch für seine Tat verantwortlich? Die Macht der Vernunft, die Macht der Natur und die Macht des Sozialen – in welchen Proportionen wirken diese Bestimmungsgründe des Handelns?

Vor allem geht es darum, den Wirkungsbereich von Vernunft und Natur im Menschen abzustecken. Vor den

Schranken des Gerichts und mit Blick auf den Galgen oder das Irrenhaus werden dieselben Fragen behandelt, die jeweils in ihren Bereichen auch die Transzendentalphilosophie, die Geschichtsphilosophie und die Ästhetik dieser Epoche beschäftigen.

Vor dem 18. Jahrhundert wurde die Frage der Zurechnungsfähigkeit nicht gestellt. Das Tatmotiv spielte nur eine Rolle bei der Suche nach dem Täter. War dieser gefunden, so werden Tat und Täter zur unproblematischen Einheit, die sich aber im Geständnis ausdrücken mußte, weshalb man auch zur Folter griff. Noch interessiert nicht die Frage, was im Täter die Tat hervorgebracht habe. Das ändert sich im 18. Jahrhundert. Eine zunächst noch schattenhafte Wirklichkeit hinter der Tatsache des Verbrechens wird sichtbar, gewinnt durch einen neuen Blick, durch ein neues Interesse, durch eine neue Neugier, die sich zuvor im literarischen und philosophischen Räsonnement erprobt hatte, deutlichere Konturen. Jetzt will man nicht nur wissen »Wer ist der Täter?«, sondern auch »Wie kann man den Kausalprozeß, der zur Tat geführt hat, verstehen und einordnen? Wo ist sein Ursprung im Täter selbst?«

Die Literatur hatte das Feld für diese komplexere Wahrheit, nach der man nun suchte, bereitet. Man denke nur an Werthers Verteidigung des Verbrechens aus Leidenschaft: »Daß ihr Menschen... um von einer Sache zu reden, gleich sprechen müßt:... Das ist gut, das ist bös! Und was will das alles heißen? Habt ihr deswegen die innern Verhältnisse einer Handlung erforscht? Wißt ihr mit Bestimmtheit die Ursachen zu entwickeln, warum sie geschah, warum sie geschehen mußte? Hättet ihr das, ihr würdet nicht so eilfertig mit euren Urteilen sein.« Werthers Widerpart, der Amtmann, widerspricht: Im Interesse eines friedlichen Zusammenlebens müsse man auch entschlossen urteilen und verurteilen. Die Werthersche Attitüde des Verstehenwollens führe, so der Amtmann, letztlich dazu, »daß ... jedes Gesetz aufgehoben, alle Sicherheit des Staats zugrunde gerichtet werde«. Werther, der fordert, daß die Gesetze, diese »kaltblütigen Pedanten«, sich »rühren lassen« müßten, argumentiert mit dem Impetus des Sturm und Drang, der sich auf die Abgründe des Seelischen eingelassen hatte. Was die Vernunft begrenzt, nennt das ›wilde Denken‹ von damals ›Natur‹. Man favorisiert sie, betreibt ihre »Ermächtigung«.

Im juristischen Bereich verwandelt diese ›ermächtigte Natur‹ die Frage nach dem Täter in jene andere Frage, die dann Büchner so formulieren wird: »Was ist das, was in uns lügt, mordet, stiehlt?« Auf dieser Linie liegt auch die zunehmend psychosomatisch und psychologisch spekulierende romantische Medizin, die bei Schelling in die naturphilosophische Lehre gegangen ist. Hier ist die Neigung groß, die arme Vernunft unter dem Druck psychischer und psychosomatischer Vorgänge zusammenbrechen zu sehen.

Gegen diese Tendenzen steht immer noch die Kantsche Pflichtethik, die an der Macht der (praktischen) Vernunft festhält und den Bereich der Verantwortlichkeit dehnt: Man ist auch für seine Leidenschaften verantwortlich, weil es die Vernunftgründe sind, die darüber entscheiden, ob man der ›Natur‹, den Begierden und Leidenschaften, Raum gibt. Bleibt noch die Frage, ob man sich im Falle eines Verbrechens willentlich oder unwillentlich um die Vernunft, die einen auf dem rechten Weg gehalten hätte, gebracht hat. Nur im letzteren Falle wäre man der Verantwortlichkeit für seine Tat enthoben. Aber auch dann ist nach Kant äußerste Vorsicht geboten. Denn allzuoft verberge sich hinter der Erklärung, man sei schuldlos seiner Verstandesgründe beraubt gewesen, nichts weiter als der Wille zur sittlichen Nachgiebigkeit gegenüber dem Druck des Begehrens.

In Übereinstimmung mit der Kantschen Pflichtethik befindet sich die alte, aufklärerische Medizin, die sich von der neuen, naturphilosophisch-romantischen Richtung an die Wand gedrückt fühlt. Der königlich-preußische Leibarzt C. W. Hufeland sieht, wie er in einem Vorwort zu Kants *Von der Macht des Gemüts* schreibt, Gefahr in Verzug für

Vernunft und Staat, »wenn, wie in den neuesten Zeiten geschehen, selbst die Philosophie, sonst die Trägerin des geistigen Lebens, in dem Identitätssystem den Unterschied zwischen Geist und Körper ganz aufhebt, und sowohl Philosophen als Ärzte die Abhängigkeit des Geistes von dem Körper dergestalt in Schutz nehmen, daß sie selbst alle Verbrechen damit entschuldigen, Unfreiheit der Seele als ihre Quelle darstellen, und es bald dahin gekommen sein wird, daß man gar nichts mehr Verbrechen nennen kann. Aber wohin führt diese Ansicht?... Führt sie nicht zum gröbsten Materialismus? Vernichtet sie nicht alle Moralität, alle Kraft der Tugend, die eben in dem Leben der Idee und ihrer Herrschaft über das Leibliche besteht? – Und somit alle wahre Freiheit, Selbständigkeit, Selbstbeherrschung, Selbstaufopferung, genug das Höchste, was der Mensch erreichen kann: den Sieg über sich selbst?«

Wo stand nun Hoffmann in diesem um die Zurechnungs- und Schuldfähigkeit geführten Streit zwischen Spätaufklärung und romantischer Medizin und Naturphilosophie? Man ist einigermaßen überrascht, ihn, den entfesselten Romantiker der Nachtseite als Juristen auf der Seite Kants zu finden. Mit Berufung auf Kant bezweifelt er im Schmolling-Gutachten zunächst die alleinige Kompetenz der Mediziner, das Vorhandensein einer Geistesverwirrung diagnostizieren zu können. Nicht die Existenz des Wahns, sondern nur seine womöglich körperlichen Ursachen und Begleiterscheinungen kann die Medizin mit Fachautorität erfassen, behauptet er, alles andere kann man dem »gebildeten Psychologen« überlassen. ›Psychologie‹ aber ist damals noch keine wissenschaftliche Fachrichtung, sondern bedeutet soviel wie ›erfahrungsgesättigte Menschenkenntnis‹. In dem Selbstbewußtsein, mit dem Hoffmann hier die Kompetenz zum ›psychologischen‹ Urteil an sich zieht, wirkt der Umstand nach, daß die diskursive Beschäftigung mit dem Wahnsinn eben nicht im Bereich der Medizin, sondern in der Philosophie und Literatur begann.

Sodann setzt sich Hoffmann mit dem von den romantischen Medizinern Reil und Hoffbauer entwickelten Begriff der »amentia occulta« auseinander, mit jener Theorie vom plötzlich hervorbrechenden Wahnsinn also, die Merzdorff für Schmolling geltend gemacht hatte. Hoffmann warnt davor, lediglich aus dem Fehlen eines *erkennbaren* Motivs auf eine Krankheit der Seele und des Geistes zu schließen. Dabei werde, so Hoffmann, die Tat, die sich nicht erklären läßt, selbst zur erklärenden Instanz gemacht: Entdeckt man keine Krankheit, die zum Verbrechen führt, dann macht man das Verbrechen selbst zur Krankheit. Dagegen aber protestiert Hoffmann. Für ihn ist der Mensch mit seiner ganzen Abgründigkeit ein Geheimnis, ein Rätsel. Auch und gerade das Abgründige ist das ›Normale‹. Wenn man Motive nicht erkennt, so bestätigt das zunächst nur jene alte Weisheit: Individuum est ineffabile.

Schmolling hatte beim Verhör zu Protokoll gegeben: »Seit mir jener Gedanke, die Lehne zu ermorden, in den Sinn gekommen war, so fühlte ich mich, so oft ich hieran dachte, immer so *beängstlich,* und diese Beängstlichkeit wurde besonders groß, seit der letzten drei Tage, ehe ich die Tat vollbrachte... Es war eine bloße Angst, die mich befiel, so oft und je mehr ich an die Tat dachte, und die so stark war, daß mir der Schweiß dabei ausbrach... Diese Angst dauerte auch immer fort, bis zu dem Augenblick, wo ich die Tat vollbracht hatte. Sobald ich aber dies vollbracht hatte, nahm auch die Angst ab.«

Hoffmann läßt in seinem Kommentar zu Schmollings Protokoll durchblicken, daß er durchaus versteht, wie hier ein Mensch, mit sich selbst entzweit, Angst vor sich selbst bekommt. Doch mahnt er gleichzeitig zur Vorsicht bei psychologischen »Spekulationen«: »Dem im Irdischen befangenen Menschen ist es nicht vergönnt, die Tiefe seiner eignen Natur zu ergründen, und wenn der Philosoph sich über diese dunkle Materie in Spekulationen verliert, so darf der Richter sich nur *daran* halten, was die unzweideutigste

Erfahrung festgestellt hat. Die Freiheit des Menschen, metaphysisch betrachtet, kann auf Gesetzgebung und Rechtspflege nie von Einfluß sein; die moralische Freiheit des Menschen, d.h. das Vermögen, seinen Willen und dessen tätige Äußerung dem sittlichen Prinzip gemäß zu bestimmen... wird als die Anwendung jeder Strafsanktion bedingend vorausgesetzt, und jeder Zweifel dagegen muß dem Richter, soll er darauf achten, mit überzeugender Kraft dargetan werden.«

Diese Reflexion ist von außerordentlich großem Gewicht, nicht nur für Hoffmann. Die »moralische Freiheit« wird »vorausgesetzt«, das bedeutet: Sie ist eine Hypothese, eine regulative Idee des justitiellen Handelns. Bei der Regelung des gesellschaftlichen Verkehrs *muß man so tun, als wäre* jeder im Besitz einer vernunftgelenkten Freiheit. In der »Tiefe der menschlichen Natur« mag es um diese Freiheit anders bestellt sein, das weiß gerade auch Hoffmann, doch von diesem Wissen soll der Richter, der Vertreter der Macht also, so lange keinen Gebrauch machen, wie es ihm an exakter Gewißheit fehlt. Hoffmann weiß um den möglicherweise fiktiven Charakter dieser »Freiheit«, doch hält er sie als Prämisse für unverzichtbar im geregelten gesellschaftlichen Zusammenleben.

Wenn man aber von der institutionellen Notwendigkeit einer regulativen Idee überzeugt ist, muß man deshalb nicht zugleich deren absoluten Wahrheitsanspruch verfechten. Hoffmann jedenfalls hat das nicht getan. Aus der Perspektive des gesellschaftlichen Strafrituals unterstellt er die Möglichkeit des freien, selbstbestimmten und selbstverantwortlichen Handelns; wechselt man die Perspektive, beschäftigt man sich etwa als Philosoph oder Literat, also nicht als Vertreter der Macht, mit dem Thema der Zurechnungsfähigkeit, dann kann man immerhin versuchen, die »Tiefe« der menschlichen »Natur« zu »ergründen«, dann mag sich womöglich eine abgründige innere Gebundenheit und Zwanghaftigkeit zeigen, die vom Begriff des selbstbestimmten

Handelns wenig mehr übrigläßt. Wie beispielsweise »Fleischeslust übergeht in Mordlust«, diesem Thema hat Hoffmann einen ganzen Roman, die *Elixiere,* gewidmet. Dem Richter aber soll es, nach Hoffmann, nicht gestattet sein, in diese »Abgründe« hineinzuleuchten. Warum eigentlich nicht?

Die entscheidende Antwort darauf finden wir in Hoffmanns Erzählungen und Romanen. Der juristische Blick ist notwendig ein Blick der Macht. Und nun hat Hoffmann oft gezeigt – besonders beim Thema Magnetismus –, wie der verstehende Blick ins Innere des Menschen zerstörerisch wirkt, wenn es die Macht ist, die diesen Blick wirft. Deshalb muß man die Institutionen der Macht auf den Respekt vor den Geheimnissen und Unsichtbarkeiten des Individuums verpflichten. Die Macht darf nicht neugierig werden, deshalb muß sie sich mit der regulativen Idee der moralischen Freiheit begnügen. Will man die Macht von der Seelentiefe fernhalten, dann muß man sie ins Netz der gesellschaftlichen Spielregeln, bei denen man so tut, als wäre man frei, einbinden. *Andernfalls gibt man der Macht die Kompetenz, über Wahnsinn und ›Normalität‹ zu entscheiden.*

Hoffmann verkörpert, als Richter und als Schriftsteller, diese doppelte Perspektive: Als Jurist steht er unter dem *Handlungszwang der Macht.* Deshalb hält er hier seine Einsichten ins Seeleninnere zurück, weil er, im Respekt vor der Verborgenheit des anderen, ihre Verallgemeinerungsfähigkeit bezweifeln muß.

Für die Literatur aber bewahrt er sich die Freiheit, andere Sichtweisen und Erfahrungen auszuprobieren. Dazu aber muß die Literatur den *Zwängen der Handlungskonsequenz* entrinnen; man muß ihr das Recht auf ein Probehandeln zugestehen; in ihrem Bereich gilt nicht: Wer ›A‹ sagt, muß auch ›B‹ sagen. Ihre Chance liegt in der Trennung von Gedanke und Tat. Denn wo es die Zwänge der Handlungskonsequenz gibt, da entsteht auch sehr leicht die heimliche Selbstzensur: Man erlaubt sich schließlich nur Gedanken und Gefühle, die gesellschaftsfähig, politikfähig, konsensfähig sind.

Anders bei Hoffmann: Seine Poesie ist nicht mit dem Anspruch belastet, irgendwelche gesellschaftlich nützliche Einsichten und Postulate hervorzubringen. Was er ins literarische Spiel bringt, wird nicht nach Maßgabe der Begründbarkeit einer Politik, einer Moral, einer Therapie vorsortiert. Hoffmann will, strenggenommen, nichts beweisen. Die Entdeckungen, die er mit seinem Schreiben dann doch macht, gewinnt er aus einer doppelten Abgrenzung: Er läßt sich auf nichts verpflichten und verpflichtet zu nichts.

Die beiden Perspektiven, unter denen Hoffmann das Thema ›Unzurechnungsfähigkeit‹ anvisiert, gehören verschiedenen Ordnungen an, der juristischen und der literarischen. An einem entscheidenden Punkt aber berühren sie sich: Als kantianisch gesonnener Jurist wehrt sich Hoffmann gegen einen expandierenden Begriff der psychischen Krankheit, gegen die Tendenz, Handlungen, die von der Norm abweichen, die keine erkennbaren und keine gewohnheitsmäßig vertrauten Motive aufweisen, unter Wahnsinnsverdacht zu stellen.

Dieser von Hoffmann bekämpfte extensiv ausgelegte Begriff der ›Unzurechnungsfähigkeit‹ mag im einzelnen zu ›humaneren‹ Entscheidungen führen, wenn etwa jemand statt aufs Schafott ins psychiatrische Zuchthaus geschickt wird. Die Erweiterung des Begriffs der ›Unzurechnungsfähigkeit‹ ist aber andererseits verknüpft mit der Tendenz, die Grenze des ›Normalen‹ immer enger zu ziehen und den Bereich des psychisch Kranken auszuweiten.

Wer, wie Hoffmann, umgekehrt den Begriff der Zurechnungsfähigkeit dehnt, der operiert damit zugleich mit einem weiteren Begriff des ›Normalen‹: Der Mensch ist, ohne krank zu sein, vielfältiger, gespaltener, abgründiger, dunkler; seine Handlungen sind unvorhersehbarer, unergründlicher, unberechenbarer, als es eine eingeschränkte Normalitätsperspektive wahrhaben möchte; man ist zu schnell bei der Hand mit dem Etikett ›Wahnsinn‹. Manche der literarischen Figuren Hoffmanns lassen sich auch lesen als Widerlegung solcher vorschneller Etikettierungen. Zum Beispiel der Rat Krespel: »Das Mißverhältnis des innern Gemüts mit dem äußern Leben, welches der reizbare Mensch fühlt, treibt ihn wohl zu besonderen Grimassen, die die ruhigen Gesichter, über die der Schmerz so wenig Gewalt hat als die Lust, nicht begreifen können, sondern sich nur darüber ärgern... Ich denke eben an einen Mann, dessen toller Humor in der Tat bewirkte, daß die halbe Stadt, wo er lebte, ihn für wahnsinnig ausschrie.«

Im literarischen Blick in den Seelenabgrund und in der juristischen Abwehr eines expandierenden Begriffs der seelischen Krankheit (›Unzurechnungsfähigkeit‹) berühren sich bei Hoffmann die juristische und die literarische Perspektive. So paradox es klingen mag: Die rationalistische Anthropologie, in deren Namen Hoffmann das Als-Ob der Willensfreiheit und damit eine extensiv verstandene Verantwortlichkeit postuliert, zielt auf einen reichhaltigeren Begriff der menschlichen Natur ab, als ihn die romantische Medizin mit ihren hurtigen Diagnosen der Unzurechnungsfähigkeit vertritt.

Die Konsequenzen, die der Jurist Hoffmann daraus ziehen muß, wirken auf den ersten Blick weniger ›human‹: Er plädiert für Verantwortlichkeit und Strafe, wo die romantische Medizin Sicherheitsverwahrung oder Therapie vorschlägt. Doch hat die Humanität der medizinischen Perspektive ihre Kehrseite: Der verengte Begriff geistiger Gesundheit und Normalität läßt in der Verbindung mit staatlicher Macht das Netz der allgegenwärtigen Normalitätskontrolle engmaschiger werden. Indem das Besserungs- und Heilungsmotiv das Strafmotiv zu überlagern beginnt, gerät das abweichende, regelverletzende Verhalten in den Bannkreis einer neuen »Machttechnologie«: Therapeutisierung und schließlich Psychiatrisierung. Hier opponiert Hoffmann: als Jurist, indem er Verantwortlichkeit und

Straffähigkeit extensiv auslegt; als Schriftsteller, indem er uns das Gewöhnliche des Ungewöhnlichen, das Normale des Abgründigen und das Natürliche des Wahns vorführt.

Sechsundzwanzigstes Kapitel
Zum letzten Mal: Johannes Kreisler

Hoffmann hatte 1818 in den *Seltsamen Leiden eines Theater-Direktors* seinen Freund Devrient davor gewarnt, sich allzu häufig dem augenblicklichen Erfolg zuliebe mit billigen Rollen abzufinden: »Immer im Sumpfe watend, zweifelt der müde, mißmütige Wandrer am Ende daran, daß es noch Höhen gibt mit frischen grünenden Rasen und verliert Auge und Sinn dafür.«

Auch an sich selbst scheint Hoffmann diese Warnung gerichtet zu haben, denn manchmal erschienen ihm seine Taschenbuchproduktionen auch als »Sumpf«, in dem er zu versinken fürchtet. In solchen Stimmungen muß Hoffmann sich am Vorhaben eines ›opus magnum‹ aufrichten. Von Warschau nach Berlin kam er mit dem Plan der Calderon-Oper; am Ende der Bamberger Zeit und in dem ersten Berliner Jahr war es die *Undine*, an deren Vollendung er sein Selbstwertgefühl knüpfte.

Inzwischen sind einige Jahre des literarischen Erfolges verstrichen; »unser Hoffmann ist... jetzt unstreitig unser erster Humorist«, bemerkt Chamisso nach Erscheinen des *Klein Zaches* (Anfang 1819). Doch Hoffmann, mittlerweile an Erfolg und Aufmerksamkeit beim Tagesgeschmack gewöhnt, genügt das nicht. Er will noch einmal all seine Kräfte sammeln zu einem großen literarischen Wurf. Angeregt dazu hat ihn die Vorbereitung der zweiten Auflage der *Fantasiestücke*. Ende 1818 beschäftigt er sich damit. Er liest nun selbst noch einmal, was er in den *Kreisleriana* versprochen hatte, nämlich den Kreisler-Roman *Lichte Stunden eines wahnsinnigen Musikers* »vielleicht bald« erscheinen zu lassen. Hoffmann, der für die zweite Auflage der *Fantasiestükke* einiges verbessert, anderes herausnimmt, zum Beispiel das Schauspielfragment *Prinzessin Blandina*, läßt die Ankündigung der *Lichten Stunden* im Text stehen. Soll er dieses Buch, das ihm zum erstenmal 1812 »aufging« und von dem er 1814 eine kurze Skizze zu Papier brachte, doch noch schreiben? Kann er sich noch einmal in jene Stimmung versetzen, die damals in Bamberg in ihm den Plan zu diesem Werk hat reifen lassen?

Anfang 1819 erscheinen die in Bamberg komponierten und Julia Marc gewidmeten italienischen Duettinen zum erstenmal im Druck. Das ist für ihn eine Gelegenheit, die alten Gefühle, die alten Stimmungen wieder aufleben zu lassen.

Im Frühjahr 1819 wird er krank, das Nervenleiden im Rückenmark. Einige Tage lang muß er um sein Leben fürchten. Das alles mußte wohl zusammenkommen, um ihm den Antrieb zu geben, sich nochmals an einen großen Roman zu wagen. Im Frühsommer 1819 beginnt er mit der Niederschrift des *Kater Murr,* unterbricht die Arbeit während der sommerlichen Erholungskur in Warmbrunn und vollendet dann im Spätherbst 1819 den ersten Band des Romans, der Anfang des darauffolgenden Jahres unter dem langatmigen Titel erscheint: *Lebens-Ansichten des Katers Murr nebst fragmentarischer Biographie des Kapellmeisters Johannes Kreisler in zufälligen Makulaturblättern. Herausgegeben von E.T.A. Hoffmann.*

Die Lust an diesem Roman hält jedoch nicht an. Fast zwei Jahre verstreichen, ehe er den zweiten Band, im Herbst 1821, schreibt. Den projektierten dritten Band beginnt er gar nicht mehr.

In virtuoser Manier spielt der Roman mit zwei Lebensläufen, die sich überkreuzend, sich wechselseitig ironisierend und karikierend erzählt werden. Da ist einmal die Lebensgeschichte des Kater Murr, von ihm selbst erzählt. Der Kater demonstriert, wie leicht es ist, in der Menschenwelt zur »honetten Person« und sogar zum Dichter zu werden, wenn man sich nur eifrig die nötigen Kulturtechniken aneignet. Parodistisch sind hier Motive, Sprachformen und Aufbauelemente des seit Goethes *Wilhelm Meister* grassierenden Bildungs- und Entwicklungsromans verwendet. Die Parodie der Bildung ist beim Kater die Dressur. Dabei ist das ›Menschliche‹ an ihm die Bereitschaft, diese Dressur, ganz gegen die eigenwillige Katzenart, über sich ergehen zu lassen. Hoffmann parodiert die üblichen Stationen des Bildungsganges: Murr hat eine »bildende« Jugendfreundschaft mit dem Pudel Ponto; seine »Persönlichkeit« reift in der Liebe zur Katze Miesmies; seine Flegeljahre erlebt er bei der »Katzenburschenschaft«, wo er dann auch mit der ›Demagogenverfolgung‹ zu tun bekommt; Ponto führt ihn in die »große Welt« der Hunde ein, die auch ihre Soireen und Teezirkel abhalten; schließlich zieht er sich auf das beschauliche und einträgliche Dasein eines Literaten zurück, mit sich und der Welt im Frieden.

Als ihm sein wirklicher Kater im Dezember 1821 stirbt, ergreift Hoffmann diese Gelegenheit, um am Ende des zweiten Bandes auch seinen literarischen Murr sterben zu lassen. Die Kater-Idee gab nichts mehr her: Den schreibenden Murr hatte Hoffmann ja bereits seine ›Vollendung‹ erleben lassen.

Im Kontrast zur Murr-Biographie steht die fragmentarische Biographie Kreislers, die, so die Fiktion, Murr als Konzept- und Löschpapier verwandte und die versehentlich mitabgedruckt wurde.

Die Absicht dieser Konstruktion ist überdeutlich: Der Lebensbericht Kreislers, dieses zerrissenen und von der Normalität geschundenen Künstlers, ist für den »Katzenphilister«, der in der bürgerlichen Normalität triumphiert, achtlos verwendete Makulatur; Kreisler, dem es überall zu eng ist, gerät zwischen die Seiten, die von der gelungenen Anpassung ans bürgerliche Leben berichten.

Das Spiel mit den beiden Lebensläufen hat es nicht nur auf die Darstellung der beiden Welten – der bürgerlich-philiströsen und der künstlerisch-exzentrischen – in ihrer scharfen Gegensätzlichkeit abgesehen: Der Kater und Kreisler, so Hoffmanns Plan für die Fortsetzung des Buches, sollten sogar zueinander finden. Das Liebesleiden und die künstlerischen Hochgefühle des Katers sind eine Travestie auf die Leiden des Kapellmeisters, aber wie jede Travestie rühren sie an die verschämte Wahrheit des Erhabenen. Kreisler will mit seiner Liebe und mit seiner Kunst hoch hinaus, aber sind seine Wünsche so sehr anders als die des Katers?

Von Kreisler aus gesehen ist der Kater lächerlich, umgekehrt aber fällt vom Kater der Schatten des Trivialen auf Kreisler. Aber was ist schon das ›Triviale‹? Ist es nicht auch das Einfache, jenes »irdische Erbteil«, jener Kreis des Körperlichen, worin Kreisler »kreiselt«, weil er hinaus möchte und doch nicht kann, und worin der Kater ein letztlich auch rätselhaftes Behagen findet.

Wenn Hoffmann über seinen Manuskripten sitzt, dann streicht manchmal sein wirklicher Kater auf dem Tische umher; in geschmeidigen, sanften und selbstverständlichen Bewegungen spielt das Tier mit den Manuskriptblättern, rollt sich zusammen, wenn ihm danach ist, schnurrt oder kratzt, springt auf und verschwindet, ein unabgelenkter Lebenswille, immer gleich gegenwärtig, das fraglose Leben, die unerhörte Evidenz des Animalischen.

Das muß Hoffmann auf die Idee gebracht haben, seinem zerrissenen Kreisler einen Philister gegenüberzustellen, der aber seine Existenz mit der erstaunlichen Selbstsicherheit und Geschmeidigkeit einer Katze bewältigt, so, daß das ›Flache‹ hier auch schon wieder eine rätselhafte Tiefe bekommt.

Der Kreisler, der es sich gefallen lassen muß, in die verdächtige Nachbarschaft zum Kater Murr mit seinen ›trivialen‹ Instinkten gerückt zu werden, dieser Kreisler ist nicht mehr derselbe, den wir aus den *Kreisleriana* und dem *Berganza* kennen. Es ist ein Kreisler, für den die ›überirdische‹ Art, die Frauen und die Kunst zu lieben, etwas Zweifelhaftes bekommen hat. Die Nähe zum Kater sorgt für die ›Erdung‹ des Erhabenen. Nur noch mit ironischen Untertönen kann Kreisler das ›hohe Lied‹ der ›Künstlerliebe‹ anstimmen. »Ach Gnädigste«, so spricht er zur Prinzessin Hedwiga, »glauben Sie mir, seien Sie überzeugt, daß wahre Musikanten, die mit ihren leiblichen Armen und den darangewachsenen Händen nichts tun, als passabel musizieren, sei es nun mit der Feder, mit dem Pinsel oder sonst, in der Tat nach der wahrhaften Geliebten nichts ausstrecken, als geistige Fühlhörner, an denen weder Hand noch Finger befindlich...; schnöde Mesalliancen sind daher durchaus nicht zu befürchten, und scheint ziemlich gleichgültig, ob die Geliebte, die in dem Innern des Künstlers lebt, eine Fürstin ist oder eine Bäckerstochter... Besagte Musikanten schaffen, sind sie in Liebe gekommen, mit der Begeisterung des Himmels herrliche Werke, und sterben weder elendiglich dahin an der Schwindsucht, noch werden sie wahnsinnig.«

Hoffmann knüpft an diese Erläuterungen Kreislers die Bemerkung: »Die humoristischen Töne, die der Kapellmeister anschlug, gingen bei dem Ohr der Prinzessin vorüber, unvernommen.«

Was sie vernehmbar machen ist zum einen, daß die Sublimierung nicht so ganz freiwillig erfolgt und auch nicht nur der Kunst zuliebe. Es sind, in diesem Roman, auch die sozialen Standesschranken, die den Künstler sich mit den »geistigen Fühlhörnern« anstelle der zupackenden »Hände und Finger« abfinden lassen. Wem nützt die Künstlerliebe? Sie nützt nicht zuletzt den Frauen der höheren Stände, die sich zwar gerne von den Gefühlen echauffieren lassen, die ihnen ein Künstler aus seiner sozialen Mediokrität heraus entgegenbringt, die aber zugleich geschützt sein wollen vor den Zumutungen einer »Mesalliance«.

Die »humoristischen Töne« lassen die Künstlerliebe außerdem als eine Liebe erscheinen, die darauf bedacht ist, nicht über die Stränge zu schlagen, und der das Zupackende fehlt. So erhaben die Künstlerliebe sein mag, so ist sie doch auch besonders brav, verhuscht, ängstlich, berührungsscheu. Sie gehört einer speziellen Art des Philiströsen an, einer, der sich im übrigen der Katzenphilister Murr nicht schuldig macht. Seine ›Instinkte‹ lassen sich da weniger ablenken.

Vollends fragwürdig wird die ›Künstlerliebe‹ in einem Gespräch Kreislers mit einem intriganten Abt. Hier beruft sich nicht mehr Kreisler auf sie, sondern der Abt, weil er Kreislers ›Entsagung‹ braucht, um ihn für seine eigenen Zwecke instrumentalisieren zu können. Kreisler merkt, es sind verdächtige Interessen, die davon profitieren, wenn die Kunst sich vom verkörperten Leben löst. Er mag dieses Spiel, das nicht das seine ist, nicht mitspielen. Er will sich nicht, der Kunst zuliebe, ins Kloster einschließen, was der Abt ihm mit seiner Philippika gegen das »Chimärische« des »irdischen Glücks« nahelegt. Nein, dieser Kreisler möchte sich nicht das Schicksal des Medardus bereiten: Kunst und Liebe, Kunst und Leben – das möchte er zusammenbringen.

Da Hoffmann seinem Kreisler einen Teil seiner Lebensgeschichte zugeschrieben hat, bekommt dieser exzentrische, oft dem Wahnsinn nahe, manchmal romantisch übersteigerte Künstler zugleich auch etwas außerordentlich Prosaisches, das gerne übersehen wird, wenn man, wie beispielsweise Oswald Spengler, Kreisler zu einer Figur hochlobt, die »ebenbürtig neben Faust, Werther und Don Juan als die tiefste poetische Konzeption des deutschen Musikers« thront.

Kreisler ist nicht nur der Kapellmeister, dessen Genie sich am beschränkten Kunstgeschmack eines Hofes wundstößt, er ist auch ein ehemaliger Justizbeamter, der sich über lange Zeit daran gewöhnt hatte, das Musizieren und Komponieren nur zur »Erheiterung und Belustigung« zu betreiben.

Kreislers künstlerischer Überschwang, von dem im Roman weit häufiger die Rede ist, kontrastiert mit diesem eher kümmerlichen Zug einer kleinbürgerlichen Ängstlichkeit. Von sich selbst sagt Kreisler: »Mir geht es wie jenem Gefangenen, der, als er endlich befreit wurde, dem Getümmel der Welt, ja dem Licht des Tages, so entwöhnt war, daß er nicht vermögend, der goldnen Freiheit zu genießen, und sich wieder zurücksehnte in den Kerker.«

Das ist der Schatten des Katzphilisters Murr: Kreislers Probleme sind auch die ganz prosaischen, ganz ›trivialen‹ eines verängstigten Planstelleninhabers.

Hoffmann hat in seinem Kreisler-Roman wieder einmal ein höchst undurchsichtiges Gestrüpp von geheimen Verwandtschaften, Kindsvertauschungen, Blutschanden, Morden, Vermummungen angelegt. Das alles lief wieder auf die grelle, schauerromantische Szenerie der *Elixiere* hinaus. Warum aber sollte er die mittlerweile schon ein wenig abgenutzten Muster der genealogischen Unheilsverstrickungen noch einmal bis zum Ende ausmalen, zumal da Kreisler mit dem beamteten Teil seines Wesens dort so schlecht hineinpaßte? So nimmt es nicht wunder, daß Hoffmann während der Arbeit am *Kater Murr* sich gerne von anderen Projekten ablenken läßt.

Siebenundzwanzigstes Kapitel
Das große Lachen

Eine dieser Abschweifungen war im Frühjahr 1820 die grandiose Erzählung *Prinzessin Brambilla*.

Die Anregung zu diesem »tollen Capriccio« erhielt Hoffmann durch Callots radierte Folge der »Balli di sfessania«, welche die stehenden Typen der commedia dell'arte darstellen. Koreff hatte ihm die Radierungen im Januar 1820 zum Geburtstag geschenkt.

Die *Prinzessin Brambilla* sollte, so Hoffmann in einem Brief an A. Wagner (21.5. 1820), »nach der Anlage das kühnste« seiner »Märchen« werden. Das ist es denn auch geworden.

Manche konnten Hoffmann nicht mehr auf den immer ausgelasseneren und verwirrenderen Streifzügen seiner Phantasie folgen. Hitzig zum Beispiel sagte ihm rundheraus, »daß er ihn hier auf einem schon oft, aber noch nie so entschieden betretenen Abwege zu erblicken glaube, nämlich dem des Nebelns und Schwebelns, mit leeren Schatten, auf einem Schauplatz ohne Boden und Hintergrund«. Er empfiehlt ihm, sich an den derb-kräftigen schottischen Haudegen des damals gerade in Mode kommenden Walter Scott zu orientieren.

Andere wie Heine oder später Baudelaire halten die *Brambilla* für das Genialste, was Hoffmann geschrieben habe. Heine hatte gesagt, wer über der *Prinzessin Brambilla* nicht den Verstand verliere, habe keinen zu verlieren.

Diese Erzählung entfaltet nicht die geschlossene Phantasiewelt eines Märchens, sondern, wie auch schon im *Goldnen Topf*, wird davon berichtet, wie, wann und warum jemand dazu kommt, die Wirklichkeit phantastisch zu verwandeln. Weniger die Phantasie selbst als vielmehr ihre ›Produktionsbedingungen‹ und Effekte stehen im Zentrum des erzählerischen Interesses. Mögen die Figuren der Erzählung auch zeitweilig monistisch in ihrer jeweiligen Welt – der der Phantasie oder der Wirklichkeit – versunken sein, der Erzähler jedenfalls und am Ende auch die Hauptpersonen transzendieren diesen Monismus in der heiteren Erkenntnis der »Duplizität alles Seins«. Unter dem Schutz dieser Erkenntnis kann ein Spiel beginnen, das die Verkörperungen nicht flieht und doch auch auf die Höhenflüge, auf die verwandelnde Phantasie der Kunst nicht verzichtet.

Dieses Spiel ist uralt, Hoffmann hat es nicht erfunden. Es

ist das verwandelnde Spiel des Karnevals. Die Zumutungen des Äußeren abwehrend, bekannt mit den Abgründen des Inneren, wird Hoffmann zu *dem* Karnevalisten in der Literatur des frühen 19. Jahrhunderts.

Ein Künstler anderer Art als Kreisler führt in der *Prinzessin Brambilla* Regie. Es ist der Magier und Scharlatan Celionati alias Fürst Bastianello di Pistoja. Während des römischen Karnevals inszeniert er ein Theater, das keine Rampe kennt, »wo Ironie gilt und echter Humor« und worin die mitspielenden Figuren nicht wissen, daß sie mitspielen. Es ereignet sich ein kleines Welttheater auf dem römischen Corso, »in einem kleinen Kreis, den man mit wenigen hundert Schritten durchmißt, liegt alles hübsch beisammen«. Gegeben wird das uralte Spiel der Liebe, das die Tänze des römischen Karnevals vorführen; »es entzweien und versöhnen sich zwei Liebende, sie scheiden und finden sich wieder«, so schildert sie Goethe in seiner *Italienischen Reise*.

In der *Prinzessin Brambilla* ist die Pointe dieses Spiels, daß die beiden Liebenden, der Schauspieler Giglio und die Putzmacherin Giacinta, sich entzweien, weil sie wechselseitig dem Traumbild, das sie voneinander haben, nachjagen. Der Scharlatan Celionati sorgt mit karnevaleskem Aufwand dafür, daß die beiden ihr jeweiliges Traumbild als Wirklichkeit erleben. Der Traum, den sie voneinander haben, »tritt ins Leben«, und da sie sich nun von ihrem Traumbild geliebt fühlen, so verwandelt sich jeder in das, wofür ihn der andere träumerisch hält. Die Geschicklichkeit Celionatis verhindert eine Weile lang, daß sie Traumbild und Wirklichkeit zusammenbringen können. So fliehen sie voreinander, um sich zu suchen. Sie finden sich schließlich, wenn sie *lachend* im Traumbild die Wirklichkeit und in der Wirklichkeit das Traumbild entdecken. Das ganze verwirrende Spiel ist eine Inszenierung des Humors; er soll »den Schmerz des Seins in hohe Lust verkehren«.

Welchen »Schmerz des Seins«? Der Scharlatan Celionati,

Balli di Sfessania. Die Radierungen von Jacques Callot (1592–1635) zeigen die typisierten Figuren der commedia dell' arte.

der es als Regisseur der karnevalesken Therapie wissen muß, nennt ihn »chronischen Dualismus«; gemeint ist damit die Erfahrung der Widersprüchlichkeit und Vieldeutigkeit des eigenen Ichs. Diese Erfahrung führt bei Giglio zur Konfusion: »Eben daher, weil ich in solch kleinem Behältnis eingeschlossen, verwirren sich auch die vielen Figuren und schießen und kopfkegeln durcheinander, so daß ich zu keiner Deutlichkeit gelange.«

Das alles ist zum Verrücktwerden. Wie kann man darüber lachen? Der Karneval kann es, er erlaubt die multiple Person. Die Verwandlungslust, im bürgerlichen Alltag unter dem Druck eines strengen, auf Widerspruchsfreiheit angelegten Identitätsideals zumeist niedergehalten, jetzt darf sie gelebt werden. Das Lachen des Karnevals löst den »chronischen Dualismus« nicht auf, aber macht ihn lebbar. Im Lachen wird der Schmerz nicht getilgt, doch verliert er seine unbezwinglich scheinende Macht. Der Karneval ist die »feiertägliche Befreiung des Lachens und des Leibes«.

Worüber lacht der Karneval? Er lacht, und das ist entscheidend, über alles. Sein Gelächter ist universell. Er lacht über die jeweils herrschende Moral und Sitte. Die Flicken sind seine liebste Tracht, und vor Entblößung schreckt er nicht zurück. Er lacht über die Macht und ihre Institutionen. Er travestiert sie: Ein Narrenkönig wird gewählt, die Messe ist ein Mummenschanz. Er lacht über die Rituale des Alltags. Vor allem verlacht der Karneval, was sonst schreckt und ängstigt. Sein prominentestes Opfer ist der Teufel, der in der Gestalt des Harlekin oder des Arlechino zum Gespött wird. Im Karneval sind die Teufel ebenso komisch wie diejenigen, deren Beruf es ist, sie zu vertreiben: die Geistlichen. Der Karneval treibt sein umkehrendes Spiel mit Oben und Unten, Gut und Böse, Schön und Häßlich, Mann und Frau. Die Nase kann nicht lang genug sein, die Tollheit geht auf Händen, die Gesichtsmaske ziert den Hinterkopf. Alles verwandelt sich, und wenn es sich in sein schieres Gegenteil verwandelt, ist es am besten. Der Mann als Frau, und die

Frau als Mann. Der Karneval enthüllt die »Wahrheit der umgestülpten Welt«. Die Distanzen der Hierarchie verschwinden in der großen Familie des Karnevals. Man ist exzentrisch: Die Mitte des Lebens, die Normen, Gesetze und was man sonst für sein Ich hält, verlieren ihre Kraft. Was sonst zusammengehört, jetzt wird es getrennt, und das Nichtzusammengehörige macht sich gemein.

Der Karneval kennt das tolle Treiben der Masken. Die Maske erlaubt die Verwandlung, zugleich aber macht sie den Endzustand jeder Verwandlung sinnfällig: Sie zeigt ein erstarrtes Gesicht, das Mienenspiel, das die unaufhörliche Verwandlungsbereitschaft des Menschen ausdrückt, ist verschwunden. Die eine Maske weint, die andere lacht ohne Unterlaß. Die Maske travestiert das Verwandlungsverbot: Man wird ein anderer, indem man sich hinter der Maske verbirgt, und als Maskierter übertreibt man dann das, was das Theater die ›stehende Rolle‹ nennt. Es ist aber im Karneval die stehende Rolle des sozialen Lebens, die zur Zielscheibe des Spottes wird. Da kann einer nicht aufhören, ein ränkereicher Advokat zu sein. Da gibt es die gehörnten Ehemänner, die fortwährend eifersüchtig sind; Handwerker, die alles und jeden nach der Regel ihrer Fertigkeit und ihres Gewerbes traktieren: Schneider, welche die Ohren und wohl auch noch anderes abschneiden wollen; Schmiede, denen jeder Kopf als Amboß gilt; Schulmeister, die jedem die Leviten lesen.

Der Karneval zieht alles in das Spiel seines fröhlichen Relativismus, auch die Grundtatsachen des Lebens: Geburt, Liebe, Tod.

Im Milieu dieses Karnevals lernen Hoffmanns Giglio und Giacinta das Lachen über ihr Leben, über ihre Liebeshändel, über den Abgrund zwischen Sehnsucht und Erfüllung. Sie erkennen, wie sie sich verwandeln und doch nicht von sich selbst und voneinander loskommen können. Sie machen »Faxen«, aber sie leben, und vielleicht leben sie gerade deshalb, weil sie »Faxen« machen. Eine Art vitalistischer

Nihilismus fegt jede zynische Verbitterung beiseite und behauptet jenen Humor, den Hoffmann definiert als eine »wunderbare, aus der tiefsten Anschauung der Natur geborne Kraft des Gedankens, seinen eignen ironischen Doppelgänger zu machen, an dessen seltsamlichen Faxen er die seinigen und – ich will das freche Wort behalten – die Faxen des ganzen Seins hienieden erkennt und sich daran ergetzt«.

Dieser Humor läßt sich auf das Leben ein, er hält es sich nicht vom Leibe. Er ist nicht entsagungsvoll. Weil am Ende der Sehnsucht vielleicht die Enttäuschung wartet, so verzichtet er doch nicht auf die hochfliegenden Wünsche; er begnügt sich aber auch nicht mit dem Schmachtenden der Sehnsucht, was immer schon den Verzicht auf die Erfüllung enthält. Damit man über sich und die Welt lachen kann, muß man etwas gewagt haben; damit man merkt, daß man aus der Immanenz seines Leibes nicht hinauskann, muß man Verwandlungen versucht haben. Die Lust der Verwandlung ist nicht die schlechteste Art sich zu erkennen. Giglio und Giacinta werden in solcher heiteren Selbsterkenntnis geschult. Der große Scharlatan Celionati hat den Kostümschneider Signor Bescapi zum Gehilfen. Er »mit seiner schöpferischen Nadel« ist es, »der uns zuerst«, so Giglio, »in der Gestalt, wie sie durch unser innerstes Wesen bedingt ist, auf die Bühne brachte«.

Giacinta legt das von Bescapi entworfene Prinzessinnenkleid an, und unter den bewundernden Blicken Giglios wird sie zur Brambilla. Giglios Verwandlungsgeschichte ist verwickelter. Als Komödiant müßte er sich eigentlich auf die Verwandlungskunst verstehen. Doch ihn hindert das eitle Bedürfnis nach Selbstdarstellung. Er will immer die »dankbaren« Rollen, in denen er sich »zeigen« kann. Er kann sich nicht loslassen. Dadurch wird sein Spiel langweilig. Erst muß er seine Unart, »niemals seine Rolle, sondern nur sich selbst« zu spielen, verlernen. Als ihm das gelingt, stellt sich auch sogleich der Erfolg ein: Das Traumbild der Prinzessin steht vor ihm, und er lernt das Fliegen: »Aber selbst wußte er nicht, wie es geschah, daß die Beklommenheit, die Angst der Liebessehnsucht, die sonst den Sinn zu lähmen pflegt, wenn das holde Bild der Geliebten plötzlich dasteht, unterging in dem fröhlichen Mut solcher Lust, wie er sie noch nie im Innern gefühlt.«

Auf dem Höhepunkt des karnevalistischen Treibens begegnen sich also Giglio und Giacinta, ohne sich zu erkennen, doch sie tanzen miteinander, und dieser Tanz ist eine ekstatische Entfesselung aller Verwandlungslust, ein wahrer Dionysos-Tanz über den Trümmern einer sonst ängstlich festgehaltenen Identität. Im »tollen Tanz« verlieren die beiden die Angst, das Gleichgewicht zu verlieren. Sie spielen mit den Gravitationskräften des Ichs: »Was hältst du von diesem Sprunge, von dieser Stellung, bei der ich mein ganzes Ich dem Schwerpunkt meiner linken Fußspitze anvertraue?« Jetzt verstehen sie sich auf die Kunst des Loslassens, diese lebendige Nähe der Liebenden; sie haben gelernt: »Nichts ist langweiliger, als festgewurzelt in den Boden jedem Blick, jedem Wort Rede stehen zu müssen!«

Die Verwandlungslust triumphiert hier über den Identitätszwang der Selbsterhaltung. Es ist dieser nicht ungefährliche Triumph, den auch Eichendorff so schön besungen hat:

> Und ich mag mich nicht bewahren!
> Weit von euch treibt mich der Wind,
> Auf dem Strome will ich fahren,
> Von dem Glanze selig blind!
> Tausend Stimmen lockend schlagen,
> Hoch Aurora flammend weht,
> Fahre zu! Ich mag nicht fragen,
> Wo die Fahrt zu Ende geht!

Bei Eichendorff endet die Ekstase der entgrenzten Persona im Aschermittwoch der Ernüchterung. Hoffmann aber läßt das Ganze im großen Lachen enden, wir bleiben dort, »wo Ironie gilt und echter Humor«.

Humor und Ironie waren zu Hoffmanns Zeiten Kategorien, an denen philosophische Bleigewichte hingen. Eine außerordentliche, fast verbissene Ernsthaftigkeit hatte sich ihrer angenommen. Zum Lachen war das alles nicht mehr. Selten ist so wenig fröhlich über die Lachkultur nachgedacht worden wie bei den Romantikern. Friedrich Schlegel, Schelling, Fichte – das waren die recht humorlosen Theoretiker des Humors und der Ironie. Ihre wichtige Botschaft, vereinfacht gesagt, war, daß Ironie und Humor viel zu ernst sind, als daß man dabei lachen könnte. »Die vollendete absolute Ironie hört auf Ironie zu sein und wird ernsthaft« (Schlegel). Damit Ironie ernsthaft werde, muß sie zuvor von den Spuren der karnevalistischen Lachkultur gereinigt werden. Herder läßt auf seine alten Tage die personifizierte Ironie auftreten und reumütig bekennen: »Künftig sei mein erstes Geschäft, den Mißbrauch meines ehemaligen Namens auszurotten... Dieser Name, er erinnere an den Satyr oder an die Brockenschale, ist mir fortan zuwider.« Ähnlich geht Schlegel mit dem Humor ins Gericht: »Humor und Burleske als bloßer Spaß und bloße Caprice zu verwerfen«, schreibt er lapidar. Die neue Ernsthaftigkeit der alten Kategorien des Lachens versteht sich als »Gymnastik des Geistes« (Schlegel).

Das relativierende Spiel der romantischen Ironie, ihre »transzendentale Buffonerie« (Schlegel) schielt nach dem Himmel: Alles Irdische soll sich unter dem Blickpunkt des Ewigen und Absoluten auflösen: »Das Irdische muß verzehrt werden.« In der Lachkultur früherer Jahrhunderte ging es hingegen unverhohlen um Profanierung. Die Fahnenflucht der Himmelfahrt war Zielscheibe der karnevalistischen Erniedrigungen und ›Erdungen‹. Die umgestülpte Welt der europäischen Lachkultur verzehrt jede Transzendenz in einer universalistisch und vitalistisch empfundenen Immanenz. Das pantagruelische Gelächter bei Rabelais hat diesen Sinn. Es verweist auf die Blamage des Geistes vor der unendlichen Zeugungskraft der Erde und des Leibes. Anders die romantische Ironie: Sie zieht es nicht hinunter, sondern hinauf. Schlegel: »Auf jeden Himmel läßt sich einer draufsetzen...«

Bei Hoffmann aber hat der Humor tatsächlich noch etwas mit dem Lachen zu tun; und auch der karnevalistische Zug der ›Erdung‹, der Profanierung, des Sieges der Immanenz über die Transzendenz ist bei ihm noch spürbar. Wenn bei Jean Paul der Humor seine Kraft und seine Richtung von einer nicht preisgegebenen Metaphysik empfängt – der Humor ist ihm das »umgekehrt Erhabene«, »seine Höllenfahrt bahnt ihm die Himmelfahrt« –, dann ist der Hoffmannsche Humor einer, der hilft, die Bruch- und Bauchlandungen jener »Himmelfahrten« heil zu überstehen. Sein Humor ermuntert zum Lachen angesichts und trotz eines unversöhnten und unversöhnlichen »Mißverhältnis des innern Gemüts mit dem äußern Leben«. Der Humor springt der schmerzlichen Sehnsucht des »innern Gemüts«, das über das äußere Leben hinaus will, nicht hilfreich bei, er beläßt alles, wie es ist; die Spannung bleibt, es bleibt der »Kampf der feindlichsten Prinzipe«, und doch gewinnt er aus der »tieferen Anschauung des Lebens« eine Perspektive, die über das Unversöhnte und Unversöhnliche lachen läßt.

Was es mit dieser »tieferen Anschauung« auf sich hat, davon erzählt der Urdarquell-Mythos, den der Scharlatan Celionati im Café – bei Hoffmann das bevorzugte Ambiente für den »orientalischen Schwulst« der Mythen – auftischt.

Da lebte in ferner Vorzeit der junge König Ophioch; der war versunken in seiner Trauer über die durch »Selbstabsonderung« zerstörte Einheit alles Lebendigen. Woran ging jene alte »Harmonie« zugrunde? Die Antwort, die dieser Mythos gibt, ist nicht originell. Romantisches Dichten und Trachten hat sie immer wieder gegeben: Schuld ist der distanzierende, vergegenständlichende Gedanke, die Reflexion. Die Erkenntnis treibt uns aus dem Paradies, der Gedanke raubt uns die Naivität. Im Denken unterscheiden wir uns von dem, worüber wir denken; Grenzen entstehen: Wir erfahren uns als Abgesonderte, als Individuen. Individuation ist Entfremdung von der Einheit. Die einheitswahrende Beziehungsform, die verlorenging, nennt der Urdarquellmythos und nennt auch die romantische Spekulation »unmittelbare Anschauung«.

Um der geschichtsphilosophisch schwerbeladenen Traurigkeit Ophiochs beizukommen, legt man dem König die Prinzessin Liris ins Bett. Die Frau ist das gerade Gegenteil von ihrem Gemahl. Versinkt der König in seinen melancholischen Tiefsinn, so läßt ihr dröhnendes Lachen die Wände des Palastes erzittern. Kein Mensch aber kann einen Grund ihres Lachens entdecken. Diese Frau lacht immer. Dem jungen König geht sie natürlich zuerst auf die Nerven. Doch so unklug hatte man doch nicht gehandelt, als man den Schmerzensmann mit dem gleichsam vegetativ wuchernden Gelächter zusammenbrachte. Es bedarf nur noch des Katalysators, damit die disperaten Elemente sich verbinden.

Diese Aufgabe übernimmt ein geheimnisvoller Magier, der dem Paar ein »Prisma von schimmerndem Kristall« schenkt.

Das Kristallmotiv ist uns inzwischen vertraut; in *Die Bergwerke zu Falun*, im *Goldnen Topf* und auch im *Sandmann* spielt es eine Rolle. Es versinnbildlicht das autistische Gefängnis des in seine Imaginationen eingeschlossenen Subjekts, aber auch die einschließende Enge des bürgerlichen Alltags. Doch in dieser Mythenerzählung wird das Kristall zur Erkenntnisquelle im wörtlichen Sinne. Es zerfließt und wird zur spiegelnden Wasserfläche. Das Königspaar blickt hinein. »Als sie nun aber in der unendlichen Tiefe den blauen glänzenden Himmel, die Büsche, die Bäume, die Blumen, die ganze Natur, ihr eigenes Ich in verkehrter Abspiegelung erschauten, da war es, als rollten dunkle Schleier auf, eine neue herrliche Welt voll Leben und Lust wurde klar vor ihren Augen, und mit der Erkenntnis dieser Welt entzündete sich ein Entzücken in ihrem Innern, das sie nie gekannt, nie geahnet. Lange hatten sie hineingeschaut, dann erhoben sie sich, sahen einander an und – lachten.«

Was ist geschehen? Der Melancholiker Ophioch hatte daran gelitten, daß er die Einheit mit der Natur verloren, daß ihm das Band zwischen der Welt draußen und der Welt drinnen zerrissen war. Mit dem Blick in den Urdarquell hat sich daran eigentlich nichts geändert. Sein Entzücken entspringt nicht etwa aus der wiedergewonnenen Einheit, sondern aus der Spiegelung der Spiegelung, aus dem Blick in das gespiegelte Bild der Natur und des Ichs. Keine unmittelbare Einheit mit der Welt, nur ein *Einverständnis* mit der Unüberschreitbarkeit ihrer subjektiven Spiegelung ist am Urdarquell zu gewinnen. Erkannt wird die Welt in der Reflexion des verflüssigten Kristalls. Insofern bleibt die auf den Autismus hinweisende Bedeutung des Kristallmotivs erhalten. »Ins Kristall – dein Fall« – diese Verwünschung des Äpfelweibes aus dem *Goldnen Topf* gilt auch für Ophioch und die Prinzessin; nur tritt jetzt das Bewußtsein hinzu, daß die Welt im Kristallspiegel die einzige ist, die man gewinnen kann.

Man kommt aus den »Kreisen« der subjektiven Immanenz, in denen »Kreisler kreiselt«, nicht hinaus; hat man dies erkannt, verliert man eine Illusion, gewinnt dafür aber eine Selbstgewißheit, die sich die Realität des inneren Reichtums nicht anfechten läßt. Die Erzählereinrede, die auf den Urdarquellmythos folgt, spricht dies deutlich aus: »Vielleicht bist du, o mein Leser! auch so wie ich, des Sinnes, daß der menschliche Geist selbst das allerwunderbarste Märchen ist, das es nur geben kann – Welch eine herrliche Welt liegt in unserer Brust verschlossen! Kein Sonnenkreis engt sie ein, der ganzen sichtbaren Schöpfung unerforschlichen Reichtum überwiegen ihre Schätze! Wie so tot, so bettelarm, so maulwurfsblind wär unser Leben, hätte der Weltgeist uns Söldlinge der Natur nicht ausgestattet mit jener unversieglichen Diamantgrube in unserm Innern, aus der uns in Schimmer und Glanz das wunderbare Reich aufstrahlt, das unser Eigentum geworden!«

Diese neue Selbstgewißheit gründet auf der Anerkennung der Wirklichkeit der Innenwelt. So lernt Ophioch lachen trotz des Schmerzes der Selbstabsonderung, und so lernt die Prinzessin Liris den Schmerz der Selbstabsonderung, ohne ihr Lachen zu verlieren.

Wenn bei Hoffmann am Ende gelacht wird, so deshalb, weil trotz der grandiosen Rehabilitierung der produktiven Einbildungskraft als schaffendes Zentrum der Welt doch auch wahr bleibt, daß man ein »Söldling der Natur« ist, daß man der Natur als »Vasall« gehorchen muß, daß bei aller Selbstmächtigkeit und innerem Reichtum doch nicht mehr herauskommt als »Faxen«.

Eine ganze mythische Wunderwelt wird bemüht, damit das Nächstliegende bewirkt werden kann: Ophioch und Liris sinken sich in die Arme und werden jetzt wohl einen Nachkommen zeugen können.

Giacinta und Giglio irren durch die Straßen des Karnevals, fliehen voreinander, suchen sich, ziehen sich wechselseitig in eine Welt der Verwandlungen, tanzen, genießen das Feuerwerk ihrer Vielfalt – und alles dies läuft doch auf das eine hinaus: Am Schluß bekommen sie sich und werden ein Paar. In ihren Verwandlungsabenteuern bleiben sie am Gängelband des Naturzwecks. Am Ende ist von den beiden nur noch zu berichten: »Sind sie nicht wie die ausgelassenen Kinder? – Ein ganzes Jahr schon verheiratet und liebeln noch...« Es ist schon zum Lachen: Himmel und Erde in Bewegung, um eine Ehe zu stiften.

Das Gelächter, mit dem die *Prinzessin Brambilla* ausklingt, es hat in Schopenhauers *Metaphysik der Geschlechterliebe* seine angemessene Philosophie gefunden. »Die Sehnsucht der Liebe..., (welche) in zahllosen Wendungen auszudrücken die Dichter aller Zeit unablässig beschäftigt sind und den Gegenstand nicht erschöpfen..., diese Sehnsucht, welche an den Besitz eines bestimmten Weibes die Vorstellung einer unendlichen Seligkeit knüpft und einen unaussprechlichen Schmerz an den Gedanken, daß er nicht zu erlangen sei, – diese Sehnsucht und dieser Schmerz der Liebe können nicht ihren Stoff entnehmen aus den Bedürfnissen eines ephemeren Individuums; sondern sie sind der Seufzer des Geistes der Gattung, welcher hier ein unersetzliches Mittel zu seinen Zwecken zu gewinnen, oder zu verlieren sieht und daher tief aufstöhnt.« Der Zweck aber ist, nach Schopenhauer, kein anderer als die Arterhaltung, die Erzeugung einer nachfolgenden Generation. »Nur sofern man *diesen* Zweck als den wahren unterlegt, erscheinen die Weitläufigkeiten, die endlosen Bemühungen und Plagen zur Erlangung des geliebten Gegenstandes, der Sache angemessen. Denn die künftige Generation, in ihrer ganzen individuellen Bestimmtheit, ist es, die sich mittelst jenes Treibens und Mühens ins Dasein drängt. Ja, sie selbst regt sich schon in der so umsichtigen, bestimmten und eigensinnigen Auswahl zur Befriedigung des Geschlechtstriebes, die man Liebe nennt. Die wachsende Zuneigung zweier Liebenden ist eigentlich schon der Lebenswille des neuen Individuums, welches sie zeugen können und möchten; ja, schon im Zusammentreffen ihrer sehnsuchtsvollen Blicke entzündet sich sein neues Leben, und gibt sich kund als eine künftig harmonische, wohl zusammengesetzte Individualität.«

Erinnern wir uns an den *Sandmann*, an den Triumph der vermehrungstüchtigen Clara über Nathanael, dessen organlose Liebe den Naturzweck verfehlt und der deshalb am Ende »mit zerschmettertem Kopf auf dem Steinpflaster lag«.

Die verwandelnde Kraft der Liebe ist der große Aufwand, den die Natur mit uns treibt, um ihre sehr einfachen »Zwekke« durchzusetzen. Darüber lachen Giacinta und Giglio, nachdem sie sich im tumultuarischen Labyrinth des Karnevals und ihrer Phantasie entdeckt und gefunden haben. In ihrer Heiterkeit zeigen sie sich auf der Höhe jener Einsicht, die das Gespräch der Serapionsbrüder formuliert: »Es gibt eine innere Welt und die geistige Kraft, sie in voller Klarheit, in dem vollendeten Glanze des regsten Lebens zu schauen, aber es ist unser irdisches Erbteil, daß eben die Außenwelt in der wir eingeschachtet, als der Hebel wirkt, der jene Kraft in Bewegung setzt.«

Der »Hebel der Außenwelt« – das ist die Natur, die Giacinta und Giglio aufeinander zutreibt. Doch auch der prächtige Funkenflug ihrer »inneren Welt« – die im Karneval zur äußeren wird – ist eine Realität. Im Lachen werden *beide* Realitäten festgehalten: die, daß man ein »Söldling der Natur« ist und bleibt, und die, daß eine »unversiegliche Diamantgrube in unserm Innern« verborgen liegt, die einem das Gefühl gibt, über alle Zwecke unendlich hinausgehoben zu sein.

Achtundzwanzigstes Kapitel
Unter den »Demagogen« und ihren Verfolgern

Anfang September 1819 war Hoffmann »so gestärkt und heiter... als ihn seine Freunde lange nicht gesehen« (Hitzig) vom Kuraufenthalt in Warmbrunn nach Berlin zurückgekehrt, voller Pläne: Er wollte seinen *Kater Murr* vollenden, die *Undine* wieder auf die Bühne bringen, den vierten Band der *Serapionsbrüder* abschließen und eine Calderon-Oper komponieren, wofür Contessa schon das Libretto geschrieben hatte.

Doch wieder greift die Politik nach ihm und durchkreuzt seine Pläne. Am 1.10.1819 wird Hoffmann aufgrund einer Kabinettsordre des Königs zum Mitglied einer »Immediat-Untersuchungskommission zur Ermittlung hochverräterischer Verbindungen und anderer gefährlicher Umtriebe« ernannt. Der ›unpolitische‹ Hoffmann sieht sich plötzlich an die vorderste Front der mit den Karlsbader Beschlüssen entfesselten staatlichen Kampagne gegen die sogenannten ›Demagogen‹ versetzt.

›Demagogen‹ – das waren Burschenschaftler, Turner, Patrioten, Demokraten; alles zählte dazu, was sich in der einen oder anderen Weise unzufrieden zeigte mit den politisch-restaurativen Verhältnissen, wie sie der Wiener Kongreß, der Deutsche Bund und die Heilige Allianz hervorgebracht hatten.

Enttäuscht und empört war der in den ›Befreiungskriegen‹ soeben erwachte politische Nationalismus. Der Wiener Kongreß hatte den deutschen Partikularismus zementiert; es gab jetzt immerhin noch 38 Klein- und Mittelstaaten auf deutschem Boden. Manche Fürsten hatten, als ihre Throne wankten, ihren Untertanen eine Verfassung versprochen. Das Versprechen wurde nicht eingehalten. Man versuchte an die vorrevolutionäre und vornapoleonische Zeit anzuknüpfen. In Hessen wurde sogar wieder der Zopf eingeführt.

Unmut und Empörung über die Wiederkehr des Alten und über das frostige Ende der politischen Blütenträume sammelten sich besonders bei den Gebildeten, den Studenten, Professoren, Literaten, Ärzten.

Da das Ziel einer politisch geeinten Nation ferngerückt war, so pflegte man um so emsiger die Erinnerung an ›deutsche Art und Kunst‹. Man feierte Dürers Geburtstag, ging in deutscher Tracht, ließ sich die Haare lang wachsen, um dem altdeutschen Haudegen ähnlich zu werden, übte sich im dröhnenden Tonfall, bildete Gesellschaften zur Reinigung der deutschen Sprache von »welschem Tand«; Jahn mit seiner Turnerei verlegte sich auf die Wiedergeburt des deutschen Recken, frisch, fromm, fröhlich, frei.

Das Luther-Jubiläumsjahr 1817 war auch eine Gelegenheit gewesen, sich zu zeigen. Luther, dieser Protestant – hatte er nicht auch den »Römlingen« widerstanden, hatte er nicht dem Volk eine deutsche Schriftsprache geschenkt?

Um seiner zu gedenken, hatten sich die erst kürzlich gegründeten Burschenschaften auf der Wartburg versammelt und dort, von der eigenen Begeisterung emporgehoben, hatten sie die große Stunde der Befreiung des »Teutschtums«

beschworen. Am Abend des 18. Oktober 1817 folgte dann jener Akt, den die einen als Symbol ihrer Bestrebungen, die anderen als Sturmzeichen drohender Gefahren ansahen: die Verbrennung mißliebiger Bücher. In Wirklichkeit brannten nur einige Ballen Makulatur aus der Wesselhöftschen Druckerei in Jena, sie sollten aber beispielsweise Hallers *Restauration der Staatswissenschaften* symbolisieren, Kotzebues *Deutsche Geschichte*, den *Code Napoleon*, Schriften von Kosegarten, Immermann und Zacharias Werner; der *Gendarmeriekodex* des preußischen Polizeidirektors von Kamptz war auch dabei; am Ende warf man auch noch den Schnürleib eines preußischen Ulanen, einen hessischen Zopf und einen österreichischen Korporalsstock in die Flammen.

Um das Wartburgfest und um dieses Autodafé entbrannte ein heftiger Federkrieg: Plötzlich rückte das Burschenschaftlertum, die Turnerei, der Patriotismus, die Deutschtümelei in den Mittelpunkt der Aufmerksamkeit – auch bei den Staatsbehörden.

Den willkommenen Anlaß zum repressiven Losschlagen bot dann die Ermordung Kotzebues durch den Burschenschaftler Sand am 23. 3. 1819. Weil Kotzebue regelmäßig Berichte über deutsche Literatur und öffentliche Meinung nach St. Petersburg schickte, galt er bei den ›Burschen‹ als russischer Spion, und sein Spott über die Deutschtümelei und Demokratie stempelten ihn zum »Fürstenknecht«. »Hier, du Verräter des Vaterlandes« – mit diesen Worten erstach Sand den alten Mann in seiner Wohnung in Mannheim.

Man glaubte eine weitverzweigte Verschwörung hinter dieser Tat. Bei den als besonders radikal geltenden Burschenschaftlern in Gießen – die »Schwarzen« – und bei denen in Jena – die »Unbedingten« – vermutete man die Zentren der nicht existenten Konspiration wider die Fürstenmacht. Karl Follen galt als ihr Kopf. Immerhin hatte dieser feurige junge Mann, der sich später in Nordamerika für die Sklavenbefreiung einsetzte, gedichtet: »Freiheitsmesser gezückt! Hurra! den Dolch durch die Kehle gedrückt.« In Jena, wo man Follens einschlägige Lieder sang, galt unter den Burschen der Messer-und-Gabel-Grundsatz, das heißt, man trug den durch Eid geweihten vaterländischen Dolch im Gewande. Auch eigenartige Pläne hatte man in diesen Kreisen geschmiedet: Auf dem Leipziger Viervölkerschlachtfeld sollte bei Gelegenheit einer einzuberufenden Massenversammlung die Republik ausgerufen werden. Als der Kaiser Alexander von Rußland Jena besuchte, debattierte man seine Ermordung. Allerdings wurde diese Frage erst aufgeworfen, nachdem der Zar Jena schon wieder verlassen hatte.

Diese Zeit und diese Generation ergingen sich nicht ungern in den Vorstellungen vom Tyrannenmord. Noch vor wenigen Jahren war es Napoleon gewesen, den man mit Schillerschem Pathos dem Vaterland zuliebe zu erdolchen gedachte. Jetzt waren die Heiligen der Heiligen Allianz an der Reihe. Friedrich von Gentz in Wien fürchtete sich so sehr vor einem Attentat, daß sogar Metternich der Versuchung nicht widerstehen konnte, seinen Hofpublizisten zu foppen: Er ließ ihm fingierte Drohbriefe schicken.

Mit der Ermordung Kotzebues aber war aus den Spielen der politisch erregten Einbildungskraft plötzlich blutiger Ernst geworden; eine günstige Gelegenheit für die politisch Mächtigen, gegen oppositionelle Strömungen vorzugehen. Ein ›deutscher Herbst‹ mit Sympathisantenjagd setzte ein. Angesehene Professoren, Wortführer der ›deutschen Erhebung‹ von 1813 wie Arndt, Oken und Fries wurden aus dem Amt gejagt. Jahn wurde verhaftet. Jeder Burschenschaftler war verdächtig. Man verschärfte die Pressezensur, Briefe wurden geöffnet, Versammlungen verboten. Man durchforstete die Veröffentlichungen der letzten Jahre, um ›gefährliche Subjekte‹ unter den Publizisten herauszufischen.

Doch die öffentliche Stimmung ließ sich nicht so leicht einschüchtern. Der Berliner Theologe de Wette richtete an Sands Mutter einen öffentlichen Trostbrief, worin er mehr als klammheimliches Verständnis für die Tat bekundete.

Sogleich verlor er sein Professorenamt. Viele hielten Sand für einen Helden und machten aus dieser Ansicht auch kein Hehl. Sogar in öffentlichen Lokalen hingen eichenlaubumkränzte Bilder des Messerstechers. Karl Gutzkow erinnert sich, daß damals von hundert Rauchern gewiß fünfzig das gemalte Bild Sands auf ihren Pfeifenköpfen trugen. Die Schrift, welche der Untersuchungsrichter von Hohenhorst 1820 über die gegen Sand geführte Untersuchung herausgab, durfte erst mehrere Jahre später im Buchhandel erscheinen, so sehr glaubte man die Aufregung der Bevölkerung fürchten zu müssen. Nachdem Sand am 20.5.1820 auf dem Schaffott gestorben war, riß man sich um die mit dem Blut des Märtyrers bespritzten Hobelspäne wie um Reliquien, und noch lange Jahre nachher hieß der Platz in Heidelberg, auf dem das Schaffott errichtet gewesen war, »Sands Himmelfahrtswiese«.

Im Sommer 1819 wurde in Mainz eine Zentraluntersuchungskommission eingerichtet, die, unter österreichischer und preußischer Führung, die Verfolgungs- und Disziplinierungskampagne in den Bundesländern koordinieren sollte. In Preußen waren der Minister Fürst Wittgenstein und der Polizeidirektor Kamptz die treibenden Kräfte. Wilhelm von Humboldt, dem das Ganze entschieden zu weit ging, mußte seinen Abschied nehmen. Er hatte in einem Brief an Niebuhr, den preußischen Gesandten in Rom, geschrieben: »Wenn die Verwaltungen weniger Blößen geben und die Völker weniger gerechten Grund zum Klagen finden, werden der Regierung entgegenarbeitende Bestrebungen vorher von selbst ausgestoßen. Bei der jetzigen Behandlungsart der Sache wird die Erbitterung, Spaltung und Besorgnis vermehrt, und es fragt sich noch immer, ob man nun auf diesem Wege den Endzweck erreicht.«

Für Kamptz, der selbst Gneisenau und den Freiherrn von Stein als ›Demagogen‹ anzuschwärzen versuchte, waren solche Ansichten, wie sie Humboldt vertrat, bereits ›aufrührerisch‹.

Daß Hoffmann mit diesem Demagogenriecher zusammenstoßen mußte, überrascht deshalb nicht. Die »Immediat-Kommission«, zu deren Mitglied Hoffmann bestellt wird, erhält vom König den Auftrag, »mit völliger Gerechtigkeit und Vermeidung aller Übertretung rechtlicher Formen« den »Hauptgesichtspunkt« zu verfolgen, »daß es hier am wenigsten auf Bestrafung einzelner Verbrecher ankommt, sondern auf vollständige Ausmittelung derselben und auf Verhütung der Gefahren, womit nicht bloß der preußische Staat, sondern ganz Deutschland bedroht werden.«

Hoffmann sieht sich also auf einen Punkt gestellt, wo er, um angebliche Gefahren vom Staat abzuwehren, die »vollständige Ausmittelung« der geheimen Innenwelt von Staatsbürgern betreiben soll. Plötzlich ist er ein Funktionär jener staatlichen Neugier, die nach dem ganzen Menschen greift und die deshalb bei Hoffmann stets auf Ablehnung gestoßen war. Noch 1818 hatte Hoffmann im *Klein Zaches* sein diesbezügliches Verhältnis zum Staat recht deutlich dargestellt.

In diesem Märchen, das ihm den Ruf des »ersten Humoristen« einbringt, geht es nicht zuletzt auch um eine spottlustige Abrechnung mit den Tendenzen zur Ausweitung der politisch-staatlichen Macht. Das Märchen versetzt uns in den Staat des Fürsten Paphnutius, wo ein leitender Minister folgende Ratschläge gibt, die dann auch durchgeführt werden: »Ehe wir mit der Aufklärung vorschreiten, d. h. ehe wir die Wälder umhauen, den Strom schiffbar machen, Kartoffeln anbauen, die Dorfschulen verbessern, Akazien und Pappeln anpflanzen, die Jugend ihr Morgen- und Abendlied zweistimmig absingen, Chausseen anlegen und die Kuhpocken einimpfen lassen, ist es nötig, alle Leute von gefährlichen Gesinnungen, die keiner Vernunft Gehör geben und das Volk durch lauter Albernheiten verführen, aus dem Staat zu verbannen.«

Die Aufklärung, die Hoffmann hier kritisiert, ist nicht

jene kritische Geisteshaltung, die sich mit den Namen Lessing, Kant oder Lichtenberg verbindet, sondern meint die restlose Indienstnahme des Menschen für die Zwecke des staatlichen und wirtschaftlichen Funktionierens. Solche ›Aufklärung‹ sieht Hoffmann in seiner Gegenwart am Werk; das Märchen ist keine verspätete Satire auf den Staat Friedrichs des Großen.

Der Staat des Fürsten Paphnutius, in dem Spottgeburten wie Klein Zaches Karriere machen können, die »geflügelten Pferde der Poesie« aber in die Stallfütterung gegeben werden, dieser Staat ist jene »Walkmühle«, von der es in einem *Kreislerianum* ironisch heißt, daß sich von ihr »haspeln und trillen lassen« der höchste Zweck des Daseins sei.

Doch nicht in derselben Weise wie vor ihm die Novalis, Schelling, Eichendorff, Adam Müller, Schleiermacher will Hoffmann den »Maschinenstaat« kritisieren. Diese Romantiker polemisierten gegen einen solchen Staat im Namen eines ›organischen Staates‹, den sie sich wünschten. Sie wollten von einem Maschinenstaat, der die Gesellschaft bloß verwaltet, zu einem Staat kommen, der eine Gemeinschaft ausdrückt und auf den sich die Gefühle von Liebe und Ehrfurcht übertragen lassen. Nicht ein nur funktionierender Staat, sondern ein Staat mit Lebenssinn – das war ihr Traum. Diese Romantiker wollten nicht weniger, sondern mehr Staat und vor allem eine existentielle Bindung an ihn: »Der vollkommene Bürger lebt ganz im Staate – er hat kein Eigentum außer dem Staate«, schreibt Novalis, und bei Schleiermacher können wir lesen: »Wo ist der eigne Charakter jedes Staates? So fern ist dies Geschlecht von jeder Ahndung, was diese (die staatliche. R. S.) Seite der Menschheit wohl bedeuten mag..., daß alle glauben, der sei der beste Staat, den man am wenigsten empfindet... Wer so das schönste Kunstwerk des Menschen... nur als notwendiges Übel betrachtet..., der muß ja das nur als Beschränkung fühlen, was ihm den höchsten Grad des Lebens zu gewähren bestimmt ist.«

Mit solchen Ideen vom ›organischen‹ Staat, vom Staat als Kunstwerk etc. hat Hoffmann wenig im Sinn, für ihn ist – wovor es ja Schleiermacher graust – tatsächlich der Staat der beste, »den man am wenigsten merkt«.

So war es, im Märchen, unter dem Fürsten Demetrius, dem Vorgänger des aufgeklärten Paphnutius: »Jeder wußte, daß der Fürst Demetrius das Land beherrschte; niemand merkte indessen das mindeste von der Regierung, und alle waren damit gar wohl zufrieden. Personen, die die volle Freiheit in all ihrem... Beginnen liebten, konnten ihren Aufenthalt gar nicht besser wählen.«

Der Staat als Maschinenwesen, als Organismus, als Kunstwerk, wie auch immer – für Hoffmann bleibt er suspekt: Er will von ihm in Ruhe gelassen werden. Natürlich ist der Staat notwendig, das weiß auch er; man muß ihn aber deshalb nicht gleich lieben, er ist ein »notwendiges Übel«. Die Seelenlosigkeit des Maschinenstaates mag schlimm sein, noch schlimmer aber ist für ihn ein Staat mit Seele, der dann womöglich nach der Seele seiner Bürger greift.

Der preußische Staat zur Zeit der ›Demagogenverfolgung‹ ist gewiß nicht sonderlich beseelt, doch nach der Seele seiner Untertanen, sprich: nach ihren Gesinnungen, greift er nun und – Ironie des Schicksals – Hoffmann soll dabei den Handlanger machen.

Dem Freunde Hippel, der über die Kampagne auch nicht glücklich ist, später aber in seinen Erinnerungen alles entschuldigen wird, gesteht Hoffmann in einem Brief vom 24.6.1820 seinen Kummer und seine Empörung: »Gerade in jener Zeit wurde ich zum Mitkommissarius bei der zur Untersuchung der sogenannten demagogischen Umtriebe niedergesetzten Immediatkommission ernannt, und wie Du mich kennst, magst Du Dir wohl meine Stimmung denken, als sich vor meinen Augen ein ganzes Gewebe heilloser Willkür, frecher Nichtachtung aller Gesetze, persönlicher Animosität, entwickelte! – Dir darf ich nicht erst versichern,

Hoffmann, auf dem Kater Murr reitend, im Kampf mit der preußischen Bürokratie; vermutlich eine Karikatur des Oberregierungsrat von Kamptz (1821).

daß ich ebenso wie jeder rechtliche vom wahren Patriotismus beseelte Mann überzeugt war und bin, daß dem hirngespenstigen Treiben einiger junger Strudelköpfe Schranken gesetzt werden mußten, um so mehr, als jenes Treiben auf die entsetzlichste Weise ins Leben zu treten begann... Hier war es an der Zeit, auf gesetzlichem Wege mit aller Strenge zu strafen und zu steuern. Aber stattdessen traten Maßregeln ein, die nicht nur gegen die Tat, sondern gegen Gesinnungen gerichtet waren.«

Der Immediat-Kommission war eine doppelte Aufgabe zugewiesen worden: Sie sollte Ermittlungen über das angebliche Netz der Verschwörung anstellen, und sie sollte in der Funktion eines Haftrichters tätig werden, d.h. sie sollte darüber entscheiden, ob das jeweilige Belastungsmaterial ausreicht, den unter Verdacht Festgenommenen in der Haft zu belassen. Die Kabinettsordre hatte dabei die Kommission ausdrücklich angehalten, »mit völliger Gerechtigkeit und Vermeidung aller Übertretung rechtlicher Formen« zu handeln. Tatsächlich hielt die aus Mitgliedern des Kammergerichts zusammengesetzte Kommission sich so gewissenhaft an rechtsstaatliche Grundsätze, daß es schließlich zum Konflikt mit den politisch maßgeblichen Kreisen um Wittgenstein, Hardenberg und Kamptz kommen mußte. Besonders Hoffmann machte sich dort mit seinen Voten, die in den meisten Fällen die Freilassung der Inhaftierten anordnete, höchst unbeliebt.

Hoffmann verfährt streng nach dem Grundsatz, »daß bloße Gesinnungen, sind sie nicht als Tat ins Leben getreten, nicht der Gegenstand einer Kriminaluntersuchung sein können« (»Votum in Sachen des Studenten Franz Lieber«). Er läßt zwar keinen Zweifel daran, daß er die Ideen der Burschenschaftler ablehnt – die Idee einer »volkstümlichen Verfassung von ganz Deutschland« nennt er beispielsweise schlicht »chimärisch« –, doch ebenso deutlich erklärt er immer wieder, daß nur der praktische Umsturzversuch, nicht die umstürzlerische Gesinnung verfolgt werden dürfe. Welche hohen Anforderungen aber Hoffmann an den Nachweis des praktischen Umsturzversuchs stellt, geht aus seinem Votum im Falle des Philologen Roediger hervor. Diesem war geheimbündlerische und umstürzlerische Tätigkeit vorgeworfen; bei der Überprüfung der Anschuldigung geht Hoffmann akribisch den Fragen nach: Hat es wirklich jenen inkriminierten Verein gegeben? War er wirklich ›geheim‹? Waren seine Tendenzen wirklich staatsgefährlich? Wurden sie von allen geteilt, auch von dem Beschuldigten? Hat der Verein eine entsprechende Praxis betrieben? Ist die Beteiligung des Beschuldigten nachweisbar?

Mit einem beträchtlichen Aufwand an scharfsinniger Kasuistik zerreißt Hoffmann das Netz der Anschuldigungen und kommt in seinem Votum vom 20.11.1819 zu dem Ergebnis, daß Roediger aus der Haft zu entlassen sei. Beim Innen- und Polizeiministerium, wo Roediger als Rädelsführer gilt, ist man empört. Durch eine Kabinettsordre des Königs wird eine Ministerial-Kommission eingesetzt, wodurch die unliebsamen Entscheidungen der Immediat-Kommission blockiert werden können. Kamptz ist die Seele dieser übergeordneten Kommission, der auch der Staatskanzler Hardenberg und die Minister Kircheisen und Schuckmann angehören. Auf Veranlassung der Ministerial-Kommission wird Roediger erneut verhaftet – Kamptz nennt Hoffmanns Votum »aktenwidrig« – und wieder plädiert Hoffmann unbeirrt für Entlassung, obwohl er weiß, daß er damit einen Konflikt mit den höheren Stellen riskiert. Diesmal hat er damit sogar Erfolg: Am 5.1. 1820 wird Roediger, allerdings mit Vorbehalt, freigelassen.

Weniger erfolgreich, aber ebenso uneingeschüchtert verhält sich Hoffmann im Falle des ›Turnvater‹ Jahn. Jahn war am 13.7. 1819 verhaftet worden unter der Anschuldigung der »Stiftung und fortdauernden Teilnahme an einem geheimen und hochverräterischen Bündnis, der deutsche Bund genannt«. Jahn streitet das ab, der Bund habe wohl existiert, sei aber inzwischen aufgelöst, »hochverräterische« Zielsetzungen seien ihm fremd, man habe nur die »vaterländische Gesinnung« lebendig erhalten wollen durch »Reden ins Blaue und im gegenseitigen Aussprechen von Gefühlen und Gesinnungen«, stets habe man auf die Zusammenarbeit mit dem Staate gesetzt, nur vor Napoleon sei man auf Geheimhaltung bedacht gewesen.

In seinem umfangreichen Votum vom 15.2. 1820 bestätigt Hoffmann die Angaben Jahns in den meisten Punkten und verwendet viel Mühe darauf, die Denunziationen des ehemaligen Bundesmitglieds Janke, den Hoffmann einen »gehässigen Spion« nennt, als »haltlos« zu erweisen. Ausdrücklich stellt sich Hoffmann vor die im ›Deutschen Bund‹ gepflegte vaterländische Gesinnung, sofern diese sich von direkter politischer Aktion fernhielt: »Erwägt man indessen, daß jener Bund in einer Zeit entstand, in der ein mächtiger siegreicher Feind recht eigentlich darauf ausging, alle Bande, die den Deutschen an den Deutschen knüpfen, gewaltsam zu zerreißen, in der Deutsche wider Deutsche kämpften, in welcher die immer mehr überhand nehmende Ausländerei alle Vaterlandsliebe, allen Sinn für Deutschheit zu zerstören drohte, so erklärt sich wohl jene Einigung.« Doch Jahns Kraftsprüche bringen Hoffmann bei seiner Verteidigung einigermaßen in Schwierigkeiten, so zum Beispiel soll Jahn geäußert haben: »Hätte ich das Schwert, ich wollte mit Christus darunter fahren. An jedem Baum bis Charlottenburg muß einer hängen und in der Stadt auch noch. Ich wollte mir Luft machen.« Um solche Ausfälle ins rechte Licht zu rücken, das heißt sie als Exzesse eines halb albernen, halb verwilderten Kopfes zu kennzeichnen, gibt Hoffmann in seinem Votum Kostproben des Jahnschen »Aberwitzes«, den man nur um den Preis, selbst lächerlich zu werden, ernst nehmen könne: »So schlägt Jahn ferner vor, um das Land an einer schwachen Seite gegen das Eindringen des Feindes zu wahren, eine künstliche Wüste anzulegen. ... In diese Wüste sollen dann Rot- und Schwarzwild, Elentiere, Auerochsen und zuletzt Raubtiere aller Art hineingesetzt werden... Hungrige Wölfe, Bären und dergl. passen Einschleichern, Kundschaftern und Landstreichern auf... Beginnen die reißenden Tiere sich einander selbst zu verspeisen, so werden sie mit... Schafen, Franzosenkühen, unbrauchbaren Pferden usw. gefüttert, und der beständige Kampf, den die an der Wüste wohnenden Leute mit ihnen zu führen genötigt, ist die beste Vorschule zur Landwehr.«

In seinem Votum fordert Hoffmann die Freilassung Jahns. Die Ministerial-Kommission ist dagegen. Jahn bleibt in Haft. Der Konflikt zwischen den beiden Kommissionen verschärft sich. Im Mai 1820 fordert Hoffmann im Auftrag der Immediat-Kommission erneut die Freilassung Jahns, diesmal aber noch nachdrücklicher: Hoffmann hat seine Kollegen dafür gewonnen, mit Rücktritt zu drohen. Daraufhin beschließt man beim Ministerium eine halbe Freilassung Jahns. Der Turnvater wird nach Colberg geschafft, wo er in einer Art Verbannung unter Aufsicht seine 1000 Reichstaler Pension verzehren darf. Varnhagen über die öffentliche Meinung in Berlin: »Das Volk äußert sich hier lebhaft über Jahn, besonders in den Tabagien; da könne man sehen, heißt es, daß er unschuldig sei, man gebe ihm halbe Freiheit und 1000 Taler Gehalt; ein Hochverräter zu sein wäre so übel nicht, um diesen Preis würde sich mancher melden; sonst wäre einer wenigstens geköpft worden; ›Jahn hat den Titel Hochverräter bekommen, das ist alles‹.«

Die für die Beschuldigten meist günstigen Voten Hoffmanns hätten schon ausgereicht, den Kammergerichtsrat beim Ministerium und insbesondere beim Polizeidirektor Kamptz unbeliebt zu machen. Nun kam aber in der Angelegenheit Jahn noch eine weitere ›Unbotmäßigkeit‹ Hoffmanns hinzu, wodurch dieser endgültig den Haß des Polizeidirektors und auch, wie sich später zeigen sollte, des Innenministers Schuckmann auf sich zog.

Am 19.11.1819 strengte Jahn eine Beleidigungsklage gegen Kamptz an, weil dieser in einem Artikel in der *Vossischen Zeitung* die Vorwürfe gegen Jahn als erwiesene Tatsachen dargestellt hatte.

Hoffmann wird mit der Angelegenheit befaßt; er entscheidet, die Klage anzunehmen. Auf Veranlassung von Schuckmann und Kamptz ordnet daraufhin das Justizministerium (Kircheisen) an, die Klage zu »sistieren« (28.12.1819), da der inkriminierte Artikel eine Amtshandlung darstelle und als solche dem Urteil von Gerichtsbehörden nicht unterworfen sei. Dagegen protestiert – unter Federführung Hoffmanns – das Kammergericht: Es widerspreche dem Gesetz, »wenn ein Verbrechen öffentlich bekannt gemacht wird, dessen der Angeklagte weder überführt noch geständig ist« (10.1.1820).

Jetzt greift der Staatskanzler Hardenberg ein. In barschem Ton befiehlt er die Abweisung der Klage (3.2.1820). Hoffmann und das Kammergericht kontern, indem sie die Auseinandersetzung auf eine prinzipielle Ebene bringen: Es geht um die rechtliche Kontrolle der Exekutive, es geht um Rechtsstaatlichkeit. In einem von Hoffmann am 14.2.1820 verfaßten Schreiben des Kammergerichts heißt es: »Die von dem p. Jahn eingereichte Injurienklage mußten wir für rechtlich begründet achten..., weil auch die höchsten Staatsbeamte nicht außer dem Gesetz gestellt, vielmehr demselben wie jeder andere Staatsbürger unterworfen sind. Wir bemerken hierbei ehrerbietigst, daß wir... uns frei von jeder ungeziemenden Anmaßung fühlen, wenn wir diejenige Pflicht, nämlich: jedermann ohne Ansehen der Person und Unterschied des Standes nach Vorschrift der Gesetze, und nach unsrer besten Kenntnis und Überzeugung unparteiische rücksichtslose Justiz zu administrieren... zu erfüllen streben, und auf der Überzeugung beharren, daß nur Se. Majestät der König unmittelbar die Macht haben, aus höhern Staatsgründen den Gang des Rechts zu hemmen.«

Dem Kammergericht, das nur der höheren Gewalt weichen will, wird daraufhin beschieden, die Gewalt sei nun angekommen: Eine Kabinettsordre des Königs vom 13.3.1820 schlägt die Jahnsche Klage nieder und tadelt das Verhalten des Kammergerichts.

Kamptz und Schuckmann werden sich anderthalb Jahre später – in der Meister-Floh-Affäre – an dem Kammergerichtsrat Hoffmann, der ihnen soviel Ärger verursachte, bitter rächen.

Diese ganze Auseinandersetzung hatte dem Kammergericht und insbesondere Hoffmann bei manchen Leuten schon den Ruf des heimlichen ›Demagogentums‹ eingetragen. Varnhagen notiert Anfang 1820: »Herr von Bülow (Geheimer Staatsrat. R. S.) hat schon gesagt, eigentlich müsse man das Kammergericht selbst ebenso zur Untersuchung ziehen wie die Umtrieber.«

Nun war Hoffmann – wie bekannt – weit entfernt, die Ideen der »Umtrieber« gutzuheißen. Dabei hält er es in seinen Voten zumeist nicht für notwendig, seine Ablehnung der Ideen der »Staatsumwälzung« eigens zu begründen. Daß sie »chimärisch« sind, versteht sich für ihn offenbar von selbst. Es gibt allerdings eine höchst bezeichnende Ausnahme: In seinem Votum zu August Adolph Follenius entwickelt er eine Argumentation, mit der er die besondere Gefährlichkeit des radikalen Flügels der Burschenschaftsbewegung, der sogenannten »Schwarzen« und »Unbedingten« erweisen will. Hier argumentiert er, weil ein ›wunder Punkt‹ bei ihm getroffen wird. Im politischen Weltverbesserungsfanatismus dieser Kreise sieht er das Gespenst der totalitären Politik. Es geht um das Verhältnis von radikalem Freiheitsverlangen und Terrorismus. Er schreibt: »Ist die innere Überzeugung von Recht und Unrecht ohne Rücksicht auf Gesetz und bürgerliche Ordnung die einzige Norm alles Handelns, ist eben jene Überzeugung das Forum, vor das der Mensch die Taten seiner Brüder zu ziehen und zu richten sich befugt achtet, glaubt er, daß wenn nur nach jener Überzeugung der Zweck recht und gut ist, auch jedes Mittel ihn zu erreichen erlaubt sei, hält er jeden, der dem im eignen Innern recht befundenen widerstrebt, des Todes schuldig und sich selbst berechtigt diesen Ausspruch der innern Gesinnung auszuführen, so sind alle Bande der menschlichen Gesellschaft zerrissen, und in Untaten jeder Art mischt sich dann das wüste Treiben eines fanatischen Wahnsinns, der in sich selbst den über alles waltenden richtenden Gott erkennen will, offenbaren.«

Der extreme Subjektivismus, der verbindliche Normen nur in sich selbst zu finden meint und in einem ›Terrorismus‹ der subjektiv als wahr empfundenen ›Tugend‹ die Welt vor deren Schranken zitieren zu können glaubt – diese erkenntnistheoretische und moralische Allmacht des Subjekts ist nichts anderes als die politisierte und deshalb gefährliche Variante jenes »heiteren« Wahnsinns, den Hoffmann in der Gestalt des Serapion dargestellt hat.

Serapion in seinem »methodischen Wahnsinn« hält das für wirklich, was er als wirklich empfindet. Die Realität einer Wahrnehmung bezeugt ihm die Realität des Wahrgenommenen. Er »statuiert keine Außenwelt«. Diese verliert ihre Verbindlichkeit für ihn, sowohl ethisch als auch erkenntnistheoretisch. Sein inneres Erleben, das seine Wahrnehmung und sein Handeln bestimmt, löst ihn ab vom Realitätsbezug und der Realitätskontrolle und spinnt ihn ein in einen »steten Traum«, der ihn schließlich vor aller Irritation schützt, die von einer widersprüchlichen, widerständigen und bedrohlich vielfältigen Realität ausgeht. Die fehlende »Erkenntnis der Duplizität alles Seins« läßt Serapion in einer Wahnwelt leben, in der er selbst, der Graf P., zum Märtyrer Serapion, die Gegend um Bamberg zur Thebaischen Wüste und die Besucher des Grafen zu Figuren aus der alten Heiligenlegende werden. Seine Welt ist kohärent, sie hat die Kohärenz der allmächtig und darum hermetisch gewordenen Imagination. Auch für Serapion gilt, was Hoffmann dem politischen Wahnsinn der »Unbedingten« ankreidet: Er will »in sich selbst den über alles waltenden richtenden Gott erkennen« (»Follenius-Votum«).

»Heiter« aber ist Serapions Wahn, weil er die Welt um sich nicht praktisch, sondern nur symbolisch vernichtet, indem er sie in seine Wahnwelt auflöst.

Wird aber der Wahn des extremen Subjektivismus zur Politik, wie nach Meinung Hoffmanns bei den »Unbedingten«, dann wird es gefährlich. Denn dann geht es nicht mehr nur um symbolische, sondern um praktische Vernichtung der der subjektiven Eigenmacht widerstrebenden gesellschaftlichen Wirklichkeit. Wenn jene serapionistische Leugnung der »Duplizität alles Seins« zum politischen Handeln führt, »so sind alle Bande der menschlichen Gesellschaft zerrissen und in Untaten jeder Art muß sich dann das wüste Treiben eines fanatischen Wahnsinns... offenbaren« (»Follenius-Votum«).

Die Abwehr der »Unbedingten« von unten und die Abwehr der Mächtigen von oben – das ist bei Hoffmann ein und dieselbe Gebärde: Gegenüber der totalitären Gesinnungspolitik von oben verteidigt Hoffmann einen unreglementierten psychischen Innenraum: die Abwehr der politischen Macht des Äußeren, wenn sie sich das Innere restlos unterwerfen will.

Doch ebenso wendet er sich gegen eine totalitäre Zumutung, die von innen nach außen durchbricht, die dem psychischen Innenraum zur Politik verhelfen will, die aus dem archimedischen Punkt subjektiver Moral und subjektiver Wunschwelt – heute sagen wir: Bedürfnisse – die Gesellschaft umgestalten möchte und dabei, wie Hoffmann meint, im »wüsten Treiben eines fanatischen Wahnsinns« enden muß. Zur geschichtlichen Gestalt wurde diese Zumutung im ›Terrorismus der Tugend‹ eines Robespierre.

In der »Duplizität alles Seins« ist die Politik eine Macht des Äußeren. Sie ist notwendig, aber sie muß in Grenzen gehalten werden: Das Innere muß vor der Politik geschützt werden. Doch auch das Umgekehrte gilt: Ein politisierter Serapion ist Robespierre, ist zerstörerischer Wahn des extremen Subjektivismus. Deshalb muß auch die Politik bewahrt werden vor dem ungehemmten Durchbruch des Inneren; es muß also das Innere vor der Politik und die Politik vor dem Inneren geschützt werden – auf diesen Gedanken läßt sich Hoffmanns politische Anthropologie zusammenziehen.

Neunundzwanzigstes Kapitel
Der Glanz vor dem Ende

Hoffmann macht sich durch seine Tätigkeit in der Immediat-Kommission bei höheren Stellen viele Feinde (allerdings hält sein unmittelbarer Vorgesetzter, Kammergerichtsvizepräsident von Trützschler weiterhin große Stücke auf ihn), doch gewinnt ihm sein unbeirrtes und mutiges Eintreten für Recht und Gesetz auch große Anerkennung in den gesellschaftlichen Kreisen Berlins. Heine berichtet in seinen *Briefen aus Berlin*, welche achtungsvolle Aufmerksamkeit nicht nur dem Schriftsteller und Musiker, sondern auch dem Kammergerichtsrat dort zuteil wurde. Sein diesbezüglicher Ruf dringt bis nach Wien, wo Beethoven Anfang März 1820 in sein Konservationsheft einträgt: »Hofmann – du bist kein *Hofmann*.«

Im Sommer 1820 läßt die Arbeit in der Immediat-Kommission nach. Hoffmann ist erleichtert, denn die Auseinandersetzungen dort haben viel Zeit, Kraft und Nerven gekostet. Doch es ist ihm nicht bestimmt, Ruhe zu finden. Unversehens gerät er jetzt in die in ihrem Kern ebenfalls politischen Turbulenzen um den als Generalmusikdirektor nach Berlin verpflichteten Gasparo Spontini.

Der 1774 geborene Spontini war in der napoleonischen Zeit in Paris mit der *Vestalin* und dem *Ferdinand Cortez* zu einem Opernkomponist von europäischem Ruf avanciert. Auch sonst macht er eine gute Figur. Heine hat ihn so beschrieben: »Die hohe Gestalt, das tiefliegende dunkle Flammenauge, die pechschwarzen Locken, von welchen die gefurchte Stirn zur Hälfte bedeckt wird, der halb wehmütige, halb stolze Zug um die Lippen, die brütende Wildheit dieses gelblichen Gesichtes, worin alle Leidenschaften getobt haben und noch toben, der ganze Kopf, der einem Kalabresen zu gehören scheint, und der dennoch schön und edel genannt werden muß: – alles läßt uns gleich den Mann erkennen, aus dessen Geiste die Vestalin, Cortez und Olympia hervorging.« So wie Spontini pflegen bei Hoffmann die Magnetiseure auszusehen.

Dieser Komponist mit dem Auftreten eines napoleonischen Generals liebte auch in der Musik die imperiale Gebärde. Wie später Wagner so wollte Spontini dramatische Handlung, Musik und Szenerie zu einem Gesamteindruck verschmelzen, der das Publikum gefangennehmen und überwältigen sollte. Der Zug zum Grandiosen und Monumentalen gab dieser Kunst eine geheime Affinität zur Macht. Spontini war schon in Paris von den Mächtigen umworben worden und wird jetzt vom preußischen König geradezu hofiert; gegen den Willen des Generalintendanten Brühl wird er vom König nach Berlin verpflichtet. Sogleich nach seiner Ankunft, am 27. 5. 1820, wird der Komponist bei Hofe empfangen, am 30. 5. 1820 findet mit großer Prachtentfaltung die Festaufführung der *Vestalin* statt.

Spontinis ›Angriff auf alle Sinne‹ konnte die Berliner Nüchternheit nicht gänzlich überrumpeln. Heine berichtet darüber nach Westfalen: »Haben Sie die Musik dieser Oper nicht in Hamm hören können? An Pauken und Posaunen war kein Mangel, so daß ein Witzling den Vorschlag machte, im neuen Schauspielhause die Haltbarkeit der Mauern durch die Musik dieser Oper (*Olympia*. R. S.) zu probieren. Ein anderer Witzling kam eben aus der brausenden Olympia, hörte auf der Straße den Zapfenstreich trommeln, und rief atemschöpfend: ›Endlich hört man doch *sanfte* Musik!‹ Die Tauben aber waren ganz entzückt von so vieler Herrlichkeit und versicherten, daß sie die schöne, dicke Musik mit den Händen fühlen konnten. Die Enthusiasten aber riefen: ›Hosianna! Spontini ist selbst ein musikalischer Elefant! Er ist ein Posaunenengel!‹«

In Berlin ärgerte man sich über die Vorzugsstellung dieses »musikalischen Elefanten« bei Hofe, über sein hohes Gehalt, 4000 Reichstaler, über die Gunst, im königlichen Wagen herumgeführt und von einem Generaladjutanten begleitet zu werden. Der durch die ›Demagogenverfolgung‹ gebeutelte Patriotismus fühlte sich erneut beleidigt: Ein königlicher Machtanspruch hatte den Freunden der deutschen Art und Kunst einen Italiener vorgesetzt. Das ergrimmte ein Publikum, das sich durch politische Repression gezwungen sah, seiner Erregung und seinem Ärger im Opern- und Theaterskandal Luft zu machen. Demgegenüber fiel nicht ins Gewicht, daß Spontini in Wirklichkeit ein Künstler war, der mit der überkommenen großen italienischen Oper gebrochen hatte und – als Vorläufer Wagners – die Monumentalisierung der Gluckschen Reformoper intendierte, gewissermaßen also einer deutschen Traditionslinie folgte.

Bereits im Dezember 1819 meldet ein Zeitungskorrespondent aus Paris: »Sehr viel Vergnügen hat es mir gemacht zu vernehmen, daß der geistreiche, geniale E. T. A. Hoffmann sich der Bearbeitung... des Textes (der *Olympia*. R.S.) unterzogen hat, und diese Oper daher in Deutschland gleich gehaltvoll an Text und Musik dargestellt werden wird.«

Nach seiner Ankunft in Berlin macht Spontini sogleich einen Antrittsbesuch bei Hoffmann, der sich bei dieser Gelegenheit bereit erklärt, das Opernlibretto der *Olympia* zu übersetzen. Hoffmann hatte inzwischen seine Meinung über Spontini gründlich geändert. In den *Briefen über Tonkunst in Berlin* von Ende 1814 hatte Hoffmann bei der Besprechung einer Aufführung des *Cortez* geschrieben, »daß es der Spontinischen Musik gänzlich an innerer Wahrheit mangle«. Anderthalb Jahre später aber bereits sieht er den Komponisten jenen Weg der Oper als romantisches Gesamtkunstwerk beschreiten, den er in seinem Dialog *Der Dichter und der Komponist* zuvor skizziert hatte. Im Juni 1816 nennt er die *Vestalin* ein »grandioses Meisterwerk«, und so war es denn auch nicht Schmeichelei – was ihm manche vorwarfen –, wenn Hoffmann am 30.5.1820 im *Gruß an Spontini* den Italiener rühmt: »Willkommen unter uns, du hoher herrlicher Meister! – Längst tönte dein Gesang recht in unser Innerstes hinein; dein Genius rührte seine kräftigen Schwingen, und mit ihm erhoben wir uns begeistert und fühlten alle Wonne, alles Entzücken des wunderbaren Tonreichs, in dem du herrschest, ein mächtiger Fürst! – Und darum kannten und liebten wir dich auch schon längst!«

Hoffmann gerät also im Sommer 1820 in das Spontini-Lager. Bei manchen der ›Patrioten‹, vor die er sich als Kammergerichtsrat schützend gestellt hatte, gilt er deshalb als ›Fürstenknecht‹, als ein Mensch, der um seiner Autoreneitelkeit willen sich an der nationalen Gesinnung versündigt. Hoffmann läßt sich davon nicht anfechten, auch nicht, als von seiten einiger Adelskreise um den Generalintendanten Brühl, die über die offensichtliche Bevorzugung des Emporkömmlings Spontini verärgert waren, umgekehrt die Spontini-Partei in die Ecke des Demagogentums gedrängt wurde. Immerhin war ja der Ehemann der von Spontini protegierten Sängerin Josephine Schulz der gerichtliche Anwalt des Turnvaters Jahn.

Trotz dieser allgemeinen Frontverwirrung, die sehr wenig mit Kunst und Musik zu tun hatte, arbeitete Hoffmann mit Ehrgeiz und Engagement an der *Olympia*. Er beschränkt sich nicht aufs Übersetzen, er nimmt Umarbeitungen am Libretto vor und inspiriert Spontini dadurch zu kompositorischer Neugestaltung.

Als dann die *Olympia* um ein halbes Jahr verspätet – man hatte, ungeheuerlich für damals, über vierzigmal geprobt – am 14. 5. 1821 aufgeführt wird, hält sich die Begeisterung des Publikums trotz ostentativen Beifalls des Königs sehr in Grenzen. Varnhagen berichtet: »Großer Beifall des Königs und des Hofes in der gestrigen Oper, Spontini hervorgerufen und bekränzt. Der König hat, Spontini'n danksagend und belobend, ihn eine Viertelstunde bei der Hand gehalten. Das Publikum ist nur zum Teil in dieser Richtung, der überwiegende Teil ist widerspenstig gegen den Geschmack des Königs, findet die Oper bloßen Lärm, Spontini'n ohne Verdienst, und beseufzt dessen Wirksamkeit, Ansehen und Besoldung.«

Bei Hofe ist man ungehalten über die Widerspenstigkeit des Publikums, eine königliche Ordre verbietet den Zeitungen, tadelnde Rezensionen aufzunehmen. Hoffmann hat seinen Nutzen davon. Denn nun lobt man Hoffmanns Anteil an der Oper übermäßig, um Spontini damit herabzusetzen.

Doch die Gelegenheit zum wirkungsvollsten Angriff auf Spontini bietet die Uraufführung von Carl Maria von Webers romantischem Singspiel *Der Freischütz* am 18. 6. 1821. Mit Carl Maria von Weber hatte die Anti-Spontini-Partei ihren Matador gefunden. Der Kampfruf ›Hie deutsch, hie welsch!‹ – ›hie Weber, hie Spontini!‹ bestimmte von nun an die Auseinandersetzung. Weber, so hieß es, brauche keine

Elefanten und keinen Kanonendonner, er wolle nicht überwältigen, sondern verzaubern.

Bei der Premiere will der Beifall kein Ende nehmen. Auf Flugzetteln, die kursieren, wird das Lob Webers mit deutlichen Spitzen gegen Spontini verbunden. Weber ist diese Art Beifall gar nicht recht. Denn zum einen schätzt er die Musik Spontinis und will sich ungern gegen ihn ausspielen lassen, zum andern hoffte er auf eine Berufung als Kapellmeister nach Berlin. Da er aber nun Partei ist, kann er damit nicht mehr rechnen.

Hoffmann, mit Weber seit 1816 befreundet, gerät zwischen die Lager. Von Freunden wird Weber vor Hoffmann als vor einem Gegner gewarnt. Weber hält zunächst trotzdem an ihm fest: »Ich habe aber guten Glauben so lange, als ich kann«, schreibt er in einem Brief an Kind (21.6.1821). Hoffmann ist auch bei der Premierenfeier zugegen und krönt dort den Komponisten mit einem übermäßig großen Lorbeerkranz. Die Anwesenden und auch Weber selbst wissen nicht recht, ob das Satire oder Ernst ist. Hoffmann hat das Geheimnis nicht gelüftet.

Als am 26.–28.6. 1821 in der *Vossischen Zeitung* ein Verriß des *Freischütz* erscheint, hält man Hoffmann fälschlich für den Verfasser. Weber schenkt dem Gerücht keinen Glauben, aber es war für ihn Kränkung genug, daß er vergeblich auf eine Rezension seines Werkes aus Hoffmanns Feder warten mußte. Das verärgert ihn um so mehr, da er doch die *Undine* damals so ausführlich und günstig besprochen hatte. Er verläßt Berlin mit Zweifeln an Hoffmanns Zuverlässigkeit und Treue.

Während dieser Auseinandersetzungen scheint der Generalintendant Brühl, der Gegenspieler Spontinis, geradezu um Hoffmann geworben zu haben. Auffällig ist, wie ernsthaft und nachdrücklich Brühl seit dem Frühsommer 1821 sein Interesse an einer Wiederaufführung der *Undine* bekundet. Er drängt Hoffmann, die vereinbarte Veränderung an der Exposition vorzunehmen, damit *Undine* im Winter

1821/22, spätestens aber im Frühjahr 1822 gegeben werden kann. Wahrscheinlich glaubte Brühl, mit der romantischen Märchenoper *Undine* ein weiteres Gegengewicht zur monströsen Prächtigkeit Spontinis gewinnen zu können.

Doch wieder, wie schon 1815, zögert Hoffmann, letzte Hand an seine geliebte Oper zu legen. Erst auf dem Sterbelager wird er wieder an der Partitur arbeiten. Allerdings hatte er sich in den letzten Monaten des Jahres 1821 mit Arbeit und Plänen dermaßen überhäuft, daß für die *Undine* einfach keine Zeit bleibt. Ein Übermaß an Plänen und Arbeiten – fast könnte man glauben, daß es die letale Euphorie des absterbenden Lebens ist, die noch einmal eine Explosion der Schaffenskraft verursacht. Man denkt an das Eichendorffsche Bild des Feuerwerks.

Hoffmann schreibt den zweiten Band des *Kater Murr*, will noch bis Ende des Jahres den dritten Band fertigbringen; bezieht bereits Vorschüsse auf den *Jakobus Schnellpfeffer*, einen Roman, den er noch über den *Kater Murr* stellt, von dem aber noch keine Zeile geschrieben ist; beginnt mit dem *Meister Floh*; verspricht mehrere Taschenbucherzählungen; verpflichtet sich, das Libretto der Spontini-Oper *Milton* ins Deutsche zu übertragen.

Es geht ihm gut, in diesen letzten erhitzten Monaten des Jahres 1821. Er hat sich noch eine kleine Wohnung hinzugemietet, will dort eine Bibliothek und ein literarisches Arbeitszimmer einrichten. Er erhält die ehrenvolle und mit einer Gehaltsaufbesserung verbundene Berufung in den Oberappellationssenat des Kammergerichts: »Man konnte«, schreibt Hitzig, »keinen mit größerer Freudigkeit in die Zukunft blickenden Mann sehen, als Hoffmann im Oktober 1821.«

Diese »Freudigkeit« findet ein jähes Ende. Wieder ist es die Politik, die nach ihm greift und ihn zuletzt aufs Sterbelager wirft.

Im Herbst 1821 hatte sich Hoffmann im zweiten Band des *Kater Murr* schon einmal seinen Ärger über die ›Demago-

Das einzige authentische Porträt Hoffmanns von fremder Hand. Zeichnung von Wilhelm Hensel.

genverfolgung‹ von der Seele geschrieben. Er läßt seinen Kater eine Burschenschaftsphase durchleben, eine Satire, die das Burschenschaftlertum als die Flegeljahre künftiger Philister darstellt. Hier ist der Spott milde; bitter und scharf wird er bei der Satire auf die Verfolgungen, unter denen die armen Katz-Burschen zu leiden haben: Die Kater veranstalten nächtens auf den Dächern Trinkgelage mit Gesang. Niemand fühlt sich gestört außer dem Fleischerhund Achilles, ein »Philister«, dessen Heldentum in »unbehülflicher Tappigkeit« und »topfhohlen Redensarten« besteht. Der hetzt die »Spitze« auf, »diese kleinen wedelnden, schmatzenden sich niedlich gebärdenden Kreaturen«, daß sie kläffen, wenn die Kater singen. Jetzt erst beginnt die Ruhestörung; der Herr des Hauses wird wach und fährt mit der Hetzpeitsche unter die »Tumultanten«. Nicht die Kater, noch nicht einmal der Herr mit der Peitsche, sondern vor allem diese »Spitze« sollen Abscheu erregen. Sie sind die wahren Ruhestörer. Mit diesen Kreaturen aber hat Hoffmann jene fanatischen Demagogenriecher vom Schlage eines Kamptz und Tzschoppe treffen wollen.

Doch offenbar waren die Anspielungen auf die wirkliche Szenerie der ›Demagogenverfolgung‹ zu versteckt. Jedenfalls erregten sie noch kein Aufsehen. Das wurde anders mit dem *Meister Floh*.

Auch diesmal wäre die Satire auf den Polizeidirektor Kamptz vielleicht unbemerkt geblieben oder doch von den höheren Stellen mit Stillschweigen übergangen worden. Doch hatte Hoffmann bei »Lutter und Wegner« zuvor schon zuviel ausgeplaudert. Kamptz erhält Anfang 1822 Wind davon. So kann das Unheil seinen Lauf nehmen. Kamptz wittert eine Gelegenheit, mit dem aufsässigen Kammergerichtsrat abzurechnen.

Die verdächtigen Passagen des *Meister Floh* sind schon beim Verleger Wilmans in Frankfurt. Mit Zustimmung des Ministers Schuckmann schickt Kamptz am 17. 1. 1822 den Polizeiagenten Klindworth dorthin. Die Frankfurter Behörden leisten bereitwillig Amtshilfe, und Wilmans läßt sich schnell einschüchtern. Er liefert Manuskripte und Druckbogen aus, sogar die Korrespondenz. Wenige Tage zuvor hatte Hoffmann von der geplanten Aktion erfahren. Eilig bittet er Wilmans in einem Brief, einige genauer bezeichnete Passagen herauszunehmen. Wilmans hat keine Zeit mehr dazu, die Staatsmacht ist schon angekommen; er ist aber töricht genug, auch diesen soeben eingetroffenen Brief, der natürlich belastend wirken muß, auszuliefern. Die Aufregung wirft Hoffmann nieder. Er leidet an »rheumatischen Zufällen« (Hitzig). Doch er ist nicht mutlos. Varnhagen, der überall seine Ohren hat, notiert am 29. 1. 1822, Hoffmann solle »sich derb über die Leute, die ihm etwas anhaben möchten geäußert haben; ›sie könnten ihn alle – – –‹ und er macht sich in voraus gar nichts aus dem, was ihn betreffen kann«.

Inzwischen hat Kamptz die inkriminierten Passagen geprüft und verfaßt am 31. 1. 1822 ein ausführliches Gutachten für Schuckmann, das folgendermaßen schließt: »Es liegt daher vor, daß der Kammergerichtsrat Hoffmann 1) die Absicht gehabt und, soweit an ihm lag, erreicht hat, eine von des Königs Majestät angeordnete Maßregel, zu deren Mitwirkung er selbst durch das allerhöchste Vertrauen mit berufen worden, öffentlich als lächerlich und als das Werk der niedrigsten persönlichen Motive darzustellen...; 2) dazu Stellen aus den ihm nur auf offizialen Wege bekannt gewordenen Akten... benutzt hat, so wie endlich 3) ein Mitglied der Ministerialkommission selbst als einen pflichtwidrigen kassationsfähigen Beamten dargestellt hat.«

Die inkriminierten Passagen finden sich im vierten und fünften Kapitel des Märchens. Es handelt sich um die inzwischen berühmte Knarrpanti-Episode: Der frauenscheue Peregrinus Tyß wird verhaftet, weil er angeblich eine Frau entführt haben soll. Nun ist gar keine Frau als verschwunden gemeldet, doch das beirrt den mit der Untersuchung »entführerischer Umtriebe« betrauten Geheimen Hofrat

Knarrpanti keineswegs, denn er hat sehr eigene Grundsätze: »Auf die Erinnerung, daß doch eine Tat begangen sein müsse, wenn es einen Täter geben solle, meinte Knarrpanti, daß, sei erst der Verbrecher ausgemittelt, sich das begangene Verbrechen von selbst finde. Nur ein oberflächlicher leichtsinniger Richter sei, wenn auch selbst die Hauptanklage wegen Verstocktheit des Angeklagten nicht festzustellen, nicht imstande dies und das hineinzuinquirieren, welches dem Angeklagten doch irgendeinen kleinen Makel anhänge und die Haft rechtfertige.«

Knarrpanti, in dem sich Kamptz zu Recht wiedererkannte, ist ein Meister der Philologie des Verdachts. Da hat Peregrinus Tyß in sein Tagebuch geschrieben: »Heute war ich leider *mord*faul.« Knarrpanti pflückt sich die Silbe »mord« heraus und folgert, »ob jemand wohl verbrecherischere Gesinnungen an den Tag legen könne, als wenn er bedaure, heute keinen Mord verübt zu haben«.

Es ist diese Passage, auf die sich jener Vorwurf bezieht, Hoffmann habe aus den Akten zitiert. Tatsächlich war in dem beschlagnahmten Tagebuch des 1819 wegen demagogischer Umtriebe in Berlin verhafteten Studenten Gustav Asverus das harmlose Wort »mordfaul« mit Rotstift zweimal, vermutlich von Kamptz, unterstrichen und als belastend hervorgehoben worden. Hoffmanns satirische Phantasie hatte sich also in diesem Fall eng an die Wirklichkeit halten können.

Die Affäre geht nun den Instanzenweg. Am 4.2.1822 schreibt der Minister Schuckmann an den Staatskanzler Hardenberg. In dem Brief heißt es, daß man Hoffmann nunmehr als einen »pflichtvergessenen, höchst unzuverlässigen und selbst gefährlichen Staatsbeamten« habe kennenlernen können. Und weiter: »Wenn man mit diesem Vergehen des Kammergerichtsrats Hoffmann sein bisheriges Benehmen in der Untersuchungs-Kommission... vergleicht und dabei auf sein früheres Betragen – indem er schon als Regierungsrat zu Posen auf das ganze Kollegium, dessen Mitglied er war, ein Pasquill gemacht haben soll – sowie auf seine schriftstellerische Tätigkeit Rücksicht nimmt; so kann über die offizielle und moralische Unwürdigkeit dieses Mannes ein Zweifel kaum obwalten.« Schuckmann empfiehlt, da »der Erfolg auf dem gerichtlichen Wege, bei den früheren Äußerungen des Kammergerichts in diesen Angelegenheiten, wohl sehr zweifelhaft« sein dürfte, Hoffmann »mit der verdienten Indignation... in eine entfernte Provinz, z. B. nach Insterburg zu versetzen und einer strengen Aufsicht... zu übergeben«. Eine Entscheidung wird noch nicht gefällt. Zuerst soll Hoffmann verhört werden.

Hippel, der alte Freund, den Winter über ist er gerade in Berlin, hat sich aufopferungsvoll für Hoffmann eingesetzt. Um Hoffmann die Gelegenheit für eine schriftliche Verteidigung zu verschaffen, bewirkt er, von einem ärztlichen Attest unterstützt, die Verschiebung des Verhörs.

Am 23. 2. 1822 diktiert Hoffmann – die vom Rückenmark ausgehende Lähmung hat schon die Hände erreicht – seine Verteidigungsschrift, die auch höheren Orts Eindruck macht. Natürlich kann Hoffmann seine Peiniger nicht überzeugen, aber wie er sich herausredet, das ist in seiner Brillanz schon wieder entwaffnend. Es ist so wie damals mit Onkel Otto. Der konnte den kleinen Ernst auch nicht mehr bestrafen für das im Garten gegrabene Loch.

Die Geschichte mit der amerikanischen Pflanze war zu gut ausgedacht.

In seiner Verteidigungsschrift ›beweist‹ Hoffmann messerscharf aus der Logik des Märchens, daß er eine solche Figur wie Knarrpanti habe auftreten lassen müssen, um der künstlerischen Ausgewogenheit willen. Ähnlichkeiten mit lebenden Personen seien unbeabsichtigt. Wer sie sucht, würde immer fündig werden, dagegen sei kein Autor geschützt, das sei schon vielen passiert; Hoffmann schließt mit den Sätzen: »So werde ich aber von jedem Argwohn, der mich nur zu tief u(nd) schmerzlich getroffen, völlig gereiniget erscheinen. Diese Hoffnung, die ich mit dem größten Recht hegen zu können glaube, gibt mir Trost u(nd) Kraft, die qualvollsten Tage meines Lebens diesmal noch zu überstehen.«

Jetzt beginnt ein Tauziehen hinter den Kulissen. Hippel versucht auch Fürst Pückler-Muskau, inzwischen Schwiegersohn von Hardenberg, dafür zu gewinnen, sich für den bedrängten Freund von ehemals einzusetzen. Der Lump lehnt ab.

Trotzdem wird das Disziplinarverfahren zunächst storniert. Die sich mehr und mehr verschlimmernde Krankheit Hoffmanns läßt es geraten erscheinen, erst einmal abzuwarten. *Meister Floh*, um die inkriminierten Passagen gekürzt, kann erscheinen. Doch mit dem Autor geht es nun zu Ende.

Dreißigstes Kapitel
Sterben

Am 26.1.1822, zur Feier seines 46. Geburtstags, versammelt Hoffmann noch einmal seine Freunde um sich. Der sonst stets der belebende Mittelpunkt gewesen war, nun ist er an den »Flügeln gelähmt«: »Er trank Selterser Wasser, während er seiner Gesellschaft die köstlichsten Weine vorgesetzt, und wenn er sonst bei solchen Gelegenheiten mit der unermüdlichen Beweglichkeit den Tisch umkreiste, um einzuschenken und die Unterhaltung anzufachen, wo sie stockte, so saß er heute den ganzen Abend in seinem Lehnstuhl gefesselt« (Hitzig). Einmal läßt Hitzig die Bemerkung fallen: »Das Leben ist der Güter höchstes nicht.« Hoffmann fährt auf, mit einer Heftigkeit, die er den ganzen Abend noch nicht gezeigt: »Nein, nein, leben, nur leben – unter welcher Bedingung es auch sein möge!«

Den Mächten des gesellschaftlichen Lebens gegenüber hatte sich Hoffmann eher defensiv, ausweichend verhalten:

Mit Ungreifbarkeit und toller Inszenierung von Verwandlungen hat er sich gewappnet. Gegen die Mächte der Natur aber hat er geradezu rebelliert. Hier ist er offensiv, bedingungslos. Die stärkste Naturmacht, der Tod, ist ihm ein Skandal, den man nicht hinnehmen darf. Mit wütender Besessenheit und mit Witz setzt er ihm bis zum letzten Atemzug das produktive Leben entgegen. »Ihr sollt«, schrieb er 1820 in den *Briefen aus den Bergen*, »niemals aufhören zu leben, ehe Ihr gestorben, welches manchem passiert und ein gar ärgerliches Ding ist.«

Leben bis zum letzten Atemzug, und wenn es dann ans Sterben geht, sich nicht fügen, sondern jenes Gelächter anstimmen, das im Werke Hoffmanns widerhallt. Manche haben sich vor diesem Lachen im Angesicht des Todes entsetzt abgewandt. Loest, ein Bekannter aus Warschauer Zeit, notiert zu Hoffmanns Sterben: »Das Ende gräßlich. Seine Späße auf dem Sterbebett führen ihn mir so recht vor die Seele – diesen nie krankenden Geist, und dies nie gesund werdende Gefühl.«

Hoffmanns Weigerung, die Naturmacht des Todes zu akzeptieren, ist der dramatische Schlußakt seines lebenslangen Kampfes gegen das, was man ›von Natur aus‹ *ist*. Das *Machen* war sein Metier: Etwas aus dem *machen*, was man *ist*, weil man im Streit lebt mit dem, was man ist. Die Zerrissenheit Hoffmanns war fundamental, deshalb auch war seine polemische Phantasie unerschöpflich. Sie ruht auch nicht, als der ungeliebte Körper ihm schlimme Schmerzen bereitet. Etwa vier Wochen vor seinem Tode wurde der Versuch gemacht, ob nicht durch das Brennen mit dem glühenden Eisen an beiden Seiten des Rückgrates herunter die Lebenskraft wieder zu erwecken wäre. Hitzig, der hinzukommt, wird von dem gemarterten Patienten mit dem Ruf empfangen: »›Riechen Sie noch den Braten-Geruch?‹« Sodann schildert Hoffmann dem entsetzten Freund »mit der umständlichsten Genauigkeit die fürchterliche Prozedur, fand es ganz natürlich, daß bei einem so exotischen Subjekte wie er, die Ärzte auch die exotischsten Mittel versuchten, und setzte hinzu..., daß der --- (gemeint ist der Innenminister Schuckmann. R.S.) ihn plombieren lasse, damit er nicht als Contrebande durchschlüpfe«.

In diesen Tagen des Schmerzes »verleugneten sich bei ihm keinen Augenblick die höchste Liebe zum Leben, der unerschütterliche Glaube, daß es ihn nicht lassen könne, und eine in Vergleichung mit seinen gesunden Tagen fast noch gesteigerte Heiterkeit, ja großenteils Ausgelassenheit« (Hitzig). Er kann noch diktieren, und mehr braucht es nicht. »Er fing an, die vielen Stunden, die er ohne Gesellschaft und zum Teil in der Nacht ohne Schlaf zubringen mußte, damit auszufüllen, daß er einem Schreiber, der zugleich Krankenwärterdienst versah und deshalb immer um ihn war, diktierte, da nun eine totale Lähmung der Hände sich eingefunden hatte; und diese Beschäftigung ergötzte ihn so sehr, daß er eines Tages gegen Hitzig äußerte: ›Er wolle es sich schon gern gefallen lassen, daß er an Händen und Füßen gelähmt bliebe, – wenn er nur die Fähigkeit behielte, fort und fort dictando zu arbeiten.‹«

Auf dem Sterbelager diktiert Hoffmann die Anekdote *Naivetät*, die beiden Erzählungen *Des Vetters Eckfenster* und *Die Genesung*. Mit der allerletzten Erzählung *Der Feind* wird er nicht mehr fertig. Die kurze Anekdote *Naivetät* erzählt vom Triumph über den kleinen Bruder des Todes, den Schlaf: Der Sterbende wacht und lebt, die Lebenden schlafen: »Ein Kranker, der an einer beharrlichen Schlaflosigkeit litt, sah sich genötigt, jede Nacht jemand um sich zu haben, mit dem er nicht allein sprechen konnte, sondern der ihm auch in seinem gelähmten Zustande die nötige Hilfe leiste. So sollte ein junger Mann bei dem Kranken wachen. Statt aber zu wachen, verfiel derselbe in einen Schlaf, aus dem er nicht zu erwecken. Der Kranke war in dieser Nacht von einem besondern Geist fröhlicher und zwar musikalischer Laune ergriffen, besann sich auf alle mögliche Canzonen und Canzonetten, die er sonst gesungen, und sang sie

Sterben müssen wir alle! Zeichnung Hoffmanns, der die folgende Begebenheit zugrunde liegen soll: Hoffmann hat gerade seinen Freund Kunz verabschiedet, als er Zeuge wird, wie den Gast, der seine Dame zum Tanz auffordert, der Schlag trifft.

mit heller Stimme ab. Endlich, als er in das schlafende Antlitz seines Wächters schaute, kam ihm dasselbe, sowie die ganze Situation, gar zu drollig vor. Er rief seinen Wärter laut bei Namen und fragte, als dieser sich aus dem Schlafe rüttelte, ob ihn vielleicht das Singen in der Ruhe störe?

›Ach Gott!‹, erwiderte der junge wachsame Mann ganz naiv und trocken, indem er sich dehnte, ›ach Gott! nicht im mindesten. Singen Sie doch in Gottes Namen, Herr – Rat; ich habe einen festen, gesunden Schlaf!‹ Und damit schlief er wieder ein, indem der Kranke mit heller Kehle anstimmte: ›Sul margine d'un roi‹ etc.«

Die Erzählung *Des Vetters Eckfenster* führt in die Stube eines gelähmten Schriftstellers, dem nur noch der Blick zum Fenster hinaus auf das bunte Gewühl des Marktes bleibt. »Aber dies Fenster«, so erklärt er seinem kerngesunden

Besucher, der bei dem Sterbenden in die Schule des Lebens geht, »aber dies Fenster ist mein Trost, hier ist mir das bunte Leben aufs neue aufgegangen, und ich fühle mich befreundet mit seinem niemals rastenden Treiben. Komm Vetter, schau hinaus!«

Der Blick bleibt kraftvoll bis zum Ende. Es ist, als wollte die Neugier den skeptischen Phantasten überleben.

Am 25. Juni 1822 stirbt Hoffmann, mitten im Diktieren. Er hat noch Zeit, sich mit dem »Gesicht gegen die Wand« (Hitzig) kehren zu lassen.

Nachspruch

Mit dem Gesicht gegen die Wand – darüber hat Bloch einmal eine ergreifende Betrachtung angestellt:

»Wach sitzen wir am liebsten mit der Wand hinter uns, den Blick aufs Lokal gerichtet. Aber wie erstaunlich: Beim Einschlafen drehen sich die meisten der Wand zu, obwohl sie dadurch dem dunklen, unbekannt werdenden Zimmer den Rücken zukehren. Es ist, als ob die Wand plötzlich anzöge und das Zimmer paralysierte, als ob der Schlaf etwas an der Wand entdeckte, was sonst nur dem besseren Tod zukommt. Es ist, als ob außer Störung und Fremde auch der Schlaf aufs Sterben einschulte; dann scheint die Bühne allerdings anders auszusehen, sie eröffnet den dialektischen Schein von Heimat. In der Tat hat darüber ein Sterbender, der im letzten Augenblick gerettet wurde, folgende Aufklärung gegeben: ›Ich legte mich der Wand zu und fühlte, das da draußen, das im Zimmer ist nichts, geht mich nichts mehr an, aber in der Wand ist meine Sache zu finden.‹ Später schien dem Mann, als hätte sich in statu moriendi ein Organ des Todes gebildet; die Wand ging auf, der fast Sterbende glaubte in die Wand zu reisen, und ein neues Auge blickte gleichsam hinein, wie mit der Salbe des Derwischs aus Tausendundeiner Nacht bestrichen, die das Innere der Felsen und Gebirgswände erkennen ließ, als funkelndes, wo nicht eigenes. Das Innere der Wand war nur klein, aber die umgedrehten Sinne sahen darin etwas, das ihnen sonderbar wichtig vorkam. Exitus, Exodus – ja ein Gleichnis davon kommt sogar noch schärfer wieder, außerhalb des Betts, oder, wie verständlich, in dem obenhin entfernten Zustand der Abreise. Bereits die offenbare Unfähigkeit aller Menschen, auch der vertrautesten und innerlich reichsten, sich bei der Abfahrt vom Eisenbahnwagen zum Bahnsteig herab oder umgekehrt zu unterhalten, beruht darauf, daß der Zurückbleibende aussieht wie ein Ei, der Abfahrende dagegen wie ein Pfeil, daß sich beide also schon in verschiedenen Räumen aufhalten, fast schalldicht voneinander abgeschlossen, mit anderen Inhalten, Krümmungen und Gestalten. Dazu ist, wer abreist, meist stolz, wer zurückbleibt, meist wehmütig gestimmt. Bei der Ankunft sind beide in gleicher Lage und Laune, doch dadurch variiert, daß der Gast noch vom neuen Tag geblendet ist, während es dem Gastfreund vergönnt scheint, ihn zu belehren. Sieht man völlig fremder Ankunft zu, etwa der eines großen Schiffs, mit dem man niemand erwartet, so mischt sich in die mögliche Leere der Enttäuschung doch ebenfalls ein sonderbares, uns mitbetreffendes Phänomen. Denn der Stolz der Abreise, in dem bereits das Glück, der Stolz des Sterbens mitschwang, wird hier deutlich von irgendeinem Triumph der Ankunft erfüllt. Vor allem, wenn das Schiff mit Musik ankommt; dann verbirgt sich in dem Kitsch (dem nicht kleinbürgerlichen) etwas vom Jubel der (möglichen) Auferstehung aller Toten.«

Ich stelle mir vor: Auf dem ankommenden Schiff, eine Blaskapelle spielt die Ouvertüre der *Undine,* da erkennen wir sie alle wieder: den Archivar Lindhorst, einige Magnetiseure, den stolpernden Anselmus, Veronika, Nathanael,

Clara mit ihren Kindern, einige vermummte Gestalten des Karnevals und ganz in der Ecke das Ännchen von Tharau, das uns gefällt.

Anhang

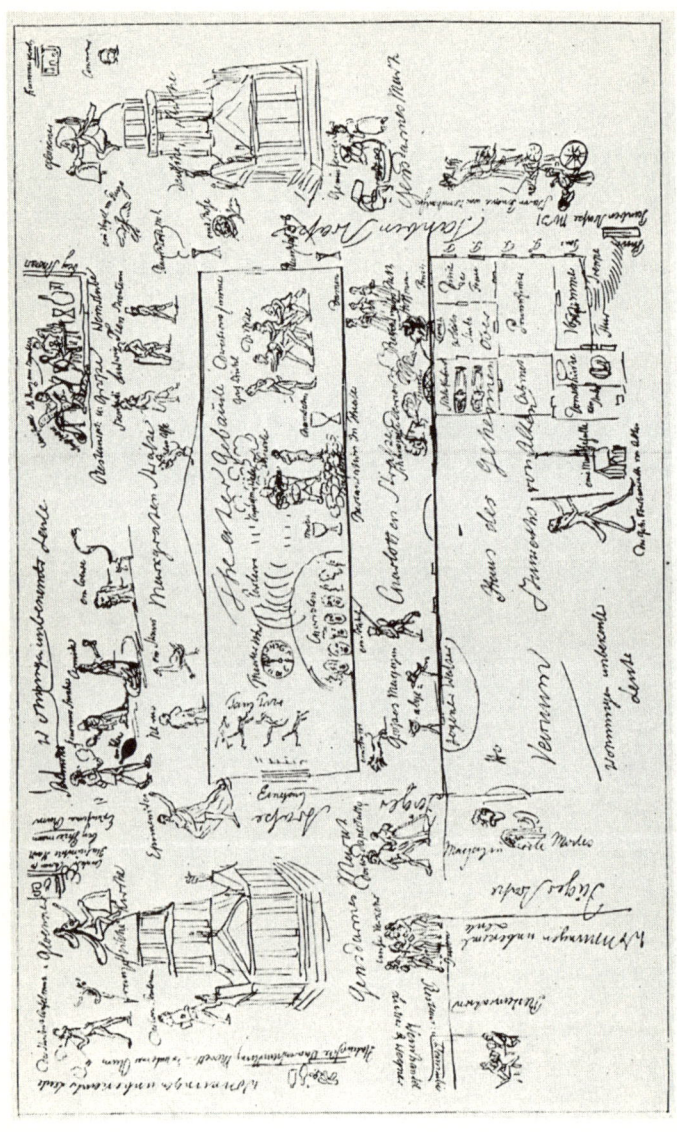

Die Federzeichnung »Der Kunzische Riß« legte Hoffmann einem Brief an Kunz vom 18.7.1815 bei. Kurz zuvor war Hoffmann in seine neue Wohnung in Berlin, Taubenstraße 31, eingezogen. In dieser Wohnung wird Hoffmann auch sterben.

Die nachstehende Bilderklärung ist von Friedrich Schnapp (B II, S. 65 bis 67):

Hier hat H. zunächst seine neue Wohnung, Ecke Tauben- und Charlottenstraße, im *Haus des Geheimen OberBauraths von Alten*, im Grundriß dargestellt. Der Eingang befindet sich *TaubenStraße No 31;* zwei Treppen hinaufsteigend gelangt man auf einen Flur, von dem eine Nebentür in die *Küche* mit dahinter gelegener *DomestikenStube*, die Haupttür in die eigentliche Wohnung führt. Sie besteht aus einem *Vorzimmer*, dem *PrunkZimmer*, dem *Zimmer der Frau* [dessen Eckfenster H. während seiner letzten Krankheit als Ausguck benutzte], der *ArbeitsStube*, dem *SchlafCabinet* (worin H. und Frau in ihren Betten ruhen) und einem *Cabinet*. 5 *Fenster* gehen auf die Taubenstraße, 3 auf die Charlottenstraße. Aus dem mittleren dieser 3 Fenster, dem des Arbeitszimmers, guckt der *RegierungsRath Hoffmann* heraus: die dampfende Pfeife im Munde wendet er sich seinem Nachbarn, dem *Schauspieler Devrient* zu, der seinerseits, ebenfalls rauchend, aus seiner im selben Hause gelegenen Wohnung, Charlottenstraße 38, zu H. hinüberblickt.

Weiter links im Hause auf der Charlottenstraßenseite, befindet sich ein *Großes Magazin abgezogener Walzer*, versinnbildlicht durch einen Geiger und einen Tänzer; links um die Ecke, auf der Jägerstraße, befindet sich ein *Magasin de Modes*, in dessen Schaufenster geputzte Damenköpfe und -hüte ausgestellt sind. Über die Charlottenstraße marschiert *ein Soldat* mit geschultertem Gewehr in Richtung auf die ›Linden‹ zu, vor ihm her springt *ein Hund*, während drei *Damen* in entgegengesetzter Richtung auf drei *Gemüseweiber* zuschreiten, die auf dem *Gensdarmes Markt* ihre Waren feilhalten.

Inmitten dieses Marktes erhebt sich Langhans' Schauspielhaus, flankiert durch die beiden Zwillingsdome, die *französische Kirche* und die *deutsche Kirche*. Auf den Kuppeln der Gotteshäuser sitzen zwei *Glockner*, die mit einer großen Glocke in der Hand einander zuläuten; den Giebel des Kunsttempels hat dagegen *ein Affe* erklettert.

In diesem *TheaterGebäude*, dessen Eingang auf der *JägerStraße* liegt, findet gerade eine *TanzProbe* statt, und im Orchesterraum, bei leerem *Parterre*, üben *Choristen*. Im *DirektionsZimmer* drängen sich 4 servil gebückte *Dichter* dem stocksteif und in der Uniform eines Kammerherrn zugeknöpft dastehenden General-Intendanten *Graf Brühl* entgegen. Dieses Allerheiligste geht auf die Taubenstraße; sehr passender Weise stehen draußen vor der Schmalseite des Theaters, wohl noch von der Siegesfeier her, 2 qualmende Pylonen – *Rauchfaß No 1* und *Rauchfaß No 2*. In die *Restauration im Theater* schleppt indessen – die *TheaterUhr* zeigt 12 – der dicke *Capellm[eister] Weber*, dessen kahler Kopf vor Anstrengung raucht, auf beiden Armen offenbar kulinarische Genüsse herbei, während vor ihm eine Unzahl *Beefsteaks* den Boden pflastern; zu ihren Seiten je ein Pokal *Madeira* und *Chambertin*. Rechts von dem imposanten Musikdirektor steht der zierliche *Kreisler* mit gekreuzten Armen und blickt ihn erwartungsvoll an.

Was die theatralischen Genüsse betrifft, so erblickt man vor der anderen Schmalseite des Schauspielhauses, zur Jägerstraße hin, *Epimenides* in antiker Tracht. Zur Jahresfeier der Siege von 1814 wurde Goethes allegorisches Festspiel *Des Epimenides Erwachen* (mit Musik von B. A. Weber und Balletts von Telle) im Opernhause am 30. und 31. März 1815 aufgeführt, obwohl Napoleon unterdes von Elba zurückgekehrt war; es wurde bis zum 5. April 1816 noch dreimal wiederholt. (H.s späterer Liebling, die damals 17jährige Johanna Eunike, spielte darin eine der 5 Tugenden, und zwar die Liebe.) In einem »Vorwort an die Zuschauer« (die sich nach einem Berliner Witzwort fragten: I wie men'n Sie des?) versuchte Professor Levezow die Allegorien genießbar zu machen, und nachdem er solchergestalt in den Geist des Werkes eingedrungen war, machte er sich daran, eine Art von zweitem Teil zu dichten, *Des Epimenides Urtheil*, der (ebenfalls mit Musik von B. A. Weber) »zur Feier des Sieges bei la Belle Alliance [18. Juni] und Einzugs der Preußen und des vereinten brittischen Heeres in Paris« [9.–10. Juli] am 16. und 17. Juli 1815 im Opernhause gegeben und zu Königs Geburtstag (3. August) zum zweiten und letzten Male wiederholt wurde; zur Erleichterung des Berliner Publikums, das Levezows *Epimenides* mit »I wie gemen is des« bezeichnete.

Ob H. nun den Goetheschen oder Levezowschen Epimenides dargestellt hat, bleibt die Frage; gefallen haben ihm wohl beide nicht übermäßig.

Auf seiner Zeichnung stellt H. weiter *Anna Milder-Hauptmann*, die nach ihrem Engagement im selben Hause wie er und Ludwig Devrient wohnte, als *Armida* in Glucks Oper dar, also in der ersten Gastrolle der großen Künstlerin (9. Juni 1815); die Primadonna trägt in der Rechten einen Zauberstab, mit dem sie anscheinend einen Zauberkreis um sich gezogen hat, während sie in der Linken einen Pokal emporhält. Aus einer Menagerie entlaufen sind offenbar *ein Loewe*, der schweifwedelnd vor Armida haltmacht, sowie *ein Straus*, der auf der Markgrafenstraße einherstolziert. Schließlich weisen 4 gestikulierende *Juden* an der Ecke Charlotten- und Jägerstraße mit der Überschrift *Unser Verkehr* auf den Einakter des 1813 verstorbenen Breslauer Arztes und Lustspielverfassers Carl Sessa hin. Die Posse *Unser Verkehr* in jüdischem Dialekt wurde, nachdem sie bereits einstudiert war, zunächst nicht zur Darstellung freigegeben und kam erst am 2. September 1815 auf die Bühne – mit Wurm und Devrient als Hauptakteuren. »Devrient hatte«, wie Gustav Parthey in seinen Jugenderinnerungen erzählt, »in dem Stücke die Hauptrolle eines eben flügge gewordenen Judenjungen, der auf die Wanderschaft geht, um Geld zu erwerben. Da die Rollen alle schon eingelernt waren, als das Stück inhibirt ward, so machte sich Devrient ein Vergnügen daraus, ganze Scenen in dem Weinhause bei Lutter und Wegner, das er alle Tage besuchte, darzustellen.«

Von anderen persönlichen Bekannten H.s sind auf der Zeichnung dargestellt der schon genannte *Geh. OberBaurath von Alten,* wie er einen Zollstock an *eine Mausefalle* legt, die er im gotischen Kirchenstil erbaut hat. Ferner der *Baron Fouqué aus Nennhausen* in Uniform und Federhut in offenem Wagen sitzend, wie er sich die Taubenstraße entlang im Galopp kutschieren läßt. Sodann – bescheidener zu Fuß – zwei bedeutendere Männer, *Ludwig Tieck* (mit Spazierstock, aus Ziebingen zu Besuch gekommen), gefolgt von *Brentano,* beide die *MarkgrafenStraße* entlang schlendernd. Brentano hat seinen »alten, vom Wetter schon sehr angegriffenen Hut... tief ins Gesicht gedrückt«, wie er es seiner Seelenfreundin Luise Hensel beschreibt. Den beiden Dichtern entgegen kommt Tiecks Ex-Schwager *Bernhardi,* Direktor des Friedrichswerderschen Gymnasiums. *Hr. Kunz aus Bamberg* hat sich in die *Restaurat[ion] u: Große Weinstube bey Schonert* an der Ecke Markgrafen- und Taubenstraße begeben, wo er die riesigen *WeinZettel* und *SpeiseZettel* studiert, während andere Gäste bereits die Freuden des Gaumens genießen.

Die nähere Umgebung von H.s Wohnung bietet Herrn Kunz aber noch mehrere Möglichkeiten zur Restaurierung: die *Italiänische Handl[ung] bey Thiermann* auf der *JägerStraße,* wo es *Austern, Caviar pp* gibt und wo außerdem *Extrafeiner Rum* zu haben ist (Hoffmann hatte sie bereits in den *Abentheuern der Sylvester-Nacht* öffentlich gerühmt); die *Italiänische Waarenhandlung Moretti* auf der Französischen Straße, in deren Schaufenster allerlei Spezialitäten locken und woselbst ebenfalls *Extrafeiner Rum* lagert, sowie die *Restaur[ation] u: Weinstube* – nebst *Weinhandel* – *Lutter & Wegner,* H.s späteres Hauptquartier, auf der Charlottenstraße, Ecke Französische Straße, woselbst sich zwei Gäste niedergelassen haben.

Weit weniger anziehend als diese einladenden Stätten ist das entlegenere *Kammergericht* im äußersten Winkel oben rechts der Zeichnung, vor dem sich – in angemessener Entfernung – ein *Anonymus* zu einem unaufschiebbaren Geschäft niedergekauert hat.

Den Übergang zu phantastischen Gestalten bildet *Schlemihl,* der als Ebenbild seines Schöpfers Chamisso in altdeutscher Tracht, Pfeife rauchend, in die Markgrafenstraße einbiegt und in Richtung auf die Taubenstraße loswandert. Schlemihl-Chamisso läßt ungerührt seinen Leidensgefährten aus den *Abentheuern der Sylvester-Nacht,* den armen *Erasmus Spikher,* links liegen, der sich umsonst bemüht, in einem Handspiegel sein verlorenes Spiegelbild wiederzufinden; dieweil der höllische *Doktor Dapertutto,* die Kurtisane Giulietta am Arm, raschen Schrittes die Charlottenstraße entlang schreitend soeben die Jägerstraße überquert. Links oben im Bilde spaziert *Der Student Anselmus* aus dem 3. Band der Fantasiestücke; er hat sich in Sonntagsstaat geworfen und schmaucht selbstzufrieden seinen Knaster. Achtlos ist er an der goldgrünen Serpentina vorübergegangen, die sich, um einen Holunderzweig geschlungen, dem Ungetreuen liebevoll nachreckt; wogegen unterhalb *Der Conr[ector] Paulmann,* den Dreispitz unterm Arm, in entgegengesetzter Richtung lustwandelt.

Diese beiden Gestalten aus dem Dresdener Märchen, dem *Goldnen Topf,* auf Berliner Straßen zu sehen, mußte den Verleger der *Fantasiestücke* natürlich besonders amüsieren.

Chronik

1776   24.1: Hoffmann in Königsberg/Pr. geboren als Sohn des Hofgerichtsadvokaten Christoph-Ludwig H. und dessen Gattin (und Cousine) Louise Albertine, geb. Doerffer.

1778   Trennung der Eltern. Der ältere Bruder wird dem Vater zugesprochen. Die Mutter zieht mit dem zweijährigen Ernst in das Haus ihrer (verwitweten) Mutter. Ernst wächst unter der Obhut der Doerfferschen Familie auf.

1779   24.5.: Tod der innig geliebten Tante Charlotte Wilhelmine Doerffer (Tante »Füßchen«).

1782   Besuch der reformierten Burgschule in Königsberg (bis 1792). Hoffmanns Vater wird nach Insterburg versetzt.

1786   Erste Bekanntschaft mit Th. G. Hippel (geb. 1775). Hippel wird zuerst Hoffmanns Schulkamerad, dann ein Freund fürs Leben.

1790   Hoffmann erhält Musikunterricht bei dem Domorganisten Podbielski und Zeichenunterricht bei dem Maler Saemann. Seine musikalische und zeichnerische Begabung wird erkannt.
Die Familie Hippel wird geadelt; der Jugendfreund wird Junker.

1792   Hoffmann beginnt aus familiärer Tradition das Studium der Rechte an der Universität Königsberg. Seine Mußestunden widmet er dem Schreiben, Musizieren, Komponieren und Zeichnen.

1793 Hoffmann verliebt sich in die 9 Jahre ältere, verheiratete Dora Hatt.

1794 Hippel, der sein Jurastudium früher abschließt, verläßt Königsberg. Reger Briefverkehr.

1795 Hoffmann arbeitet an den verschollenen Romanen ›Cornaro, Memoiren des Grafen Julius von S.‹ und ›Der Geheimnisvolle‹. Erlebt zum erstenmal Mozarts ›Don Giovanni‹. Liest Grosse, Sterne, Jean Paul, Shakespeare, Rousseau. Das heimliche, nur teilweise erwiderte Liebesverhältnis zu Dora Hatt hält an. – 22.7.: Erstes juristisches Examen. Auskultator bei der Regierung (= Gericht) in Königsberg.

1796 Januar: Hoffmann legt sich mit einem konkurrierenden Liebhaber Dora Hatts an. Hoffmann will Königsberg verlassen. Die Familie beschließt, ihn in die Obhut des Patenonkels J. L. Doerffer nach Glogau zu geben. – 13.3.: Tod der Mutter. – Juni: Übersiedlung nach Glogau. Bekanntschaft mit dem Maler Aloys Molinary, dem er bei der Ausmalung der Jesuitenkirche am Ort hilft. Bekanntschaft mit J. v. Voß.

1797 Freundschaft mit dem Akzisebeamten und Komponisten Johannes Hampe. – 27.4. Tod des Vaters. – Mai/Juni: Reise nach Königsberg. Unterwegs kurzes Zusammentreffen mit Hippel, der als Erbe sich auf den Erwerb einer Majoratsherrschaft vorbereitet. Befangenheit und Entfremdung zwischen den Freunden. Letztes Wiedersehen mit Dora Hatt. Endgültige Trennung.

1798 Hoffmann verlobt sich mit seiner Cousine Minna Doerffer (geb. 1775). – 20.6.: Zweites juristisches Examen (›überall ausnehmend gut‹). Der Onkel J. L. Doerffer (der Vater Minnas) wird als Geheimer Obertribunalrat nach Berlin berufen; deshalb bewirbt sich Hoffmann um Versetzung als Referendar an das Kammergericht in Berlin. August: Versetzung nach Berlin. Mit seinem Examinator F. G. Jagwitz unternimmt er eine Wanderung durchs Riesengebirge. Erste Berührung mit dem Glücksspiel. Über Dresden nach Berlin, wo Hoffmann Ende August ankommt und wo er zunächst in einer Pension und dann bei den Doerffers wohnt. Nimmt Kompositionsunterricht bei Fr. Reichhardt. Beginn der Freundschaft mit dem Schauspieler und Gitarristen Fr. v. Holbein.

1799 Dichtung und Komposition des dreiaktigen Singspiels ›Die Maske‹.

1800 Januar: vergeblich bietet Hoffmann sein Singspiel dem Kgl. Nationaltheater zur Aufführung an. Zusammen mit Hippel, der für einige Zeit nach Berlin gekommen ist, Vorbereitung auf das (dritte) Examen, das er am 27.3. ablegt. – Mai: Ernennung zum Assessor bei der Regierung in Posen. – Frühsommer: Fahrt mit Hippel über

Potsdam, Leipzig nach Dresden. Ankunft in Posen. Weihnachten: Besuch in Berlin und Bekanntschaft mit Jean Paul, der im Hause Doerffer verkehrt.

1801 Komposition und (Posener) Aufführung des Singspiels ›Scherz, List und Rache‹ (nach dem Text Goethes). Jean Paul läßt die Partitur zusammen mit einer Empfehlung Goethe zukommen.

1802 Februar: Bei einer Karnevalsredoute werden von Hoffmann gefertigte und beschriftete Karikaturen über die Spitzen der Posener Gesellschaft verteilt. Skandal und Strafversetzung Hoffmanns nach Plock. – Anfang März: Hoffmann löst das Verlöbnis mit Minna Doerffer. – 26.7.: Er heiratet die Polin Michaelina Rorer-Trzcinska (Mischa). – Sommer: Ankunft des Paares in Plock. Hoffmann fühlt sich in der polnischen Kleinstadt wie im ›Exil‹, führt mit Mischa ein zurückgezogenes Leben, komponiert Kirchenmusik und Klavierwerke, vertieft sich in das Studium der Kompositionstheorie.

1803 Vergebliche Versuche, einen Verleger für seine Kompositionen zu finden. Verfaßt den Essay ›Schreiben eines Klostergeistlichen‹, der am 9.9. im ›Freimütigen‹ abgedruckt wird: Hoffmanns erste literarische Veröffentlichung. Beteiligt sich – erfolglos – an einem von Kotzebue ausgeschriebenen Lustspiel-Wettbewerb (›Der Preis‹). Hoffman bemüht sich um Versetzung in eine der westlichen preußischen Provinzen.

1804 24.1.–15.2: Letzter Besuch in Königsberg. Trifft Hippel und Malchen Hatt, die Tochter der inzwischen verstorbenen Geliebten Dora. – März: Hoffmann wird als Regierungsrat nach Warschau versetzt. Dort Beginn der Freundschaft mit Julius Eduard Hitzig. – Dezember: Komposition des zweiaktigen Singspiels ›Die lustigen Musikanten‹ (nach einem Text von C. Brentano). Auf dem Titelblatt der Partitur nennt sich Hoffmann zum erstenmal ›Amadeus‹.

1805 Nähere Bekanntschaft mit Zacharias Werner, für den er die Bühnenmusik zum ›Kreuz an der Ostsee‹ komponiert. Die ›Lustigen Musikanten‹ werden in Warschau aufgeführt. – 31.5.: Gründung der ›Musikalischen Gesellschaft‹, an der Hoffmann führend beteiligt ist. – Juli: Geburt der Tochter Cäcilia.

1806 Nach dem Erwerb des Mniszekschen Palais' durch die Musikalische Gesellschaft gestaltet Hoffmann die Inneneinrichtung und malt mehrere Räume eigenhändig aus. Zur feierlichen Eröffnung dirigiert Hoffmann seine Es-Dur-Sinfonie. – 28.11.: Einmarsch der Franzosen. Hoffmann wird durch die Auflösung der preußischen Behörden stellungslos.

1807 Januar: Mischa und die Tochter Cäcilia reisen zu den Verwandten nach Posen. Hoffmann bezieht eine Dachkammer des Mniszekschen Palais', wo jetzt Daru residiert. Hoffmann erkrankt schwer. Will nach Wien übersiedeln. Erhält keine Visa. Deshalb geht er nach Berlin, wo er von Hitzig Hilfe erwartet. – 18.6.: Ankunft in Berlin. Beginn des Berliner Not- und Hungerjahrs. Versuch, die Kunst zum Hauptinhalt seines Lebens zu machen. – Mitte August: Tod der zweijährigen Tochter Cäcilia in Posen.

1808 Mitte April: Hoffmann als Musikdirektor nach Bamberg berufen. Anfang Mai: Höhepunkt der Not. Idee zum ›Ritter Gluck‹. – 9.6.: Abreise von Berlin; Besuch bei Hampe in Glogau. Holt Mischa in Posen ab. 1.9.: Ankunft in Bamberg. – 21.10.: Mißlungenes Debüt als Dirigent am Bamberger Theater. Hoffmann legt die Orchesterleitung nieder. Behält den Titel ›Musikdirektor‹, muß aber nun vom Stundengeben und den sporadischen Kompositionen fürs Theater (›Musik schmieren‹) leben.

1809 15.2.: ›Ritter Gluck‹ erscheint in der ›Allgemeinen Musikalischen Zeitung‹. Von da an intensive Mitarbeit Hoffmanns an der ›AMZ‹. Hoffmann wird Mitglied der Gesellschaft der Honoratioren in Bamberg (›Harmonie-Gesellschaft‹). Lernt den berühmten Arzt F. A. Marcus kennen. – 30.3.: Bekanntschaft mit dem Weinhändler C. F. Kunz, Hoffmanns späterem erstem Verleger. – August: Komposition des Klaviertrios E-Dur (›Grand Trio‹), das er vergeblich einem Verleger anbietet.

1810 Franz von Holbein übernimmt die Leitung des Bamberger Theaters. Hoffmann ist Direktionsgehilfe, Regisseur, Dramaturg, Bühnenbildner und Komponist. Es beginnt die Glanz-Zeit des Bamberger Theaters. Besonders berühmt werden die Calderon-Inszenierungen von Holbein/Hoffmann. Hoffmann erfindet sein ›alter ego‹, die Kreisler-Figur (›Johannes Kreisler, des Kapellmeisters, musikalische Leiden‹).

1811 Liebe zu der Gesangsschülerin Julie Marc, die von den Gefühlen ihres Lehrers noch nichts ahnt. Hoffmann macht die Bekanntschaft von Carl Maria von Weber, der sich besuchsweise in Bamberg aufhält.

1812 Höhepunkt der Leidenschaft für Julie Marc. Mischa wird eifersüchtig. Julies Mutter leitet die Verlobung der Tochter ein. Hoffmann fürchtet, wahnsinnig zu werden. Gedanken an Doppelselbstmord. Erste Pläne für einen Roman ›Lichte Stunden eines wahnsinnigen Musikers‹. Intensive Beschäftigung mit der Naturphilosophie und dem ›tierischen Magnetismus‹. – 14.5.: Napoleon auf der Durchreise in Bamberg. Sommer: Idee zur Oper ›Undine‹. – 5.9.: Anläßlich eines gemeinsamen Ausflugs nach Pommersfelden dramatischer Bruch mit der Familie Marc. – 19.9.: Beginn der Niederschrift des ›Don Juan‹. – Ende November: Höchste Geldnot. – Dezember: Hochzeit des Kaufmanns Graepel (›ausgemergeltes Menschenmodell‹) mit Julie Marc. Fouqué schreibt das Opernlibretto für ›Undine‹.

1813 Februar: Hoffmann erhält das Angebot einer Stelle als Musikdirektor bei der Operntruppe Joseph Secondas (Leipzig und Dresden). – 18.3.: Verlagsvertrag mit Kunz. – 25.4.: Ankunft in Dresden; trifft dort zufällig Hippel, der als Staatsrat in Hardenbergs Gefolge in Dresden weilt. Das Beisammensein wird beendet mit dem Einmarsch Napoleons in Dresden am 8.5. – 19.5.: Hoffmann beginnt mit der Niederschrift des ›Magnetiseurs‹. – 20.5.: Abreise nach Leipzig, wo sich Secondas Operntruppe aufhält, unterwegs verunglückt der Postwagen. Mischa wird ziemlich schwer verletzt. In Leipzig nimmt Hoffmann seine Tätigkeit als Musikdirektor bei Seconda auf. – 24./25.6.: Während des Waffenstillstandes reist Hoffmann mit der Operntruppe zum Gastspiel nach Dresden zurück. – 26./27.8.: Erlebnis der Schlacht bei Dresden. – Oktober/November: Hoffmann dirigiert Opernvorstellungen im belagerten und von Seuchen und Hungersnöten geplagten Dresden. Idee zum ›Goldnen Topf‹. – Nach der Niederlage Napoleons zieht Hoffmann am 10.12. mit der Operntruppe wieder zurück nach Leipzig.

1814 15.2.: Hoffmann beendigt das Märchen ›Der goldne Topf‹. – 26.2.: Zerwürfnis mit Seconda, der Hoffmanns Kompetenz bezweifelt und ihm die Stelle aufkündigt. – Erneute Not, die Hoffmann durch das Zeichnen antinapoleonischer Karikaturen und Beiträge für die ›AMZ‹ notdürftig zu überbrücken versucht. – 5.3.: Beginn der Arbeit an dem Roman ›Die Elixiere des Teufels‹, von dem Hoffmann sich ein finanzielles ›Lebenselixier‹ erhofft. – Anfang Mai: Die ersten beiden Bände der ›Fantasiestücke‹ erscheinen. – 6.7.: Unerwarteter Besuch Hippels, der Hoffmann zur Rückkehr in den preußischen Staatsdienst ermuntert. – 5.8.: Beendigung der Komposition der Oper ›Undine‹. – September: Das preußische Justizministerium bietet Hoffmann an, zunächst ohne Gehalt wieder als Staatsbeamter zu arbeiten. Hoffmann willigt ein. – 26.9.: Ankunft in Berlin. Wiedersehen mit Hitzig, persönliche Bekanntschaft mit Fouqué, Chamisso, Tieck, Franz Horn, Philipp Veit. Die ›Fantasiestücke‹ erregen literarisches Aufsehen. Hoffmann ist in den literarischen Kreisen ein begehrter Gast.

1815 Hoffmann wird ein gefragter Autor für Taschenbuch- und Almanacherzählungen. Er nimmt die Angebote an, weil er, zur Zeit ein Beamter ohne Gehalt, Geld braucht. Er beendet die wenig einträgliche Arbeit für die ›AMZ‹. – 27.5.: Der Generalintendant Brühl nimmt die ›Undine‹ für das Nationaltheater an. Bekanntschaft mit Brentano und Eichendorff. – 1.7.: Hoffmann mietet die endgültige Wohnung in der Taubenstraße 31 (am Gendarmenmarkt). – Beginn der Freundschaft mit Devrient. – September: Der 1. Band der ›Elixiere des Teufels‹ erscheint.

1816 Hoffmann wird bei der Neubesetzung vakanter Kapellmeisterstellen nicht berücksichtigt. Enttäuscht findet er sich jetzt mit seinem juristischen ›Brotberuf‹ ab. – 22.4.: Ernennung zum Kammergerichtsrat (mit Gehalt). – Mai: Der 2. Band der ›Elixiere‹ erscheint. Juni/Juli: Beginn der Freundschaft mit C. M. v. Weber. – 3.8.: Uraufführung der Oper ›Undine‹; Musik und Dekorationen (Schinkel) gefallen. – Erscheinen der ›Nachtstücke‹ (bis 1817).

1817 19.3.: In der ›AMZ‹ erscheint eine umfangreiche, positive Rezension der ›Undine‹ von C. M. v. Weber. Beim Kammergericht gilt Hoffmann als brillanter Richter, als Komponist hat er sich für kurze Zeit einen Namen gemacht, die Verleger reißen sich um den Schriftsteller Hoffmann; jetzt hat Hoffmann ein finanziell gutes Auskommen. – 27.7.: Dreizehnte (letzte) Wiederholung der ›Undine‹. – 29.7.: Brand des Schauspielhauses, der auch die kostbaren Dekorationen der ›Undine‹ vernichtet. Fast hätte auch Hoffmanns Wohnhaus Feuer gefangen. Hoffmann zieht sich aus den Salons und Zirkeln in die Kneipe zurück, besonders bei ›Lutter und Wegner‹.

1818 Plan eines literarischen Werkes ›Die Meister des Gesangs. Ein Roman für Freunde der Tonkunst‹. Das Buch wird im Meßkatalog zwar angekündigt, aber von Hoffmann nie ausgeführt. Plan zu einer großen Erzähl-Sammlung (zunächst ›Seraphinen-Brüder‹, dann ›Serapionsbrüder‹ genannt); Plan einer neuen Opernkomposition, nach Calderons ›Der Liebhaber nach dem Tode‹; Contessa schreibt das Libretto. – Frühjahr: Schwere Krankheit. Konzeption des ›Klein Zaches‹. – Sommer: Hoffmann erwirbt einen Kater, dem er den Namen ›Murr‹ gibt. – Oktober: Beendigung der Erzählung ›Das Fräulein von Scuderi‹. – 14.11.: Neugründung der Serapionsrunde, zu der neben Hoffmann Hitzig, Contessa, Koreff u.a. gehören.

1819 Januar: Die zweite Auflage der ›Fantasiestücke‹ erscheint. Auf Resignation gestimmte (platonische) Liebe zu Johanna Eunike. – Februar: Der 1. Band der ›Serapionsbrüder‹ erscheint. – Mai:

Beginn der Arbeit an den ›Lebensansichten des Kater Murr‹. – Mitte Juli bis Anfang September: Erholungsreise ins Riesengebirge. Die Komposition der Calderon-Oper bleibt in den Anfängen stecken. – 1.10.: Hoffmann wird Mitglied der ›Immediat-Untersuchungskommission zur Ermittlung hochverräterischer Verbindungen und anderer gefährlicher Umtriebe‹. – Oktober/November: Mehrere Gutachten Hoffmanns, in denen die Freilassung inhaftierter ›Demagogen‹ verlangt wird. – Ende November: Streitigkeit der Immediat-Kommission (besonders Hoffmanns) mit der preußischen Regierung wegen des verhafteten Turnvaters Jahn, dessen Beleidigungsklage gegen den Polizeichef von Kamptz von Hoffmann vertreten wird. – Dezember: Der 1. Band des Murr-Kreisler-Romans erscheint; die darin enthaltene verschlüsselte Kritik an der ›Demagogenverfolgung‹ wird noch nicht bemerkt.

1820 Februar: Umfassendes Votum in Sachen Jahn, worin Hoffmann die Freilassung des Turnvaters verlangt. – 23.3.: Anerkennender Brief Beethovens an Hoffmann. – Frühsommer: Entstehung der ›Prinzessin Brambilla‹. – September/Oktober: Der 3. Band der ›Serapionsbrüder‹ erscheint. Zusammenarbeit mit dem Generalmusikdirektor Spontini, für den er das Textbuch der Oper ›Olimpia‹ übersetzt und umarbeitet.

1821 Hoffmann gerät in die Schußlinie des patriotisch gesinnten Anti-Spontini-Lagers. – 18.6.: ›Der Freischütz‹ von C. M. v. Weber in Berlin uraufgeführt. Webers Oper wird gegen Spontini ausgespielt; Hoffmann gerät zwischen die Fronten. Hoffmann schreibt, entgegen seinem Versprechen gegenüber Weber, keine Rezension des ›Freischütz‹. – August: Beginn der Arbeit am 2. Band des Murr-Kreisler-Romans (Beendigung Anfang Dezember). – 8.10.: Beförderung Hoffmanns in den Oberappellations-Senat des Kammergerichts, dadurch Arbeitserleichterung und mehr Gehalt. – 6.11.: Die ersten, später inkriminierten Manuskriptseiten des ›Meister Floh‹ gehen an den Verleger Wilmans in Frankfurt ab. – Plan zu dem (nicht mehr ausgeführten) Roman Timotheus Schnellpfeffers Flitterwochen vor der Hochzeit‹. – 29./30.11.: Tod des Kater Murr. – Mitte Dezember: Der 2. Band des Murr-Kreisler-Romans erscheint.

1822 Um den 18.1.: Beginn von Hoffmanns letzter Krankheit. – 23.1.: Die preußische Regierung veranlaßt die Beschlagnahme des bis dahin vorliegenden Manuskripts und der bereits gedruckten Bogen des ›Meister Floh‹ sowie der Korrespondenz mit dem Verleger. – 31.1.: Kamptz sieht die Vorwürfe wegen Verhöhnung der Demagogenverfolgung und Verrat von Amtsgeheimnissen als erwiesen an und fordert die strenge Bestrafung des Dichters. Hippel, für einige Wochen in Berlin, setzt sich für den Freund ein, erwirkt eine Verschiebung der angeordneten Vernehmung Hoffmanns. – 23.2.: Hoffmann diktiert seine Verteidigungsschrift. – 28.2.: Diktiert den Schluß von ›Meister Floh‹. – 26.3.: Testament. Bald darauf völlige Lähmung. – April: Diktat von ›Des Vetters Eckfenster‹ – ›Meister Floh‹ erscheint in verstümmelter Form. – um den 10.6.: Diktat der Anekdote ›Naivität‹. – Diktiert die Erzählung ›Der Feind‹ (unvollendet). – 24.6.: Die Lähmung hat den Hals erreicht. – 25.6.: Hoffmann stirbt gegen 11 Uhr vormittags. – 28.6.: Beerdigung.

Belege

Abkürzungen

Hoffmanns Werke werden nach der Winkler-Ausgabe (vgl. Literaturverzeichnis) zitiert:
W I   Fantasie- und Nachtstücke
W II   Elixiere, Kater Murr
W III Serapionsbrüder
W IV   Späte Werke
W V   Musikalische Schriften
W VI   Nachlese
B I, B II, B III Briefe
T   Tagebücher
J   Juristische Schriften
A   Hoffmann in Aufzeichnungen seiner Freunde und Bekannten
Außerdem werden noch folgende Werke abgekürzt genannt:
G   *Klaus Günzel*, Leben und Werk in Briefen, Selbstzeugnissen und Zeitdokumenten
M I   *Hans v. Müller*, Hoffmann und Hippel. Das Denkmal einer Freundschaft
M II   *Hans v. Müller*, Gesammelte Aufsätze

Vorwort

10: »Nichts ist...« W IV, 292; – *11:* »Wüstling...« J, 41

Erstes Kapitel

16: »die erste...« M I, 6; – *17:* »Er hatte...« A, 17; »Sinn fürs...« A, 17; – *18:* »Die Freunde...« A, 21; – *20:* »war sein...« A, 17; »Ich gab...« W I, 324; – *21:* »dummen Jungen...« W I, 308; »Ifflandschen...« W II, 378; – *22:* »Schon ihr...« A, 16; »daß der...« W II, 378; – *23:* »Noch jetzt...« W II, 374; »guten Teil...« W II, 378; »mildblickenden Augen...« W II, 373; – *24:* »Sie war...« M I, 5; »Ha, diese...« W II, 333; – *25:* »Hysterismus...« W III, 856; – *26:* »So ist...« W II, 381; – *29:* »Stachel« E. Canetti, Masse, 29 ff.; – *30:* »Was hat...« A, 25

Zweites Kapitel

32: »Eine große...« Kant, XII, 400; »Müßiggang...« zit. F. Gause, Königsberg, 232; – *34:* »Die Sache...« zit. H. Rachel, Handelszollpolitik, 381; – *36:* »So müsset...« zit. Rachel, 379; – *37:* »Grillen...« zit. Gause, 218; – *39:* »daß das...« J. T. Hermes, Sophiens Reise, 73; – *40:* »Sein Vortrag...« zit. F. Medicus, Fichtes Leben, 94; »sorgenfrei...« zit. U. Schulz, Kant, 87; – *43:* »revolutionären Schwindelgeist...« zit. Gause, 241; – *45:* »Was lehren...« zit. H. Güttler, Königsberger Musikkultur, 181; »gesellschaftlichen Zirkeln...« zit. Gause, 278; – *46:* »Der Geist...« zit. Güttler, 267; – *47:* »Tanzfiedler...« zit. Güttler, 181; »Stadtpfeifer...« zit. Gause, 284; – *48:* »Bravo...« W I, 306; – *49:* »Herr Liscov...« W II, 395; – *50:* »Da aber...« zit. Güttler, 163

Drittes Kapitel

53: »Unter den...« Fr. Schlegel, Schriften Bd. 5, 25; – *54:* »Luftreich...« Heine, VII, 593; »das ehrsame...« Goethe, Briefe Bd. 1; – *55:* »Wieviel die...« Goethe, VIII, 78; – *56:* »Ich sehe...« Brentano, Briefe; – *58:* »Bin ich...« L. Tieck, I, 26; – *60:* »wir sollten...« Tieck, I, 75; »Ich kehre...« Goethe, VI, 13; »Wir träumen...« Novalis, II, 233; – *61:* »Sinn...« Schleiermacher, Über die Religion; »Um die...« Novalis, II, 439; – *63:* »Ach, wenn...« Jean Paul, Siebenkäs, Zweites Bändchen, Erstes Blumenstück; – *64:* »Ich alleine« J. J. Rousseau, Bekenntnisse, 9; – *66:* »Das Schicksal...« Fr. Schlegel, Briefe, 34; – *69:* »Bemerken Sie...« zit. E. Lennhoff, Politische Geheimbünde, 40; – *71:* »Aus allen...« K. Grosse, Der Genius, 6; »als könne...« W II, 8; »gibts einen...« Herder, V, 588; – *72:* »Siehst du...« Herder, V, 531; »unsichtbare Hand« vgl. H. D. Kittsteiner, Naturabsicht; »Manches bleibt...« Eichendorff, Werke, 11

Viertes Kapitel

74: »Daß ich...« M I, 34; – *76:* »Diesen seinen...« M I, 12; – *77:* »Zentralkopf« zit. Nachwort zu Hippel d. Ä., Werke, 275; – *78:* »Trieb...« Hippel d. Ä., 274; »Und bin...« A, 44; – *79:* »ermannen...« A, 40

Fünftes Kapitel

86: »geist- und körperkerngesundes...« A, 26; »Da ich...« A, 26; – *87:* »Auffallende...« A, 41; – *90:* »Sehnsucht nach...« M I, 20; – *91:* »mit Dämmen...« Goethe, VI, 16; – *92:* »der Heftigkeit...« A, 41; – *93:* »Was uns...« zit. R. Borch, Schopenhauer, 75; – *94:* »daß es...« W I, 503; – *95:* »Ich bitte...« W I, 510; »Aber mein Gott...« W I, 514; »Ich ging...« W I, 523

Sechstes Kapitel

96: »Die Künste...« A, 43; – *97:* »nur schlechte...« B I, 110; – *98:* »daß die Anonymität...« B I, 108; – *99:* »Eine kleinliche...« A, 45; – *100:* »Nicht zufrieden...« M I, 20; – *101:* »Eine Eigentümlichkeit...« A, 25; – *103:* »Vortreffliche...« Hippel d. Ä., Werke, 275; – *104:* »Geradesten Weges...« A, 51; – *108:* »Betäubung...« J. v. Voß, Anleitung zu einer sublimen Kriegskunst, 373

Siebtes Kapitel

111: »überallausnehmend...« J, 20; »Kleinlich...« W III, 738; – *112:* »Da setzte...« W III, 739; »Wir sahen...« T, 274; – *113:* »interessantesten Jugendzeugnisse...« A, 50; – *114:* »In Berlin...« zit. Köhler/Richter, Berliner Leben, 278; – *115:* »Jeder der...« zit. Berliner Leben, 301; »Berlin ist...« M. de Stael, Deutschland, 101; – *116:* »Der feine Staub...« zit. Berliner Leben, 301; »dieses Paradies...« Atterbom, Reisebilder, 48; – *117:* »Hier bin ich...« Rebmann, Kosmopolitische Wanderungen, 75; – *118:* »In unsern Zeiten...« Novalis, II, 304; »Wer den...« Novalis, II, 304; – *119:* »er solle...« zit. L. Geiger, Geschichte des geistigen Lebens der preußischen Hauptstadt, 35; »Kritisch heißt...« Fr. Schlegel, Schriften zur Literatur, 29; »Jeder ungebildete...« Fr. Schlegel, Schriften zur Literatur, 31; – *120:* »Auch hier...« zit. E. Behler, Friedrich Schlegel, 45; »Lange neckt...« Goethe, I, 210; – *122:* »Ich wurde...« zit. L. Geiger, Geschichte des geistigen Lebens, 188; – *123:* »Geistererscheinungen...« A, 53; »Durch ihn...« A, 51; – *125:* »Es scheint mir...« zit. R. Genée, Hundert Jahre des Königlichen Schauspiels, 66; – *126:* »Das Vorurteil...« zit. D. Scheper, Schauspielhaus, 284; »Nie sah...« zit. W. Salmen, J. Fr. Reichardt, 268; – *128:* »Das sollte...« zit. H. Fetting, Die Geschichte der Deutschen Staats-

505

oper, 43; – *129:* »der sich...« W VI, 332; »Nun hatte...« zit. Salmen, 139; – *130:* »Fürchterlich weh...« zit. Salmen, 89; »hastigen Exkapellmeister« zit. Salmen, 90; – *131:* »Mißlang...« W V, 203; – *132:* »Außer mir...« W VI, 138

Achtes Kapitel

137: »Die Anstellung...« A, 59; – *138:* »Wohlgefallen am...« A, 69; »Wir glauben...« A, 69; – *139:* »Friedrich Wilhelm...« A, 62; »jungen feurigen...« A, 68; – *141:* »daß er...« A, 84; »in seine nachmalige...« A, 83; – *144:* »zumal...« A, 77; »Drei Böhm...« A, 77

Neuntes Kapitel

150: »Großer Unfug...« W III, 153; – *151:* »Ich dächte...« W III, 151; – *152:* »fähigen und...« B I, 169; – *153:* »wie es...« W V, 12; »Ich kann...« W V, 15

Zehntes Kapitel

156: »böhmischen Dorf« J. Ch. F. Schulz, Reise nach Warschau, 42; – *157:* »Die deutsche Herrschaft...« A, 91; – *158:* »Bei dem Luxus...« Schulz, 178; – *160:* »Die kleinstädtischen...« Schulz, 156–57; – *161:* »Nicht selten...« A, 106; – *162:* »anhaltend fleißig...« J, 24; – *165:* »Mißfallen...« A, 100; – *167:* »Nächstdem...« A, 93; – *168:* »Als ich Dich...« zit. P. Hankamer, Zacharias Werner, 49; – *169:* »Was sagen...« zit. P. Hankamer, 49; – *170:* »Verzeihen Sie...« A, 94; – *171:* »Man sagt...« W III, 856; – *173:* »Seine Tempos...« A, 110; – *174:* »ohne die...« A, 111; »Man lasse...« zit. S. Haffner, Preußen, 215; – *175:* »Das größte...« zit. Haffner, 214; »Zwar brannte...« Goethe, X, 491; – *176:* »Das Kind...« A, 111; »Mit Hülfe...« A, 111; – *178:* »Heute hat...« A, 117

Elftes Kapitel

180: »Als ich mich...« W II, 356; – *182:* »Logen und Parterre...« zit. G. Wahrau, Berlin – Stadt der Theater, 279; – *183:* »Wohin man...« K. A. Varnhagen von Ense, Denkwürdigkeiten Bd. 1, 244; »Aber ich...« W I, 23; – *185:* »Jemand...« B III, 28; – *187:* »Denken Sie...« B I, 232; – *189:* »Wir glauben...« A, 125; Gubitz, vgl. A, 121; – *190:* »daß sie...« W II, 397; – *193:* »dauernde Verbindung« B I, 249

Zwölftes Kapitel

199: »Es überlief...« M II, 472; »So deutet...« M II, 472; – *200:* »befreundete Gestalten...« W I, 14; – *201:* »So belebte...« W I, 16; »Indessen...« W I, 21; »Ich wollte...« W I, 22; – *202:* »Nun sang...« W I, 23; »gesticktem Galakleide...« W I, 24; – *203:* »Es müßte...« W VI, 335; – *204:* »Ja, öde...« W I, 20; – *205:* »Verflucht...« zit. Wahnrau, 215; – *207:* »Aber ich...« W I, 23; »Warum fragten...« W I, 17; – *208:* »Es mag...« D. Diderot, Erzählungen und Gespräche, 182; – *209:* »Der Gesang...« Diderot, 255-56; – *210:* »Und so...« Diderot, 194; »Bin ich...« Diderot, 277; »Entweder...« Diderot, 277; »Ein schärferer...« W I, 22; – *212:* »Nacht war's...« W I, 19; – *213:* »Alles dies...« W I, 23

Dreizehntes Kapitel

214: »schöne freundliche...« W IV, 549; – *215:* »Im südlichen...« W IV, 561; »so ist es...« W IV, 563; – *216:* »unter dem...« W IV, 549; »der Gewaltige...« W II, 397; – *217:* »auf einem...« W II, 325; »als sei...« W II, 326; – *219:* »In einer...« zit. O. Krenzer, Das geistige und gesellschaftliche Leben Bambergs, 20; – *221:* »Es ist...« zit. Krenzer, 19; – *225:* »Das zahlreich...« A, 129; – *226:* »Seine Seele...« A, 128; – *228:* »Man sollte...« A, 133; »erzählen...« W I, 27; – *230:* »Sie können...« W II, 352; »Sie sind...« W I, 27; – *231:* »angenehmen Unterhaltung...« W I, 38; – *232:* »Mein Einfall...« W I, 28; »Verdienst...« W I, 28; »als ganz...« W I, 39; »Wirf ihn...« W I, 32; – *233:* »die Kunst...« W I, 39; »Es ist...« Wackenroder, Schriften, 176; »von keinem...« Wackenroder, 176; – *234:* »denen die Kunst...« Wackenroder, 103; – *235:* »Die Kunst...« Wackenroder, 176; – *236:* »Zwar behaupten...« W I, 40; »Den armen...« W I, 40; – *238:* »trennt sein...« W I, 44; »Die Freunde...« W I, 25; – *239:* »Mißverhältnis...« W III, 30; – *242:* »Er blieb...« A, 206; »Was wir...« A, 137

Vierzehntes Kapitel

243: »So scheint...« W I, 285; – *247:* »Der Mensch...« A, 206; – *248:* »Mit sichtbarer...« A, 207; – *249:* »Leidenschaft...« A, 201; »O gewiß...« Julie Marc, Erinnerungen, 12; »Seine Liebe...« A, 189; »Ganz erdichtet...« Marc, 14; »Als ein Verhältnis...« G, 198; – *250:* »Bald erhoben...« W II, 413; »Sang er...« A, 237; »Nichts weniger...« A, 92; – *251:* »Da ich...« A, 26; – *253:* »Was halten...« A, 159; »natürliche Mensch...« A, 720

Fünfzehntes Kapitel

256 »Sinnlichkeit...« W I, 121; – *257:* »Ich erblickte...« W I, 122; »Wie er...« W I, 123; »Unterdessen...« W I, 124; – *258:* »Schoßkind...« W I, 75; »Den Juan...« W I, 75; »Eine kräftige...« W I, 68; – *259:* »durch den...« W I, 75; »Du verstehst...« W I, 71; – *260:* »alles unnennbar...« W II, 45; – *261:* »Aber vergebens...« W I, 250; – *263:* »bei der symbolischen...« W VI, 20; »Ist der...« W V, 52; – *267:* »Es hat...« B III, 36; – *269:* »Selbst das...« W I, 12; – *271:* »Meine Lehr- und Marterjahre...« A, 227

Sechzehntes Kapitel

274: »Eine Privatperson...« zit. Franz Schneider, Pressefreiheit und politische Öffentlichkeit, 66; – *275:* »ein Mensch...« Schiller, XI, 100; vgl. R. Koselleck, Kritik und Krise; – *277:* »Aber welche...« zit. Die Befreiungskriege in Augenzeugenberichten, 38; »Die Verhältnisse...« zit. Schneider, 179; »prahlerischen...« zit. W. Kammitzer, Wider die Fremdherrschaft, 96; – *278:* »ohne daß...« zit. Schneider, 181; »häßliches Untier« Fr. Schlegel, Lucinde, 19; – *279:* »Die braunen...« L. Richter, Lebenserinnerungen eines deutschen Malers, 29; – *284:* »Der Feind...« W III, 76; »hochjubelnd« W III, 96; – *285:* »sich in den...« F. Mehring, Lessinglegende, 182; – *287:* »Der sanfte...« W III, 79; »Aber glaube...« W III, 79; »Ach Ferdinand...« W III, 94; »In träger...« W III, 95; – *288:* »ja, in jenem...« W III, 83; »heiligen Streben...« W III, 95; – *289:* »In einem Anfall...« W III, 77; – *291:* »einen jeden...« zit. H. Blumenberg, Arbeit am Mythos, 543; – *292:* »politische Sucht...« W VI, 62; »Diese Zeit...« W VI, 57; – *293:* »Die Natur...« zit. Fr. Schulze, Franzosenzeit in deutschen Landen Bd. 1, 10; »notwendige Zerstörer« zit. Schulze, 12; »Genie...« Kant, X, 405; »Potenz« Schelling, III, 612; – *294:* »Der Dämon...« W VI, 57

Siebzehntes Kapitel

296: »Mode...« W I, 142; »Laß Deines...« zit. R. Darnton, Der Mesmerismus und das Ende der Aufklärung, 56; – *299:* »mit kritischer...«zit. W. Erman, Der tierische Magnetismus in Preußen, 56; »Wem wäre...« zit. W. Leibbrand, Romantische Medizin, 178; – *300:* »Um sich...« zit. Leibbrand, 181; – *303:* »Schon das Wort...« W I, 143; – *304:* »Ich meine...« W III, 602; »arme Persönlichkeit...« Novalis, I, 227; – *305:* »Mein eignes Ich...« W II, 59; »Ich bin...« W I, 146; – *306:* »Dies gänzliche...« W III, 273; »Ja, oft...« W I, 166; – *307:* »Ist es denn...« W I, 170; »Es ist...« W I, 170; »Gibt es...« W II, 65; »Alle Existenz...« W I, 170; – *308:* »Wahnsinnige...« W VI, 29; – *309:* »Heute ging...« T, 276

Achtzehntes Kapitel

310: »Wir sahen...« T, 274; – *311:* »Sehen Sie...« A, 205; »wunderbaren Heraustretens...« W II, 65; – *313:* »Wir hatten...« L. Richter, 40; »Am Himmelfahrtstag...« W I, 179; – *314:* »Ich wollte...« W I, 182; – *315:* »Ein ernstlich...« Kant, XII, 598; – *316:* »Da regte...« W I, 184; – *317:* »da küßte...« W I, 193; »alte Geschichte...« Heine, I, 90; »Das Unerforschliche...« W III, 823; – *318:* »Sie schlug...« W II, 470; – *319:* »beinahe kindischen...« B III, 258; – *320:* »großen Landstraße...« W IV, 681; »immer derselbe...« W III, 15; »Drang nach Permanenz...« Canetti, Masse Bd. 2, 122; »Denkt euch...« W III, 16; – *323:* »An-Sich halten« vgl. N. Elias, Über den Prozeß der Zivilisation; – *324:* »Weil aber...« Kant, XII, 688; – *325:* »Wie ein...« W III, 655; – *326:* »Man muß...« O. Marquard, Abschied vom Prinzipiellen, 98; – *337:* »stehenden Fußes...« W I, 194; – *329:* »Denn ich saß...« W I, 238; – *331:* »mit einem schönen...« W I, 252

Neunzehntes Kapitel

334: »Was den...« W I, 9; – *335:* »Wohl dem...« A, 263; – *336:* »wie eine...« Kafka, Tagebücher, 186; – *337:* »Es gibt...« W II, 288; – *339:* »wahnsinnige Lust...« W III, 29; – *340:* »unriskante...« O. Marquard, Schwierigkeiten mit der Geschichtsphilosophie, 90; – *341:* »Eines Morgens...« W II, 22; »Ich warf...« W II, 23; – *342:* »wahres Selbst« vgl. R. D. Laing, Das Selbst und die Anderen; – *343:* »unwillkürlich...« W II, 30; »Aber als...« W II, 274; – *344:* »Der, der...« W II, 172; – *345:* »Eine sanfte...« W II, 209; – *346:* »Aureliens Tod...« W II, 287; »geheime Faden...« W II, 8; – *347:* »In den Elixieren...« Heine, III, 66; – *348:* »Wie ist doch...« Jenaische Allgemeine Literaturzeitung Nr. 232, Sp. 417; – *349:* »auf ein halbes...« B I, 487; »Als Hoffmann...« A, 270

Zwanzigstes Kapitel

353: »Hoffmann war...« A, 282; – *357:* »Er riß...« A, 302; – *358:* »Man schien...« A, 284; – *360:* »Es war mein...« B II, 39; – *362:* »geistvolle kräftige...« B II, 59; – *363:* »Hoffmanns satyrischen...« A, 318

Einundzwanzigstes Kapitel

365: »Ich wählte...« A, 307; – *366:* »welches begleitet...« B II, 78; – *369:* »unsangbar sei...« Hoffmann (Maassen-Ausgabe) Bd. 4, XX; »Wer würde...« W V, 320; »Erlaube...« W V, 323; – *370:* »die sehr...« A, 328; – *371:* »Noch sehe...« A, 334; »So lieferte...« A, 356; – *372:* »Das ganze

Werk...« A, 385; – *373:* »Niedergedrückt...« A, 385; – *374:* »Einmal wurde...« Atterbom, 82; – *376:* »Ja, da...« A, 361

Zweiundzwanzigstes Kapitel

380: »Wie alles...« A, 368; – *381:* »Occasionalistisch« vgl. C. Schmitt, Politische Romantik; »Für sittliche...« A, 705; – *382:* »Wie sein innerer...« A, 257; »aus den Teesalons...« A, 370; – *383:* »Man denke...« A, 370; Helmina von Chézy, A, 344; – *387:* »dieser Platz...« zit. W. Durant, Kulturgeschichte der Menschheit, XVIII, 344

Dreiundzwanzigstes Kapitel

391: »Ja – wenn...« A, 496; – *393:* »Von dem Augenblick...« A, 328; »Vergleicht man...« Literaturblatt, 8.8.1826; – *395:* »aus heimlichen...« Eichendorff, 56; »In Deutschland...« zit. M. v. Boehn, Biedermeier, 290; – *396:* »Schon oft...« W I, 461; – *397:* »Die Männer...« M II, 268; »an jeder...« W I, 459; – *398:* »Um nun...« W I, 360; »Die Gegend...« W I, 489; – *399:* »daß die Basis...« W III, 599; – *401:* »Nach mehreren...« W I, 363; – *402:* »keine andere...« W IV, 164; »Wer als Fremder...« zit. M. v. Boehn, 316; – *406:* »Aber wen...« W III, 10; »unterhält« vgl. Canetti, Die Stimmen von Marrakesch, 89; »Jeder sprach...« W III, 995

Vierundzwanzigstes Kapitel

408: »schaut« vgl. P. v. Matt, Die Augen der Automaten; – *410:* »Nein, nein...« W III, 169; – *411:* »Armer Serapion...« W III, 54; »geistige Fühlhörner...« W II, 431; – *412:* »Freudsche Interpretation« vgl. S. Freud, Das Unheimliche, Bd. IV, 251 ff.; – *413:* »O du...« W I, 355; »holde Augen...« W I, 347; »Es ist ein...« W I, 347; »Nathanael blickt...« W I, 348; – *415:* »Aber die gräßlichste...« W I, 334; »Und damit...« W I, 336; – *417:* »Es gibt keinen...« W I, 132; »Ihr könnt...« W II, 546; – *419:* »Seit längerer...« B II, 82; – *420:* »Eine gewisse...« Brentano, II, 782; – *421:* »Crespel...« zit. W III, 1038; »Was bei...« W III, 43; – *423:* »Ein Künstler...« W I, 9

Fünfundzwanzigstes Kapitel

425: »der Freiheit...« J, 84; – *426:* »der sich infolge...« J, 37; – *427:* »Wer ist der...« vgl. M. Foucault, Überwachen und Strafen; »Daß ihr Menschen...« Goethe, VI, 46; – *428:* »Ermächtigung« vgl. O. Marquard, Schwierigkeiten, 94; – *429:* »wenn wir...« zit. K. Dörner, Bürger und Irre,

213; – *430:* »Seit mir...« J, 109; »Dem im Irdischen...« J, 99; – *434:* »Das Mißverhältnis...« W III, 30

Sechsundzwanzigstes Kapitel

435: »Immer im...« W I, 651; »unser Hoffmann...« W IV, 856; – *439:* »Ach Gnädigste...« W II, 431; – *440:* »Chimärische...« W II, 542; – *441:* »Mir geht es...« W II, 383

Siebenundzwanzigstes Kapitel

442: »daß er ihn...« B II, 288; – *443:* »wo Ironie...« W IV, 325; »in einem kleinen...« W IV, 305; »es entzweien...« Goethe, XI, 510; – *444:* »Eben daher...« W IV, 314; »feiertägliche Befreiung« vgl. Bachtin, Literatur und Karneval;) – *446:* »Wahrheit...« Bachtin, 40; – *447:* »wunderbare, aus...« W IV, 258; »mit seiner...« W IV, 323; »niemals seine...« W IV, 235; »Aber selbst...« W IV, 244; – *448:* »Was hältst du...« W IV, 293; »Nichts ist langweiliger...« W IV, 292; »Und ich mag...« Eichendorff, 9; – *449:* »Die vollendete...« Fr. Schlegel, Schriften zur Literatur, 39; »Künftig sei...« Herder, XXIII, 188; – *450:* »umgekehrt Erhabene« Jean Paul, Vorschule der Ästhetik, 125; »tieferen Anschauung...« W II, 394; – *451:* »Als sie nun...« W IV, 256; – *452:* »Vielleicht bist...« W IV, 260; – *453:* »Sind sie nicht...« W IV, 323; »Die Sehnsucht...« Schopenhauer, Die Welt als Wille und Vorstellung, II, 2, 627; – *454:* »Nur sofern...« Schopenhauer, II, 2, 627; »Es gibt...« W III, 54

Achtundzwanzigstes Kapitel

455: »so gestärkt...« A, 488; – *459:* »Wenn die Verwaltung...« A, 491; – *460:* »mit völliger...« A, 489; »Ehe wir...« W IV, 16; – *461:* »Der vollkommene...« Novalis, II, 304; »Wo ist der...« Schleiermacher, Monologen (Hg. Wehrung); – *462:* »Jeder wußte...« W IV, 15; – *464:* »das bloße...« J, 154; »volkstümliche...« J, 171; – *465:* »aktenwidrig« A, 510; »Stiftung...« J, 292; »vaterländische...« J, 294; »gehässigen...« J, 336; »Erwägt man...« J, 344; – *466:* »Hätte ich...« J, 373; »So schlägt...« J, 361; »Das Volk...« A, 539; – *468:* »Herr von Bülow...« A, 533; – *469:* »Ist die innere...« J, 173

Neunundzwanzigstes Kapitel

472: »Hofmann...« B II, 245; »Die hohe...« Heine, III, 32; – *473:* »Haben Sie...« Heine, III, 31; – *473:* »Sehr viel...« A, 514; – *474:* »daß es...« W V, 288; »grandioses« W V, 315; »Willkommen...« W V, 338; –

475: »Großer Beifall...« A, 571; – *477:* »Man konnte...« A, 598; – *479:* »diese kleinen...« W II, 547; – *480:* »sich derb...« A, 626; »Es liegt...« B III, 236; »entführerischer...« W IV, 752; – *481:* »Auf die Erinnerung...« W IV, 737; »Heute war...« W IV, 752; »pflichtvergessenen...« B III, 240; – *482:* »So werde ich...« B III, 262

Dreißigstes Kapitel

483: »Er trank...« A, 623; – *484:* »Ihr sollt...« W IV, 88; »Das Ende...« A, 717; »Riechen Sie...« A, 659; – *485:* »Er fing...« A, 656; »Ein Kranker...« W VI, 107; – *486:* »Aber dies...« W IV, 599; – *487:* »Gesicht...« A, 663; »Wach sitzen...« Bloch, Spuren, 163

Literatur

Ich möchte an dieser Stelle meinen Dank und meine Bewunderung aussprechen für die jahrzehntelang währende quellenerschließende und editorische Arbeit von Friedrich Schnapp, ohne die diese Biographie nicht hätte geschrieben werden können.

I. Werkausgaben, Quelleneditionen

E. T. A. Hoffmann, Sämtliche Werke (in sechs Einzelbänden); Nachworte von W. Müller-Seidel und Fr. Schnapp. Anmerkungen von W. Kron, W. Segebrecht und Fr. Schnapp (Winkler-Ausgabe) München 1967ff.
– Sämtliche Werke. Historisch-kritische Ausgabe (unvollständig). Hg.: Carl Georg von Maassen, München, Leipzig 1908–1928
– Werke in fünfzehn Teilen. Hg. G. Ellinger, Berlin – Leipzig – Wien – Stuttgart 1912
– Briefwechsel (in drei Bänden). Hg.: Fr. Schnapp, München 1967f.
– Juristische Arbeiten. Hg.: Fr. Schnapp, München 1973
– Tagebücher. Hg.: Fr. Schnapp, München 1971
E. T. A. Hoffmann in Aufzeichnungen seiner Freunde. Eine Sammlung von *Friedrich Schnapp*, München 1974
E. T. A. Hoffmann. Dichter über ihre Dichtungen. Hg.: *Fr. Schnapp*, München 1974
Der Musiker E. T. A. Hoffmann. Ein Dokumentenband. Hg.: *Fr. Schnapp*, Hildesheim 1981
E. T. A. Hoffmann. Leben und Werk in Briefen, Selbstzeugnissen und Zeitdokumenten. Hg.: *Klaus Günzel*, Düsseldorf 1979

II. Bibliographisches

Gerhard Salomon, E. T. A. Hoffmann-Bibliographie, Berlin, Leipzig 1927 (1963)
Jürgen Voerster, 160 Jahre Hoffmann-Forschung, Stuttgart 1967
Mitteilungen der E. T. A. Hoffmann-Gesellschaft, Nr. 9, 1962 – Nr. 12, 1966 – Nr. 16, 1970 – Jg. 1981

III. Zeitgenössisches

1. Biographisches

P. D. Atterbom, Reisebilder aus dem Romantischen Deutschland. Jugenderinnerungen eines romantischen Dichters und Kunstgelehrten aus den Jahren 1817 bis 1819. – Berlin 1867 (Stuttgart 1970)
Ludwig von Baczko, Geschichte meines Lebens. – Königsberg 1824
Friedrich Baron de la Motte-Fouqué, Lebensgeschichte. – Halle 1840
Friedrich Wilhelm Gubitz, Erlebnisse. – Berlin 1868
Johann T. Hermes, Sophiens Reise von Memeln nach Sachsen. – Leipzig 1778
Julius Eduard Hitzig, Aus Hoffmanns Leben und Nachlaß. – Berlin 1823
Franz v. Holbein, Deutsches Bühnenwesen. – Wien 1853
C. F. Kunz, Aus dem Leben zweier Dichter: E. T. A. Hoffmann und F. G. Wetzel. – Leipzig 1836
Friedrich Laun, Memoiren. – Dresden 1837
Julie Marc, Erinnerungen an E. T. A. Hoffmann (Hg.: Fr. Schnapp), Bamberg 1965
G. F. Rebmann, Kosmopolitische Wanderungen durch einen Teil Deutschlands. – Leipzig 1793 (Frankfurt/M. 1968)
Ludwig Richter, Lebenserinnerungen eines deutschen Malers. – Frankfurt/M. 1981
Friedrich Rochlitz, Tage der Gefahr. – Leipzig 1915
J. Ch. F. Schulz, Reise nach Warschau. Eine Schilderung aus den Jahren 1791–93. – Berlin 1796 (Frankfurt/M. 1982)
Johann Ludwig Schwarz, Denkwürdigkeiten. – Halle 1828
M. de Stael, Deutschland. – Berlin 1808
K. A. Varnhagen von Ense, Denkwürdigkeiten des eigenen Lebens. – Berlin 1922
Julius v. Voß, Anleitung zu einer sublimen Kriegskunst. Mit der militärischen Laufbahn des Verfassers. – Berlin 1808

2. Literarisches

Clemens Brentano, Werke (Hanser-Ausgabe in vier Bänden) – München 1964 ff.
Denis Diderot, Erzählungen und Gespräche (Insel-Ausgabe) – Frankfurt/M.
J. Fr. v. Eichendorff, Werke (Hanser-Ausgabe in einem Band) – München 1946
J. W. Goethe, Werke (Hamburger Ausgabe in vierzehn Bänden)
Karl Grosse, Der Genius. Aus den Papieren des Marquis v. G. – Halle 1794
J. G. Herder, Sämtliche Werke. – Berlin 1877 ff.
M. G. Lewis, Der Mönch. – Tübingen 1962
Novalis, Werke (Hanser-Ausgabe in zwei Bänden) – München 1978 ff.
Jean Paul, Werke (Hanser-Ausgabe, Hg.: N. Miller) 1960 ff.
J. J. Rousseau, Bekenntnisse (Winkler-Ausgabe) – München 1978
Ludwig Tieck, Werke (Winkler-Ausgabe in vier Bänden) – München
Friedrich Schlegel, Kritische Schriften (Hg.: W. Rasch) – München 1956
Friedrich Schiller, Werke (Cotta-Ausgabe)
Varnhagen von Ense u.a., Die Versuche und Hindernisse Karls (Hg.: H. Rogge: Der Doppelroman der Berliner Romantik) – Leipzig 1926
W. H. Wackenroder, Schriften. – Reinbek bei Hamburg 1968 (Rowohlt-Klassiker)

3. Theoretisches

E. D. A. Bartels, Grundzüge einer Physiologie und Physik des Magnetismus. – Frankfurt/M. 1812
J. G. Fichte, Tagebuch über den animalischen Magnetismus (1813). – In: J.G. Fichtes nachgelassene Werke. Hg. von J. H. Fichte. Bd. 3, Leipzig o.J.
Karl Friedrich Flögel, Geschichte des Grotesk-Komischen. – Leipzig 1862 (1978)
C. W. Hufeland, Die Kunst das menschliche Leben zu verlängern. – Wien, Prag 1797 (1823)
Immanuel Kant, Werke (Ausgabe in zwölf Bänden, Hg.: W. Weischedel) – Frankfurt/M. 1964
C. A. F. Kluge, Versuch einer Darstellung des animalischen Magnetismus. – Berlin 1811
Friedrich Anton Mesmer, Mesmerismus. Oder System der Wechselwirkungen. Hg.: K. C. Wolfart. – Berlin 1814
Heinrich Nudow, Versuch einer Theorie des Schlafs. – Königsberg 1791
Philippe Pinel, Abhandlung über Geistesverwirrungen. – Wien 1801
J. Chr. Reil, Rhapsodien über die Anwendung der psychischen Kurmethoden. – Halle 1803

Johann W. Ritter, Das Electrische System der Körper. Ein Versuch. – Leipzig 1805
Fr. W. Schelling, Sämtliche Werke (Cotta-Ausgabe)
Fr. Schleiermacher, Monologen (Hg.: G. Wehrung). – Darmstadt 1953
A. Schopenhauer, Werke (Zürcher Ausgabe)
G. H. Schubert, Ansichten von der Nachtseite der Naturwissenschaft. – Dresden 1808
G. H. Schubert, Die Symbolik des Traums. – Bamberg 1814
C. H. Spieß, Biographien der Wahnsinnigen. – Leipzig 1796 (Darmstadt 1971)
A. Weishaupt, Das verbesserte System der Illuminaten. – Frankfurt/M. 1787
J. G. Ritter von Zimmermann, Über die Einsamkeit. – Leipzig 1784

IV. Späteres

1. Biographisches

a) Zu Hoffmann

G. Ellinger, E. T. A. Hoffmann. Sein Leben und sein Werk – Hamburg 1894
Hedwig Eyrich, E. T. A. Hoffmanns Jugend und Entwicklungszeit – In: Ztschrft. f. d. gesamte Neurologie und Psychiatrie. Bd. 127, H. 4/5, 1930
Walter Harich, Das Leben eines Künstlers – Berlin 1923
Ernst Heilborn, E. T. A. Hoffmann. Der Künstler und die Kunst – Berlin 1931
Rudolf Herd, E. T. A. Hoffmann und das gesellschaftliche Leben Bambergs – In: Mitteilungen der E. T. A. H.-Gesellschaft. H. 6/1949
Friedrich Holtze, E. T. A. Hoffmann als Hofmann – In: Mitteilungen des Vereins für die Geschichte Berlins, Nr. 7/1922
Otto Klinke, E. T. A. Hoffmanns Leben und Werk vom Standpunkt eines Irrenarztes – Halle 1908
Paul Margis, Eine psychographische Individualanalyse – In: Beiheft zur Ztschrft. f. angewandte Psychologie und psychologische Sammelforschung, Nr. 4/1911
Hans v. Müller, Gesammelte Aufsätze über E. T. A. Hoffmann (Hg.: Fr. Schnapp) – Hildesheim 1974
Hans v. Müller, Hoffmann und Hippel. Das Denkmal einer Freundschaft – Berlin 1912
Hans v. Müller, Die Erste Liebe des E. T. A. Hoffmann – Heidelberg 1955
Klaus Rockenbach, E. T. A. Hoffmann in Bamberg. Schicksale, Lebensprobleme, künstlerische Entwicklungsstufen – In: Mittlg. d. E. T. A. Hoffmann-Gesellschaft H. 6/1959

Walter Roth, So lebte E. T. A. Hoffmann in Berlin. Erinnerungen an den berühmten Weinkeller Lutter und Wegner – In: Fränkischer Sonntag Jg. 18, Nr. 33 (20.8.1966)

Richard v. Schaukal, E. T. A. Hoffmann. Sein Werk aus seinem Leben dargestellt – Wien 1923

Gabrielle Wittkop-Menardeau, E. T. A. Hoffmann – Reinbek 1966

b) Zu anderen Zeitgenossen

Hannah Arendt, Rahel Varnhagen – Frankfurt/M., Berlin, Wien 1975

Rudolf Borch, Schopenhauer. Sein Leben in Selbstzeugnissen, Briefen und Berichten – Berlin 1941

Margarete Carow, Zacharias Werner und Das Theater seiner Zeit – Clausthal 1928

W. Dobbek, J. G. Herders Jugendzeit in Mohrungen und Königsberg – Würzburg 1961

Ingeborg Drewitz, Bettina von Arnim – Düsseldorf 1969

Fritz Felzmann, Heinrich C. Cuno. Wanderschauspieler, Bühnenschriftsteller und Buchhändler – In: Wiener Jahrbuch des Goethe-Vereins NF 74, 1970

Paul Hankamer, Zacharias Werner – Bonn 1920

F. Medicus, Fichtes Leben – Leipzig 1922

Fr. v. Oppeln-Bronikowski, David Ferdinand Koreff. Serapionsbruder, Magnetiseur, Geheimrat und Dichter – Berlin, Leipzig 1928

W. Salmen, Joh. Friedrich Reichardt – Freiburg, Zürich 1963

2. Literaturwissenschaftliches

a) Zu Hoffmann

Arwed Blomeyer, E. T. A. Hoffmann als Jurist – Berlin, New York 1978

Thomas Cramer, Das Groteske bei E. T. A. Hoffmann – München 1966

Arthur Gloor, E. T. A. Hoffmann. Der Dichter der entwurzelten Geistigkeit – Zürich 1947

Marianne Graeve-Frey, Der Künstler und sein Werk bei W. H. Wackenroder und E. T. A. Hoffmann. Vergleichende Studien zur romantischen Kunstauffassung – Bern 1969

Walter Jost, Von Ludwig Tieck zu E. T. A. Hoffmann – Darmstadt 1969

Klaus Kanzog, E. T. A. Hoffmann und K. Grosses ›Genius‹ – In: Mittlg. d. E. T. A. Hoffmann-Gesellschaft H. 7/1960

Lothar Köhn, Vieldeutige Welt. Studien zur Struktur der Erzählungen E. T. A. Hoffmanns und zur Entwicklung seines Werkes – Tübingen 1966

Dietrich Kreplin, Das Automaten-Motiv bei E. T. A. Hoffmann – Bonn 1957

Hans Leithner, E. T. A. Hoffmann und die Alchemie – In: Mittlg. d. E. T. A. Hoffmann-Gesellschaft H. 7/1960
Carl G. von Maassen, E. T. A. Hoffmann im Urteil zeitgenössischer Dichter – In: Mittlg. d. E. T. A. Hoffmann-Gesellschaft H. 2/1941
Claudio Magris, Die andere Vernunft. E.T.A. Hoffmann – Königstein 1980
Peter v. Matt, Die Augen der Automaten – Tübingen 1971
Horst Meixner, Romantischer Figuralismus. Kritische Studien zu Romanen von Arnim, Eichendorff und Hoffmann – Frankfurt/M. 1971
Helmut Müller, Untersuchungen zum Problem der Formelhaftigkeit im Stile E. T. A. Hoffmanns – Berlin 1961
Otto Nipperdey, Wahnsinnsfiguren bei E. T. A. Hoffmann – Köln 1957
Karl Ochsner, E. T. A. Hoffmann als Dichter des Unbewußten – Leipzig 1936
Lothar Pikulik, Das Wunderliche bei E. T. A. Hoffmann. Zum romantischen Ungenügen an der Normalität – In: Euphorion 69/1975
H. Prang (Hg.), E.T.A. Hoffmann. Wege der Forschung – Darmstadt 1976
Horst Rüdiger, Zwischen Staatsräson und Autonomie der Kunst – In: Deutsche Weltliteratur von Goethe bis Ingeborg Bachmann. Festgabe für J. A. Pfeffer, Hg.: Klaus W. Jonas – Tübingen 1972
Wulf Segebrecht, E. T. A. Hoffmanns Auffassung vom Richteramt und vom Dichterberuf – In: Jahrbuch der Deutschen Schillergesellschaft 11.Jg. 1967
Wulf Segebrecht, Hoffmanns Todesdarstellung – In: Mittlg. d. E. T. A. Hoffmann-Gesellschaft H. 12/1966
Wolfgang Uber, E. T. A. Hoffmann und Sigmund Freud – Berlin 1974
Silvio Vietta, Romantikparodie und Realitätsbegriff im Erzählwerk E. T. A. Hoffmanns – In: Ztschrft. f. Deutsche Philologie 100, 1981
Jürgen Voerster, E. T. A. Hoffmanns psychologische und medizinische Quellen – Stuttgart 1967
Hans Georg Werner, E. T. A. Hoffmann. Darstellung und Deutung der Wirklichkeit im dichterischen Werk – Weimar 1962
Eugen Wohlhaupter, E. T. A. Hoffmann – In: E. Wohlhaupter, Dichterjuristen (Hg.: H. G. Seifert) Bd. 2 – Tübingen 1955

b) Allgemein

Dieter Arendt, Der poetische Nihilismus in der Romantik – Tübingen 1972
Michail Bachtin, Literatur und Karneval – München 1969
Ernst Behler, Klassische Ironie, romantische Ironie, tragische Ironie. Zum Ursprung dieser Begriffe – Darmstadt 1972
Karl Heinz Bohrer, Die Ästhetik des Schreckenss – München 1978
Friedrich Brie, Exotismus der Sinne. Eine Studie zur Psychologie der Romantik – Heidelberg 1920

Rudolf Buck, Rousseau und die deutsche Romantik – Berlin 1939
Heinz Otto Burger, Die Geschichte der unvergnügten Seele – In: H. O. B., Dasein heißt eine Rolle spielen – München 1963
Horst Conrad, Die literarische Angst – Düsseldorf 1971
Alfred Doppler, Der Abgrund. Studien zur Bedeutungsgeschichte eines Motivs – Graz, Wien, Köln 1968
Wilhelm Emrich, Begriff und Symbolik der ›Urgeschichte‹ in der romantischen Dichtung – In: W. E., Protest und Verheißung – Frankfurt/M. 1963
Manfred Frank, Das Problem ›Zeit‹ in der deutschen Romantik. Zeitbewußtsein und Bewußtsein von Zeitlichkeit in der frühromantischen Philosophie und in Tiecks Dichtung – München 1972
Gerda Heinrich, Geschichtsphilosophische Positionen der deutschen Frühromantik – Kronenberg/Ts. 1977
Christa Karoli, Ideal und Krise enthusiastischen Künstlertums in der deutschen Romantik – Bonn 1968
Paul Kluckhohn, Persönlichkeit und Gemeinschaft. Studien zur Staatsauffassung der deutschen Romantik – Halle 1925
Wilhelmine Krauss, Das Doppelgängermotiv in der deutschen Romantik – Berlin 1930
Ernst Nef, Der Zufall in der Erzählkunst – Bern, München 1970
Wolfgang Promies, Der Bürger und der Narr oder das Risiko der Phantasie – München 1966
Vilfredo Pareto, Der Tugendmythos und die unmoralische Literatur – Neuwied 1968
Mario Praz, Liebe, Tod und Teufel. Die schwarze Romantik – München 1981
Helmut Reinicke, Revolt im Bürgerlichen Erbe. Gebrauchswert und Mikrologie – Gießen 1975
Hans Reiss, Politisches Denken in der deutschen Romantik – Bern 1966
Heinz Schlaffer, Der Bürger als Held. Sozialgeschichtliche Auflösung literarischer Widersprüche – Frankfurt/M. 1973
Jochen Schulte-Sasse, Die Kritik an der Trivialliteratur seit der Aufklärung – Tübingen 1977
Marianne Thalmann, Der Trivialroman des 18. Jahrhunderts und der romantische Roman – Berlin 1923
Marianne Thalmann, Die Romantik des Trivialen – München 1970
Marianne Thalmann, Romantik in kritischer Perspektive – Heidelberg 1976
Marianne Thalmann, Romantik und Manierismus – Stuttgart 1963
Hermann Timm, Die heilige Revolution. Das religiöse Totalitätskonzept der Frühromantik – Frankfurt/M. 1979
Tzvetan Todorov, Einführung in die fantastische Literatur – München 1972
G. Zacharias-Langhans, Der unheimliche Roman um 1800 – Bonn 1968

3. Psychologisches

Friedrich Wilhelm Doucet, Forschungsobjekt Seele. Eine Geschichte der Psychologie – München 1972
Henry F. Ellenberger, Die Entdeckung des Unbewußten – Bern, Stuttgart, Wien 1973
Mario Erdheim, Die gesellschaftliche Produktion des Unbewußten – Frankfurt/M. 1982
M. Foucault, Psychologie und Geisteskrankheit – Frankfurt/M. 1968
Sigmund Freud, Werke (Studienausgabe) – Frankfurt/M. 1970
Hans Kern, Die Seelenkunde der Romantik – Berlin 1937
Wilhelmine Lange-Eichbaum, Genie – Irrsinn und Ruhm – München, Bern 1956
Ronald D. Laing, Das Selbst und die Anderen – Reinbek b. Hamburg 1977
W. Leibbrand/A. Wettley, Der Wahnsinn – Freiburg 1961
W. Leibbrand, Romantische Medizin – Hamburg 1937
Elisabeth Lenk, Die unbewußte Gesellschaft – München 1983
J. Meinertz, Philosophie, Tiefenpsychologie, Existenz. Tiefenpsychologische Keime und Probleme in der Philosophie des deutschen Idealismus und in der Existenzphilosophie – Tübingen 1958
Bernd Nitzschke, Die Zerstörung der Sinnlichkeit – München 1974
Werner Obermeit, ›Das unsichtbare Ding, das Seele heißt‹. Die Entdeckung der Psyche im bürgerlichen Zeitalter – Frankfurt/M. 1980
O. Rank, Der Doppelgänger – Wien 1914
Wilhelm J. Revers, Die Psychologie der Langeweile – Miesenheim 1949
Jean Starobinski, Psychoanalyse und Literatur – Frankfurt/M. 1973

4. Philosophisches

G. Bachelard, Die Bildung des wissenschaftlichen Geistes – Frankfurt/M. 1978
E. Bloch, Spuren (Bibliothek-Suhrkamp) – Frankfurt/M. 1964
Hans Blumenberg, Arbeit am Mythos – Frankfurt/M. 1979
Elias Canetti, Masse und Macht – München 1976
Elias Canetti, Die Stimmen von Marrakesch, Frankfurt/M. 1980
E. M. Cioran, Lehre vom Zerfall – Stuttgart 1979
Manfred Frank, Der kommende Gott. Vorlesungen über die Neue Mythologie – Frankfurt/M. 1982
Dieter Henrich, Kunst und Natur in der idealistischen Ästhetik – In: H. R. Jauß (Hg.), Nachahmung und Illusion, 1964
Odo Marquard, Abschied vom Prinzipiellen – Stuttgart 1981

Odo Marquard, Schwierigkeiten mit der Geschichtsphilosophie – Frankfurt/M. 1973
Carl Schmitt, Politische Romantik – Leipzig 1925
Carl Schmitt, Der Begriff des Politischen – Berlin 1932 (1963)
Peter Sloterdijk, Kritik der zynischen Vernunft – Frankfurt/M. 1983
Lionel Trilling, Das Ende der Aufrichtigkeit – Frankfurt/M., Berlin, Wien 1983 (Taschenbuchausgabe)

5. Kulturhistorisches

Dieter Arendt, Das Philistertum des 19. Jahrhunderts – In: Der Monat H. 248, 1969
Leo Balet/E. Gerhard, Die Verbürgerlichung der deutschen Kunst, Literatur und Musik im 18. Jahrhundert – Frankfurt/M., Berlin, Wien 1972
Ernst Benz, F. A. Mesmer und die philosophischen Grundlagen des ›animalischen Magnetismus‹ – Wiesbaden 1977
Max von Boehn, Biedermeierzeit – Berlin 1922
W. H. Bruford, Die gesellschaftlichen Grundlagen der Goethezeit – Frankfurt/M., Berlin, Wien 1975
H. Brunschwig, Gesellschaft und Romantik in Preußen im 18. Jahrhundert. Die Krise des preußischen Staates am Ende des 18. Jahrhunderts und die Entstehung der romantischen Mentalität – Frankfurt/M., Berlin, Wien 1975
Harvey Cox, Das Fest der Narren – Gütersloh 1977
Carl Dahlhaus (Hg.), Studien zur Musikgeschichte Berlins im frühen 19. Jahrhundert – Regensburg 1980
Robert Darnton, Der Mesmerismus und das Ende der Aufklärung in Frankreich – München 1983
Klaus Dörner, Bürger und Irre – Frankfurt/M. 1975
Ingeborg Drewitz, Berliner Salons. Gesellschaft und Literatur zwischen Aufklärung und Industriezeitalter – Berlin 1965
Will Durant, Die napoleonische Ära – München 1978
Norbert Elias, Über den Prozeß der Zivilisation – Frankfurt/M. 1976
Wilhelm Erman, Der tierische Magnetismus in Preußen vor und nach den Freiheitskriegen – München, Berlin 1925
Hugo Fetting, Die Geschichte der Deutschen Staatsoper – Berlin 1955
M. Foucault, Sexualität und Wahrheit – Frankfurt/M. 1979
M. Foucault, Überwachen und Strafen – Frankfurt/M. 1976
M. Foucault, Wahnsinn und Gesellschaft – Frankfurt/M. 1969
Fritz Gause, Kant und Königsberg – Leer 1974
L. Geiger, Berlin 1688–1840. Geschichte des geistigen Lebens der preußischen Hauptstadt – Berlin 1892

Hermann Güttler, Königsbergs Musikkultur im 18. Jahrhundert – Königsberg 1925

Johan Huizinga, Homo Ludens – Reinbek b. Hamburg 1956 (Taschenbuchausgabe)

Hans-Wolf Jäger, Politische Kategorien in Poetik und Rhetorik der zweiten Hälfte des 18. Jahrhunderts – Stuttgart 1970

H. D. Kittsteiner, Naturabsicht und unsichtbare Hand – Frankfurt/M., Berlin, Wien 1980

Reinhart Koselleck, Kritik und Krise – Freiburg, München 1959

Oskar Krenzer, Das geistige und gesellschaftliche Leben Bambergs zu Beginn des 19. Jahrhunderts – Bamberg 1920

E. Kroll, Musikstadt Königsberg – Freiburg 1966

Wolf Lepenies, Melancholie und Gesellschaft – Frankfurt/M. 1972 (Taschenbuchausgabe)

Wolf Lepenies, Das Ende der Naturgeschichte. Wandel kultureller Selbstverständlichkeiten in der Wissenschaft des 18. und 19. Jahrhunderts – Frankfurt/M. 1978 (Taschenbuchausgabe)

Franz Mehring, Die Lessinglegende – Berlin (Ost) 1963

Helmut Möller, Die kleinbürgerliche Familie im 18. Jahrhundert. Verhalten und Gruppenkultur – Berlin 1969

Alfred Mühr, Rund um den Gendarmenmarkt – Oldenburg 1965

Friedrich v. Oppeln-Bronikowski, Abenteuer am Preußischen Hof – Berlin 1927

Friedrich v. Oppeln-Bronikowski, Liebesgeschichten am Preußischen Hof – Leipzig, Berlin 1928

Hans Ostwald, Kultur- und Sittengeschichte Berlins – Berlin 1924

Ferdinand J. Schneider, Die Freimaurerei und ihr Einfluß auf die geistige Kultur in Deutschland am Ende des 18. Jahrhunderts – Prag 1909

Richard Sennett, Verfall und Ende des öffentlichen Lebens – Die Tyrannei der Intimität – Frankfurt/M. 1983

Jacques Solé, Liebe in der westlichen Kultur – Frankfurt/M., Berlin, Wien 1979

Adolf Stern, Der Einfluß der französischen Revolution auf das deutsche Geistesleben – Stuttgart, Berlin 1928

Klaus Völker (Hg.), Künstliche Menschen. Dichtungen und Dokumente – München 1971

Gerhard Wahnrau, Berlin – Stadt der Theater – Berlin 1957

Lienhard Wawrzyn, Der Automatenmensch – Berlin 1979

A. Weissmann, Berlin als Musikstadt – Berlin, Leipzig 1911

Max Wieser, Der sentimentale Mensch – Stuttgart 1924

6. Historisches, Soziologisches

Willi Andreas, Das Zeitalter Napoleons und die Erhebung der Völker – Heidelberg 1955

Karl Otmar Fr. v. Aretin, Der aufgeklärte Absolutismus – Köln 1974

Klaus Epstein, Die Ursprünge des Konservativismus in Deutschland – Frankfurt/M. 1973

Michael Freund, Napoleon und die Deutschen. Despot oder Held der Freiheit – München 1969

Fritz Gause, Die Geschichte der Stadt Königsberg – Köln 1965

Hermann Granier, Berichte aus der Franzosenzeit – Leipzig 1913

K. Griewank, Der neuzeitliche Revolutionsbegriff – Weimar 1955

Sebastian Haffner, Preußen – Ohne Legende – Hamburg 1981

Rudolf Ibbeken, Preußen 1807–1813 – Köln, Berlin 1970

W. Kammitzer, Wider die Fremdherrschaft – Berlin (Ost) 1956

Gustav Karl, Alt-Königsberg im Wandel der Zeit – Osnabrück 1979

E. Kleßmann (Hg.), Die Befreiungskriege in Augenzeugenberichten – München 1973

R. Köhler/W. Richter (Hg.), Berliner Leben 1806–1847 – Berlin (Ost) 1954

Reinhart Koselleck, Preußen zwischen Reform und Revolution – Stuttgart 1967

J. Kosmin, E. T. A. Hoffmann in Warschau 1804–1807 – In: Ztschrft. f. Slawistik Bd. 24, 1979, H. 5

Eugen Lennhoff, Politische Geheimbünde – Zürich, Leipzig, Wien 1930

Marx/Engels, Werkausgabe (MEW) – Berlin (Ost) 1958

Christian Meyer, Geschichte des Landes Posen – Osnabrück 1979

H. Rachel, Die Handelszoll- und Akzisepolitik Preußens – Köln, Graz 1968

A. F. Raif, Die Urteile der Deutschen über die französische Nationalität im Zeitalter der Revolution und der deutschen Erhebung – Berlin 1911

Franz Schneider, Pressefreiheit und politische Öffentlichkeit, Neuwied 1966

Friedrich Schulze, Franzosenzeit in deutschen Landen – Leipzig 1908

Percy Stulz, Fremdherrschaft und Befreiungskampf – Berlin (Ost) 1960

Otto Tschirch, Geschichte der öffentlichen Meinung in Preußen vom Basler Frieden bis zum Zusammenbruch des Staates – Weimar 1933

Fritz Valjavec, Die Entstehung der politischen Strömungen in Deutschland 1770–1815 – München 1951

Namenregister

Arndt, Ernst Moritz 278, 287ff., 293, 458
Arnim, Achim von 119
Arnstein, Fanny 166, 178
Atterbom Per Daniel Amadeus 116, 374, 390
Asverus, Gustav 481

Bach, Johann Sebastian 48ff., 173, 231
Bach, Philip Emanuel 48
Bamberg 214ff.
Barbarina 128
Bartels, Ernst Daniel August 295
Baudelaire, Charles 235, 328, 442
Beaumarchais, Pierre Augustin Coron de 44
Beethoven, Ludwig van 140, 178, 197, 238, 253, 292, 363, 472
Benda, Friedrich Ludwig 45
Berlin 114–120, 124ff., 181ff.
Bernadotte, Jean Baptiste 397
Bischoffwerder, Johann Rudolf von 41, 69, 118, 356
Bloch, Ernst 487
Böhmer, Auguste 219
Boccaccio, Giovanni 405
Bonaventura 164, 340
Brandes, Charlotte 45
Brandes, Minna 45f.
Brentano, Clemens 56, 58, 59, 119, 121, 135, 163, 379, 394, 403, 418ff.
Brown, John 220ff., 300
Brühl, Carl Friedrich Moritz Paul Reichsgraf von 359ff., 365ff., 370ff., 374, 376, 472, 474, 476
Büchner, Georg 426, 428

Cagliostro 296, 301

Calderon de la Barca, Pedro 164, 167, 177, 191, 219, 224, 262f., 378, 435, 455
Callot, Jacques 268f., 441
Canetti, Elias 29
Cervantes, Miguel de 254f.
Chamisso, Adelbert von 348, 353ff., 404, 435
Corday, Charlotte 59
Chézy, Helmina von 385
Clauren, Heinrich 389
Clausewitz, Carl von 285
Contessa, Carl Wilhelm Salicett 353ff., 378, 404, 455
Correggio, Antonio 114
Cranach, Lukas 372
Cuno, Heinrich 223ff.

Dach, Simon 15
Danckelmann, Eberhard Christoph Balthasar Freiherr von 162
Daru, Pierre Antoine Noël Bruno Graf 166
Devrient, Ludwig 241, 385ff., 435
De Wette, Wilhelm Martin Leberecht 458
Diderot, Denis 44, 208ff., 239, 254
Dittersdorf, Karl Ditters von 128
Dittmayer, Anton 226
Doerffer, Ernst Ludwig Hartmann 96
Doerffer, Johann Jacob 16, 30
Doerffer, Johann Ludwig 85, 90, 96, 115, 121, 133
Doerffer, Sophie Johanna Henriette 19, 23, 154
Doerffer, Louisa Albertina 15, 20f.
Doerffer, Minna 15, 96, 108ff., 113, 121, 133ff., 138, 140, 142, 378

523

Doerffer, Otto Wilhelm 16 ff., 24, 26, 76, 154, 333, 482
Doerffer, Charlotte Wilhelmine 23
Dürer, Albrecht 234, 456

Eichendorff, Joseph Freiherr von 72, 340, 380, 395, 400, 419, 448, 461, 477
d'Elpons, Wilhelm 112, 113, 379, 381
Elsner, Josef 165, 166
l'Estocq 46
Eunike, Johanna 367 ff.

Fichte, Johann Gottlieb 40, 41, 62, 130, 340, 449
Fischer, Joseph 368 ff.
Fleck, Johann Friedrich Ferdinand 123, 125
Follen, August Adolph 468 ff.
Follen, Karl 457 f.
Fontane, Theodor 186, 365
Fouqué, Caroline Baronin de la Motte 365, 392 f.
Fouqué, Friedrich Baron de la Motte 170, 263 ff., 348, 353 ff., 357, 359 ff., 365, 371, 374, 376 f., 379, 391 f.
Freud, Sigmund 62, 303, 412, 415
Friedrich, Caspar David 418
Friedricrich der Große 32, 33, 34, 47, 127 f., 166, 272, 285, 461
Friedrich Wilhelm II. 41, 69, 118, 124, 129
Friedrich Wilhelm III. 99, 118, 124, 139, 174, 175, 277, 370, 376, 397, 475
Friedrich, Theodor Heinrich 192

Genk, Friedrich von 41, 458
Gerlach, Gebrüder 379, 403
Gluck, Christoph Willibald 126, 183, 197, 200 ff., 253, 473

Gneisenau, August Wilhelm Anton Graf Neithart von 390, 459
Godin, Amelie 249 f.
Görres, Joseph 287 ff.
Goethe, August von 379
Goethe, Johann Wolfgang von 10, 11, 52, 54, 55, 56, 60, 67, 91, 119 f., 125 f., 129, 139 f., 175, 208, 276, 278, 291 f., 340, 348, 360, 378, 380, 399, 401, 403, 405, 420, 437, 443
Goldbeck und Reinhart, Heinrich Julius von 141 f.
Goldsmith, Oliver 56
Gottwald 140, 144, 145, 173
Graepel, Johann Gerhard 247 ff., 256
Grosse, Karl 52, 55, 56, 67, 70 ff., 205
Gruszczynska, Jeanette von 99
Gubitz, Friedrich Wilhelm 189 f., 369
Gutzkow, Karl 459

Händel, Georg Friedrich 183
Härtel, Gottfried Christoph 131, 228, 240, 267, 283, 363, 365
Haller, Karl Ludwig von 457
Hamann, Johann Georg 39, 54
Hamann, Michael 39
Hampe, Johannes 106, 110, 111, 148, 193, 227
Hardenberg, Karl August Fürst von 19, 277, 297, 356, 359, 390, 396, 465 ff., 467, 481, 483
Hardenberg, Lucie 396 ff.
Hasse, Johann Gottfried 42
Hatt, Dorothea 50, 57, 73, 79, 85–98, 105 f., 108 f., 134 f., 155, 244
Hatt, Malchen 155
Hatt, Johannes 85, 92
Hegel, Georg Wilhelm Friedrich 62, 103, 292, 394, 402, 419

Heinrich, Prinz von Preußen 127, 360
Heine, Heinrich 54, 317, 347, 367, 390, 442, 471f.
Heinse, Johann Jakob Wilhelm 399
Hensel, Wilhelm 403, 478
Herder, Johann Gottfried 41, 71, 449
Hermes, Johannes Timotheus 39
Himmel, Friedrich Heinrich 45
Hippel, Theodor Gottlieb von (der Ältere) 16, 30, 36, 46, 77f., 83, 103, 105
Hippel, Theodor Gottlieb (der Jüngere) 13, 16ff., 20, 22, 24ff., 30f., 39, 44, 50, 53, 57, 60, 63f., 66, 70, 73ff., 96ff., 104ff., 113f., 124, 127, 133, 136ff., 140ff., 144f., 148f., 155, 157, 160, 163, 168, 170, 172, 183, 187ff., 192f., 226, 236, 251f., 277, 280f., 283, 286, 311, 334, 348f., 358f., 375f., 378f., 462, 482f.
Hippel, Gotthard Friedrich von 75f.
Hitzig, Julius Eduard 73, 96, 113, 137, 141, 157, 158, 166, 167, 168, 173, 174, 176, 178, 211, 217, 250, 253, 263f., 353f., 356, 358, 364f., 365, 371, 380ff., 396, 404, 426, 442, 455, 477, 480, 483ff., 487
Hölderlin, Friedrich 62, 340, 394
Hoffbauer, Johann Christoph 430
Hoffmann, Cäcilia 173, 187
Hoffmann, Christoph Ludwig 15
Hoffmann, Johann Ludwig 15
Hogarth, William 157
Holbein, Franz von 123f., 167, 224, 241, 262f., 267, 373
Horn, Franz 353

Hufeland, Christoph Wilhelm 296, 428
Humboldt, Wilhelm von 297, 379, 459
Hummel, Johann Erdmann 400

Iffland, August Wilhelm 21, 44, 57, 58, 119, 123ff., 132, 139, 169, 170, 182, 184, 186f., 359f., 385, 387
Immermann, Karl Leberecht 457

Jacobi, Friedrich Heinrich 63
Jagwitz, Friedrich Gottlieb 111ff.
Jahn, Friedrich Ludwig 328, 456, 458, 465ff., 475
Jung-Stilling, Johann Heinrich 296

Kafka, Franz 336
Kamptz, Karl Albert Christoph Heinrich 457, 459, 464ff., 479ff.
Kant, Immanuel 32, 34, 35, 36, 39, 40f., 43, 54, 61, 62, 64, 77, 103, 130, 155, 233, 293, 315f., 324, 418, 428, 461f.
Keyserling, Graf 48, 129
Kircheisen, Friedrich Leopold von 465, 467
Kleist, Heinrich von 61, 224, 244, 246, 264, 276, 297, 355, 410
Klopstock, Friedrich Gottlieb 53, 59
Königsberg 32ff.
Körner, Christian Gottfried 126
Kolbe, Karl Wilhelm 400
Koreff, Johann Ferdinand 297, 356f., 396f., 404, 442
Kotzebue, August Friedrich 44, 119ff., 125f., 149ff., 153, 223, 457f., 459
Kuhlmeyer, Ludwig Wilhelm 166, 178
Kunz, Carl Friedrich 225, 241, 242,

247, 248 ff., 253 ff., 265 ff., 268, 271, 285 f., 294, 303, 308 ff., 311 f., 319, 334, 336 f., 348, 355, 366 f., 389 f., 486

Lafontaine, August 53, 56, 119
Lanzendorf, Helmine 396 f.
Lavater, Johann Kaspar 53, 296
Lehne, Henriette 425 ff.
Lenz, Jakob Michael Reinhold 41
Leo, Heinrich 220,. 241 f.
Lesage, Alain-René 124
Lessing, Gotthold Ephraim 44, 45, 56, 125, 285, 461
Lewis, Matthew Gregory 337
Lichtenau, Wilhelmine Gräfin von 124
Lichtenberg, Georg Christoph 461
Lichtenstein, Freiherr von 224
Loest, Heinrich 166, 178, 484
Lüttwitz, Ferdinand Freiherr von 113, 379
Luisa, Auguste, Wilhelmine Amalie Königin von Preußen 118 f., 130, 139, 360
Lully, Jean-Baptiste 209
Luther, Martin 456

Marc, Franziska 228, 243, 245, 247 ff., 422
Marc, Julia 228, 243 ff., 257, 262, 265, 267, 271, 319, 335, 337, 367 ff., 422, 436
Marcus, Adalbert Friedrich 218, 219, 220 f., 224, 228, 243, 263, 295
Marquard, Odo 326
Mattausch, Franz 125
Mayer, Ernestine 121
Mayer, Caroline 121
Mayer, Johann Siegfried 121, 167
Mayer, Minna 122
Mendelssohn-Bartholdy, Felix 166

Mendelssohn, Moses 41, 166, 220, 285
Merck, Johann Heinrich 54
Merzdorff, Johann Friedrich Alexander 425, 430
Mesmer, Franz Anton 295 f., 299
Metternich, Klemens Fürst von 278, 282, 458
Milton, John 53
Mörike, Eduard 419
Molinary, Aloys 107 f.
Morgenroth, Franz Adam 166
Mozart, Wolfgang Amadeus 15, 45, 126, 127, 166, 173, 178, 197, 200 f., 204 f., 223, 259, 301, 363, 367
Müller, Adam 293, 461
Müller, Wilhelm 403

Nägeli, Hans Georg 152, 164, 193, 240
Napoleon Bonaparte 117, 118, 174, 175, 176, 177, 178, 216 f., 271 ff., 281 ff., 291 ff., 303, 308, 337, 395, 397, 458, 465
Neander, Anna, aus Tharau 15
Neumann, Amalie 86
Newton, Isaak 299
Nicolai, Christoph Friedrich 69, 119, 130
Nietzsche, Friedrich 62, 153, 307
Novalis (Friedrich von Hardenberg) 59 ff., 66, 67, 70, 114, 118 f., 122, 130, 222, 269, 304, 340, 422, 461

Oken, Lorenz 458

Paer, Ferdinando 253, 363
Palestrina, Giovanni Pierluigi 220
Paul, Jean (Johann Paul Friedrich Richter) 52, 55, 63, 122, 123, 130, 139, 146, 242, 292, 296, 308, 334, 340, 347 f., 418, 423, 450

Pfuehl, Fritz von 355
Platon 212
Plock 147 ff.
Plutarch 53, 69
Podbielski, Christian 31, 49, 131
Pogwisch, Ottilie von 347 f.
Posen 136 ff.
Proust, Marcel 317
Pückler-Muskau, Hermann Fürst von 379, 390, 397, 483
Pustkuchen, Anton Heinrich 253

Rabelais, François 449
Raffael 114, 234
Rebmann, Georg Friedrich 117
Redwitz, Charlotte Baronin von 228
Reil, Johann Christian 295, 430
Renner, Maria 124
Reichardt, Johann Friedrich 47, 126, 129, 130 f., 139
Rellstab, Ludwig 371
Richter, Carl Gottlieb 49
Richter, Ludwig 279, 313, 401
Riemer, Friedrich Wilhelm 401 f.
Righini, Vincenzo 129
Robespierre, Maximilian de 276, 471
Rochlitz, Friedrich 185, 197 ff., 202 ff., 211, 224, 253, 267, 333 f., 349, 370
Roediger, Georg Ludwig 464 ff.
Rombach, Bernhard 370
Rorer, Maria Thekla 140 ff., 145, 146, 148, 173, 180, 187, 193, 214, 244 ff., 271, 281, 359, 375, 379, 384, 404
Rorer, Michael 140
Rotenhan, Henriette Gräfin von 228
Rousseau, Jean-Jacques 52, 55, 56, 77, 208

Sachs, Hans 399, 422
Sacchini, Antonio Maria Gasparo 363
Salieri, Antonio 92
Sand, Karl Ludwig 457 ff.
Sartre, Jean Paul 9
Sayn-Wittgenstein-Hohenstein, Wilhelm Ludwig Georg Fürst zu 459, 464
Scott, Walter 442
Seckendorf, Carl Siegmund Freiherr von 227
Seconda, Joseph 267, 279, 281, 286, 313, 331 ff.
Seegemund, Johann Georg 355, 357
Shakespeare, William 44, 97, 125
Siebrandt, Karl Leopold 105
Soden, Julius Graf von 186, 191, 193, 198, 223 ff., 227
Spazier, Carl 122
Spengler, Oswald 230, 440
Speyer, Dr. med. Friedrich 226, 249, 295, 332
Spieß, Christian Heinrich 67, 205
Spohr, Louis 253
Spontini, Gasparo 363, 376, 472 ff.
Schelling, Caroline 219, 296
Schelling, Friedrich 62, 221, 222, 293, 296, 301, 327, 394, 419, 428, 449, 461
Schick, Margarete 125
Schiller, Friedrich 44, 54, 67, 72, 93, 119 f., 125 f., 129, 153, 169, 208, 233 f., 296, 394, 420
Schinkel, Karl Friedr. 363, 371, 374
Schlegel, August Wilhelm 121, 164, 167, 218, 221
Schlegel, Dorothea 219
Schlegel, Friedrich 53, 55, 59, 66, 119 ff., 130, 278, 394, 419, 449 f.
Schlegel, Gebrüder 114, 119 f., 130, 135, 292

Schleiermacher, Friedrich 61, 119, 292, 418, 461
Schmidt, Frederike 168
Schmidt, Johann Philipp 378, 384
Schmolling, Daniel 424 ff., 429 ff.
Schopenhauer, Arthur 93, 135, 453 f.
Schubert, Gotthilf Heinrich von 221 f., 242, 297, 304, 327
Schuch, Caroline 44
Schuckmann, Friedrich Freiherr von 11, 465, 467 f., 479 ff., 485
Schütze, Stephan 390
Schulz, Johann Christian Friedrich 158
Schumann, Robert 234
Schulze, Josephine 475
Schwarz, Johann Ludwig 138 ff., 144 f.
Stägemann, Hedwig 403
Staël, Germaine de 115
Stark, Johannes 41
Steffens, Heinrich 221
Stein, Heinrich Friedrich Karl Freiherr von 192, 277 f., 459
Stengel, Freiherr von 227, 268
Stolberg, Friedrich Graf 53

Tieck, Ludwig 58 f., 64, 66, 70, 114, 119, 121 ff., 130, 135, 167, 218 f., 233 ff., 292, 340, 353 f., 401
Tizian 114
Trützschler u. Falkenstein, Friedrich von 384, 471
Tzschoppe, Gustav Adolf von 479

Unger, Johann Friedrich 119
Unzelmann, Karl Wilhelm Ferdinand 376
Unzelmann, Friederike 125

Varnhagen, Rahel 166

Varnhagen von Ense, Karl August 182, 354, 356 f., 397, 402, 466, 468, 475, 480
Veit, Philipp 353
Voeteri, Christoph Ernst 94, 311
Vogel, Henriette 246
Voß, Julius von 108 f., 112, 184
Vulpius, Christian August 56, 67, 205

Wackenroder, Wilhelm Heinrich 122 f., 218 f., 233 ff., 340
Wagner, Adolph 332, 375, 442
Wagner, Richard 332 f., 399, 420, 422, 472 f.
Wannowski, Stephan 39, 51
Warschau 156 ff.
Weber, Bernhard Anselm 123 f., 200, 367
Weber, Carl Maria von 333, 354, 370, 372 f., 475 f.
Weigl, Joseph 253, 263 f.
Werner, Zacharias Friedrich Ludwig 25, 159, 164 ff., 168 ff., 186, 343, 457
Wetzel, Friedrich Gottlob 242
Wieland, Christoph Martin 59, 69, 269 f.
Wilhelm, Herzog von Bayern 216 f.
Wilmans, Friedrich 479 f.
Wittgenstein, Fürst 459, 464
Wöllner, Johann Christoph von 41, 69, 118
Wolf, Pius Alexander 360

Yorck, Johann David Ludwig Graf von 272

Zastrow, Adolf von 143 ff.
Zelter, Karl Friedrich 379

Werkregister

Die Abenteuer der Sylvesternacht 354, 391
Das älteste Systemprogramm des deutschen Idealismus (Hölderlin, Hegel, Schelling) 62
Über die ästhetische Erziehung des Menschen in einer Reihe von Briefen (Schiller) 420
Agathosyne. Eine Quartalschrift. 42
Ahnung und Gegenwart (Eichendorff) 340
Aline, Königin von Golkonda (Berton) 225
Allgemeine Deutsche Theaterzeitung 198
Allgemeine Musikalische Zeitung mit Intelligenzblatt 46, 129, 185, 197f., 228, 268, 281, 283, 331, 363, 370, 372f.
Die Andacht zum Kreuz (Calderon) 262
Ansichten von der Nachtseite der Naturwissenschaft (Schubert) 221, 297, 327
Anthropologie in pragmatischer Hinsicht abgefaßt (Kant) 32
Ardinghello und die glücklichen Inseln (Heinse) 399
Armida (Gluck) 201
Der Artushof 34, 150f., 270, 357, 391, 408ff.
Athenäum (Zeitschrift) 119, 120
Attila (Werner) 171, 187
Aus dem Leben eines Taugenichts (Eichendorff) 400
Die Automate 331, 392
Axur (Salieri) 92

Baron von B. 48, 239

Beethovens Instrumental-Musik 238, 268
Bekenntnisse (Rousseau) 52, 55, 64, 76
Die Bergwerke zu Falun 261, 322, 392, 409, 451
Berlinischer Taschenkalender 389, 396
Der Besuch im Irrenhaus (Rochlitz) 199, 202f., 211
Die Braut von Messina (Schiller) 153
Die Brautwahl 204, 392, 396, 401
Brief des Kapellmeisters Kreisler an den Baron Wallborn 353
Briefe aus Berlin (Heine) 347, 471
Briefe aus den Bergen 351, 384
Briefe über Tonkunst in Berlin 364, 370, 474

Das Chamäleon (Beck) 121
Claudine von Villa Bella (Reichardt/Goethe) 126
Clavigo (Goethe) 58
Code Napoleon 457
Cornaro – Memoiren des Grafen Julius von S. 71, 98, 106
Datura fastuosa 391
Il Decamerone (Boccaccio) 405
Der Delphin (Fouqué) 392
Denkwürdigkeiten (Schwarz) 141
Deutsche Wehrblätter 292
Deutschland (Zeitschrift) 130
Der Dey von Elba in Paris 291f., 294
Dessauer Marsch 231
Der Dichter und der Komponist 104, 280f., 283ff., 474
Dichtung und Wahrheit (Goethe) 420

Doge und Dogaresse 391, 400
Don Carlos (Schiller) 93
Don Giovanni (Mozart) 45, 223, 367
Don Juan 254, 258 ff., 268, 422
Don Quichotte (Cervantes) 58
Die Doppeltgänger 355
Dramaturgisches Wochenblatt 363, 368, 391
Drei verhängnisvolle Monate 309 ff.

Egmont (Goethe) 125
Der Elementargeist 295
Die Elixiere des Teufels 24, 25, 55, 71, 132, 168, 220, 261, 305 ff., 311, 335 ff., 354, 364, 391, 408, 411, 424, 432, 441
Emile (Rousseau) 64
Emilia Galotti (Lessing) 44, 56
Die Entführung aus dem Serail (Mozart) 205
Die Erscheinung 355
Erwin und Elmire (Reichardt/Goethe) 126

Fanchan das Leiermädchen (Himmel) 45
Fantasiestücke in Callot's Manier 254, 268 ff., 283, 295, 312, 334, 347 f., 353, 355, 357 f., 361, 389, 423, 435 f.
Faust (Goethe) 403, 440
Der Feind 422 f., 485
Ferdinand Cortez (Spontini) 472 f.
Die Fermate 357, 391, 400, 409
Fermer, der Geniale (Tieck) 58
Fidelio (Beethoven) 363
Das Fräulein von Scuderi 325, 423 f.
Franz Sternbalds Wanderungen (Tieck) 167
Frauentaschenbuch 357, 389, 391
Der Freimüthige oder Berlinische Zeitung für gebildete unbefangene Leser 149 f., 153 f., 198, 369, 389
Das fremde Kind 391, 409
Der Freischütz (Weber) 475 f.

Gaben der Milde 389
Die Geburt der Tragödie (Nietzsche) 153
Gedanken über den hohen Wert der Musik 235 f., 253, 268
Die Geheimnisse 396, 402 f.
Der Geheimnisvolle 71, 106, 113, 252
Der Geisterseher (Schiller) 67, 72
Das Gelübde 391
Gendarmeriekodex (Kamptz) 457
Die Genesung 485
Der Genius (Grosse) 52, 55, 70 f.
Geschichte vom braven Kasperl und dem schönen Annerl (Brentano) 420
Der Gesellschafter (Musikalische Unterhaltungsblätter) 369
Gespräch zw. Scipio und Berganza (Cervantes) 254 f.
Glauben und Liebe (Novalis) 118
Götz von Berlichingen (Goethe) 44
Der goldne Topf 11, 27, 122, 261, 312 ff., 322, 327, 337, 347, 348, 357, 379, 392, 409, 442, 451 ff.
Gruß an Spontini 474

Heidelbergische Jahrbücher der Literatur 390
Heinrich von Ofterdingen (Novalis) 340, 422
Herbsttag (Iffland) 57
Herzensergießungen eines kunstliebenden Klosterbruders (Tieck, Wackenroder) 123, 219, 233
Hiob (Dittersdorf) 128
Höchst zerstreute Gedanken 268

Der hyperboreische Esel oder die
    heutige Bildung (Kotzebue)
    120f.

Iphigenia in Aulis (Gluck) 200
Iphigenia in Tauris (Gluck) 126, 213
Iphigenie auf Tauris (Goethe) 125,
    182, 209
Die Irrungen 239, 326, 396
Italienische Reise (Goethe) 399, 443

Jacobus Schnellpfeffers Flitterwochen vor der Hochzeit 141, 477
Jacques Callot 268
Jahrbücher der preußischen Monarchie 118ff.
Jenaische Allgemeine Literatur-Zeitung 348, 390
Jeny und Bätely (Reichardt/Goethe)
    126
Die Jesuiterkirche in G. 107, 411
Johannes Kreislers, des Kapellmeisters, musikalische Leiden 230ff.,
    238, 253, 268
Johannes Kreislers Lehrbrief 20, 21
Die Jungfrau von Orleans (Schiller)
    182

Das Käthchen von Heilbronn
    (Kleist) 224, 244, 297
Der Kampf der Sänger 391, 399,
    404
Der Kanonikus von Mailand
    (Hoffmann/Duval) 164, 173,
    184
Kantate zur Feier des neuen Jahrhunderts (Hoffmann/Schwarz)
    139
Klein Zaches genannt Zinnober 24,
    36, 257, 389ff., 408, 435, 460
Königsbergsches Wochenblatt voll
    Scherz und Ernst 42
Die Königsbraut 10, 404

Kosmopolitische Wanderungen
    (Rebmann) 117
Kreisleriana 48, 228, 238, 243, 391,
    417, 423, 436, 439, 461
Das Kreuz an der Ostsee (Werner)
    169
Das Kreuz an der Ostsee (Hoffmann/Werner) 164, 170
Kuno von Kyburg nahm die Silberlocke des Enthaupteten (Tieck
    u.a.) 354
Die Kunstverwandten 391

Laterna Magica. Ein Unterhaltungsblatt 42
Lebens-Ansichten des Katers Murr
    22, 24, 26, 49, 180, 189f., 195,
    216f., 220, 229f., 250, 260f.,
    318, 392, 407, 411, 436ff., 455,
    377, 479
Lebensläufe (Hippel d.Ä.) 53
Die Lehrlinge zu Saïs (Novalis)
    304
Die Leiden des jungen Werther
    (Goethe) 52, 55f., 60, 91, 427f.,
    440
*Lichte Stunden eines wahnsinnigen
    Musikers* 211, 246, 436
Liebe und Eifersucht (Calderon)
    164, 177, 191
Liebe und Eifersucht 164, 177, 191
Literaturblatt 393
Louise (Benda) 45
Lucinde (F. Schlegel) 120, 278
Die lustigen Musikanten (Hoffmann/Brentano) 163, 164
Lyceum der schönen Künste 130

Märchen aus tausendundeiner
    Nacht 405
Der Magnetiseur 283, 294ff.,
    302ff., 310, 347
Das Majorat 94, 391, 399

Die Maske 119, 131, 132, 139
Meister Floh 19, 204, 319f., 390, 468, 477, 479ff.
Meister Johannes Wacht 214ff.
Meister Martin der Küfner u. seine Gesellen 239, 391, 400, 404, 422
Die Meistersinger von Nürnberg (Wagner) 422
Metaphysik der Geschlechterliebe (Schopenhauer) 453f.
Milos Brief 392
Milton (Spontini) 477
Miserere 220, 227
Der Mönch [Ambrosio or the Monk] (Lewis) 337, 347
Die Musen (Zeitschrift) 262
Le Musicien enragé (Hogarth) 157
Der Musikfeind 21, 48

Nachricht von den neuesten Schicksalen des Hundes Berganza 247, 253ff., 267, 268, 408, 417, 439
Nachtstücke 355, 391, 393
Die Nachtwachen (Bonaventura) 164, 340
Naivetät 485
Nußknacker und Mäusekönig 390, 409

Das öde Haus 391, 396, 398
Der österreichische Beobachter 278
Olympia (Spontini) 473f.
Ombra Adorata! 268

Paradise lost (Milton) 53
Peter Schlemihl (Chamisso) 354
Der Pfarrer von Wakersfield (Goldsmith) 56
Phantasus (Tieck) 401
Pontius Pilatus (Lavater) 53
Der Preis 149ff.
Preußische Blumenlese auf das Jahr 1780 (Zeitschrift) 42

Das preussische Tempe (Zeitschrift) 42
Prinzessin Blandina 436
Prinzessin Brambilla 6, 10, 379, 399, 407, 441ff., 453

Die Räuber (Schiller) 44, 125
Die Räuber auf Maria Kulm (Cuno) 223
Rameaus Neffe (Diderot) 208ff., 239f., 254
Rat Krespel 46, 368, 420ff., 434
Rede des toten Christus vom Weltgebäude herab, daß kein Gott sei (Jean Paul) 308
Die Religion innerhalb der Grenzen der bloßen Vernunft (Kant) 40
Restauration der Staatswissenschaften (Haller) 457
Der Revierjäger 355
Rheinisches Taschenbuch 389
Rinaldo Rinaldini (Vulpius) 77
Ritter Gluck 9, 66, 124, 179, 183, 192, 193, 197, 198, 199–214, 228, 253f., 258, 268, 367, 423
Der Roman aus dem Stegreif (anonym) 353
Der Roman des Freiherrn von Vieren (Chamisso, Contessa, Fouqué, Hoffmann) 354

Der Sandmann 25, 261, 371, 385, 391, 398, 407, 409, 412ff., 451, 454
Sechs italienische Duettinen 368, 436
Seltsame Leiden eines Theaterdirektors 391, 435
Die Serapions-Brüder 25, 73, 111f., 169, 171, 239, 297, 303, 306, 320, 331, 339, 355f., 391ff., 399, 401, 404ff., 411, 455, 469ff.
Der Sieg der Natur über die

Schwärmerei oder die Abenteuer des Don Sylvio von Rosalva (Wieland) 269f.
Signor Formica 317ff., 399, 401
Sigurd (Fouqué) 380
Die Söhne des Tals (Werner) 169
Spectator (Zeitschrift) 53
Spielerglück 113
Eine Spukgeschichte 392
Südpreußische Zeitung 139
Schach von Wuthenow (Fontane) 186
Die Schärpe und die Blume (Calderon) 164
Scherz, List und Rache (Hoffmann/Goethe) 139f.
Schreiben eines Klostergeistlichen an seinen Freund in der Hauptstadt 153, 198
Schulmeisterlein Wutz (Jean Paul) 55
Schwester Monica (Verfasser unbekannt) 138
Das steinerne Herz 391
Stella (Goethe) 58
Straußfedergeschichten (Tieck) 354

Taschenbuch – der Liebe und Freundschaft gewidmet 389
Taschenbuch zum geselligen Vergnügen 389, 391
Titan (Jean Paul) 52, 340
Titus (Mozart) 231
Der Trank der Unsterblichkeit (Soden) 186
Über die bürgerliche Verbesserung der Weiber (Hippel d. Ä.) 36

Undine (Fouqué) 263ff.
Undine 9, 263ff., 267, 283, 286, 334, 348f., 359ff., 435, 455, 476f., 488

Der unheimliche Gast 295, 304, 392, 404
Unterhaltungen deutscher Ausgewanderter (Goethe) 401, 405
Urania (Zeitschrift) 357, 389
Das Urteil (Kafka) 336

Vampirismus 25
Die Versuche und Hindernisse Karls (Chamisso, Fouqué, Neumann, Varnhagen von Ense) 354, 356
Die Vestalin (Spontini) 472f.
Des Vetters Eckfenster 389, 485ff.
Die Vision auf dem Schlachtfelde bei Dresden 308f.
Der vollkommene Maschinist 268
Von der Macht des Gemüts (Kant) 428
Vossische Zeitung 366, 467, 476
Votum in Sachen des Studenten Franz Lieber 464

Das Waisenhaus (Weigl) 263
Wallensteins Lager (Schiller) 125
Wanda, Königin der Sarmaten (Werner) 187
Weihe der Kraft (Werner) 170, 186
Die Weltseele (Schelling) 327
Wilhelm Meisters Lehrjahre (Goethe) 55, 67, 340, 437
William Lovell (Tieck) 64, 70, 340
Wintergarten 389
Woyzeck (Büchner) 426

Xenien 120, 129

Die Zauberflöte (Mozart) 45, 127, 178, 223, 313
Der Zuschauer. Zeitblatt für Belehrung und Aufheiterung 389
Zeitung für die elegante Welt 122, 165, 331

Fotonachweis

Bildarchiv Preußischer Kulturbesitz: *im Text:* Kreisler im Wahnsinn; Kunz/ Pfeufer/Hoffmann; Magnetiseur; Brief an F.G.Keller vom 24.1.1814; Als Gichtkranker auf dem Bett; Brief an Ludwig Devrient von 1817; Brief an Ludwig Devrient vom 9.1.1821; Sandmann; Balli di Sfessania; Hoffmann/ Zeichnung von W. Hensel; Sterben müssen wir alle. *Bildteil:* Selbstporträt; Z. Werner; J.E. Hitzig; Th. G. Hippel; Die Fantasie erscheint Hoffmann zum Troste; Königliches Kammergericht Berlin; C. Graf v. Brühl; G.Spontini. *Schutzumschlagvorderseite:* E.T.A. Hoffmann zusammen mit Ludwig Devrient im Weinkeller von Lutter und Wegner in Berlin. Aquarell von Carl Themann.

Ullstein Bilderdienst: *im Text:* Huldigung. *Bildteil:* A.v.Chamisso; F.de la Motte-Fouqué; C.M.v. Weber; Warschauer Räte; L.Devrient; Hoffmann/ Zeichnung von H.Steiner.

Archiv für Kunst und Geschichte: *Bildteil:* Königsberg; J.F.Reichardt;

Rüdiger Safranski
Wieviel Wahrheit braucht der Mensch?
Über das Denkbare und das Lebbare

Band 10977

In einem berühmten chinesischen Märchen verschwindet der Maler in seinem eigenen Bild. Das ist die Utopie der Wahrheit: Übereinstimmung mit sich und der Welt. Um dieser Utopie willen haben Rousseau, Kleist und Nietzsche abenteuerliche Wahrheitsexpeditionen unternommen: Dreimal die Wahrheit des Ich gegen den Rest der Welt; dreimal führt die Suche nach Wahrheit in die selbstgemachten Bilder und in die Bereitschaft zur Gewalt gegen eine Wirklichkeit, die sich den Bildern widersetzt. Eine andere große Wahrheitsexpedition ist die Metaphysik als der Versuch, in einer *verkehrten* Welt eine *wahre* Welt zu entdecken. Das beginnt eindrucksvoll bei Sokrates und Augustin und endet furchtbar im Zeitalter des Totalitären und des Fundamentalismus. Bleibt also nur die (Lebens-)Kunst, ohne die Gewißheit des richtigen Lebens, ohne verbürgte Wahrheit zu leben? Es sieht so aus. Am Beispiel Kafkas geht es in den letzten Kapiteln dieses Buches um die Kunst, in der Fremde zu bleiben.

Fischer Taschenbuch Verlag

Rüdiger Safranski
Nietzsche
Biographie seines Denkens
Band 15181

»Ich bin kein Mensch, ich bin Dynamit.«
Friedrich Nietzsche

Die intellektuelle Biographie eines Philosophen, der wie kaum ein zweiter weit über die akademischen Grenzen hinaus wirksam war und ist – als feinhöriger Seismograph der Moderne in all ihren Facetten, entschiedener Rhetoriker und veritabler »Psycholog«. Rüdiger Safranski verfolgt den Denk- und Lebensweg Friedrich Nietzsches und zieht die Bilanz seiner Wirkungen.

Fischer Taschenbuch Verlag

Detlev Claussen
Theodor W. Adorno
Ein letztes Genie
Band 15960

Theodor W. Adorno – eine herausragende Figur des kurzen 20. Jahrhunderts, einer der letzten Bürger, ein letztes Genie: Von der Kindheit noch im ausgehenden bürgerlichen Jahrhundert über die Schulzeit während des Ersten Weltkriegs, die intellektuelle Sozialisation in der Frankfurter, Wiener, Berliner und Londoner Zwischenkriegszeit, die Erfahrung des Nationalsozialismus und des Zweiten Weltkriegs, das Exil in den USA des New Deal bis hin zur Rückkehr ins Deutschland der Adenauer-Ära und zum Studentenprotest – Adorno ist der individuelle Punkt, in dem das »Jahrhundert der Extreme« sich exemplarisch verdichtet. Detlev Claussen begreift Adorno als Künstler, dessen weitgefächerte – philosophische, soziologische, musikalische – Interessen als Einheit zu verstehen sind.

Fischer Taschenbuch Verlag

Dieter Kühn
Frau Merian!
Eine Lebensgeschichte
Band 15694

Die Lebensgeschichte einer selbstbewussten Frau, die Naturkundlerin, Malerin und wagemutige Reisende war. Dieter Kühn portraitiert Maria Sibylla Merian und entfaltet zugleich das lebendige Panorama einer Epoche.

»Mit seiner romanhaften Biographie hat
Kühn ein in jeder Hinsicht herausragendes Werk
vorgelegt, das Maßstäbe setzt.«
Deutsche Welle

»Was macht dieses Buch so sympathisch?
Es ist Kühns fabelhafte Kunst, die Dinge so plausibel
und persönlich, so bescheiden und begeisternd, so humorvoll und heiter vor dem Leser auszubreiten.«
Münchner Merkur

Fischer Taschenbuch Verlag

Arthur Koestler
Als Zeuge der Zeit
Aus dem Englischen von Franziska Becker,
Heike Curtze und Eduard Thorsch
Band 16143

Die Autobiographie eines der schillerndsten Intellektuellen des 20. Jahrhunderts: Arthur Koestler, 1905 in Budapest geboren, war Autor, Journalist und Philosoph. Der Zionist und Kommunist wurde von der Gestapo gejagt und im spanischen Bürgerkrieg zum Tode verurteilt, während ihn Moskau später als ›Kalten Krieger‹ beschimpfte. In seiner Autobiographie lotet er wie kein anderer die Grenzen im Jahrhundert der Extreme aus.

Fischer Taschenbuch Verlag

Gottfried Bermann Fischer
Wanderer durch ein Jahrhundert
Band 12176

Leben und Schicksal des Verlegers Gottfried Bermann Fischer sind in jeder Hinsicht exemplarisch; sein Blick zurück umspannt fast hundert Jahre deutscher Geschichte. Abgeklärt und leidenschaftlich zugleich erzählt er in Geschichten, Anekdoten und Reflexionen von der geborgenen Kindheit in einer bürgerlichen, jüdischen Familie, von den Schrecken in den Schützengräben des Ersten Weltkriegs, von nationalistischen und antisemitischen Exzessen in der Zeit der Weimarer Republik, als er, der Schwiegersohn S. Fischers, in den berühmten Verlag eintrat, von Exil, Flucht und wiederholtem Neubeginn, vom Festhalten an den moralischen und literarischen Idealen einer zäh verteidigten Humanität.

Ein abenteuerliches, reiches Leben mit Büchern und Autoren wird noch einmal beschworen.

Fischer Taschenbuch Verlag

Günter de Bruyn

Das Leben des Jean Paul Friedrich Richter

Eine Biographie

Band 10973

Johann Paul Friedrich Richter, als Schriftsteller Jean Paul genannt, der aus ärmlichen Verhältnissen kam und zum berühmten Mann wurde, dessen Ruhm einst den von Goethe und Schiller überschattete, der als erster das ungewisse Schicksal »freien« Schriftstellertums wagte, häufig um den Preis bitterster Armut, der von Frauen umschwärmte »Dichter der Jünglingsgefühle«, der große Satiriker und der unvergleichliche Gestalter der Lebensprobleme der »kleinen Leute«, ihres Alltags und ihrer Gefühlswelt, der von Herder und Wieland gefeiert wurde und über Börne und Heine bis zu George und Hesse und Jüngeren immerzu bewundernde Fürsprecher fand: Jean Paul und seine Zeit macht de Bruyn in seiner kunstvollen farbigen Darstellung lebendig. Diese Jean-Paul-Biographie ist ein Kabinettstück biographischer Erzählkunst und zugleich ein literarisch aufgearbeitetes Stück Geschichte.

Fischer Taschenbuch Verlag

Reiner Stach
Kafka
Die Jahre der Entscheidungen
Band 16187

1910 bis 1915: Dies sind die Jahre, in denen sich der junge, ungebundene, beeinflussbare Kafka verwandelt in den verantwortungsbewussten Beamten und zugleich in den Meister des präzisen Albtraums und des »kafkaesken« Humors. In kürzester Frist entstehen »Das Urteil«, »Die Verwandlung«, »Der Verschollene« und »Der Process«, und in rascher Folge werden alle Weichen gestellt, die Kafkas weiteren Weg bis zum Ende bestimmen werden: die Begegnung mit dem religiösen Judentum, die ersten Schritte in die Öffentlichkeit, die Katastrophe des Kriegsausbruchs und vor allem die verzweifelt umkämpfte und dann doch scheiternde Beziehung zu Felice Bauer. Es sind Jahre beispielloser Intensität, das Zentrum von Kafkas Existenz.

»Stachs ›Kafka‹ ist selbst Literatur.«
Harald Loch, Frankfurter Neue Presse

Fischer Taschenbuch Verlag

»*Eine Liebeserklärung an die Philosophie.*«

Süddeutsche Zeitung

Schopenhauer, der unverbesserliche Pessimist, entwarf inmitten des deutschen Idealismus ein Weltbild der Skepsis. Warum fasziniert uns der Philosoph bis heute? In Weimar begegnete er dem alten Goethe, in Dresden verfasste er sein Hauptwerk *Die Welt als Wille und Vorstellung*. Anhänger fand sein Werk erst später. Zum 150. Todestag erzählt Rüdiger Safranski in dieser Biographie mitreißend, wie der Existentialist zu seiner Philosophie kam und was sie aus ihm gemacht hat.

560 Seiten. Gebunden mit Lesebändchen

www.hanser-literaturverlage.de
HANSER